DAS KÖNIGREICH DER VANDALEN

Große Landesausstellung Baden-Württemberg 2009

im Badischen Landesmuseum Schloss Karlsruhe

24. Oktober 2009 bis 21. Februar 2010

Erben des Imperiums in Nordafrika

DAS KÖNIGREICH DER VANDALEN

Herausgegeben vom
Badischen Landesmuseum Karlsruhe

Verlag Philipp von Zabern

Badisches
Landesmuseum
Karlsruhe

448 Seiten mit 597 Farb- und 100 Schwarzweißabbildungen

Einbandgestaltung: Ranger Design, Stuttgart – vorne unter
Verwendung der „Dame von Karthago", eines vandalenzeitlichen Mosaiks (s. Kat. 137), auf der Rückseite das Medaill-
lon der Halskette aus einem reichen Frauengrab bei Karthago
(s. Kat. 309q), beides im Musée national de Carthage.

Bibliografische Information der Deutschen Nationalbibliothek

Die Deutsche Nationalbibliothek verzeichnet diese Publikation
in der Deutschen Nationalbibliografie; detaillierte bibliografische
Daten sind im Internet über *<http://dnb.d-nb.de>* abrufbar.

Die Herausgabe des Werkes wurde durch die Vereins-
mitglieder der WBG ermöglicht.

© 2009 Badisches Landesmuseum Karlsruhe
und Verlag Philipp von Zabern
ISBN: 978-3-8053-4083-0 (Buchhandelsausgabe)
ISBN: 978-3-8053-4118-9 (Museumsausgabe)

www.landesmuseum.de
www.zabern.de

Redaktion: Claus Hattler, Badisches Landesmuseum Karlsruhe
Lektorat: Sarah Höxter, Hamburg
Gestaltung: Melanie Barth, scancomp GmbH, Wiesbaden

Printed in Germany by Philipp von Zabern
Printed on fade resistant and archival quality paper
(pH 7 neutral) · tcf

Die Ausstellung und die Katalog-produktion wurden gefördert von

Baden-Württemberg

Institut National
du Patrimoine Tunisie

INHALT

Silberschale mit Namensinschrift
des letzten vandalischen Königs
Gelimer, s. Kat. 329

Rechter unterer Rand des Segments IV der *Tabula Peutingeriana*, eines auf die Spätantike zurückgehenden Kartenwerks, das Teile der nordafrikanischen Küste und der italischen Halbinsel zeigt. Die Stadt Rom ist durch eine große Vignette hervorgehoben. Ihr gegenüber ist die Stadt Karthago situiert: in der kartographischen Wiedergabe unscheinbar, in Wirklichkeit aber noch in der Spätantike eine Metropole, die im Hinblick auf Größe und kulturelle Bedeutung einen ähnlichen Stellenwert wie die Städte Rom, Konstantinopel, Alexandria und Antiochia am Orontes genoss und ab 439 n. Chr. die Hauptstadt des Vandalenreichs war, welches die Erbschaft des Imperiums in Nordafrika angetreten hatte.

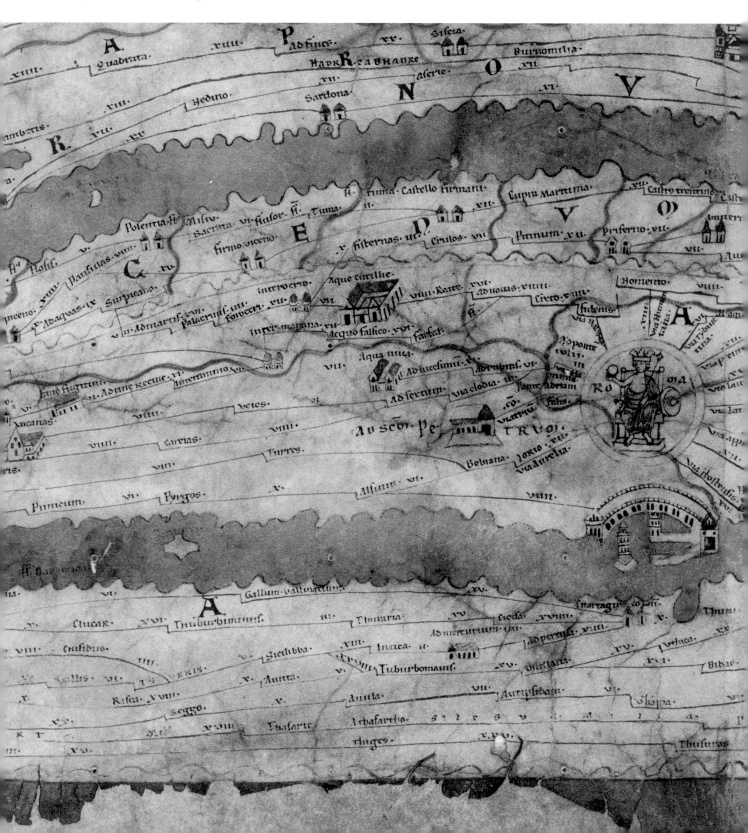

GRUSSWORT

Epochen kulturellen Aufbruchs und Zeiten von – oft vermeintlichem – Verfall und Umbruch faszinieren heute die Menschen vielfach mehr als „klassische" Zeitalter der Geschichte. Die Spätantike und die „Völkerwanderungszeit" erfahren insbesondere in letzter Zeit große Aufmerksamkeit.

Unter der Vielzahl großer Ausstellungen hat es bislang jedoch noch keine gegeben, die sich hauptsächlich mit dem durch den vielfachen Gebrauch des Wortes „Vandalismus" berüchtigten Volk der Vandalen beschäftigt hat. Die „Große Landesausstellung Baden-Württemberg" des Badischen Landesmuseums widmet sich diesem „Reich der Vandalen", das über 100 Jahre lang in Nordafrika bestand.

Die gezeigten wertvollen Zeugnisse dieses germanischen Volkes, das dem arianischen Christentum anhing, sind in die Epoche der Spätantike und der frühchristlichen Zeit in Nordafrika einzuordnen. Die Provinzen der afrikanischen Nordküste des römischen Reiches besaßen seinerzeit eine herausragende Bedeutung als „Kornkammer" der Kaiser. Sie galten aber auch als führende Region der noch jungen Christenheit, die so bedeutende Kirchenführer wie Tertullian, Lactanz, St. Cyprian und vor allem den Kirchenlehrer St. Augustinus hervorgebracht hat.

Die reichen archäologischen Sammlungen des Badischen Landesmuseums sind als herausragende Adresse für die frühe und klassische Antike bekannt. Das Badische Landesmuseum konnte bei seinen früheren Ausstellungen Themen aus der antiken Archäologie jenseits bekannter Pfade, wie das minoische Kreta, Karthago oder die Jungsteinzeit in Anatolien, sehr erfolgreich neu ins Blickfeld rücken. Die engen freundschaftlichen Beziehungen des Museums zu den Museen und Ausgrabungsstätten in der Republik Tunesien haben nach dem großen Erfolg der 2004 gezeigten Landesausstellung „Hannibal ad portas" über das punische Karthago wieder zu einer reichhaltigen Ausleihe von über 200 Exponaten geführt. Ich danke hierfür den Verantwortlichen der Republik Tunesien. Tunesien hat sich damit erneut als Mittler zwischen den islamischen und den abendländischen Kulturen engagiert. Neben dem Hauptleihgeber Tunesien vereint die Ausstellung zudem Leihgaben aus weiteren 14 Staaten, etwa aus Polen, Spanien und Portugal, dem Vatikan und Ungarn, dem Louvre in Paris oder dem British Museum in London. Mit diesen Exponaten kann ein einmaliges Bild der Vandalen auf ihrem Zug vom heutigen Polen über Frankreich und Spanien bis Nordafrika sowie des jeweiligen politischen und kulturellen Umfeldes gezeigt werden.

Eine zweite Präsentation der Ausstellung ist im Bardo-Museum in Tunis, welches vor allem aufgrund seiner einzigartigen Sammlung römischer Mosaiken Weltruf genießt, vorgesehen. Das Badische Landesmuseum will dabei, im Sinne der baden-württembergischen Museumspolitik, die freundschaftlichen Beziehungen zu den archäologischen Herkunftsstaaten durch das Geben und Nehmen auf gleicher Augenhöhe gestalten.

Restaurierungsmaßnahmen, Beratung in Marketing und Museumspädagogik sowie die erfolgreichen Ausstellungspräsentationen mit Inszenierungen und einer besucherbezogenen Didaktik werden dabei von Seiten des Badischen Landesmuseums in die Kooperation eingebracht.

Allen Leihgebern, den Autorinnen und Autoren, dem Badischen Landesmuseum sowie allen Beteiligten danke ich für das Zustandekommen dieser besonderen Ausstellung und wünsche ihr einen großen Erfolg.

Günther Oettinger
Ministerpräsident des Landes Baden-Württemberg

VORWORT

Wir freuen uns außerordentlich, an der großen Landesausstellung teilzunehmen, die das Landesmuseum Karlsruhe zum Thema „Erben des Imperiums in Nordafrika – Das Königreich der Vandalen" mit außergewöhnlichen Leihgaben aus tunesischen Museen veranstaltet.

Diese Objekte, die den Reichtum und die Vielfalt des kulturellen Erbes unseres Landes veranschaulichen, zeugen von der Bedeutung, die Tunesien diesem Ereignis beimisst.

Unsere Beteiligung an dieser wichtigen Ausstellung und die gegenwärtige Präsenz tunesischen Kulturgutes in Deutschland stehen im Rahmen einer langjährigen Tradition, die eine fruchtbare Zusammenarbeit zwischen dem Institut National du Patrimoine und deutschen Museen, besonders dem von Karlsruhe, ermöglichte.

Der Austausch zwischen diesen beiden Institutionen trägt dazu bei, die vorzüglichen Beziehungen, die zwischen unseren Ländern bestehen, auszubauen und unseren kulturellen Schatz sowie den Aufwand, den wir zu seiner Konservierung und Aufarbeitung leisten, besser zu vermitteln.

Im Wissen um die hohe Bedeutung des Dialogs zwischen den Kulturen scheut Tunesien keine Mühe, vielfältige Brücken der Verständigung zu befreundeten Ländern zu schlagen und daran zu arbeiten, die gemeinsamen Verbindungen, die sich über Jahrtausende hinweg entwickelt haben, ins allgemeine Bewusstsein zu heben.

Die Exponate dieser Ausstellung werden folglich die wichtige Rolle, die das antike Afrika während der großen Veränderungen Europas am Ende der Antike gespielt hat, beleuchten. Die Fortsetzung der archäologisch-historischen Forschung über die Spätantike auf tunesischem Boden wird zunehmend Aufschluss über die Strukturen der vandalischen Zivilisation, die die Wissenschaftler so fasziniert, bieten.

Das deutsche und europäische Publikum wird feststellen können, dass die Geschichte – über die Verschiedenheit und Charakteristika unserer Kulturen hinaus – auch Momente einer intensiven Begegnung zwischen Norden und Süden beinhaltet. Im kollektiven Gedächtnis, das die Mittelmeerregion seit Jahrtausenden mit Europa verband, spielte Tunesien stets eine tragende Rolle.

Abderraouf Basti
Minister für Kultur und Denkmalpflege

VORWORT

Unsere Kenntnisse im Hinblick auf die Gegenwart der Vandalen auf dem heutigen Territorium Tunesiens und hauptsächlich in der Africa proconsularis und der Byzacena beruhen in erster Linie auf literarischen oder hagiografischen Quellen (Victor von Vita, Fulgentius von Ruspe oder auch Prokop von Caesarea und Corippus), außerdem auf archäologischen Beweisen, bei welchen es sich im Wesentlichen um Schmuckstücke handelt (Karthago und Thuburbo Maius), sowie des Weiteren auf einigen fragmentarischen Texten (Epitaphe von Maktar oder Haïdra, Gedichte der Thermen von Tunis …) oder Statuen und Mosaiken (Meninx, Karthago …). Diese Unausgewogenheit der materiellen Hinterlassenschaft, etwa im Vergleich mit der byzantinischen Periode, die durch üppigere archäologische Funde belegt ist, scheint sich, wenigstens teilweise, durch den Zufall der Überlieferung zu rechtfertigen. Dank der Prospektionen, die in verschiedenen Regionen des Landes durch das Institut National du Patrimoine (INP) organisiert wurden, sowie des seit zwei Jahrzehnten anhaltenden Interesses der tunesischen Wissenschaftler an der detaillierten Geschichte unseres Landes haben sich unsere Kenntnisse bezüglich des Jahrhunderts der Vandalen jedoch beträchtlich verbessert. Es wurden nicht nur einige weitere bedeutende epigrafische Beweise (Angaben zum Herrschertum vandalischer Könige) gefunden, sondern vor allem auch Kirchen, Kapellen (Henchir el-Gousset, El Ounaïssia, El Ouara …), Baptisterien (El Erg), Mosaiken oder auch Gegenstände aus Metall oder Ton bzw. Keramik, die aus verschiedenen Orten des zentralen Tunesiens stammen und die Meinung, nach der die Vandalen vor allem im nördlichen Teil des Landes zentriert waren, während sie die Region des zentralen Tunesiens vernachlässigt haben sollen, widerlegt haben.

Für diese große Ausstellung, die den „Erben des Imperiums" gewidmet ist – und in erster Hinsicht dem Königreich der Vandalen, dessen Zentrum das gesamte antike Tunesien von 439 bis 533 umfasste –, wurde eine repräsentative Auswahl dieser neuen Entdeckungen getroffen. Und wenn bei dieser Ausstellung dem deutschen Publikum die Gelegenheit geboten wird, eine bedeutende Seite der Geschichte unseres Landes zu entdecken, so ist dies in erster Linie der außergewöhnlichen freundschaftlichen Verbindung zu verdanken, die seit langer Zeit zwischen dem Institut National du Patrimoine (INP) und dem Badischen Landesmuseum Karlsruhe – an dessen Spitze Herr Professor Dr. Harald Siebenmorgen als treuer Freund Tunesiens – besteht.

Fathi Béjaoui
Generaldirektor des Institut National du Patrimoine de Tunisie

EINFÜHRUNG

Im Jahre 1846 schuf der französische Maler Thomas Couture sein berühmtes Monumentalbild „Die Römer der Verfallszeit" (s. Abb. linke Seite). In einem bis heute gültigen Antagonismus stellte er dem breit ausgemalten Leben der Römer in Ausschweifung und dekadentem Luxus am rechten Bildrand zwei bärtige „Barbaren" in sinnender, nachdenklicher Pose gegenüber. Wir wissen nicht, ob mit diesen Gestalten, die quasi als Abbild von Moral und Tugend gegenüber der verderbten Römerwelt fungieren, Vandalen oder andere Germanen, Ost- oder Westgoten, Hunnen oder Slawen abgebildet sein sollen – sie repräsentieren einfach schlechthin die Protagonisten der sogenannten „Völkerwanderungszeit", die zum Untergang des weströmischen Reiches führte.

Es dürfte sich aber doch kaum um „Vandalen" handeln, denn diese hatten es im geschichtlichen Nachleben überdurchschnittlich schwer. Aus der Zeit ihrer Herrschaft in Nordafrika, vom Jahr 430 bis zum Jahr 533, stammen fast ausschließlich Quellen aus feindlicher Perspektive, wie die Schriften von Victor von Vita und von Prokop, die mit der Vandalenherrschaft scharf ins Gericht gingen. Und schließlich führte die Bewertung der Zerstörungen von Bildwerken durch Anhänger der Französischen Revolution Ende des 18. Jahrhunderts als „vandalisme" durch eine Schrift des Abbé Gregoire dazu, dass seitdem und bis heute Zerstörungswut und mutwillige Sachbeschädigung als „Vandalismus" geschmäht werden.

Waren die historischen Vandalen ganz anders? Entgegen der landläufigen Meinung handelte es sich bei den „Vandalen" wohl um keinen geschlossenen Volksstamm, vielmehr setzten sie sich, im Sinne einer „Ethnogenese", aus verschiedenen Völkergruppen (*gentes*) zusammen. Bei ihrem Zug vom heutigen Schlesien, Siebenbürgen und Ungarn überquerten sie im Jahre 406 den Rhein. Nach einem Zug durch Gallien und Ansiedlungsversuchen in Hispanien, der Überfahrt nach

Nordafrika 429 über die Straße von Gibraltar und dem Marsch längs der Küste gründeten sie dort ein Reich, dessen Hauptstadt das immer noch mächtige und vitale Karthago nach der Eroberung im Jahre 439 wurde. Obzwar 442 von den Römern als legitim gegründeter Staat, als ein Königreich, anerkannt, führten politische Verwicklungen schon dreizehn Jahre später zur Eroberung und Plünderung Roms. Obgleich der Vandalenkönig Geiserich und seine Truppen die Bevölkerung der Stadt weitgehend schonten, führte diese spektakuläre Eroberungstat zum „Negativ-Image" der Vandalen im historischen Nachleben. Nach der fast fünfzigjährigen Herrschaft Geiserichs konnten seine Nachfolger, fünf an der Zahl, das große Reich, das zeitweise auch Korsika, Sardinien, die Balearen und Teile Siziliens umfasste und den Anspruch erhob, legitimer Erbe des weströmischen Reiches zu werden, nicht mehr zusammenhalten. Der Vandalen-Staat erlosch 533/34 nach der Eroberung Nordafrikas durch das oströmische Byzanz.

Sie waren Christen, wenngleich arianischer bzw. homöischer Konfession. In dem Gefüge der unterschiedlichsten christlichen Glaubensrichtungen, Manichäer, Donatisten, Pelagianer, Arianer, römische Katholiken, führte der Streit um die Trinität und die Gotteseigenschaft Jesu zu erbitterten Fehden und Feindschaften, die auch zu zeitweiliger Verfolgung der Romgläubigen durch die Vandalen Anlass gaben. Den christlichen Bau- und Bildzeugnissen, die in Nordafrika reich erhalten sind, ist nicht abzulesen, aus welcher Bekenntnisrichtung sie entstanden sind. Dies nicht nur wegen der Politik der Akkulturation, die die mit weit unter 100 000 Personen im Verhältnis zahlenmäßig kleine Vandalenbevölkerung gegenüber der römischen Kultur betrieb, sondern auch angesichts des Umstandes, dass sich der Arianismus in der christlichen Ikonografie und auch weithin im Stil im Kontinuum frühchristlicher Kultur in Nordafrika schon über 100 Jahre vor und 150 Jahre nach der Vandalenherrschaft in nichts unterschied. Diejenigen Zeugnisse, die aus historischen Gründen der Vandalenzeit zwischen 430 und 533 zugeordnet worden sind, sind weitgehend in dieser Ausstellung versammelt. Sie schlägt jedoch einen Bogen von der römisch-pagan geprägten Spätantike in der nordafrikanischen Provinz über die Epoche des heiligen Augustinus bis zu den eineinhalb Jahrhunderten byzantinischer Herrschaft. Neben den originalen Bildwerken und Objekten ist sie durch Modellbauten, etwa des Bauensembles von Demna am Kap Bon und der Kirche von Henchir el-Gousset bei Haïdra aus vandalischer Zeit und der berühmten byzantinischen neunschiffigen Basilika Damous el-Karita in Karthago und einer originalgetreuen Kopie des mosaizierten Taufbeckens von Demna, bereichert.

> In Afrika gab es … zahlreichere und ausgedehntere Großbesitzungen als anderswo … Der Wohlstand, in welchem sich überhaupt der kultivierte Teil Afrikas befunden hat, redet deutlich aus den Ruinen seiner zahlreichen Städte, die trotz ihrer engbegrenzten Gebiete überall Bäder, Theater, Triumphbögen, Prunkgräber, überhaupt Luxusbauten aller Art aufweisen … Wohl blieb Karthago an Volkszahl und Reichtum nicht viel zurück hinter Alexandria und war unbestritten die zweite Stadt der lateinischen Reichshälfte, nebst Rom die lebhafteste, vielleicht auch die verdorbenste Stadt des Okzidents …

Theodor Mommsen

Die Ausstellung schließt mit Exponaten aus der ersten Zeit nach der arabischen Inbesitznahme des heutigen Tunesiens, das nun „Ifriqiya" hieß, im 7. Jahrhundert ab. Damit soll zunächst deutlich gemacht werden, dass die Kulturgeschichte Nordafrikas nicht mit dem Eindringen der Araber endet, sondern Neues, sogar kunst- und architekturgeschichtlich höchst Eigenes, „Nordafrikanisches", entstand. Man könnte vielleicht sogar so weit gehen, in die „komplexe ethnische Verschiebung" (Martin Rink), die man „Völkerwanderungszeit" nennt und die – mit Vorläufern – in Europa immerhin auch vom 4. bis ins 8. Jahrhundert dauerte, auch die arabischen Feldzüge und Landnahmen einzubeziehen.

Die Kontinuitäten reichen jedoch noch weiter und waren direkter. Zufällig ist eine Inschrift aus dem 11. Jahrhundert erhalten (s. Kat. 356), die die Existenz einer christlichen Gemeinde bezeugt – und das aus Kairouan, das erst 670 von den Arabern als Hauptstadt gegründet wurde! Man möchte daraus ableiten, dass es in den schon in christlicher Zeit existenten Städten, zumal Karthago selbst, erst recht noch eine „christliche Kirche" gegeben haben müsste!

Die fr-harabischen „Ribats" (Monastir, Sousse) setzten die Tradition der byzantinischen Festungen (Ksar Lamsa, Haïdra, Kelibia) fort. Und schließlich war es der – in heutiger Form ab 843 errichtete – Bau der „Großen Moschee" von Kairouan, der den Gebäudetypus der vielschiffigen byzantinischen Basiliken aufgriff und umwandelte. Für die über 400 Säulen der Moschee wurden größeren Teils Spolien verwendet, deren Kapitelle aus punischer, römischer, frühchristlicher und byzantinischer Zeit stammen. Es ist zwar sicher etwas modern gedacht, wenn man in der Moschee von Kairouan schon eine Art „Ringparabel" ihrer Zeit sehen wollte; wobei aber auch – oberflächlich – manche Zeitgenossen im 7./8. Jahrhundert den Islam zunächst für nichts anderes als eine neue konfessionelle und häretische Abspaltung, nach den vielen vorangegangenen, vom Christentum hielten, die sich womöglich sogar auf den Arianismus in der Konsequenz des Monotheismus berufen könnte. Die Kairouaner „Große Moschee" ist aber sicher Symbol eines Multikulturalismus, der für die Kultur Tunesiens bis heute prägend ist.

Die freundschaftlichen Beziehungen des Badischen Landesmuseums zu den Kulturinstitutionen Tunesiens haben schon eine längere Geschichte und in den letzten Jahren Ausstellungen der Berberkeramik der Frauen von Sejnane, eine durch Deutschland gewanderte Ausstellung des wichtigsten zeitgenössischen Künstlers Khaled Ben Slimane und vor allem die große Karthago-Ausstellung „Hannibal ad portas" im Jahr 2004 möglich gemacht. Die weltoffene und Europa zugewandte Einstellung in Tunesien ist gewiss zum Teil auch auf die jahrhundertealte multikulturelle Tradition des Landes, mit Einflüssen aus der phönizischen Levante, von den Römern, den germanischen Vandalen, Byzantinern, Arabern, türkischen Osmanen, Italiens und Frankreichs sowie der indigenen „libyschen" Berberkultur zurückzuführen. Zum anderen Teil ist sie aber auch das Ergebnis der gewachsenen guten Beziehungen heutigentags, die auf einem freundschaftlichen Verhältnis des Gebens und Nehmens auf gleicher Augenhöhe begründet sind. Dem zuständigen Minister der Republik Tunesiens, Abdel Raouf Basti, seinen Vorgängern Hermassi und Ben Achour, dem Botschafter Tunesiens in der Bundesrepublik Deutschland, Mohammed Ben Abdallah, und vor allem der Leitung des „Institut national du Patrimoine" (INP) als zentraler Institution aller staatlichen Museen und Ausgrabungsstätten, das in einem Land mit einem außerordentlich großen und reichen Kulturerbe bewunderungswürdige Arbeit leistet, sei sehr herzlich gedankt. Insbesondere dem Generaldirektor des INP, Fathi Béjaoui, und dem Direktor der Museen, Habib Ben Younès, die beide nicht nur institutionell und administrativ, sondern auch persönlich als Wissenschaftler die Ausstellung maßgeblich gefördert und bereichert haben, so dass man auch diesmal wieder von einer kollegial und menschlich tiefbegründeten Kooperation sprechen kann, sind wir sehr herzlich zu Dank verpflichtet. Außergewöhnlich und vielfältig hilfreich war auch der Direktor des Bardo-Museums in Tunis, Taher Ghalia, als Spezialist für die frühchristliche Kultur, der für unsere Ausstellung in seinen hochqualifizierten Mosaik-Werkstätten die Kopie des Taufbeckens von Demna fertigen ließ.

Ich danke herzlich allen sonstigen Leihgebern aus vierzehn weiteren Staaten. Dabei kommt, wegen der zeitweiligen Ansiedlung der Vandalen und deren Beziehungen zu den Westgoten, Spanien eine besondere Bedeutung zu, wo der deutsche Botschafter in Madrid, Dr. Wolf-Dietrich Born, und Dr. Luis Balmaseda im Archäologischen Nationalmuseum in Madrid wertvolle Unterstützung leisteten. Mit großer Freude darf ich vermerken, dass es dank der zuständigen Behörden, der dortigen deutschen Botschaft und dem Generaldirektor der Museen, Herrn Mourad Bouteflika, aufgrund freundschaftlicher Vereinbarungen auch erstmals zu Leihgabenzusagen aus den Museen von Algerien gekommen ist.

Im Badischen Landesmuseum haben Frau Dr. Astrid Wenzel und Frau Susanne Erbelding M.A., als die für Thematik zuständigen Referentinnen im Hause, unterstützt von Frau Fiona Finke M.A. tatkräftig die Ausstellungsidee aufgegriffen und mit großem Einsatz und Engagement zum jetzt vorliegenden Ergebnis geführt. Herzlich sei ihnen gedankt, ebenso dem Büro Ranger Design in Stuttgart für die bewährte Ausstellungs- und Grafikgestaltung und den Modellbauern. Für den Katalog gilt der herzliche Dank den Autorinnen und Autoren, seinem Redakteur Claus Hattler M.A. sowie dem Verlag Philipp von Zabern in der Wissenschaftlichen Buchgesellschaft. Sponsoren waren bei dem so heiklen Schlagwort „Vandalen" zunächst schwer, dann aber mit der Landesbausparkasse Baden-Württemberg und Citylight Contact Karlsruhe erfreulicherweise doch zu finden. Vielleicht hat da oder dort doch noch das traditionelle negative Klischee fortgewirkt; die Ausstellung hilft hoffentlich, dies für die Zukunft abzubauen.

Harald Siebenmorgen
Direktor des Badischen Landesmuseums Karlsruhe

ROMA

ANNONA   URBIS ROMÆ

M·D·XLII

KÖNIGE ALS ERBEN DER IMPERATOREN

Die politische Umgestaltung der römischen Welt

von Herwig Wolfram

Das republikanische Rom hatte das „Streben nach der Königsherrschaft" zu einem Delikt des Straf- und Sakralrechts erklärt. Trotzdem wurde die Königszeit stets auch als heroischer Ursprung Roms verklärt, und so begriff noch Kaiser Justinian I. (527–565) seine Herrschaft „als die bruchlose Fortsetzung des Prinzipats, der Republik und des Königtums" (Alexander Demandt). Diese Auffassung wurde, besonders von der jüngeren römischen Stoa, philosophisch begründet, wonach der Kaiser den idealen König der griechisch-hellenistischen Politeia zu verkörpern habe. Mit Konstantin dem Großen wurde diese Vorstellung auf den christlichen Kaiser übertragen. Am Kaiser und seiner Herrschaft, die sowohl als *imperium* wie auch *regnum* bezeichnet wurde, nahmen die Könige der barbarisch-römischen Reiche Maß und wurden danach auch von ihren barbarisch-römischen Untertanen gemessen. Die politische Theorie der Spätantike unterschied die ewige Res publica vom Imperium Romanum, das sich zeitweise aus römischen Gebieten zurückziehen und den Umfang der je aktuellen Res publica schrumpfen lassen konnte. Gemäß dieser Theorie hatte die Res publica das gesamte westliche Imperium unter die Herrschaft von Königen gestellt, indem sie diese vertraglich anerkannte. Beginnend mit den Gotenverträgen, die Kaiser Theodosius I. (379–395) 380/82 abgeschlossen hatte, wurde diese Anerkennung niemals „auf ewig", sondern nur auf Lebzeiten des gentilen Vertragspartners ausgesprochen und musste stets neu verhandelt werden.

⇦ Rom – Personifikation der Stadt, vorgestellt als bewaffnete Frau in der Notitia Dignitatum, s. Kat. 96

Nachhaltige Bündnispolitik

Zwischen 474 und 508 änderte die Reichsregierung ihre theoretische Politik. Im Jahre 474 einigte sich der Vandalenkönig Geiserich (428–477) mit dem oströmischen Kaiser Zenon (474–491) auf ein „Ewiges Bündnis". Dieses war der erste transpersonale Vertrag, den das Römerreich mit einem der barbarisch-römischen Königreiche schloss.

Im nächsten Jahr (475) folgte der Westgotenkönig Eurich (466–484), indem er seine südfranzösisch-spanischen Eroberungen vom letzten legitimen weströmischen Kaiser Iulius Nepos vertraglich bestätigen ließ. Dieser Vertrag galt für ein Gebiet, das sechsmal größer

> Wer hätte geglaubt, dass Rom, das durch Siege über die ganze Welt aufgebaut worden war, fallen würde; so dass es sowohl die Mutter als auch das Grab für alle Völker sein würde.
>
> Hieronymus, *In Ezechielem I Praef.*

als das aquitanische Westgotenreich seines Vaters war. Dadurch wurde König Eurich allerdings nicht selbstständig, sondern man einigte sich darauf, dass der Kaiser von nun an zufrieden war, „vom Westgotenkönig ‚Freund' genannt zu werden, obwohl ihm die Anrede ‚Herr' gebühre".

König Odoaker (476–493), der nach dem Sturz des Usurpators Romulus Augustulus durch eine senatorische Gesandtschaft die kaiserlichen Insignien nach Konstantinopel sandte und dort ausrichten ließ, es „genüge" der oströmische Kaiser, wurde von der Reichsregierung niemals völlig anerkannt.

Diese Anerkennung erhielten 497 Theoderich der Große (493–526) für das Königtum über die Goten und

Italiker und 508 der merowingische Frankenkönig Chlodwig I. (481–511) für seine gallische Herrschaft. Zu den gallischen Burgundern bestand vor ihrer Unterwerfung durch die Franken eine besondere Beziehung, da sie stets die treuen Bündnispartner des Kaisers sein wollten.

Auf Britannien dagegen hatte die westliche Reichsregierung bereits 410 verzichtet und den einheimischen Eliten die Selbstverwaltung und Selbstverteidigung empfohlen. Davon machten sie ebenso wie die von ihnen gerufenen Angeln und Sachsen ausgiebigen Gebrauch. Weder die heidnischen, von Wodan abstammenden Angelsachsenkönige noch die römischen Stadtnotabeln, die christlichen Kurialen, suchten von nun an die kaiserliche Anerkennung. Einzelne hervorragende Kurialen nutzten sogar die Möglichkeit, aus ihrem Amt eine Herrschaft und sich selbst zu Königen zu machen. Was aber in Britannien vielleicht ein „König Arthur" vollbrachte, sicher aber andere Britenkönige erreichten, gelang auf dem Kontinent regionalen Herrschern wie dem gallischen Heermeister und Römerkönig Syagrius von Soissons (464–486) oder Riothamus (um 469), dem König der Loire-Briten, oder Masuna, dem „König der

Völker der Mauren und Römer", dem 508 in der Mauretania Caesariensis seine „Beamten" einen Weihestein setzten.

Könige und ihre Gefolgschaften

Die meisten Königreiche auf römischem Boden trugen den Namen von Völkern, die wir heute als germanisch bezeichnen. Keiner der Könige hätte sich jedoch selbst als Germane verstanden oder in seinen nichtgermanischen „Kollegen" etwas anderes als Konkurrenten im Kampf um das Erbe der Imperatoren gesehen. Auch ihre Königreiche waren keine germanischen, sondern spätrömische Institutionen, keine Ämter mit regionaler Zuständigkeit, sondern territoriale Herrschaften, die für ihren Bereich zwar das Imperium Romanum, nicht jedoch die Res publica aufgehoben hatten. Die meisten Könige erhielten dafür die vertraglich zugesicherte kaiserliche Anerkennung als regionale oder allgemeine Heermeister. Das heißt, sie besaßen das höchste römische Militäramt und die damit verbundene vizekaiserliche Position eines Patricius. Die Könige verfügten über „auswärtige Völker" in Waffen, deren Integration als vertraglich verpflichtete Einheiten des Römerheeres begann, die aber den Exercitus Romanus, die römische Armee, in den einzelnen Königreichen nach deren Errichtung ersetzten. Damit übernahmen die barbarischen Heere auch das Recht der Herrschererhebung. Allerdings „machten" sie nicht wie das Römerheer einen Kaiser, sondern einen vizekaiserlichen König.

Auf diese Weise vollzog sich die Imperialisierung der fremden Völker, wurden unter dem Einfluss der römischen Staatlichkeit die germanischen Verfassungsstrukturen von Grund auf umgestaltet. Das Königtum wurde zur Monarchie; die den Königen folgenden Völker schlossen sich zu neuen polyethnischen Formationen zusammen, in denen die alten Ordnungen entweder untergingen oder neue Bedeutung gewannen. Die Gefolgschaft überlagerte und veränderte frühere soziale Bindungen, so dass selbst die Sippe nicht selten nur als traditionelle Rechtsgemeinschaft überdauerte. Auch konnte die Verpflichtung zur Blutrache von den Sippengenossen auf die einander eidlich verbundenen Gefolgschaftsange-

Frühbyzantinischer Kelch aus Silber mit einer Inschrift, die den germanischen Namen Framarich wiedergibt – beredtes Zeugnis der Amalgamierung germanischer und antik-mediterraner Tradition. 6. Jh., Badisches Landesmuseum

hörigen übergehen. Ja, der Gefolg-
schaftsherr forderte sogar anstelle der Sippe das Wergeld
für seinen erschlagenen
Mann. Allerdings lebten
die alten Vorstellungen
fort. So wurden etwa
politische Morde nicht
selten als Blutrachefälle
dargestellt, wie dies
selbst ein Theoderich der
Große zumindest zwei-
mal in seinem Leben tat.

Der Kontakt mit der Mittelmeer-
welt brachte den Germanen das
Christentum. Zierscheibe eines
Pferdezaumzeugs mit Mutter-
gottesdarstellung aus Hüfingen/
Südschwarzwald, um 600, viel-
leicht aus Italien importiert,
Badisches Landesmuseum

Geschriebene Gesetze

Existenz und Form römischer Rechtskodifikationen
standen Pate bei der Umwandlung der germanischen
Gewohnheiten in schriftlich fixierte Volksrechte. Sie bestanden aus Satzungen, die der König mit Zustimmung
einer qualifizierten Öffentlichkeit als gottgegebenes
Recht „gefunden" (also erlassen) hatte. Die Schriftlichkeit wurde weiterhin durch das Lateinische bestimmt;
die Volkssprachen besaßen – sieht man von der gotisch-
arianischen Kultsprache ab – nur marginale Bedeutung.
Fast alle Urkunden, derer sich die Germanen bald zu
bedienen lernten, waren in Latein abgefasst. Allerdings
veränderte der Rechtssymbolismus der Neuankömmlinge – eher die Ursache als die Folge des Rückgangs
der Schriftlichkeit – ganz entscheidend den Charakter
der Urkunden. Eine Urkunde war nun nicht mehr das Ergebnis des ein Recht begründenden Aktenlaufs, wie wir
dies gleich den antiken Menschen auch heute gewohnt
sind, sondern sie begann selbst das Recht zu verkörpern, es in sich zu tragen. Außerrömische gentile Traditionen blieben im Kunstwollen, im Totenkult und in zumeist bloß bruchstückartig überlieferten Herkunftssagen
erhalten. Überdies wurden die gentilen Überlieferungen
den christlich-antiken Vorbildern, wenn nicht schon inhaltlich, so doch der Form nach angeglichen.

Das Weiterleben des römischen Verwaltungsapparats

Allein schon aus demografischen Gründen konnte die
überlegene römische Welt von den Germanen weder erobert noch als politisch-ökonomische Einheit wiederher-
gestellt oder gar erhalten werden. Vielmehr setzten sie
gegen den imperialen Universalismus einen gentilen
Partikularismus durch, der sich mit dem spätrömischen
Zug zur Territorialisierung und der Entstehung eines
landschaftsbezogenen Patriotismus verband. Daher
verstärkte das germanische Element auch all diejenigen Entwicklungen und Tendenzen, die die römischen
Provinzen der Zentrale schon längere Zeit entfremdet
hatten. In den Königreichen vollzog sich die Gentili-
sierung und Provinzialisierung der römischen Welt. So
wurden aus den Römern südlich der Loire die Aquita-
nier, aus denen der Lugdunensis die Burgunder, aus
Ligurien die Lombardei, aus Britannien England und nicht
zuletzt aus Gallien das Frankenreich. Der Römername verlor seine ökumenische Bedeutung und bezeichnete bloß
ein Volk unter anderen. Ja, die Provinzialisierung konnte
so weit gehen, dass nur mehr die Bewohner von Rom
oder bestimmter Gebiete, wie die der Romagna oder
von Churrätien (Graubünden), als Römer galten. Auch
wurden die Angehörigen sozial-rechtlich bestimmter

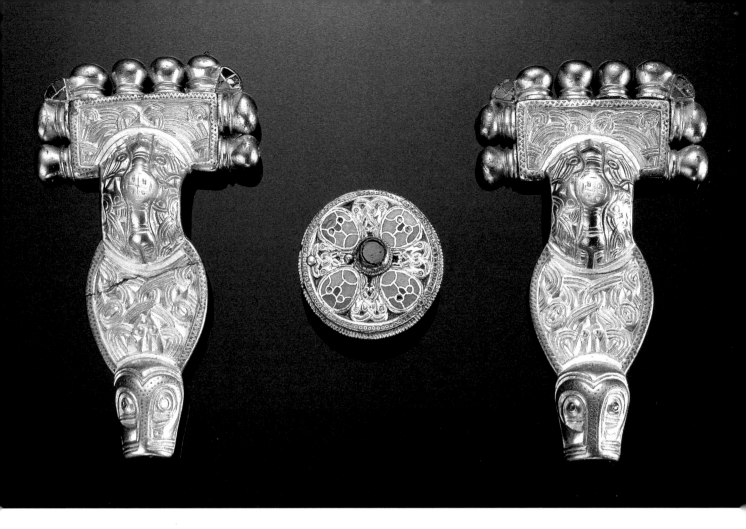

Kostbarer Schmuck aus einem Frauengrab vom Friedhof von Klepsau an der Jagst, 6. Jh. Die Bügelfibeln zeigen byzantinische Anklänge, Badisches Landesmuseum

Gruppen als Römer oder als römische Funktionsträger, wie *Romani tributarii* (steuerpflichtige Römer) oder *milites* (Grenzsoldaten), bezeichnet. Weil sie aber das Land bebauten und Steuern zahlten, galten sie nicht mehr als vollfrei. Die germanischen Könige versuchten, mithilfe der römischen Eliten, die sich aus dem zuletzt genannten Grund vielfach nicht mehr als Römer verstanden, die traditionelle Administration, wenn auch nur in reduzierter Form, zu übernehmen. Größere Eingriffe in den römischen Verwaltungsaufbau haben sich nicht einmal die Vandalen geleistet; jedenfalls schafften die Germanen weder das römische Steuersystem noch die Sklaverei ab. Nicht zuletzt aber übernahmen die Könige den römischen Militäreid, den sie und ihre Scharen beim Eintritt in die römische Armee zu leisten hatten, um alle ihre Untertanen auf sich und ihre Reiche zu verpflichten (Stefan Esders).

Die Integration der Fremden

Die politische Anerkennung der Könige und ihrer Reiche hätte jedoch keine Grundlage gehabt, wäre es nicht gelungen, die „auswärtigen Scharen" sozioökonomisch und rechtlich in die römische Oberschicht zu integrieren. Angehörige des römischen Heeres wurden seit jeher – bei grundsätzlicher Steuerfreiheit – auf dreierlei Weise bezahlt: mit regelmäßigem Sold, mit außerordentlichen Zahlungen in unterschiedlicher Höhe (Donativen) und mit Land. Diese Vielfalt der Möglichkeiten erlaubte variantenreiche Ansiedlungsmodalitäten für die dem Römerheer ursprünglich angehörigen Könige und ihre Völker. Auf diese Weise vollzog sich der Ausgleich zwischen dem antiken und dem nichtantiken Altertum und wurden die Grundlagen geschaffen, auf denen Europa bis heute aufbaut.

Obwohl ein wahrlich weltgeschichtlicher Vorgang, fand dieser Prozess in der Überlieferung so geringen Niederschlag, dass sich die historischen Wissenschaften heute davon kein eindeutiges Bild machen können. Vom 4. bis zum 6. Jahrhundert, als die Umgestaltung der römischen Welt einen in unseren Augen dramatischen Höhepunkt erreicht haben müsste, erfolgte die Integration der Fremden in einer Weise, die dort, wo sie erfolgreich war, so gut wie keinen Konflikt auslöste. Daher besteht heute hinsichtlich der dauerhaften Ansiedlung der fremden Empfänger vor allem in einem Punkt Einigkeit: Sie muss mit den einheimischen Gebern auf rechtlicher Grundlage nicht gegen deren Willen, sondern mit diesen im Einvernehmen ausgehandelt und durchgeführt worden sein. Als Goten, Vandalen, Franken und Burgunder, ja auch Angelsachsen und noch Langobarden ihre Reiche auf weströmischem Boden errichteten, bildete die Mitwirkung der römischen Eliten die Voraussetzung für deren Bestand. Wo dieser Konsens nicht zumindest nach einiger Zeit hergestellt werden konnte oder aufgegeben wurde, galten diese Einzelfälle als Normverstöße, die sehr wohl von den Schriftkundigen vermerkt worden sind.

Entstaatlichung des öffentlichen Lebens

Die Ansiedlung der fremden Kriegerscharen, die das Römerheer schließlich zur Gänze ersetzten, bedeutete nicht zuletzt die Entlastung der öffentlichen Haushalte von den enormen Heeresausgaben. Vier oder fünf reiche italienische Senatoren konnten jährlich von ihren Gütern die gleiche Summe Geldes erwarten, die das weströmische Jahresbudget insgesamt ausmachte. Dieses Missverhältnis von öffentlicher Armut, die trotz oder gerade wegen des unerträglichen Steuerdrucks herrschte, und privatem Reichtum zwang den gegenüber dem Ostreich um ein Vielfaches ärmeren Westen, neue Formen der Staatlichkeit zu entwickeln. Und dazu boten sich die „fremden Scharen" und ihre Könige an, die im schlimmsten Fall als Eroberer kamen, es aber nicht lange bleiben konnten. So erhielt ein einfacher Ostgotenkrieger vom Schatz Theoderichs des Großen wahrscheinlich alle fünf Jahre fünf Solidi an Donativen,

während derselbe Mann als römischer Rekrut dreißig Solidi jährlich gekostet hätte. Der gedachte Ostgote lebte von seiner *sors*, seinem „Anteil", für den ein römischer Besitzender aufkommen musste. Indem auf diesem Weg der private Reichtum für die Bezahlung der neuen Eliten herangezogen wurde, privatisierte sich auch die römische Staatlichkeit – das spätantike Römerreich des Westens verwandelte sich in barbarisch-römische Königreiche.

Königreiche mit des Kaisers Zustimmung

Die Errichtung der Königreiche wurde der kaiserlichen Regierung weniger abgetrotzt, als von ihr gewährt, bot sie ihr doch auch einen großen politischen Vorteil: Der ökonomisch bankrotte und politisch unregierbar gewordene Westen erhielt eine zwar reduzierte, jedoch berechenbare Staatlichkeit mit festen interregionalen Grenzen. Das Kaisertum gewann überdies eine Atempause und zugleich die Möglichkeit der Revision aller Verträge, auch wenn sie der Theorie nach „auf ewig" geschlossen wurden. Konstantinopel konnte ein Königreich innerhalb der römischen Grenzen vertraglich anerkennen – bei gegebener Gelegenheit, wenn nämlich die barbarischen Völker ihre legitimen Herrscher und Vertragspartner der Kaiser „verließen" und ausreichende Machtmittel zur Verfügung standen, galten ihre Reiche als Ergebnisse von Usurpationen, ihre Inhaber und Gründer als Tyrannen. Und diese Option ließ sich das Kaisertum nicht erst seit Justinian offen, obwohl sie erst dieser Imperator tatsächlich besaß. Dann mussten freilich selbst die Franken um ihren gallischen Besitzstand fürchten, sollte es Justinian einem Marius und den früheren Kaisern gleichtun und zur Offensive schreiten. Dazu ist es jedoch nie gekommen, vielmehr überdauerten die Königreiche der Franken und das westgotische Spanien die justinianische Restauration und waren nachher stärker als zuvor. Und die britannischen Angelsachsen hat erst Papst Gregor der Große (590–604) zu Erben der Imperatoren gemacht, indem er deren Christianisierung begann. Auf diese Weise zogen die „Wodanssöhne" mit dem Kontinent gleich. Von den Langobarden abgesehen waren hier alle Germanen auf ehemaligem Reichs-

boden bis um 600 Katholiken geworden, und auch die Tage des langobardischen Arianismus waren zu dieser Zeit bereits gezählt.

Römisch und katholisch

Der Presbyter Arius von Alexandria (etwa 260–336), nach dem diese Glaubensrichtung in der Vergangenheit wie Gegenwart benannt wird, vertrat die bloße Gottähnlichkeit und Zeitlichkeit Jesu und sprach dem Heiligen Geist die Göttlichkeit ab. Kaiser Konstantin berief im Jahre 325 das erste Ökumenische Konzil nach dem kleinasiatischen Ort Nicäa, wo der Arianismus verdammt und das Nicaenum, das im Wesentlichen bis heute gültige Glaubensbekenntnis, formuliert wurde. Damit war der Streit jedoch nicht beendet. Das auf dem Reichskonzil von 360 in Anwesenheit von Bischof Wulfila, dem Schöpfer der Gotenbibel, angenommene, als Kompromiss gedachte Bekenntnis bildete auch die Grundlage für den germanischen Arianismus, der nach den Forschungen von Knut Schäferdiek besser als Homöismus, als Lehre von der Gleichheit, jedoch nicht Wesensgleichheit von Gott-Vater und Gott-Sohn, zu bezeichnen wäre.

Mit der Berufung des Spaniers Theodosius I. 379 auf den Kaiserthron des Ostens setzte sich auch hier die nicänische Position durch, so dass die Oströmer wieder katholisch wurden. Am Ende des 4. Jahrhunderts stand die weitaus überwiegende Mehrheit der christlichen Germanen auf dem Boden des Ostreiches, und deren homöisches Credo wagten die Kaiser damals und im folgenden Jahrhundert nicht anzutasten. Die Besonderheit und Widerstandskraft der wulfilanischen Tradition beruhte nicht zuletzt auf ihrer Volkssprachigkeit. Der gotisch-vandalische Homöismus war Bestandteil der gotisch-vandalischen, teilweise auch burgundisch-langobardischen Identität. Die während des 5. und 6. Jahrhunderts in den Westen abgewanderten Völker brachten ihren Glauben mit, waren aber ihrerseits viel zu schwach, um die im Westen längst gefallene Entscheidung zugunsten des Katholizismus rückgängig zu machen. Ihr Bekenntnis blieb daher das Credo der – wenn auch regierenden – Minderheit, spaltete aber das religiöse Leben der Völker in den jeweiligen Reichen. Folgerichtig entschied sich der bis dahin heidnische Merowinger Chlodwig, der als Franke der gotischen Glaubensüberlieferung ebenso wie der Sprache Wulfilas ferner stand, für den Katholizismus der römischen Mehrheitsbevölkerung. Man hat darin viel machtpolitisches Kalkül und eiskalte Berechnung des Frankenkönigs gesehen. Tatsächlich fand Chlodwig mit seiner Entscheidung die Unterstützung nicht nur der katholisch-römischen Eliten Galliens, sondern auch diejenige Konstantinopels. Allgemein wurden seine Siege über die Alamannen und Goten begrüßt und gefeiert. Trotzdem war es kein bloßer Opportunismus, der die Franken katholisch, ja zu Europäern machte, wie sie als Erste so benannt wurden. Vor allen anderen Germanenkönigen traten die Frankenkönige dauerhaft das Erbe der Imperatoren im Westen an, bis einer von ihnen, Karl der Große, am Weihnachtstag 800 selbst Kaiser wurde.

Lit.: Demandt 1970 – Demandt 2007 – Geary 1996 – Geary 2002 – Pohl 2000 – Pohl 2005 – Wolfram 1994 – Wolfram 2005 – Wolfram 2009

⇐ Karl der Große. Replik der romanischen Reiterstatuette aus dem Domschatz von Metz. Bronze, vielleicht in Aachen hergestellt, 19. Jh., Badisches Landesmuseum

FRAGEN AN DIE VANDALEN

Zur Situation der Vandalenforschung

von Philipp von Rummel _____

Warum interessiert uns heute eine Gruppe von Menschen, die vor mehr als 1500 Jahren ein nicht besonders langlebiges Königreich in Nordafrika gründete, so sehr, dass nicht nur zahlreiche Bücher über sie geschrieben werden, sondern sie sogar Thema einer großen Ausstellung wird? Die Antwort fällt nicht schwer: Diese Menschen sind Angehörige jenes berühmten Stammes, der aus Mitteleuropa kam, die Straße von Gibraltar überquerte, Karthago eroberte, Rom plünderte, die Mittelmeeranrainer mit seiner Flotte in Angst und Schrecken versetzte und seit dem 18. Jahrhundert einen griffigen Namen für sinnlose, blinde Zerstörungswut liefert. Die häufigste Frage, mit der ein über die Vandalen arbeitender Wissenschaftler konfrontiert wird, ist daher: „Waren die Vandalen wirklich so schlimm?" – Sie waren es nicht, jedenfalls nicht im Sinne des modernen Begriffs.

Im deutschsprachigen Raum schlägt den Vandalen auch deshalb ein besonderes Interesse entgegen, weil sie als Germanen gelten. Aus diesem Grund wurde bis in jüngste Zeit die vandalische Geschichte in Nordafrika als Teil der deutschen betrachtet. In der Konsequenz wurden die Vandalen in den deutschsprachigen Ländern vorwiegend positiv beurteilt, in der romanischsprachigen Forschung dagegen, wie andere barbarische Stämme auch, dementsprechend negativ. Die Barbaren galten auf der einen Seite als erfolgreiche Schöpfer neuer Staaten auf dem Boden des dekadenten römischen Reiches und auf der anderen als zerstörende Invasoren, die einen großen Teil der Schuld an dessen Untergang tragen. Heute wird dies über alle Grenzen hinweg objektiver beurteilt, auch wenn die Auswirkungen dieser Forschungsgeschichte noch immer zu spüren sind.

Unabhängig von ihrer unterschiedlichen Bewertung sind die Vandalen ein besonders gutes Beispiel für einen barbarischen Stamm der Völkerwanderungszeit: für sein Agieren in der spätrömischen Welt und seine Wahrnehmung in späteren Zeiten. Die moderne wissenschaftliche Forschung über die Vandalen begann im 18. Jahrhundert. Da die Vandalen Homöer („Arianer") waren, also Christen, die Gottvater und Sohn nicht für gleich (griech. *homousios*), sondern lediglich ähnlich (griech. *homoios*) hielten, war ihnen die historische Überlieferung nicht wohlgesonnen. Während homöisch-vandalische Autoren dem Vergessen anheimfielen, stammen die seit der Spätantike immer wieder kopierten und damit erhalten gebliebenen Schriften aus dem oder über das Vandalenreich fast ausschließlich aus der Feder katholischer Autoren, die den homöischen Vandalen mehrheitlich feindlich gesinnt waren. Unter ihnen sind vor allem Victor von Vita, ein katholischer Bischof, der in den 480er Jahren eine Geschichte der Verfolgung der Katholiken in den afrikanischen Provinzen unter vandalischer Herrschaft verfasste, und Prokopios von Caesarea, der 533 auf byzantinischer Seite an dem Krieg gegen die Vandalen teilnahm und hierüber einen detaillierten Bericht verfasste, zu nennen. Das in diesen Quellen gezeichnete Bild der Vandalen ist überwiegend negativ. Während bei Victor die grausamen Verfolger dominieren, sind es bei Prokop dekadente Großgrundbesitzer. So sind in der modernen historischen Erinnerung vor allem Geschichten von Gewalt und Gräuel auf uns gekommen, denen die Archäologie Ruinen und Zerstörungsschichten zur Seite stellte.

In den historischen und archäologischen Quellen sind jedoch auch Details zu erkennen, die ein anderes

⇦ Mosaik des 5. Jahrhunderts aus Karthago, mit einem berittenen Jäger, der, wie auf einem anderen Teil des Mosaiks zu sehen ist, mit Jagdhunden und einem Falken Hasen jagt. Im Vordergrund ist ein Netz dargestellt, mit dem die Beute in die Enge getrieben wird. Tunis, Musée national du Bardo

Von „wilden Horden" und tugendhaften Vandalen

von Romy Heyner

Die Vandalen werden in der antiken Geschichtsschreibung äußerst kontrovers dargestellt. Die Geschichtsschreiber des 1. Jahrhunderts, wie Plinius der Ältere und Tacitus, sind die Ersten, die die Vandalen erwähnen. Sie betrachten diese aus kultureller und geografischer Sicht als eine der großen germanischen Stammesgruppen. Bei den folgenden Autoren treten die Vandalen immer nur dann in das Licht der Geschichte, wenn sie die Interessensphären des römischen Reiches berühren. So schildert Cassius Dio in seiner „Römischen Geschichte" zunächst ihre Bitte, sich auf römischem Gebiet ansiedeln zu dürfen, und später ihre Konfrontation mit den Markomannen. Dexippos, ein Geschichtsschreiber des 3. Jahrhunderts, bewundert die außerordentliche Leistung ihrer frühen Wanderschaft. Bei diesen Autoren erscheinen die Vandalen jedoch eher am Rande des Geschehens, als einer der zahlreichen Stammesverbände der Germanen. Die Betrachtungsweise bleibt dabei zumeist relativ neutral. Erst mit ihrem Übertritt über den Rhein, dem Zug durch Westeuropa, der Überfahrt und schließlich der Ansiedlung in Nordafrika findet ein Wandel statt und sie werden durch die Autoren ausführlicher betrachtet und charakterisiert. So gelten die Zeitgenossen Isidor von Sevilla, der eine *Historia Vandalorum* (Geschichte der Vandalen) schreibt, und der Chronist Hydatius als wichtige Quellen zur Geschichte der Vandalen in Gallien und in Spanien.

Die Hauptquellen zu den Vandalen in Nordafrika sind Victor von Vitas *Historia persecutionis Africae provinciae* (Geschichte der Verfolgung in der Provinz Africa zur Zeit der Vandalen) und Prokops *Bellum Vandalicum* (Krieg gegen die Vandalen). Victor von Vita, der ein katholischer Bischof war, beschreibt die Geschichte der Vandalen von ihrer Überfahrt nach Nordafrika bis zum Ende der Regierungszeit Hunerichs. Er gilt als Zeitzeuge des Geschehens und vollendete sein Werk vermutlich zwischen 484 und 489. Dabei vermittelt Victor ein nahezu durchgehend negatives Bild der Vandalen, indem er den Gegensatz *Vandalitas – Romanitas* und Arianer/Häretiker – Katholiken stark herausstellt. Die Beweggründe der Verfolger sieht er in Neid und Habgier gegenüber den katholischen Christen. Er stellt die vandalischen Verfolger als äußerst grausam und gewalttätig dar, die nicht einmal vor Gewalt gegen Frauen, Kinder und Alte zurückschrecken und zahlreiche Kirchen zerstören. Dieses sieht er in ihrem frevelhaften, ungestümen und generell „barbarischen" Charakter begründet. Auch andere Zeitgenossen betrachten die Vandalen als ketzerische Zerstörer Nordafrikas. Possidius von Calama, Biograf des Augustinus von Hippo Regius, beschreibt die Vandalen als grausame Horden, die ganz Nordafrika entvölkerten und Kirchengut zerstörten. Dieses durchgehend negative Vandalenbild teilen jedoch nicht alle. So sehen die beiden Kirchenschriftsteller Orosius und Salvianus die Vandalen in heilsgeschichtlicher Deutung als gerechte Strafe Gottes. Besonders Salvianus beurteilt die Vandalen dabei, trotz ihres „Irrglaubens", äußerst positiv und stilisiert sie zum tugendhaften Gegenbild der lasterhaften Römer.

Prokopios von Caesarea beschreibt in seinem Werk *Bella (Kriege)* die Kriege Justinians I. und somit auch den Krieg, den sein Feldherr Belisar gegen die Vandalen führte. Prokopios nahm als Begleiter und Vertrauter Belisars an dessen Feldzügen zwischen 527 und 540 teil. So auch am Krieg gegen die Vandalen im Jahre 533/34. Dabei reichen seine Schilderungen bis zu den Anfängen der Vandalen zurück und gipfeln in einer detailreichen Darstellung des Feldzuges der Oströmer gegen die Vandalen, wobei er diese als durch das römische Luxusleben verweichlichtes Volk darstellt. Neben den historischen und kirchenhistorischen Quellen steht die Lyrik. Luxurius, der in seinen Epigrammen Landsitze von Adligen, Gärten und Kunstwerke preist, beschreibt die von vielen Autoren als „barbarisch" betrachteten Vandalen durchaus als kultiviert und romanisiert.

Die hier aufgeführten wichtigsten Quellen vermitteln ein zweigeteiltes Bild von den Vandalen. Einerseits findet sich eine durchgehend negative Darstellung als grausame, von „barbarischer Wildheit" angetriebene Ketzer, andererseits erkennt man ihn ihnen ein tugendhaftes Gegenbild zu den Römern. Diese Betrachtung zeigt auf, dass die literarischen Quellen zwar Aufschluss über Aspekte der vandalischen Geschichte liefern, die die archäologischen Quellen nicht vermitteln können, jedoch für sich gesehen kein objektives Bild der Vandalen ergeben. Eine gemeinsame Betrachtung von archäologischen und literarischen Quellen und eine kritische Quellenanalyse, die Entstehungszeit und -hintergrund, literarische Gattung sowie Intention und Biografie des Autors mit einbezieht, ist daher unerlässlich.

Lit.: Brodka 2004 – Howe 2007 – Modéran 2003a – Moorhead 1992 – Schmidt 1970

Licht auf die Vandalen werfen, ohne in das gegenteilige Extrem zu verfallen und sie zu friedliebenden Kulturbringern zu stilisieren. In weiten Zügen gelang dies schon Felix Papencordt in seiner „Geschichte der vandalischen Herrschaft in Afrika" von 1837 oder Ludwig Schmidt mit seiner „Geschichte der Wandalen" von 1901, in der sich jedoch zahlreiche zeittypische nationalromantische Züge finden. Der französische Historiker Christian Courtois legte 1955 mit „Les Vandales et l'Afrique" ein epochemachendes Werk vor, das sich durch die äußerst differenzierte Sicht auf die afrikanischen Vandalen und ihre Einbettung in das weitere Umfeld des spätantiken Nordafrika mit seinen maurisch-berberischen Stämmen auszeichnet. Das Buch von Courtois war so ausfüllend, dass weitere Forschungsarbeiten vorerst für unfruchtbar gehalten wurden. Mit Ausnahme der Bücher von Hans-Joachim Diesner zeichnete sich die Folgezeit nicht durch allzu großes Interesse an der Forschung über die Vandalen aus. Erst seit den 1990er Jahren ist wieder ein breiteres Interesse an den Vandalen zu beobachten. Das Vandalenreich stellt so das derzeit wohl am besten in die aktuelle Forschung eingebundene barbarische Königreich der Völkerwanderungszeit dar.

Die archäologische Forschung zu den Vandalen in Afrika begann im späten 19. Jahrhundert, als der französische Archäologe Joseph de Baye den Vandalen aufgrund der Ähnlichkeit mit Funden aus dem merowingischen Frankreich Grabfunde aus Annaba (Bône/Hippo Regius) zuwies. Anschließend erstellten verschiedene Archäologen Kataloge vandalischer Funde in Nordafrika, zuletzt Jörg Kleemann, der in einer kritischen Analyse nur noch sieben bis acht Gräber in Nordafrika zu den vandalischen Grabfunden zählt.

Trotz aller Rationalität geht von den Vandalen, die ihre Heimat im nördlichen Barbaricum gegen das sonnige Afrika eintauschten, noch immer eine seltsame Faszination aus. Etwa als Stoff für Romane, wie beispielsweise Felix Dahns „Gelimer" von 1885, in dem der blond-germanische Romanheld mit wenigen Getreuen in einer der spätrömischen Dekadenz erliegenden Vandalengesellschaft Moral, Ehre und, dies jedoch vergebens, das vandalische Reich verteidigt. Was einfach scheint, ist tatsächlich jedoch nur schwer zu beantworten. Eigentlich sind uns die Vandalen und ihre Zeit außerordentlich

a

b

Zwei Zedernholztäfelchen mit Vertragstexten aus der späten Regierungszeit des Vandalenkönigs Gunthamund, bei denen es um die Übertragung von Land (a) und den Verkauf eines Sklaven (b) geht. Der Herrscher ist in der Datierungsformel dieser Dokumente genannt. Namen in Inschriften gehören zu den eindeutigsten Hinterlassenschaften der Vandalen in Nordafrika, s. Kat. 168

fremd und unsere Verständnismöglichkeiten der damaligen Begebenheiten sehr beschränkt. Dies beginnt schon bei der einfachen Frage, wer die Vandalen eigentlich waren. Was zeichnete sie aus, und was unterschied sie von anderen Gruppen, etwa von den Römern? Die Forschung ist schon in diesen grundsätzlichen Dingen von unterschiedlichen Meinungen und Ansätzen geprägt, die sich aus der Spärlichkeit und den vielfältigen Interpretationsmöglichkeiten der Informationsquellen erklären lassen. Einig ist man sich, dass es für Zeitgenossen klar gewesen sein muss, wer ein Vandale war und wer nicht. Die Gründe hierfür kann uns jedoch keiner, der es wirklich wusste, mehr erklären. Daher müssen wir aus unserem großen zeitlichen Abstand heraus vermuten, unterschiedliche Hinweise bewerten und versuchen, aus den nicht selten widersprüchlichen Informationen ein einheitliches Bild zu zeichnen.

Das Problem wird offensichtlich, wenn eine Ausstellung zu den Vandalen mit Objekten gefüllt werden soll. Unweigerlich stellt sich die Frage, was nun tatsächlich vandalisch ist. In welchen Häusern haben Vandalen gelebt, in welchen Kirchen haben sie gebetet, wie sahen ihre Schiffe aus, mit denen sie das Mittelmeer befuhren, und wie die Töpfe, die sie zum Kochen verwendeten? Keine dieser Fragen kann befriedigend beantwortet werden, weil wir nichts typisch Vandalisches kennen. In den Häusern, die aus dem nordafrikanischen Vandalenreich bekannt sind, können sowohl Vandalen als auch Römer gewohnt, in den Kirchen ebenso Katholiken wie auch Homöer gebetet und die bekannten Kochtöpfe römische wie vandalische Familien versorgt haben. Noch schwieriger wird es, wenn man den Blick auf die Zeit vor der Ansiedlung der Vandalen in Nordafrika richtet; denn während sie in Afrika zumindest grob lokalisierbar sind, gilt das für die europäische Epoche der Vandalen nicht. Die Kombination beider Faktoren – die Unkenntnis der vandalischen Sachkultur und die Unkenntnis ihres genauen Siedlungsgebietes – macht es der Archäologie praktisch unmöglich, Vandalisches zu identifizieren. Für Nordafrika ist festzustellen, dass das, was Vandalen von Römern unterschied, sich, jedenfalls beim derzeitigen Stand der Forschung, nicht in der Sachkultur niedergeschlagen hat. Mit Ausnahme weniger Grabfunde, seltener Inschriften mit germanischen Namen oder Datierungen in Regierungsjahren vandalischer Könige sowie Münzen vandalischer Prägung, die klar den Vandalen zugewiesen werden können, ist die Kultur des spätantiken Nordafrika die *gemeinsame*

Kultur der Vandalen und Römer. Die Welt der Vandalen in Nordafrika war keine germanische, die von der römischen beeinflusst wurde und mit ihr konkurrierte, sondern die gleiche wie die der Römer. Aufgrund dieses Bildes tendiert die archäologische Forschung zunehmend dazu, die Archäologie der Vandalen nicht allein als Untersuchung jener Funde zu verstehen, die direkt mit den Vandalen in Verbindung gebracht werden können, sondern als Archäologie des vandalischen Reiches, also jener Landschaft, die von den Vandalen regiert und geprägt worden ist und auf diese Weise viele Informationen über deren Leben liefern kann. Dies entspricht einem allgemeinen Trend der frühgeschichtlichen Archäologie, die dazu übergeht, sich nicht mehr ausschließlich als Spezialforschungsfeld der sog. germanischen Welt, sondern als umfassende Wissenschaft der Spätantike und des frühen Mittelalters zu verstehen. So ist etwa die aus dem vandalischen Afrika exportierte Feinkeramik zwar kein vandalischer Fund im klassischen Sinn, dennoch aber eine Objektgruppe, die vieles über die Organisation von Handel und Wirtschaft im vandalischen Afrika aussagen kann. Gleiches gilt für die Erforschung von Städten, Straßen, Plätzen und Häusern des vandalischen Reiches, die nicht direkt mit den Vandalen zu tun haben müssen, aber trotzdem Informationen zu der Frage liefern, wie sich Nordafrika unter der vandalischen Herrschaft entwickelt hat. So sind im Karlsruher Schloss zahlreiche Exponate zu sehen, die zwar nicht unbedingt Eigentum eines Vandalen oder einer Vandalin waren, die aber aus dem afrikanischen Vandalenreich stammen und damit aus jener Welt, die über hundert Jahre das vandalische Handeln bestimmt hat und von ihm geformt wurde.

Das Reich der Vandalen ist nach lediglich 104 Jahren in Nordafrika im Kampf gegen das oströmische Heer untergegangen, mit ihm sind die Vandalen als politische und soziale Gemeinschaft verschwunden. In der Sachkultur zeichnet sich dieser erneute politische Bruch jedoch wiederum kaum ab. Erst die oströmische Verteidigung gegen die sich nun erhebende maurische Landbevölkerung hat in Form der zahlreichen byzantinischen Festungen deutliche Spuren hinterlassen.

Lit.: de Baye 1887 – Castritius 2007 – Courtois 1955 – Diesner 1966 – Kleemann 2002 – Moorhead 1992 – Schmidt 1942 – Veh 1971 – von Rummel 2008

Inschriftfragment aus Rom. Es gehört zu einem Text, der den Stadtpräfekten Audax nennt, der wiedererrichten ließ, „was bei einem Barbareneinfall beschädigt worden war". Vielleicht bezieht sie sich auf das Jahr 455, als Rom von den Vandalen erobert worden war. Antiquarium des Forum Romanum (*Corpus Inscriptionum Latinarum* VI 1663)

Bogenmonument aus der Zeit Diokletians, Ende 3. Jh., in Sufetula/Sbeïtla im zentraltunesischen Steppenhochland. Der Ehrenbogen bildete das Südtor, durch das man auf dem Decumanus Maximus das Zentrum der römischen Stadt erreichte (s. folgende Doppelseite). Der Ort prosperierte in der Zeit der severischen Kaiserdynastie (193–235 n. Chr.), deren Gründer aus Nordafrika stammte, und blühte noch im „vandalischen Jahrhundert" (429–533 n.Chr.).

DAS IMPERIUM

DER KRANKE MANN AM TIBER

Ein Reich zwischen Krise, Stabilisierung und Niedergang

von Wolfgang Kuhoff

Als Kaiser Marcus Aurelius Antoninus, bekannter unter seinem zeitgenössischen Spitznamen Caracalla, im Spätjahr 213 am unteren Main einen Feldzug gegen den germanischen Stamm der Alamannen siegreich beendete, war es nicht abzusehen, wie wichtig dieses Volk später für die Geschichte des römischen Reiches werden würde. Es handelte sich um einen der seit gewisser Zeit jenseits des römischen Limes im Entstehen begriffenen germanischen Großstämme, die sich als Antwort auf die römische Machtstellung bildeten, welche durch das Ergebnis der Markomannenkriege an der Donau zwischen etwa 166 und 182 gefestigt erschien. Die im Jahre 213 noch mit dem Namen *Germani* zwischen Main und oberer Donau bezeugten Alamannen gingen hauptsächlich auf die *Suebi* zurück, von denen der Begriff Schwaben abgeleitet ist. Dagegen wuchsen die am Niederrhein auftretenden Franken, ihre späteren Rivalen, aus den früheren Sugambrern, Brukterern und Marsern zusammen, zu denen später auch die Bataver kamen: Die drei erstgenannten Stämme hatten schon während der Varusschlacht von 9 n. Chr. eine Rolle gespielt, die letztgenannten den nach ihnen benannten Aufstand im Jahre 69 unternommen. Die östlich der Franken siedelnden Sachsen, in denen auch Cherusker und Chauken aufgingen, traten dagegen erst im 5. Jahrhundert in Erscheinung.

Ein zweiter Gefahrenherd entwickelte sich an der Ostgrenze des Imperium Romanum, als die jenseits des Euphrat dominierenden Parther unter den Arsakiden-Königen im Jahre 227 von den Persern überwunden wurden, deren König Ardaschir der Sasaniden-Dynastie entstammte. Er und vor allem sein Sohn Schapur I. beanspruchten die Nachfolge der einst von Alexander dem Großen verdrängten altpersischen Achämeniden, womit ein Konflikt um die römischen Provinzen in Vorderasien vorprogrammiert war. Er entlud sich bereits 231, als Kaiser Severus Alexander versuchte, die persische Gefahr durch einen Präventivschlag im Keim zu ersticken. Da sich dieser Perser-Feldzug lange hinzog und die Garnisonen am obergermanischen Limes Kontingente zu dessen Unterstützung hatten abstellen müssen, ergriffen die Alamannen die Gelegenheit, über das römische Gebiet zwischen Oberrhein, Untermain und oberer Donau, das „Dekumatland", herzufallen. Hier offenbarte sich ein grundlegendes Dilemma der römischen Militärpolitik: Das numerische Übergewicht an einem gefährdeten Grenzabschnitt konnte nur durch einen Abzug von Truppen erreicht werden, die eigentlich einen anderen Limes schützen sollten. Auf diese Weise luden Heeresbewegungen von Westen nach Osten und umgekehrt die jeweiligen Gegner zu eigenen Vorstößen ein, was zwangsläufig zum Mehrfrontenkrieg führte.

Caracalla (reg. 211–217 n. Chr.) auf einer Goldmünze aus seinem letzten Regierungsjahr, Badisches Landesmuseum

Die Gründe für die Krise des 3. Jahrhunderts

Die militärische Situation war aber noch komplizierter: Ein dritter Grenzabschnitt, die mittlere und untere Donau, hatte sich bereits im Zuge der Markomannenkriege als besonders kritisch erwiesen. Hier baute sich ein neues Gefahrenszenario durch das Volk der Goten auf. Aus dem Gebiet der unteren Weichsel erschienen sie im mittleren 3. Jahrhundert nördlich des Donaudeltas und bedrohten die drei dakischen Provinzen auf dem Boden Rumäniens sowie das diesseits der nassen Grenze gelegene Niedermösien, den nördlichen Teil Bulgariens. Die drei Krisenherde an Rhein, Donau und Euphrat gleichzeitig in den Griff zu bekommen, überschritt klar die militärischen Möglichkeiten des römischen Reiches: Die in der Forschung stets diskutierte „Krise des 3. Jahrhunderts" war also an erster Stelle eine Krise des den gesamten äußeren Gefahren nicht gewachsenen Militärwesens.

Da das Heer seit jeher ein bedeutender Machtfaktor war, fühlten sich manche Kaiser verpflichtet, ihm möglichst große Zugeständnisse zu machen. Der im Februar 211 gestorbene Septimius Severus brachte diese Einstellung auf den Punkt, als er gemäß den Worten des Historikers Cassius Dio seine beiden Söhne Caracalla und Geta auf dem Totenbett gemahnt haben soll, einig zu sein und die Soldaten gegenüber allen Anderen zu bevorzugen. Caracalla, Mörder seines Bruders, beherzigte den väterlichen Rat insofern, als er den Sold der kämpfenden Truppe beträchtlich erhöhte und 215 zur Finanzierung eine neue Münzeinheit einführte, den modern so benannten Antoninian mit nominell zweifachem Wert eines traditionellen Silberdenars. In Wirklichkeit jedoch wurde er nur mit eineinhalbfachem Gewicht ausgeprägt, um die Edelmetallvorräte zu strecken, und außerdem degenerierte die ohnehin nicht reine Silbermünze in der Folge zu einem Kupferstück mit einem hauchdünnen Silberüberzug von schließlich nur noch zwei Prozent Silberanteil. Weil dies Soldaten und Zivilbevölkerung rasch merkten, kam es in Ägypten sogar zum Aufruhr, als die minderwertigen Münzen nicht akzeptiert wurden. Die Münzverschlechterung und die aus ihr erwachsene Inflation gingen somit Hand in Hand, und am Ende litten darunter die Wirtschaft und besonders das Ansehen der Kaiser erheblich: Die Krise war also an zweiter Stelle eine des Finanzwesens und des auf dem Wert der Münzen basierenden Wirtschaftssystems.

Nach den größtenteils erfolgreich verlaufenen 82 Jahren der als Adoptivkaiserzeit bezeichneten Epoche kehrte Marcus Aurelius im Jahre 180 wieder zum dynastischen Prinzip mit all seinen Unwägbarkeiten zurück, die sich sogleich im Scheitern seines Sohnes Commodus äußerten, doch Septimius Severus hielt es ebenso. Danach kamen mit Elagabalus, Severus Alexander und Gordianus III. Kinderkaiser auf den Thron, welche den Herrschaftsanforderungen nicht gewachsen waren. Der halbherzige Versuch der erfahrenen Senatoren Balbinus und Pupienus im Jahre 238, durch Aufteilung der Macht die Probleme zu bewältigen, scheiterte an ihrer Zwietracht, doch wurde die Herrschaftsteilung danach zur Bewältigung der vielfältigen Gefahren häufig angewandt. Allerdings erwies sich die Heranziehung allzu junger Söhne als unpassend, wie die Beispiele von Philippus und Decius zwischen 244 und 251 zeigten. Letzterem wies das Schicksal überdies die zweifelhafte Rolle zu, im August 251 als erster Kaiser in einer Schlacht ums Leben zu kommen, der Niederlage gegen die Goten bei Abrittus in der Dobrudscha. Einzig Valerianus und Gallienus, Vater und erwachsener Sohn, schafften eine passabel lange Realisierung der gemeinsamen Machtausübung, doch machte die Gefangennahme des älteren Kaisers im Kampf gegen den Perserkönig Schapur I. im Jahre 260, auch dies der erste solche Fall in der römischen Geschichte, alle bisherigen Erfolge zunichte. Gallienus seinerseits aber scheiterte trotz aller Anstrengungen daran, den Teufelskreis von Usurpationen ehrgeiziger Statthalter, daraus folgenden Bürgerkriegen

> *Wo sind nun der alte Reichtum und die Würde der Römer? Die alten Römer waren überaus mächtig; jetzt sind wir ohne Kraft. Sie waren gefürchtet; jetzt sind wir es, die ängstlich sind.*
>
> Salvian, *De gubernatione Dei* IV 18

Mithras tötet den Stier. Buntsandsteinrelief aus dem Mithrasheiligtum in Heidelberg-Neuenheim, 2. Jh. n. Chr., Badisches Landesmuseum

und Einfällen der Reichsfeinde, die letztere ausnutzten, an allen Grenzen zu bewältigen. Wie viele andere Herrscher in der als Epoche der Soldatenkaiser bezeichneten Zeitspanne zwischen 235 und 284 wurde er im Jahre 268 ermordet. Auch die Herrschaftsteilung zwischen Carus und seinen Söhnen Carinus und Numerianus zwischen 282 und 284 brachte keine Stabilisierung, weil alle drei eines unnatürlichen Todes starben: Die Krise des Imperium Romanum war also an entscheidender Stelle eine des sich häufig in Bürgerkriegen erschöpfenden Kaisertums.

Nicht vergessen werden darf schließlich das mentale Krisenerleben in der Bevölkerung, das die Religiosität betraf. Deren Schwergewicht verschob sich von der traditionellen Staatsreligion mit ihren vielen Gottheiten hin zu den aus dem Osten stammenden Erlösungsreligionen monotheistischen Charakters, seien es aus Kleinasien die Magna Mater als große Göttermutter oder Mithras als felsgeborener Gott, aus Syrien Iuppiter Heliopolitanus, Heliogabalus oder Sol Invictus und aus Palästina Christus. Von Kaisern favorisiert – wie Sol durch Aurelian – oder mit ungeahnter Eigendynamik – wie Mithras, der durch Soldaten in die Truppenlager und durch Händler zunächst in die Hafenstädte und danach ins Hinterland gebracht wurde, erreichten diese östlichen Religionen mit ihrer Jenseits-Hinwendung viele Menschen, die von der staatlichen Religion enttäuscht waren, welche das Unheil nicht verhindern konnte. Schließlich rivalisierten Mithras und Christus miteinander um ihre Durchsetzung: An vierter Stelle ist für die Schwäche des römischen Staates also die Krise der Staatsreligion zu nennen.

Beruhigende Bilder für unruhige Zeiten

von Christian E. Heitz

Das römische Reich, bereits seit seiner Ausbreitung über die italische Halbinsel noch in republikanischer Zeit ein Vielvölkerstaat, hatte sich als Folge der Ausdehnung über den gesamten Mittelmeerraum zu allen Zeiten mit fremden Völkern auseinanderzusetzen. Dies geschah oft in verschiedenen, chronologisch aufeinander folgenden Phasen: Aus exotischen, meist barbarischen Völkern an den Grenzen der Welt – weit jenseits des römischen Horizonts und nur vage bekannt – wurden fremde, meist feindliche Stämme direkt außerhalb der Reichsgrenzen und schließlich eingegliederte Ethnien auf dem Weg der Romanisierung. Insbesondere seit dem 3. Jahrhundert n. Chr. begann dieses Schema an Kontur zu verlieren: Um das riesige Reich vor Angriffen zu schützen, wurden immer mehr und größere Abteilungen von Söldnern oder ins Reich aufgenommenen grenznahen Stämmen rekrutiert. Nicht zuletzt dadurch fürchteten insbesondere senatorische Kreise um den Verlust der „römischen Identität", was sich in dem um 400 verfassten Geschichtswerk der *Historia Augusta* fassen lässt. Fremde Ethnien fanden als Bundesgenossen (*foederati*) unter eigener Stammesverwaltung im römischen Reich Siedlungsraum und erachteten die Entwicklung einer „römischen" Identität weder als notwendig noch erstrebenswert – zudem nahm die Verlegung der Hauptstadt durch Konstantin einer solchen den historischen und topografischen Kern.

Wie sehr die spätantiken Kaiser militärisch auf reichsfremde Personen und Gruppen angewiesen waren, zeigt schon der spätantike Relieffries des Konstantinbogens: Die Truppen des Siegers von 312 bestehen hier aus gallischen Infanteristen und nordafrikanischen Bogenschützen. Auch die Armee des Theodosius bei seinem Sieg gegen den Usurpator Maximus (389 n. Chr.) bestand zu großen Teilen aus Goten, Hunnen und Alanen. Nichtrömer konnten bis in höchste Ämter aufsteigen. Am deutlichsten zeigen dies die Geschehnisse der Jahre 401/02: Gotische Truppen erhoben sich unter Tribigild in Kleinasien gegen Arcadius. Der germanische General Gaïnas wurde zum Oberbefehlshaber des oströmischen Heeres ernannt. Er besiegte seinen ehemaligen Waffengefährten, zwang aber den Kaiser zu Zugeständnissen. Daraufhin selbst zum Reichsfeind erklärt, kämpfte er gegen Fravitta, den ebenfalls germanischstämmigen Admiral der römischen Flotte.

Da die Situation außer Kontrolle zu geraten drohte, versuchten manche Kaiser einer Eskalation mit Bildpropaganda entgegenzuwirken: Ein spätantikes Motiv zeigt den soldatisch gekleideten Kaiser oder Siegesgöttinnen, die einen kleinen gefesselten Barbaren an den Haaren mit sich zerren. Auf Münzen feiern die zugehörigen Legenden den Kaiser als „Begründer des Friedens" (*fundator pacis*) oder „Bezwinger aller Barbarenstämme" (*debellator gentium barbarum*) (s. Abb. oben).

Obwohl die gesamte römische Gesellschaft bereits von Angehörigen ehemals externer und als barbarisch empfundener Stämme durchdrungen war, verbreitete die kaiserliche Propaganda so die siegreiche Kraft des Reiches gegenüber der als minderwertig angesehenen Außenwelt. Von Reichsfremden wurde erwartet, dass sie sich nichts sehnlicher wünschten, als Untertanen des Kaisers zu werden – sofern sie dies verweigerten, waren sie nichts weiter als „Stoff zum (Be)Siegen" (*materia vicendi*). Noch 405 wurde in Rom ein Ehrenbogen errichtet, dessen Widmungsinschrift die Tilgung der „Nation der Goten vom Antlitz der Erde" feierte – vier Jahre bevor die Goten Rom angriffen!

Auch viele Bildwerke standen im Geist dieses zwiegespaltenen Verhältnisses: Auf der Basis des 390 errichteten Theodosius-Obelisken werden die Kaiserpaare im Hintergrund von ihrer germanischen Leibgarde eingerahmt, während sich im unteren Register von rechts Germanen, von links Orientalen demütig nähern (s. Abb. S. 43). Die Wachsoldaten erscheinen als schöngelockte, gepflegte Figuren, die germanischen Gabenbringer als zottelige, fellgekleidete Barbaren. Auf Monumenten wie diesem ist es nicht leicht, zwischen auswärtigen Gesandten und sich dem Kaiser unterwerfenden Gegnern zu unterscheiden – der Gesandtenempfang nahm auch in der Wirklichkeit Züge einer triumphalen Gefangenenvorführung an: Die von Boten mitgebrachten Geschenke wurden als Tribut unterworfener ferner Völker angesehen und vor kaiserlichen Audienzen öffentlich ausgestellt.

Lit.: Gabelmann 1984 – Heitz 2009 – Mayer 2002

Die Stabilisierung des Reiches in diokletianisch-tetrarchischer Zeit

Am 20. November 284 traten bei Nicomedia am Bosporus die hohen Offiziere des Heeres zusammen, das den Perser-Feldzug des Carus mitgemacht hatte. Da dessen jüngerer Sohn Numerian kurz zuvor ermordet worden war, hatten die Kommandeure zu überlegen, wie sie sich gegenüber dem im Westen residierenden Carinus verhalten sollten. Sie entschieden sich für einen radikalen Neubeginn, sagten sich von jenem los und kürten einen eigenen Kaiser, den Befehlshaber der Leibwache, Gaius Valerius Diocles, der sich den Thronnamen C. Aurelius Valerius Diocletianus zulegte. Seit ihm entwickelten sich die Balkanprovinzen zur „Wiege der Kaiser", weil sie dem Reich bedeutende Regenten schenkten, die in die Geschichte als illyrische Kaiser eingingen. Diese Wahl bewirkte nach dem unvermeidlichen, mit dem Tode des Carinus endenden Bürgerkrieg eine Stabilisierung des Reiches.

Als Pragmatiker kümmerte sich Diokletian energisch um die Probleme des Reiches. Zuerst verbesserte er durch die Berufung eines Mitregenten die Kaisernähe in den gefährdeten Regionen. Diese Maßnahme erhielt eine neue Dimension durch die Wahl eines gleichalt-

Porphyrne Tetrarchenstatuen am Markus-Dom, Venedig

Diokletian, der Schöpfer des Systems der Vierkaiserherrschaft (reg. 284–305 n. Chr.), Goldmünze im Badischen Landesmuseum

rigen Mannes, die auf das Fehlen eines eigenen Sohnes zurückzuführen war. Der Kandidat wurde wie üblich zum *Caesar*, dem vorgesehenen Thronfolger, und nach einem gegen die Aufstandsbewegung der Bagauden in Gallien errungenen militärischen Erfolg rasch zum zweiten *Augustus* befördert. Marcus Aurelius Valerius Maximianus erhielt danach den Westen als Verantwortungsbereich, während sich sein Kollege dem Osten zuwandte. Da zwei Kaiser zwei Residenzen benötigten, wählte Diokletian Nicomedia in Kleinasien, Maximian aber Mediolanum (Mailand): Die Reichshauptstadt Rom verlor damit auf Dauer ihre traditionelle Funktion als Herrschersitz, da sie nun zu weit im Hinterland lag.

Zwei Reliefs der „Dezennalienbasis" zum Zwanzigjahresjubiläum der Augusti. Rom, Forum Romanum

Ein merklicher Wermutstropfen stellte sich allerdings ein, als der abtrünnige Heerführer Carausius im Jahre 286 Britannien und die nördliche Küstenzone Galliens loslöste. Damit begründete er ein zehn Jahre dauerndes „Sonderreich", das zwei ähnlichen Fällen in Gallien (260–274) und Palmyra im Osten (268–273) folgte. Es konnte erst nach einer weiteren, aus dem Rahmen früherer Herrschaftsteilungen herausfallenden Maßnahme im Frühjahr 293 wiedergewonnen werden. Damals setzte Diokletian in einem durch aktuelle Notwendigkeiten bedingten zweiten Schritt die Zuständigkeitsteilung fort und kreierte zwei gleichfalls erwachsene Thronfolger mit dem *Caesar*-Titel: M. Flavius Valerius Constantius

erhielt Gallien und das zurückzugewinnende Britannien, C. Galerius Valerius Maximianus Vorderasien. Damit war die Tetrarchie geboren, die als singulärer Fall gewollter Machtteilung in einem monarchischen Staate in die Weltgeschichte einging.

Zu den Orten der Kaiserpräsenz traten nun Trier für Constantius und Antiochia für Galerius neben Lyon, Mailand, Aquileia, Sirmium und Nicomedia für Maximian und Diokletian hinzu. Die Diversifizierung herrscherlicher Anwesenheit trug ihre Früchte, denn die zahlreichen Feldzüge aller vier Kaiser schufen wieder eine Atmosphäre ruhiger Stabilität. Britannien wurde von Constantius zurückgewonnen, Maximian wies die Mauren in Afrika in ihre Schranken, Galerius errang einen entscheidenden Sieg über die Perser, und Diokletian unterdrückte die Revolte von Domitius Domitianus und Achilleus in Ägypten. Im Jahre 299 stand das römische Reich daher auf einem Höhepunkt seiner Macht, wie es zwei Jahre später mit Recht das Proömium einer der wichtigsten lateinischen Inschriften, des unter dem Namen Höchstpreisedikt bekannten Erlasses, ausdrückte.

Wie noch nie in der römischen Geschichte waren die rund zwanzig Jahre der diokletianischen Regierung eine Zeit der Reformen, die dem Imperium Romanum wiederum Stabilität brachten. Mit der Einführung neuer Münzsorten wurde zumindest für einige Jahre das Währungssystem auf eine festere Grundlage gestellt, mit einer Reform des Steuerwesens wurde eine gerechtere Heranziehung der Individuen zu den staatlichen Abgaben angestrebt und mit dem Höchstpreisedikt wurde eine Steuerung der Wirtschaft im Sinne überschaubarer Preisentwicklung versucht. Darüber hinaus wurde mit der Schaffung neuer kleiner Truppeneinheiten, der Verkleinerung der bestehenden großen, traditionsreichen Legionen und der Einrichtung einer mobilen Eingreifarmee eine bessere Anpassung an die gewandelten Erfordernisse der Kriegsführung vorgenommen. Besonders aber entwickelte sich die verstärkte Heranziehung germanischer Soldaten und Offiziere zum bestimmenden Faktor für die zukünftige Entwicklung.

Durch die im Februar 303 eingeleitete Christenverfolgung suchte Diokletian im Jahre seines zwanzigjährigen Regierungsjubiläums letzte Gegner der Rückbesinnung auf den Staatskult mit Jupiter und Herkules zu eliminieren, aber er hatte nicht mit dem Widerstandswillen der vorgeblichen inneren Reichsfeinde gerechnet. Auch seine persönliche Entscheidung, am 1. Mai 305 gemeinsam mit Maximian der Macht zu entsagen und in den Ruhestand zu treten, ein singulärer Vorgang in der Kaiserzeit, stellte sich schnell als verfehlt heraus, denn mit seiner Person ging die einigende Instanz unter den Nachfolgern verloren. Von den neuen *Augusti* Constantius I. und Galerius starb ersterer recht rasch, woraufhin sich mit der Proklamation seines Sohnes Konstantin durch die Truppen im britannischen Eburacum (York) am 25. Juli 306 wieder der dynastische Gedanke Bahn brach. Maximians Sohn Maxentius folgte drei Monate später und konnte sich sechs Jahre lang in Italien und Afrika halten. Diokletians vorübergehende Rückkehr in die Tagespolitik 308 vermochte das Blatt nicht mehr zu wenden, denn das System der Mehrkaiserherrschaft ohne blutsmäßigen familiären Zusammenhang brach in mehreren Stufen auseinander. Aus diesem Machtpoker ging als lachender Sieger Konstantin, seit der Antike als „der Große" bekannt, hervor, welcher nach der Ausschaltung seines letzten Gegners Licinius im Herbst 324 eine erneute Alleinherrschaft einrichtete.

den Keim für den Niedergang des Imperium Romanum im Westen: Durch die Berücksichtigung seiner Söhne für die eigene Nachfolge fiel er wieder in die von Diokletian überwundenen Bahnen zurück, Kinderkaisern trotz vielfältiger Gefährdung die Herrschaft zu überantworten.

Konstantin und Justinian offerieren Stadt und Kirche der Gottesmutter mit Kind. Konstantinopel (Istanbul), Hagia Sophia

Konstantin, Theodosius I. und der langsame Niedergang

Zukunftsweisend wurde die Gründung einer dauerhaften zweiten Reichshauptstadt im Osten durch den Ausbau des bisherigen Byzantium am Bosporus, das den programmatischen Namen Constantinopolis erhielt. Nach und nach gemäß dem Vorbild Roms ausgestaltet und mit einem zweiten Senat versehen vermochte die fortifikatorisch bestens ausgestattete neue Metropole die alte Hauptstadt zu überflügeln und blieb bis zum 29. Mai 1453 Kern und schließlich letzter Rest eines Reiches, das sich selbst stets als ein römisches verstand, nachdem im Westen längst andere Mächte auf den Plan getreten waren, welche die Grundlage des heutigen Europa legten. Konstantins langfristige Bedeutung besteht in der Begünstigung des Christentums, das am Ende des 4. Jahrhunderts unter Theodosius I. zur Staatsreligion avancierte, er legte allerdings auch

Die äußere Bedrohung blieb ein dauerhaftes Problem, das sich jeglichen Versuchen gewaltsamer Bewältigung widersetzte. Weil sich Konstantins Söhne gegenseitig bekämpften, bis mit Constantius II. der letzte übrig blieb, ging die Stabilität des Reiches verloren, und das Auftreten von Usurpatoren wie Magnentius untergrub das wenige Jahrzehnte zuvor erneute Ansehen des Kaisertums. Der Aussage des Zeitzeugen Ammianus Marcellinus, die Verluste in der Schlacht bei Mursa (Osijek, Kroatien) am 28. September 351, in der die Armee des Constantius diejenige des Magnentius schlug, hätten maßgeblich zum Niedergang der römischen Militärmacht beigetragen, kann beigepflichtet werden. Derartige Bürgerkriege ermunterten die Alamannen, Franken und später auch die Burgunder als weiteren germanischen Volksstamm, die Grenzen zu überschreiten, um nach Plünderungszügen, welche die Infrastruktur Galliens schwächten, das weitergehende Ziel zu erreichen, sich dauerhaft auf Reichsboden niederzulassen.

Die Problematik, germanische Soldaten auf römischer Seite gegen die eigenen Landsleute kämpfen zu lassen, verschärfte die Lage weiter: Die Abgrenzung zwischen Freund und Feind verwischte, das Reservoir genuin römischer Soldaten konnte nicht mehr aufgefüllt werden und die Befehlshaber der eigentlich als *foederati* bezeichneten Einheiten germanischer oder im Osten auch anderer ethnischer Zusammensetzung beanspruchten immer mehr Mitsprache. So begann nach Konstantin die lange Zeit des Einflusses nichtrömischer Heereskommandeure, die als *magistri militum* an den Kaiserhöfen in Konstantinopel und Mailand, ab 402 Ravenna, eine entscheidende Rolle spielten, allerdings meist in Konkurrenz zu Kollegen und Rivalen, die aus dem Reichsgebiet stammten und somit als Römer galten. Namentliche Bedeutung gewannen im Westen Stilicho, mütterlicherseits gebürtig aus dem nun ebenfalls in Erscheinung tretenden Volk der Vandalen, Constantius und Aëtius als Nachfolger römischer „Nationalität" sowie Rikimer, suebisch-gotischer Herkunft, und der Burgunder Gundobad. Im Osten trat im 5. Jahrhundert eine regelrechte Dynastie alanisch-gotischer Heermeister in den Vordergrund, deren Mitglieder Plintha, Ardabur, Aspar und Ardabur junior waren.

Ehreninschrift für Flavius Aëtius. Rom, Forum Romanum

Theodosius I. und seine Mitkaiser empfangen Tribute der Perser und Germanen. Konstantinopel (Istanbul), Theodosius-Obelisk im Hippodrom

Mit dem diesbezüglich als Epochenjahr geltenden 375 war zuvor eine weitere Komponente in das Mächtespiel eingetreten, die aus Innerasien kommenden Hunnen. Ihr erstes Opfer wurden die Goten unter König Ermanarich, deren lockeres Reich nördlich des Schwarzen Meeres zusammenbrach und sich in zwei Teilvölker aufspaltete, die *Visigothi* oder *Tervingi* als westliches und die *Ostrogothi* oder *Greuthungi* als östliches Volk, woher unsere Bezeichnungen als West- und Ostgoten herrühren. Während die erstgenannten Schutz im römischen Reich suchten, blieben ihre Landsleute im hunnischen Machtgebiet, das sich in Südosteuropa ausbreitete und so den östlichen Teil des Imperium Romanum tangierte. Hier entlud sich der Schacher um die Aufnahme der

Westgoten hinter die Donaugrenze in der fatalen Schlacht bei Hadrianopolis (Edirne/Türkei) am 9. August 378, in der zusammen mit Kaiser Valens ein Großteil des römischen Heeres den Untergang fand, was eine weitere Schwächung der Militärmacht Roms bedeutete. Immerhin vermochte sein Nachfolger in Konstantinopel, Theodosius I., welcher von christlichen Autoren wegen seiner Erlasse zur Durchsetzung der christlichen Religion auch als „der Große" bezeichnet wurde, die Lage wieder einigermaßen zu festigen. Er konnte überdies für wenige Monate noch einmal faktisch das gesamte römische Reich in der bisherigen räumlichen Erstreckung unter seiner Regierung vereinigen, bis er Mitte Januar 395 in Mailand verstarb.

„In diesem Zeichen wirst Du siegen …"

von Mischa Meier

„Darin siege" (*toûto níka*) – mit dieser Inschrift soll ein himmlisches Kreuzzeichen Kaiser Konstantin kurz vor der Schlacht an der Milvischen Brücke (Rom) am 28. Oktober 312 dazu bewogen haben, den christlichen Glauben anzunehmen. Ebenso wie die verschiedenen, sich erheblich widersprechenden Berichte über die „Vision" des Kaisers hat auch der rasante Aufstieg des Christentums seit dem 4. Jahrhundert Rätsel aufgegeben. Nur einige Stichworte: Die unter Diokletian noch massiv verfolgte, erst seit dem Galeriusedikt (311) geduldete Minderheit der Christen – genaue Zahlen lassen sich nicht ermitteln – wurde seit 312/13 von Konstantin und seinen Söhnen zunehmend privilegiert; ein kurzfristiger heidnischer Restaurationsversuch unter Julian (361–363) scheiterte, unter Theodosius I. (379–395) erlangte das Christentum endgültig eine führende Stellung; spätere Kaiser, insbesondere Justinian (527–565), gingen zunehmend rigoros gegen die Altgläubigen vor, die sich jedoch vereinzelt bis zum Ausgang der Antike und darüber hinaus, besonders in ländlichen Regionen, halten konnten. Man hat diese Erfolgsgeschichte des Christentums stets mit zwei Ansätzen zu erklären versucht: Zum einen soll die „Konstantinische Wende" den Durchbruch bewirkt haben – die Christianisierung des Imperium Romanum wäre dann vor allem als Leistung einer einzigen Persönlichkeit anzusehen. Zum anderen wird ein komplexes Geflecht unterschiedlicher struktureller Faktoren angeführt. Zutreffen dürfte beides. Für das Christentum sprach im 4. Jahrhundert, dass es vor dem Hintergrund einer verbreiteten Sehnsucht nach Rückhalt und Hilfe sowie einer schon zuvor seit Längerem zu beobachtenden Tendenz einer allgemeinen Orientierung am Außerweltlichen, insbesondere mit seiner Eschatologie und heilsgeschichtlichen Ausrichtung, die plausibelsten Antworten auf brennende Gegenwartsfragen gab. Zudem beeindruckte es die Zeitgenossen durch seinen moralischen Rigorismus (der sich insbesondere im Schicksal der Märtyrer allseits sichtbar manifestierte), durch das mildtätige Wirken seiner Anhänger, durch Mönchsgemeinschaften, Nächstenliebe und vorbildliche Formen der Askese (in der Kaiserzeit keineswegs ein rein christliches Ideal). In Zeiten sich auflösender staatlicher Strukturen bot das Bischofsamt im Westen Möglichkeiten, Einfluss und Ansehen zu erwerben bzw. aufrechtzuerhalten. Der christliche Monotheismus konvergierte im 3. Jahrhundert zunehmend mit henotheistischen Tendenzen (also der Verehrung einer Gottheit, die die Existenz anderer Götter aber nicht ausschloss, so dass es weiterhin einen qualitativen Unterschied gab), vor allem aber verhielt sich sein universaler Anspruch komplementär zur ähnlich gelagerten römischen Reichsideologie – womit wir wieder bei der Person Konstantins wären: Seine epochale Leistung wird man vor allem darin erblicken dürfen, das Potenzial des Christentums für den weiteren Fortbestand des Imperium Romanum erkannt zu haben. Selbst wenn sich die Geschichte des spätantiken Christentums seit 312 auch als Kette innerer Auseinandersetzungen und blutiger Konflikte lesen lässt, so barg die neue, durch die Streitigkeiten aber zunehmend konturierte und theologisch-philosophisch verdichtete Religion doch eine integrative Kraft, die dem Reich in Situationen äußerster Gefährdung eine feste Klammer verschaffte und etwa in Form der christlichen Romidee sogar den temporären Verlust der ehemaligen Reichshauptstadt zu verarbeiten half.

Das Zentrum des christlichen Reiches der Spätantike jedoch lag in Konstantinopel: Von Konstantin 330 trotz manch traditionellen Dekors ganz unter christlichen Vorzeichen gegründet war es seit dem späten 4. Jahrhundert ständige Kaiserresidenz und Zentrum des Imperium Romanum. Konstantinopel steht nicht nur sinnbildlich für den lange Zeit charakteristischen „Vorsprung" des Ostens gegenüber dem Westen in der Christianisierung – insbesondere römische Senatoren hielten lange an den alten Kulten fest –, sondern auch für das städtische Gepräge des antiken Christentums, die anhaltenden innerchristlichen Konflikte – und nicht zuletzt: die enge Verbindung von Kaiserideologie und Christentum, die das spätrömische Imperium Romanum sukzessive zu einem Imperium Christianum umzuformen verhalf.

Lit.: Brown 1996 – Girardet 2006 – Leppin 2003

Konstantin in der Schlacht an der Milvischen Brücke, bei der sein Widersacher Maxentius (nicht im Bildausschnitt) im Tiber ertrinkt. Im Hintergrund Kreuzstandarten. Detail eines Wandfreskos im Vatikan (1517–1524), entworfen von Raffael

CVAL·AVREL·CONSTANTINI

Seit Konstantin bürgerte sich die Mehrkaiserherrschaft als Regelfall ein. Besonders bekannt waren die *fratres concordissimi* Valentinian I. und Valens zwischen 364 und 375, die zu Beginn ihrer gemeinsamen Regierung eine regelrechte Aufteilung der Reichstruppen vornahmen: Die westliche Hälfte fiel dem älteren Valentinian, die östliche seinem Bruder zu. Diese Maßnahme

Monumentale Bronzestatue eines oströmischen Kaisers, wahrscheinlich Marcianus oder Leo I., in Barletta, Apulien, ohne die nicht antiken Beine und Füße

entwickelte sich ungewollt zur Vorstufe für das spätere Auseinanderfallen der beiden Reichshälften, da auf diese Weise einer jeweils eigenen Politik Vorschub geleistet wurde. Die Söhne von Theodosius I., Arcadius und Honorius, trieben diese Entwicklung weiter, doch war seitdem das Machtschwergewicht beständig im Osten angesiedelt. In der langen Regierungszeit des Arcadius-Sohnes Theodosius II. (408–450) konnten trotz religionspolitischer Probleme die Hunnen und Perser unter Mühen abgewehrt werden. Im Westen gelang es dagegen ungeachtet des Sieges über die Hunnen und ihre Verbündeten auf den Katalaunischen Feldern im Jahr 451, den der „letzte Römer" Aëtius errang, nicht, der vielen Feinde Herr zu werden: Diese schnitten sich nach und nach ihre Scheiben vom großen Kuchen des römischen Staatsgebietes ab. Ihr Erfolg wurde begünstigt durch die seit dem Tode Valentinians III. (425–455) aufeinanderfolgenden Schattenregierungen in Ravenna, die der Heermeister Rikimer nach Gutdünken einsetzte und stürzte – man kann ihn daher als „Totengräber" des römischen Reiches im Westen bezeichnen. Die Franken in Gallien, die Westgoten auf der iberischen Halbinsel, die 410 unter ihrem Heerkönig Alarich als erste nach Jahrhunderten Rom hatten einnehmen können, und schließlich die Vandalen im zentralen Nordafrika waren die großen Kriegsgewinnler, die zum Sturz des Kaisertums im Westen durch Odoaker (476/480) beitrugen. Im Osten konnten dagegen Marcianus, Leo I. und Zeno ein verkleinertes römisches Reich erhalten, dem unter Justinian I. (527–565) eine beträchtliche *renovatio imperii Romani* mit dem Rückgewinn von Italien, Afrika und dem südlichen Hispanien gelang.

Lit.: Bleckmann 2009 – Clauss 2001 – Demandt 1984 – Demandt 2007 – Fuchs 1997 – Hoffmann 1969 – Kolb 2001 – Kuhoff 2001 – Rosen 2006 – Strobel 1993 – Wieczorek 1997 – Witschel 1999 – Wolfram 1990

Kat. 1

Kat. 1
Pferdegeschirr
1. Jh.
Bronze, Dm. 50 cm, B. 20 cm, L. 86 cm
Brescia, Santa Giulia Museo della Città,
Inv. MR 340

Bei Ausgrabungen am Capitolium in Brescia, dem antiken Brixia, trat u. a. dieses bronzene Pferdegeschirr zutage. Es zeigt einen Kaiser mit wehendem Schultermantel, der über einen Barbaren hinwegreitet. Seitlich dieser Hauptszene sind weitere Kampfszenen zu Pferd oder zu Fuß zu sehen. Die Figuren sind teilweise vollplastisch gearbeitet und graviert.
Augustus gründete 27 v. Chr. eine Zivilkolonie auf dem ehemaligen Gebiet der keltischen Cenomannen, Kaiser Vespasian baute 73/74 n. Chr. einen Tempel am Forum. Zu dieser Zeit muss Brixia eine der bedeutendsten römischen Siedlungen in Oberitalien gewesen sein. Hiervon zeugt dieser prächtige Pferdeschmuck.

Lit.: Aillagon 2008, 164. 672 I.45.   **H.Se.**

Kat. 2
Skulpturengruppe
Spätantik
Kalkstein, H. 73 cm, B. 31 cm, T. 25 cm
Langres, Collection Musée d'art et
d'histoire de Langres, Inv. 845.8

Eine Frau mit entblößter Brust kniet abgewandt vor einem römischen Soldaten und klammert sich an seinen Halsausschnitt. Trotz der nicht erhaltenen oder nicht ausgearbeiteten Partien, wie dem rechten Bein des Soldaten und den Gesichtern der Dargestellten, strahlt die Szene äußerste Dramatik aus: Im Zustand extremer Verzweiflung bäumt sich die Frau auf, die möglicherweise von dem Römer im Kampf angegriffen und bedroht wird. Die feine Bearbeitung des Kalksteins am Schuppenpanzer des Soldaten sowie an den Gewandfalten und Haaren der Frau lässt auf ein hohes Maß an Kunstfertigkeit des Bildhauers schließen.

Lit.: Aillagon 2008, 229 II.23 Kat. II.23.   **H.Se.**

Kat. 2

Kat. 3
Relief mit Barbarenkampf
Mérida, römisches Theater
Spätes 3. Jh.
Marmor, H. 44 cm, B. 107 cm, T. 9 cm
Mérida, Museo Nacional de Arte Romano
Inv. CE 37028

Ein römischer Soldat zu Pferd, möglicherweise der Kaiser Maximianus Herculius selbst, stürmt von rechts auf einen Barbaren zu. Am linken Rand befindet sich ein Tropaion, rechts fliegt eine Viktoria hinter dem Römer. Der römische Soldat wird als Sieger in diesem Kampf hervorgehen. Sollte es sich tatsächlich um Maximianus Herculius handeln, ist die programmatische Darstellung auch als Herrscherlegitimation anzusehen, zumal in einem römischen Theater. Maximianus wurde im Jahr 285 von Kaiser Diokletian zum Caesar und damit zum Herrscher über das römische Westreich ernannt und erzielte bei Schlachten gegen die Alamannen und Burgunden am Rhein sowie gegen die Karpen an der Donau wichtige militärische Erfolge.

Lit.: Arce 2008a.   **H.Se.**

Kat. 4
Darstellung eines Schankwirts
Fundort unbekannt
176–300 n. Chr.
Marmor, H. 38,5 cm, B. 36 cm, T. 4 cm
Mérida, Museo Nacional de Arte Romano,
Inv. CE 00676

Die Grabstele ließ ein gewisser Victor für seine liebste Gattin Sentia Amarantis errichten, die mit 45 Jahren verstarb. Der Stein ist mit einem kleinen Relief versehen. Dieses zeigt eine Gestalt, die einen Krug in der Linken hält und mit der Rechten ein großes auf Stützen liegendes Fass anzapft. Hier wird die Tätigkeit eines Schankwirts dargestellt, die wohl in Zusammenhang mit den Grabinhabern stand.

    M.R.

Kat. 4

Kat. 5
Schöpfkelle mit Christogramm
Fundort unbekannt
4. Jh.
Bronze, H. 10,5 cm, L. 35 cm
Mérida, Museo Nacional de Arte Romano,
Inv. CE 08733

Die Schöpfkelle ist ein gutes Beispiel dafür, dass häufig auch alltägliche

Kat. 3

Kat. 5

Gebrauchsgegenstände mit christlicher Symbolik geschmückt wurden. Das Christogramm weist eindeutig auf einen christlichen Auftraggeber oder Käufer hin.

Lit.: Garbsch / Overbeck 1989, 143 f.　**M.R.**

Kat. 6a–c
Flakons und gravierte Schale
Fundort unbekannt
4. Jh.
Durchsichtiges und opakes Glas,
H. 22 cm, 5,7 cm und 5,8 cm (Schale)
Mérida, Museo Nacional de Arte Romano,
Inv. CE 00999 (Schale). CE 12002. CE
12036

Kat. 6a

Kat. 6b

Kat. 6c

Kat. 7
Sarkophagfragment mit Weingarten
Trier, St. Paulin. Nördliches Gräberfeld
1. Hälfte 4. Jh.
Sandstein, H. 53 cm. B. 32,5 cm
Trier, Rheinisches Landesmuseum,
Inv. 1931,65

Trier nimmt in der Sarkophagkunst eine Sonderstellung ein. Die plastischen Arbeiten an den Sarkophagen des 4. Jhs. sind hier motivisch noch stark den Traditionen der gallo-römischen Grabmonumente des 2. und 3. Jhs. an der Mosel verhaftet. Das Bruchstück einer Sarkophagwand zeigt an Trauben pickende Vögel. Dieses Motiv der Rebenschädlinge, bekannt seit dem 2. Jh., symbolisiert eine idyllisch bukolische Welt, die zumindest im Jenseits Wahrheit werden möge.

Lit.: Spieß 1988, bes. 313 Nr. 42 Abb. 76. – Engemann / Demandt 2007 CD-Nr. I.16.57 (L. Schwinden).　**L.S.**

Kat. 8
Spruchbecherkeramik
Trier, wohl nördliches Gräberfeld;
Töpfereibezirk intra muros;
südliches Gräberfeld St. Matthias
4. Viertel 3. Jh.–1. Viertel 4. Jh., Trierer
Fabrikate

Kat. 7

Ton, H. 17,5 cm, H. 21,4 cm, H. 18,8 cm
Trier, Rheinisches Landesmuseum,
Inv. PM 1162. PM 20011. 1904,643

Spruchbecherkeramik besticht durch ihren tiefschwarzen, bisweilen metallisch glänzenden Überzug und den kontrastierenden weißfarbigen, äußerst reichhaltigen Dekor. Namengebend ist das Spruchregister mit zum Genuss von Wein aufmunternden Floskeln wie bibite „Trinkt" und da caldam „Gib warmes (Wasser)" oder Liebesbezeugungen wie amas me vita „Du liebst mich, mein Leben". Die Gefäßformen ebenso wie die Sprüche dieses in Trier produzierten Luxusgeschirrs deuten auf dessen Verwendung bei Gelagen hin.

Lit.: Künzl 1997, 232 TRI 200; 236 TRI 256; 230 TRI 177 Taf. 32a–b.　**M.W.**

Kat. 8

Kat. 9

Kat. 9
Nuppenbecher

Aus dem Trierer Kunsthandel (1928)
1. Hälfte 4. Jh.
Entfärbtes Glas, H. 9,5 cm, oberer
Dm. 12,6 cm
Trier, Rheinisches Landesmuseum,
Inv. 1928,578

Zu den charakteristischen Glasformen des
4. Jhs. gehören Schalen, halbkugelige und
konische Becher aus entfärbtem Glas mit
aufgeschmolzenen ovalen oder runden
Glastropfen. Diese „Nuppen" aus intensiv
farbigem Glas ahmen kostbare Edelsteine
nach.

Lit.: Goethert-Polaschek 1977, 61 Nr. 234
Taf. 39. – Engemann / Demandt 2007
CD-Nr. I.18.48 (K. Goethert).   S.F.

Kat. 10
Gladiatorenbecher

Trier, St. Matthias (südliches Gräberfeld,
1906)
1. Hälfte 4. Jh.
Entfärbtes, schwach grünliches, dickwan-
diges Glas mit blauem Ring in der Boden-
mitte; H. 8,9 cm, oberer Dm. 11 cm.
Trier, Rheinisches Landesmuseum,
Inv. 1906,16

In die Wandung dieses Bechers sind
Szenen aus dem Amphitheater eingraviert. Ein Gladiatorenpaar aus retiarius mit
Kurzschwert und Dreizack und secutor
mit Schwert und Schild kämpft gegeneinander. Ihre Namen Pulcher et Auriga sind
unter ihnen eingeritzt. Ein Panther verfolgt
eine biga, deren Fahrer sich mit erhobenem Speer nach ihm umwendet. Auf
einem Statuensockel steht das mythische
Ringerpaar Ercules et Anteus. Der Schriftzug bibamus am oberen Rand fordert zum
Trinken auf.

Lit.: Goethert-Polaschek 1977, 48 f. Nr. 150
(Form 47 a) Taf. 36. – Goethert 2005, 243
Nr. 106. – Engemann / Demandt 2007
CD-Nr. I.17.41. (K. Goethert).   S.F.

Kat. 11
Goldener Fingerring mit Gemme

Bei Trier in der Mosel
Ende 4. Jh.
Gold, Karneolgemme. Ring Dm. außen
2,45 cm. Gemme B. 1,4 cm. H. 0,9 cm
Trier, Rheinisches Landesmuseum,
Inv. G 1222

Dieser Ring, der ein Prachtexemplar unter
den römischen Fingerringen darstellt,
unterstreicht die Wertschätzung von
Gemmen auch in der Antike. In den
aufwendig gearbeiteten Ringkopf ist eine
über 100 Jahre ältere Gemme des 3. Jhs.
eingefügt. Der Karneol ist relativ hell; als
kostbarste galten tiefrote Steine. Perldraht
und Goldkügelchen werten die Gold-
schmiedearbeit auf.
Die in den Stein eingeschnittene Hasen-
jagd, hier symbolisiert durch einen vor
einem nachhetzenden Hund fliehenden
Hasen, galt als eine höchst sportliche
Form der Jagd. Das Motiv war entsprechend beliebt.

Kat. 10

Kat. 11

Lit.: Trier 1984, 115–117 Nr. 33 d (K. Goethert). –
Krug 1995, 59 Nr. 36; Taf. 49,36; Taf. 58,36. –
Engemann / Demandt 2007 CD-Nr. I.11.25
(D. Hübner).   L.S.

Kat. 12a und b
Fingerringe mit Golddraht-
verzierung

a) Trier, Olewig
Ende 4. Jh.
Gold, Achat. Ring Dm. außen 2,4 cm.
Stein Dm. 1,3 cm
Trier, Rheinisches Landesmuseum,
Inv. 20345
b) Trier, Pacelliufer. Römisches Töpferei-
gelände
Ende 4. Jh.
Gold, grünes Glas. Ring Dm. außen
2,4 cm. Glaseinlage 0,85 x 1,05 cm
Trier, Rheinisches Landesmuseum,
Inv. ST. 14139

Kat. 12a

Kat. 12b

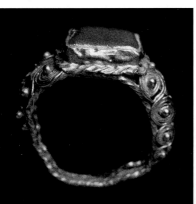

Zu den bevorzugten Formen aufwendiger spätantiker Ringe vor allem des ausgehenden 4. Jhs. gehören mit Filigrandraht verzierte oder gar ganz aus Filigrandraht (Ring b) gearbeitete Ringe mit hervorgehobenem Kopfteil. Beliebt sind aus Golddraht gedrehte Spiralen und Verzierungen mit Goldkügelchen, wie dies beide Ringe aufweisen.

Glas ersetzt zuweilen Halbedelsteine als Ringeinlagen. Der Achat des Ringes aus Olewig (Ring a) ist ein blau und schwarz gebänderter Nicolo. Schwarz und ersatzweise Dunkelblau sind bevorzugte Farben des 4. Jhs.

Lit.: Trier 1984, 116–117 Nr. 33 e; 33 f. (K. Goethert). – Sas / Thoen 2002, 251 Nr. 249. – Engemann / Demandt 2007 CD-Nr. I.11.28; I.11.29 (D. Hübner). **L.S.**

Kat. 13a

Kat. 13a und b
Goldene Erinnerungsringe mit Widmung

a) *Springiersbach (Kr. Bernkastel-Wittlich)*
Anfang 4. Jh.
Gold. Ring Dm. innen 1,5 cm. 7,43 g
Trier, Rheinisches Landesmuseum,
Inv. G 1261
b) *Trier-Ruwer*
Anfang 4. Jh.
Gold. Ring Dm. innen 1,8 cm. 7,64 g
Trier, Rheinisches Landesmuseum,
Inv. G. 1263

Die beiden aus der Sammlung der Gesellschaft für nützliche Forschungen stammenden Ringe gehören auch aufgrund ihrer inschriftlichen Widmung eng zusammen:
vivas mi pia Optata – „Du mögest leben, meine treue Optata" und
vivas Marina – „Du mögest leben, Marina".

Kat. 13b

Derartige Segenswünsche sind in der Spätantike üblich. Vom Typ her unterscheiden sich beide Ringe dagegen wesentlich. Der Ring mit Porträt ist als Siegelring konzipiert. Auffällig sind die fast identischen Gewichte, auch wenn es schwer fällt, sie in das Münzsystem des 4. Jhs. einzufügen.

Lit.: Trier 1984, 115–117 Nr. 33 b; 33 g (K. Goethert). – Schwinden 2005, 310 f. Nr. 171. – Engemann / Demandt 2007 CD-Nr. I.11.16; I.11.17 (L. Schwinden). **L.S.**

Kat. 14
Musenmosaik

Trier, Johannisstraße. Aus einem römischen Wohnhaus
2. Hälfte 4. Jh.
Mosaik, Teilstück. B. 129 cm, L. 135 cm aus einem Mosaikboden B. 510 cm, L. 640 cm
Trier, Rheinisches Landesmuseum, Inv. PM 826

Um eine Muse im besonders hervorgehobenen quadratischen Mittelfeld waren im Mosaikboden aus der späten römischen Epoche in Trier vier Musen in Achteckfeldern angeordnet. In der Muse

Kat. 14

mit der Leier, deren Resonanzkörper die Form eines Schildkrötenpanzers hat, kann Terpsichore, die Muse des Chorgesanges, oder Erato, die Muse des lyrischen Gesanges, erkannt werden.

Dieses Mosaik gehört zu den letzten Vertretern figürlich gezeichneter Mosaike. Sein Auftraggeber fühlte sich auch in der Endzeit römischer Herrschaft in Gallien noch der antiken Bildungstradition verhaftet.

Lit.: Hoffmann / Hupe / Goethert 1999, 110–112 Nr. 56 Taf. 21 f. (mit ältere Literatur). – Hoffmann 1999, 34–37 Nr. 7 Abb. 40–41. – Engemann / Demandt 2007 CD-Nr. I.17.6 (J. Hupe). **L.S.**

Kat. 15
Fortunastatuette

Sainpuits (Yonne)
1. Hälfte 3. Jh.
Bronze, versilbert, H. 57,5 cm
Paris, Musée du Louvre, Département des Antiquités grecques, étrusques et romaines, Inv. Bj 2107

Die Verehrung der Glücks- und Schicksalsgöttin Fortuna war bereits zu Beginn des römischen Reichs bekannt und viele Tempel wurden ihr geweiht. Sie ist in der

Kat. 15

römischen Kunst oft an ihrem Attribut, dem Füllhorn, erkennbar. Die kostbare Statuette, die in der Provinz Gallia Lugdunensis gefunden wurde, besteht aus versilberter Bronze und ist im Kontext der Tempelverehrung vorstellbar. Die majestätische Göttin steht frontal und hält in ihrer linken Hand ein Füllhorn, die Rechte ist offen ausgestreckt. Ihr stoffreicher Chiton wird durch einen breiten Gürtel zusammengehalten, und der lange mitgegürtete Überschlag (Kolpos) fällt als faltenreicher Überwurf herab.

Lit.: Baratte / Painter 1989, 182 f. Nr. 129. **H.Se.**

Kat. 16

Kat. 16
Merkur und seine Symboltiere
Fundort unbekannt
4. Jh.
Ton, L. 17,7 cm, B. 13,7 cm
Köln, Römisch-Germanisches Museum,
Inv. KL 555b

Die zentrale Gestalt der Reliefdarstellung ist der auf einem Felsen sitzende Merkur. Er hat seine Attribute – Flügelhut, Heroldstab (*caduceus*) und Geldbeutel – bei sich und wird von seinen Symboltieren – Widder, Ziegenbock, Schildkröte, Hahn und Skorpion – umringt. Letztere dienten als Opfergaben oder waren durch den Mythos mit dem Gott verbunden.
Die Tonplatte fungierte wohl als Votivtafel oder als Objekt mit apotropäischer (unheilabwehrender) Wirkung.

Lit.: La Baume / Salomonson 1976 Nr. 610. **M.R.**

Kat. 17 *(ohne Abb.)*
Episode aus der Geschichte von Leda
Fundort unbekannt
4. Jh.
Ton, H. 4,7 cm, Dm. 18,4 cm
Köln, Römisch-Germanisches Museum
Inv. KL 545

Der aus mehreren Fragmenten restaurierte *Terra sigillata*-Teller illustriert eine berühmte Episode aus der Geschichte der Leda: ihre Begegnung mit Jupiter. Dieser Gott näherte sich ihr in Gestalt eines Schwans und schwängerte sie. Vergleichbare Tonschalen mit Bildmotiven aus dem Leda-Mythos bildeten einen inhaltlich zusammenhängenden Zyklus und waren wohl ursprünglich demselben „Service" zugeordnet.

Lit.: La Baume / Salomonson 1976 Nr. 596. **M.R.**

Kat. 18 *(ohne Abb.)*
Aphrodite zwischen Fisch und Löwe
Nordafrika
4. Jh.
Ton, H. 4,9 cm, Dm. 21 cm
Köln, Römisch-Germanisches Museum,
Inv. KL 540

Den Teller schmücken auf den ersten Blick völlig kontextlose Bildelemente: Ein heranspringender Löwe, eine nackte, an eine Säule gelehnte Göttin – wohl Aphrodite –, ein Seelöwe, ein großer Fisch, ein kleiner Kahn sowie Trinkgefäße (kantharoi).
Es ist jedoch ein gewisser Zusammenhang zu erkennen, vermutet man in der Nebeneinanderstellung von Land- und Seelöwe mit ihrer jeweiligen „Beute" ein antithetisches Kompositionsprinzip.

Lit.: La Baume / Salomonson 1976 Nr. 594. **M.R.**

Kat. 19
Ariadne auf Naxos
Chiragan
Spätantik
Marmor, H. 27 cm, B. 42 cm,
T. 13,5 cm
Toulouse, Musée Saint-Raymond,
Musée des Antiques de Toulouse
Inv. Ra 136–30350

Der Sagenheld Theseus floh nach der Tötung des Minotaurus mit seinen Freunden und Ariadne von Kreta in Richtung Athen. Auf ihrer Fahrt gelangten sie auf die Insel Naxos. Doch während Ariadne schlief, verließ sie Theseus und segelte mit seinen Gefährten ohne sie weiter. Der Gott des Weines, Dionysos, fand Ariadne und tröstete sie – das kleinformatige Relief aus einer Villa in Gallien zeigt Ariadne selig schlafend auf Naxos, noch völlig unbewusst, dass der geliebte Retter sie vielleicht schon im Stich gelassen hatte. Ihr Mantel bauscht sich hinter ihrem erhobenen Arm in weitem Bogen im Wind und erinnert an die geblähten Segel der Griechen, an Darstellungen von Nereiden oder der Schicksalsgöttin Tyche bzw. Fortuna, ein Symbol der Wechselhaftigkeit des Lebens. Die Unterschneidungen und detailreiche Bearbeitung des stellenweise vollplastischen Reliefs zeugen von hohem handwerklichem Können. Die schlafende verlassene Ariadne ist ein beliebtes Motiv in der bildenden Kunst, wie auch in der griechischen und römischen Literatur. Komponisten wie Monteverdi, Händel und Strauss vertonten diesen Sagenstoff viel später als Oper.

Lit.: Cazes 1999, 115. **H.Se.**

Kat. 19

Kat. 20

Kat. 20
Möbelknauf
Toledo, römischer Circus
390–400 n. Chr.
Elfenbein, H. 8,8 cm, Dm. (Basis) 5,2 cm
Toledo, Museo de Santa Cruz, Inv. 30494

Dieser Elfenbeinknauf stammt von einem
Prunksitz, der im relativ gut erhaltenen
römischen Circus von Toledo gefunden
wurde. Der rundum beschnitzte Knauf
zeigt in stark plastischem Relief eine
Hippolytos-Szene; Hippolytos (= der
die Pferde loslässt) war der Sohn des
griechischen Heros Theseus. Durch
einen Zauber der Aphrodite verliebte sich
Phaidra, die Gattin des Theseus, in ihren
Stiefsohn. Phaidra beging Selbstmord
und beschuldigte Hippolytos zu Unrecht.
Der zurückgekehrte Theseus verfluchte
den fliehenden Sohn, der tragischerweise
von seinem Pferdegespann stürzte und in
den Zügeln zu Tode geschleift wurde. Auf
diesem mehrfigurigen Elfenbeinknauf ist
in einer dramatischen Episode der nur mit
einem kurzen Schultermantel und Stiefeln
bekleidete Hippolytos zu erkennen, der
ein sich hinter ihm aufbäumendes Pferd
am Zügel hält.
Auf der iberischen Halbinsel zählte Toledo
wohl schon in römischer Zeit zu einer der
wichtigsten Städte, was weitere Fundstü-
cke aus dieser Zeit belegen. Im Circus fanden Wagen- und Pferderennen statt, bis
sie im 4. Jahrhundert verboten wurden.

Lit.: Toledo 2007, 371.   H.Se.

Kat. 21
Applike in Form einer Taube
Spanien
4. Jh., frühchristlich
Bronze, H. 7 cm, B. 8,7 cm
Mérida, Museo Nacional de Arte Romano,
Inv. CE 07397

Die Taube kommt im Alten und im Neuen
Testament vor. Nach der Sintflut wird sie
von Noah ausgeschickt, um trockenes
Land zu finden und kehrt mit einem Zweig

Kat. 21

im Schnabel zurück, was als Zeichen für
Gottes Friedensschluss mit seinem Volk
gilt. Im neuen Testament berichten die
Evangelisten, dass Jesus bei seiner Taufe
durch Johannes den Heiligen Geist in
Gestalt einer Taube sah.

Lit.: Sachs / Bastübner / Neumann 1983, 328 f.
                                              F.F.

Kat. 22
Hermenpfeiler mit Kopf
eines Germanen
Welschbillig, Kreis Trier-Saarburg
(1891/1892), Zierteich einer Villa
Wohl letztes Drittel des 4. Jhs.
Kalkstein; H. ca. 1,35 cm
Trier, Rheinisches Landesmuseum,
Inv. 18870

Nahe Trier wurden 1891/1892 Teile eines
großen Wasserbeckens freigelegt. Es
gehört zu einer prächtigen Villa, die wohl
im späten 4. Jh. für den Kaiser oder einen
hohen Würdenträger errichtet wurde.
Das Becken war von einer steinernen
Brüstung mit 112 Hermenpfeilern umge-
ben, darunter solche mit Köpfen junger
Männer mit langen Haaren, die einen
Halsreif mit rundem Anhänger tragen. Ihre
Frisur entspricht der der germanischen
Leibwache auf dem Theodosius-Missorium
in Madrid und den Sockelreliefs des
Theodosius-Obelisken in Istanbul.

Kat. 22

Lit.: Wrede 1972. 70 f. 111 Nr. 68 Taf.34,1; 36,1. –
Engemann / Demandt 2007 CD-Nr. I.16.23 und
26 (S. Faust).   S.F.

Kat. 23
Porträt eines Mannes
Frankreich, Chiragan
220–230 n. Chr.
Marmor, H. 34 cm, B. 22 cm, T. 24 cm
Toulouse, Musée Saint-Raymond, Musée
des Antiques de Toulouse, Inv. Ra 73 d

Kat. 23

Das Porträt eines jungen Mannes mit an-
gedeutetem Bart wurde in der 60 km südwestlich von Toulouse gelegenen Villa von
Chiragan gefunden. Diese befand sich in
der römischen Provinz Gallia Narbonensis,
die rasch und tiefgreifend urbanisiert und
romanisiert worden war. Ab dem 3. Jh.
häuften sich auch hier Germaneneinfälle.
Die Villa von Chiragan wurde durch einen
Brand zerstört, was eine Brandschicht
anzeigt. Dies könnte beim Durchzug der
Vandalen, Sueben und Alanen in den Jahren 406 bis 410 geschehen sein.

Lit.: Bergmann 1977 – Bechert 1999, 95 ff. –
Aillagon 2008, 59.   K.W.

Kat. 24
Porträt des Kaisers Decius
Rom
249–251 n. Chr.
Marmor, H. 78,7 cm
Rom, Musei Capitolini, Inv. S 482

Büste mit nicht zugehörigem Porträt des
Soldatenkaisers Decius. Das Bildnis ist

Kat. 24

Kat. 25

Kat. 27
Porträt eines lorbeerbekränzten Mannes (Priester?)
Angeblich Kleinasien
Ende 3. Jh.
Gräulicher, wahrscheinlich kleinasiatischer Marmor, H. 38 cm, B. 24 cm
Hamburg, Museum für Kunst und Gewerbe, Inv. 1961.139

Dieser Einsatzkopf (zum Einsetzen in eine Statue gearbeitet) wurde auf Diokletian bezogen. Es wurde jedoch u. a. wegen der Form des Kranzes bezweifelt, dass ein Kaiser dargestellt sein kann. Solche lorbeerbekränzten Köpfe gelten in der Regel als Priesterdarstellungen. In der Forschung wurden die strengen Züge dieses Kopfes jedoch auch als diejenigen eines Soldaten interpretiert. Dabei wird allerdings nicht ausgeschlossen, dass hier ein hoher Beamter als Mitglied einer Priestergesellschaft wiedergegeben ist.

Lit.: Hoffmann / Hewicker 1961, 227 ff. – Stutzinger 1983, 493 Nr. 97. – L´Orange 1984, 96.
K.W.

von besonderem Wert, da es eine gesicherte rundplastische Darstellung des Kaisers ist. Während seiner Regierung führte er wichtige Operationen gegen die Goten und initiierte die erste staatliche Christenverfolgung des römischen Kaiserreiches. Das Porträt wird in der kurzen Regierungszeit Decius' (249–251) entstanden sein und vertritt den realistischen Porträtstil des 3. Jhs.

Lit.: Bergmann 1983, 47. – Fittschen / Zanker 1985, 130 ff. Kat. Nr. 110 Taf. 165–137. – Aillagon 2008, 176 II.1. – Bonn 2008, 31. **K.W.**

Kat. 25
Porträt des Kaisers Aurelian (?)
Brixia/Brescia, Italien
2. Hälfte 3. Jh.
Bronze, vergoldet, H. 36 cm
Brescia, Santa Giulia Museo della Città, Inv. MR 352

Das Porträt zeigt vermutlich den Kaiser Lucius Domitius Aurelianus, kurz Aurelian (reg. 270–275). Ihm gelang es 274, das Gallische Sonderreich kampflos wieder in das Imperium Romanum einzugliedern, wodurch das unter Quintillus noch vom Zerfall bedrohte römische Reich wieder geeint war. Seine Ermordung im Herbst 275 und die Schwäche seiner Nachfolger führten zu einem der verheerendsten Germaneneinfälle über den gesamten Rheinlauf hinweg.

Lit.: Bergmann 1977, 107 ff. Taf. 32.4. – Karlsruhe 2005, 17. **K.W.**

Kat. 26
Porträt des Carinus (?)
Rom, 1872 im Castro Pretorio
Letztes Viertel 3. Jh.
Marmor, H. 42,5 cm
Rom, Musei Capitolini, Inv. S 850

Vergleiche mit Münzporträts machen wahrscheinlich, dass hier Marcus Aurelius Carinus, der Sohn des seit 282 herrschenden Carus, dargestellt ist. Carinus wurde noch 282 zum Caesar ernannt, im Verlauf des folgenden Jahres auch zum Augustus. 284 besiegte er an der Donau die Quaden und hielt sich nach diesem Triumph wohl in Rom auf. Nachdem er den Usurpator Iulianus 285 bei Verona geschlagen hatte, zog er auf den Balkan, um sich dem Gegenkaiser Diokletian entgegenzustellen. Zwar besiegte er diesen in der Schlacht am Magnus, bei einer Soldatenverschwörung wurde er jedoch noch 285 ermordet.

Lit.: Fittschen / Zanker 1985 Nr. 117. – Beck / Bol 1983 Nr. 19. **K.W.**

Kat. 26

Kat. 27

Kat. 28
Silberbüsten
Angeblich aus Kleinasien
Um 300 n. Chr.
Silber, getrieben, H. 11 cm und 12 cm
Mainz, Römisch-Germanisches Zentralmuseum, Inv. 0.39760 und 0.39761

Die bereits in der Antike mutwillig zerstörten Büsten zeigen zwei Männer in der Ausrüstung eines hohen Offiziers: Panzer und fransenbesetztes *paludamentum* (Feldherren- oder Soldatenmantel), das auf

Kat. 28

der rechten Schulter mit einer Scheibenfibel zusammengehalten ist. Auch wenn die physiognomischen Unterschiede gering sind, handelt es sich doch um zwei Individuen. Das wertvolle Material weist sie darüber hinaus als hohe Persönlichkeiten aus, vielleicht als tetrarchische Kaiser.

Lit.: Künzl 1983, 187 f. – Demandt / Engemann 2007 I.4.2. **K.W.**

Kat. 29
Kameo
4. Jh., Emaillierung und Goldfassung (?)
16. Jh.
Sardonyx, H. 8,1 cm, B. 8,3 cm
Paris, Bibliothèque nationale de France,
Cabinet des Médailles et Antiques,
Inv. Babelon 308 (Chabouillet 255)

Die erhaben aus einer weißen Lage geschnittene Gemme aus Sardonyx zeigt den Triumph des Licinius: Auf seiner Quadriga reitet er frontal über am Boden liegende besiegte Barbaren hinweg, in seinen Händen hält er eine Lanze und eine Kugel. Seitlich neben ihm weibliche Symbolfiguren für Sonne und Mond, beide mit Fackel und einer Kugel; seitlich neben der Quadriga zwei geflügelte Siegesgöttinnen mit einem Tropaion links und einer Kaiserstandarte rechts.
Licinius, der Adoptivsohn Diokletians, war von bäuerlicher Herkunft und von 308 bis

324 römischer Kaiser. Sein wohl größter militärischer Erfolg war die Schlacht bei Herakleia Pontike an der Schwarzmeerküste im Jahr 313, als er seinen Mitkaiser Maximinus Daia besiegte und so den Osten des römischen Reiches kontrollieren konnte.

Lit.: Demandt / Engemann 2007, I.7.6. – Aillagon 2008, 214. 664 II.17. **H.Se.**

Kat. 30
Porträt Konstantins I.
Fundort unbekannt
306–337 n. Chr., konstantinisch
Marmor, H. 27 cm, B. 21,3 cm, T. 21,5 cm
Eichenzell bei Fulda, Museum Schloss
Fasanerie, Inv. FAS.ARP.54

Der Kopf, dessen Oberfläche noch die Werkzeugspuren antiker Bearbeitung aufweist, zeigt wahrscheinlich das Bildnis des Konstantin I. aus seinen reifen oder späteren Jahren (nach 324 n. Chr.). Zu diesem Zeitpunkt, nach seinem Sieg über Licinius (324), schloss sich das geteilte Imperium zu einer neuen Einheit zusammen. Ebenso scheinen sich in der römischen Porträtkunst die künstlerischen Eigenheiten des östlichen und westlichen Bereichs nach diesem Erfolg anzunähern: so werden Tendenzen, die im östlichen Porträt aufkommen, z. B. Reduktion des Plastischen und ornamentale Akzentu-

ierung der Form, nun auch im Westen spürbar.

Lit.: Heintze 1968, 81 Kat. 54 Taf.90/91. – L´Orange 1984, 68 f. **K.W.**

Kat. 31a–c
Bleiplomben für kaiserliche Verschlusssachen
a) Trier, Römerbrücke
Anfang 4. Jh., tetrarchisch
Blei Dm. 2,2–2,7 cm. 18,2 g
Trier, Rheinisches Landesmuseum,
Inv. EV. 1994,116
Bleiplombe mit zwei Kaiserbüsten, gegeneinander blickend.

b) Trier, Westseite des Landesmuseums.
Spätantiker Palastbereich
nach 309 n. Chr.
Blei Dm. 2,5–3,1 cm. 17,4 g
Trier, Rheinisches Landesmuseum,
Inv. PM 19752
Bleiplombe mit Konstantinporträt nach rechts. Constantius P(ius) Aug(ustus). Siegelung wahrscheinlich in der Münzstätte London.

Kat. 31a

Kat. 31b

Kat. 29

Kat. 30

Kat. 31c

c) Trier, Römerbrücke
nach 317 n. Chr.
Blei Dm. 2,2–2,7 cm. 9,1 g
Trier, Rheinisches Landesmuseum,
Inv. EV. 1994,173 b
Bleiplombe des Crispus: Crispus
Nob(ilissimus) C(aesar). Das über einem
Knoten heiß gesiegelte Bildnis des Kons-
tantinsohnes wurde in zweiter Verwen-
dung gelocht als Anhänger getragen.

Eine wissenschaftlich sehr wertvolle
Fundgruppe sind trotz ihrer Unscheinbar-
keit aufgrund ihrer Seltenheit andernorts
Bleiplomben aus der Kaiserresidenz Trier.
Der größte Anteil der mehr als 2000
Trierer Plomben entstammt der Spätantike
und ist mit der staatlichen Verwaltung und
dem Warenverkehr im Umfeld des Kaiser-
hofes in Verbindung zu setzen. Fundkon-
zentrationen sind im Bereich des Palastes
und am römischen Hafen in der Nähe der
Römerbrücke zu beobachten.
Gesiegelt wurde über dem Knoten einer
Schnur durch Einpressen eines Bildes
und/oder einer Schrift ein heißer Bleitrop-
fen oder ein vorgefertigter kalter Rohling.
Die Herkunft von Verschlusssachen aus
allen Teilen des Imperiums können in Trier
nachgewiesen werden.

Lit.: Cüppers 1974, bes. 167–172 (Bleifunde). –
Engemann / Demandt 2007 CD-Nr. I.4.37;
I.15.75; I.9.58; IV.1.17 (R. Loscheider).   **L.S.**

Kat. 32
Porträt Konstantins oder
eines seiner Söhne (Crispus
oder Konstantin II.)
Rom, 1877 auf dem Esquilin gefunden
4. Jh., konstantinisch
Marmor, H. 32 cm, B. 26 cm, T. 28 cm
Rom, Musei Capitolini, Inv. S 843

Das Porträt zeigt entweder Konstantin I.
oder einen seiner Söhne: Gaius Flavius
Iulius Valerius Crispus (kurz Crispus; Le-

Kat. 33

benszeit vermutlich 305–326) oder Konstantin II. (317–340). Die im Nacken kurze
Frisur, die Konstantin und seine Söhne
nach dem Zeugnis der Münzdarstellungen
nur bis 330 trugen, legt eine Datierung
des Kopfes vor diesem Zeitpunkt nahe.

Lit.: Stuart Jones 1926, 70 Nr. 5 Taf. 22. –
Delbrueck 1933/78, 210 f. Taf. 109. – Fittschen /
Zanker 1985, 155 Nr. 124 Taf. 155. – Demandt /
Engemann 2007 I.8.9.   **K.W.**

Kat. 33
Constans I. (337–350)
Fundort: Trier, Neutor
geprägt ca. 340–350
Silber, Dm. 38 mm, Gew. 12,98 g
Berlin, Staatliche Museen zu Berlin,
Münzkabinett Acc.-Nr. 1866/28757

Silbermedaillon zu vier Siliquen
Vs.: FL IVL CONS-TANS P F AVG [Flavius
Iulius Constans Pius Felix Augustus].
Drapierte Panzerbüste des Constans mit
Diadem in der Brustansicht nach rechts.
Rs.: TRIVMFATOR – GENT-IVM BAR-
BARARVM // SIS. Der Kaiser in Militär-
tracht mit Muskelpanzer, Feldschuhen,
Feldherrenbinde, Kopf mit Diadem nach
links, hält in der Rechten ein Feldzeichen
mit Christogramm *(labarum)*, mit der
Linken hält er einen Speer.

Lit.: Interaktiver Katalog des Münzkabinetts
www.smb.museum/ikmk, Objektnr. 18203249. –
Dressel 1973, 357 Nr. 223 (dieses Stück). –
RIC VIII 360 Nr. 148 mit Anm. (zitiert dieses
Exemplar).   **B.W.**

Kat. 34
Constantius II. (337–361)
geprägt 348–350
Bronze, Dm. 21 mm, Gew. 3,59 g
Berlin, Staatliche Museen zu Berlin,
Münzkabinett o. Acc.-Nr.

Maiorina
Vs: CONSTANT-IVS P F AVG. Drapierte
Panzerbüste des Constantius II. mit Dia-
dem in der Brustansicht nach links.

Kat. 34

Er hält in seiner rechten Hand einen
Globus.
Rs.: FEL TEMP REPAR-ATIO // AQP
[*Felicium temporum reparatio* = Die
Wiederherstellung glücklicher Zeiten]. Der
Kaiser, rechts in Rüstung in der Vorderan-
sicht mit einem Speer (Spitze aufwärts)
in der linken Hand und zurückgewandtem
Kopf, führt mit seiner rechten Hand einen
Barbaren aus seiner Hütte nach rechts ab.
Hinter der Hütte befindet sich ein Baum.

Lit.: Interaktiver Katalog des Münzkabinetts
www.smb.museum/ikmk, Objektnr. 18201301. –
RIC VIII Nr. 102 (348–350 n. Chr.). – LRBC Nr.
887 (346–350 n. Chr.).   **B.W.**

Kat. 35
Porträt des Valentinian I.
(oder des Valens?)
Rom, beim Forum Boarium
4. Jh. (364–375), valentinianisch
Marmor, H. 35 cm
Rom, Musei Capitolini, Inv. 10460

Die Büste zeigt den Kaiser Valentinian I.
(reg. 364–375) oder seinen Bruder Valens
(reg. 364–378). Um den Kopf lag ein
Diadem. Kränze und Diademe gehören
zum Schmuck kaiserlicher Personen und
können für die Datierung der Kaiserport-
räts besonders wichtig sein.

Lit.: Delbrueck 1933/78. – Fittschen / Zanker
1985, 158 f. Nr. 126 Taf. 157. – Aillagon 2008,
176 Kat. II.1.   **K. W.**

Kat. 32

Kat. 35

Kat. 36

Kat. 37

Grabstele mit Reliefdarstellung des Feld-
zeichenträgers Valerius Ianuarius Usarien-
sis mit einer Inschrift im unteren Drittel.
Der Soldat ist mit einer Tunika und einem
Paludamentum (Feldherren- und Soldatenmantel) bekleidet. In der Rechten hält er
eine Lanze, in der Linken einen Schild.
Die Darstellung vermittelt einen Eindruck
der Bekleidung und Bewaffnung von
Soldaten des 4. Jhs.

Lit.: CIL 13, 03492. – Bonn 2008, 125.   R.H.

Kat. 36
Kaiserporträt
*Trier, Basilika Ostseite. Bereich
des spätantiken Palastes
Um 377 n. Chr.
Weißer Marmor, H. 38 cm (ohne ergänzte
Büste)
Trier, Rheinisches Landesmuseum,
Inv. 1898,306*

Das Porträt des letzten legitimen Kaisers
in Trier, Gratian (367–383), ist ein Fund-
stück aus dem Zentrum seiner kaiserlichen Residenz. Die dynamische Wendung
der angespannten Halsmuskeln weist den
Kopf einer separat gearbeiteten Statue zu.
Das Porträt gehört zum jüngeren Bildnisty-
pus des Gratian, gesichert vor allem durch
die feinen Darstellungen der Goldprägungen. Der Backenbart im Übergang zum
Erwachsenenalter und ein Perlendiadem
statt des zuvor üblichen Rosettendiadems
machen die Darstellung in die Zeit um die
Decennalien des Kaisers wahrscheinlich.
Zeitlich eng verbunden damit sind auch
die große Schlacht von Argentovaria bei
Colmar im Februar 378 gegen die Alamannen und der letzte Rheinübergang eines
römischen Kaisers.

Lit.: Trier 1984, 283 Nr. 147 (W. Binsfeld). –
Meischner 1991, 399; 403; 405 f.; Taf. 93,1. –
Engemann / Demandt 2007 CD-Nr. I.16.1
(R. Loscheider).   L.S.

Kat. 37
Bronzescheibe
*Frankreich
3./4. Jh.
Bronze, Dm. 11,7 cm
Paris, Bibliothèque nationale de France,
Inv. B.B.1363*

In der oberen Bildhälfte: Zwei Reihen von
römischen Soldaten stehen sich gegenüber. Jeder trägt einen Helm und einen
ovalen Schild. Feldzeichen identifizieren
sie als Angehörige der britischen Legionen
II Augusta und XX Valeria Victrix. Die Inschrift Aurelius Cervianus nennt wohl den
Beisitzer der Scheibe, der vielleicht auch
der Kommandant der Soldaten war. In der
unteren Bildhälfte befinden sich Tiere.

Lit.: Southern / Dixon 1996, 125. – Bishop /
Coulston 2006 Taf. 3a.   F.F.

Kat. 38
Grabstele eines Soldaten
*Longueau
1. Hälfte 4. Jh.
Kalkstein, H. 104 cm, B. 53 cm, T. 29,5 cm
Amiens, Musée de Picardie,
Inv. M.P. 1876.237*

Kat. 38

Kat. 39
Männergrab
*Krefeld-Gellep, Grab 43
3. Viertel 5. Jh.
Krefeld, Museum Burg Linn, ohne Inv.*

Spatha, Eisen, Scheidenmundblech und
Maskenortband aus Bronze, Griff aus
Knochen oder Elfenbein, L. 91 cm
Schnalle, Bronze versilbert mit festem
Beschlag, Bügel endet in Tierköpfen,
L. des Bügels 2,8 cm
Riemenschlaufe, Bronze, kerbschnitt-
verziert, L. 3,3 cm
Riemenzunge, Silber vergoldet, kerb-
schnittverziert und nielliert, L. 3,3 cm
Messer, Eisen, L. 18 cm

Kat. 39

Tragring des Messers, Bügel Silber, Be-
schlag goldplattiert, L. des Bügels 1,7 cm
Pinzette, Bronze, L. 7 cm
3 rechteckige Beschläge, Bronze versil-
bert, Dm 4,3 cm x 1, 5 cm
Bronzeblechplatte, Dm. 2,7 cm x 1, 7 cm
3 Pfeilspitzen, Eisen, L. 12,5 cm; 10,1 cm;
9,6 cm
Schlageisen mit Schnalle, Eisen mit
Silber- und Messingeinlagen, L. 9,5 cm
Beschlag, Bronzeblech, Dm. 1, 8 cm x
1,2 cm
Plättchenrest, Knochen
Schnalle, Bronze, L. des Bügels 1,8 cm
Terra sigillata-Schale, H. 4,5 cm,

Dm. (Mitte) 16,5 cm
Rüsselbecher, grünes Glas, H. 17 cm,
Dm. 9,5 cm
Silbermünze, unbestimmbar

Das südwest-nordost orientierte Körper-
grab enthielt die reich mit Waffen und
weiteren Beigaben versehene Bestattung
eines Mannes, der in einem mit Eisen-
nägeln zusammengehaltenen Holzsarg
beigesetzt worden war. Das zweischneidige Langschwert und die Pfeilspitzen
zeichnen den Mann als Offizier der
spätrömischen Grenztruppen aus, denen
die Verteidigung der Rheingrenze oblag.
Unter den Gefäßbeigaben verdient ein aus
spätrömischem Formengut hervorgegan-
gener Rüsselbecher frühester Prägung
besondere Aufmerksamkeit.

Lit.: Pirling 1966, 19 f. Taf. 10. – Böhme 1974,
278 Taf. 77.   **A.W.**

Kat. 40

Kat. 40
Lanzenspitzen
Krefeld-Gellep, Grab 1088
Erste Hälfte 4. Jh.
Eisen, L. ca. 17 cm
Krefeld, Museum Burg Linn, ohne Inv.

Ein Bündel von mindestens zehn verros-
teten Lanzenspitzen aus dem Grab 1088
des römisch-fränkischen Gräberfelds von
Krefeld-Gellep, in dem sich des Weiteren
zahlreiche Gefäße befanden. Auf dem
Gräberfeld wurden die Verstorbenen der
römischen Hilfstruppen, die im benachbarten Kastell Gelduba stationiert waren,
sowie deren Frauen und Kinder bestattet.
Seit dem 4. Jahrhundert tauchen in den
Gräbern des Gräberfeldes immer häufiger
Beigaben auf, die keinem Römer mit ins
Grab gelegt worden wären: Lanzen, Streit-
äxte, Pfeilspitzen sowie Gürtelgarnituren.

Lit.: Pirling 1966, 127 Taf. 89. – Mannheim 1996,
81 ff.   **F.F.**

Kat. 41

Kat. 41
Kammhelm
Augusta Raurica, Insula 20
4. Jh., konstantinische Zeit
Eisen, H. 23,5 cm
Augst, Römermuseum / Römerstadt
Augusta Raurica, Inv. 1967.12557

Der Kamm- oder Bügelhelm ist die
charakteristische römische Helmform der
Spätantike. Er ist aus zwei Hälften zusammengesetzt, die von einem metallenen
Verbindungsband zusammengehalten
werden, das von der Stirn mittig über den
Kopf in den Nacken verläuft. Daran konnte
ein Helmbusch aus gefärbtem Rosshaar
befestigt werden. Wangenklappen und
Nackenschutz wurden an das Innenfutter
angenäht.

Lit.: Karlsruhe 2005 Kat. 72. – Demandt / Engemann 2007 Kat. I.12.22.   **F.F.**

Kat. 42
Helm
Biberwier, an der Via Claudia Augusta
4. Jh.
Eisen, Bronze, H. 33 cm, B. 18,5 cm,
L. 25 cm
Innsbruck, Institut für Archäologien, Fach-
bereich für Klassische und Provinzialrömi-
sche Archäologie, ohne Inv.

Kat. 42

Der Helm weicht deutlich von der in der
Spätantike üblichen Helmform ab. Anders
als die Kammhelme wurde er nicht aus
zwei Stücken zusammengesetzt, sondern
aus einem Stück getrieben. Die Wangenklappen wurden mit Scharnieren befestigt,
wie es für Helme der frühen Kaiserzeit
charakteristisch war. Er ist damit ein Beispiel für die uneinheitliche Ausrüstung der
römischen Truppen in der Spätantike.

Lit.: Miks 2008, 12–14.   **F.F.**

Kat. 43
Gürtelgarnitur mit Propeller-
beschlägen
Bernkastel-Kues
2. Hälfte 4. Jh.
Bronze, B. der Beschläge 4,5 cm
Trier, Rheinisches Landesmuseum,
Inv. 1940,3544 a–g

Die unweit einer spätrömischen Berg-
befestigung vielleicht aus einem Grab
geborgene Gürtelgarnitur ist wohl nur
unvollständig auf uns gekommen, da die
obligatorische Riemenzunge und der Riemendurchzug fehlen. Sie besteht aus einer dreiteiligen Schnalle mit gegossenem
Bügel und Dorn sowie einer Platte aus
dünnem Bronzeblech und sechs propel-
lerförmigen Beschlägen mit Mittelleisten,
von denen drei gekerbt sind. Vergleichbare

Kat. 43

Kat. 44

Beschläge zeigen Soldatengürtel auf dem Constantinbogen in Rom.

Lit.: Trier 1984, 308 f. Nr. 158 (K. J. Gilles). – Gilles 1985, 110, 249, 279 (Taf. 31). **K.-J.G.**

Kat. 44
Gürtelgarnitur

Trier-Pallien, spätrömisches Gräberfeld
Um 400 n. Chr.
Bronze, B. der Beschläge 9,9–11,9 cm
Trier, Rheinisches Landesmuseum,
Inv. 17534 a–h

Die Gürtelgarnitur besteht aus 14 vorwiegend punzverzierten Beschlagteilen, einer dreiteiligen Schnalle, zwei unterschiedlich breiten, u-förmigen Beschlägen mit spornartigen Enden (einer mit Mittelleiste), acht leistenförmigen, in degenerierten Tierköpfen endenden Gürtelverstärkern, einem Riemendurchzug mit sich verbreiternden Nietplatten, einer Abschlussröhre mit Riefenverzierung sowie einer kerbschnitt- und punzverzierten scheibenförmigen Riemenzunge mit zwei stilisierten Pferdeköpfen. Sie gehörte offenbar zur Ausrüstung eines höhergestellten Militärs.

Lit.: Trier 1984, 309 Nr. 159 (K.-J. Gilles). **K.-J.G.**

Kat. 45a–f
Kerbschnittverzierte Gürtelbeschläge

a) Wasserbillig
Bronze, L. 7,9 cm, B. 7,0 cm
b) Trier, Amphitheater
Bronze, L. 4,7 cm, B. 4,3 cm
c) Trier, Johann-Philipp-Straße
Bronze mit Niello, L. 4,6 cm, B. 6,3 cm
d) Butzweiler (Kreis Trier Saarburg),
in der Grube
Bronze, erhaltene L. 10,1 cm, B. 7,5 cm
e) Trier, Herrenbrünnchen (Tempelbezirk)
Bronze, erhaltene L. 2,8 cm, B. 6,4 cm
f) Trier, Altbachtal
Bronze, L. 5,1 cm, B. 5,8 cm
2. Hälfte 4.–1. Hälfte 5. Jahrhundert

Trier, Rheinisches Landesmuseum,
Inv. 8465. 1910,825. 19047. 1572.
EV 1922,538d. ST 10629

Kerbschnittverzierte Beschläge zählen zu den wichtigsten Bestandteilen spätrömischer Männergürtel. Ihre charakteristischen Keil- und Kerbschnittverzierungen wurden zusammen mit dem Beschlag vermutlich in einer verlorenen Form im Wachsausschmelzverfahren gegossen und anschließend mit Stichel und Meißel überarbeitet. Die Beschlagplatten sind meist rechteckig ausgebildet und mit einer beweglichen Schnalle mit Dorn verbunden. Seltener weisen sie auch eine dreieckige Form auf oder sind fest mit der Schnalle verbunden. In der Regel sind die Träger solcher Gürtel unter den höheren Verwaltungsbeamten oder den Militärs des spätrömischen Reiches zu suchen.

Lit.: Trier 1984, 305–307 Nr. 157i, n, e, l, o, k (K.-J. Gilles). **K.-J.G.**

Kat. 46
Gürtelbeschlag mit figürlichen Zierfeldern

Trier, Amphitheater
Ende 4. Jh.
Messing, erhaltene L. 6,4 cm, B. 6,8 cm
Trier, Rheinisches Landesmuseum,
Inv. 1909,862

Der viereckige Gürtelbeschlag mit halbrundem Abschluss zeigt um ein kerbschnittverziertes quadratisches Feld sowie einer halbrunden kerbschnittverzierten Leiste zwei rechteckige sowie ein halbrundes Feld mit gepunzter und eingravierter figürlicher Verzierung. Im oberen Feld sieht man einen sich fortbewegenden Tiger, im halbrunden einen sitzenden Leoparden (oder Panther), der seinen Kopf rückwärts gewendet hat, und im unteren einen Löwen mit leicht gedrehtem Kopf, der beide Augen sowie eine üppige Mähne erkennen lässt. Leider ist an der gerundeten Abschlusskante der charakteristische Fortsatz in Form eines Adlerkopfpaares abgebrochen und verloren.

Lit.: Trier 1984, 259, 304 Nr. 157g (K.-J. Gilles). – Trier 2009, 150 f. (K.-J. Gilles). **K.-J.G.**

Kat. 45a

Kat. 45b

Kat. 45c

Kat. 45d

Kat. 45e

Kat. 45f

Kat. 46

Kat. 48

Kat. 47
Gürtelbeschlag mit figürlichen Erweiterungen
Newel (Kreis Trier-Saarburg, „im Kesel")
Ende 4. Jh.
Bronze, L. 6,8 cm, B. 6,8 cm
Trier, Rheinisches Landesmuseum,
Inv. EV. 1962, 38 FN 57

Die dreieckige Platte bildete einen der beiden kerbschnittverzierten Gegenbeschläge einer ursprünglich dreiteiligen Gürtelgarnitur. An den Schrägseiten sind je zwei liegende Löwen mit zurückgewendeten Köpfen mitgegossen, die allerdings stärker stilisiert sind. Die reiche Kerbschnittverzierung ist der Form des Beschlags angepasst und zeigt um ein nahezu dreieckiges Mittelfeld mit einem lilienförmigen Ornament Zierleisten mit Spiralen und Wellenbändern.

Lit.: Trier 1984, 259, 305 f. Nr. 157m (K.-J. Gilles). **K.-J.G.**

Kat. 48
Gürtelgarnitur
Krefeld-Gellep, Grab 4755
Um 400 n. Chr.
Bronze, Leder, H. 7 cm, B. 18,3 cm
Krefeld, Museum Burg Linn, Inv. 4755/2

Fünfteilige Gürtelgarnitur mit spiralförmiger Kerbschnittverzierung aus Grab 4755 in Krefeld-Gellep. Einer der drei rechteckigen Beschläge weist eine Aussparung für eine Tierkopfschnalle auf. Zu der Garnitur gehören des Weiteren ein rhombusförmiger Beschlag und ein Riemendurchzug. Es handelt sich hierbei um Teile eines breiten spätantiken Militärgürtels, der dem Toten mit ins Grab gegeben wurde. Weitere Beigaben, Kamm und Halsring, identifizieren den Bestatteten eindeutig als Germanen, der wohl als Föderat in der römischen Armee diente.

Lit.: Demandt / Engemann 2007 Nr. I.12.38. **R.H.**

Kat. 49a und b
Kerbschnittverzierte Beschläge von Schultergurten
a) Trier, Herrenbrünnchen (Tempelbezirk)
Bronze, L. 4,1 cm, B. 4,8 cm.
b) Minheim, Burgley
2. Hälfte bis Ende 4. Jh.
Bronze mit Nielloverzierung,
L. 4,8 cm, B. 5,4 cm
Trier, Rheinisches Landesmuseum,
Inv. 1912,377. 1978,13

Die beiden trapezförmigen Beschläge weisen ein großes kerbschnittverziertes Mittelfeld mit gegeneinandergestellter lilienförmiger Verzierung auf. Beim Beschlag aus Minheim ist das Mittelfeld zusätzlich von einem grätenartigen niellierten Ornamentband eingefasst. Bei beiden Beschlägen fehlt eine kleinere Ecke, nämlich jener Bereich, in dem,

wie noch beim Minheimer Exemplar zu erkennen, eine kleinere Schnalle mit Dorn angebracht war. Die Befestigungsart der Schnalle lässt in beiden Beschlägen Teile eine Schultergurts erkennen.

Lit.: Trier 1984, 258, 304, 307 Nr. 157f, r (K.-J. Gilles). **K.-J.G.**

Kat. 49a

Kat. 47

Kat. 49b

Kat. 50

Kat. 52c

Kat. 52d

Kat. 50
Kerbschnittverzierte Gürtelöse
Trier, Herrenbrünnchen (Tempelbezirk)
1. Hälfte 5. Jh.
Bronze, L. 4,0 cm, B. 4,2 cm
Trier, Rheinisches Landesmuseum,
Inv. 1912,378a

Die Gürtelöse gehörte offenbar zu einer
aus mehreren Teilen zusammengesetzten Gürtelgarnitur mit Riemenzunge
und Schultergurt. Sie besteht aus einer
dreieckigen Grundplatte mit relativ grober
Kerbschnittverzierung und stilisierten
Randtieren (liegende Löwen mit zurückgewendeten Köpfen). Die angesetzte Öse
ist plastisch ausgebildet und lässt einen
degenerierten Löwenkopf erkennen.

Lit.: Trier 1984, 107 Nr. 157q (K.-J. Gilles).**K.-J.G.**

Kat. 51
Punzverzierte Tierkopfschnalle
Kastel (Kreis Trier-Saarburg), Ortslage
Anfang 5. Jh.
Bronze, L. 3,7 cm, B. 5,7 cm
Trier, Rheinisches Landesmuseum,
Inv. 17234

Kat. 51

Die Gürtelschnalle wird gekennzeichnet
durch einen relativ schmalen punzverzierten Bügel, der in zwei nur leicht stilisierte
Löwenköpfe mündet. Letztere halten einen trapezförmigen Beschlag, der fest mit
der Schnalle verbunden ist und ebenfalls
eine dezente Punzverzierung aufweist.
Der zugehörige Schnallendorn ist verloren.

Lit.: Trier 1984, 107., Nr. 157p (K.-J. Gilles). –
Werner 1958 Taf. 81 Abb. 2,5. **K.-J.G.**

Kat. 52a–d
Vier Beschläge
römischer Militärgürtel
Südspanien, angeblich aus der
Nähe von Hispalis (Sevilla)
Zweite Hälfte 4. Jh.
Bronze, H. 6,5–7,8 cm
Mainz, Römisch-Germanisches Zentral-
museum Inv. O.40885 (ohne Abb.).
O.40886 (ohne Abb.). O.40909. O.41903

In der zweiten Hälfte des 4. Jhs. trugen
Soldaten des römischen Heeres breite
Ledergürtel mit mehreren gegossenen
Bronzebeschlägen von unterschiedlicher
Form und Funktion. Deren Dekor bestand
meistens aus Spiralkerbschnitt-Ornamen-
ten. In Spanien sind bisher nur wenige
Stücke gefunden worden. Der Rautenbe-
schlag mit zwei kauernden, rückblicken-
den Randtieren stammt offenbar aus einer
donauländischen Werkstatt. Demnach
dürfte sein Träger aus dem mittleren Donauraum in die römische Provinz Baetica
gekommen sein.

Lit.: Unveröffentlicht. Vgl.: Böhme 1974, 55 ff. –
Böhme 1980, 201 f. – Böhme 1986, 25 ff.
M.S.-D.

Kat. 53a–c
Beschläge von drei
römischen Militärgürteln
Südspanien, zum Teil aus der
Nähe von Hispalis (Sevilla)
Ende 4. bis Mitte 5. Jh.
Bronze, H. 6,0 bis 7,1 cm, Dm. 8 cm
Mainz, Römisch-Germanisches
Zentralmuseum, Inv. O.40992.
O.41051. O.41127 / 1–2

Kat. 53a und b

Kat. 53c

Von drei spätrömischen Militärgürteln stammen ein schmaler Bronzebeschlag mit geometrischer Punzornamentik, ein dreigliedriger Riemenverteiler sowie eine Tierkopfschnalle mit Laschenbeschlag und einem Gegenbeschlag, die mit demselben Winkelkerbschnitt verziert sind. Beide gehören offensichtlich zusammen und können nur deshalb als Paar erhalten geblieben sein, weil sie in einem Kriegergrab gelegen haben. Da in Südspanien damals nur Menschen mit Beigaben bestattet wurden, die noch keine Christen waren, dürfte diese Kerbschnittgürtelgarnitur von einem germanischen Söldner des römischen Heeres getragen worden sein. Ein Germane war vermutlich auch jener Soldat, der nur eine einfache Gürtelgarnitur mit Punzdekor besessen hatte und offenbar aus Nordgallien oder dem Rheinland in die Provinz Baetica gekommen war.

Lit.: Unveröffentlicht. Vgl.: Böhme 1974, 53 ff. 64 f. Karten 11 und 13. – Böhme 1986, 25 ff. – Böhme 1996, 99 f. Abb. 75.   **M.S.-D.**

Kat. 54a und b
Scheibenknebel von Pferdetrensen
Südspanien, angeblich aus der Nähe von Hispalis (Sevilla)
4. bis 5. Jh.
Bronze, H. 6,4 cm und 9,8 cm
Mainz, Römisch-Germanisches Zentralmuseum, Inv. O.40912. O.40913

Kat. 54a

Kat. 54b

Kat. 55

An den Enden der eisernen Mundstücke römischer Pferdetrensen saßen durchbrochene Bronzescheiben mit einer rechteckigen Öse zur Befestigung des Backenriemens. Im Unterschied zu den sehr weitverbreiteten Scheibenknebeln mit geometrischen Ornamenten oder Tierdarstellungen kommen Knebel mit christlichen Symbolen nur auf der Iberischen Halbinsel vor. Der große Scheibenknebel mit gezähntem Rand und Radspeichen in Form eines Christogramms mit Alpha und Omega stammt aus dem späten 4. bis 5. Jh.

Lit.: Unveröffentlicht. Vgl.: de Palol 1967 Taf. 109. – Simon Ortisi 2001, 350–352 Nr. IV–100. – Simon Ortisi 2004, 352 Nr. 776.   **M.S.-D.**

Kat. 55
Spätrömische Lanzenspitze
Trier, Römerbrücke
Letztes Drittel 4. Jh.
Eisen, erhaltene L. 38 cm, B. 4,5 cm
Trier, Rheinisches Landesmuseum, Inv. 1980,676

Die Lanzenspitze zeigt eine lange konische Tülle, die in zwei Wulstringen mündet. Das daran anschließende Lanzenblatt schwingt halbkreisförmig aus, um dann mit flauer Einbuchtung fast gleichmäßig zur Spitze auszulaufen. In der Achse zur Tülle ist eine ausgeprägte Verstärkungsrippe erhalten, an deren Ansatz am unteren Blattrand seitwärts kleinere kreisförmige Ausschnitte ansetzen.
Die Lanzenform zeigt große Ähnlichkeiten mit der Lanze auf dem Elfenbeindiptychon des Stilicho (um 396) im Domschatz von Monza.

Lit.: Trier 1984, 297, Nr. 155b (H. Cüppers).   K.-J.G.

Kat. 56

Kat. 56
Spätrömische Prachtlanze
Trier, Römerbrücke
2. Hälfte 4. Jh.
Eisen mit Messing- und Kupfereinlagen, erhaltene L. 31,5 cm, B. 5,8 cm
Trier, Rheinisches Landesmuseum, Inv. EV 1978,5

Das Lanzenblatt der nahezu vollständig erhaltenen Prachtlanze zeigt deutlich hervortretende Verstärkungsrippen, die zur Spitze hin in einen massiven Querschnitt übergehen, während die seitlichen Blattteile in einer Kehle auslaufen. Über drei Zonen verteilen sich von der Tülle bis zur Spitze eingelegte Verzierungen. Die Tülle zeigte ursprünglich zwei Messing-ringe, von denen der obere noch die Inschrift *Anbianioni·vivas* erkennen lässt. Auf dem breiteren Teil der Spitze sind paarweise zueinander gerichtete Büsten aus Kupfer und Messing eingelegt. Ob jene die vier Tetrarchen oder zwei Kaiserpaare zeigen, muss derzeit offenbleiben. Vermutlich kam der Träger der Lanze aus dem Stammesgebiet der Ambiani, das nach der Notitia Dignitatum verschiedene militärische Spezialeinheiten stellte.

Lit.: Trier 1984, 123, 294 ff. Nr. 155a (H. Cüppers).   K.-J.G.

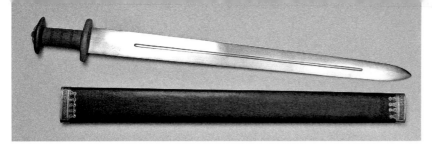

Kat. 57

Kat. 57
Spätrömische Spatha
Idesheim, Kreis Bitburg-Prüm
1. Hälfte 4. Jh.
Eisen, vergoldet und nielloverziert
Trier, Rheinisches Landesmuseum,
Inv. EV 1992,135 (Nachbildung)

Das zweischneidige Langschwert zeigt
neben einem profilierten Bronzeknauf
noch Reste des ehemaligen Holzgriffes.
Von der hölzernen Schwertscheide hat
sich ein vergoldetes und nielloverziertes
Scheidenmundblech erhalten, das auf der
Schauseite ein von Längsrillen und einem
Kerbband gefasstes Flechtband zeigt. An
seinem unteren Ende schließen kleinere
Dreiecke an, welche in miteinander
verbundenen Kreisscheiben münden, in
denen wiederum die Niete zur Befestigung des Bleches auf der Schwertscheide
angebracht waren. Das Ortband, das erst
später bei einer Nachuntersuchung zum
Vorschein kam, wies die gleiche Verzierung auf, war jedoch entgegengesetzt auf
der Schwertscheide angebracht.

Lit.: Gilles 1995, 23 f. – Mannheim 1996, 859 f.
(K.-J. Gilles). **K.-J.G.**

Kat. 58 *(ohne Abb.)*
Zwiebelknopffibel
Fundort unbekannt
4. Jh.
Bronze, L. 8,6 cm
Köln, Römisch-Germanisches Museum,
Inv. KL 653

Mit Perlreihen und Punzaugen auf dem
Bügel und auf der Fußplatte verziert.

Lit.: La Baume / Salomonson 1976 Kat. 519. **F.F.**

Kat. 59a–c
Zwiebelknopffibeln
Trier, verschiedene Fundorte
4. Jh.
Bronze, vergoldet, L. 7,8–9,8 cm,
B. 5,4–7,4 cm
Trier, Rheinisches Landesmuseum,
Inv. 6392. 1117. EV 2005,24a

Bis zum 4. Jh. nimmt die Vielfalt der
römischen Fibelformen deutlich ab und
beschränkt sich im Rheinland zuletzt auf
zwei Typen: die Ring- und die Zwiebelknopffibel, die beide zur Männertracht
gehören. Die Zwiebelknopffibel wird
gekennzeichnet durch einen unterschiedlich verzierten Fuß und Bügel, der in
einem vier- oder sechskantigem Querarm,
teilweise mit Aufsätzen, mündet. An beiden Enden des Querarms wie an dessen
Übergang zum Bügel sind zwiebelförmige
Knöpfe angebracht, die mitunter facettiert oder auch eiförmig ausgebildet sind.

Kat. 59a

Kat. 59b

Kat. 59c

Wenige Zwiebelknopffibeln bestehen aus
Gold oder sind vergoldet und erlauben
Rückschlüsse auf die soziale Stellung ihrer
Träger.

Lit.: Trier 1984, 111 f., Nr. 31b,c
(K.-J. Gilles). **K.-J.G.**

Kat. 60
„Kaiserfibel"
Piesport-Niederemmel
315/6 n. Chr.
Gold (Goldgehalt ca. 87 %),
erhaltene L. 11,2 g, 75,5 g
Trier, Rheinisches Landesmuseum,
Inv. 1982,140

Das aus nahezu reinem Gold bestehende
Fibelfragment gehörte zu einer überdurch-
schnittlich großen Fibel. Erhalten sind
nur der Fuß mit dem Nadelhalter und der
Bügel mit dem charakteristischen Zwiebelknopf. Der Querarm mit der Nadelkonstruktion ist verloren. Die Oberseiten des
Fußes wie des Bügels zeigen in einem
Mittelstreifen ein dreizeiliges Flechtband.
In die Schrägseiten des Bügels sind mit
Silber ausgelegte Inschriften eingeritzt,
die die Anfertigung der Fibel zu den
Decennalien, dem zehnjährigen Regie-
rungsjubiläum der Kaiser Constantin I. und
Licinius I., im Jahr 315/16 zu erkennen
geben. Es liegt nahe, dass solche Kaiserfi-
beln zu besonderen Anlässen vom Kaiser
an Verwaltungsbeamte oder Offiziere
gewissermaßen als Auszeichnung verliehen wurden. Ihr zeitweiliger Träger könnte
ein SERVANDVS gewesen sein, dessen
Name auf der Unterseite des Bügels
eingeritzt ist.

Lit.: Noll 1974. – Trier 2009, 132 f. – Radnoti-
Alföldi 1976. **K.-J.G.**

Kat. 61
Zwiebelknopffibel
Trier, Römerbrücke
Mitte/2. Hälfte 4. Jh.
Gold, erhaltene Länge 4,4 cm,
B. 5,4 cm, 54,33 g
Trier, Rheinisches Landesmuseum,
Inv. 1925,87

Das Fragment gehört zur Gruppe der
Zwiebelknopffibeln und zählt zu den
wenigen Edelmetallausführungen dieses
Typs. Sein sechskantiger Querarm trägt
durchbrochene profilierte Aufsätze. Die
leicht verdrückten Knöpfe sind hohl und

Kat. 60

zeigen die Namen gebende Zwiebelform.
Am Übergang zum abgebrochenen Fuß ist
der Bügel unter einem Perlband viermal
mit Golddraht umwickelt. Der aus zwei
Teilen gearbeitete Bügel zeigt auf seiner
Oberseite einen doppelten Streifen. Die
Streifen sind jeweils nach der Art des
„laufenden Hundes" verziert.

Lit.: Trier 1984, 111 f., Nr. 31 d (K.-J. Gilles).
K.-J.G.

Kat. 62 *(ohne Abb.)*
Zwiebelknopffibel
*Fundort unbekannt, vermutlich
Deutschland
Erste Hälfte 5. Jh.
Vergoldete Bronze, L. 9,1 cm
Mainz, Römisch-Germanisches
Zentralmuseum, Inv. O.13999*

Römische Offiziere und Beamte der
Spätantike haben ihren Mantel auf der
rechten Schulter mit einer „Zwiebelknopffibel" geschlossen. Da sich deren Form
im Laufe der Zeit veränderte, ist ihr Alter
gut zu bestimmen. An Material und Dekor
war einst der Rang ihres Trägers ables-
bar. Den Wert dieser vergoldeten Fibel
steigert ein seitlicher Zwiebelknopf mit
langer Schraube, an der die Nadel hängt.
Die Technik der Schraubenherstellung
beherrschten damals nur die Römer, im
Mittelalter ging sie verloren.

Lit.: Gaitzsch 1983, 600 ff. Abb. 4. – Pröttel
1988, 369 f. Abb. 8,2–4. – Deppert / Schürmann /
Theune-Großkopf 1995, 143 Nr. A1 Abb. 101.
M.S.-D.

Kat. 63
Zwiebelknopffibel
*aus der Nähe von Die (Rhône-Alpes,
Frankreich)
5. Jh. (?)
Gold, Email, L. 7,6 cm
Paris, Bibliothèque nationale de France,
Inv. des Monuments d'or et d'argent 275*

Kat. 61

Kat. 63

Geflügelte Siegesgöttin mit Tropaion aus
Beutewaffen, gefunden auf der Byrsa, dem
Zentrum des antiken Karthago. Marmor,
2. Jh. n. Chr., Musée national de Carthage

AFRICA IN DER SPÄTEN KAISERZEIT

Die Provinz am Vorabend der vandalischen Eroberung

von Yann Le Bohec

W er sich als Historiker mit der Eroberung Afrikas durch die Vandalen beschäftigt, muss sich die Frage stellen, ob diese ein durch Krisen geschwächtes politisches Gebilde oder im Gegenteil einen sehr widerstandsfähigen Organismus vorgefunden haben. Heute neigt man bekanntlich zu der Ansicht, dass in der Provinz alles nicht nur gut, sondern sogar sehr gut lief. Dieses allzu idyllische Bild muss allerdings etwas relativiert werden.

Wirtschaftliche und politische Situation

Beginnen wir, ohne dort zu lange zu verweilen, mit dem 3. Jahrhundert. Im Gegensatz zu dem, was gelegentlich publiziert wurde, ist festzustellen, dass sich die Vertreter der politischen Elite Afrikas im Jahr 238 in einer Weise gegen Rom aufgelehnt haben, dass sogar ein Prokurator, ein Vertreter des Kaisers, sein Leben lassen musste. Der Grund für diesen Aufstand war die erdrückende Steuerlast, die den Kurialen auferlegt worden war. Der Staat verlangte, dass sie sich an der Finanzierung der in Europa und dem Orient geführten Kriege beteiligten, was bei ihnen auf wenig Verständnis stieß. Hinweise auf die Situation geben auch Indikatoren, mit denen die wirtschaftliche Konjunktur – Aufschwungsphasen und Krisen – verfolgt werden können. Hierzu zählen die Inschriften, die immer seltener gemeinnützige Leistungen der Bürger für ihre Städte (Euergetismus) erwähnen. Archäologen können feststellen, dass in den Jahrzehnten nach 238 die Keramikproduktion tendenziell nachließ und die Funde von Münzhorten weniger reich und

in kleinerer Zahl auftreten. Ein erneuter Aufschwung, der bis in die Regierungszeit des Kaisers Julian (361–363) anhielt, ist für die erste Hälfte des 4. Jahrhunderts nachweisbar. Danach trat jedoch wiederum eine Rezessionsphase ein. Damals kam es zu Unruhen, denen die römische Armee auffallend machtlos gegenüberstand: im Osten Raubzüge der Austurianer in Tripolitanien, im Westen die Aufstände des Firmus und des Gildo in Mauretanien.

Mit einer Initiative zu einem wirtschaftlichen Aufschwung war vonseiten des Staates kaum zu rechnen: Nach den damaligen Vorstellungen gehörte dies auch nicht zu dessen Aufgaben. Afrika war in sechs Provinzen aufgeteilt, von Osten nach Westen: die Tripolitana, Byzacena, Zeugitana (bzw. Proconsularis), Numidia, die Mauretania Sitifensis und Mauretania Caesariensis – die an den Atlantik grenzende Tingitana war Teil des Verwaltungsbereichs Hispania. Der auch *praeses* oder Richter genannte Statthalter intervenierte vor allem in Rechtsstreitigkeiten. Die genannten Provinzen waren zur Diö-

> „... ein fruchtbares, von Milch und Honig fließendes Land ...,
> ein Land, welches sozusagen übervoll war von einer Menge
> aller Freuden."
> Salvian, *De gubernatione Dei* VII 20

zese Africa zusammengefasst, die einem in Berufungsfällen vor Gericht intervenierenden *vicarius* unterstellt war, und gehörten außerdem zu einem noch größeren Gebilde: der prätorialen Präfektur *Illyricum, Italia et Africa*. Der zuständige Präfekt wiederum übte mehr oder weniger gut die Rechtsprechung aus bzw. sorgte mehr oder weniger schlecht für die Versorgung der Truppen.

Italia, Illyricum, Africa: Darstellung aus der Notitia Dignitatum, s. Kat. 96

Das Heer wurde umorganisiert. Es wurden Elitetruppen, die Kavallerie der *vexillationes comitatenses*, die Legionsinfanterie und ähnliche Einheiten, von weniger wertvollen an den Grenzen stationierten Einheiten, den *limitanei*, unterschieden. Die vorgeschobenen Lager standen wie in der frühen Kaiserzeit zwischen dem „produktiven" Afrika und der Sahara, weil die Strategen Angriffe eines unbekannten Feindes aus dem Süden befürchteten. Von Norden war keine Bedrohung zu erwarten, da das Mittelmeer von römischen Provinzen umgeben war. Es erscheint uns angebracht, mit zwei älteren Thesen aufzuräumen, die die Existenz von „Bauernsoldaten" und die eines beweglichen und unbeweglichen Heeres postulieren. Zum ersten fußt die Annahme von „Bauernsoldaten" auf einer verfehlten Lesung vereinzelter und unvollständiger Texte. Zum

zweiten ist die Koexistenz eines mobilen als auch eines stationären Heeres eine Absurdität, die im 19. Jahrhundert von in militärischen Dingen unerfahrenen Historikern erfunden wurde. Es ist ja kaum anzunehmen, dass bei einem in nicht zu großer Entfernung gemeldeten Barbarenüberfall sich die Soldaten nicht von der Stelle gerührt hätten, weil sie „sesshaft" waren. Andererseits kann man sich allein wegen ihrer Zugehörigkeit zu „mobilen" Truppen über das ganze Jahr herumziehende Soldaten schlecht vorstellen. Dieses an der Saharagrenze und davor in der Nähe der Versorgungsquellen stationierte Heer war nicht von großem strategischem Wert. Der Hauptgrund für diese Schwäche lag unseres Erachtens in den finanziellen Schwierigkeiten eines Staates, der den Sold weder für die Offiziere noch für die einfachen Soldaten bezahlen konnte.

Städtewesen

Der eingeschränkte militärische Schutz steht im Kontrast zur relativ zahlreichen Bevölkerung. Noch gab es viele Städte in Afrika. Da die Infrastruktur bereits in der frühen Kaiserzeit angelegt worden war, wurden öffentliche Baumaßnahmen kaum noch durchgeführt. Es entwickelte sich jedoch allmählich eine christliche Architektur, wenngleich später als in anderen Provinzen. Die Archäologen haben „bischöfliche Baukomplexe" entdeckt, die aus den für die christliche Gemeinschaft einer Stadt unabdingbaren drei Gebäudetypen bestanden: der Basilika, dem Baptisterium und dem Haus des Bischofs. Auch christliche Nekropolen konnten freigelegt werden. Daneben bestand das politische Gemeinwesen weiter fort, vor allem dank der Ratsherren (*curiales*) und Magistrate. Das Volk (*populus*) durfte weiterhin seine Meinung äußern, die Reichen zeigten sich als Euergeten („Wohltäter") immer noch großzügig. Claude Lepelley hat die Städte zusammengezählt, in denen sie durch epigrafisch belegte Aktivitäten nachgewiesen sind: in der Proconsularis sind es 88, in der Byzacena 27, der Numidia 25, der Mauretania Caesariensis 12, der Mauretania Sitifensis 5 und in der Tripolitana 4. Insgesamt also 161! Das sind mehr als doppelt so viele wie in Gallien. Karthago zählte zu den vier bis fünf größten

Städten des Reiches, und noch zur Zeit des Augustinus ließ es sich dort gut leben. Es bedurfte der Ankunft unschuldiger Vandalen, guter Christen, um dieser ganzen Freude ein definitives Ende zu bereiten.

Landwirtschaft und Fischerei

Der hohe Grad der Urbanisierung spiegelt den wirtschaftlichen Wohlstand dieser Region wider – dieser war weniger groß, als die heutige Forschung vermutet, dennoch aber größer, als man früher geglaubt hatte.

Im 4. Jahrhundert gründete sich der Reichtum des römischen Maghreb wie zuvor auch auf den Weizen, vor allem aber auch auf genügsame Getreidesorten wie Gerste oder manchmal auch Hirse und Sorghumhirse. Sicherlich, die Produktion vergänglicher Güter hat für uns kaum Spuren hinterlassen. Doch galt Afrika schon lange Zeit als sprichwörtliche „Kornkammer" Roms. Ertragreich waren vor allem das Medjerda-Tal in Tunesien und die Hochebenen. Da aber die Menschen vorwiegend von Brot lebten, wurde überall Weizen angebaut. Erstaunlicherweise genoss diese Region ein Klima, das dem heutigen ähnlich war, mit ebenso vielen, aber gleichmäßiger über das Jahr verteilten Niederschlägen. Trotzdem fehlte es an Wasser: Allein die Mittelmeerküste besaß mit einer Niederschlagsmenge von etwa 400 mm im Jahr genug für den Anbau. Die ganzen übrigen Gegenden bedurften künstlicher Bewässerung. Hier haben das Genie und der Arbeitseifer der Afrikaner Wunder bewirkt. Die Flusstäler, auf Arabisch Wadi (*ouadi*, Einzahl: *oued*) genannt, führen nur einige Tage im Jahr Wasser; alle waren sie durch Dämme unterbrochen, von denen aus das stark fließende Wasser über Kanäle in Zisternen geleitet wurde. Dort wurde es bis zu seiner Verwendung aufbewahrt. Zu gegebener Zeit wurde das Wasser über ein ausgefeiltes Kanalnetz in die Felder geleitet. Vor allem dank der Zisternen können die Anbaugebiete heute lokalisiert werden.

Überlebensgroße tönerne Statue eines römischen Feldherrn, gefunden in Oued Zarga, Ende 3. Jh. n. Chr., Musée national du Bardo

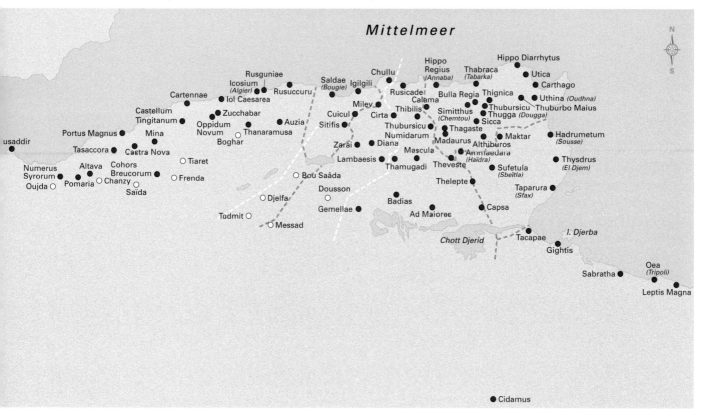

Das römische Afrika im 4. Jh. n. Chr.

Aus historischen und geografischen Gründen war die Landwirtschaft durch die berühmte „mediterrane Trias" gekennzeichnet, bestehend aus Weizen-, Wein- und Olivenanbau. Die Ölproduktion war im Laufe des 2. Jahrhunderts zu einem wichtigen und auch durch Qualität bestimmten Wirtschaftszweig geworden. Bis zum Ende des 1. Jahrhunderts wurde das wenig gefragte Öl Afrikas noch in bescheidenen Mengen produziert. Den Durchbruch auf dem Markt schaffte es infolge einer regelrechten wirtschaftlichen Revolution: Bekanntlich benötigen Ölbäume viel Wasser, viel Pflege und vertragen keine Kälte. Also können sie nicht in den Bergen oder am Rand der Sahara angepflanzt werden. Die Produktion von Olivenöl konzentrierte sich daher vor allem auf den tunesischen Sahel – wie heute – und die küstennahen Landstriche Tripolitaniens und Mauretaniens. Der weniger berühmte Wein hat hingegen nie ein befriedigendes Niveau erreicht, weder was die Qualität noch was die Quantität betrifft. Neuere Untersuchungen tendieren jedoch dazu, ihn zu rehabilitieren. Die Ergebnisse gilt es abzuwarten.

Damit nicht genug. Die Zucht und Haltung von Pferden, Eseln, Kamelen, Ziegen, Schafen und Rindern ist gut nachgewiesen, wenngleich die Bedeutung der Viehwirtschaft nicht näher eingeschätzt werden kann. Wir wissen auch, dass Wildtiere für die Kämpfe in den Amphitheatern des Reiches gefangen wurden. Jedoch fehlen wiederum die Anhaltspunkte zur Einschätzung des Stellenwerts dieses Wirtschaftsfaktors.

Besser können wir die Bedeutung des Meeres für ein Land mit einer so lang gestreckten Küste erfassen. Der Fischfang findet sich auf zahlreichen Mosaiken dargestellt. Aber die Region ist vor allem durch zwei andere Produkte bekannt geworden: *murex* und *garum*. Die *murex* ist eine Schneckenart, aus der der Farbstoff Purpur gewonnen wird, und ihre Bestände waren zahlreich an der afrikanischen Küste. Ihre wirtschaftliche Bedeutung bleibt aber schwer zu beurteilen. Über das *garum* hingegen wissen wir mehr: Es handelt sich um eine dem vietnamesischen *nuoc mam* ähnliche Fischsauce, die – wie der Senf bei den Franzosen – zur Würzung aller Speisen verwendet wurde. Die Fischer lieferten den Fisch – meistens Thunfisch – in regelrechten Fabriken ab, von denen viele ausgegraben werden konnten. In diesen wurden in einem ersten Becken die Fische gewaschen, im nächsten ihre Köpfe abgeschnitten, und an

Ruinen der römischen Wasserleitung vom Zaghouan-Gebirge nach Karthago

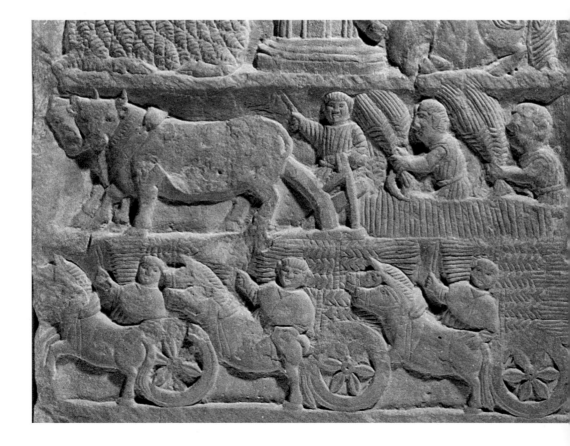

Szene des ländlichen Lebens im römischen Nordafrika: Pflügen, Ernten und Einfahren des Korns. Detail der „Boglio-Stele", eines Weihreliefs für Saturn, das P. N. Cuttinus um 300 n. Chr. hat errichten lassen. Bardo-Museum, Tunis

Karthago – ein Zentrum des spätrömischen Reiches

von Konrad Vössing

Karthago war nach Rom die bedeutendste Stadt des westlichen Imperium Romanum. Zugleich war sie seit Augustus Hauptstadt des gesamten afrikanischen Provinzialgebiets, vom Atlantik bis zur Großen Syrte. Die Einwohnerzahl können wir zwar nur schätzen (100 000–300 000), das Stadtgebiet umfasste aber die für antike Verhältnisse riesige Fläche von 320 ha.

Augustus hatte die zerstörte punische Stadt neu erstehen lassen – als *colonia* nach römischem Muster: mit einem Schachbrett-Straßensystem, in dessen Mittelpunkt die alte Stadtburg „Byrsa" lag. Ihr Hügel wurde zu einem großen Hochplateau aufgeschüttet, auf dem das neue repräsentative Forum entstand, dessen Basilika der

größte Saalbau Afrikas war. Die Urbanistik der übrigen Stadt entwickelte sich entsprechend. Noch heute kann man die Reste des Amphitheaters und des Circus bewundern, es gab außerdem ein bedeutendes Theater und eine überdachte „Konzerthalle" (ein Odeon, das größte der römischen Welt); ein imposantes, leistungsstarkes Aquädukt aus den Bergen lieferte Frischwasser, gewaltige Zisternen versorgten die zahlreichen Thermen, darunter die gigantischen Antoninus-Thermen direkt am Meer.

Zwei Faktoren bürgten für den dauerhaften Wohlstand der Stadt, der Karthago bis zur arabischen Eroberung (698 n. Chr.) zu *der* Metropole Africas machte: die Bedeutung der

Häfen (nicht zuletzt für den Getreidetransport aus dem fruchtbaren Hinterland nach Rom) und die politische Führungsrolle, die wiederum anderes nach sich zog. Denn hier residierte nicht nur der Provinzstatthalter und oberste Richter, hier entstand auch die Zentrale des Kaiserkults in Afrika und ein administratives Zentrum. Als das Reich im frühen 4. Jahrhundert n. Chr. in (den Provinzen übergeordnete) „Diözesen" eingeteilt wurde, erhielt der Chef (*vicarius*) der afrikanischen Diözese seinen Sitz wiederum in Karthago.

Zu dieser Zeit war die Stadt auch das kirchliche Zentrum Afrikas. Die Zahl der hier zusammengerufenen afrikanischen Konzilien ist beträchtlich. Seit dem späteren 4. Jahrhundert, als das Christentum zur offiziellen Religion geworden war, entstanden zahlreiche christliche Monumentalbauten, aus Platzmangel vor allem außerhalb der Mauern.

Zu dieser Zeit sprach die Bevölkerung größtenteils Latein (die punische Sprache überlebte vor allem in ländlichen Gebieten). Nur eine kleine Minderheit davon bildete die Oberschicht: einige Hundert Familien, gruppiert um hier residierende Angehörige der imperialen Elite, um Mitglieder des Stadtrats (Dekurionen), Beamte der Diözesan- und Reichsverwaltung, erfolgreiche Kaufleute und Inhaber ehrenvoller Berufe wie Ärzte, Advokaten oder Professoren. Nur diese Gruppe konnte es sich leisten, ihren Kindern eine höhere Schulbildung zu gönnen, d. h. sie zum „Grammatiker" und zum „Rhetor" zu schicken, wo die Schüler mit der (lateinischen und teilweise auch griechischen) literarischen Kultur vertraut gemacht wurden und

Bauinschrift in den Thermen des Antoninus Pius in Karthago

lernten, auch selbst als Dichter, Literaten oder Redner daran mitzuwirken. Besonders die Rhetorik war wichtig als Eintrittskarte in die Zirkel elitärer Kommunikation.

Dass die überwiegende Mehrheit der Bevölkerung hieran nicht aktiv teilnehmen konnte, machte die Welt der Oberschicht nicht zum Ghetto. Zwar zog diese sich gern auch in luxu-riöse Landhäuser zurück, generell galt aber, dass sie den öffentlichen Raum zur Selbstdarstellung nutzte und sogar brauchte. Das kulturelle Leben war also durch das breite städtische Auditorium nach unten verwurzelt, wie ja generell die Schriftlichkeit das urbane Leben (und Selbstbewusstsein) prägte, obwohl sie in ihrer entwickelten Form keineswegs Allgemeingut war. Dies gilt auch für die verschiedenen Formen der Bildungskultur und des Literaturbetriebs, die bei Darbietungen in Theater und Amphitheater, bei Konzertreden, Umzügen oder religiösen Feste zum Tragen kamen.

Lit.: Elliger 2004 – Ennabli 1992 – Ennabli 1997 – Lepelley 1979/80 – Vössing 1997

Rekonstrukton des römischen Karthago im 3. Jh. n. Chr. Im Vordergrund das Forum auf der Byrsa, dem Hügel, auf dem schon das Zentrum der punischen Stadt lag, rechts hinten die eindrucksvollen Häfen. Am Horizont der Djebel Bou Kornine mit seiner charakteristischen Silhouette. Aquarell von Jean-Claude Golvin

Römische Städtekultur am Übergang zur Vandalenzeit

von Mustapha Khanoussi

Als die nach den antiken Autoren 814 v. Chr. von der phönizischen Prinzessin Elissa bzw. Dido gegründete Stadt Karthago – die berühmte Heimat Hannibals – von den Vandalen 439 n. Chr. erobert und zur Hauptstadt ihres Königreichs gemacht wurde, begann ein neues Kapitel in der Geschichte des heutigen Tunesien: Die lange römische Zeit war beendet.

Diese Periode hatte etwa sechs Jahrhunderte zuvor begonnen, im Jahr 146 v. Chr. für das nordöstliche Drittel und 46 v. Chr. für den Rest des Landes, und hat die Menschen wie die Landschaft tief und nachhaltig geprägt. Sie zeichnete sich besonders durch die Einführung der griechisch-römischen Kultur und die Verbreitung der römischen Stadtarchitektur aus.

Tunesien musste nicht erst unter die Herrschaft Roms geraten, um einen blühenden Städtebau und eine urbane Entwicklung zu erfahren. Sesshaftigkeit und Besiedlung hatten in diesem Gebiet des Mittelmeerraums im ersten Jahrtausend v. Chr. besonders früh und dicht eingesetzt. Kurz vor dem Fall Karthagos wurden Städte und Dörfer noch zu Dutzenden, wenn nicht zu Hunderten gezählt. Die in den letzten Jahrzehnten durchgeführten Untersuchungen zeigen, dass der Städtebau keineswegs hinter dem des übrigen Mittelmeerraums zurückgeblieben war. So bestanden orthogonale Stadtpläne in Afrika schon vor der Ankunft der Römer – in den tiefer gelegenen Vierteln Karthagos wie auch in der numidischen Stadt Bulla Regia im Medjerda-Becken (den *campi magni* der Antike). Die Grabungen an der archäologischen Fundstätte Kerkouane auf dem Cap Bon, etwa

10 km nördlich von Kelibia, haben Baureste einer punischen Stadt mit allen ihren Bestandteilen freigelegt: Stadtmauern, Häusern, Straßen und Gassen, Plätzen usw. Von Karthago abgesehen wurden die bestehenden Städte nach dem Sieg der Römer über die Punier nicht zerstört. Sie existierten weiter mit ihrem typisch afrikanischen Stadtgefüge, das durch die römischen Monumentalbauten nicht sehr stark überprägt wurde.

Die Zahl der städtischen Siedlungen ist im Laufe der römischen Zeit kaum angestiegen. Es gab unter den neuen Herrschern nur sehr wenige Stadtgründungen oder -neugründungen. Beim heutigen Kenntnisstand kann man zumindest festhalten, dass es sich wohl höchstens um etwa zehn Städte handelt. Die Stadt Karthago ist das beste Beispiel: Nach der Aufhebung der rituellen Verfluchung, die nach der Zerstörung im Dritten Punischen Krieg über die Ruinen ausgesprochen worden war, wurde die römische Kolonie als Hauptstadt der Provinz Africa proconsularis an der Stelle der ehemaligen punischen Metropole wiedererrichtet und sollte im Wetteifer mit Alexandria und Antiochia zu einer der größten und prächtigsten Städte des Mittelmeerraums werden.

Ein weiteres Beispiel verdient unsere Aufmerksamkeit: Sufetula (heute Sbeïtla im westlichen Zentraltunesien). Bekannt durch sein Kapitol mit drei *cellae* (Tempelbauten) und seinen für römische Koloniegründungen typischen orthogonalen Stadtplan war dieser Ort für die Forscher lange ein Rätsel. Erst in jüngster Zeit wurde erkannt, dass diese Stadt nicht für

römische Siedler erbaut wurde, sondern mit dem Ziel, die nomadische Fraktion eines bedeutenden Berberstammes – die aus den antiken Texten und Inschriften bekannten *Musunii* – sesshaft zu machen. Ein kürzlich entdeckter Grenzstein hat gezeigt, dass die offizielle Bezeichnung der Stadt nämlich *Sufetula Musuniorum* (Sufetula der Musunii) war. Deren Bevölkerung bestand also aus Einheimischen auf dem Weg der Romanisierung und nicht aus römischen Siedlern!

Da das Städtewesen des heutigen Tunesien schon vor der Zerstörung Karthagos und der Einverleibung des Numiderreiches weit entwickelt war, blieb die Rolle Roms bei der Urbanisierung sehr eingeschränkt. Sein Beitrag zur Veränderung der Stadtlandschaft war jedoch von großer Tragweite.

Mit der Herrschaft über die Territorien des punischen Karthago 146 v. Chr. und des Numiderreiches 46 v. Chr. haben die Römer ein neues Urbanisierungsmodell eingeführt, zu dessen Hauptkomponenten das als Mittelpunkt der Stadt geltende Forum, die weit verbreiteten Spiel- und Freizeitstätten, die von einem hohen technischen Standard und Bauwissen zeugenden Wasserbauten wie auch die Ehren- und Triumphbögen gehören. Letztere wurden von den Gemeinden meistens am Eingang der Ansiedlungen errichtet, um deren Treuepflicht und Loyalität zum Kaiser – oft in Verbindung mit seiner „göttlichen Familie" – zu bezeugen. Durch die Eingliederung dieser in der punischen und numidischen Architektur unbekannten Monumentalbauten ins Stadtgefüge hat sich die afrikanische Stadtlandschaft allmählich verändert. Die Städte waren nicht mehr

Blick in das Umland von Thugga/Dougga, von den Zuschauerrängen des römischen Theaters aus gesehen. Links im Hintergrund das turmartige Mausoleum, das in seiner Gestaltung auf punisch-numidische Vorbilder zurückgeht.

punisch oder numidisch, wurden aber auch nie römische Städte im städtebaulichen Sinne. Das beste Beispiel für diese Entwicklung stellt die auf der UNESCO-Welterbeliste stehende Stadt Thugga – heute Dougga – dar.

Nehmen wir zuerst die Spielstätten (Theater, Amphitheater, Circus, Stadion und Odeon), die eine weite Verbreitung erfuhren und deren Besuch den Alltag der Stadtbewohner lange Zeit bestimmte. Beeindruckende Baureste, wie insbesondere die des Amphitheaters von El Djem, zeugen von den hohen Kosten für Bau und Unterhaltung. Dazu kamen noch die Aufwendungen für die verschiedenen Arten von Darbietungen, die drei bis vier Jahrhunderte lang durchgeführt wurden, bis diese Gebäude mit dem Einzug eines neuen Lebensstils, bedingt durch die christliche Religion, geschlossen wurden, da die Anhänger des Christentums alle profanen Spiele verurteilten. Die Römer hatten in die Provinz Africa noch einen anderen Denkmaltyp eingeführt, der vor allem im Alltag der wohlhabenden Schichten eine wichtige Rolle spielte: die öffentlichen Thermen. Sie dienten grundsätzlich der Körperhygiene, konnten aber auch einen Sportplatz, eine Palästra sowie verschiedene Stätten der Begegnung und der Gastlichkeit aufweisen. Diese manchmal überdimensionierten Anlagen – wie die antoninischen Thermen – verbrauchten viel Wasser. Zur Deckung dieses Bedarfs war die große Meisterschaft der Römer in der Hydrotechnik und -baukunst gefragt, von der Förderung über das Transportieren bis zum Speichern des Wassers. Die afrikanischen Städte haben in unterschiedlichem Maße von diesem Know-how profitiert. Um die Bedürfnisse des römischen Lebensstils zu erfüllen, wurden dort große öffentliche Zisternen angelegt. Oft musste das Wasser an einer weit abgelegenen Quelle gefasst und mit beträchtlichem technischem Aufwand, der selbst heutzutage Bewun-

derung abnötigt, zum Zielort geleitet werden. Ein gutes Beispiel dafür ist die Wasserleitung zwischen Zaghouan und Karthago. Als größte Anlage dieser Art im ganzen römischen Reich versorgte sie Karthago mit frischem Quellwasser vom Djebel Zaghouan (*mons Ziquensis*) über eine teils unter-, teils oberirdische Strecke von über 120 km!

Die Eifrigkeit der städtischen Beamten kam nicht zuletzt den afrikanischen, griechisch-römischen und orientalischen Gottheiten zugute sowie dem Kaiserkult und der Verehrung zahlreicher anderer göttlicher Wesenheiten. Heiligtümer mit verschiedenen Bezeichnungen (*templum, cella, capitolium, exedra* usw.) und sehr unterschiedlichen Grundrissen – vom Prostylos mit vier Säulen über den römisch-afrikanischen bis zum kreisförmigen Tempeltypus – wurden im Rahmen der ruhmreichen, aber kostspieligen Ämterlaufbahn (*cursus honorum*), welche die städtischen Beamten zu absolvieren hatten, meistens auf Kosten der reichen und großzügigen Euergeten (Wohltäter) unter ihnen errichtet. Unermessliche Summen wurden zur Befriedigung dieser Eitelkeit

und zum „Erhalt" des gesellschaftlichen Rangs ausgegeben. Ihre Erben haben diese Verschwendung des Familienbesitzes, von der die kostspieligen Bauten zeugen, die seinerzeit die Städte schmückten und die uns noch heute erfreuen, in Verruf gebracht, sogar verflucht. Nach dem Sieg des Christentums und dessen Ausrufung zur Staatsreligion verloren viele Monumente ihre ursprüngliche Funktion und wurden entweder für andere Zwecke genutzt oder einfach aufgegeben, da schon im späten 3. Jahrhundert die Unterhaltskosten für die verbleibenden Gebäude die Kassen der Gemeinden schwer belasteten.

So sollten die Vandalen ihr 100 Jahre währendes Reich in einem Land gründen, in dem das Städtewesen schon sehr alt und weit verbreitet war und wo über vier Jahrhunderte während der römischen Kaiserzeit reiche „Wohltäter" und miteinander wetteifernde Gemeinschaften ihre „teure Heimat" mit aufwendigen, aber schließlich überflüssig gewordenen Denkmälern römischen Stils ausgestattet hatten.

Lit.: Khanoussi 1992 – Khanoussi 2003 – Slim / Fauqué 2001

einer weiteren Stelle wurden sie ausgenommen. Dann wurden sie filetiert und, alternierend mit Lagen von Salz, in einem Korb aufeinander geschichtet. Die daraus entstehende Flüssigkeit floss in einen darunterstehenden Bottich. Dies war das *garum*, dessen „erste Pressung" begehrter war als die folgenden.

Die Keramikproduktion

Das Öl und vor allem das *garum* wurden in Amphoren befördert, den damaligen universellen Transportmitteln, die etwa unseren heutigen Konservendosen ent-

Zwei spätrömische Lampen. Links mit Löwendarstellung auf dem Spiegel, aus Karthago, rechts eine Lampe, die in Aquileia in Italien gefunden wurde. Badisches Landesmuseum

Christliche Lampe, s. Kat. 221

sprechen. Es wurden viele davon benötigt und mit dem Aufschwung der Exportwirtschaft zunehmend mehr. Amphoren werden bekanntlich aus gebranntem Ton hergestellt. Eine ganze Industrie musste dafür aufgebaut werden. Und dieses bezüglich seiner Bedeutung in der römischen Kaiserzeit mit dem Stahl im 19. Jahrhundert vergleichbare Material wurde in großen Mengen produziert. Viele Werkstätten stellten Sigillata her. Dieser Name bezeichnet eine gehobene keramische Massenware mit schönem rotem Farbton, die mit verschiedenen Motiven, oft mythologischer Art, verziert und mit Stempeln signiert war (*sigillum* = Stempel). Die spätantike Produktion wird von den Archäologen in die Klassen Sigillata D und Sigillata E eingeteilt. Die afrikanischen Erzeugnisse waren so begehrt, dass sie exportiert und sogar nachgeahmt wurden. Ausgrabungen liefern „afrikanische Sigillata", die in Italien, Gallien oder Hispanien hergestellt wurde. Eine besondere Sparte der Keramikherstellung war die Öllampenproduktion. Die Lampen bestehen aus einem zylindrischem Körper, einem Henkel und einer Schnauze für den Docht. Die Lampenspiegel (die Oberseiten) waren gewöhnlich mit verschiedenen aus der Götterwelt, den öffentlichen Spielen oder der Erotik entlehnten Darstellungen verziert. Auch sie wurden in großen Mengen exportiert. Zusammenfassend lässt sich feststellen, dass in Afrika eine überregional wichtige Keramikindustrie entstand und sich weiterentwickelte. Dies wurde erst vor wenigen Jahrzehnten erkannt. In der Mitte des 20. Jahrhunderts galt unter den Historikern noch, dass Afrika allein von einem Erzeugnis gelebt hat, nämlich dem Weizen.

Wie in vielen anderen Kulturen kam der Wohlstand aber nicht allen gleichermaßen zugute. Es gab in Afrika Reiche und Arme, die vom Staat als *potentiores* bzw. *tenuiores* bezeichnet wurden.

Die Gesellschaft der späten Kaiserzeit

Während Afrika im 2. und 3. Jahrhundert die Heimat von Senatoren und sogar Kaisern (Septimius Severus und Caracalla) gewesen war, verlor es seine damit verbundenen Privilegien durch den Niedergang des Senats, der mit der „Krise des 3. Jahrhunderts" einherging. Es gab zwar immer noch Reiche, diese waren jedoch im Einzelnen vermögender, dafür aber weniger zahlreich. Die Ratsherren der Provinzstädte – die *curiales* – waren nun für die Einziehung der Steuern von ihren Mitbürgern verantwortlich und litten unter dieser Last, da sie selbst für das Steueraufkommen hafteten. So wurden Männer gegen ihren Willen Mitglieder der lokalen Stadträte, die noch dazu nicht einmal unbedingt reich zu nennen waren.

In der frühen Kaiserzeit hatten die den unteren Volksschichten angehörenden Kolonen gut gelebt: Als *de facto*-Eigentümer des von ihnen bestellten Bodens entrichteten sie dem Besitzer nur einen relativ bescheidenen Anteil der Ernte, gewöhnlich ein Drittel. In der späten Kaiserzeit aber wurden die Abgaben erhöht und Gesetze erlassen, um die Leute, die ihr Heil in der Flucht suchten, an die Scholle zu binden. Diese Bauern, und nicht die Sklaven, wie oft behauptet, waren die wahren Vorgänger der mittelalterlichen Leibeigenen. Die Sklaven verschwanden nicht aus dem sozialen Gefüge, stellten aber wie in der frühen Kaiserzeit nur einen geringen Anteil der Produktivkraft. So wurden die schlimmsten Unruhen durch freie Menschen, die *circumcelliones*, angestiftet. Diese umstrittene Bezeichnung wurde anscheinend für Landarbeiter verwendet, die ohne Boden, Arbeit und Geld „um die Speicherbauten schlichen". In der Mitte des 4. Jahrhunderts machten sie die Reichen für die Missstände verantwortlich und suchten die Unterstützung von häretischen und daher verfolgten Christen. Sie wurden aber zurückgedrängt, und die Anhänger der Glaubensabspaltungen selbst baten um den Einsatz des Heeres zur Wiederherstellung der Ordnung.

Bevor wir auf die religiösen Angelegenheiten näher eingehen, muss zunächst ihr kultureller Kontext beleuchtet werden. In der Vergangenheit haben sich Historiker gefragt, ob es eine *Africitas*, eine spezifisch Afrika eigene Ausprägung der römischen Kultur gegeben hat. Diese Debatte scheint heute abgeschlossen zu sein: Mittlerweile lässt man gerade noch eine leichte formale Variation gelten. Eine weitere Frage lautet: Welche Sprachen wurden in dieser Region benutzt? Auch hier ist die Diskussion abgeschlossen: Latein – wenngleich ein spätes Latein – wurde überall gesprochen. Auf dem Land sprach man noch Punisch, und die ganzen kulturellen Züge, die die Zerstörung des phönizischen Karthago überdauert hatten, werden als neo-punisch bezeichnet. Das Punische war nun allerdings eine degenerierte, lediglich mündlich weitergetragene Sprache, die nur noch auf dem Land zu hören war. Auch weiß man, dass das Altlibysche in denselben Milieus überdauert hat. Dieses Idiom, das wir nicht verstehen – es gibt einige unübersetzbare Inschriften –, ist der Vorgänger der heutigen Berbersprache.

> … Wo gibt es nämlich größere Schätze, wo lebhafteren Handel, wo vollere Vorratskammern? Mit Gold, heißt es, hast du deine Schatzkammern gefüllt durch die Größe deines Handels. Ich füge noch mehr hinzu: Afrika war einmal so reich, dass es mir scheint, als hätte die Fülle seines Handels nicht nur seine Schatzkammern gefüllt, sondern auch die der ganzen Welt …
>
> Salvian, *De gubernatione Dei* VII 14

Gelehrte und Künstler

Aus dem damaligen Afrika stammen einige zweitrangige Schriftsteller (wir kommen darauf im Zusammenhang mit dem heiligen Augustinus zurück). Vor einigen Jahren hat man auch herausgefunden, dass dort eine Ärzteschule blühte, deren wichtigster Vertreter Helvius Vindicianus hieß. Doch beschränkten sich diese Gelehrten auf die Übersetzung griechischer Werke ins Lateinische. Im Allgemeinen war das geistige Leben wohl eher mittelmäßig. Wir müssen vor dem heutigen Trend warnen, der eine Aufrechterhaltung der bestehenden Kultur im spätantiken Afrika zu preisen sucht: Sobald ein Inschriftenforscher drei schlechte, von einem Lehrer verfasste Verse findet, bezeichnet er sie als genial und rühmt die Kontinuität vom 1. bis zum 4. Jahrhundert. Wir teilen diese Bewunderung nicht.

Der spektakulärste Beitrag Afrikas zur römischen Kultur ist fraglos die Mosaikkunst. Riesige Teppiche wurden aus Mosaiksteinchen gewoben, und man kann im Bardo-Museum in Tunis wunderschöne Werke bewundern.

Wiederentdeckt: die antike Stadt Uthina

von Habib Ben Hassen

Das römische Afrika blühte im 4. Jahrhundert, und trotz religiöser und sozialer Unruhen zeugen die Inschriften von der Dynamik seiner Städte.

Während im frühen 5. Jahrhundert der römische Westen immer schwächer wurde, erschien Afrika vielen wie eine Insel des Wohlstands und der Sicherheit. Dann unternahmen aber die „Barbaren" mehrere Eroberungsversuche, bis nach dem Fall von Karthago im Jahr 439 das Vandalenreich gegründet wurde. Obwohl nur wenige christliche Bauten für die zweite Hälfte des 5. Jahrhunderts archäologisch nachgewiesen sind, hat die Intervention der Byzantiner die religiösen Kräfteverhältnisse verändert.

Trotz mittelalterlicher Plünderungen und moderner Bauten, die einen Überblick erschweren, konnte die Archäologie bei einigen afrikanischen Städten wie Karthago eine spürbare Stadtentwicklung verzeichnen. Heute neigt man dazu, trotz der starken Veränderung der städtischen Landschaft – Tempel, Gebäude für öffentliche Spiele und Theater wurden durch Kirchen und Befestigungen verdrängt (Ammaedara, Cillium, Thelepte, Sufetula, Thignica, Uthina usw.) – die Kontinuität der Städte (und teilweise sogar deren Erweiterung) hervorzuheben.

Wenn auch archäologische und epigrafische Zeugnisse die Existenz einer vorrömischen, von Suffeten (hohen punischen Beamten) regierten Stadt belegen, hat die antike Stadt Uthina (heute Oudhna), eine augusteische Veteranenkolonie der 13. Legion, ihre Blütezeit erst im 2. und frühen 3. Jahrhundert n. Chr. erlebt.

Eine auf dem Forum von Dougga entdeckte Inschrift bezeichnet sie als eine „prächtige" Stadt. In einer wunderschönen Agrarlandschaft gelegen, 30 km entfernt von Tunis, war sie eine der sechs ersten römischen Kolonien Afrikas. Die in der Öffentlichkeit noch wenig bekannten und von den Forschern kaum untersuchten Ruinen von Uthina rückten durch die seit 1993 unternommenen Ausgrabungen verstärkt ins Blickfeld der Wissenschaft.

Das Amphitheater von Oudhna

Der Kapitolstempel von Oudhna

Die Kenntnis der Topografie Oudhnas steckt zwar noch in den Anfängen, aber viele Baureste zeugen von ehemaligen Wohnvierteln in der Umgebung des Kapitols, von den Thermen der Laberii (benannt nach ihren Stiftern), von Ausbau- oder Restauriertätigkeiten am Amphitheater und von einer ziemlich bedeutenden Keramikindustrie.

Der Bereich des Kapitols wurde in der byzantinischen Zeit intensiv genutzt. Ein Wohnbau und vielfältige Funde zeugen u. a. von der Umgestaltung des Kultbereiches und seiner Umgebung. Am westlichen Ende des Podiums wurde eine Ölmühle später Zeitstellung, bestehend aus der eigentlichen Presse, zwei Sammelbecken und einem Pressgewicht, freigelegt. Westlich der großen öffentlichen Thermen wurde eine späte Ölpresse festgestellt, die u. a. eine gemörtelte, wasserdichte Pressfläche, ein Gewicht und zwei Mahlsteinfragmente aufwies. Die Einrichtung solcher Ölpressanlagen ist in den afrikanischen Städten ist ein gut bekanntes Phänomen. Die Entdeckung von Ölmühlen in jüngeren römischen Schichten – in Uthica wie auch Thignica – gibt der Vermutung, dass Afrika in der Spätantike bäuerlicher wurde, neue Nahrung. Diese Anlagen wurden oft in bereits bestehenden Bauten eingerichtet, die häufig öffentliche Gebäude waren, aber ihre ursprüngliche Funktion schon verloren hatten.

Unter den vielen Beispielen wären die in den Fundamenten des Kapitols eingerichtete Ölpressanlage von Thuburbo Maius wie auch die von Mustis und Uchi Maius zu erwähnen.

Nahe den Thermen der Laberii wurde ein ganzes, anscheinend in der Spätzeit (6./7. Jh.) genutztes Wohnviertel in einem gewöhnlich der Aristokratie vorbehaltenen Bereich mit für den römischen Städtebau typischer Lage entdeckt. Das Amphitheater zeigt seinerseits ausgedehnte, aber flüchtige Reparaturen auf der ganzen Südosthälfte.

Die am Rande der Arena geborgene Keramik belegt eine Neubesiedlung in der Spätantike, wahrscheinlich in der byzantinischen Zeit, und im 6. Jahrhundert wurden die Jochbögen und die Öffnungen des Erdgeschosses mit Ausnahme der Eingänge der Hauptachse zugemauert. Das Amphitheater wurde wie in El Djem zu einer Art massivem Befestigungsbau umgestaltet.

Ein Teil des Warmbereichs der Laberii-Thermen wurde als Töpferwerkstatt eingerichtet, und in einem ganzen Viertel nördlich der Bäder entstanden Keramikwerkstätten. Mit diesen vom 5. bis zum 7. Jahrhundert produzierenden Werkstätten wurde Uthina zu einem großen Ausfuhrzentrum für Keramik.

Obgleich die Geschichte dieser Stadt von der hohen Kaiserzeit bis zum Ende der Spätantike noch wenig bekannt ist, gibt es viele Hinweise auf eine beachtliche Einwohnerzahl und einen immer noch dynamischen Städtebau, die letztendlich bis in die arabisch-islamische Zeit hinaufreichen.

Lit.: Ben Abed 2003 – Ben Hassen / Maurin 1998 – Ben Hassen / Sotgiu / Corda 2002 – Ben Hassen / Maurin 2004 – Ben Hassen / Sotgiu / Corda 2007

Ein spätrömisches Landgut. Mosaik im Musée national du Bardo, Tunis

Die Mosaiken fanden sowohl in den Bauwerken der Heiden als auch in denen der mit der klassischen Kultur verbundenen Christen Verwendung. Wenn beide Gruppen auch Cicero und Vergilius verehrten, fanden sich doch andere Anlässe zum Konflikt. Die Christen hatten schon zur Zeit Konstantins, der das Eigentum der Tempel konfisziert hatte, die Heiden verfolgt. Durch eine Reihe von Gesetzen wurden sie später marginalisiert. Auch die Juden wurden verfolgt. Hinweise dazu findet man in den juristischen Werken. Schließlich haben sich die Christen untereinander bekämpft. Die Verfolgungen des frühen 4. Jahrhunderts haben einige zum Abfall verleitet. Eine radikale Strömung, die Donatismus genannt wird, hat diese Unglücklichen gnadenlos verurteilt und ein hundert Jahre andauerndes Schisma ausgelöst. Dieses wurde erst im Jahr 411 durch eine in Karthago einberufene Versammlung (*collatio*) offiziell beendet.

Der wichtigste Gegner des Donatismus war der heilige Augustinus, ein außergewöhnlicher Denker und der Vater des mittelalterlichen Christentums. Von ihm besitzen wir neben den Werken *Vom Gottesstaat* und *Bekenntnisse* auch zahlreiche Abhandlungen, Predigten und Briefe. Er starb in seinem Bischofssitz Hippo Regius während der Belagerung durch die Vandalen.

Dieser Überblick macht deutlich, dass das römische Afrika offenbar durch die Vandalen ausgelöscht wurde. Dem Land ging es insgesamt eigentlich gut. Einige Schwächen konnten festgestellt werden, deren schlimmste die Unfähigkeit der 60 000 Soldaten war, die außerstande waren, die nur 15 000 vandalischen Krieger zurückzuschlagen. Noch schlimmer war, dass der Oberbefehlshaber der afrikanischen Armee, der *comes* Bonifatius, die Vandalen selbst zur Hilfe gerufen hatte. Man hat sich gefragt, ob er ein Verräter oder ein Narr war. Beides ist wohl möglich.

Lit.: Diesner 1964 – Johne 1991 – Le Bohec 2005 – Lepelley 1979/81 – Mackensen 1993

Kat. 64

Verstorbene rechts und links neben sich je ein Pferd an den Zügeln. Laut Inschrift diente M. Licinius Fidelis 16 Jahre als Reiter in der *III. Legion Augusta,* die unter Kaiser Augustus oder Tiberius in Ammaedara stationiert worden war. Drei Monate vor seinem Tod im Alter von 32 Jahren diente er in der Ala *Pannonia* als Kavallerist, wo er offensichtlich aufgrund besonderer Verdienste oder Tapferkeit den doppelten Sold (*dupl(licarius)*) erhielt.
Die Römer rekrutierten ihre Hilfstruppen (*auxilia*) unter den Völkern und Stämmen ihres riesigen Reiches, die sie in drei Gruppentypen einteilten: die Infanterie (*cohors*), Kavallerie (*ala*) und die Verbände aus Infanterie und Kavallerie (*cohortes equitatae*).

Lit.: Yacoub 1997, S. 71. – Sumner 2007, 19.

R.He.

Kat. 66

Kat. 64
Relief eines numidischen Reiters
Henchir Abbassa
1. Jh. v. Chr., numidisch
Schwarzer Stein
Jendouba, Musée Chemtou, ohne Inv.

Das Relief zeigt einen Reiter mit numidischer Frisur und Bart auf einem Pferd nach rechts reitend. Darunter befindet sich eine Art Inschriftenfeld, allerdings ohne erkennbare Inschrift. Das Objekt stellt ein bemerkenswertes Zeugnis numidischer Kunst dar.
Numidien war eine Region im vorrömischen Nordafrika, die von nomadisierenden Berberstämmen – von den Römern als Numider bezeichnet – bewohnt wurde. Unter Caesar wurde Numidien annektiert und war seitdem Provinz des römischen Reiches.

R.H.

Kat. 65
Grabstele
Haïdra/Ammaedara
71–74 n. Chr.
Stein, H. 115 cm, B. 51 cm
Tunis, Musée national du Bardo,
Inv. L 3506

Die Grabstele wurde dem aus Gallien stammenden Hilfstruppensoldaten M. Licinius Fidelis von seinen beiden Kompanieeinheiten gewidmet. Gekleidet in römischer Militärkleidung hält der

Kat. 65

Kat. 66
Weihinschrift für den vergöttlichten Augustus
Thinissut/Bir Bou Regba
1. Jh. v. Chr.–1. Jh. n. Chr., römisch
Stein, H. 24 cm, B. 29 cm
Nabeul, Musée Archéologique du
Cap Bon, ohne Inv.

Augusto deo / cives Romani / qui Thinissut / negotiantur / curatore L(ucio) Fabricio

Eine Weihinschrift für den vergöttlichten Augustus von den römischen Bürgern, die in Thinissut Handel betrieben (*qui Thinissut negotiantur*). Sie wurde durch den Vorsteher (*curatore*) Lucius Fabricius gesetzt. Diese Inschrift zählt zu den ältesten lateinischen Inschriften Afrikas.

Lit.: Slim 2001, 219.

R.H.

Kat. 67
Votivstele
Maghrawa
Anfang 2. Jh.
Kalkstein, H. 154 cm, B. 41 cm
Tunis, Musée national du Bardo,
Inv. L 3600

Die Votivstele im sog. Ghorfa-Typus ist der Fruchtbarkeitsgöttin Dea Caelestis geweiht.
Die weibliche neopunische Göttin ist im oberen Teil des Flachreliefs im Zentrum der Stele mit Füllhörnern, aus denen Trauben und Granatäpfel hängen, zu erkennen. Unterhalb des profilierten Gesimses steht im Mittelfeld im Rundbogen zwischen zwei Säulen ein Togatus. Im Sockelbild ist die Opferzone aufgrund des schlechten Erhaltungszustandes nur noch zu erahnen.
Die traditionell neopunisch geprägten Stelentypen der Provinz Africa proconsu-

laris weisen in den verschiedenen Orten und Gegenden zahlreiche lokale Stileigentümlichkeiten auf, deutlich römischer dagegen sind etwa die Stelen aus Cuicul oder Aradi. Auch wenn die verschiedenen Stelentypen keine homogene Gruppe bilden, bleibt jedoch besonders die Tatsache hervorzuheben, dass diese Stile in keiner anderen römischen Provinz zu finden sind.

Lit.: Yacoub 1993, 34. – Wurnig 1999.　R.He.

Kat. 68

Kat. 67

Kat. 68
Bronzelampe
Thapsus
1. oder 2. Jh., römisch
Bronze, H. 13,1 cm, B. 5 cm
London, The British Museum,
Inv. 1868, 0810.17

Die bronzene Lampe ist als Kopf eines Afrikaners gestaltet. Der ovale Kopf selbst dient als Ölbehälter. Am Kinn ist eine runde Brenntülle, unter dem Haaransatz das Einfüllloch angebracht.
Diese Lampenform, deren Entstehungszeit in das 1. Jh. n. Chr. eingeordnet wird, war außerordentlich beliebt und kommt noch bis Ende des 2. Jhs. vor.

Lit.: Menzel 1986, S. 104. – Schäfer 1990, 63.
D.E.

Kat. 69
Hermenpfeiler
Karthago
2. Jh.
Schiefer, Marmor,
H. 102 cm, B. 23 cm, T. 18 cm
Tunis, Musée national du Bardo, Inv. 3112

Die Herme zeigt ein noch jugendliches Gesicht mit porträthaften Zügen eines afrikanischen Einheimischen. Die vollen Lippen, die rundliche Nase, die großen Augen und die seitlich herabhängenden vollen Locken unterstreichen seine Jugend. Mit seiner frontalen Ausrichtung erinnert er an ägyptische Statuen des Alten Reiches (mit kurzen Kugelkopf-

perücken) bzw. an Darstellungen von Numidern. Der schwarze Stein ruft den Eindruck von dunkler Haut, schwarzen Locken und Augen hervor und setzt durch die gekonnte Bearbeitung viele Glanzlichter. Der Pfeilerschaft der in Karthago aufgefundenen Herme ist nicht vollständig erhalten und im unteren Teil durch einen Marmorblock ergänzt.

H.Se.

Kat. 69

Kat. 70
Panzerstatue
Leptis Minor
2./3. Jh.
Marmor, H. 150 cm, B. 76 cm
Tunis, Musée national du Bardo, ohne Inv.

Die große Marmorstatue ist mit dem sog. Paludamentum, dem über der linken Schulter drapierten Feldherrenmantel, und einem kurzen Muskelpanzer gekleidet. Diese teuren individuellen Anfertigungen konnten sich nur Kaiser und hochrangige Offiziere leisten. Zum Schutz für den Unterleib trägt der Feldherr einen Unterrock mit Lederstreifen *(pteryges)*, welche zusätzlich auch an den Oberarmen zu erkennen sind. Der kurze Panzer, auf dem zwei reliefierte Greife abgebildet sind, wurde hoch zu Ross im Feld getragen. Lange Muskelpanzer hingegen wurden bei Paraden verwendet. Außer den Armen und dem rechten Bein fehlt auch der Kopf, weshalb eine genaue zeitliche Einordnung nicht möglich ist.

Lit.: Sumner 2007, 62. – Bishop / Coulston 1993, 100. **R.He.**

Kat. 71

Kat. 71
Zwei Barbaren (einer abgebildet)
Menix Djerba
Römisch
Kalkstein vom Djebel Tebaga,
a) H. 102 cm, B. 54 cm, T. 48 cm;
b) H. 90 cm, B. 55 cm, T. 47 cm
Tunis, Musée national du Bardo,
Inv. 01-03-01-111 und 01-03-01-222

Die beiden fast identisch dargestellten Barbaren tragen gegürtete Tuniken, darüber einen Schultermantel, der mit einer Fibel zusammengehalten ist. Unter den Tuniken tragen sie Beinkleider. Ihr sorgfältig drapiertes Gewand, die Fibeln, die stolze Haltung und die Tatsache, dass die beiden Dargestellten nicht gefesselt sind, lassen die Möglichkeit offen, dass es sich um Römer in der nicht unüblichen Hosen-Tunika-Kombination handelt. Diese beiden Relieffiguren dienten wohl als skulptierte Stützfiguren an einer Säule; ihre Köpfe sind nicht erhalten.

Lit.: von Rummel 2007, 246 ff. **H.Se.**

Kat. 72
Personifikation der Africa
Fundort unbekannt
2./3. Jh.
Bronze, H. 23 cm
London, The British Museum,
Inv. 1772,0302.152

Bronze-Applike, die eine Büste mit der Personifikation Africas zeigt: eine Frau in griechischer Kleidung und mit gelocktem Haar, welches von einem Elefantenkopf umschlossen ist. Gerahmt wird die Büste von einem Elefantenstoßzahn und einem Löwen.

Lit.: Walters 1899. **K.W.**

Kat. 70

Kat. 72

Kat. 73

Kat. 73
Haarornament
Tunis
3. Jh.
Gold, Saphir, Onyx, Smaragd, Perlen,
L. 10,7 cm
London, The British Museum,
Inv. 1903,0717.3

Lit.: Marshall 1911.

Kat. 74 *(ohne Abb.)*
Kanne
Fundort unbekannt,
nordafrikanische Werkstatt
3. Jh.
Ton, H. 17,3 cm, Dm. 9,1 cm
Köln, Römisch-Germanisches Museum,
Inv. KL 443

Auf dem Bauch des Kännchens zeigen
Appliken in drei vertikalen Feldern Kämpfe
mit Wildesel, Bär, Stier und Eber. Der
Kämpfer, der im Amphitheater gegen
wilde Tiere antrat, wurde Venator oder
Bestiarius genannt. Er stand im Rang
weit unter den berühmten Gladiatoren
und war nur mit einem Jagdspeer oder
einer Peitsche bewaffnet. Die Spektakel
im Amphitheater waren nicht nur in Rom
als Freizeitbeschäftigung beliebt. Auch in

Nordafrika gab es große Amphitheater,
zum Beispiel in Thysdrus.

Lit.: La Baume / Salomonson 1976 Kat. 557. **F.F.**

Kat. 75 *(ohne Abb.)*
Kanne
Fundort unbekannt,
nordafrikanische Werkstatt
3. Jh.
Ton, H. 15,3 cm, Dm. 9,4 cm
Köln, Römisch-Germanisches Museum,
Inv. KL 433

Einhenklige Kanne mit Reliefappliken
am Bauch: Rechts vom Henkel ist ein
Schwertfechter in Kampfhaltung mit
Kurzschwert und ovalem Schild zu erkennen. Links vom Henkel befindet sich eine
Figur als Faun verkleidet, erkennbar an
den kleinen Hörnern. Sie bläst eine Syrinx
(Panflöte). Im Amphitheater fanden neben
den Gladiatorenkämpfen auch Schauspiele
statt.

Lit.: La Baume / Salomonson 1976 Kat. 571. **F.F.**

Kat. 76 *(ohne Abb.)*
Tonkrug
Fundort unbekannt,
nordafrikanische Werkstatt
3. Jh.
Ton, H. 18,5 cm, Dm. 10,8 cm
Köln, Römisch-Germanisches Museum,
Inv. KL 413

Der zweihenklige Krug gehört zur nordafrikanischen Keramikgruppe von El Aouja.
Die Appliken auf dem Gefäßkörper zeigen
einen auffliegenden Adler, einen springen-
den Löwen und einen liegenden Hasen.

Die einzige menschliche Person ist eine
halbnackte Bacchantin, die ein Tympanon
(Handpauke) in der Hand hält.

Lit.: La Baume / Salomonson 1976 Kat. 576. **F.F.**

Kat. 77 *(ohne Abb.)*
Doppelhenkelkrug
Fundort unbekannt,
nordafrikanische Werkstatt
Frühes 4. Jh.
Ton, H. 21,3 cm, Dm. 8,1 cm
Köln, Römisch-Germanisches Museum,
Inv. KL 410

Den zylindrischen Gefäßkörper zieren
rundum sich wiederholende Appliken:
Zwischen Jagdszenen mit Hunden,
Hasen und Löwen spielt Pan, der Gott
des Waldes und der Natur, seine Flöte.

Lit.: La Baume / Salomonson 1976 Kat. 621. **F.F.**

Kat. 78
Orpheus
Nordafrika
um 270–320 n. Chr.
Ton, H. 26,2 cm, Dm. 10,6 cm
Köln, Römisch-Germanisches Museum,
Inv. KL 408

Die Kanne stammt aus der Werkstatt des
Navigius. In der figurenreichen Dekoration
sticht der Leier spielende Orpheus auf der
Hauptseite besonders hervor.
Dieser wurde in der frühchristlichen Kunst
als „Vor-Bild" des Guten Hirten und Über-
winder des Todes gedeutet. In diesem
Sinne ist wohl das ganze Bild zu verstehen. Es illustriert die Sehnsucht nach
paradiesischen Zuständen und einem
idyllischen Jenseits.

Lit.: La Baume / Salomonson 1976 Kat. 617. –
Garbsch / Overbeck 1989 Kat. 186. **M.R.**

Kat. 79 *(ohne Abb.)*
Diana und Andromeda
Nordafrika
Ende 3./Anfang 4. Jh.
Ton, H. 13 cm, B. 7,7 cm
Köln, Römisch-Germanisches Museum,
Inv. KL 412

Drei Seiten des viereckigen Henkelkruges
zeigen die auch in der christlich geprägten
Spätantike noch tief verwurzelte Göttin Diana mit Bogen und Köcher. Auf der Haupt-

Kat. 78

seite wird sie ohne ihren Bogen in einer
Art Bethaltung gezeigt. Die vierte Fläche
ziert Andromeda, die von ihrem Schicksal,
einem Seeungeheuer geopfert zu werden,
durch Perseus befreit und nach ihrem Tod
unter die Sterne versetzt wurde.

Lit.: La Baume / Salomonson 1976
Kat. 623.   M.R.

Kat. 80
Mythologische Szenen
*Tunesien
Ende 3./4. Jh.
Ton, H. 23 cm, Dm. 24,5 cm
Köln, Römisch-Germanisches Museum,
Inv. KL 523*

Außenwand und Deckel der Schale sind
mit mythologischen, thematisch aber
stark divergierenden Bildern verziert. Tier-
kämpfe wechseln mit maritimen Szenen
und mythischen Begebenheiten, wie
dem Raub der Proserpina (Gemahlin des
Gottes der Unterwelt Pluto), ab.
Das Gefäß vereint Elemente verschiedener Zeitstufen der nordafrikanischen
Keramik des 3. und 4. Jhs. n. Chr.

Lit.: La Baume / Salomonson 1976 Kat. 591. –
Demandt / Engemann 2007 Kat. I.13.43.   M.R.

Kat. 80

Kat. 81 *(ohne Abb.)*
Gefäß in Form eines Satyr-Kopfes
*Fundort unbekannt,
nordafrikanische Werkstatt
Spätes 3./4. Jh.
Ton, H. 25,2 cm
Köln, Römisch-Germanisches Museum,
Inv. KL 480*

Gefäß in Form eines Kopfes mit trichter-
förmigem Ausguss. Der Mund ist leicht
geöffnet und lässt die Zähne erkennen.
Er hat struppiges Haar, wulstige Augen-
brauen und einen Kinnbart, der an zwei
kleine Hörner erinnert. Dazu passt sein
dämonisches Grinsen. An diesen Merk-
malen war er für die Menschen der Spätantike als Satyr erkennbar.

Lit.: La Baume / Salomonson 1976 Kat. 630.   F.F.

Kat. 82

Kat. 82
Kanne
*Fundort unbekannt, nordafrikanische
Werkstatt
Erste Hälfte 4. Jh.
Ton, H. 22,2 cm, Dm. 20,2 cm
Köln, Römisch-Germanisches Museum,
Inv. KL 471*

Den Hals dieser als Lagynos bezeichneten
Kanne ziert ein Männerkopf mit Schnurr-,
Kinn- und Wangenbart. Auf der Schulter
des weiten, niedrigen Gefäßes befinden
sich zahlreiche Motive des bacchischen
Kreises: Bacchus selbst mit Füllhorn und
einem Panther, umringt von mehreren
Figuren, darunter Amor, ein Satyr und Pan,
der Flöte spielt und tanzt. Lagynoi wurden
bereits in hellenistischer Zeit für Wein-
spenden verwendet.

Lit.: La Baume / Salomonson 1976 Kat. 616.   F.F.

Kat. 83

Kat. 83
**Gefäß in Form eines
Mädchenkopfes**
*Fundort unbekannt,
nordafrikanische Werkstatt
Erste Hälfte 4. Jh.
Ton, H. 20 cm
Köln, Römisch-Germanisches Museum,
Inv. KL 482*

Die Gesichtszüge wurden als einheimisch
nordafrikanisch gedeutet. Dafür sprechen die breiten Lippen, die abgeplattete
Nase und eine Tätowierung auf der Stirn.
Besonders interessant ist die komplizierte
geflochtene Haartracht, die detailgetreu
wiedergegeben ist. Diese ist auch auf
weiteren Kopfgefäßen zu finden, scheint
also verbreitet gewesen zu sein und war
vielleicht eine lokale Besonderheit.
Am Gefäßhals ist der Name der Werkstatt
eingeritzt: *Ex oficina (t)ahinatis.*

Lit.: La Baume / Salomonson 1976 Kat. 628
und 627.   F.F.

Kat. 84
Mosaik
*Uthina/Oudhna, Anbau des Hauses
des Ikarios
4. Jh.
H. 59 cm, B. 116 cm
Tunis, Musée national du Bardo,
Inv. A.129*

Pseudo-emblema der Ceres, ehemals
im Zentrum eines Mosaikteppichs. Die
weibliche Gottheit der Feldfrüchte ist
majestätisch dargestellt, mit einer Sichel
und einem *calathos* (Korb), der mit Getrei-
degarben angefüllt ist. Einzigartiges Werk
des 4. Jhs.

T.G.

Kat. 84

Wagenlenker auf einem von vier Pferden gezogenen Wagen, der in einer Hand einen Palmwedel, in der anderen einen Kranz als Symbole des Sieges im Circus hält. Dieses späte Werk spielt auf die Rennen der traditionell vier Circus-Rennställe an, die früher vielleicht auch in Thuburbo Maius bestanden, einer Stadt mit nachmals nicht geringer vandalischer Einwohnerschaft.

T.G.

Kat. 85
Mosaikfragment
Uthina/Oudhna, Boden des Peristyls des Hauses der Laberii
4. Jh.
H. 267 cm, B. 121 cm
Tunis, Musée national du Bardo, ohne Inv.

Kat. 85

Akanthus-Rankenornament mit Protomen (springende Raubkatzen), das eine Zusammenstellung afrikanischer Wildtiere rahmt. Das Bildfeld zeigt einen schreitenden Elefanten in einer Savannenlandschaft und einen Wildesel (Onager), der seinen Kopf einem Bären zuwendet. Werk der Mosaikschule von Uthina.

T.G.

Kat. 86
Mosaik mit siegreichem Wagenlenker
Thuburbo Maius
Ende 4./Anfang 5. Jh.
H. 132 cm, B. 100 cm
Tunis, Musée national du Bardo, ohne Inv.

Kat. 86

Kat. 87
Mosaik mit siegreichen Rennpferden
Villa maritima von Sidi Abdallah am See von Bizerte
Anfang 5. Jh.
H. 67 cm, B. 174 cm
Tunis, Musée national du Bardo, Inv. A.230

Aus dem Frigidarium der Thermen eines privaten Landguts (*fundus Bassianus*). Beidseits eines Wettkampfpreises in Form eines Zylinders mit kostbaren Steineinlagen und zwei Siegespalmen stehen zwei Hengste (Diomedes und Alcides). Versehen mit Kopfputz und mit erhobenem Vorderlauf sind sie an den *modius* (das zylinderförmige Gefäß) gebunden. Auf ihren Flanken ist jeweils eine *hedera*, das Zeichen ihres Rennstalls, angebracht. Dieses Bild belegt die Zucht von Rennpferden auf der Domäne der Bassiani, die daneben die Fischerei im See von Bizerte betrieben, was durch Anlagen zum Einlegen von Fisch nachgewiesen ist, die noch heute wenige hundert Meter von den Thermen entfernt zu sehen sind.

T.G.

Kat. 87

Kat. 88
Jupiter-Statue
Oued R'mel
Römisch
Marmor, H. 126 cm, B. 55 cm
Tunis, Musée national du Bardo,
ohne Inv.

Kat. 88

Die kleine rundplastische Marmorskulptur zeigt einen nackten Mann. Der muskulöse Oberkörper und seinen bärtigen Kopf hat er nach links gewendet, auch die Beine stehen in Schrittstellung bereit, wie bei einem Speerwerfer. Sein angewinkelter rechter Arm ist teilweise zerstört. Der linke Arm fehlt gänzlich, nur an der Schulter ist zu erkennen, dass er ihn nach hinten von sich wegstreckt. Als Attribut sitzt ein Vogel, genauer ein Adler, hinter ihm. Somit kann der Mann als Blitze schleudernder Jupiter interpretiert werden.
Bei der Besetzung und Konsolidierung der neuen Provinz Mitte des 2. Jhs. v. Chr. trafen die römischen Eroberer auf eine einheimische Bevölkerung. Als *Interpretatio Romana* bezeichnet man die römische Sitte, fremde Gottheiten durch Identifikation mit römischen Gottheiten der eigenen Religion einzuverleiben. Entsprechend entwickelte sich aus den verschiedenen Göttervorstellungen eine einheitliche römische Mythologie.

Lit.: Diesner 1964. **R.He.**

Kat. 89
Herme
Karthago
4. Jh.
Kalkstein, H. 86 cm
Paris, Musée du Louvre, Département des Antiquités grecques, étrusques et romaines, Inv. Ma 1833

Herme mit dem Kopf des Sol. Zu erkennen ist der römische Gott der Sonne an der stilisierten Sonnenscheibe auf seinem Kopf. Auf dem Hermenschaft sind Sternzeichen (Tierkreissymbole) eingeritzt.
Sol stand in engem Zusammenhang mit dem Kaisertum. So ließen sich beispielsweise viele Kaiser mit dem Strahlenkranz des Gottes abbilden.

Lit.: Cancik / Schneider / Landfester 2001, 692–695 s.v. Sol (M. Wallraff). – Caubet / Pouysségur / Prat 2000, 645 Kat. 36. **K.W.**

Kat. 89

Kat. 90

Kat. 90
Minerva-Schale
Nordafrika
2. Hälfte 4. Jh.
Ton, Dm. 17,7 cm
München, Archäologische
Staatssammlung, Inv. 1988, 5629

Das Innere der auffallend hohen Schale
ist mit vier Appliken geschmückt. Diese
zeigen neben zwei rahmenden Säulen die
gerüstete Göttin des Krieges, Minerva,
einem großen Spitzblatt gegenüber-
stehend, in dessen Spitze eine Taube sitzt.
Die Taube wurde zu einem sehr wichtigen
und mit diversen Assoziationen belegten
christlichen Symbol, das u. a. auch auf
Darstellungen der Mythologie und der
heidnischen Götterwelt gezeigt wurde.

Lit.: Garbsch / Overbeck 1989 Kat. 36.   **M.R.**

Kat. 91
Achilles-Tablett
Nordafrika
2. Hälfte 4. Jh.
Ton, H. 34,5 cm, B. 44 cm
München, Archäologische
Staatssammlung,
Inv. 1976, 2260

Das Tablett illustriert in 14 Szenen
Episoden aus der Kindheit und Jugend
des Achill, wobei das große Mittelbild
nach Vorbild der Ilias den Bittgang des
trojanischen Königs Priamos ins feindliche
Schiffslager zeigt.
Der Mythos des Achill begegnet in der
Spätantike sehr häufig. Er führte die
Vorherbestimmung des menschlichen
Lebens vor Augen, verwies aber ebenso
auf die römische Tugend (*virtus*). In dem
Objekt manifestiert sich demnach romani-
siertes Gedankengut.

Lit.: Garbsch 1980, 155 ff. – Beck / Bol 1983 Kat.
186. – Garbsch / Overbeck 1989 Kat. 194. **M.R.**

Kat. 91

Kat. 92
Model zur Herstellung eines Keramiktabletts

El Djem
360–430 n. Chr.
Stein, 23,5 x 32 x 5 cm
Mainz, Römisch-Germanisches
Zentralmuseum, Inv. O.39817

Mit dem Model wurde das Mittelbild von rechteckigen Keramiktabletts hergestellt, die von hohen römischen Magistraten anlässlich von Spielen im Circus oder im Amphitheater verschenkt wurden (die Beschreibung orientiert sich am Relief des Abdrucks). Im unteren Teil wird durch zwei Tierkämpfer (*venatores*), einen Strauß und einen Hirsch auf eine Tierhatz hingewiesen, die der Spielgeber veranstaltet hat. Dieser ist im oberen Teil in seiner Loge dargestellt und wird von zwei weiteren Männern flankiert. Er ist mit der Toga bekleidet und hält ein Tuch (die sog. *mappa*) in der Rechten, mit dem die Spiele im Circus eröffnet wurden. Am rechten Rand der Loge erscheint ein Rutenbündel mit Beil (*fasces*) als Amtsinsignie des Spielgebers. Zwei weitere Männer stehen außerhalb der Loge. Der Togatus rechts ist besonders groß dargestellt und übereicht den *venatores* in der Arena als Siegespreis eine reich verzierte Tunika.

Lit.: Engemann 2008, 76. – Demandt / Engemann 2007 Kat. I.17.37 8 (J. Engemann).   **B.F.**

Kat. 92

Auf den beiden Flügeln des Elfenbeindiptychons sind die göttlichen Stadtpersonifikationen von Roma, der jahrhundertealten Hauptstadt des Imperium Romanum, sowie der unter Konstantin d. Gr. neu gegründeten Residenz Constantinopolis zu sehen. Die eine zeigt sich kriegerisch gerüstet, die andere mit Füllhorn und Mauerkrone (Wien, Kunsthistorisches Museum, Inv. X 37, X 38).

DAS IMPERIUM SCHLÄGT NICHT ZURÜCK

Die Reichsteilung und die Teilreiche in West und Ost

von Susanne Erbelding und Katarina Horst

Kurz vor der Wende zum 5. Jahrhundert hatte sich die Lage des Imperium Romanum gravierend verändert. Nach dem Tod Theodosius I. im Jahr 395 schienen seine Söhne Arcadius und Honorius zunächst im Rahmen des bewährten Mehrkaisertums die Nachfolge anzutreten. Doch unter ihrer Herrschaft entwickelte sich eine Teilung des Reiches, und damit war – trotz nominellen Festhaltens an der Reichseinheit – die Entstehung zweier autonom regierter Teilreiche, welche nach wenigen Jahrzehnten in den Untergang des westlichen mündete, unabwendbar. Was war geschehen?

DER WESTEN (S. Erbelding)

Gegen Ende des 4. Jahrhunderts war die politische Situation des Imperium Romanum zwar schwierig, aber keineswegs hoffnungslos. Das erstmals von Diokletian – dem Begründer der Tetrarchie – eingeführte Mehrkaisertum praktizierten auch – als Zweierherrschaft – die gemeinsam und einträchtig regierenden kaiserlichen Brüder Valentinian I. (364–375) und Valens (364–378). Dennoch leistete bereits ihre „Teilung des Heeres, des Hofstaates und des Herrschaftsraumes" (Ammianus Marcellinus 26,5,1–4) – der westliche Kaiserhof Valentinians I. war in Mailand oder Trier, der östliche in Konstantinopel angesiedelt –, welche bei ungeschmälerter staatsrechtlicher Einheit lediglich eine Aufteilung der Verwaltung bedeutete, der späteren Sonderentwicklung der beiden Reichshälften Vorschub. Den Auftakt einer labilen, schließlich in der Auflösung des Imperiums mündenden Phase markierte 378 eine „mörderische Niederlage" (Ammianus Marcellinus 31,13,19) der Römer gegen die westlichen Goten. Diese hatten, bedrängt durch den sog. Hunnensturm, um Aufnahme ins Reich gebeten, die ihnen auch bewilligt worden war. So hatten sie zahlreich „wie der Aschenregen des Ätna" (Ammianus Marcellinus 36,4,9) die Donau überquert und die dortigen Provinzen ausgeplündert. Daraufhin eröffnete Kaiser Valens bei Hadrianopolis/Edirne die Schlacht gegen sie, in der Tausende von Soldaten sowie er selbst den Tod fanden. Nicht wenige Zeitgenossen erachteten dieses Ereignis als einschneidenden Wendepunkt, als „des Übels Anfang für das römische Reich damals und für alle späteren Zeiten" (Rufinus, *Kirchengeschichte* 1,13).

> „Was Gott aber einerseits über uns, andererseits über Goten und Vandalen beschlossen hat, das zeigt die Lage. Jene wachsen täglich, wir aber schrumpfen. Mit jenen geht es voran, wir aber werden erniedrigt. Jene blühen, wir welken."
> Salvian, *De gubernatione Dei* VII 49

Da Valentinians I. Sohn Gratian (375–383) nach dem Tod seines Onkels das Reich nicht zusammen mit seinem achtjährigen Neffen Valentinian II. (375–392), dem ersten der spätantiken Kinderkaiser, regieren konnte,

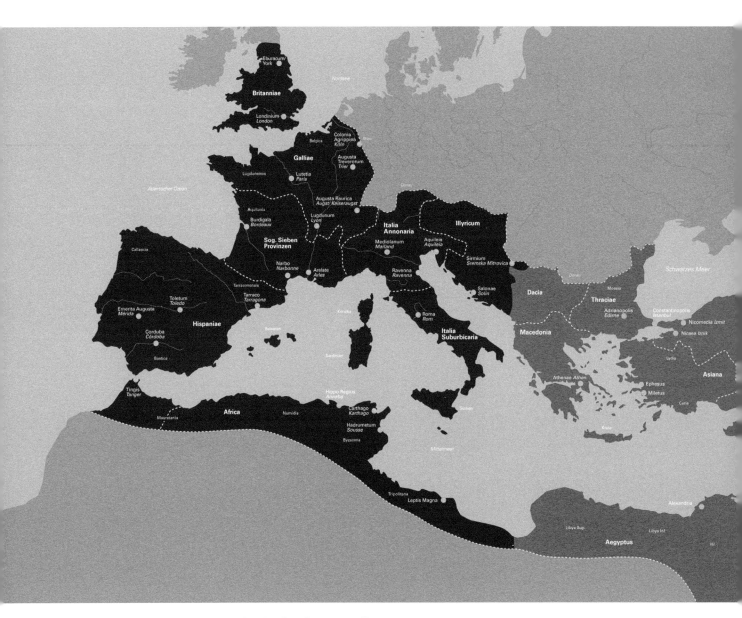

Das römische Weltreich zur Zeit der „Reichsteilung" um 395 n. Chr.

ernannte er 379 den aus Spanien stammenden Militär Theodosius (379–395) zum Augustus des Ostens. Dieser Kaiser, der das Christentum nicänischen Glaubens als alleinige Staatsreligion gesetzlich verordnete, schloss 382 mit den nunmehr die Balkanregion kontrollierenden Goten einen Vertrag *(foedus)*, der einen unerhörten Präzedenzfall darstellte: Ein auf dem Territorium des Imperiums lebendes Volk wurde als souveräner Partner anerkannt, dem weitreichende, vorher nie gekannte Zugeständnisse gemacht wurden. Die Goten wurden als Reichsangehörige, wenngleich ohne Bürgerrecht, unter kaiserlicher Oberhoheit, jedoch nach eigenem Recht und Gesetz unter Führung ihrer Stammesfürsten lebend, steuerfrei und lediglich zum Militärdienst verpflichtet, angesiedelt. Dieser „Staat im Staate" (Hartwin Brandt) mag somit einen Ausgangspunkt für die Entstehung der späteren Germanenreiche auf römischem Boden gebildet haben. Dennoch herrschte Theodosius I., der 383 bzw. 393 seine Söhne Arcadius und Honorius zur Sicherung der dynastischen Nachfolge zu Mitregenten erhob, faktisch als letzter alleiniger Machthaber über das Gesamtreich.

Nach dem Tod des Vaters im Jahr 395 traten die noch minderjährigen Thronfolger – Arcadius (395–408)

politischen Interessen, die sich vollkommen gegensätzlich weiterentwickeln sollten.

Der „Vandale" Stilicho – ein Leben im Dienste des zerfallenden Westreichs

Im Westen hatte während der ersten Jahrzehnte der Regierungszeit des Honorius, zwischen 395 und 408, Stilicho, der dem Kaiserhaus familiär verbundene Heermeister vandalischer Abkunft, die Staatsführung inne. Mit ihm brach sich in der römischen Geschichte ein neues Phänomen Bahn: Er war der erste von zahlreichen, oft germanischen Heermeistern *(magistri militum)*, welche die Regierungsgewalt ausübten, während die eigentlichen Amtsinhaber zu Schattenkaisern herabgesunken waren.

> Soll ich von Stilichos Gerechtigkeit erzählen?
> Sogleich leuchtet sein Kriegsruhm auf!
> Soll ich von seiner Stärke in Waffen berichten?
> Mehr hat er ohne Waffen geleistet!
> Dass Latium blüht, dass Afrika dienstbar ist,
> dass Iberien nicht mehr den benachbarten Mauren kennt,
> dass das gesicherte Gallien staunend einen unkriegerischen
> Rhein sieht, soll ich davon singen…?
>
> Claudian, *Über das Konsulat Stilichos* I 16–21

im Osten und Honorius (395–423) im Westen – „eine gemeinsame Herrschaft nur an verschiedenen Orten" (Orosius, *Historiae adversum paganos* 7,36,1) an, um „in zwei Körpern ein einziges Reich wie ein stählernes Bollwerk" (Eutrop, *Fragment* 85) zu regieren. Doch jenseits der offiziellen Rhetorik betrieb man bald in den beiden Herrschaftsbereichen *pars Orientis* und *pars Occidentis* – angesichts unterschiedlicher innerer Konflikte und äußerer Probleme nicht unberechtigt – trotz der Aufrechterhaltung des Einheitsanspruchs eine eigenständige Politik. Diese forcierte schließlich die Teilung in zwei Reichshälften mit alsbald divergierenden

Auch Stilicho bereiteten die mittlerweile von ihrem König Alarich angeführten Westgoten, welche die Balkanprovinzen und schließlich Griechenland verheerten, jahrelang Probleme. Erst als sie in Italien einmarschierten und Mailand bedrohten – worauf er Ravenna zur neuen kaiserlichen Residenz machte –, konnte er sie 402 mit zwei entscheidenden Siegen aufhalten. Ebenso gelang es ihm, den Einfall der Ostgoten unter Radagais in Pannonien zurückzuwerfen, allerdings um den Preis, dass er die nordwestlichen Reichsgrenzen weitgehend von Truppen entblößen musste. Aus diesem Grund hatte der mit der Gotenabwehr beschäftigte Reichsfeldherr dem Völkerzug der Vandalen, Sueben und Alanen, die 401 in Noricum und Rätien eingefallen waren, 406 den Rhein überschritten und Gallien überrollten (s. S. 137 f.), nichts entgegenzusetzen. Die Vorwürfe mancher antiker Autoren, er habe aufgrund seiner barbarischen Herkunft die Germanen begünstigt und somit das Imperium verraten, sind haltlos – im Gegenteil: Zeit seines Lebens kämpfte Stilicho im Interesse des Reicherhalts. Als sich der Generalissimus 408 nach dem Tode des Arcadius anschickte, in Konstantinopel einzugreifen, wo der siebenjährige Theodosius II. (408–450) auf den Thron folgen sollte, stellten sich nicht nur Kaiser und Senat, sondern auch das Militär gegen ihn, und er wurde von einem Offizier erschlagen. Sofort fühlte sich Alarich veranlasst, erneut in Italien einzufallen und mehrfach die Hauptstadt Rom zu belagern, die er am 24. August 410 einnahm und plünderte (s. S. 94). Auch Alarichs Nachfolger Athaulf soll Rom „nach Heuschreckenart" (Jordanes, *Getica* 31,159) kahlgeschoren haben. Erst 418 gelang es Flavius Constantius (409–421), dem

neuen Heermeister des Honorius, die Westgoten als Föderaten in Südgallien anzusiedeln, wo sie ihr Tolosanisches Reich gründeten, den ersten nichtrömischen Staat auf dem Boden Roms.

Im Westen nichts Neues – Aëtius und Rikimer, Herren über „Kinder- und Kammerkaiser"

Die unaufhaltsame Erosion des Reichsgebiets setzte sich unter der langen Herrschaft des über 20 Jahre von seinem Heermeister Flavius Aëtius (433–454) dominierten Valentinian III. (425–455) fort. Zwar gelang es Aëtius, mit Italien und einigen Regionen Galliens einen Kernbestand des Imperiums zu halten, doch gerade in Gallien hatte man weite Teile schon ab dem Germaneneinbruch 406 aufgeben müssen, in denen sich dann Burgunder und Franken festsetzten. In der Rheingegend hatten sich die Alamannen installiert und in Spanien die Sueben beträchtliche Gebiete des Landes in Besitz genommen (s. S. 162). Auch in Britannien war die römische Herrschaft am Ende, und in Afrika blühte seit 435 das Vandalenreich Geiserichs (s. Text S. 189). Als der Balkan fest in gotische Hand zu geraten drohte, konnte Aëtius die Goten zwar mit Hilfe hunnischer Bundesgenossen besiegen, doch machten sich diese ihrerseits 451, angeführt von ihrem König Attila, zusammen mit anderen germanischen Stämmen auf den Weg nach Gallien. Mit einem alliierten Heer von angeblich 500 000 Mann, zu denen auch die Westgoten unter König Theoderich I. gehörten, gebot ihnen Aëtius in der Schlacht auf den Katalaunischen Feldern (zwischen Troyes und Châlons-sur-Marne) Einhalt.

454 ermordete Valentinian III., offenbar in der Absicht selbst das Ruder zu übernehmen, eigenhändig seinen Reichsfeldherrn, um kurz darauf von dessen aufgebrachten Gefolgsleuten erschlagen zu werden. Prokop (*Bellum Vandalicum* 1,4,28) meinte, dass der Kaiser somit mit der linken Hand seine Rechte abgeschlagen habe, und Marcellinus Comes (*Chronica Minora* 1,86) vermerkte gar, mit Aëtius sei das Westreich (*Hesperium regnum*) gefallen. Alle vier Söhne und Enkel Theodosius' I. waren ohnmächtige, von ihren Ratgebern beherrschte,

Der Soldat des spätrömischen Bewegungsheeres (*comitatenses*) um 400 könnte so ausgestattet gewesen sein: Helm vom Typ Burghcastle, Kettenpanzer mit Polstergewand, Spatha (Schwert), Stoßlanze und gewölbter Rundschild. Die Bemalung des Schildes ist nach der *Notitia Dignitatum* gestaltet. VEX.LEG.VIII.AVG Interessengemeinschaft für experimentelle Archäologie und Geschichtsdarstellung

weitgehend auf ihre palatiale Sphäre begrenzte Kinder- oder Kammerkaiser (*principes pueri, principes clausi*) gewesen. Dennoch erlosch mit der theodosianischen Kaiserfamilie – der Ostkaiser Theodosius II. starb 450, Valentinian III. 455 – das letzte Bindeglied zwischen Ost und West, die unter dem Einfluss der sich überschlagenden äußeren Ereignisse ohnehin schon getrennte Wege gingen.

So geriet der Westen im Verlauf des 5. Jahrhunderts im Rahmen eines „globalen", d. h. die gesamte römische Welt betreffenden Transformationsprozesses unter germanische Herrschaft. Auf dem Staatsgebiet der ums Überleben ringenden, sich aber dennoch unweigerlich in Auflösung begriffenen westlichen Reichshälfte bildeten sich nach und nach die germanischen Königreiche der Invasoren oder ehemaligen Föderaten heraus. Währenddessen waren die immer schneller wechselnden Machthaber in Ravenna in nicht enden wollende Thronstreitigkeiten verstrickt, welche den Todeskampf Westroms zu beschleunigen schienen.

Nach dem Ableben Valentinians III. übertrug man die Kaiserwürde dem Senator Petronius Maximus (März bis Mai 455). Der hatte den Angriff Geiserichs auf Rom, welcher in die Plünderung von 455 mündete, zu verantworten und musste dies mit seinem Leben bezahlen. Unter seinem Nachfolger, dem ehemaligen gallischen Reichspräfekten Avitus (455–456), trat der sich in Kämpfen mit den Vandalen, die immer wieder mit Raubzügen die italische Küste heimsuchten, auszeichnende Flavius Rikimer (456–472) auf den Plan. Mütterlicherseits vom Königshaus der Westgoten, väterlicherseits von dem der Sueben abstammend, sollte er, ebenso wie Stilicho und Aëtius, als Heermeister und letzter der sog. Reichsgermanen das weströmische Imperium bis zu seinem Tod im Jahr 472 lenken. Zunächst beseitigte er Avitus, um 457 den Offizier Majorianus auf dem Kaiserthron zu platzieren. Nach dessen gescheiterter Flottenmission gegen das Vandalenreich – die notwendig geworden war, da Geiserich die Getreidelieferungen eingestellt hatte, so dass Rom hungerte – ließ er ihn 461 hinrichten. Er ersetzte ihn durch den italischen Senator Libius Severus (461–465), den er vier Jahre später vergiftete. Da Rikimer für sein Vorgehen gegen die Vandalen oströmische Hilfe benötigte, ließ er Kaiser Leo I. (457–474) den nächsten Prätendenten auswählen: Anthemius (467–472), Schwie-

Beim Soldaten aus dem Grenzheer (*limitanei*) wurde bei der Rekonstruktion auf die Panzerung verzichtet – wobei es natürlich auch dort Rüstungen gab. Dieser Germane in römischen Diensten ist mit einer Spatha nach einem Fund aus Trier ausgestattet. Er trägt als Hauptwaffe Stoßlanze und Schild. VEX.LEG.VIII. AVG Interessengemeinschaft für experimentelle Archäologie und Geschichtsdarstellung

gersohn des verstorbenen Ostkaisers Markian (450–457). Doch auch eine gemeinsame Flotteninvasion der beiden Reichshälften im Jahr 468 in Afrika misslang. Im Verlauf des 472 in Rom zwischen Rikimer und Anthemius ausgebrochenen Bürgerkriegs fanden sowohl der Kaiser wie auch sein Heermeister den Tod.

Der letzte Kaiser

Der Mörder des Anthemius war Rikimers Neffe, der burgundische Königssohn Gundobad. Dieser machte als neuer Reichsfeldherr den Hofbeamten Glycerius (473–474) zum Augustus, dem allerdings Leo I. seinen Kandidaten Iulius Nepos (474–475) entgegenhielt. Dar-

„Was bleibt heil, wenn Rom fällt?"

von Claus Hattler

Diese bange Frage stellt sich der Kirchenlehrer Hieronymus (*Epistula* 123) angesichts der Einnahme Roms durch die Westgoten. Der 24. August 410 n. Chr. bringt die Antwort, das Unfassliche geschieht: Die Goten dringen in die Stadt ein, ihr Anführer Alarich gibt sie drei Tage lang zur Plünderung frei.

Geradezu unvorstellbar muss es den Römern vorgekommen sein, das Herz ihres Reichs einem solchen Schicksal ausgeliefert zu sehen – ein Zentrum, das seit Jahrhunderten nicht erobert worden war und das auch schwierige Zeiten unbeschadet überstanden hatte. Die Beständigkeit ihrer Metropole, deren Wurzeln tief in die historische und mythologische Vergangenheit hinabreichten, hatte ihnen Halt gegeben und ihr Selbstverständnis bestimmt. Eine räumlich und zeitlich entgrenzte Herrschaft war den Römern und ihrer Stadt in ihrem „Nationalepos" verheißen worden, ein *imperium sine fine* (Vergil, *Aeneis* I 278 f.), an dem der heidnische Dichter Rutilius Namatianus selbst noch unter dem Eindruck des Gotensturms festhalten wollte.

Jeglicher Bedrohung hatte die Stadt erfolgreich getrotzt. Seit der Eroberung durch die Kelten (*Vae victis!*) in der fernen Frühzeit Roms hatte sie kein äußerer Feind mehr in kriegerischer Absicht betreten. Weder Hannibal noch Spartacus hatten es gewagt, Rom ernsthaft anzugreifen. Gleichwohl hielt Kaiser Aurelian es im Jahr 272 angesichts der zunehmend unsicher werdenden Reichsgrenzen für angezeigt, mit dem Bau eines massiven Mauerrings zu beginnen. Eine nachhaltige Einbuße an Schutz bedeutete es jedoch, dass seit dem Beginn der Tetrarchie kein Kaiser mehr längere Zeit in der Stadt residierte. Konstantin entzog ihr schließlich vollends die kaiserliche Zuneigung und legte mit Konstantinopel, dem Neuen Rom im Osten, den Keim für die künftige Macht. Die Tiberstadt blieb als Sitz des Senats zwar nominell weiter politisches Zentrum des Reichs, konnte diesem Anspruch aber nicht mehr gerecht werden.

So kam Rom mehr und mehr die Aufgabe eines Erinnerungsorts, eines Museums römischer Geschichte zu – zur Beglaubigung der Größe des Imperiums und seines Herrschaftsanspruchs. Gesetze sollten den Erhalt der historischen Bausubstanz gewährleisten (*Codex Theodosianus*). Auf diese Weise konnte die „Ewige Stadt" ihre Position als *caput mundi*, als Haupt der Welt, ideell und kulturell verteidigen. So erklärt sich, dass ihre Einnahme durch Barbaren den römischen Kulturraum traumatisierte und am Weltbild seiner Bewohner rüttelte. Die psychologische Wirkung des Ereignisses ist jüngst sogar mit der der Anschläge vom 11. September 2001 verglichen worden.

Der Schrecken für die Römer wiederholte sich 455, als die Stadt Geiserichs Vandalen zwei Wochen lang zur Plünderung überantwortet wurde. Die Schäden sollen sich, zumindest für die kirchlichen Güter, in Grenzen gehalten haben – ein Verhandlungserfolg, den Papst Leo I. erzielt hatte. Sein diplomatisches Geschick soll bereits 452 Attila von einem Angriff auf Rom abgehalten haben.

Das Bewusstsein, Bewahrer kultureller Tradition zu sein, blieb bei den Städtern auch nach 455 ungebrochen. Ein kaiserliches Gesetz von 458 stellte historische Bauten erneut unter Schutz. Prokop bescheinigt den Römern denn auch, dass sie „von allen Menschen, die wir kennen, ihrer Stadt in treuester Liebe zugetan und eifrig bemüht [sind], sämtliche Denkmäler der alten Zeit zu pflegen und zu schützen, damit nichts von dem früheren Glanze Roms zugrunde geht" (*Bellum Gothicum* IV 22,5 f.). Im Bürgerkrieg zwischen Anthemius und Rikimer erlitt die Stadt 472 eine dritte Plünderung.

476 fand das Westreich sein Ende, sein letzter Kaiser dankte unfreiwillig in Ravenna ab. Ein Kampf um Rom fand nicht statt. Erst die Gotenkriege der 530er Jahre und die zweimalige Einnahme Roms durch Totila betrafen die Stadt nochmals unmittelbar und markierten für sie den Beginn des Mittelalters.

Das Forum Romanum: 1000 Jahre römischer Geschichte auf engstem Raum. Von der *lapis niger*-Stele, der ältesten lateinischen Inschrift, bis zur Phokas-Säule, dem jüngsten Ehrenmonument auf dem Forum (608 n. Chr.).

Lit.: Bauer 2001 – Demandt 2007 – Giese 2004 – Krautheimer 1987 – Muth 2006

aufhin schmiss Gundobad den Bettel, sah er doch für sich eine bessere Perspektive darin, den burgundischen Königsthron zu besteigen, anstatt hinter einem Marionettenkaiser, den es erst einmal durchzusetzen galt, die Reste des Westreichs zu regieren.

475 war es dann wieder ein Heermeister, Orestes, der seinen Kaiser vertrieb, damit sein eigener Sohn, der Knabe Romulus, dem die Zeitgenossen den Beinamen Augustulus (Kaiserlein) verliehen, als letzter Kaiser den weströmischen Thron besteigen konnte. Als zehn Monate später Orestes seinen germanischen Föderaten Siedlungsland in Italien verweigerte, besiegte ihn der zum König (rex) ausgerufene skirisch-thüringische Offizier Odoaker. Dieser entfernte 476 Romulus, dem er aus Mitleid das Leben schenkte, aus dem Amt und schickte den Kaiserornat mit der Erklärung, man benötigte im Westen keinen Kaiser mehr, nach Konstantinopel. Westrom war somit vollständig unter germanische Herrschaft geraten.

Bis der Ostgotenkönig Theoderich I. (493–526) ihn 493 ablöste, übte Odoaker über das weitgehend auf Italien (und Dalmatien) geschrumpfte und von Germanenstaaten umringte Westreich eine selbstständige, neue Herrschaftsform aus. Diese vereinte römische Elemente

Das sog. Missorium des Theodosius, eine große Silberplatte, wurde wohl als Ehren- oder Dankesgabe *(largitio)* anlässlich des in der Inschrift erwähnten zehnjährigen Regierungsjubiläums (Decennalien) des Kaisers im Jahre 388 angefertigt und an hohe Würdenträger oder auswärtige Diplomaten verschenkt. Die Darstellung zeigt den in seinem Palast thronenden Theodosius, begleitet von seinen beiden Mitregenten, Valentinian II. (rechts) und seinem Sohn Arcadius (links). Die Herrscher sind von ihrer fremdstämmigen, wohl germanischen, mit Schild und Speer bewaffneten Leibgarde umgeben. Madrid, Academia de la Historia.

(Verwaltung, Bildung, Lebensweise) mit germanischen Wesenszügen – so dem Königstitel *rex Italiae*, der sich allerdings nicht, wie ansonsten üblich, auf einen Völkernamen, sondern auf ein Territorium bezog.

Bereits in der Antike begriff man die Ereignisse um die Absetzung des letzten amtierenden Westkaisers als epochale Zäsur. Der Chronist Marcellinus Comes (*Chronica Minora* II, S. 91) konstatierte: „Das westliche Reich des römischen Volkes ... ist mit diesem [Romulus] Augustulus untergegangen", eine Sichtweise, die man nicht selten heute noch teilt.

Lit.: Brandt 2001 – Demandt 1998 – Heather 2008 – Martin 1995 – Pohl 2005

Münzbild: Romulus Augustus, geprägt in Mailand 475/76, The British Museum

Diese Handschrift der *Historiae* des Orosius aus dem 12. Jh. zeigt nach zeitgenössischer Vorstellung den Kampf zwischen Odoaker und Theoderich um Italien (Bibliotheca Apostolica Vaticana, Pal. Lat. 927 F. 122r).

DER OSTEN (K. Horst)

Die Geschichte im Osten beginnt mit dem Zeitpunkt, als Theodosius I. als letzter römischer Alleinherrscher starb und 395 unter seinen Söhnen das Reich aufteilte. An Arcadius fiel der Osten. Wie oben dargestellt, versuchten die beiden Brüder weiterhin die Reicheinheit zu betonen, aber faktisch begann nun eine sich beschleunigende Auseinanderentwicklung der beiden Hälften. Während im Westen die Germanen schrittweise an die Stelle der römischen Zentralgewalt traten, haben Arcadius und sein Sohn Theodosius II. die Verwaltung im Osten des Reiches geschickt führen können und waren sogar in der Lage, den Einfluss der sonst so mächtig geworde-

nen Heermeister, die meist barbarischer Abstammung waren, zurückdrängen. Dazu kam noch eine gute Portion geschickter Diplomatie, die dazu führte, so manche Angriffswelle auf den Westen „umleiten" zu können. Zudem konnte sich der Osten erfolgreicher gegen äußeren Zugriff wehren, ganz einfach durch seine geografische Lage: Die bereits „ausgemergelten" oströmischen Balkanprovinzen lagen zwar noch in Reichweite der Hunnen oder Germanen, aber die Festung Konstantinopel, die den Hellespont kontrollierte, verhinderte den Zugriff auf die „fetten" asiatischen Provinzen.

In diesen östlichen Provinzen begann eine Periode relativen Friedens, die nur von zwei kleinen Kriegen gegen die Perser 420 und 441 unterbrochen wurde. So hatte Ostrom Zugriff auf die reichen Ressourcen im Osten und stand ökonomisch weit besser da als Westrom. Dieses finanzielle Polster half auch den nachfolgenden Herrschern Konstantinopels (Leo I., Zenon und Anastasios I.) die Söldner, Heermeister und Usurpatoren, die immer wieder von Westen aus versuchten, Einfluss zu nehmen, abzuwenden. Der oströmische Staat mit immer noch lateinisch römisch-antikem Gepräge erlebte eine späte Blütezeit, die in der Regierungszeit Justinians einen letzten Höhepunkt erfuhr.

Justinian, der Eroberer

Justinian ist in die Annalen vor allem deshalb eingegangen, weil sich unter seiner Herrschaft zum einen das Reich noch einmal zu einer beachtlichen geografischen Größe ausweitete und zum anderen so etwas wie eine mehr als dreißigjährige Friedenzeit von 533 bis 565 erschaffen wurde. Dabei begann seine Regentschaft nicht gerade ruhig: Äußere Feinde, die Perser, machten den Römern – jetzt Byzantinern (die sich immer noch romani nannten) – schon seit Jahrhunderten die Grenze im Osten streitig, und innere Feinde, Anhänger der Nika-Partei, zu der auch Teile der Aristokratie gehörten, wollten Justinian durch einen Aufstand vom Thron stürzen. Beide Feinde konnten besiegt werden; die Perser in einer Schlacht und die politischen Feinde durch ein Blutbad im Hippodrom Konstantinopels, wo der Nika-Aufstand stattfand. Der „Held" dieser Siege war ein Mann namens Belisar, der treue General Justinians. Belisar nahm sich dann auch des Vandalenproblems an. Ob Justinian schon früh den Ehrgeiz hatte, sein Reich nach Westen auszudehnen, also aktive Expansionspolitik zu betreiben, ist ungewiss. Sicher ist aber, dass er eine günstige Gelegenheit beim Schopfe packte: Der Vandalenkönig Hilderich, mit dem Byzanz eine Allianz eingegangen war, war durch einen Staatsstreich vom Thron gestoßen worden, und Gelimer hatte die Macht an sich gerissen (19. Mai 530). Dieser gewalttätige Regierungswechsel in Karthago forderte eine byzantinische Intervention geradezu heraus. Schließlich konnte Justinian nicht dulden, dass sein ehemaliger „Partner", der sich sogar vom arianischen Glauben abgekehrt hatte, auf diese Art beseitigt wurde. Also wurde der treue General Belisar nach Nordafrika geschickt. Innerhalb eines Jahres hatte Belisar das Problem gelöst: Der Vandalenkönig Gelimer ergab sich im Frühjahr 534. Seine Niederlage ist seinem strategischen und persönlichen Unvermögen zuzuschreiben. Er wurde zusammen mit reichem Gewinn, zu der auch der Königsschatz zählte, nach Konstantinopel gebracht, wo er beim Triumphzug zu Ehren Belisars als „Beute" mitmarschieren musste. Damit musste sich Gelimer abfinden, auch damit, dass er in Galatien Landbesitz geschenkt bekam, wo er sich als Privatmann niederlassen musste. Wie im Falle des Romulus Augustulus, der nach seiner erzwungenen Abdankung von Odoaker auf ein Landgut bei Neapel mit einer stattlichen jährlichen Pension verbannt wurde: Es gibt Schlimmeres! Ebenfalls im Triumphzug mitgeführt wurde der jüdische Tempelschatz, der über Rom und das vandalische Karthago als Beute nun nach Konstantinopel gekommen war. Justinian beendete schließlich die

> *Seit mehr als zwanzig Jahren wird zwischen Konstantinopel und den Julischen Alpen täglich römisches Blut vergossen. Skythien, Thrakien, Makedonien, Thessalien, Dardanien, Dakien, Epirus, Dalmatien und ganz Pannonien werden von Goten, Sarmaten, Quaden, Alanen, Hunnen, Vandalen und Markomannen aufs schlimmste verheert.*
> Hieronymus, *epistula* 60,16 (aus dem Jahr 396)

unfreiwillige Rundreise der heiligen Geräte und schickte sie nach Jerusalem zurück.

Justinians Expansionswille konzentrierte sich nicht nur auf die nordafrikanische Küste, sondern er führte seine Eroberungen weiter, so dass Mitte des 6. Jahrhunderts das gesamte Italien nebst den Inseln Sardinien und Korsika sowie Teile der südspanischen Küste

Ein Bildnis Stilichos? Das Diptychon von Monza

von Rainer Warland

Der Vandale Stilicho (um 365–408) stieg in höchste Staatsämter auf. Als Heermeister (*Magister militum*) schützte er die weströmische Kaiserherrschaft gegen Usurpatoren und Germanen. Er war verheiratet mit Serena, einer Nichte des Kaisers Theodosius I. Der Verdacht, seinem Sohn Eucherius die Kaiserwürde verschaffen zu wollen, kostete ihn schließlich das Leben: Er wurde 408 in Ravenna ermordet.

Richard Delbrueck hat 1929 in seinem grundlegenden Werk über die spätantiken Consulardiptychen Stilicho, Serena und Eucherius auf dem Diptychon im Domschatz von Monza erkennen wollen. Zusätzlich argumentierte er mit der Darstellung der Tochter Maria, die 398 mit Kaiser Honorius verheiratet wurde, die jedoch auf dem Diptychon definitiv fehlt. Auch wurde der Knabe als Hauptfigur des Diptychons von Delbrueck überschätzt.

In der 1988 freigelegten Grabkammer beim Silivri Kapı in Istanbul zeigt eine Reliefplatte das übereinstimmende Figurenschema einer Familienrepräsentation mit einem Knaben mit geöffnetem Diptychon. Neue Forschungen belegen zudem, dass Söhne in Amtstracht und Insignien dem hohen Rang ihres Vaters angeglichen wurden (Missorium des Aspar in Florenz, Apsismosaik der Basilika Euphrasiana in Poreč). Die Vergabe derartiger Scheinämter an Kinder war eine spätantike Konvention und reicht daher zur Identifizierung des Stilicho-Sohnes nicht aus. Auch die statuarisch aufeinander bezogene Gruppe von Mann und Frau, die sich in ihrer Bildwirkung nur dann einstellt, wenn die beiden Diptychon-Flügel in der ur-sprünglichen Anordnung aufgeklappt sind, greift ein zeittypisches Bildformular auf, bei dem der Gestus der Frau hervorsticht. Das Vorzeigen der Rosenblüte in ihrer Hand versinnbildlicht gleichermaßen Schönheitslob wie auch liebende Verbundenheit des Paares.

Die Herkunft dieses Bildmusters führt zurück zur mythologischen Bildkunst. Mythologische Paare der Spätantike wie Phaidra und Hippolytos oder Meleager und Atalante (Situla von Kuczurmare in Wien, Mosaik im Saal des Hippolytos in Madaba) werden so geschildert. Insgesamt erweist sich das um 400 entstandene Diptychon von Monza weniger individuell bestimmt, als vielmehr durch Topik und Konvention geprägt. Es bietet die spätantike Familienrepräsentation eines hohen Amtsinhabers, eines *Magister militum* oder *Comes domesticorum*, der in kostbarer, seidener Chlamys mit eingewebten Kaisermedaillons, mit auszeichnender Zwiebelknopffibel und einem Schild mit zwei Kaiserbüsten die Hauptfigur stellt. Aus der Spätantike sind wiederholt Heermeister als vermögende Stifter von Kirchen und Mosaikböden bekannt (Pesaro, Rom), und die vermeintlich so eindeutige Historisierung des Monza-Diptychons als Bild des vandalischen Heerführers Stilicho wird auch in diesem Kontext fraglich.

Lit.: Delbrueck 1929 – Janßen 2004 – Warland 1994

Das Elfenbeindiptychon von Monza. Monza, Museo del Duomo e Biblioteca Capitolare

Ravenna, Wandmosaik in Sant'Apollinare. Die dargestellte Architektur trägt die Beschriftung PALATIVM (Palast). In den Arkaden waren ehemals Theoderich I. und sein Hofstaat abgebildet. Die Figuren wurden später ersetzt durch Vorhänge, doch beim genauen Hinsehen entdeckt man, dass sich vor den Säulen einige Hände und Arme der ehemals Dargestellten erhalten haben.

und die Balearen unter seine Oberhoheit kamen. Obwohl sich Justinian nicht allein auf die Rückeroberung beschränkte, sondern wiedergewonnene Gebiete durch die Anlage von Militärbauten sicherte, überstieg die Grenzverteidigung die Kräfte des Reiches.

Neue Zentren der Macht

Das Ende Roms war schon durch Diokletians und Maxentius Entschluss eingeläutet worden, die Machtzentrale aus der alt-ehrwürdigen Hauptstadt nach Mailand (Mediolanum) zu verlegen; dies geschah im Jahr 293 und galt nur für das weströmische Reich, für den oströmischen Teil hatte man

Nicomedia ausgewählt. Doch Mailands neu gewonnene Bedeutung hielt keine zehn Jahre, denn schon 402 wurde es von den Westgoten belagert – als Konsequenz zog der neue Kaiser Honorius mit Haus und Hof nach Ravenna (das in der Antike Classis hieß). Ein weiser Entschluss, wie sich bald herausstellen sollte, denn schon sechs Jahre später versuchten die Goten auch die neue Residenzstadt einzunehmen – allerdings vergeblich: Die Verteidigung hielt. Fortan regierte der römische Kaiser, abgesehen von wenigen Ausnahmen, bis zum letzten (Romulus Augustus) von Ravenna aus.

Die archäologischen Reste der Kaiserresidenz in Ravenna sind dürftig und kaum verifizierbar; das Aussehen der gesamten spätantiken Stadt ist nicht nach-

Der Fall Rom(s) – Untergangstheorien

von Susanne Erbelding

Die Frage nach den Ursachen und Gründen für den Niedergang und das Ende Roms wird seit Jahrhunderten diskutiert. Insbesondere innere Krisen, welche den Eindruck herbeiführten, man sei auch äußeren Bedrohungen nicht mehr gewachsen, wurden bereits in der Antike als Symptome des Sittenverfalls und der Dekadenz interpretiert (z. B. Zosimos, Ammianus Marcellinus). Letztere wiederum galten als Folge des Abfalls von altrömischer Tradition, der „Sitte der Vorväter" (mos maiorum), welcher als Lebens- und Handlungsmaxime angeblich nicht mehr hinreichend Achtung gezollt wurde. Trotz derartiger Vorwürfe war die Vorstellung vom Ende des jahrhundertealten Staatswesens für die Mehrzahl der Zeitgenossen völlig undenkbar. Man glaubte und hoffte, Rom sei nicht nur dazu in der Lage, Krisen zu überwinden, sondern auch daran zu wachsen.

Jede der nachantiken Epochen hat auf die Problematik des Zerfalls des (west-)römischen Reiches ihre eigenen Antworten gefunden, und nicht nur Historiker, sondern auch Philosophen, Theologen, Soziologen, Politiker und Literaten haben sich mit diesem Thema beschäftigt. Eine umfassende Analyse stammt von Alexander Demandt, der die „Aberhunderte von Erklärungsversuchen" für den Untergang auf sechs theoretische Ansätze zurückführt. Fünf von ihnen bezeichnet er als endogene Theorien – diese machen Missstände im Innern des Staates für die Auflösung des Reiches verantwortlich –, während eine sechste sog. exogene Theorie außenbedingte Ursachen favorisiert.

Die erste der endogenen Theorien, die religionsgeschichtliche Deutung, bringt Roms Ende mit dem Aufstieg des Christentums in Zusammenhang. Demnach begünstigte diese Religion mit ihrer Gewaltlosigkeit, ihrer Hinwendung auf das Jenseits und ihrer Endzeiterwartung einen fatalen Mentalitätswandel, dessen Resultat eine zunehmend entpolitisierte Bevölkerung war, welche sich mehr im religiösen als im öffentlichen Leben engagierte. Die zweite Theorie nennt sozialökonomische Erklärungen. Als Schwächefaktoren werden gesellschaftliche und wirtschaftliche Missstände angesehen, wie die gewaltigen Besitzunterschiede zwischen Arm und Reich. Der dritte endogene Ansatz liefert naturwissenschaftliche Erklärungen, indem er auf erschöpfte Lebensgrundlagen und Umweltbedingungen (z. B. Klimawandel) oder eine ungünstige demografische Entwicklung (Geburtenrückgang) verweist. Die vierte Möglichkeit einer innenbedingten Deutung besteht darin, als Hauptargument für Roms Ende ein Versagen von Staat und Verwaltung anzuführen, etwa unfähige Kaiser, korrupte Beamte, ein außer Rand und Band geratenes Militär oder drückende Steuerlasten. Schließlich addiert der fünfte endogene Deutungsansatz die vier zuerst beschriebenen Niedergangsfaktoren zu einer allgemeinen Dekadenz. Ihm zugrunde liegt die Auffassung, dass auch Kulturen dem Naturgesetz von Werden, Wachsen und Vergehen unterworfen sind, dass auf Aufstieg und Blütezeit zyklisch Niedergang und Verfall folgen.

Die sechste und letzte These formuliert der exogene Deutungsversuch: Die äußere Bedrohung durch Migrationsbewegungen verschiedener, insbesondere germanischer Stämme, die sog. Völkerwanderung. Im 5. Jahrhundert war Rom – anders als früher – nicht mehr in der Lage, dem „persistent hammering" (Moses I. Finley) der Germanen an den Reichsgrenzen standzuhalten. Diese Verschiebung des Kräfteverhältnisses sei als Konsequenz nicht nur der beschriebenen innerrömischen, sondern auch der innergermanischen Entwicklungen zu werten: Denn bei den Germanen sei ein demografischer, politischer und technischer Fortschritt auszumachen. Ein weiteres Moment mag die reduzierte Wehrhaftigkeit auf der römischen und das gesteigerte Kampfpotenzial auf der germanischen Seite erklären: Der Unterschied im Selbst- und Tätigkeitsbild der staatstragenden Schichten. Während die römische Zivilgesellschaft von einer öffentliche Ämter bekleidenden Oberschicht gelenkt wurde – keine 2 % der Reichsbevölkerung standen im 4./5. Jahrhundert unter Waffen –, war die germanische Führungsschicht ein „Schwertadel" und das gesamtgesellschaftlich anerkannte männliche Rollenvorbild das des Kriegers.

Mit welchem Fazit könnte man nun schließen, welcher Theorie den Vorzug geben? Sicherlich ist das Phänomen der Auflösung des römischen Reiches multifaktoriell. Wahrscheinlich war es eine Vielfalt von komplexen Gründen und Ursachen, die zur sukzessiven Auflösung der römischen Herrschaft und zum Ende des Imperium Romanum geführt hat. Doch auch wenn dieses ein für allemal der Vergangenheit angehört, eines bleibt: Das gehaltvolle Nachwirken des „untergegangenen" Reiches in die Kultur des Abendlandes dauert unbestreitbar mächtig bis zum heutigen Tag an.

Lit.: Demandt 1984

Konstantinopel (links) auf Segment VIII der *Tabula Peutingeriana*. Auf einer Straßenkarte aus der Mitte des 4. Jhs. n. Chr. wurde die Personifikation der Stadt neben der auffälligen Säule mit der Konstantinstatue wiedergegeben. Die Straßenkarte hat sich in einer mittelalterlichen Kopie des 12. Jhs. erhalten, die nach dem späteren Besitzer Konrad Peutinger benannt wurde. Diese aus 16 Teilen bestehende Karte zählt heute zum UNESCO-Weltdokumentenerbe.

vollziehbar. Dass wir uns trotzdem eine ungefähre Vorstellung vom Aussehen der Stadt machen können, haben wir glücklichen Umständen zu verdanken. Kaiser Theoderich ließ um 500 eine Kirche für die Christen arianischen Glaubens errichten: Sant´Apollinare Nuovo. In der Kirche wurden Mosaiken angebracht, die den Hafen und eine Vielzahl an Gebäuden der Hafenstadt Ravenna zeigen (s. Abb. S. 180). Selbst seine Machtzentrale mit „Belegschaft" ließ Theoderich in einer Art antiken *snapshot* darstellen: Vor der Fassade seines Palastes – für alle, die das nicht sofort erkannten, hat er diese sogar mit „PALATIUM" beschriften lassen (s. Abb. S. 99) – waren er selbst und sein Hofstaat abgebildet. Nach der Eroberung der Stadt um 540 durch die „lieben Kollegen" aus Ostrom wurden die Mosaiken „gereinigt", d. h. die Figuren entfernt und durch Vorhänge ersetzt, doch bei genauerem Hinschauen erkennt man vor den Säulen noch Reste der Dargestellten: Hände und Arme. Die Kirche wurde nun dem heiligen Martin von Tours geweiht und der katholischen Kirche einverleibt. Der heutige Name der Kirche bezieht sich auf die im 9. Jahrhundert vollzogene Verlegung der Reliquien des heiligen Apollinaris hierher.

Konstantinopel

Kaiser Konstantin gründete Anfang des 4. Jahrhunderts am Bosporus eine neue Reichshauptstadt an der Stelle der antiken griechischen Stadt Byzanz. Warum hier? Warum nicht woanders? Konstantin vermittelte der Nachwelt, er habe vor der Gründung eine Vision gehabt, ähnlich wie vor der Schlacht an der Milvischen Brücke. Doch die Verlegung des Standpunktes hatte rein militärisch-strategische Gründe. Germanische Stämme hatten sich auf dem Seeweg von den Küsten des Schwarzen Meeres in die Ägäis aufgemacht, um deren Anrainer zu bedrohen. Zudem waren die Perser politisch wieder zu großer Macht gelangt und strebten nach Westen. Was lag da näher, als an einer strategisch günstigen Stelle einen Posten einzurichten? Geeignet dafür war Byzanz. Diese militärische Maßnahme führte zu einer wirtschaftlichen und kulturellen Erschließung Südosteuropas.

Die neue Reichshauptstadt, die Konstantin ganz in Tradition der hellenistischen Herrscher mit seinem Namen Constantinopolis (Stadt des Konstantin) versah, wurde am 11. Mai 330 feierlich eingeweiht. In den folgen-

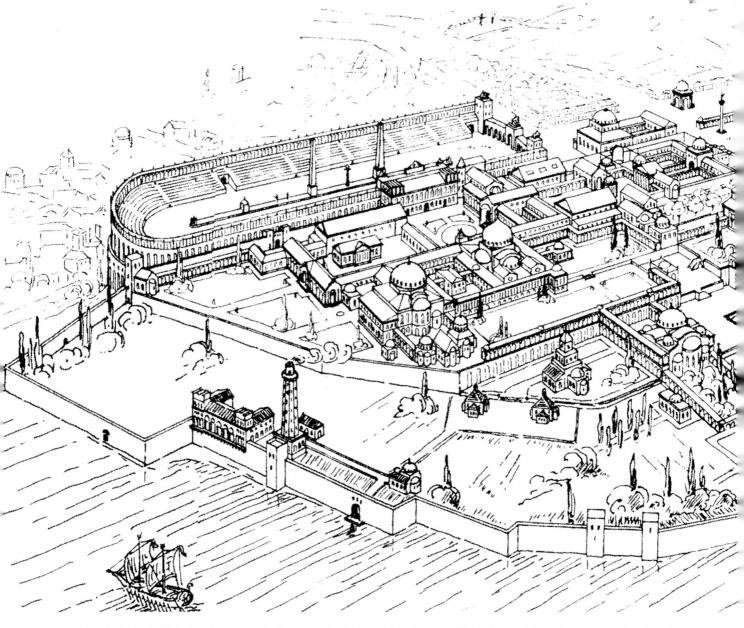

Rekonstruktion des Palastareals von Konstantinopel. In der Bildmitte die zahlreichen Gebäude des Kaiserpalastes, oben der Hippodrom und rechts der zentrale Platz der Stadt, das Augusteion.

den 15 Jahren ließ der Kaiser die Stadt großzügig ausbauen. Das Zentrum der Stadt wurde an der Stelle der alten griechischen Agora aufgebaut. Der Platz hieß nun Augusteion und an diesem Forum lagen die wichtigsten Gebäude: Im Osten befand sich das Senatsgebäude, im Norden erhob sich der Bau der neuen Kirche der Hagia Sophia, die 360 eingeweiht wurde, und im Süden, im Terrassenbereich zum Marmarameer, erstreckte sich die weitläufige Anlage des Kaiserpalasts. Daneben, im Westen des Palastes, gab es den direkten Zugang zum Hippodrom – eine Baukombination ganz wie in Rom.

Der Palast war nicht nur privater und zeremonieller Sitz des Kaisers, sondern auch Amtsbereich der kaiserlichen Verwaltung, Ort der Münzprägung, des Staatsschatzes und der zentralen Gefängnisse. Er war somit Mittelpunkt und Schaltstelle eines ganzen Reiches. Kaiserpaläste waren also nicht nur Residenzen, sondern auch Regierungssitze. Dies begann im 4. Jahrhundert unter Konstantin und blieb so bis ins 12. Jahrhundert.

Die bauliche Verbindung von Forum, Senatsgebäude, Tempel bzw. Kirche, Kaiserpalast nebst Hippodrom

der Stadtlandschaft und war vom Meer her schon weit sichtbar (s. Abb. S. 101).

Im Jahr 404 wurden die Hagia Sophia und das Senatsgebäude bei einem verheerenden Brand zerstört. Eine Neuerrichtung der Kirche erfolgte unter Justinian. Die neue, justinianische Hagia Sophia war das größte Gotteshaus der Welt, bis ihr die Kathedrale von Sevilla im 15. Jahrhundert diesen Titel streitig machte.

Konstantins Baupolitik wurde rund 150 Jahre später durch Justinian weitergeführt, der Konstantinopel zu einer Großstadt machte; sie blieb nach der Übernahme von Alexandria in Ägypten durch die Araber (642) die einzige im gesamten Mittelmeerraum. Die Stadt war politischer, geistiger, kirchlicher und wirtschaftlicher Mittelpunkt. Konstantinopel war das byzantinische Reich *in nuce*. 625 wurde sogar die römische Amtssprache Latein abgelöst und durch das byzantinische Griechisch ersetzt. 710 hörte Konstantinopel endgültig auf, Ostrom zu sein, und wurde Byzanz.

Das Ende

Während schon in der Zeit vom 4. bis zum 6. Jahrhundert das römische Reich vielfältigen Bedrohungen ausgesetzt war und vor allem der Westteil an die Germanen verloren ging, änderte sich im 7. Jahrhundert die Situation nun auch für den östlichen Reichsteil grundlegend, und zwar derart, dass man nur noch von einer Katastrophe sprechen kann. Nachdem im 6. Jahrhundert Kaiser Justinian I. (527–565) für kurze Zeit noch einmal das Gesamtreich zumindest teilweise wiederherzustellen vermocht hatte, eroberten jetzt die Slawen im Gefolge der Awaren den ganzen Balkan, in Italien machen sich die Langobarden breit, und ganz Nordafrika, Ägypten und der Vordere Orient wurden in kürzester Zeit eine Beute der Araber. Es ist eine Farce der Geschichte, dass sich die Perser (das Sasanidenreich), jahrhundertelang ernsthafte Gegner Roms und diesem ebenbürtig an Macht und Zivilisation, nun so sang- und klanglos von der Bühne der Geschichte verabschiedeten: 651 wurde der letzte persische Großkönig von den Arabern ermordet. Gegen Ende des 7. Jahrhunderts umfasste das Byzantinische Reich noch einige Küstenstädte (wie

wurde nach dem Vorbild Roms in der neuen Hauptstadt realisiert; daneben erlaubte sich Konstantin ein Repräsentationsforum à la Forum Augustum oder Traianum: Im Zentrum – auf dem zweiten Stadthügel – wurde an der Hauptachse des Haupttors der Stadt das kreisrunde Forum Constantini mit einer umgebenden Säulenhalle und einem monumentalen Denkmal in der Mitte angelegt. Auf einem hohen Stufenunterbau erhob sich eine gigantische Säule aus ägyptischem Porphyr, auf deren Kapitell eine bronzene Statue des Konstantin stand. Das Säulenmonument bildete einen markanten Fixpunkt in

Die Hagia Sophia in Istanbul

Thessaloniki, Athen mit Umgebung, Spalato/Split und Venedig, das sich nun auf die Lagune beschränkte und als Stadt den Namen der Landschaft weiterführte), dazu Süditalien, Sizilien und das Gebiet der heutigen Türkei westlich des Taurus. Aber auch diese Gebiete waren nicht sicher. Zentralanatolien wurde Jahr für Jahr von arabischen Raubzügen heimgesucht und Konstantinopel innerhalb eines halben Jahrhunderts zweimal belagert. Das alles brachte eine ungeheure Verarmung mit sich. Jegliches Gefühl von Sicherheit – und das gehörte seit dem Frieden des Augustus untrennbar zu der Vorstellung eines römischen Reiches – war Unsicherheit und Angst gewichen.

Lit.: Bauer 1996 – Demandt 1998 – König 2003 – Mazal 2001 – Schreiner 1986 – Schreiner 2006 – Schreiner 2007

Kat. 93

Kat. 94

Kat. 93
Grabinschrift für den germanischen Offizier Gabso
Trier, St. Maximin. Nördliches Gräberfeld
2. Hälfte 4. Jh.
Marmor, H. 50 cm, B. 57 cm, T. 3 cm
Trier, Rheinisches Landesmuseum,
Inv. Reg. 94

Flavius Gabso ist nicht der einzige Offizier germanischer Herkunft, der das Vertrauen genoss, zur Leibgarde am Kaiserhof in Trier gehören zu dürfen. Den Gentilnamen *Flavi-us* nennt er als kaiserlichen Ehrennamen in der Inschrift mit besonderem Stolz:

Fl(avius) Gabso, p[ro-]	„Flavius Gabso,
tector domesti-	kaiserlicher Leibgardist,
c[us, e]x tribu-	ehemals Tribun,
[nis, hi]c requies-	ruht hier.
[cit. - - - U]rsu-	Ursula (?) hat den Grabstein
[la? - - - in p]ace.	gesetzt. In Frieden."

Lit.: Gose 1958, 57 f. Nr. 430. – Heinzelmann 1982, 612. – Engemann / Demandt 2007 CD-Nr. I.12.74 (L. Schwinden).　　　**L.S.**

Kat. 94
Grabinschrift für den Germanen-jungen Merabaudis
Trier, St. Matthias. Südliches Gräberfeld
Ende 4. bis 5. Jh.
Marmor, H. 16 cm, B. 27 cm, T. 3,5 cm
Trier, Rheinisches Landesmuseum,
Inv. 1916,780

Der nach Rom umfangreichste Bestand frühchristlicher Inschriften in Trier spiegelt die Bevölkerungsstruktur zum Ausgang der Antike in der Stadt wider. Die Inschrift germanischer Eltern für ihren Sohn zeigt in der Einleitung die formelhafte, aber unverstandene Verwendung lateinischer Ausdrucksweisen:

Hic qui vixit Mera-	„Hier ruht Mera-
baudis in pace, qui vixit	baudis in Frieden, der gelebt hat
anno et me(nses) XI. Patris	ein Jahr und 11 Monate. Die Eltern,
dulcissim[i tit]ulu(m)	die liebevollen, haben die Grabinschrift
p[osuerunt].	gesetzt."

Lit.: Gose 1958, 13 Nr. 40. – Gauthier 1975, 189 f. Nr. 40. – Engemann / Demandt 2007 CD-Nr. I.15.68 (L. Schwinden).　　　**L.S.**

Kat. 95
Grabinschrift für den Burgunderprinzen Hariulf
Trier, St. Matthias. Südliches Gräberfeld
Ende 4. Jh.
Sandstein, H. 58 cm, B. 108 cm,
T. 16 cm
Trier, Rheinisches Landesmuseum,
Inv. PM 34

Als „das schönste epigrafische Denkmal zur Verflechtung von Römischem und Germanischem im spätantiken Heere" wurde die Inschrift für den burgundischen Fürstensohn eingeschätzt. Am Kaiserhof Valentinians und Gratians (367–383) in Trier sollte er mit seinen ersten militärischen Rängen eine Prinzenerziehung erfahren:

Hariulfus, protector	„Hariulf, kaiserlicher
domesitigus, filius Han-	Leibgardist, Sohn des
havaldi, regalis gentis	Hanhavaldus, aus dem königlichen
Burgundionum, qui	Geschlecht
vicxit annos XX et men-	der Burgunder, der
sis nove(m) et dies nove(m).	gelebt hat 20 Jahre,
Reutilo avuncolu-	9 Monate und 9 Tage.
s ipsius fecit.	Reutilo, sein Onkel,
	hat (die Grabinschrift) gesetzt."

Lit.: Hoffmann 1978. – Heinen 1985, 325 f. Abb. 112; 339. – Engemann / Demandt 2007 CD-Nr. I.12.75 (L. Schwinden).　　　**L.S.**

Kat. 95

Kat. 96
Handschrift: Notitia Dignitatum
Herkunft unbekannt
Kopie: um 1550, Original: 420–425 n. Chr.
Pergament, H. 31 cm, B. 21,5 cm,
Stärke 6 cm
München, Bayerische Staatsbibliothek,
Sig. Clm.10291

Die Notitia Dignitatum gilt als Staatshandbuch der spätrömischen Kaiserzeit und enthält Texte zur Organisation und Hierarchie der militärischen und zivilen

Kat. 96

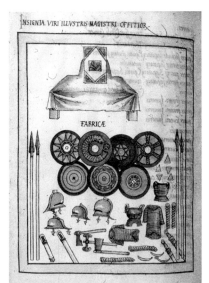

Ämter. Das umfangreiche zweigeteilte „Nachschlagewerk", welches die zivile und militärische Trennung des Ost- und Westreiches widerspiegelt, umfasst 90 Kapitel mit je einer Bildtafel, die die Insignien der Beamten, Schildzeichen der Truppen und allegorische Darstellungen der Provinzen zeigen.

Lit.: Karlsruhe 2005, 187 ff. – Demandt / Engemann 2007 Kat. I.15.23. R.H.

Kat. 97
Zwei Frauenbüsten aus Silber
Sirzenich, Kreis Trier-Saarburg (1859)
Spätes 4. bis frühes 5. Jh.
Silber, getrieben, H. 14,2 cm und 13,9 cm
Trier, Rheinisches Landesmuseum,
Inv. G O 4 und G O 5

Die beiden Frauenbüsten aus Silber wurden bei ihrer zufälligen Auffindung beschädigt. Bei der einen ging das Gesicht mit einem Teil des Halses verloren und wurde ergänzt. Da die Büsten in Tüllen enden, waren sie zur Befestigung an Holzstangen gedacht.
Beide Büsten sind Meisterwerke antiker Silberschmiedekunst, denn sie wurden aus je einem einzigen Stück Blech

getrieben. Das sorgfältig frisierte Haar ist mit Perlschnüren geschmückt. Ähnlichen Haarschmuck tragen die Kaiserinnen des späten 4. und frühen 5. Jhs.

Lit.: Wilmowsky 1873, 1–9 Tafel. – Trier 1984, 118 f. Nr. 37 (W. Binsfeld, mit älterer Literatur). – Engemann / Demandt 2007 CD-Nr. I.11.36 (S. Faust). S.F.

Kat. 98
Eichgewichte des Honorius
Trier, verschiedene Fundorte
Um 395 n. Chr.
Bronze, 15 x 16 mm und 17 x 17 mm,
4,18–4,37 g
Trier, Rheinisches Landesmuseum,
Inv. 1902,135. 1913,526. ST 8131

Gerade in den letzten Jahrzehnten kamen im Stadtgebiet von Trier sieben spätrömische Eichgewichte zutage. Während die Vorderseite mit dem Namen des Kaisers Honorius einen zeitlichen Anhaltspunkt bietet, nimmt die Rückseite Bezug auf den Zweck dieser quadratischen Metallstücke. Sie werden als *exagium solidi*, Eichgewicht für einen Solidus, der zu dieser Zeit dominierenden Goldmünze, bezeichnet. Waren die Exagien zunächst mit der Trierer Münzstätte oder dem Offizium

des *comes sacrarum largitonum*, dem Chef der Finanzverwaltung, in Verbindung gebracht worden, sprechen die Neufunde wegen ihrer Streuung im Stadtgebiet eher für eine private Verwendung, etwa bei Händlern und Goldschmieden.

Lit.: Gilles 1996, 40 f. Abb. 19. K.-J.G.

Kat. 98

Kat. 99
Medaillon
Velp (Niederlande)
395–423 n. Chr.
Gold
Paris, Bibliothèque nationale de France:
Cabinet des Médailles et Antiques,
ohne Inv.

Das Medaillon zeigt das Porträt des weströmischen Kaisers Flavius Honorius (395–423). Dargestellt in Kaiserornat und mit Binde im Haar wird das Kaiserprofil von der Inschrift *D(omi)n(us) Honorius P(ius) F(elix) Aug(ustus)* umgeben. Das Stück entstammt dem Schatz von Velp, der 1722 in den Niederlanden gefunden wurde.
Anlass für die Herstellung des Goldmedaillons war, wie das Pendantstück offenbart, die Erhebung seiner Schwester Aelia Galla Placidia, Mutter des späteren Kaisers Valentinian III., im Jahr 421 zur Augusta. Auf Drängen ihres kaiserlichen Bruders Honorius hatte diese im Jahr 417 in Ravenna dessen engsten Ratgeber, den Heermeister Flavius Constantius, geehelicht, der von Honorius zum Augustus und somit zum Mitregenten (Constantius III.) ernannt worden war.

Lit.: Schuller 1997, 213. R. He.

Kat. 97

Kat. 99

Kat. 100
Umgearbeitetes Kaiser(?)-Porträt
Fundort unbekannt
Um 415 n. Chr. (?), tetrarchisch-
konstantinisch
feinkörniger Marmor, wohl aus Luni,
H. 49 cm
Rom, Musei Capitolini, Inv. S 1769

Einsatzkopf im Typus Constantius' III.
Die physiognomische Ähnlichkeit dieses
Kopfes mit Constantius III. auf einem in
Italien gefertigten Elfenbeindiptychon
(Delbrueck 1929 N 65. 1. 2. 3. 56) lässt
vermuten, dass dieses römische Porträt
Constantius III. darstellt. Die an dem
Porträt vorgenommenen antiken Umarbei-

Kat. 100

tungen machen eine Beurteilung jedoch
schwierig. So wird auch die Deutung als
ein Bildnis Konstantins oder eines seiner
Söhne vorgeschlagen.

Lit.: Delbrueck 1933/78, 210 f. – Helbig 1963
Nr. 1199. – Fittschen / Zanker 1985, 143 f.
Kat. 119 Taf. 148.   K.W.

Kat. 101

Kat. 101
Solidus des Petronius Maximus
Fundort unbekannt
455 n. Chr.
Gold
Stuttgart, Landesmuseum Württemberg,
Inv. mk-su-1206

Vs. (ohne Abb.): *D(ominus) n(oster)*
Petronius Maximus P(ius) F(elix)
Aug(ustus)
Büste des Kaisers mit Panzer, Paludament
und Perldiadem nach rechts
Rs.: *Victoria Auggg (Augustorum trium)*
Der Kaiser frontal stehend, in der Rechten
eine Kreuzstandarte, in der Linken eine
kleine bekränzende Victoria auf einem
Globus. Den rechten Fuß setzt er auf eine
menschenköpfige Schlange. Rechts und
links von ihm R und M, Zeichen dafür,
dass die Münze in Rom geprägt wurde.
Im Abschnitt: *Com(es) Ob(ryzi)*.
Flavius Petronius Maximus, weströmi-
scher Kaiser, hatte den Kaisertitel nur zwei
Monate inne. Er vermählte sich mit der
Witwe Valentinians III. und zwang deren
Tochter Eudocia, welche mit Hunerich
verlobt war, zur Ehe mit seinem Sohn
Palladius. Während der darauffolgenden
Belagerung Roms durch die Vandalen floh
er und wurde von seinen burgundischen
Hilfstruppen gesteinigt.

Lit.: Cancik / Schneider / Landfester 1999,
1079 f.   R.H.

Kat. 102

Kat. 102
Bronzemünze aus der Zeit Odoakers
Fundort unbekannt
476–493 n. Chr.
Bronze
Stuttgart, Landesmuseum Württemberg,
Inv. mk-18010

Vs. (ohne Abb.): *Imp(erator) Zeno*
Felic[iss]im[o] Sen Aug(ustus) IIII
Büste des Kaisers.
Rs.: *Invicta Roma*
Geflügelte Victoria, Siegeszeichen und
Kranz haltend, nach rechts schreitend
Rechts und links von ihr S(enatus)
C(onsultum), was bedeutet, dass die
Münze auf Senatsbeschluss geprägt
worden ist.
Im Abschnitt: XL (Wertangabe: 40 Nummi)
Odoaker, der den letzten weströmischen
Kaiser Romulus Augustulus absetzte,
wurde 476 vom Heer zum König ausgeru-
fen. Er trug den Titel *rex Italiae* (König von
Italien). 493 wurde er vom Ostgotenkönig
Theoderich getötet.
Trotz seines Königstitels herrschte
Odoaker in Italien formell als kaiserlicher
Funktionär. Während der meisten Zeit
seiner Herrschaft prägten die Münzstätten
in Mailand, Ravenna und Rom weiterhin
im Namen der Kaiser.

Lit.: MEC I,92. 28 f. – Cancik / Schneider / Landfester 2000, 1108 f.   R.H.

DIE ERBEN

Das Schwert von Altlußheim in der
Oberrheinischen Tiefebene, s. S. 114

VÖLKER IN BEWEGUNG

Erben des römischen Weltreichs

von Michel Kazanski

Die Zeit der Völkerwanderung markiert in Europa den Übergang von der Antike zum Mittelalter. Fast alle Völker wurden von tiefen Umwälzungen erfasst, durch die die heutige ethnische wie kulturelle Landkarte Europas geschaffen wurde. Gewöhnlich nimmt man als Beginn der Völkerwanderung die Zeit um 375 n. Chr. an, zusammen mit dem Auftauchen der Hunnen in den südlichen Steppen Russlands. Die erste Völkerwanderungswelle ist zwischen dem letzten Drittel des 4. und dem letzten Drittel des 5. Jahrhunderts anzusetzen. Sie ist durch den Vorstoß der Steppennomaden (Hunnen und Alanen) und der Ostgermanen (u. a. Goten, Vandalen und Burgunder) gekennzeichnet. Das Ende des weströmischen Reiches 476 kann als Abschluss dieser ersten Phase gelten. Die zweite Völkerwanderungswelle dauerte vom Ende des 5. bis zur ersten Hälfte des 7. Jahrhunderts an. Sie entspricht den Bewegungen der Türken, Slawen und Awaren sowie der West- und Nordgermanen – besonders der Franken, Sachsen, Angeln, Jüten und Langobarden. Abgesehen von einigen ugrisch- oder altaisch-sprachigen Nomadenvölkern waren es keine Neuankömmlinge. In der Eisen- und der Römerzeit sind die Germanen Mittel- und Nordeuropas, die zur indoiranischen Sprachgruppe gehörenden Alanen und Sarmaten aus den Steppen des Schwarzen Meeres und dem Kaukasus und die Slawen der osteuropäischen Wälder als ethnische Einheiten und Sprachgruppen entstanden.

Reiter aus der Steppe

Man sollte in diesem Zusammenhang die besondere Rolle der nomadischen Steppenvölker hervorheben. Oft waren sie es, die das Vordringen der „Barbaren" (d. h. derjenigen, die außerhalb der römischen Gren-

Wildheit und Grausamkeit bestimmten das Bild der Hunnen in Europa bis in das 19. Jh. und darüber hinaus. Die Abbildung nach einem Gemälde von Ulpiano Fernández-Checa y Saiz (Ulpiano Checa) zeigt, wie man sich Attila, die „Geißel Gottes", und seine Mannen vorstellte.

Reiternomaden der eurasischen Steppe

von Alexander Koch

Die spätantiken Autoren ließen an den Hunnen kein gutes Haar, hielten sie für wilde und unbeugsame Barbaren, die nur Gewalt, Zerstörung und Tod kannten. Schon Ammianus Marcellinus beschrieb sie als ein Volk von unbeschreiblicher Wildheit: „Alle besitzen sie gedrungene, starke Glieder und einen muskulösen Nacken, sind aber so entstellt, dass man sie für zweibeinige Bestien halten könnte. Obwohl sie Menschengestalt haben, sind sie durch ihre Lebensweise so abgehärtet, dass sie [...] von den Wurzeln wilder Kräuter und dem halbrohen Fleisch beliebiger Tiere leben, das sie zwischen Schenkel und Pferderücken legen und so kurz anwärmen. Niemals halten sie sich unter einem festen

Hunnischer Bronzekessel von Nanshan bei Urumqi in der Autonomen Region Xinjiang, China. Nach Tian shan 2002.

Dach auf, sondern sie meiden Häuser wie Gräber. Nicht einmal eine rohrgedeckte Hütte haben sie, sondern durchstreifen ziellos Berge und Wälder, von Jugend auf daran gewöhnt, Kälte, Hunger und Durst zu ertragen". Folgt man den Schilderungen Ammians und anderer Autoren, handelte es sich bei den im 4./5. Jahrhundert ins Blickfeld griechisch-römischer Chronisten gelangten Reiternomaden um Barbarenhorden, die eine gewaltige Bedrohung für die westliche Zivilisation und deren Bevölkerung darstellten. Laut herrschender Geschichtsmeinung, die sich mangels eigener hunnischer Quellen ausschließlich auf Fremdquellen berufen konnte, vermochten die Hunnen in nur wenigen Jahren riesige Gebiete im Raum zwischen Europa und Asien militärisch zu kontrollieren, germanische und andere *gentes* zu unterwerfen, das römische Reich bis ins Mark zu erschüttern und horrende Tributzahlungen zu erzwingen. Die hunnischen Einfälle und militärischen Übergriffe werden bis heute gemeinhin als Auslöser gewaltiger Bevölkerungsmigrationen und folgenreicher Wendepunkt der Geschichte des Abendlandes zwischen Antike und Mittelalter verstanden. Der historisch bezeugte Hunnenkönig Attila, der Etzel des Nibelungenlieds, ging sogar als „*flagellum Dei*", als Geißel Gottes, in die Überlieferung ein und galt schon zu Lebzeiten als ein Mythos. Aus heutiger Sicht muss solchen Quellen die differenzierte Vorstellung von perfekt an ein Leben in den eurasischen Steppengebieten angepassten Bevölkerungsgruppen, die mit und von der Natur lebten, ihr unbarmherzig ausgeliefert waren und im Bereich der materiellen Kultur teil-

weise einzigartige Sachgüter hinterließen, an die Seite gestellt werden. Die Hunnen waren Hirtennomaden, die dank ihrer Mobilität weite geografische Räume überbrücken konnten, durch ihr Anderssein – hier die durch eine nomadische Lebens- und Wirtschaftsweise geprägte Kultur, dort die durch Sesshaftigkeit und entsprechende politische, wirtschaftliche und soziale Errungenschaften geprägte Hochkultur Roms sowie die Kulturen seiner germanischen Nachbarn – faszinierend und verabscheuungswürdig zugleich auf antike Betrachter gewirkt haben müssen und letztlich doch nur eine historische Episode illustrieren. In der Konfrontation der Reiternomaden mit der westlichen Zivilisation lag einer der Gründe für deren späteren politischen, sozialen und kulturellen Niedergang. Die militärische Niederlage der Hunnen unter ihrem König Attila gegenüber einer römisch-germanischen Koalition in der Schlacht auf den Katalaunischen Feldern im Jahre 451 markierte einen Wendepunkt in ihrer bis dahin ausnahmslos von Erfolgen gekennzeichneten Geschichte. Spätestens mit dem Tod ihres charismatischen Führers zwei Jahre später war ihr weiteres Schicksal besiegelt. Die letzten Hunnen, so die Überlieferung, verloren sich im weiten Steppenraum Eurasiens. Unsterblich wurden die Hunnen unterdessen in der nachantiken Überlieferung, von der das Nibelungenlied wohl die bekannteste Quelle darstellt. Bis heute umgibt sie und ihren König Attila ein Mythos.

Lit.: Speyer 2007.

zen lebten) auf dem Reichsboden ausgelöst hatten. Die Geschichte der großen eurasischen Steppe zeichnet sich durch die Verwüstungen der Nomadenhorden aus, die bei ihrer Wanderung nach Westen diesen langen Korridor genutzt haben. Es sind sicher vielfältige Gründe, welche die Nomadenvölker gezwungen haben, ihre Stammesgebiete zu verlassen. Vorgebracht werden wirtschaftliche und demografische Faktoren, aber auch Klimaänderungen. Die Leistungen dieser Steppenreiter, ihre Mobilität wie auch zahlenmäßige Überlegenheit in den entscheidenden Kämpfen, erklären ihre militärischen Erfolge. Da sie dem Ansturm der Nomaden nicht widerstehen konnten, wurden die sesshaften Völker oft dazu gezwungen, ähnlich wie die Goten nach Westen auszuwandern. Die Stärke ihrer Reiter hat es den Steppenvölkern ermöglicht, die Führungsrolle in den Kriegerbünden zu übernehmen. So haben insbesondere die Hunnen mit ihnen unterworfenen sesshaften Völkern eine „Supermacht" gebildet. Es ist auch festzuhalten, dass viele an der römischen Grenze niedergelassene Barbarenstämme in der Antike bekannt waren. Unter dem stetigen Einfluss der römischen Kultur kannten sie das Reich sehr gut, und sie wurden oft Opfer der römischen Militärexpansion. Die Konfrontation mit Rom hat die Bildung von Stammesbünden unter militärischen Vorzeichen gefördert – wie diejenigen unter Marbod oder Arminius und dann in der Spätantike bei den Goten, Alamannen und Franken – und daher den wachsenden Einfluss der militärischen Führer begünstigt. Letztere wurden oft die Gründer von königlichen Dynastien, durch die die frühmittelalterlichen „Barbaren"-Königreiche erst entstehen konnten.

In der ersten Phase der Völkerwanderung (Ende 4. und 5. Jh.) betraten die regelrecht als umherziehende Heere organisierten Barbarenstämme den Boden des römischen Reichs. Es waren vor allem Goten, Burgunder, Vandalen, Alanen und Sueben. Als Föderaten zuerst mit der Verteidigung des Imperiums beauftragt, erhielten sie im Gegenzug das Recht, sich auf römischem Boden niederzulassen. Andere Stämme an der Grenze, wie die Franken oder Alamannen, gehörten zwar zum Abwehrsystem des Reiches, eigneten sich aber gleichzeitig immer mehr Boden in den römischen Grenzgebieten an.

Integration und Koexistenz

Das Auftauchen der Barbaren im Westen – West- und Ostgermanen sowie die Steppenvölker – sollte nicht systematisch mit dem Begriff Invasion verbunden werden. Diese haben sich hier nämlich auch friedlich niedergelassen, um verlassenes Ackerland zu erschließen, wie es in den Provinzen Nordgalliens seit der ersten Hälfte des 3. Jahrhunderts der Fall war. Der Wunsch

> „Unzählige und außerordentlich wilde Stämme haben ganz Gallien besetzt. Was zwischen Alpen und Pyrenäen, zwischen dem Ozean und dem Rhein ist, haben Quaden, Vandalen, Sarmaten, Alanen, Gepiden, Heruler, Sachsen, Burgunden, Alamannen und – bedauernswerte Republik – die pannonischen Feinde verwüstet.
> Hieronymus, *Epistula* 123

der Barbaren, ins römische Leben integriert zu werden, ist offenkundig. Es gibt auch viele Fälle, in denen sich Gruppen oder auch Einzelne barbarischer Herkunft (z. B. Soldaten oder Sklaven) freiwillig und friedlich integriert haben. Abgesehen von unvermeidlichen bewaffneten Konflikten, die übrigens nicht nur für sie typisch waren, haben die Barbaren eindeutig nicht danach getrachtet, die Kultur und das Verwaltungssystem des römischen Reiches zu zerstören, sondern sich darin auf der höchst-

Das ostgermanische Grab von Altlußheim

von Astrid Wenzel

Im Jahre 1932 wurde bei Kiesabbauarbeiten in Altlußheim (Rhein-Neckar-Kreis), etwa 4 km von der pfälzischen Stadt Speyer entfernt und auf der gegenüberliegenden rechten Rheinseite gelegen, ein Fundkomplex geborgen, der sich als ostgermanischer Grabzusammenhang aus der ersten Hälfte des 5. Jahrhunderts erwies und bis heute schlaglichtartig von den Verhältnissen im Grenzgebiet des römischen Reiches in spätantiker Zeit Zeugnis ablegt. Ungeachtet der unsachgemäßen Bergung des Komplexes und der offenkundigen Unvollständigkeit des erhaltenen Grabinventars, handelte es sich bei dem zufällig entdeckten Grab um einen geschlossenen Fundzusammenhang. Laut Überlieferung enthielt das Grab die Skelette eines Mannes und einer Frau und war demnach offenbar eine Doppelbestattung. An Funden im Grab sind eine kostbare Spatha samt zugehöriger Schwertscheide und Schwerttragebügel, ein Sax sowie eine Schnalle zu nennen, die nach herrschender Meinung als Beigaben des männlichen Individuums angesprochen werden müssen.

Im Falle des zweischneidigen Langschwertes handelt es sich um eine Blankwaffe, deren Griff mit einem breiten, flächendeckend mit Granaten (Almandinen) verzierten Querstück versehen ist, dessen Zellen herz- bzw. blattförmig (Cloisonné) sind (s. Abb. S. 110). Die eiserne Schwertklinge ist hingegen nur fragmentarisch erhalten geblieben. Während den Schwertort (die Klingenspitze) ein in zweiter Verwendung genutztes Schwertgriffquerstück aus Lapislazuli schmückt, ist die eigentliche Scheide teilweise mit Goldblech belegt und verfügt über silberne Beschläge. Der zugehörige Tragebügel ist aus Bronze gearbeitet, mit einer Goldfolie versehen und endet in einem einzigartigen Tierkopf (Wolf?), dessen Maul geöffnet ist und dessen Augen mit Granaten eingelegt sind. Darüber hinaus gehören zum Grabkomplex ein einschneidiges Hiebschwert, das unschwer als Langsax typischer Form angesprochen werden kann, sowie eine ovale Gürtelschnalle aus vergoldetem Silber.

Den Blankwaffen und den kostbaren Materialien wie Almandincloisonné, Gold und Silber nach zu urteilen, dürfte es sich bei der mit einer solchen Waffenausstattung beigesetzten Person um einen Angehörigen der militärischen Führungselite gehandelt haben. Mögli-

Ortband der Schwertscheide von Altlußheim

cherweise war der Verstorbene ein in römischen Diensten stehender Föderat, der für die Sicherung der spätantiken Rheingrenze verantwortlich zeichnete, womöglich ein Burgunder; vielleicht handelte es sich bei ihm aber auch um einen Ostgermanen, der zur hunnischen Führungsschicht der Zeit Attilas gehörte. Mit cloisonnierten Querstücken versehene Langschwerter, die der qualitätvollen Spatha aus dem Altlußheimer Grabfund unmittelbar an die Seite gestellt werden können, sind aus dem nördlichen Schwarzmeergebiet bekannt und machen für das südwestdeutsche Exemplar eine Fertigung in einer oströmischen Werkstatt wahrscheinlich. Das Schwertgriffquerstück aus afghanischem Lapislazuli, das in sekundärer Verwendung an der Scheide den Ort des Altlußheimer Langschwerts markierte, dürfte nach Material und Form ursprünglich zu einem Schwert mit schmaler Klinge aus der Zeit des 1. bis 3. Jahrhunderts gehört haben, für das nach Vergleichsfunden eine mittelasiatische Provenienz angenommen werden kann. Die Anbringung eines derart auffälligen, im spätantiken Fundmilieu Europas exotisch anmutenden Schwertgriffquerstücks an einer in der ersten Hälfte des 5. Jahrhunderts entstandenen Spatha ist bis heute Anlass weitgespannter Spekulationen um die Herkunft, den sozialen Status sowie den Lebensweg des in Altlußheim beigesetzten Mannes.

Lit.: Wenzel 2007

möglichen sozialen Stufe zu integrieren. Die potenziellen archäologischen Spuren der Zuzügler können in den bereits bestehenden Siedlungen, die sie aufgenommen haben, daher nur selten und verstreut sein.

Meistens hatten diese Wanderbewegungen nicht die massenhafte Ankunft von Barbaren in den römischen Provinzen zur Folge, denn die Heere zählten wegen beschränkter logistischer Möglichkeiten und stetiger Verluste nur einige Tausend Krieger. So erreichte die Anfang des 5. Jahrhunderts in Südgallien stationierte Armee der Westgoten nicht einmal eine Stärke von 10 000 Soldaten, und das nach Nordafrika ausgezogene Volk der Vandalen bestand insgesamt nur aus 80 000 Köpfen, während die römische Bevölkerung Südgalliens und Afrikas unvergleichlich größer war. Diese Verschiebungen waren es auch nicht, die die massive Auswanderung römischer Einheimischer aus den von den Barbaren besetzten Gebieten ausgelöst haben. Die Verträge zwischen den Kaisern und den neuen Untertanen sahen nämlich – wenn auch nur theoretisch – das Nebeneinander der Römer mit den Barbaren vor. Diese Koexistenz hat sich nach dem Ende des römischen Reiches in den verschiedenen westlichen Königreichen mit germanischen Dynastien, aber zahlenmäßig, kulturell und wirtschaftlich überlegener römischer Bevölkerung gehalten.

Aus ethnischer und kultureller Sicht waren die Barbaren, die sich im 5. Jahrhundert auf römischem Boden niedergelassen hatten, nicht homogen, die germanischen so wenig wie die nicht-germanischen (Alanen, Sarmaten, Hunnen). Die sich um einen König oder starken Kriegsführer scharenden Krieger und führenden Eliten stammten aus ganz verschiedenen Gegenden, wie es die Beschreibung von Attilas Gefolge durch Priscus, Botschafter von Konstantinopel am hunnischen Hof, oder die Zusammensetzung von Odoakers Heer in Italien bezeugen. Es wäre daher unrealistisch, von den auf römischem Boden etablierten Barbaren einen „homogenen" oder „monokulturellen" archäologischen Niederschlag

zu erwarten. Zu betonen ist noch der mögliche Unterschied zwischen der ursprünglichen Kultur der Barbaren und ihrem späteren akkulturierten Erscheinungsbild im römischen Reich. Im Laufe ihrer Wanderzüge waren nämlich verschiedene Stammesgruppen zusammengekommen, deren unterschiedliche Kulturelemente miteinander verschmolzen sind.

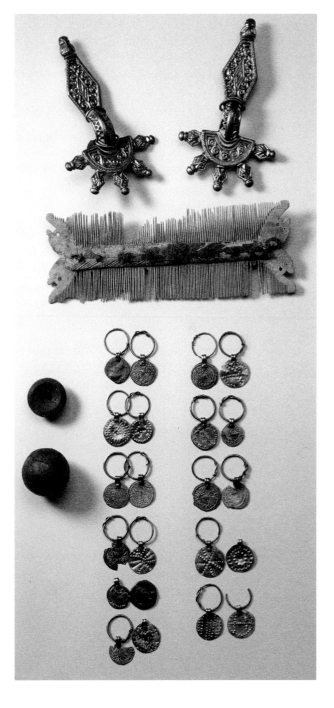

Graben-Neudorf, Lkr. Karlsruhe, Inventar eines Frauengrabes aus dem letzten Drittel des 5. Jhs., Badisches Landesmuseum

Sozialer Wandel

Die Barbaren hatten im Laufe der Wanderzüge auch wichtige soziale Wandlungen durchgemacht: Das „traditionelle" Volk war zu einer engeren sozialen Gruppe, meist einer Art umherziehendem Heer, geworden, deren Tätigkeit im Wesentlichen auf kriegerische Heldentaten und die Erpressung von Unterhalt sowohl bei der Reichsregierung als auch der lokalen Bevölkerung beschränkt war. Diese Gruppen mussten auch bald ihre Ackerbau-, Handwerks- und Handelstraditionen aufgeben, was ihre materielle Kultur grundlegend veränderte. Die materielle Kultur der Bevölkerung in den römisch-germanischen Königreichen blieb also eine „antike" Kultur. Immerhin bestanden daneben noch Besonderheiten der in archaischen Gesellschaften traditionelleren Frauentracht sowie einige Grabsitten (Leichenverbrennung, Pferdebestattung usw.) oder auch durch magische Vorstellungen begründete Praktiken,

wie der seltsam anmutende, ursprünglich alanisch-sarmatische Brauch der künstlichen Schädeldeformation, die durch Bandagierung des Kopfes im Kindesalter mit dem Wachstum allmählich zur Verlängerung der Kopfform führte. Die archäologischen Entdeckungen zeugen von einer relativ raschen Akkulturation der Barbaren. So wurde das Grab des Arifridos – ein vandalischer Name – in Thuburbo Maius (heute Henchir-Kasbat) nach römischem Brauch angelegt und enthielt auch Beigaben mediterraner Herkunft.

Die Mobilität der führenden Eliten der römisch-germanischen Reiche, exemplarisch bezeugt durch den Aufenthalt des Frankenkönigs Childerich I. am Hof des Thüringerkönigs oder durch die Ankunft des norwegischen Herulerfürsten Rodulf in Ravenna, ist hier besonders hervorzuheben. Es ist deshalb auch nicht erstaunlich, dass die damalige materielle „Fürstenkultur" sehr international ausfiel und die in den „Fürsten"-Gräbern und -Schätzen entdeckten Luxusartikel nichts über die geografisch-kulturelle Herkunft ihrer Besitzer verraten. In der Spätantike können aufgrund der verschiedenen Grabsitten allerhöchstens noch die Gräber der römischen Eliten von denen der Barbarenführer unterschieden werden. Erstere sind gewöhnlich ohne Beigaben und durch ihre Grabarchitektur erkennbar – durch Mausoleen, kostbare Sarkophage und Grabinschriften. Letztere wurden meistens in einer unter einem Grabhügel (*tumulus*) befindlichen Kammer bestattet und enthalten in der Regel reiche Beigaben, darunter Machtattribute und Prunkwaffen sowohl germanischer als auch römischer Herkunft. Diese dokumentieren die Integration ihrer Besitzer in die Reichshierarchie. Die Frauentracht ostgermanischer Herkunft mit zwei Bügelfibeln auf den Schultern gilt ihrerseits ebenfalls als Prestigeindikator im Vandalenreich Nordafrikas (Gräber von Douar ech-Chott, Koudiat Zâteur und Thuburbo Maius, Grab von 1912; s. Kat. 307–309).

Silberne, alamannische Bügelfibel aus Herten, Rheinfelden/Lkr. Lörrach. Der Einzelfund stammt aus dem zweiten Drittel des 5. Jhs., Badisches Landesmuseum

Waffen aus einem alamannischen Männergrab: Lanzenspitze, Schildbuckel, Franziska (Wurfaxt) und Spatha (Langschwert) mit goldenem Griff, der auf den hohen Status des Mannes in seiner Gemeinschaft hinweist. 5. Jh., aus Baden-Oos, Badisches Landesmuseum

Ursprünge des heutigen Europa

Die zweite Welle der Völkerwanderung, die in der zweiten Hälfte des 5. Jahrhunderts einsetzte und im 6. Jahrhundert ihren Höhepunkt erreichte, endete im Westen mit der Gründung zweier neuer römisch-germanischer Reiche: dem Merowingerreich in Gallien und dem Langobardenreich in Italien. Franken wie Langobarden waren den Römern bekannt. Die einen waren seit dem 4. Jahrhundert in das Verteidigungssystem des Westens eingebunden, die anderen seit Justinian I. mit Konstantinopel verbündet. Aber damals erschienen auch neue Barbaren aus fernen Gegenden, die noch nicht in Kontakt mit der römischen Kultur gekommen waren: die Slawen und die Angelsachsen. Hier entsprechen die Schriftquellen den archäologischen Daten: das Gros der Slawen ist Richtung Donau und Balkan in Bewegung geraten; ein ganzes Volk in Waffen zog nach Süden. Seit den 570er Jahren wurden die Slawen der Donau und der Karpaten von den Awaren beherrscht. Diese in den Jahren 560–570 erscheinenden ugrisch- und turksprachigen Nomaden haben unter dem Druck der Türken, die damals ein riesiges Steppenreich vom Schwarzen Meer bis zur Chinesischen Mauer errichteten, die russischen Steppen verlassen. Die Awaren übernahmen in gewisser Hinsicht die historische Rolle der Hunnen und steuerten die Expansion der Barbaren nach Konstantinopel. 626 scheiterten sie vor dessen Mauern, was die Aufstände der unterworfenen Stämme beschleunigte und zum Niedergang des Awarenreiches führte. Dies war zuvor auch schon dem hunnischen „Reich" widerfahren. Die zuerst als Söldner nach Britannien geholten Angelsachsen entledigten sich sehr bald der römischen Bevormundung und eroberten mithilfe ihrer zahlreichen über die Nordsee angekommenen Stammesgenossen allmählich die ganze britische Insel.

Trotz äußerlicher Unterschiede zeigen die Wanderungsbewegungen der Slawen und Angelsachsen Gemeinsamkeiten und unterscheiden sich von denen der vorigen Phase, in der oft nur stark bewaffnete, aber relativ kleine Gruppen nach Westen zogen. Hier lässt sich die Bewegung ganzer Völker beobachten. Slawen wie Angelsachsen hatten nicht die Erfahrung stabiler Kontakte mit dem römischen Reich und sahen daher

Inventar eines Grabes einer 60 bis 70 Jahre alten Frau aus Dossenheim bei Heidelberg, in dem ein künstlich deformierter Schädel entdeckt wurde. 6. Jh., Kurpfälzisches Museum Heidelberg

Ein durch Bandagierung im Kindesalter deformierter Schädel. Rekonstruktion, vorgenommen 2007 im Historischen Museum der Pfalz, Speyer

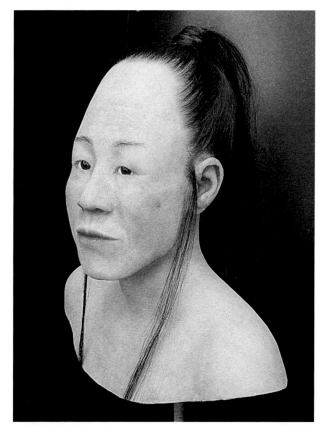

keinen Grund, die römischen Traditionen im eroberten Land zu erhalten. Dies hat schließlich zum Verschwinden aller „römischen" Lebensweisen und sogar der römischen bzw. romanisierten Bevölkerung auf dem Balkan und in Großbritannien geführt. Dadurch erklärt sich auch die heutige ethnische Karte Europas. Das Gebiet der romanischen Völker – Franzosen, Italiener, Spanier, Portugiesen – entspricht *grosso modo* dem des römischen Reiches mit zwei Ausnahmen: dem Balkan und der britischen Insel. Die dortige Entvölkerung sollte jedoch nicht überbewertet werden. Die Archäologie zeigt, dass die Einheimischen die Invasionen sehr wohl überstanden und schließlich eine Form des Zusammenlebens mit den Neuankömmlingen gefunden haben.

Lit.: Brather 2008 – Demougeot 1979 – Kazanski / Périn 2008 – Mączyńska 2004 – Pohl / Reimitz 1998 – Pohl 2002 – von Rummel 2007 – Shchukin / Kazanski / Sharov 2006

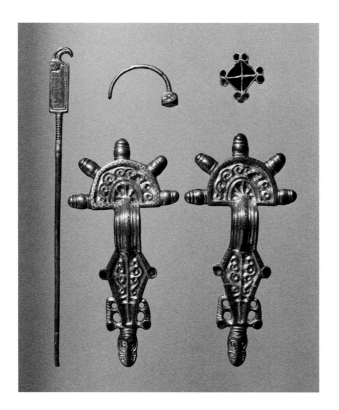

Oben:
Pferdchenfibelpaar aus dem südbadischen Herten, Rheinfelden/Lkr. Lörrach, Ende 5. Jh., Badisches Landesmuseum

Mitte:
Kamm aus Bein mit geschwungener Griffplatte und seitlichen Tierprotomen aus Mingolsheim, Bad Schönborn/Lkr. Karlsruhe, 5. Jh. n. Chr., Badisches Landesmuseum

Unten:
Grabinventar aus Lörrach. Die kerbschnittverzierten Fünfknopffibeln sind ostgotisch. Silber, vergoldet, letztes Drittel des 5. Jhs., Badisches Landesmuseum

Kat. 103

Kat. 103
Kriegergrab von 1926

Frankfurt-Praunheim, Ebelfeld
Um 400 n. Chr.
Frankfurt, Archäologisches Museum,
Inv. α 3536

Spatha, Eisen, 2 Fragmente,
L. 91,5 cm
Schildbuckel, Eisen, Dm. 15,5 cm,
H. 12,3 cm
Zwiebelknopffibel, Bronze, L. 7,2 cm
3 Beschläge eines römischen Militär-
gürtels, Bronze, L. 6,8 cm, B. 4,0 cm,
B. 4,2 cm
Kamm, 2 Fragmente, Bein, L. noch 7,0 cm
bzw. 2,7 cm
Fingerring, Silber, Dm. 2,2 cm
Terra sigillata-Schale, Ton, Dm. (Rand)
15,5 cm, H. 7 cm
Terra sigillata-Teller, Ton, Dm. (Rand)
27,1 cm, H. 8,2 cm
Terra sigillata-Reibschale, Ton, Dm.
(Rand) 18,4 cm, H. 7,4 cm
Terra sigillata-Schälchen, Ton, Dm.

(Rand) 14,8 cm, H. 5,5 cm
Rotfirniskrug, Kleeblattmündung, Ton,
H. 27,1 cm
Kleeblattkrug, gelbtonig, Ton, H. 27,8 cm
Terra Nigra-Gefäß, Ton, Dm. (Rand)
26,5 cm, H. 18,5 cm
Terra Nigra-Schüssel, Ton, Dm. (Rand)
15 cm, H. 10,8 cm
Topf, klein, brauntonig, handgeformt, Ton,
Dm. (Rand) 14 cm, H. 7 cm
Napf, brauntonig, handgeformt, Ton,
Dm. (Rand) 14 cm, H. 7 cm
Spitzbecher, Glas, Dm. (Rand) 6,6 cm,
H. 18,6 cm
Scherben eines Bechers, kugelig,
eingezogene Schulter, Glas, Dm. (Rand)
ca. 8,5 cm
Lanzen-/Pfeilspitze und Glasbecher
verschollen

Das 1926 geborgene Kriegergrab stammt
von einem Friedhof mit Bestattungen des
späten 4. bis 7. Jhs., der zu einem im
4. Jh. wieder in Betrieb genommenen
römischen Landgut im heutigen Frankfur-

ter Stadtteil Praunheim gehörte. Dem
Verstorbenen, offenkundig ein germa-
nischer Krieger, hatte man zahlreiche
Gefäße, darunter allein vier römische
Glasgefäße, sowie seine komplette
Waffenausstattung mit ins Grab gegeben. Neben einem zweischneidigen
Langschwert sind Schild sowie Pfeil und
Bogen zu nennen. Besondere Beachtung
verdienen ein spätrömischer Militärgürtel,
eine spätrömische Zwiebelknopffibel
und ein silberner Fingerring, der wohl als
Statussymbol gewertet werden dürfte.
Dem Militärgürtel und der Zwiebelknopffibel zufolge handelte es sich bei dem
Toten um einen zu Lebzeiten im römischen Militärdienst stehenden Germanen,
wohl einen Alamannen, der den Status
eines römischen Offiziers oder Truppen-
führers innehatte. Das dem Verstorbenen
ins Grab mitgegebene Tafelgeschirr
unterstreicht dabei den hohen Rang des
Bestatteten.

Lit.: Steidl 1994, 300 f. – Fuchs 1997, 95. **A.W.**

Kat. 104
Männergrab

Vireux-Molhain Grab 22, Dép. Ardennes, Frankreich
Um 400 n. Chr.
Charlesville-Mézières, Musée de l'Ardenne, ohne Inv.

Lanzenspitze, Eisen, L. 21 cm
Lanzenschuh, Eisen, L. 7,1 cm
Armring, Bronze, Dm. 6,8 cm
Gürtel, mehrteilig, breit, Bronze, L. 8,3 cm
Terra sigillata-Schüssel, Rädchendekor, Ton, Dm. 17,4 cm
Schuhnägel, Eisen

Spätantike Höhenbefestigungen, die zur Sicherung des umliegenden Geländes sowie als Fluchtburgen dienten, kamen in römischen Provinzen Nordgalliens häufiger vor. Dazu zählt auch das hoch gelegene Kastell von Vireux-Molhain in den Ardennen, das vor mehreren Jahrzehnten ausgegraben und erforscht wurde. Neben der Befestigungsanlage wurde ein zugehöriges Gräberfeld mit insgesamt 43 Körperbestattungen (s. Grab 22) und vier Brandgräbern (s. Grab 12) gefunden. Es datiert in die Zeit des späten 4. bis zum 3. Viertel des 5. Jhs. und ist als Bestattungsplatz der Kastellbesatzung anzusprechen. Grab 22 enthielt die sterblichen Überreste eines Mannes, dem man seinen Militärgürtel sowie eine Lanze mit ins Grab gegeben hatte.

Lit.: Mannheim 1996, 834. **A.W.**

Kat. 105
Männergrab

Vireux-Molhain Grab 12, Dép. Ardennes, Frankreich
1. Drittel 5. Jh.
Charlesville-Mézières, Musée de l'Ardenne, ohne Inv.

Axt, Eisen, L. 14 cm
Messerfragment, Eisen, L. 8,5 cm
Schere, Eisen, L. 15,3 cm
Feuerstahl, Eisen, L. 9 cm
Feuerstein
Durchschlag, Eisen, L. 12,1 cm
Löffel, Silber, L. 16,9 cm
Becher, gelblich-grün mit dunkelgrüner bzw. dunkelroter Fadendekor, Glas, H. 20,9 cm
Schale, gelblich-grün, dunkelgrüner bzw. braunroter Faden- und Nuppendekor, Glas, Dm. 15,8 cm
Terra sigillata-Teller, Ton, Dm. 26 cm
Terra sigillata-Schüssel mit Rädchendekor, Ton, Dm. 14,5 cm
Terra sigillata-Schüssel mit Rädchendekor, Ton, Dm. 15,6 cm
Terra sigillata-Krug, Ton, H. 22,4 cm
Topf, rauwandig, Ton, H. 32,8 cm
Becken, Bronze, Dm. 19,2 cm
Goldmünze, Solidus des Honorius 405–420

Wie aus römischen Schriftquellen hervorgeht, traten Franken seit der zweiten Hälfte des 4. Jhs. in den römischen Militärdienst ein, außerdem konnten sie hohe Offiziersränge bekleiden und fränkische Truppenkontingente befehligen. Diese Einheiten des römischen Heeres waren besonders in den nordgallischen Provinzen stationiert, wo sie nach Ausweis der archäologischen Überlieferung auch mit ihren Familien lebten. Manch einer blieb nach seinem Ausscheiden aus dem römischen Dienst auf reichsrömischen Grund wohnen und bemühte sich, das römische Bürgerrecht zu erhalten. Grab 12 von Vireux-Molhain enthielt die verbrannten Reste eines Mannes, der seiner umfangreichen Gefäßbeigabenausstattung zufolge, namentlich spätrömische Gefäße aus Ton, Glas und Bronze, römischen Erzeugnissen offenbar eine besondere Wertschätzung entgegengebracht hatte.

Lit.: Mannheim 1996, 834. **A.W.**

Kat. 104

Kat. 105

Kat. 106 *(ohne Abb.)*
Ohrring
Angeblich Südfrankreich
Etwa 2. Hälfte 5. Jh.
Gold, Granate, Dm. 4 cm
Köln, Römisch-Germanisches Museum,
Inv. D 379

Bei dem angeblich aus Südfrankreich
stammenden Ohrring, der heute im
Römisch-Germanischen Museum in

Köln verwahrt wird, handelt es sich um
einen granatverzierten Polyederohrring
typischer Formgebung. Solche Ohrringe
wurden gewöhnlich paarweise getragen
und erfreuten sich bei vielen Ostgerma-
ninnen als auffälliger Ohrschmuck einer
besonderen Beliebtheit. Im Falle der
roten Granatsteine dürfte es sich um
Almandinplättchen handeln.

A.W.

Giersdorfer Teiche mit Riesengebirgskamm im Hintergrund, Jelenia Góra/Niederschlesien, Polen. Die Landschaftsbezeichnung Schlesien wird mit dem Namen der vandalischen Silingen in Verbindung gebracht.

DIE ERSTEN VANDALEN

Herkunft – Siedlungsräume – Migrationen

von Magdalena Mączyńska

Im Gegensatz zu den Goten, Langobarden, Franken oder Angeln, deren Geschichte so lebendig von Cassiodor und Jordanes, Paulus Diaconus, Gregor von Tours und Beda Venerabilis geschildert worden ist, findet sich kein antiker Historiker, der sein Werk den Vandalen gewidmet hätte. Ihre Geschichte müssen wir heute aus verschiedenen in der antiken Literatur verstreuten Nachrichten rekonstruieren. Der in den 70er Jahren des 1. Jahrhunderts n. Chr. schreibende Plinius der Ältere erwähnt in seiner *Naturalis Historia* die Vandalen als erster – als *Vandili*, die er einer von fünf übergeordneten Gruppen germanischer Völker zuordnet. Zu dieser Gruppe gehörten neben den Vandalen auch die Burgundionen (Burgunden), Varinen (Warnen), Chariner und Gutoner (Goten). Nach Plinius lebten sie alle im Nordosten des germanischen Bereichs, wobei die Ostsee vermutlich die Nordgrenze ihres Besiedlungsraumes bildete. Und da er die Vandalen an erster Stelle in seiner ersten Gruppe nennt, hielt er sie offenbar für ein großes Volk.

In der im Jahre 98 n. Chr. beendeten *Germania* des Tacitus werden mehrere barbarische Völker genannt (s. Karte S. 124), einige nur erwähnt, andere genauer beschrieben. Die Vandalen finden sich darin nur ein einziges Mal, und zwar an der Stelle, wo über die Abkunft der Germanen vom Gott Mannus die Rede ist. Doch sollen nach Tacitus nicht alle Germanen von Mannus abstammen – einige Stämme, wie die Sueben und Vandalen, leiteten ihre Herkunft von anderen Göttern ab. Der alexandrinische Geograf Ptolemaios erwähnt um die Mitte des 2. Jahrhunderts den vandalischen Stamm der Silingen, der höchstwahrscheinlich in Schlesien ansässig war. Cassius Dio, der um die Wende vom 2. zum 3. Jahrhundert schrieb, berichtet über die Expedition des Drusus, der im Jahre 9 v. Chr. mit seinem Heer bis an den Albis (die Elbe) kam. Der römische Historiker schreibt in diesem Zusammenhang, der Fluss Albis entspringe im Vandalischen Gebirge – die genaue Lage dieser Bergkette in Mitteleuropa lässt sich jedoch nicht genauer eingrenzen.

> Die Vandalen, welche am Mäotischen See ihre Wohnsitze hatten, trieb eine Hungersnot gegen die Germanen, die jetzt Franken genannt werden, und an den Rheinstrom vorzudringen; mit ihnen zogen die Alanen, ebenfalls ein gotischer Volksstamm. Von dort siedelten sie unter Godegisel nach Spanien über, dem westlichsten der Länder römischen Gebiets.
>
> Prokop, *Bellum Vandalicum* I,3

Um das Siedlungsgebiet der Vandalen zu bestimmen, müssen wir auch solche Schriftquellen berücksichtigen, die von anderen germanischen Völkern und deren Anfängen handeln. Hier bieten uns die *Getica* des Jordanes aus dem 6. Jahrhundert eine besondere Hilfe. In dieser Geschichte der Goten wird nämlich erwähnt, dass die Goten von Skandinavien kommend die Ostsee durchquerten und im Land Gothiskandza landeten, das heute mit dem Unterweichselgebiet identifiziert wird. Die Wanderung der Goten auf den Kontinent fand im 1. Jahrhundert n. Chr. statt. Als sie nach Gothiskandza kamen, sollen sie zunächst die Ulmerugier, dann die benachbarten Vandalen unterworfen haben. Da Geschichte und Archäologie die frühen Goten in Pommern lokalisieren, müssen die Vandalen südlich davon ihre Sitze gehabt haben.

In hellerem Licht erscheinen die Vandalen zur Zeit der Markomannenkriege in den Jahren 166–180. Die *Scriptores Historiae Augustae* beschreiben die Hasdingen als tapfersten Stamm der Vandalen. Diese waren im Jahr 171 oder 172 an der Grenze Dakiens erschienen und hatten nach Geld und Land verlangt. Nach einem Friedensvertrag mit Rom siedelten sie sich schließlich an der oberen Theiss an, von wo aus sie in den nächsten Jahren die Donaugrenze mehrfach angriffen.

Die Przeworsk-Kultur

Die Auswertung der literarischen Quellen scheint bezüglich der Siedlungsgebiete mitteleuropäischer Germanen darauf hinzuweisen, dass sich der vandalische Siedlungsraum in Süd- und Zentralpolen befand. In diesem Bereich entwickelte sich in der Zeit vom Ende des 3. Jahrhunderts v. Chr. bis zum Anfang des 5. Jahrhunderts n. Chr., also in einem über 600 Jahre währenden Zeitraum, die Przeworsk-Kultur, deren Name sich von dem Städtchen Przeworsk in Südostpolen ableitet, bei dem zu Beginn des 20. Jahrhunderts ein Brandgräberfeld ausgegraben wurde. Sie entstand auf der Basis eines lokalen Kultursubstrats aus der früheisenzeitlichen Pommerschen Kultur und eines starken keltischen Einflusses (s. Karte S. 125 unten) und hatte in Mitteleuropa ein bedeutendes Verbreitungsgebiet. Sie expandierte in verschiedenen Perioden bis zum oberen Dnjestr, und ihre starken Einflüsse sind noch in Nordjütland, in Mitteldeutschland und weiter nach Westen bis zum Main spürbar. Auch in Böhmen, Mähren, in der Slowakei sowie an der oberen Theiss – in der heutigen Ostslowakei, in Nordostungarn und Nordwestrumänien – ist sie anhand archäologischer Funde sichtbar (s. Karte S. 125 oben). Auch die nördlich angrenzende Wielbark-Kultur, deren Träger mit den Goten zu identifizieren sind, sowie die archäologischen Kulturen Ostdeutschlands westlich der Oder und des westbaltischen Gebiets in Masuren und auf Samland weisen Kontakte mit der Przeworsk-Kultur auf. Dies legen Funde von Fibeln, Waffen und

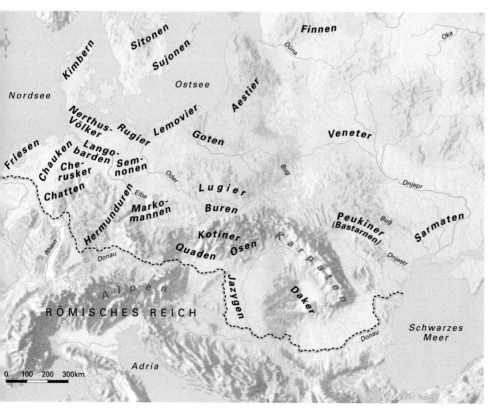

Die Verbreitung der „barbarischen" Völker am Ende des 1. Jhs. n. Chr. in Mittel- und Osteuropa nach dem Bericht des Tacitus (nach Bemmann / Parczewski 2005)

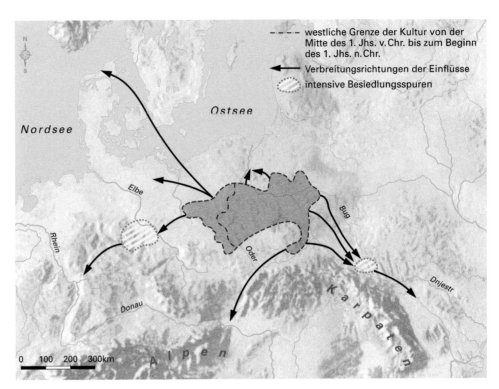

Verbreitung der Przeworsk-Kultur in der jüngeren vor-römischen Eisenzeit (nach Dąbrowska 2003)

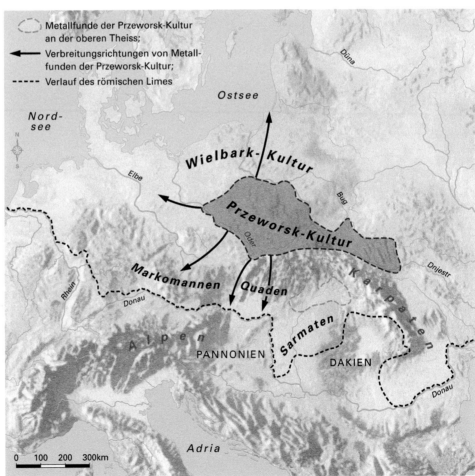

Verbreitung der Przeworsk-Kultur in der zweiten Hälfte des 2. und zu Beginn des 3. Jhs. n. Chr (nach Mączyńska 2003)

Archäologie als Völkergeschichte?

von Sebastian Brather

Die antike Überlieferung ist voll von Namen barbarischer „Völker". Griechische und römische Ethnografen klassifizierten damit eine ihnen fremde Welt – ungeachtet des davon durchaus losgelösten politischen Handelns gegenüber diesen Gruppen. Als die Archäologie sich zur modernen Wissenschaft entwickelte, begab man sich aus zwei Gründen auf die Suche nach diesen „frühen Völkern". Antike Texte berichteten von ihrer Existenz, und man stellte sich die vergangene Welt nicht anders als die der modernen Nationalstaaten vor, weshalb sich – trotz der tiefgreifenden Veränderungen in der Zwischenzeit – unbefangen nach den „eigenen nationalen Vorfahren" suchen ließ. Dieses grundsätzlichen Problems wurde man sich ebenso wie der historischen Bedingtheit ethnischer Gruppen erst allmählich bewusst. Nachdem die Chronologie in den Grundzügen feststand, sah man in regionalen archäologischen „Kulturen" die Sied-lungsräume von Kelten, Germanen und Slawen. Bei diesen Großgruppen ohne eigenes Zusammengehörigkeitsgefühl handelte es sich aber gar nicht um ethnische Gruppen, und darüber, ob es mögliche Zusammenhänge zwischen Sprachen und Kulturen gibt, streitet man bis heute.

Geblieben ist der Archäologie die Suche nach einem regionalen Ausgangspunkt. Von dort aus verfolgt man Kontinuitäten bis zu einer „ursprünglichen" Ethnogenese („Entstehung eines Volkes"); in umgekehrter Richtung kann man über Wanderungen (von Kriegertrupps oder heterogenen Bevölkerungsteilen, aber nicht von „Völkern"!) bis zu kulturell „Fremden" gelangen.

Wie man dabei vorgeht, unterscheidet sich: Erstens sind Einzelmerkmale – wie der Haarknoten der Sueben (Tacitus) oder die Franziska der Franken (Isidor von Sevilla) – als Symbole besonders wahrscheinlich, doch macht die prinzipielle Willkürlichkeit aller Zeichen die Identifizierung schwierig. Zweitens gilt Kleidung oft als besonders konservativ und daher regionaltypisch, doch spiegelt sie vor allem soziale Unterschiede wider. Drittens sind die Bestattungsformen regional verschieden, allerdings reflektieren sie vor allem religiöse Vorstellungen und soziale Praktiken. Viertens sind geografische Häufungen zunächst das Ergebnis von Kommunikation und Aus-tausch; sie gehen nicht unmittelbar auf bewusste Abgrenzungen zurück. Fünftens erweisen sich „Archäologische Kulturen" als zu weiträumig für jede Form von Identität. Letztlich vermag erst die Berücksichtigung aller verfügbaren (archäologischen, schriftlichen, sprachlichen) Quellen, den komplexen historischen Verhältnissen annähernd gerecht zu werden.

Aus diesen Interpretationsproblemen ergibt sich, dass stets alternative, nicht minder wahrscheinliche Erklärungen als „ethnische Interpretationen" möglich sind. Es lässt sich nicht allgemein argumentieren, sondern nur im historischen Einzelfall abwägen: regionale oder ethnische Kulturmerkmale, kulturelle oder ethnische Kontinuität(en), Kulturwandel oder Ethnogenese, Wanderungen oder Austausch, Importe oder Fremde? Auf diese Weise wird es möglich, die frühgeschichtliche Archäologie weniger als prähistorische „Stammeskunde" erscheinen zu lassen, sondern eher als Wissenschaft, die sich mit einer bestimmten historischen Epoche befasst. Dann wird auch deutlich, dass für die Rekonstruktion ethnischer Verhältnisse weniger die mutmaßlichen kulturellen „Ursprünge" von Bedeutung waren; vielmehr kam es auf die jeweils aktuellen Bedingungen an, unter denen ethnische Zugehörigkeiten das Handeln bestimmten. Die Betonung der „Identität" bedeutet, anstelle der analytischen Beobachterperspektive die Innensicht der Beteiligten zugrunde zu legen; „ethnische Identität" war dabei nur eine von mehreren sich einander überlagernden Zuordnungen des Einzelnen.

Lit.: Bierbrauer 2008 – Brather 2004 – Fehr 2009 – Halsall 2007 – von Rummel 2007

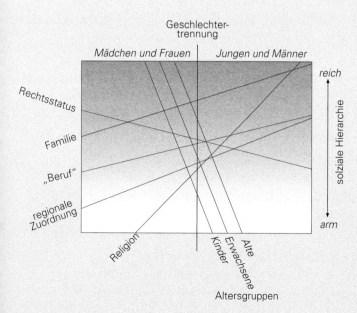

Schmuck nahe, die einem spezifischen Formenspektrum zugehörig sind.

Geografische Namen, die sich eventuell mit den Vandalen verbinden lassen, treten einige Male in Südskandinavien auf. So heißt der nördlichste Teil Jütlands Vendsyssel, früher Vendilskagi oder Vandilsskagi genannt. In Uppland liegt die Pfarrei Vendel, und die norwegische Provinz Hallingdal weist eine linguistische Verwandtschaft zum Hasdingennamen auf. Besonders Vendsyssel wurde in der ersten Hälfte des 20. Jahrhunderts stets mit den Vandalen verbunden, umso mehr, als dort Gräberfelder entdeckt wurden, deren Funde charakteristische Merkmale der Przeworsk-Kultur aufweisen. Es handelt sich bei diesen Beigaben um bestimmte Keramik- und Waffenformen sowie – wenngleich seltener – um Eisenfibeln. Die Hypothese, dass die frühesten vandalischen Funde aus Nordjütland stammten, von wo die Vandalen schließlich ins Gebiet der Przeworsk-Kultur abgewandert wären, war sehr verlockend. In den 50er und 60er Jahren des 20. Jahrhunderts musste jedoch festgestellt werden, dass die Funde von Vendsyssel in eine spätere Periode zu datieren sind (von der zweiten Hälfte des 2. bis zur Mitte des 1. Jahrhunderts v. Chr.), als die Przeworsk-Kultur bereits einige Jahrzehnte bestand. Somit ist die umgekehrte Richtung für die Einflussnahme zu postulieren, vom polnischen Kerngebiet hin nach Jütland. Diese Deutung wird durch Grabfunde aus Mitteldeutschland und der Wetterau gestützt, wo gleichzeitig mit den frühen Phasen der Przeworsk-Kultur auch für diese typische Funde auftreten: Wieder sind es Keramikformen, Waffen und Fibeln. Diese Funde sind so zahlreich, dass sie die Vermutung erlauben, vom 2. bis zur Mitte des 1. Jahrhunderts v. Chr. sei eine Migration aus Zentralpolen in Richtung Mittelelbegebiet und weiter bis in die Wetterau erfolgt.

⇦ Zuordnungen und Gruppierungen innerhalb einer Gesellschaft. Dargestellt sind die vertikale Trennung zwischen den Geschlechtern und graduelle horizontale Abgrenzungen im Sinne sozialer Hierarchien zwischen „arm" und „reich". Weitere Gruppierungen nach Alter (als Chiffren für soziale Rollen), Familie oder Religion verlaufen „diagonal" dazu.

Bessów, Südpolen. Siedlung mit Produktionszentrum der Drehscheibenkeramik. Tongefäße aus der Zeit vom Ende des 3. bis zum Ende des 4. Jhs. n. Chr. (nach Andrzejowski / Kokowski / Leiber 2004)

Eine Vorliebe für Eisen

Die Przeworsk-Kultur währte über 600 Jahre. Sie unterlag im Laufe eines so langen Zeitraums natürlich starken Veränderungen, bewahrte aber ihre charakteristischen Züge – als die wichtigsten sind zu nennen: das Vorherrschen des Brandbestattungsritus, die Brandgruben- und Urnengräber, die Waffenbeigabe, die Vorliebe für Eisen (aus dem sogar Schmuck hergestellt wurde, der in anderen Kulturen gewöhnlich aus Bronze gefertigt wurde, z. B. Anhänger und Trachtenbestandteile, vor allem Fibeln). In der jüngeren vorrömischen Eisenzeit, im 2. und 1. Jahrhundert v. Chr., treten im Gebiet der Przeworsk-Kultur große Brandgräberfelder mit bis zu einigen Hundert Bestattungen auf. Die Männer waren hier mit Schwertern, Schilden, einer oder zwei Lanzenspitzen, Sporen, Scheren, Rasiermessern, Wetzsteinen, Gürtelhaken und einer Fibel, die den Mantel verschloss, beigesetzt worden (s. Kat. 110). Den Frauen wurden meistens zwei Fibeln, Gürtelhaken, Spinnwirtel und Sichelmesser mitgegeben. In den Friedhöfen wurden auch Kinder bestattet: Kleinkinder mit wenigen Beigaben,

Masów, Ostpolen. Kriegergrab aus der jüngeren Eisenzeit
(nach Andrzejowski / Kokowski / Leiber 2004)

Łęg Piekarski, Zentralpolen. Reiches Grab vom Lübsow-Typ
aus dem 3. Jahrzehnt des 1. Jhs. n. Chr. (nach Andrzejowski /
Kokowski / Leiber 2004)

Mädchen in derselben Tracht wie ihre Mütter. Die Toten
wurden zusammen mit ihren Beigaben auf dem Scheiterhaufen verbrannt, offenbar in ihrer Festkleidung, wie
sich aus den archäologischen Quellen ablesen lässt.

Die lokale Eisenproduktion befand sich bereits in
den Anfängen der Przeworsk-Kultur auf hohem Niveau.
Nördlich von Warschau ließ sich ein großes Zentrum der
Eisengewinnung aus Raseneisenerz lokalisieren, mit
120 000 bis 150 000 Öfen, die dicht beieinanderstanden.
In jedem Ofen war die Eisenschmelze nur einmal mög-
lich, danach wurde er zerbrochen und das schmiedbare
Eisen herausgenommen.

Die Bevölkerung der Przeworsk-Kultur bewohnte un-
befestigte Siedlungen, deren Ausmaße zwischen 0,5 bis
15 ha schwankten. Die Häuser waren aus Holz gefertigt

und entweder ebenerdig und groß oder – wesentlich
häufiger – in den Boden eingetieft, kleinräumig und von
durchschnittlich unter 20 m² Grundfläche. Letztere wurden als Werkstätten genutzt. Hier wurden z. B. Textilien
gewoben oder Beinkämme, Bernsteinperlen und Me-
tallgegenstände hergestellt.

In der Przeworsk-Kultur der jüngeren vorrömischen
Eisenzeit finden sich zahlreiche importierte Gegenstände aus dem keltischen Bereich, aus Italien und dem
nördlichen Adriagebiet. Durch das Verbreitungsgebiet
der Przeworsk-Kultur verlief seit der La-Tène-Zeit die
Bernsteinstraße, die von Aquileia über Carnuntum bei
Wien führte und weiter in den Norden über Schlesien
und Zentralpolen bis zur Ostseeküste. So gelangten
keltische und römische Waffen (besonders Schwerter), Fibeln, Armringe, Glasperlen, italische Bronze-
gefäße und keltische scheibengedrehte Keramik in
den Norden. Keltische Einflüsse sind auch im Stil
lokaler Erzeugnisse stark spürbar, so dass man schluss-
folgern kann, dass die Przeworsk-Population mit den
Kelten in engen Beziehungen stand.

Aus Lugiern werden Vandalen

Hier kommen wir zu einem Rätsel, das sich mithilfe der
Geschichte und Archäologie nur hypothetisch lösen
lässt. Mit Rücksicht auf die starken La-Tène-Elemente ist
es unmöglich, die Przeworsk-Kultur der jüngeren vorrömischen Eisenzeit und der frühen römischen Kaiserzeit mit den Vandalen allein zu identifizieren. Auffallend
ist, dass Tacitus die Vandalen in der *Germania* nur einmal und lediglich beiläufig erwähnt, während er aus-
führlich das große Volk der Lugier mit ihren Wohnsitzen,
Sitten usw. beschreibt. Die Siedlungsräume der Lugier
erstreckten sich nördlich der Karpaten und Sudeten und
südlich des Gebiets der Goten, d. h. im Gebiet der Przeworsk-Kultur. Dass die Lugier, ein Volk, dessen Name
keltischer Abstammung ist, besonders mächtig waren, beweist die Aufzählung der lugischen Stämme bei
Tacitus. *Lugiorum nomen* – der Lugierverband – umfasste mehrere Stämme, von denen die fünf wichtigsten
von Tacitus erwähnt worden sind, u. a. die Nahanarva-
len, bei denen sich der heilige Hain mit den Zwillings-

göttern der *Alcis* befand, und die Harier mit ihren schwarzen Schilden und bemalten Körpern, die, in der Nacht kämpfend, von Tacitus als besonders schreckliche Wesen dargestellt wurden. Auch Ptolemaios erwähnt die Vandalen, mit Ausnahme der Silingen, nicht, dagegen nennt er drei lugische Stämme: *Lougioi Didounoi*, *Lougioi Omannoi* und *Lougioi Bouroi*. In der Zeit der Markomannenkriege, in der zweiten Hälfte des 2. Jahrhunderts, verschwinden die Lugier aus den Schriftquellen, während die Vandalen an ihre Stelle treten.

Es ist anzunehmen, dass es zu wesentlichen Veränderungen im Raum der Przeworsk-Kultur gekommen ist. Archäologisch gesehen handelt es sich zwar nach wie vor um dieselbe Kultur, aber der keltische Einfluss ist seit der Mitte des 1. Jahrhunderts n. Chr., in der römischen Kaiserzeit, nicht mehr oder nur noch schwach festzustellen; während also die charakteristischen Züge der Kultur erhalten blieben, hatte sie jetzt germanischen Charakter, wie diejenige der Sueben an der Elbe oder die der Goten in Pommern. Es musste etwas geschehen sein, was den römischen Historikern und Geografen entgangen war bzw. sie nicht aufgezeichnet haben. Es ist anzunehmen, dass die beiden Gruppen im Bereich der Przeworsk-Kultur auf irgendeine Art zusammenlebten, bis die Vandalen um die Mitte des 2. Jahrhunderts die Oberhand gewonnen haben. Seitdem werden die Lugier in den schriftlichen Quellen nicht mehr erwähnt. Dass der Name eines Volkes verschwindet und ein neuer auftritt, ist ein bekannter Fall. So wurden z. B. aus Vinilern Langobarden, aus Sueben und Juthungen Alamannen. Bei den Vandalen spielten jetzt die Hasdingen die Hauptrolle.

Um die Mitte des 2. Jahrhunderts ist kein Bruch in der Entwicklung der Przeworsk-Kultur zu beobachten. Im 1. und 2. Jahrhundert n. Chr. treten reiche Gräber auf, die zum mitteleuropäischen und skandinavischen Horizont der Elitebestattungen gehören, die sogenannten Lübsow-Gräber. Sie sind mit mehreren provinzialrömischen Silber- und Bronzegefäßen, Spielsteinen aus Glas, Scheren und Spiegeln aus Silber ausgestattet, allerdings fehlen Waffen (s. Abb. S. 128 unten). Einige unterscheiden sich durch den Grabritus, indem Körperbestattungen vorliegen statt der vorherrschenden Leichenverbrennungen, sowie eine aufwendige Grabkonstruktion mit Holzkammern in aufgeschütteten Hügeln. Das Inventar dieser Gräber weist auf enge Kontakte mit den römischen Provinzen hin, zudem erwecken sie den Eindruck, dass die Angehörigen der Elite auch gegenseitige innergermanische Verbindungen pflegten. Andere reich ausgestattete Grablegen finden wir in den großen Brandgräberfeldern, wenngleich ihr Beigabenreichtum hinter dem der Körpergräber zurückbleibt; hier sind vor allem Kriegergräber zu nennen. Unter den Waffen treten immer mehr römische Schwerter auf. Der Hauptanteil der römischen Importe fällt in die zweite Hälfte des 2. und in die ersten Jahrzehnte des 3. Jahrhunderts: *Terra sigillata*, Bronze- und Silbergefäße, Münzen und Glasperlen, von denen die Mehrzahl nach den Markomannenkriegen (nach 180) ins Barbaricum gelangte.

In derselben Zeit verlor die Przeworsk-Kultur ihr Territorium im Nordosten, d. h. rechts der Weichsel, in Masowien und Podlachien. Dieser Sachverhalt korrespondiert sehr gut mit der bekannten Migration der Goten aus Pommern zum Schwarzen Meer, die damals die bisherige nordöstliche Przeworsk-Peripherie in Besitz genommen hatten. Die Gotenwanderung war der Grund dafür, dass das Zentrum der Eisengewinnung in Masowien verlassen wurde; dafür entwickelte sich ein anderes im Heiligkreuzgebirge. Etwas später entstanden mehrere Plätze zur Eisenproduktion in Schlesien.

Świlcza, Südostpolen. Hortfund aus einem Grubenhaus, dendrochronologisch 433 auf +/- 10 datiert. Vergoldete Silberfibeln, Silberschmuck, römische Silbermünzen (nach Andrzejowski / Kokowski / Leiber 2004)

Ein vandalisches Königsgrab

von Péter Prohászka

Onyxfibel aus Fund I
(KHM, Wien)

Im Frühling 1790 kamen zahlreiche goldene und silberne Gegenstände in Osztrópataka (heute Ostrovany, Slowakei) zum Vorschein. Sie gelangten durch den amtlichen Weg ins Wiener k. k. Münz- und Antikenkabinett (heute Kunsthistorisches Museum), wo aber nur ungefähr drei Fünftel des Fundes behalten wurden. Neben Goldschmuck wie einer Onyxfibel, drei Fibeln, einem Hals- und einem Armreif sowie einem Becher (s. Abb. S. 135) gehörten noch zwei Silbergefäße und ein bronzener Dreifuß zum Fund. Dank der amtlichen Akten konnten wir ein Bild über die restlichen, eingeschmolzenen Funde erhalten und sogar noch vier goldene Schmuckstücke (drei Fingerringe und eine Fibel) in der Sammlung des Kunsthistorischen Museums identifizieren. Nach den Akten wurden vier Goldfibeln, ein Goldbecher, zwei schwere Silberschüsseln, zwei Silberschalen und mehr als zwei Kilogramm silberne Gegenstände eingeschmolzen.

75 Jahre später legte der Grundbesitzer nur einige Schritte von der Fundstelle des ersten Fundes ein Grab frei. In vier Metern Tiefe fand er unter Bruchsteinen menschliche Überreste mit verschiedenen Geräten. Zu den Beigaben des Grabes gehörten ein Aureus der Kaiserin Herennia Etruscilla (gest. nach 253), zwei Fingerringe aus Gold, ein goldener Armring und ein Halsring, eine Goldfibel, ein Beinkamm, drei Glasbecher, ein Holzeimer mit Bronzebeschlägen, eine Schere bzw. ein Messer aus Bronze und verschiedene verzierte Pressbleche sowie Gefäßbeschläge aus Silber (s. Abb. S. 135), die als Geschenk ins Ungarische Nationalmuseum gelangten.

Aufgrund der Analyse beider Fundkomplexe und der Fundumstände ergab sich, dass die Objekte höchstwahrscheinlich aus einem einzigen Grab stammen, das erst 1790 und dann ein weiteres Mal 1865 gestört wurde. Wie andere germanische Adelsgräber der Epoche (Gommern, Sackrau usw.) zeigen, wurden große Grabkammern, oft 3 x 4 m groß, mit reichen Beigaben für Fürsten und Könige errichtet. Zu diesen Oberschichtgräbern gehört auch das Grab von Osztrópataka, in welchem den Beigaben zufolge im letzten Drittel des 3. Jahrhunderts ein König bestattet wurde. Nach den schriftlichen Quellen lebten auf diesem Gebiet, im nordöstlichen Viertel des Karpatenbeckens, seit Ende des 2. Jahrhunderts die hasdingischen Vandalen.

Den Reichtum an römischen Gegenständen (Goldfibeln, Silber- und Goldgefäße, bronzener Dreifuß usw.) kann man mit dem Bedeutungszuwachs der dort ansässigen Vandalen erklären. Sie dienten, wie andere germanische Verbände, bei den innen- sowie außenpolitischen Kämpfen der Römer als Hilfstruppen in deren Heer. Diese Funktion ist ab dem 3. Jahrhundert feststellbar und dauerte bis zu ihrer Abwanderung zu Beginn des 5. Jahrhunderts. Neben anderen Gegenständen zeigt gerade die Onyxfibel (s. Abb. oben), eine römische Kaiserfibel, die Anerkennung und die Bedeutung der in Osztrópataka bestatteten Person in einem römisch-barbarischen Kontaktsystem. Den Beigaben nach war diese Person ein König der hasdingischen Vandalen.

Lit.: Arneth 1850 – Henszlmann1866 – Noll 1958 – Prohászka 2004 – Prohászka 2006 – Schmidt 1970

Fundkomplex II aus Osztrópataka mit Fibel und Halsring, nach Henszlmann 1866

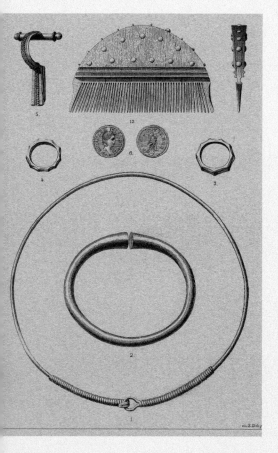

Silberbecher mit zwei
Handhaben aus Fund I. Die
Reliefs auf der Gefäßwand
zeigen Tiefkampfszenen:
hier ein Flügelgreif, der einen
Hirsch schlägt (KHM, Wien).

Das vandalische Königs-
grab von Osztrópataka,
Zeichnung von Fund I in
der Erstpublikation von
Joseph Arneth von 1850

Goten und Vandalen

Als die Goten ins Gebiet der Przeworsk-Kultur rechts der Weichsel kamen, erfolgte dort eine wesentliche Veränderung im archäologischen Fundmaterial. Die Gräberfelder und Siedlungen wurden verlassen, es entstanden, oft an denselben Orten, die neuen Nekropolen der Wielbark-Kultur, welche den Goten zugeschrieben werden. Bereits früher wies die östliche Zone der Przeworsk-Kultur verschiedene Einflüsse der späteren Invasoren auf, die sich in Trachtenbestandteilen und Schmuck manifestieren und die – rein archäologisch – auf Kontakte zwischen den beiden Populationen hinweisen. *Vita Marci,* das Leben von Marcus Aurelius in den *Scriptores Historiae Augustae,* nennt *superiores barbari,* Stämme aus der Tiefe des Barbaricum, die Druck auf die näher an der römischen Grenze an der Donau wohnenden Völker ausübten. Vermutlich sind mit diesem Begriff die Vandalen und die Goten gemeint, die damit eine der Ursachen für die Markomannenkriege geworden sind.

Während der späten Kaiserzeit, im 3. und 4. Jahrhundert, suchte ein Teil der Bevölkerung der Przeworsk-Kultur neuen Siedlungsraum, um die verlorenen Gebiete zu kompensieren. So finden sich ihre Spuren südlich der Karpaten, an der oberen Theiss (hier handelt es sich sicher um die Hasdingen) und im oberen Dnjestrgebiet. Die Przeworsk-Kultur ist dort an den Metallfunden – Fibeln, Schmuck und Waffen – erkennbar; das lokale Substrat besteht weiterhin.

Aus der zweiten Hälfte des 3. Jahrhunderts sind von der heutigen Vorstadt Breslau (Sackrau, Wrocław-Zakrzów) drei außerordentlich reich ausgestattete Skelettgräber bekannt, die eine fürstliche bzw. königliche Dynastie vertreten. In zwei Bestattungen befand sich je ein schwerer goldener Armring, ein Zeichen königlicher Würde; ein Toter war mit Teilen eines römischen Gürtels ausgestattet. Die „Sackrauer Könige" hatten enge Verbindungen mit den mitteldeutschen reichen Elitefamilien vom Typ Hassleben-Leuna-Gommern.

Die römischen Kaiser Aurelian (270–275) und Probus (276–282) kämpften gegen die Vandalen in Pannonien und Rätien und besiegten sie. Die schriftlichen Quellen meinen hier vor allem die Hasdingen, die längst südlich der Karpaten angesiedelt waren. Bei Zosimos fällt noch einmal der Name des germanischen Volkes der *Longiones*: Hier sind die Lugier zum letzten Mal erwähnt.

Gegen Ende des 4. und am Anfang des 5. Jahrhunderts blühte die Przeworsk-Kultur immer noch. Eisenproduktion, mehrere Werkstätten, in denen die scheibengedrehte Keramik hergestellt wurde (s. Abb. S. 127), und bessere landwirtschaftliche Geräte – dies alles spricht für ein entwickeltes Wirtschaftsleben.

Aufbruch nach Westen

Im Jahre 406/407 überschritten die Vandalen, Alanen und Sueben den Rhein und fielen in Gallien ein. Kurz darauf änderte sich die Lage im Kerngebiet der Przeworsk-Kultur, in dem die Besiedlung immer dünner wurde. Vom Beginn des 5. Jahrhunderts an erscheinen in Südpolen hunnische Funde, darunter das berühmte Grab aus Jakuszowice mit dem hunnischen Reflexbogen eines germanischen (?) Gefolgsmanns Attilas. Aus der Zeit um die Mitte des 5. Jahrhunderts sind nur wenige Siedlungen und kleine Grabgruppen bekannt, die sich noch mit der Przeworsk-Kultur verbinden lassen. In Zentralpolen bleibt nur eine späte Enklave der Besiedlung übrig, die auch als eine schwache Migrationswelle aus dem Süden vor der Ankunft der Slawen interpretiert werden könnte. Auf gewaltige Unruhen deuten die Funde aus der Endphase der Kultur, die in den Krasshöhlen Südpolens entdeckt worden sind.

Die Slawen wanderten seit Beginn des 6. Jahrhunderts nach und nach ins Gebiet der damaligen Przeworsk-Kultur ein, nach Kleinpolen vielleicht im Laufe der zweiten Hälfte des 5. Jahrhunderts. Die archäologischen Funde schweigen darüber, ob die Neuankömmlinge in irgendeiner Weise den Kontakt mit eventuellen Resten der germanischen Bevölkerung suchten.

Lit.: Andrzejowski / Kokowski / Leiber 2004 – Dąbrowska 1988 – Dąbrowska 1988a – Dąbrowska 2003 – Godłowski 1992 – Godłowski 1994 – Kolendo 2003 – Leiber 2003 – Mączyńska 1998 – Mączyńska 2003

Kat. 107
Urnengrab eines Kriegers

Łączany Urnengrab 25, Ldkr. Radom,
Woi. mazowieckie
1. Hälfte 2. Jh., Przeworsk-Kultur
Iłża, Muzeum Regionalne,
Inv. MRI/1696/101

Urne, schwarz, poliert, Ton, H. 15,5 cm,
Dm. 22 cm
Gefäß mit Standfuß, braun, poliert, Ton,
H. 12,8 cm, Dm. 18,4 cm
Gefäß mit kleinem Standfuß, braun,

poliert, Ton, H. 11,4 cm, Dm. 18,4 cm
Schale, Ton, H. 3,9 cm, Dm. ca. 12 cm
Schale, Ton, H. 3,5 cm, Dm. 11,8 cm
Schwert, Eisen, in 4 Teile gebrochen,
L. 67,4 cm
Speerspitze, Eisen, L. 11,3 cm
Lanzenspitze, Eisen, L. 18 cm
Schildbuckel, Eisen, Dm. 16,3 cm,
H. 13,2 cm
Sporn, Eisen, L. 5,4 cm, H. 3 cm
Gürtelschnalle mit doppeltem Dorn,
Eisen, L. 8,4 cm

Riemenzungenbeschlag mit rundem
Ende und kleinem Dorn, Eisen, L. 4 cm
Gemäß damals üblicher Grab- und Bestat-
tungssitte hatte man den Verstorbenen
zunächst verbrannt und dessen sterbliche
Überreste anschließend in einer Urne
beigesetzt. Anhand der dem Toten mit ins
Grab gegebenen Waffen dürfte es sich
bei ihm um einen hochrangigen Krieger
gehandelt haben.

Lit.: Bevern 2003, 413 Kat. 20.   **A.W**

Kat. 107

Kat. 108
Urnengrab einer Frau
Łączany Urnengrab 43, Ldkr. Radom,
Woi. mazowieckie
1.Hälfte 2. Jh.
Iłża, Muzeum Regionalne,
Inv. MRI/1690/95

Urne, schwarz, Ton, H. 16,8 cm
2 Fibeln mit Rollenkappe, Eisen mit
silbernem Draht, L. 5,2 cm
2 Fibeln mit Rollenkappe, Eisen,
L. 4,7 cm und L. 4,5 cm
Gürtelschnalle, Eisen, Dm. 4,2 cm
Messer, Eisen, L. 12 cm
Feuerstahl, Eisen, L. 17,1 cm
Kästchenbeschläge mit ankerförmigem
Ende und mit 2 runden Griffen, Eisen,
L. 36,6 cm, Dm. Griffe 6,3 cm und 5,0 cm
Öse, Eisen, zum Kästchen, Dm. 3,2 cm
Niete, Eisen, zum Kästchen, mit runden
Köpfchen, Dm. 1,5 cm, L. 3,7 cm und
3,5 cm
Spinnwirtel, Ton, Dm. 3 cm
Anhänger, Gold, birnenförmig, H. 2,5 cm,
max. Dm. 1,9 cm

Das Urnengrab enthielt neben den
sterblichen Überresten eines weiblichen
Individuums für Frauenkleidung typisches
Zubehör wie mehrere Fibeln und eine
Gürtelschnalle sowie nützliche Gegenstände des täglichen Bedarfs. Unter den
erhaltenen Beigaben verdienen die Reste
eines Kästchens besondere Beachtung.

Lit.: Bevern 2003, 414 Kat. 21.   **A.W.**

Kat. 110

Kat. 109 *(ohne Abb.)*
Urnengrab eines Kriegers
Łączany Urnengrab 14a, Ldkr. Radom,
Woi. mazowieckie
1. Hälfte 2. Jh.
Iłża, Muzeum Regionalne,
Inv. MRI/1698/103

Fragmente einer Urne, Ton
Schildbuckel, Eisen, mit Kugel auf
Dornspitze, Dm. 16,4 cm, H. 18 cm
2 Schildfesselfragmente, Eisen,
L. 12 cm und 13,5 cm
Lanzenspitze, Eisen L. 22,5 cm
Lanzenspitze, Eisen, L. 19,9 cm
Schwert, Eisen, verbogen, L. 98,7 cm
Schwertscheidenortband, Eisen, Dm.
5,8 cm x 4 cm
Sporn, Eisen, Dm. 5,8 cm x 4,2 cm
Tüllenbeil, Eisen, H. 10,4 cm
Messer, Eisen, L. 15,4 cm
2 Feuerstahle, Eisen, L. 10,7 und 17,2 cm
Fibel, Bronze, L. 5,7 cm
Fibel, Eisen, mit umgebogenem Fuß,
L. 8,7 cm
Meißel, Eisen, L. 16 cm
Kästchenschlüssel, Eisen, L. 12,8 cm
Schnalle, Eisen, rechteckiger Rahmen
mit doppeltem Dorn, L. 5,2 cm, B. 8,2 cm
Riemenzungenbeschlag, Eisen, Ende in
Form eines Ringes, L. 10,8 cm
Gürtelbeschlag, Eisen, L. 10,8 cm
Griff einer Schmiedezange, Eisen,
L. 33,3 cm
Nieten, Eisen, halbrunde Köpfe,
Dm. 2,8; 3,3; 3,4 cm

Neben den sterblichen Überresten eines
Mannes, die man in einer Urne beigesetzt
hatte, enthielt das Grab eine opulente
Waffenausstattung, die den Verstorbenen als Krieger herausragenden Ranges
ausweist.

Lit.: Bevern 2003, 415 Kat. 22.   **A.W.**

Kat. 110
Urnengrab eines Kriegers
Cieblowice Duże Urnengrab 61, Ldkr.
Tomaszów Mazowiecki, Woi. łodzkie
Anfang 3. Jh., Przeworsk-Kultur
Tomaszów Mazowiecki, Muzeum, Inv.
MT/A/92:1683-1714

Urne, glatte schwarze Oberfläche, Ton,
H. 21,6 cm, Dm. 26,1 cm
Gefäßfragmente, Ton
Armbrustfibel, Eisen, L. 5,9 cm
Schnalle, zweiteilig, Bronze, L. 3,5 cm,
B. 3,8 cm
Schnalle, halbkreisförmig, einteilig, Eisen,
L. 3,3 cm, B. 4,3 cm
Niet, Eisen, L. 2 cm
Schwertortband, Eisen, H. 4,6 cm,
B. 6,8 cm
Balteus, Eisen, Dm. 5,4 cm
Schlossbeschlag eines Kästchens, oval,
Bronze, L. 7,2 cm, B. 2,4 cm
Schwert, Eisen, L. 82 cm, B. 6,5 cm
Lanzenspitze, Eisen, L. 12 cm
Lanzenspitze, Eisen, L. 12,5 cm
Lanzenspitze, Eisen, L. 32 cm
Lanzenspitze, Eisen, L. 34 cm
Schildbuckel, Eisen, Dm. 16 cm
Schildfessel, Eisen, L. 12,2 cm
Sporen, Eisen, H. 4,8/4,4 cm, B. 5,9 cm
Sporen, Eisen, H. 5/5,3 cm, B. 5,4 cm
Schere, zwei Teile, Eisen, L. 15 und 12 cm
Kamm, mehrteilig, verziert, Geweih,
L. 5,8 cm
Schale, klein, sekundär gebrannt, Ton,
H. 5 cm, Dm. 15 cm

Das Urnengrab zeichnet sich durch eine
opulente Waffenausstattung aus, die den
verstorbenen als hochrangigen Krieger
ausweist. Neben dem obligatorischen
Schwert verdienen nicht weniger als
vier Lanzenspitzen besondere Aufmerksamkeit. Hervorzuheben sind zwei
Sporengarnituren, die darauf schließen

Kat. 108

lassen, dass der Verstorbene zu Lebzeiten vorzugsweise vom Pferd aus gekämpft hat und über einen hohen Status verfügt haben dürfte.

Lit.: Bevern 2003, 420 Kat. 38.   **A.W.**

Kat. 111
Auswahl eines Königsgrabes
Osztrópataka, Ostrovany, SK
3. Jh.
Budapest, Magyar Nemzeti Múzeum
Wien, Kunsthistorisches Museum

Fund I von 1790, Wien (Inv. VIIb 306, 114, 67)
Onyxfibel, Gold, Onyx, durchbrochener Goldrahmen, Rankenverzierung, Anhängerkettchen, L. 14,7 cm, B. 6,7 cm
Armring, Gold, Fläche zwischen den Knöpfen mit Drahtwicklung verziert, Dm. 8,1 cm x 7,4 cm

Becher, Gold, aus starkem Goldblech getrieben, H. 13 cm

Fund II von 1865, Budapest (Inv. 1968.12.1-17)
Halsring, Golddraht, mit Drahtwicklungen an den Enden, Ösen-Haken Schließfunktion, Dm. 14 cm x 15 cm
Armring, Gold, mit verdickten Enden, Dm. 6,8–8,8 cm
Fibel, Gold, T-förmig, granulatverziert, trapezförmiger Nadelhalter, L. 4,7 cm, B. 2,9 cm
Fingerring, Gold, neuneckig, Dm. 25 x 20,5 mm
Fingerring, Gold, zehneckig, Dm. 22 x 19 mm
Goldmünze, Aureus, Herennia Etruscilla (249–253), Dm. 20 mm
Vier Silberbleche, getrieben, Vergoldung; 2 Stück: L. 156 mm, B. 64 mm, 2 Stück L. 183 mm, B. 81 mm

Eimer, 18 Holzdauben, Bronzeblech, drei Bronzefüße, H. 18,7 cm, Dm. (Mitte) 17 cm, Dm. (Boden) 18,5 cm
Kamm, Bein, einreihig, halbrunder Griff, Nägel, Bronze, L. 11,2 cm, H. 6,9 cm
Gefäße, Glas, halbkugelförmig, weiß, oval, Dm. (Mitte) 9,7 cm/10,7 cm, H. 6,1/6,8 cm
Zwei Fibeln mit umgeschlagenen Fuß, Silber, Kerbdraht, Bügel und Nadelhalter Vergoldung, L. 59/61 mm, H. 16 mm
Schnalle, Silber, ovaler Schnallenring, herabgebogener Dorn, L. 45 mm, B. 26 mm
Schnalle, Silberblech, Schnallenring fehlt, L. 32 mm, B. 20 mm
Schere, Bronze, zwei Schneiden erhalten, L. 22 mm
Messerfragment, einschneidig, Bronze Schalenbeschläge, Silber mit Nietlöchern, insgesamt vier vollständige Schalenbeschläge, L. ca. 6,8 cm
Bronzeblechstück, gebogen, Fragment einer Schere, Dm. 4 cm.

Lit.: Prohászka 2006   **A.W.**

Fund II

Fund I

Kat. 111

Die Pyrenäen. Das über 3000 m hohe Faltengebirge trennte
Gallien von Hispanien und musste von den Vandalen bei Ihrem
Zug nach Süden überwunden werden.

VOM RHEIN NACH ANDALUSIEN

Die Vandalen in Gallien und Hispanien (406–429)

von Roland Prien

Der Zug der Vandalen nach Nordafrika begann scheinbar mit einem Paukenschlag: In der „verhängnisvollen Silvesternacht" 406 überquerten die zwei vandalischen Teilstämme der Hasdingen und Silingen zusammen mit Alanen und Sueben den (angeblich) zugefrorenen Rhein, schlugen die wenigen römischen Grenztruppen und verheerten nachfolgend Gallien. Für den Nordwesten des Römischen Reiches bedeutete dies den Anfang vom Ende: Nie wieder sollten sich die Grenzverteidigung und ihr Hinterland von diesem Schlag erholen.

Dieses dramatische Bild von den Ereignissen im Weströmischen Reich kurz nach 400 fußt auf wenigen Schriftquellen, deren Autoren sich allerdings keineswegs einig sind über Datum, Umfang und Ablauf dieses großen Barbareneinfalls. Nur den Hauptschuldigen für die Katastrophe scheinen zumindest die zeitgenössischen Chronisten dingfest machen zu können: den Heermeister Stilicho, wichtigster Berater des Kaisers Honorius und selbst vandalischer Abstammung. Stilicho zog in seiner Eigenschaft als ranghöchster Militär im Westreich die Truppen vom Rhein ab und beorderte diese nach Italien, wo sie zunächst für den Kampf gegen die Westgoten unter Alarich und später gegen einen weiteren gotischen Verband dringend benötigt wurden. Der Barbar Stilicho, dessen Karriere und hohe Stellung am kaiserlichen Hof viele Neider missbilligten, machte also scheinbar den Weg für die Vandalen ins reiche und nun schutzlose Gallien frei (s. Abb. S. 141).

Ein kritischer Blick auf die historische und archäologische Quellenlage zeigt jedoch ein etwas anderes, komplexeres Bild von der Lage der Dinge. Zunächst stellt sich die Frage nach der Herkunft der barbarischen Konföderation, die offenbar wie ein Naturereignis plötzlich und ohne Vorwarnung über die römischen Provinzen herfiel. Der Weg des Teilstammes der Hasdingen ist teilweise aus den Schriftquellen zu rekonstruieren: Dieser hatte bereits im Jahr 400 die römische Grenze in Pannonien durchbrochen und von Stilicho in dieser Provinz Land zugewiesen bekommen. Von dort zog er jedoch bald zusammen mit den Alanen und anderen teils germanischen, teils aber auch provinzialrömischen Sozialverbänden entlang der Donau durch die Provinzen Noricum und Rätien westwärts. Wo und wann sich die

> Zuerst hat es [das Volk der Vandalen] sich von seinem Heimatland über das nahe gelegene Germanien ergossen, das dem Namen nach barbarisch, der Herrschaft nach römisch war. Nachdem diese als erste das Verderben erreicht hatte, stand das Land der Belgier in Flammen, dann der Reichtum der verschwenderischen Aquitanier und dann das ganze Binnenland von Gallien.
>
> Salvian, *De gubernatione Dei* VII 12

Sueben den Vandalen anschlossen, ist unbekannt. Auch bezüglich der Herkunft und Marschroute des silingischen Teilstammes (der jedoch erst in späteren Schriften genannt wird) schweigen die Quellen. Nachdem die Hasdingen unter ihrem König Godegisel und die Alanen wahrscheinlich kurzfristig das Reichsgebiet verlassen hatten, sammelten sich die verschiedenen Verbände 406 am rechten Rheinufer. Über die Ziele und Motivation der einzelnen beteiligten Gruppen, die zum Aufbruch führten, finden sich in den Quellen keine Aussagen. Vergleiche mit anderen germanischen Stammesverbänden, die im 4. und 5. Jahrhundert in das römische Reich eindrangen, zeigen zum einen das Verlangen nach Teilhabe an der antiken Hochkultur – sei es in Form von Geschenken oder Beute –, zum anderen den Wunsch nach günstigen Siedlungsgebieten innerhalb der Reichsgrenzen. Mit dem zunehmenden Verfall der Regierungsgewalt besonders im Westen wurde nicht mehr eine richtiggehende bäuerliche Landnahme angestrebt, sondern ein Status als Verbündeter des Reiches im Rahmen eines *foedus*. Föderaten leisteten für das Reich Kriegsdienst, wurden aber im Gegenzug dafür bezahlt, mit Lebensmitteln versorgt und in bestimmten Provinzen einquartiert.

Über den Rhein

Die offensichtliche militärische Schwäche der römischen Regierung in Ravenna mag bei dem Entschluss, über den Rhein zu ziehen, eine entscheidende Rolle gespielt haben. Stilicho hatte 401 die Westgoten unter Alarich und 406 eine weitere gotische Invasion Italiens abzuwehren, wobei die Provinzen nördlich der Alpen teilweise von ihren Truppen entblößt wurden. Der Truppenmangel sorgte innerhalb der betroffenen Provinzen für Empörung: Die britannischen Truppen erhoben die Usurpatoren Marcus und Gratian zu Kaisern und sorgten somit für eine militärische Führung, die gewissermaßen am Ort der Bedrohung war und sich vordringlich den gefährdeten Grenzprovinzen widmen sollte. Ihr Nachfolger Constantin III. führte im Jahre 407 Teile der Truppen aus Britannien nach Gallien, um gegen die einfallenden Barbaren zu kämpfen. Möglicherweise geschah dies, weil Vandalen, Alanen und Sueben den Rhein bereits überquert hatten. In diesem Fall müsste das Datum des Rheinüberganges um ein Jahr vordatiert werden.

„Lyoner Bleimedaillon", um 300 n. Chr., s. Kat. 112. Unten ist die römische Rheinbrücke bei Mainz zu sehen. Der Übergang der Vandalen und anderer Verbände über den Rhein 406/07 erfolgte vielleicht auch über diese Brücke.

Für die Überquerung des Rheins benötigten die Vandalen und ihre Verbündeten sicherlich mehr Zeit als nur eine Nacht. Obwohl die zahlenmäßige Größe der Verbände nur schwer zu schätzen ist, wird es sich wohl um mehrere Zehntausend Krieger samt Tross gehandelt haben. Auch die Aussage, der Rhein sei zur Zeit des Übergangs zugefroren gewesen, darf bezweifelt werden, da zeitgenössische Quellen hierzu keine Angaben machen. Wahrscheinlich setzten die Verbände in mehreren getrennten Gruppen über den Fluss, wobei die damals vermutlich noch intakte Rheinbrücke bei Mainz eine besondere Rolle gespielt haben könnte (s. Abb. oben). Laut einem Brief des Kirchenvaters Hieronymus wurde Mainz von den Invasoren erobert und viele Einwohner getötet, Worms hingegen wurde vergeblich belagert. Die Nennung von weiteren Orten am Rhein (Speyer und Straßburg), die in die Hände der Barbaren fielen, lässt vermuten, dass die Vandalen und die übrigen Stammesverbände den Mittel- und Oberrhein überquerten und zunächst das Gebiet der Provinz Germania Prima verwüsteten, um nachfolgend durch das Hinterland (Metz, Reims) Richtung Nordgallien vorzustoßen, wo Städte wie Amiens und Tournai Opfer von Plünderungen wurden (s. Abb. S. 141).

In Nordgallien scheint die Barbarenkoalition kaum auf Widerstand gestoßen zu sein, auch wenn davon auszugehen ist, dass längst nicht alle Städte erobert und geplündert wurden. Belagerungen verlangten spezialisierte Kenntnisse, und das Verweilen an einem Ort wird bei größeren Kontingenten spätestens dann problematisch geworden sein, wenn die Lebensmittel knapp wurden. Die verschiedenen Stammesverbände hatten keine Möglichkeiten auf größere Nahrungsvorräte zurückzugreifen: Es galt, sich gewaltsam Lebensmittel zu verschaffen. Dies musste zwangsläufig bedeuten, dass die Beutezüge früher oder später auch nach Mittel- und Südgallien führten. Aus verschiedenen hagiografischen Quellen (Heiligengeschichten) ist bekannt, dass die befestigten Städte dieser Gebiete – namentlich etwa Toulouse – zumeist nicht erobert wurden. Dort, wo ein simples Überrumpeln der Verteidiger nicht möglich war, scheinen die Invasoren auf Belagerungen verzichtet zu haben.

Von Norden her drohte zudem zunächst eine neue Gefahr: Gegen Ende des Jahres 407 führte der Usurpator Constantin III. seine Truppen über den Ärmelkanal nach Gallien. Zwar gelang ihm eine erneute Sicherung der Rheingrenze, insgesamt verschlimmerte seine Anwesenheit jedoch die Lage in Gallien. Constantin gelang es nicht, die Invasoren zurückzuschlagen, stattdessen marschierte er mit seinem Heer Richtung Südosten, um die dortigen Alpenübergänge nach Italien in die Hand zu bekommen. Als Usurpator wollte Constantin zunächst erreichen, von Kaiser Honorius als Mitkaiser anerkannt zu werden und somit seinen Griff nach der Macht legitimieren. Honorius verweigerte dies jedoch und sammelte Truppen, die er gegen Arles marschieren ließ, wo Constantin seit 408 sein Lager aufgeschlagen hatte. Für die Vandalen und die übrigen Stammesverbände in Gallien brachte die Situation große Vorteile. Nicht nur konnten die Plünderungszüge ungehindert fortgesetzt werden, im aufziehenden innerrömischen Bürgerkrieg waren sie zudem potenziell gefragte Bundesgenossen für beide römische Parteien.

Ansiedlung in Hispanien

Trotz der scheinbar günstigen Lage wandten sich die Vandalen, Alanen und Sueben im Herbst 409 gegen Hispanien. Über den konkreten Anlass kann wiederum nur spekuliert werden. Bereits im Jahr zuvor hatte Constantin versucht, seinen Machtbereich nach Hispanien auszudehnen, doch der dortige Militärbefehlshaber Gerontius stellte sich gegen ihn, wofür Bundesgenossen benötigt wurden. Eine Passage des Historikers Zosimus

aus dem 6. Jahrhundert lässt vermuten, dass ein Teil der Vandalen unter König Guntherich von Gerontius angeworben wurde, um Hispanien zu verteidigen. Demnach bot Gerontius den Barbaren das, was Honorius und Constantin ihnen verweigerten: ein Bündnis (foedus) mit einer vertraglich geregelten Ansiedlung südlich der Pyrenäen. Auch ohne dieses Angebot war Hispanien ein attraktives Ziel für die Vandalen. Die hispanischen Provinzen erfreuten sich eines relativen Wohlstandes und waren von den Barbareneinfällen und Bürgerkriegen der vorangegangenen Jahrzehnte weitgehend verschont geblieben.

Zwei Autoren – Prosper Tiro und Isidor von Sevilla – nennen den 28. September bzw. den 13. Oktober 409 als Datum für den Pyrenäenübergang, aber ähnlich wie bei der Rheinüberquerung dürfte der Zug in den Süden einen längeren Zeitraum in Anspruch genommen haben. Wiederum ist die zahlenmäßige Größe der beteiligten Verbände nur schwer einzuschätzen. In der historischen

"Ganz Gallien rauchte als einziger Scheiterhaufen …"
Orientius, ein gallischer Bischof des 5. Jhs.

Forschung ist umstritten, ob die Invasoren tatsächlich im Rahmen eines foedus in Hispanien Land zugewiesen bekamen; jedenfalls stellten diese 411 ihre Plünderungszüge ein und siedelten sich in verschiedenen Gegenden der iberischen Halbinsel an: die hasdingischen Vandalen im östlichen Teil der Provinz Gallaecia (Asturien und Galizien), die Sueben in deren westlichem Teil, die silingischen Vandalen in der Baetica (Südspanien) und die Alanen sowohl in der Lusitania (Portugal) als auch in der Carthaginiensis (Südwestspanien). Es fällt auf, dass die im Nordwesten der Halbinsel angesiedelten Verbände die im Vergleich zum Süden und Südosten landwirtschaftlich weniger günstigen Gebiete erhielten. Die reichen Goldbergwerke dieser Region mögen dieses Manko jedoch wieder wettgemacht haben. Der hispanische Historiker Orosius berichtet, die Neuankömmlinge wären bald nach ihrer Ankunft dazu übergegangen, „das Schwert gegen den Pflug einzutauschen", aber dieses Bild entsprach wohl nicht der Realität. Die Ansiedlung

Archäologische Migrationsforschung

von Roland Prien

Die Frage nach der archäologischen Nachweisbarkeit von Wanderungen größerer Personengruppen gehört zu den schwierigsten Forschungsfeldern der ur- und frühgeschichtlichen Archäologie. Im Lichte der aktuellen Bevölkerungsbewegungen der letzten Jahrzehnte gewinnt die Beschäftigung mit dieser Frage zunehmend an Bedeutung. Im Bereich der Völkerwanderungszeit wurde die Forschung lange Zeit von dem Ansatz dominiert, die historisch überlieferten Migrationen in erster Linie im Fundstoff der Gräber wiederzuerkennen. Allgemein kann eine Einwanderung nur dann plausibel gemacht werden, wenn sich innerhalb eines bestimmten Gebietes in allen Bereichen der materiellen Kultur – Grabsitten, Siedlungsformen, Geräte und Keramik – ein rasch vonstattengehender Wandel beobachten lässt. Eine solche Beobachtung ist sowohl für die Vorgeschichte als auch für die historischen Epochen nur sehr selten zu machen. Für die Völkerwanderungszeit kommt erschwerend hinzu, dass kaum ein Fund ethnisch interpretiert werden kann; allenfalls können „römisches" bzw. „romanisches" und „germanisches" Fundgut voneinander unterschieden werden. Vergleiche des Fundstoffes aus dem historisch genannten Abwanderungsgebiet mit dem des Zielgebietes zeigen häufig nur wenige Übereinstimmungen. Diese augenscheinliche Diskrepanz muss jedoch nicht darin begründet liegen, dass überhaupt keine Migration stattgefunden hat. Eine Eins-zu-eins-Übertragung aller materiellen Charakteristika von einer Region in die andere kann nie vorausgesetzt werden, da nicht „Funde" wandern, sondern Menschen. Ein Migrationsvorgang führt meist bereits unterwegs zu Veränderungen des Habitus der Wandernden. Die als germanische Stammesverbände bezeichneten Einheiten, die in das römische Reich vorstießen, waren alles andere als homogen. Entscheidende Schritte ihrer Stammesgenese vollzogen sich zumeist erst unterwegs, wobei der erfolgreiche Abschluss einer Wanderung bzw. einer Invasion oft erst das Gemeinschaftsgefühl unter den Migranten stiftete. Somit bestand eine Chance zur Ausbildung einer eigenen charakteristischen materiellen Kultur zumeist nur nach Abschluss der Wanderung.

Die materielle Kultur der Einwanderer war jedoch in weiten Teilen durch römische Erzeugnisse geprägt: Nur wenige germanische Einwanderer fertigten ihre eigene Keramik, da römische Massenprodukte in ausreichender Anzahl zur Verfügung standen. Ein Versuch, neue Bevölkerungsteile durch veränderte Ernährungs- und Kochgewohnheiten dingfest zu machen, muss demnach scheitern. Da die Vandalen wie viele andere Stammesverbände bald Föderaten des Reiches wurden, fehlen zudem jegliche Spuren einer bäuerlichen Ansiedlung und somit auch die Möglichkeit, neue Hausformen oder Architektur zu finden. Somit bleiben nur die Gräber: „Typisch vandalische" Grab- und Beigabensitten sind jedoch auch nur schwer zu erkennen. Viele Einwanderer wurden wie die Masse der Einwohner der römischen Provinzen beigabenlos bestattet. Jene Gräber, die Beigaben enthalten, zeigen durch ihren Reichtum eher den sozialen Status des Toten als seine ethnische Zugehörigkeit an. Auch wenn Schriftquellen beispielsweise die einwandernden Vandalen in Hispanien und die dortige Provinzbevölkerung als separate Gruppen beschreiben, hatten beide sehr viel Ähnlichkeiten: Hüben wie drüben war die Mehrheit der Menschen Christen, auch wenn sie unterschiedlichen Richtungen dieses Glaubens anhingen. *Lingua franca* bei beiden Bevölkerungen war Latein. Angesichts so vieler Gemeinsamkeiten erstaunt es nicht, dass die Vandalen archäologisch fast „unsichtbar" sind. Sie teilen dieses Schicksal mit den Goten und anderen Stammesverbänden des 5. Jahrhunderts, deren eigene materielle Kultur nur schwach ausgeprägt war.

Lit.: Anthony 1990 – Burmeister 1996 – Chapman / Hamerow 1997 – Prien 2005

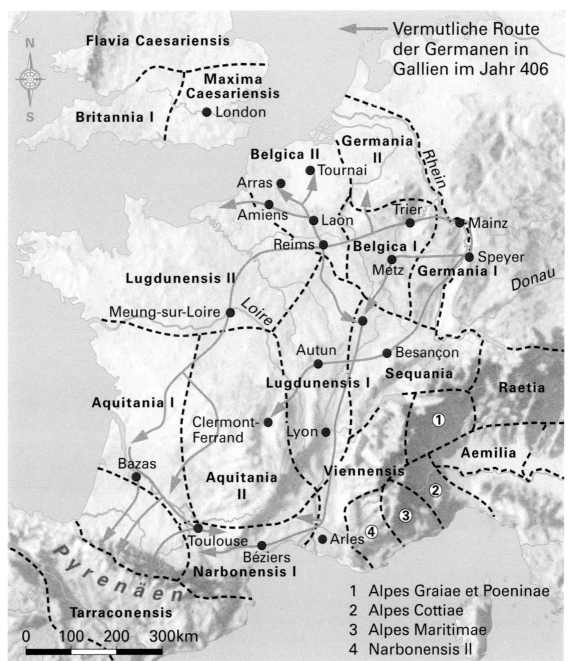

Der Zug der Vandalen durch Gallien

der Vandalen, Sueben und Alanen war keine bäuerliche Landnahme. Als Föderaten standen Ihnen ein Drittel der Erträge, Grundstücke und des Steueraufkommens einer Provinz zu, der Landbesitz wurde jedoch sicherlich nicht von den Neuankömmlingen selbst bewirtschaftet (s. Abb. S. 143).

Der rechtliche Status der geschilderten Ansiedlung in Hispanien im Jahre 411 wurde bald schon zum Problem: Der vermeintliche Vertragspartner Gerontius starb nach verlorener Schlacht gegen Constantius III., den Honorius gegen den Usurpator Constantin gesandt hatte. Bis 413 tobte in Gallien der Bürgerkrieg, danach war der Kaiser in Ravenna wieder weitgehend Herr der Lage. Da ein *foedus* zwischen Honorius und den in Hispanien siedelnden Barbaren nicht überliefert ist, darf davon ausgegangen werden, dass der Kaiser nicht bereit war, deren Verbleib dort rechtlich zu sanktionieren. In den Augen der Regierung in Ravenna waren alle dortigen Aneignungen von Ländereien illegal. Folgerichtig entsandte Honorius ein westgotisches Föderatenheer auf die iberische Halbinsel. Die Westgoten unter ihrem König Athaulf und nachfolgend Valia hatten jedoch zunächst ein anderes Ziel als den Kampf gegen die Vandalen und ihre Verbündeten vor Augen: Sie nutzen ihren Zug gen Süden zu einem Vorstoß nach Nordafrika, der jedoch kläglich scheiterte. Erst danach wandten sich die gotischen Verbände gegen die silingischen Vandalen und Alanen, die sie zwischen 416 und 418 fast gänzlich aufrieben. Die hasdingischen Vandalen und die Sueben verdankten ihr Überleben einer Kehrtwende der römischen Politik, denn im Jahr 418 beorderte Constantius III. die Westgoten nach Gallien zurück. Die Gründe für diese Entscheidung bleiben im Dunkeln. Die Westgoten jedenfalls wurden im südwestlichen Gallien (Aquitanien) angesiedelt, wo sie bald schon zu einem bedeutenden Machtfaktor wurden.

Nach dem Untergang der Silingen wurde die hasdingische Königssippe unter den Brüdern Guntherich und Geiserich endgültig zum Traditionskern der Vandalen, um den sich nun wohl auch die verbliebenen Silingen und Alanen scharten. Wohl aufgrund einiger Erfolge der weströmischen Diplomatie wuchsen die Spannungen zwischen Vandalen und Sueben, bis schließlich ein offener Krieg ausbrach. Ein vandalisches Heer kesselte das suebische Aufgebot im Norden der Gallaecia ein, wurde aber von einer großen römischen Armee unter dem Kommando des Feldherrn Asterius zurückgeschlagen. Diese Niederlage führte wohl zur Aufgabe aller Siedlungsgebiete im Nordwesten Hispaniens und einem Zug in den Süden der Halbinsel. Trotz weiterer römischer Angriffe gelang es den Vandalen, zwischen 419 und 420 einen Großteil der Provinz Baetica unter ihre Kontrolle zu bekommen. 422 wurde der General Flavius Castinus nach Hispanien gesandt, um die Vandalen zu unterwerfen. Castinus griff jedoch voreilig an, ohne auf Unterstützung aus Nordafrika zu warten, wodurch er eine schwere Niederlage erlitt. Die Vandalen waren vorübergehend gerettet, aber die zurückliegenden Ereignisse zeigten deutlich, dass eine langfristige Ansiedlung im Süden Hispaniens unmöglich war. Das Beispiel der Westgoten, die bereits zweimal vergeblich versucht hatten, das Mittelmeer zu überqueren, schien einen Ausweg zu weisen: Das reiche Nordafrika musste den Vandalen als idealer neuer Siedlungsraum erscheinen.

Der Weg nach Afrika

Seit Beginn der 420er Jahre unternahmen die Vandalen Plünderungsfahrten zur See, die ihnen nach und nach genaue Kenntnisse über den Raum des westlichen Mittelmeers verschafften. Mit der Einnahme der südlichen Küstenstädte – vor allem des Hafens von Carthago Spartaria (Cartagena) – standen in zunehmendem Maße geeignete Schiffsflotten für diese Unternehmungen bereit. Gegen Ende des Jahrzehnts nahmen diese Fahrten, die häufig nach Nordafrika führten, wohl mehr und mehr den Charakter von Erkundungstrips an. Nach dem Tod seines Bruders Guntherich im Jahr 428 fasste Geiserich schließlich den Entschluss, Hispanien zu verlassen. Im Mai 429 überquerte der gesamte Stammesverband das Meer Richtung Süden. Nach Gregor von Tours, der im 6. Jahrhundert über dieses Unternehmen schrieb, schifften sich die Vandalen in einem einzigen Hafen mit dem Namen Iulia Traducta ein; dieser antike Name kann jedoch keiner der bekannten Küstenstädte zugeordnet werden. Auch darf bezweifelt werden, dass ein solch gewaltiges Vorhaben von einem Hafen allein aus zu bewältigen war. Das Bereitstellen ausreichender Schiffkapazitäten und Verpflegung nebst der organisatorischen Einteilung der Auswanderer war eine logistische Meisterleistung des Vandalenkönigs. Für die Ermittlung des Transportvolumens waren genaue Kenntnisse über die Zahl der zu transportierenden Personen, Pferde und Ausrüstungsgegenstände unabdingbar. Geiserich setzte in kürzester Zeit ein Vorhaben um, an dem andere germanische Heerführer schon wiederholt gescheitert waren. Leider ist über den eigentlichen Ablauf so gut wie nichts aus den Quellen bekannt. Prokop schreibt, Geise-

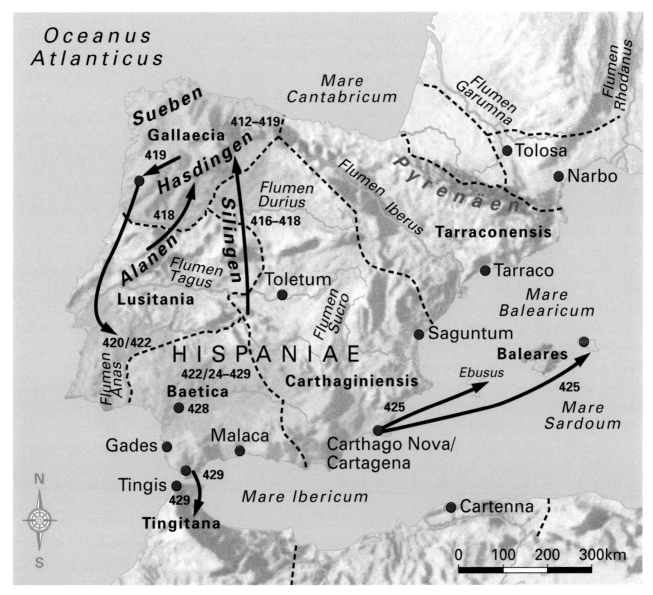

Die Vandalen auf der Iberischen Halbinsel

rich habe seinen Stammesverband bei der Ankunft in Nordafrika in 80 Tausendschaften unterteilt, bestehend aus Kriegern und deren Familien. Diese Zahl steht also nicht für die Größe des eigentlichen Heeres, sondern für die des gesamten „Invasionsvolkes". Eine Einteilung in Tausendschaften ist von den Goten bekannt. Nach diesem Vergleich dürfte Geiserich mindestens ein Aufgebot von 15 000 Kämpfern zur Verfügung gestanden haben. Mit diesem gelang ihm eine rasche Eroberung Nordafrikas, über deren einzelne Etappen wir jedoch kaum etwas wissen.

Innerhalb von etwas mehr als zwei Jahrzehnten zogen die Vandalen vom Rhein nach Nordafrika, wobei sie längere Zeit auf der iberischen Halbinsel verbrachten. Unser Bild von ihrer Wanderung prägen im wesentlichen Schriftquellen, die in vielen Fällen nur lückenhafte Informationen bieten. Es scheint daher angeraten, archäologische Quellen als Korrektiv heranzuziehen – allein, dieses Vorhaben ist mit großen Schwierigkeiten behaftet. Die materiellen Spuren, die die Vandalen in Gallien und Hispanien hinterlassen haben könnten, sind nur schwer auszumachen. Für Gallien wären in erster

Linie die Zerstörungshorizonte zu nennen, die auf die vandalischen Plünderungszüge zurückzuführen sein können. Besonders aus den Städten Nordgalliens sind zahlreiche Brandschichten bekannt, deren exakte Datierung und Zuweisung zu einem historisch verbürgten Überfall aber fast immer unmöglich sind. Die materielle Kultur der Vandalen unterschied sich kaum von der der römischen Provinzbevölkerung; sie nutzen beide vorwiegend die Erzeugnisse aus römischen Werkstätten. Einzig im Bereich der Bestattungssitten wären möglicherweise Unterschiede zu erwarten. Zwar waren die Vandalen zum größten Teil ebenso wie die Römer Christen, es scheint jedoch wahrscheinlich, dass sie sozial hoch stehende Personen mit spezifischen Trachtenbestandteilen und ggf. auch Waffen bestatteten, während im Römischen die beigabenlose Bestattung vorherrschte. Vor allem Fibeln und Gürtelschnallen spielen bei der vermeintlichen Identifikation von vandalischen Gräbern eine Rolle. Es zeigt sich jedoch, dass kein Objekt als „typisch vandalisch" angesprochen werden kann. Zwar existieren aus Gallien und Hispanien einige Dutzend Funde, zu denen Vergleichsstücke von der mittleren und unteren Donau bekannt sind, die suggerieren, dass ihre Träger möglicherweise von dort kamen. Ihre Verbreitung stimmt jedoch oft nicht mit dem historischen Durchzugs- oder Siedlungsgebiet der Vandalen überein. Die Objekte aus dem bekannten Kriegergrab von Beja (Portugal) etwa zeigen deutliche Parallelen zu den reichen Gräbern Mittel- und Osteuropas, ihre feinchronologische Einordnung spricht jedoch gegen eine „hasdingisch-vandalische" Herkunft (s. Kat. 113). Funde, die mit dem vermuteten Herkunftsgebiet der Silingen in Verbindung gebracht werden können, fehlen mit Ausnahme zweier vereinzelter Fibeln ganz. Vieles spricht dafür, dass die Vandalen in Gallien und Hispanien keine einheitliche materielle Ausdrucksweise für ihre Identität kannten – bestenfalls war diese gerade im Entstehen begriffen. Somit erübrigt sich auch weitgehend eine archäologische Spurensuche nach den Angehörigen dieses Stammesverbandes.

Lit.: Berndt 2007 – Berndt / Steinacher 2008 – Castritius 2007 – Koenig 1981 – Kulikowski 2004 – Raddatz 1959 – Strzelczyk 2003

Kat. 112 *(s. Abb. S. 138)*
Medaillon *(sog. Lyoner Bleimedaillon)*

Gefunden in der Saône in Lyon,
gefertigt in Trier (?)
293/94 n. Chr.
Blei, Dm. 8,3 cm
Paris, Bibliothèque nationale de France,
Cabinet des Médailles et Antiques,
Inv. BB 849

Bei dem sog. Lyoner Bleimedaillon handelt es sich um den Probeabschlag eines Stempels zur Prägung von Gedenkmedaillen, die als repräsentative Schaustücke vom Kaiserhof zu denkwürdigen Anlässen verschenkt wurden.
Die zweigeteilte Bildfläche zeigt zwei Szenen desselben Ereignisses: die Verkündung und Umsetzung eines kaiserlichen Erlasses zur Umsiedlung unterworfener Gegner – wahrscheinlich der von Constantius Chlorus 296 besiegten Franken – auf Reichsgebiet. Derartige Vorgänge finden auch in den Panegyrici Latini (spätantiken Lob- bzw. Festreden) VIII und VI von 297 und 310 Erwähnung.
Die obere Bildhälfte mit der Umschrift *saeculi felicitas* (= Glück des Jahrhunderts) lässt die beiden thronenden Kaiser, wahrscheinlich Maximian und Constantius Chlorus, in Begleitung ihrer Leibgarde erkennen, denen sich die ehemaligen Feinde als Bittsteller nähern. Im unteren Halbrund befinden sich zwei mit Türmen und Toren versehene Stadtbefestigungen, die als *Mogontiacum* (Mainz) und *Castel(lum)* (Mainz-Kastell), dessen rechtsrheinischen Brückenkopf, ausgewiesen sind. Eine Gruppe von Neusiedlern überquert die über den Rhein *(Fl(uvius) R(h)enus)* führende Brücke. Jüngst wurde vermutet, es sei diese Brücke gewesen, welche ein knappes Jahrhundert später auch die Vandalen bzw. Alanen im Rahmen ihres Einfalls in Gallien 406 für den Rheinübergang genutzt hätten.

Lit.: Bastien 1989, 3–45. – Radnoti-Alföldi 1999, 112. – Radnoti-Alföldi 2001, 167–172. – Demandt / Engemann 2007 Kat. I.4.11. – Drinkwater 2007, 320–363. **S.E.**

Kat. 113
Kriegergrab

Beja, Santa Clara, Portugal
1. Hälfte bis Mitte 5. Jh.
Lissabon, Museu Nacional de Archeologia,
Inv. R107. AU124. AU125. AU126

Spatha, Eisen (Kopie), L. 99 cm, B. 13 cm
Schnalle, Granateinlagen, Gold, Granate,
Dm. 5,4 cm, 2,6 cm x 1,7 cm
Schnalle, zoomorph, Granateinlagen, Gold,
Granate, Dm. 5,3 cm, 2,2 cm x 1,5 cm
Solitär, Granateinlagen, Gold, Granate,
Dm. 1,2 cm, 1,6 cm

Das bekannte Kriegergrab von Beja ist dem frühen ostgermanischen Horizont auf der Iberischen Halbinsel zuzuweisen. Ein Zusammenhang des Grabs mit der Herrschaftszeit der Vandalen, Alanen und Sueben auf der Iberischen Halbinsel in der Zeit zwischen 409–429 erscheint möglich, ist aber nicht zwingend. Das Langschwert mit breiter granatgeschmückter Parierstange und die granatverzierten Schnallen lassen enge Verbindungen zu Objekten in Gräbern Mittel- und Osteuropas der ersten Hälfte des 5. Jhs. erkennen. Ein goldgefasster Solitär dürfte als Schwertanhänger anzusprechen sein, dessen Öse ausgerissen ist.

Lit.: Koenig 1981, 346 f. **A.W.**

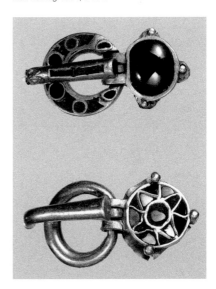

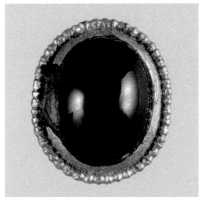

Kat. 113

Die Stadt Toledo am Fluss Tajo, südwestlich von Madrid. Bereits in römischer Zeit bestand hier ein Ort mit Namen Toletum. Bis 711 war Toledo die Hauptstadt des spanischen Westgotenreichs.

ALARICH KAM NICHT BIS AFRIKA

Aufstieg und Fall der Westgoten

von Barbara Sasse

An der römischen Reichsgrenze im Bereich der Donaumündung und am Schwarzen Meer sind seit dem 3. Jahrhundert n. Chr. gotische Verbände bezeugt, die dem römischen Reich zunehmend Probleme bereiteten.

Es ist sicher, dass diese Menschen eine östliche Spielart des Germanischen sprachen. Dem zeitgenössischen Autor Prokop nach zu urteilen sprachen Goten und Vandalen entweder eine Sprache, oder beide Sprachen waren sich so ähnlich, dass die Griechen den Unterschied nicht bemerkten.

Christen, aber von der falschen Konfession

Der Wohnsitz der gotischen Gruppen auf beiden Seiten der römischen Reichsgrenze erleichterte früh Kontakte zu der oströmischen Kultur und dem Christentum. Schon am Konzil von Nicäa (südlich von Konstantinopel) im Jahr 325 nahm auch ein gotischer Bischof teil. Wenig später, in den 40er Jahren des 4. Jahrhunderts, schuf Wulfila (gest. 383) wohl im heute rumänischen Niedermösien, d. h. auf römischem Reichsgebiet, eine Bibelübersetzung in gotischer Sprache, für die er eigens Schriftzeichen entwickelte. Neben dieser volkssprachigen Bibel, die auch von den Vandalen benutzt wurde, war die Art des Christentums für die Abgrenzung gegenüber den Römern entscheidend. Wulfila hatte nämlich das zu seiner Zeit im Osten häufige homöische Bekenntnis des Christentums vermittelt – eine dem Arianismus nahestehende Form der östlichen Kirche. Während diese in Nicäa verdammt und zur Ketzerei erklärt worden war, hielten Goten und Vandalen noch lange an ihr fest. Sie glaubten, dass Christus Gott zwar ähnlich, aber nicht wesensgleich sei.

Die frühe Christianisierung hatte unter den Goten nicht nur Freunde: Gleichzeitig zur Bekehrung fand unter dem gotischen Richter Athanarich jenseits der Reichsgrenze eine Christenverfolgung statt.

Die Bibel des Wulfila ist heute das älteste, freilich nicht im Original des 4. Jahrhunderts erhaltene Zeugnis eines längeren altgermanischen Textes.

Namen und Entwicklung gotischer Verbände

Trotz dieses sicheren Sprachdokuments aus dem 4. Jahrhundert war die gotische Identität für die Zeitgenossen der Jahrhunderte nach Christi Geburt keineswegs ein-

> „Er (der Westgote Valia) vernichtete die silingischen Vandalen in Baetica. Die Alanen, welche über Vandalen und Sueben herrschten, schlug er derart aufs Haupt, dass nach dem Fall ihres Königs Ataces die wenigen Übriggebliebenen keinen eigenen König mehr wählten, sondern sich der Herrschaft des Vandalenkönigs Guntherich, der in Gallaecia seinen Sitz hatte, unterwarfen.“
>
> Isidor von Sevilla, *Historia de regibus Gothorum, Vandalorum et Sueborum* 22

deutig. Der Name der Gutones bzw. Butones, die zu Marbods Markomannenreich in Mitteleuropa gehörten, begegnet uns in der Überlieferung erstmals 16–18 n. Chr. mit Strabons Geographie. Mitte des 2. Jahrhunderts

n. Chr. befanden sich nach Ptolemaios Gutones an der mittleren Weichsel, im 3. und 4. Jahrhundert sind Goten sicher am Schwarzen Meer bezeugt. Allerdings weiß

> Alle Völker Europas zitterten vor ihnen (den Westgoten), sie sprengten die Riegel der Alpen. Selbst die häufig erwähnte Barbarei der Vandalen ließ sich nur durch ihre Ankunft schrecken, sondern floh sogar vor dem Rufe ihrer Tapferkeit.
>
> Isidor von Sevilla, *Historia de regibus Gothorum, Vandalorum et Sueborum* 68

niemand, ob immer derselbe Verband gemeint war. Während der meist gut informierte Ammianus Marcellinus für das 4. Jahrhundert schon eine große Gruppe von gotischen Verbänden am Schwarzen Meer „gentes Gothorum" nannte, hatten die Oströmer Zosimos und Jordanes noch im 5. und 6. Jahrhundert Probleme mit der historischen Identität dieser Menschen. Zosimos konnte sie nicht von den Skythen unterscheiden, Jordanes setzte sie, wie der Hispanier Orosius, mit den antiken thrakischen Geten gleich.

Mitte des 6. Jahrhunderts entstand Jordanes' *Getica* auf der Basis der heute verlorenen Gotengeschichte, die Cassiodor kurz vorher für den Ostgotenkönig Theoderich in Italien verfasst hatte. Jordanes verwendete nach Cassiodors Vorbild den Namen der Goten für die beiden Gruppen der Visi- oder Vesigoten (Visi = „die guten" = Westgoten) und Ostrogoten (*Ostro* = „die leuchtenden" = Ostgoten). Diese Begriffe wurden also erst im 6. Jahrhundert festgelegt, zu einem Zeitpunkt, als hinter ihnen Königreiche standen. Die zeitgenössischen Quellen erwähnen für das 4. Jahrhundert zwei andere Namen: den der Greutungen und den der Terwingen. Die Greutungen identifiziert man heute mit den Ostgoten, die Terwingen mit den Westgoten. Die im Deutschen vollzogene Übertragung auf die Himmelsrichtungen Ost und West ist modern und wurde in die romanischen Sprachen und ins Englische nicht übernommen.

Für die West- und Ostgoten schuf Jordanes, ebenfalls nach Cassiodor, eine gemeinsame Ursprungsgeschichte, einen Mythos, der bei der Konstruktion der Herkunft der Goten vom biblischen Noah auf der Identität der Goten mit den antiken Geten, d. h. auf ihrem Ursprung im Orient beruhte. Der östliche Ursprung wurde mit ei-

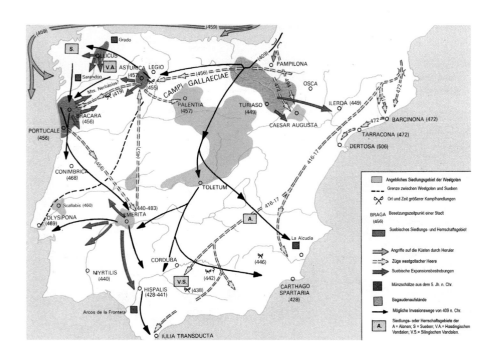

Karte der westgotischen Aktionen auf der Iberischen Halbinsel im 5. Jahrhundert

ner Wandergeschichte vom Osten nach Skandinavien, der sagenhaften Heimat Gothiscandza, und zurück ans Schwarze Meer verbunden – eine Idee, die in Skandinavien noch bis ins 18. Jahrhundert hinein wirksam war und Skandinavien an die biblische Schöpfungsgeschichte anzuschließen erlaubte. Auch daran zeigt sich deutlich die historische Konstruktion, d. h. das künstliche Erschaffen von Tradition aus späterer Sicht.

Jenseits dieser Namen wurden die einzelnen gotischen Verbände bei den Zeitgenossen durch ihre Führer definiert, wie Athanarich oder Fritigern, Alavius, Alatheus und Safrax, die alle gleichzeitig kurz vor 400 operierten. Die Zusammensetzung der Kampfverbände war flüchtig, viele verschwanden ohne ein sichtbares Weiterleben. Gerade in dieser Zeit waren es oft polyethnisch zusammengesetzte Zweckbündnisse. Daher ist auch das Bild von über Jahrhunderte gleichbleibenden Stämmen in dieser unruhigen Zeit nicht zutreffend und das Alter der historischen Überlieferungen der herrschenden Gruppen fraglich.

Einige Archäologen meinen, die Wanderung der Goten von der Ostsee über die mittlere Weichsel bis ins Schwarzmeergebiet verfolgen zu können. Sie halten zwei Kulturen für gotisch: die Wielbark-Kultur um und nach Christi Geburt an der Ostsee und der Weichsel und die Cernjachov- bzw. Sintana-de-Mures-Kultur im 3. bis 5. Jahrhundert im Donaumündungsgebiet. Die behauptete Entwicklung der jüngeren aus der älteren Kultur ist aber weder archäologisch sicher nachzuvollziehen, noch vor dem Hintergrund der konstruierten Geschichte historisch beweisbar.

Die Folgen des Hunneneinfalls von 375 für die Völker an der Donau

Schon während der ersten Hälfte des 4. Jahrhunderts verfolgten die Fürsten der verschiedenen gotischen Gruppen sowohl dem Christentum als auch dem römischen Reich gegenüber unterschiedliche Konzepte: Sollte man sich vom römischen Reich abhängig machen, sich dort ansiedeln, Kriegsdienst leisten und das Christentum übernehmen oder nicht? Wie begegnete man den Feinden, Sarmaten und hasdingischen Van-

Bistümer, die im Konzil von Elvira am Anfang des 4. Jahrhunderts vertreten waren

dalen, am „freien" Donauufer? Wie sicherte man sich Nahrung?

Durch den Hunneneinfall wurde daraus eine Überlebensfrage.

Die meisten Terwingen (später: Westgoten) baten Anfang 376 um Aufnahme in das römische Reich, überquerten die Donau und durften sich im südlich der Donau gelegenen Thrakien (Rumänien) mit einem Föderatenvertrag niederlassen. Damit gab es erstmals freie Föderaten mit Waffen und eigenen Kriegsherren im Gebiet des Römischen Reiches, eine Situation, die sich auf Dauer nicht beherrschen lassen sollte: In den folgenden Jahren gelang es den Eindringlingen, die Militärorganisation zu revolutionieren und die eigentliche Macht im Reich zu übernehmen. Neben der Führung eines Föderatenheeres lockten auch leitende Funktionen in der Militärhierarchie, insbesondere das Amt der *magistri militum* (Heerführer), und nicht zuletzt die Einheirat in die Kaiserfamilien.

Schon 378 kam es bei Adrianopel (heute Edirne, europäische Türkei, Ostthrakien) zu einer katastrophalen Niederlage der Römer. Der oströmische Kaiser Valens fiel. Die siegreichen Barbaren begaben sich auf Wanderschaft und Plünderungszüge im römischen Reich.

Kronen und Kreuze als Weihegaben

von Christoph Eger

Zu den herausragenden archäologischen Denkmälern aus dem spanischen Westgotenreich gehört der Schatzfund von Guarrazar bei Guadamur in der Provinz Toledo. Im August 1858 fanden Bauern ca. 8 km südwestlich von Toledo nach einem schweren Unwetter einen auf zwei benachbarte Verstecke aufgeteilten Schatz, der goldene Votivkronen und -kreuze sowie weitere Objekte aus Edelmetall umfasste. Die genaue Zusammensetzung des Schatzfundes ist unbekannt, weil die Bauern ihren Fund zunächst geheim gehalten und zudem einige Preziosen zerstückelt und an toledanische Silberschmiede verkauft hatten. Zum heute noch erhaltenen Bestand zählen zehn Weihekronen, sieben Hängekreuze, zwei Armfragmente eines Prozessionskreuzes und weitere kleinere Fragmente, die in Madrid und Paris aufbewahrt werden. Aus den Aussagen der später verhörten Schatzfinder geht hervor, dass ursprünglich auch Gefäße und figürliche Goldschmiedearbeiten, wie angeblich eine Taube, zum Fundensemble gehört haben müssen.

Als historisch-archäologisch bedeutsamste Arbeiten gelten die beiden Kronen mit königlicher Stifterinschrift: die seit ihrem Raub 1921 verlorene Krone König Svinthilas (621–631) und die Krone König Reccesvinths (649/53–672) (s. Abb.). Es handelt sich um Reifkronen, die mittels goldener Ketten aufgehängt werden konnten. Ziertechniken und -motive zeigen, dass die toledanische Hofwerkstatt – dort nämlich dürften die Kronen angefertigt worden sein – ganz den mediterranen, besonders byzantinischen Goldschmiedearbeiten des

6. und 7. Jahrhunderts verpflichtet war. Zu den typischen Kennzeichen gehören die strenge Symmetrie und der tektonische Aufbau der Steinfassungen, die Verwendung von Muldenfassungen, Plate-inlaying, Cloisonné und Punzierungen im Stil der byzantinischen Komma-Ornamentik.

Als byzantinische Originalarbeit gilt seit Längerem das in die Reccesvinth-Krone eingehängte kleine Kreuz. Es dürfte ursprünglich als Kreuzfibel oder als ein auf dem Gewand befestigtes Pektoralkreuz gedient haben, wie ein rückseitig angebrachter Mechanismus (Scharniergelenk und Halterung für eine Nadel) nahelegt.

Der Brauch, Weihekronen und -kreuze in Kirchen aufzuhängen, und zwar im Altarbereich oder über Märtyrergräbern, ist bereits aus spätrömischer und frühbyzantinischer Zeit belegt. So gibt es in den Schriftquellen Hinweise über Weihekronen in Ravenna und Konstantinopel, aber auch in der Rotunde der Grabeskirche von Jerusalem. Bildliche Darstellungen belegen Weihekronen während des frühen und hohen Mittelalters in ganz Europa. Ihr Sinngehalt ist vielschichtig. Unter anderem spielen Weihekronen auf die *corona iustitiae* an, welche die Märtyrer aus der Hand Christi empfangen. Als königliche Weihegaben können sie aber auch auf das Gottesgnadentum hinweisen. Die Stiftung von Weihekronen durch westgotische Könige ist in den Schriftquellen überliefert und schon für das späte 6. Jahrhundert bezeugt. Allerdings war dies kein königliches Privileg. Anhand der Stifterinschriften lassen sich mindestens eine Krone und zwei Kreuze mit anderen Würdenträgern

Weihekrone des Reccesvinth

verbinden, unter denen sich ein Abt namens Theodosius befindet.

Bis heute konnte nicht geklärt worden, aus welcher Kirche der Schatz von Guarrazar ursprünglich stammte. Geophysikalische Messungen und sondierende Ausgrabungen vor Ort ergaben jüngst umfangreiche Baustrukturen mit mehreren Gebäuden, darunter wahrscheinlich eine große Kirche, die auf die Bedeutung Guarrazars im Umfeld der Hauptstadt Toledo hinweisen. Der Schatz wurde an diesem Ort also nicht zufällig verborgen, als man ihn wahrscheinlich Anfang des 8. Jahrhunderts vor dem Zugriff der nahenden Araber retten wollte.

Lit.: Balmaseda 2001 – Eger 2004b – Eger 2007 – Lasteyrie 1860 – Perea 2001 – Ríos 1861 – Schlunk / Hauschild 1978

40 Jahre unterwegs!

Dem Sieg bei Adrianopel folgte eine Periode unsteter Suche nach einer stabilen Situation. 382 findet man die siegreichen Truppen als *foederati* in Thrakien. Ab 391 standen sie unter der Führung des Westgotenherrschers Alarich, dem es trotz verschiedener Niederlagen in der ersten Zeit gegen den vandalischen *magister militum* Stilicho gelang, andere barbarische Verbände verschiedener Herkunft in sein Heer zu integrieren und so seine Macht zu vergrößern. 395, beim Tod des Kaisers Theodosius, befand er sich in Makedonien und Griechenland, ab 401 in Italien, wo er nach Stilichos Sturz im Jahr 408 Rom ernsthaft bedrohen konnte. Dass es tatsächlich am 24.8.410 zur Plünderung Roms und zur Gefangennahme der Tochter des Kaisers Theodosius und Schwester des amtierenden Kaisers Honorius, Galla Placidia, kam, verstörte die gesamte Alte Welt. Das Ereignis wurde vom Kirchenvater Augustinus in seinem „Gottesstaat" – *Civitas Dei* – theologisch verarbeitet.

Alarich aber sollte kein Glück beschieden sein. Er starb auf dem Weg nach Nordafrika in Süditalien, was August Graf von Platen (1796–1835) zu dem berühmten Gedicht „Das Grab im Busento" nach der *Getica* des Jordanes beflügelte:

„[...] Und den Fluss hinauf, hinunter zieh'n die Schatten tapfrer Goten, die den Alarich beweinen, ihres Volkes besten Toten [...] Schlaf in deinen Heldenehren! Keines Römers schnöde Habsucht soll dir je dein Grab versehren! [...]"

Einsatz in Europas Westen

Athaulf, ein Schwager Alarichs, führte dessen Heer nun nach Nordwesten und in den römischen Dienst zurück, zunächst, um den Usurpator Iovinus zu unterstützen. Inzwischen waren die silingischen und die hasdingischen Vandalen, die Alanen und die Sueben nördlich an dem von den Westgoten besetzten Italien vorbeigezogen, hatten Gallien verwüstet und 409 die Pyrenäen überschritten. Rom brauchte die Goten jetzt in der Hispania, um dieser Barbaren Herr zu werden, und Athaulf übernahm die vielversprechende Aufgabe im Dienste des legitimen Kaisers Honorius, freilich nicht ohne vorherige Auseinandersetzungen um die geraubte Prinzessin Galla Placidia: Dies sollte der Beginn des Westgotenreiches in Südfrankreich und Spanien werden. 413, 415 und 418 schlossen Athaulf und sein Nachfolger Vallia Verträge als römische Föderaten, 414 griffen die Westgoten erstmals in Spanien ein. 418 wurden sie dann in Südfrankreich, nämlich in Aquitanien und in der direkt an die Pyrenäen angrenzenden Novempopulania, angesiedelt und operierten von dort aus weiter in Hispanien, im Dienst Roms, aber gleichzeitig in eigenem Interesse (s. Karte S. 148). Athaulfs Plan, durch seine Heirat mit der Galla Placidia den Kaiserthron zu erlangen, war jedoch gescheitert. Der gemeinsame Sohn starb, Athaulf folgte ihm bald, Galla Placidia wurde zurückgegeben und ihr zweiter Mann, Flavius Constantius, gewann die Kaiserwürde.

Spätantike Mauern von León (Castilla la Vieja)

Die Sueben auf der Iberischen Halbinsel

von Alexander Koch

Bis heute ist die Geschichte der Sueben lückenhaft und nur in Umrissen bekannt. Gemeinsam mit Vandalen, Alanen und Quaden werden sie in den Quellen unter den Barbarengruppen genannt, die in der Neujahrsnacht des Jahres 407 bei Mainz den Rhein überquert haben und ins spätantike Gallien eingefallen sein sollen, wo sie plündernd und raubend umherzogen; kein römisches Heer, so die Überlieferung, vermochte sich ihnen entgegenzustellen. Später sollen die besagten Gruppen über die Pyrenäen hinweg auf die Iberische Halbinsel vorgedrungen sein und im Jahr 411 die Provinzen Gallaecia, Lusitania, Carthaginiensis und Baetica eingenommen haben. Dort soll man ihnen durch Bündnisverträge mit Rom Siedlungsgebiete zugewiesen haben, für deren militärische Sicherung sie fortan als Föderaten verantwortlich zeichneten. Einem mit Kaiser Honorius abgeschlossenen Vertrag zufolge soll den Sueben unter ihrem König Hermerich zunächst ein Gebiet in der Provinz Gallaecia im äußersten Nordwesten der Iberischen Halbinsel übertragen worden sein, wodurch es zur Gründung eines suebischen Königreiches auf reichsrömischem Boden gekommen sein soll.

Die Sueben waren damit zeitweise sowohl den bis zu ihrer Übersiedlung nach Nordafrika vornehmlich in der Lusitania und der Baetica siedelnden silingischen Vandalen und Alanen als auch den hasdingischen Vandalen in der Gallaecia benachbart, zwischen denen es schon bald zu kriegerischen Auseinandersetzungen kommen sollte. Nach Militärschlägen in römischen Diensten stehender Westgoten unter ihrem König Valia gegen die Vandalen in der Baetica und die Alanen in Lusitanien blieb das Herrschaftsgebiet der Sueben und Vandalen, denen sich Alanen angeschlossen hatten, auf den nordwestlichen Teil der Iberischen Halbinsel beschränkt. Die Konflikte der Sueben mit ihren Nachbarn sollten allerdings auch mit der Übersetzung der Vandalen unter ihrem König Geiserich im Jahre 429 nach Nordafrika nicht abbrechen: Im Kern des suebischen Herrschaftsgebietes mit Braga (Bracara Augusta) als Hauptsitz kam es wiederholt zu Kämpfen mit der einheimischen hispano-romanischen Bevölkerung. Unter ihren Königen Hermerich, Rechila und Rechiarius vermochten die Sueben ihr Herrschafts- und Einflussgebiet nach und nach auszuweiten. Im Jahre 439 eroberte Rechila Mérida und machte es zur Hauptstadt, zwei Jahre später gewann er die Kontrolle über Sevilla; die drei Provinzen Lusitania, Baetica und Carthaginiensis wurden Galizien zugeschlagen. Sein Sohn und Nachfolger Rechiar unternahm sogar den Versuch sich die Provinz Tarraconensis anzueignen, doch seine Expansionsbestrebungen scheiterten; im Jahre 452 wurde zwischen den Römern und Sueben ein formaler Friede geschlossen. Mit dem Eingreifen zunächst in römischem, später in eigenem Auftrag agierender Westgoten in den 50er und 60er Jahren des 5. Jahrhunderts verloren die Sueben alle bis dahin annektierten Gebiete und wurden in ihre ursprünglichen Siedlungsräume zurückgedrängt. Zunächst war es der

Mutmaßlich suebische Gürtelschnalle aus vergoldeter Bronze mit farbigen Steineinlagen aus der Umgebung von Baamorto/Monforte de Lemos, Provinz Lugo, Spanien. – Zeichnung J. Ribbeck (RGZM, Mainz). Nach Koch 1999

mit Rom verbündete Westgotenkönig Theoderich II., der sich den vordringenden Sueben entgegenstellte und ihnen eine entscheidende militärische Niederlage beibringen konnte, im Jahre 468 der westgotische König Eurich, der nun nicht mehr mit Rom verbündet war, sondern eigene Interessen vertrat, mit seinen Truppen den Sueben erneut empfindliche Niederlagen beibrachte und sie in ihre ursprünglichen Siedlungsräume in Galizien zurückdrängte. Mit der Eroberung Hispaniens durch die Westgoten brachen die gewaltsamen Konflikte mit den Sueben allerdings nicht ab. Sie fanden erst mit der Einverleibung ihres Reiches in das der Westgoten unter ihrem König Leovigild im Jahre 585 ein Ende.

Lit.: Koch 1999

Die Herrschaftsbildung der Westgoten in Südfrankreich, das sog. Tolosanische Westgotenreich (nach seiner Hauptstadt Tolosa/Toulouse), war dennoch zunächst von Erfolg gekrönt. Die Siege gegen die Feinde Roms in Spanien (s. S. 169 ff.) und gegen die Hunnen mit ihrem multiethnischen Gefolge, zu dem auch die Ostgoten gehörten, im Jahr 451 in der Schlacht auf den Katalaunischen Feldern (in der Gegend von Troyes) konsolidierten ihre Machtstellung. Ausdruck dessen war 475 der *Codex Euricianus*, eine zu großem Teil auf römischem Recht beruhende Gesetzessammlung für die germanische Bevölkerung des Reiches, der 506 die *Lex Romana Visigothorum* folgte. Beide Texte sind in Latein verfasst und zeugen vom weitgehenden Verlust der gotischen Sprache schon in der zweiten Hälfte des 5. Jahrhunderts. Dem allmählichen Vordringen der Franken von Norden setzten die Westgoten die Expansion ihres Herrschaftsgebietes am französischen Mittelmeerufer bis zur Rhône (Septimanien) und zunehmend auch nach Spanien entgegen. Die Franken hatten 486 bei Soisson Syagrius, den Sohn des *magister militum* Aegidius, besiegt, in Folge auch die Westgoten südlich der Loire bedrängt und endlich nach der sog. Schlacht bei Vouillé 507, bei der König Alarich II. fiel, aus Toulouse verdrängt. Das war das Ende des Tolosanischen Westgotenreiches.

Die Iberische Halbinsel in der Invasionszeit

In Südfrankreich und auf der Iberischen Halbinsel blieben die Goten, wie seit ihrem Eintritt ins römische Reich, in weitgehend romanisiertem Gebiet. Man sprach, bis auf den äußersten Norden Spaniens, Latein. Die Hispania gehörte seit den Reformen Diokletians und Konstantins im 3. und beginnenden 4. Jahrhundert zur Präfektur Galliae. Die vier Präfekturen des Reiches waren in mehrere Diözesen unterteilt, so die Diözese Gallia oder die Diözese Hispania. Letztere bestand aus fünf Provinzen mit ihren Hauptstädten: im Süden die Baetica mit Córdoba, im mittleren Westen Lusitania mit Mérida, im mittleren Osten die Carthaginensis mit Carthago Nova (Cartagena), im Nordosten die Tarraconensis mit Tarraco (Tarragona), im Nordwesten Gallaecia mit Bracara Augusta (Braga). Das Innere Spaniens bildete keine eigene Provinz. Hier trafen sich die Grenzen von Lusitania, der Carthaginensis und Gallaecia. Die nächstkleinere Einteilung bildeten Gerichtsbezirke, denen wiederum Städte, *civitates*, vorstanden, z. B. in der Baetica Ecija. Auf dieser Ordnung basierte auch die Kirchenverfassung, denn in den Hauptorten bildeten sich die frühesten Bistümer (s. Karte S. 149). Ein Straßennetz verband die wichtigen Städte und Villen.

Die Iberische Halbinsel war zu Beginn des 5. Jahrhunderts ein überwiegend christlich-katholisches Gebiet. Im ausgehenden 4. und beginnenden 5. Jahrhundert unter der Herrschaft der Dynastie des Theodosius, die aus der nördlichen Carthaginensis stammte, erlebten Städte und Villen eine späte Blüte.

Friedhof von Tarragona, Tabakfabrik

Dabei war die Iberische Halbinsel seit dem 3. Jahrhundert immer wieder Schauplatz von Unruhen gewesen, deren Ursachen sowohl von außen als auch von innen kamen. Dazu gehörten die Invasionen der Alamannen und Franken, aber auch die sog. Bagaudenaufstände, d. h. Revolten von Bauern oder Lokaltruppen, die in Gallien und in Nordspanien bis ans Ende des 5. Jahrhunderts Probleme machten. Während man früher annahm, dass dadurch sowie durch die Alanen, Vandalen und Sueben und die sie bekämpfenden Goten die Verwaltungs- und Wirtschaftsstruktur weitgehend zerstört worden wären, sprechen neuere archäologische Untersuchungen für eine Weiterentwicklung der antiken Stadtkultur bis ins frühe Mittelalter, vielfach mit einer Platzkontinuität bis heute, wie z. B. in Barcelona, Tarragona, León, Astorga, Segovia, Toledo, Mérida, Évora

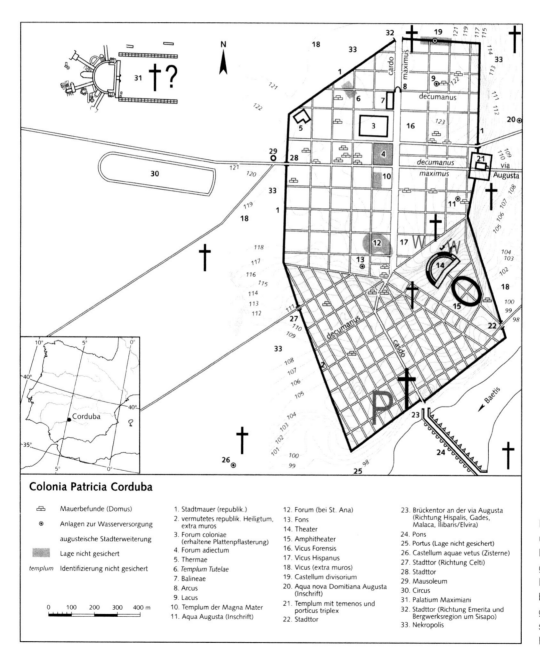

Colonia Patricia Corduba

🏠 Mauerbefunde (Domus)

⊙ Anlagen zur Wasserversorgung

augusteische Stadterweiterung

Lage nicht gesichert

templum Identifizierung nicht gesichert

0   100   200   300   400 m

1. Stadtmauer (republik.)
2. vermutetes republik. Heiligtum, extra muros
3. Forum coloniae (erhaltene Plattenpflasterung)
4. Forum adiectum
5. Thermae
6. *Templum Tutelae*
7. Balineae
8. Arcus
9. Lacus
10. Templum der Magna Mater
11. Aqua Augusta (Inschrift)
12. Forum (bei St. Ana)
13. Fons
14. Theater
15. Amphitheater
16. Vicus Forensis
17. Vicus Hispanus
18. Vicus (extra muros)
19. Castellum divisorium
20. Aqua nova Domitiana Augusta (Inschrift)
21. Templum mit temenos und porticus triplex
22. Stadttor
23. Brückentor an der via Augusta (Richtung Hispalis, Gades, Malaca, Ilibaris/Elvira)
24. Pons
25. Portus (Lage nicht gesichert)
26. Castellum aquae vetus (Zisterne)
27. Stadttor (Richtung Celti)
28. Stadttor
29. Mausoleum
30. Circus
31. Palatium Maximiani
32. Stadttor (Richtung Emerita und Bergwerksregion um Sisapo)
33. Nekropolis

Plan des römischen und westgotenzeitlichen Mérida. Westgotenzeitlich: rot P = Palast; rot W = Wohnbauten; schwarz Kreuz groß = Bischofskirche; schwarz Kreuz klein = Kirche

und Córdoba. Freilich veränderten sich Stadt und Land: Die Städte vor allem des unruhigen Nordens erhielten starke Mauern mit Rundtürmen, wie sie teilweise bis heute noch gut erhalten sind, so in Lugo (Galizien) oder in León (Castilia y León, s. Abb. S. 151), ergraben z. B. in Gijón (Asturias). Die imposanten Stadttore waren ebenfalls von Rundtürmen eingefasst. Im Innern der Mauerringe oder an ihrem Rande verloren die öffentlichen Bauten des heidnischen römischen Lebens ihre Bedeutung und wurden anderweitig genutzt: die Theater, der Circus, die Thermen und die Foren mit ihren Tempeln und Verwaltungsgebäuden. Dafür entstanden das kirchliche Zentrum der Stadt, die Bischofskirche mit dem Bischofspalast und der Palast des Königs oder seines örtlichen Stellvertreters, des Grafen. Wie und ob die alten Bauten genutzt wurden, ist unterschiedlich, so entstanden in Theatern Privathäuser, Kirchen und Friedhöfe, wie z. B. in Tarragona (s. Abb. S. 153). Die beiden Provinzhauptstädte Mérida und Córdoba nahmen eine ähnliche Entwicklung (s. Abb. linke Seite), die Bischofskirche und der Palast wurden in beiden Fällen am Stadtrand in Flussnähe an der alten Römerbrücke errichtet (s. Abb. rechts oben). Wesentliche Elemente des städtischen Lebens aber, wie die Verwaltung, Rechtssprechung, Handel und Handwerk, scheinen entgegen früherer Ansichten weitergelebt zu haben. Inwieweit dabei die Bevölkerung der Städte infolge von Seuchen (die Pest!), Hungersnöten und Plünderungen zurückgegangen ist, lässt sich archäologisch derzeit schlecht ermitteln.

Eine wichtige Rolle für die Entwicklung besonderer Städte auf der Iberischen Halbinsel scheint der Circus gespielt zu haben. Er lag, wie auch die Theater, außerhalb der Städte und ist ein Kennzeichen der imperialen Bedeutung der Stadt. In Toledo, für das aus schriftlichen Quellen keine überragende Stellung in römischer Zeit bekannt ist, widersprechen der relativ gut erhaltene Circus in der „Vega Baja" unterhalb der Stadt sowie die zahlreichen römischen Funde aus dem Stadtinnern dem Schweigen der schriftlichen Quellen: Toledo muss auch schon in römischer Zeit zu den wichtigsten Städten auf der Iberischen Halbinsel gehört haben. Von seiner Pracht zeugt der spätantike Marmorknauf eines Prunksitzes.

Nicht alle spätrömischen Städte jedoch erreichten das hohe Mittelalter, so gingen z. B. Segóbriga, Ercávica

Römerbrücke von Mérida

(beide Cuenca), Tiermes (Soria) oder Clunia (Burgos) zugrunde, alle auf den beiden zentralen Hochebenen (Meseta) gelegen. Während Hauptstädte von Provinzen und Gerichtsbezirken über die Bischofssitze sehr oft weiterbestanden, wurden vor allem auf dem Hochland viele Städte wüst, sei es, dass ihre geografische Lage den Klimaveränderungen nicht standhielt, sei es, dass die strategische Lage neueren Kampfbedingungen nicht mehr angepasst war.

Auch für ein Weiterleben der römischen Villenkultur in spätantik-westgotischer Zeit gibt es immer mehr Hin-

Spätantike Villa von Carranque (Toledo), Rekonstruktion

San Pedro de la Nave (Zamora), der heilige Thomas

fußböden im Fall von Carranque sehr deutlich den Luxus und die handwerkliche Kunst in dieser Zeit der Invasionen (s. Abb. S. 155 unten).

Von Kontinuität in die Westgotenzeit hinein zeugen neben verschiedenen weiteren Handwerks- und Kunstzweigen (z. B. die in Spanien und Nordafrika hergestellte und weithin transportierte *Terra sigillata*, hochwertige Keramik, oder das Glashandwerk) auch die Schriftzeugnisse in lateinischer Sprache, wobei Isidor von Sevilla im 7. Jahrhundert, d. h. mitten in der Westgotenzeit, Autor einer Enzyklopädie des Wissens der Antike werden sollte.

Hierher gehören auch die einmalig erhaltenen westgotenzeitlichen Kirchenbauten, deren frühe Datierung in letzter Zeit angezweifelt, dann aber dendrochronologisch bestätigt wurde. Der Baudekor gehört in einen spätantik-mediterranen Zusammenhang (s. Abb. links). Christliche Symbolik und ähnliche Muster finden sich auch auf Schnallen und liturgischem Gerät.

Die Westgoten wurden Spanier

Von der Mitte des 5. Jahrhunderts an verstärkten sich die bezeugten westgotischen Aktivitäten auf der Iberischen Halbinsel. Neben dem Kampf gegen die Sueben im Nordwesten findet man einen westgotischen Grafen in der Hauptstadt Lusitaniens, Mérida, der laut einer heute verschollenen Inschrift im Jahr 473 die römische Brücke renovieren ließ. Die Westgoten reisten offenbar überwiegend auf den Römerstraßen nahe des Pyrenäenrandes und der Ostküste, 494 bemerkt die Chronik von Zaragoza, dass sie sich angesiedelt hätten (*sedes acceperunt*). Nach 507, dem Fall von Toulouse, verlegte sich das Zentrum des Reiches nach Spanien, zunächst, unter der Oberherrschaft Theoderichs von Italien aus, nach Katalonien. Erst Mitte des 6. Jahrhunderts gelang die Konsolidierung des Westgotenreiches im zentralen, sowohl vor den Byzantinern als auch vor den Franken geschützten Toledo. Hier entstand ein neues kirchliches (Erzbistum, Konzilien) und weltliches Machtzentrum.

Entscheidend wurde 589 der Übertritt der Westgoten zum Katholizismus auf dem III. Konzil von Toledo, wenig früher die Aufhebung des (auch vorher nicht

weise, entgegen der früheren Ansicht, dass schon seit der Krise des 3. Jahrhunderts die Villenkultur zurückgegangen sei, doch sind auch Zerstörungen belegt.

Einige Villen wurden, ähnlich wie die angesprochenen öffentlichen Stadtteile, in ihrem Wesen verändert, z. B. wurden sie Ausgangspunkte für die Entwicklung der die frühmittelalterliche Stadt umgebenden Friedhöfe mit ihren Friedhofskirchen. Ein besonders gut untersuchtes Beispiel ist Santa Eulalia in Mérida, wo auf dem Villengelände zunächst das Mausoleum der dort beheimateten Märtyrerin entstand, dann die Kirche und der Friedhof.

Heute weiß man, dass viele Villen im 4./5. Jahrhundert eine neue Blüte erlebten, z. B. Carranque (Toledo), Saucedo (Toledo) oder Aguilafuente (Segovia). Unklar bleibt angesichts westgotenzeitlicher Bestattungen im Villengelände oft, ob die ganze Villa noch genutzt wurde. Jedenfalls zeigt die reiche Ausgestaltung mit Mosaik-

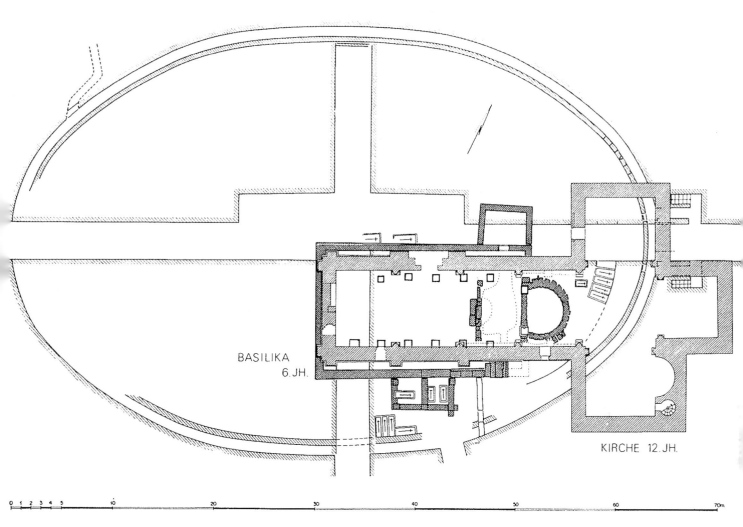

BASILIKA
6.JH.

KIRCHE 12.JH.

0 1 2 3 4 5   10   20   30   40   50   60   70m

Tarragona, römisches Amphitheater mit Märtyrerkirche

strikt durchgeführten) Eheverbots zwischen Romanen und Goten, d. h. es erfolgte eine Vereinheitlichung des Rechts. 585 folgte die Eroberung des Suebenreichs, 625 die Eroberung des byzantinischen Südens.

Archäologische Spuren der Westgoten in Spanien?

Am sichersten lassen sich archäologische Funde bestimmten Personen oder Personengruppen zuordnen, wenn sie Inschriften tragen. Deshalb sind mit den Westgoten auch Schatzfunde mit Votivkronen aus dem 7. Jahrhundert verbunden worden, die Könige als Spender überliefern (s. S. 150).

Außerdem ist vor allem der Bestattungsbrauch herangezogen worden, um die Westgoten und Romanen und ihre Siedlungsgebiete, aber auch ihre gegenseitige Beeinflussung zu erkennen. Wie schon dargestellt, bezeugen die schriftlichen Quellen die Westgoten bis zur Mitte des 6. Jahrhunderts überwiegend in den Randgebieten der Iberischen Halbinsel. Hier entwickelte sich der spätantike und später frühchristliche beigabenarme Bestattungsbrauch aber in römischer Tradition und meist im Zusammenhang mit Kirchenbauten, z. B. in Tarragona (s. Abb. oben), wo germanische Personennamen auch in Grabinschriften überliefert sind. Auch kleinere kirchliche Friedhöfe entstanden, vor allem im Süden und Südwesten, z. B. San Pedro de Alcántara (Vega del Mar, Málaga). Der Bestattungsbrauch in diesen Gebieten weist keine

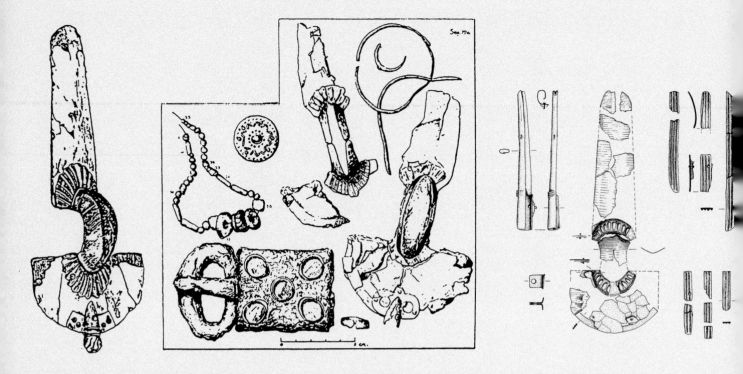

Grabfunde von Silberblechfibeln aus Frankreich und Spanien, Ende 5. Jh. Links: aus Chassemy (Dép. Aisne). Mitte: aus Duratón, Segovia. Rechts: aus El Carpio de Tajo (Toledo)

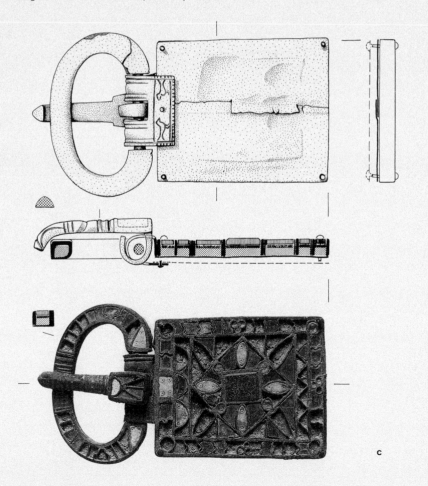

c

Schnalle mit rechteckigem Beschlag, El Carpio de Tajo (Toledo), Grabfund, Ende 5. bis Anfang 6. Jahrhundert

Reccopolis (Zorita de los Canes, Guadalajara), Luftbild

Ähnlichkeit zu den Herkunftsgebieten der Westgoten auf, ihre Bestattungen sind archäologisch also nur über Inschriften zu erfassen.

Einige Funde mit Parallelen aus Ostmitteleuropa werden mit den Invasionen des 5. Jahrhunderts in Verbindung gebracht, wie der reiche Prunkgrabfund von Beja (Beixo Alentejo, Portugal), der römischen Stadt Pax Iulia. Hier war ein reicher Waffenträger auf einem römischen Friedhof bestattet worden.

Auf den kastilischen Hochebenen finden sich ebenfalls städtische römische Friedhöfe mit Kontinuität bis ins 6. und 7. Jahrhundert. Der Bestattungsbrauch, auch mit beigabenführenden Gräbern, weist teils mitteleuropäische, teils mediterrane Züge auf (z. B. Herrera de Pisuerga [Palencia] oder Segóbriga [Cuenca]).

Unter den ländlichen Friedhöfen des Zentrums unterscheidet man zwei Gruppen: eine Gruppe kleinerer Friedhöfe des 4. bis 5. Jahrhunderts mit einigen Waffen- und Gerätegräbern, deren Interpretation bis heute strittig ist, sowie eine zweite Gruppe teilweise riesiger Friedhöfe des ausgehenden 5. bis 6. Jahrhunderts, die durch Frauengräber mit Beigaben hervorsticht. Dazu gehören Bügelfibeln, Tierfibeln und große Rechteckschnallen (s. Abb. linke Seite), die in Mitteleuropa Parallelen besitzen und im Grab regelmäßig angeordnet sind, so dass man aus ihnen eine bestimmte Tracht, die Peplostracht, rekonstruieren kann. Diese Gruppe ist als Westgotenfriedhöfe interpretiert worden und gilt als archäologischer Beleg für ein geschlossenes Siedlungsgebiet der westgotischen Bevölkerung in Spanien (s. Karte S. 148, grüner Bereich). Heute zeigt sich, dass eine strikte Trennung zwischen spätantiken und sog. Westgotenfriedhöfen nicht aufrechtzuerhalten ist, sie sind weitgehend identisch, die beigabenführenden Gräber bilden oft in einer Phase von knapp 100 Jahren Gruppen in bestehenden Friedhöfen, so in El Carpio de Tajo (Toledo) oder in Duratón (Segovia), ähnlich also den städtischen Friedhöfen. Ein anderer Fall ist vielleicht Gózquez de Arriba, San Martín de la Vega (Madrid), wo eine Nekropole u. a. mit Fibelgräbern einer nur kurzfristig benutzten ländlichen Siedlung zugeordnet werden kann. Eine Feindatierung aller dieser Friedhöfe ist leider bisher nicht möglich, da sie zu wenig Münzen als Beigaben enthalten. Sicher ist allerdings, dass man den Toten am Ende des 6. Jahrhunderts fast keine Beigaben mehr ins Grab legte, was mit dem Übertritt der Westgoten zum Katholizismus erklärt wird. Sehr nahe Parallelen für Bestattungsbrauch und Beigaben kennen wir aus Nordfrankreich und von der französischen Mittelmeerküste. Die Gräber mit mitteleuropäisch geprägten Beigaben stehen sicher im Zusammenhang mit den geschilderten Völkerbewegungen und zeigen, dass Germanen und Romanen in Stadt und Land auf denselben Friedhöfen bestattet worden sind und dass sich dabei der Bestattungsbrauch in regional unterschiedlichem Maße verändert hat. Sie stellen jedoch nicht die einzige Bestattungsart von Personen westgotischer oder anderer germanischer Herkunft im Westgotenreich dar. Jedenfalls kennzeichnen sie nicht ein geschlossenes westgotisches Siedlungsgebiet.

Im Nordwesten der Iberischen Halbinsel und in Aquitanien ist neuerdings eine Gruppe von Gräbern mit Äxten und Lanzen herausgestellt worden, z. B. Aldaieta (Álava), die als Bestattungen von Franken diskutiert worden sind – DNA-Untersuchungen haben aber die einheimisch-atlantische Herkunft der Bevölkerung erbracht.

Oviedo (Asturias) Monte Narranco, Belvedere (Ramiro I. 842-850), Palast

Westgotische Stadtbauten

Historische Quellen belegen auch die Tätigkeit westgotischer Herrscher als Bauherren: *Liuvigildus rex* [...] *civitatem in Celtiberia ex nomine filii condidit, quae Reccopolis nuncupatur* [...] („König Leovigild [...] gründete in Celtiberia eine Stadt, die er nach seinem Sohn Reccopolis nannte [...]"; Juan von Biclaro, 6. Jh.). Das vermutlich 578 durch Leovigild gegründete Reccopolis hat man archäologisch mit einiger Sicherheit in der Wüstung von Zorita de los Canes (Guadalajara) wiedergefunden. Die umfangreichen Ausgrabungen der letzten Jahre haben eine westgotenzeitliche und früharabische Stadt auf einer Anhöhe über dem Río Tajo freigelegt, die möglicherweise aber schon eine spätrömische Phase aufweist (s. S. 159). Eine weitere Stadtwüstung, El Tolmo de Minateda (Hellín, Albacete), zeigte auf antiker Grundlage ebenfalls bedeutende westgotenzeitliche und früharabische Anlagen.

Das Ende des Westgotenreiches und der Beginn von 800 Jahren Krieg in Spanien

Die Geschichte des Westgotenreiches endete im Jahre 711, als die Araber die Iberische Halbinsel bis auf den äußersten Norden in wenigen Jahren einnahmen. Viele Fürsten kollaborierten, andere flohen nach Norden und organisierten von Asturien (Hauptstadt Oviedo) und dem Pyrenäengebiet aus den Widerstand gegen die Araber: den Beginn der sog. Reconquista. Oviedo gelangte mit seinen Kirchen- und Palastbauten zu kultureller Blüte und wurde eine der Keimzellen europäischer frühmittelalterlicher Kultur (s. Abb. linke Seite).

Für Spanien begann eine fast 800-jährige, kulturell äußerst fruchtbringende Auseinandersetzung mit dem Islam, gleichzeitig aber auch 800 Jahre Krieg, bis 1492 die letzte arabische Bastion, Granada, erobert wurde. Die kastilischen Könige aber sahen sich als Nachfolger der Westgotenkönige, die einst die ganze Iberische Halbinsel beherrscht hatten.

Lit.: Bierbrauer 1994 – Claude 1970 – Demandt 2008 – Ebel-Zepezauer 2000 – Geary 2002 – Goetz / Patzold / Welwei 2006 – Kampers 2008 – Olmo Enciso 2008 – Sasse 2005 – Schlunk 1978 – Wolfram 1979

Münzen der Westgoten und Sueben

von Roman Keunitsch

Die erste Stufe eigener Münzprägungen in den verschiedenen Reichen der Völkerwanderungszeit sind pseudoimperiale Prägungen. Man versteht darunter Nachahmungen römisch-kaiserzeitlicher Münzen, welche bisher den Geldumlauf in Europa und im Mittelmeerraum bestimmt hatten.

So imitierten auch die Westgoten in ihrem Reich von Toulouse (417–507) römische Goldmünzen (kein Silber oder Kupfer), d.h. Solidi und deren Drittelstücke, Tremisses. Es wurden Goldprägungen im Namen der Westkaiser Honorius (393–423) und Valentinian III. (425–445) (s. Kat. 118) aus der Münzstätte Ravenna, eventuell mit Einverständnis der römischen Autoritäten, kopiert. Seltener sind Kopien von Solidi des Ostkaisers Theodosius II. (402–450). Der Beginn dieser Münztätigkeit ist schwer zu fassen. Er muss in der Zeit zwischen 420 und 440 liegen. Als Münzstätte ist die westgotische Hauptstadt Toulouse anzunehmen, vielleicht zusätzlich Narbonne. Eine Zuweisung von Münzen zu den Westgoten dieser Zeit ist nur aufgrund der oft sehr vagen Kriterien des Stils und der Fundorte möglich und daher nicht immer sicher, manches Stück mag eine andere Herkunft haben.

Königsnamen finden sich auf Münzen des Reichs von Toulouse nicht. Es ist allerdings möglich, dass die Abänderung der Münzstättensignatur der Vorlagen (RV für Ravenna) in RA auf einigen Stücken als R[ex] A[laricus] zu deuten ist. Alarich II. (484–507) hat offensichtlich Münzen prägen lassen, denn ein Burgundisches Gesetz aus dem Anfang des 6. Jahrhunderts verbietet den Umlauf von minderwertigen *alariciani*. RA heißt also vielleicht wirklich REX ALARICVS oder wurde von den Zeitgenossen zumindest so interpretiert; die Solidi mit RA haben jedenfalls tatsächlich einen geringeren Goldgehalt.

Die meisten Nachahmungen nach dem Vorbild des Anastasius (491–517) und alle ab Justinus I. (517–526) sind im zweiten Westgotischen Reich von Toledo (507–711) entstanden. Jetzt wurden hauptsächlich Drittelsolidi, Trienten oder Tremisses geprägt. Es entwickelte sich ein besonderer Stil. Charakteristisch ist das Kreuz auf der rechteckig gewordenen „Kaiser"büste der Vorderseiten und eine wunderliche Ausgestaltung der Victoria mit Kranz auf den Rückseiten. Sie erinnert an ein Känguru mit Segelflügeln und Kaninchenohren. Die Chronologie und Münzstättenzuweisung dieser Stücke muss trotz verschiedener Bemühungen der Forschung weitgehend unsicher bleiben. Anfang der 570er Jahre, unter König Leovigild (568–586), wurde das Gewicht der pseudoimperialen Trienten dem der leichteren fränkischen angepasst und sank von 1,5 g auf 1,3 g. Mit Leovigild begann zwischen 579 und 586 die eigentliche königliche Münzprägung der Westgoten in Spanien. Es wurden nur noch Trienten geprägt. Diese sind die heute am häufigsten vorhandenen Münzen der Völkerwanderungszeit, was einen Hinweis auf den ursprünglichen Umfang der Prägung gibt.

Typisch westgotisch ist nach einigen Übergangsformen die Königsbüste frontal auf beiden Seiten. Diese Darstellungsweise bleibt über 60 Jahre lang kanonisch. Sie zeigt den Herrscher nach germanischer Königssitte mit langem Haar und Paludament (dem Feldherrenmantel), aber ohne weitere Insignien, auch ohne die von Leovigild eingeführte Krone. Auf der einen Seite wird in der Legende der Name des Königs in bisweilen fantasievoller Orthografie und kuriosen Schriftformen mit dem oft abgekürzten Titel REX genannt. Bis zum Ende des Reiches 711 sind die Namen aller Westgotenkönige auf Münzen überliefert. Auf der Rückseite wird die Münzstätte genannt. Die heutige Forschung kennt rund 100, wobei einige noch nicht identifiziert sind. Allerdings stammt die Hälfte der bekannten Stücke aus den vier wichtigsten Prägeorten: Toledo, Mérida, Sevilla und Cordoba. Sie sind oft schon an ihrem charakteristischen Stil zu erkennen. Es ist unklar, warum größere Orte wie Barcelona oder Valencia kaum geprägt haben. Der Münzstättenname wird ergänzt durch Adjektive wie PIVS, IVSTVS, FELIX oder Substantive wie VICTOR. Sie beziehen sich natürlich nicht auf den Prägeort, sondern sind Fortsetzung des königlichen Titels auf der Vorderseite (s. Kat. 114 bis 116). Münzmeisternamen kommen im Gegensatz zu dem Geld der fränkischen Merowinger nicht vor. Ob sie sich hinter geheimen Emissionszeichen, die sich häufig in der Legende finden, verbergen oder ob diese Zeichen eine andere Bedeutung haben, wird sich wohl nie klären lassen. Das Gewicht der Goldstücke bleibt relativ konstant, während der Feingehalt, mit örtlichen Schwankungen, Ende des 7. Jahrhunderts von 90 % auf 35 % sank.

Das Reich der Sueben hat trotz seiner relativ langen Existenz nur geringe Spuren hinterlassen. Das gilt auch numismatisch, ihre Münzen sind die seltensten aller Völker dieser Zeit. Bis auf eine Ausnahme handelt es sich um pseudo-imperiale Goldstücke, meist Tremisses, die mit oft schwer lesbaren Legenden Vorlagen Valentinians III. (425–455) kopieren. Sie sind leicht an ihrem typischen Stil zu erkennen. Der ursprünglich das Kreuz auf der Rückseite der Vorbilder umgebende Kranz ist hier zu einer Art Schmetterlingsflügel oder einem Propeller mutiert. Dieser nationale Typ scheint unter König Rechiar (438–455), zur Zeit der größten Ausdehnung des Reiches, eingeführt worden zu sein. Später wurde dann wohl der eigenwillige westgotische Typ der Victoria-Darstellung (s. o.) übernommen. Eine

genaue Datierung einzelner Stücke entzieht sich dem heutigen Stand der Forschung. Bisweilen erscheinen Buchstaben oder Zeichen im Feld der Rückseite, die teils vage als Münzstättenzeichen oder Abkürzungen von Königsnamen gedeutet werden. Als Münzstätte ist die Hauptstadt Braga gesichert, man glaubt aber noch ungefähr sechs weitere Münzstätten im alten römischen Goldabbaugebiet im Norden des heutigen Portugal identifizieren zu können.

Den Sueben ist eine numismatische Besonderheit der Völkerwanderungszeit zu verdanken. Auf einer Siliqua, einem Nominal, das sonst im Spanien dieser Zeit nicht vorkommt, findet sich zum Münzstättenzeichen BR für Bracara (Braga) in aller ungewöhnlichen

Ausführlichkeit die Legende IVSSV RICHIARI REGES (= *regis*), „auf Befehl des Königs Rechiar". Rechiar ist damit der erste germanische Herrscher, dessen Name auf Münzen überliefert ist. Von dieser Siliqua sind heute erst drei Exemplare nachweisbar (s. Kat. 117)

Ob sich unter den zahlreichen pseudo-imperialen Goldmünzen aus Gallien und Spanien auch Stücke befinden, für die die Alanen oder Quaden verantwortlich zu machen sind, wie es bisweilen versucht wird, ist zweifelhaft. Es gibt keine stilistischen oder ikonografischen Hinweise dafür.

Lit.: Grierson / Blackburn 1986 – Kluge 2007

Kat. 114

Sisebut (612–621)
Triens, Münzstätte Sevilla in der Baetica
Gold, Dm. 20 mm, Gew. 1,46 g
Karlsruhe, Badisches Landesmuseum,
Münzkabinett Inv. 2007/560
Vs.: + SISEBVTVS REX
Stilisierte Büste des Königs mit langem Haar de face
Rs.: + ISPALI PIVS
Stilisierte Büste des Königs mit langem Haar de face

Lit.: CNV 219,8   R.K.

Kat. 115

Suinthila (621–631)
Triens, Münzstätte Mérida in der Lusitania
Gold, Dm. 18 mm, Gew.: 1,49 g
Karlruhe, Badisches Landesmuseum,
Münzkabinett Inv. 2007/561
Vs.: + SVINTHILA REX
Stilisierte Büste des Königs mit langem Haar de face
Rs.: + EMERITA PIVS
Stilisierte Büste des Königs mit langem Haar de face

Lit.: CNV 327   R.K.

Kat. 116

Chintila (636–639)
Triens, Münzstätte Sevilla in der Baetica
Gold, Dm. 18 mm, Gew. 1,34 g
Karlruhe, Badisches Landesmuseum,
Münzkabinett Inv. 2007/562
Vs.: + CHI•NTILoA RE
Stilisierte Büste des Königs mit langem Haar de face
Rs.: + ISPAL*I PIoVS
Stilisierte Büste des Königs mit langem Haar de face

Lit.: CNV 370,6 (stempelgleich)   R.K.

Kat. 117

Kat. 118
Anonyme Nachahmungen nach einem Solidus Honorius' I. (393–423)
Münzstätte Braga (Portugal)?
Gold, zwei Exemplare, Dm. 22 mm,
Gew. 3,7 und 3,6 g
Stuttgart, Landesmuseum Württemberg,
Münzkabinett Inv. mk-1952-900

Vs.: Völlig verwilderte Umschrift nach der
bei Honorius üblichen Legende
D N HONORIVS P F AVG
Büste des Kaisers mit Diadem, Panzer
und Paludament nach rechts. Die Darstellung ist barbarisiert.
Rs.: Völlig verwilderte Umschrift nach der
Legende Victoria Augg
Der Kaiser steht nach rechts, eine lange
Standarte in der Rechten, in der Linken
einen Globus mit einer kleinen Victoria,
den linken Fuß hat er auf einen kleinen
gefesselten Gefangenen am Boden gesetzt. Die Darstellung ist barbarisiert. Im
Abschnitt Reste von COMOB. Im Feld H,
rechts N R ligiert.
Die Buchstaben im Feld ahmen die auf
römischen Originalmünzen dieser Zeit
üblichen Münzstättensignaturen nach.
Ob sie einen speziellen Sinn haben oder
wie die Umschriften lediglich Verballhor-
nungen der Vorbilder sind, ist nicht zu
ermitteln. Ebenso entziehen sich diese in
typisch suebischem Stil geprägten Solidi
einer Datierung.

Lit.: vgl. Kluge 2007 S. 298 Nr. 101.   R.K.

Kat. 118

Kat. 117
Rechiar (448–456)
Siliqua, Münzstätte Braga (Portugal)
Silber, Dm. 18 mm, Gew. 1,19 g
Paris, Bibliothèque nationale de France,
Cabinet des Médailles et Antiques,
Inv. E 2770

Vs.: *d[ominus] n[oster] Honorius P[ius]*
F[elix] Aug[ustus]
Büste des Kaisers mit Paludament und
Diadem nach rechts
Rs.: *iussu Richiari reges (= regis)*
Ein Kreuz umgeben von einem Lorbeerkranz, links und rechts des Kreuzes B und R,
das Kürzel der Münzstätte Braga.
Die Vorderseite dieser Siliqua kopiert recht
genau Silbermünzen des weströmischen
Kaisers Honorius (395–423). Die Legende
der Rückseite dieser außerordentlich
seltenen Münze verkündet hingegen, dass
sie auf Befehl des suebischen Königs Rechiar geprägt wurde. Hier erscheint zum
ersten Mal der Name eines germanischen
Herrschers auf einer Münze.

Lit.: Kluge 2007, 298 Nr. 103.   R. K.

Kat. 119

Kat. 119
Relief Aetas (Sommer)
Merida
5./6. Jh.
Marmor, H. 69 cm, B. 33 cm, T. 5,5 cm
Mérida, Museo Nacional de Arte Romano,
Inv. CE37022

Die Darstellungen eines Früchte tragenden Baums und eines Ähren-Bündels weisen auf den Sommer hin. Ein Motiv, das
in der Kunst immer wieder aufgegriffen
wird. Am oberen Rand des Reliefs steht
die Inschrift AES TAS.

Lit.: Álvarez Martínez / de la Barrera Antón 2005,
140.   A.W.

Kat. 120

Kat. 120
Relief mit Orantenhaltung
Herkunft unbekannt
5./6. Jh.
Kalkstein, L. 40,2 cm, B. 34 cm, T. 6 cm
Toledo, Museo de Santa Cruz, Inv. 464

Auf dem Relief sind zwei Personen in
Gebetshaltung – mit bis in den Schulter-
bereich erhobenen Händen und dem Betrachter zugedrehten Handinnenflächen –
dargestellt. Leider ist nur die eine Figur
gut erhalten, über dieser liegt segnend
eine Hand. Neben und zwischen den Figuren befinden sich drei kleine Bäume. Am
linken Bildrand ist noch die Schwanzflosse
eines Fischs zu erkennen.
Beim Gebet ist die Orantenhaltung eine
verbreitete Körperhaltung, sie gilt als
Bekenntnis des christlichen Glaubens. Bei
dieser Darstellung könnte es sich um eine
Szene im Zusammenhang mit der Taufe
handeln.

Lit.: Toledo 2007, 439.   A.W.

Kat. 121
Fünfknopffibel
Castiltierra, Grab 248, Segovia, Spanien
Mitte 6. Jh.
Bronze, Glas- oder Steineinlagen,
L. 13,4 cm, B. 6,6 cm, T. 1,9 cm
Madrid, Museo Arqueológico Nacional,
Inv. 61668

Die aus einem Frauengrab stammende
Bügelfibel verfügt über eine halbrunde
Kopfplatte mit fünf fast spitzen Knöpfen
sowie eine rhombische Fußplatte, an der
sich an jeder Seite jeweils drei Rundeln
befinden. Sie ist auf der Vorderseite flächig mit Spiralornamentik in flachem Kerb-
schnitt verziert. In den einzelnen Rundeln
sitzen Glas- oder Steineinlagen.

Lit.: Ebel-Zepezauer 2000, 26.   A.W.

Kat. 122
Adlerfibel
Spanien
6. Jh.
Bronze, vergoldet, Halbedelsteine, Glas,
Meerschaum, L. 14.2 cm
Baltimore, The Walters Art Museum,
Inv. 54.422

Fibel in Form eines stilisierten Adlers,
in Zellenschmelztechnik hergestellt.
Am Schwanzgefieder des Vogels waren
ursprünglich noch Schmuckgehänge angebracht, die heute verloren sind. Prunkvolle
Gewandspangen dieser Form und Größe
sind selten und vornehmlich aus dem gotischen Kulturraum bekannt. Sie wurden
paarweise getragen.

Lit.: Albersmeier 2005, 33.   C.H.

Kat. 123 (ohne Abb.)
Vogelfibel
Castiltierra, Segovia, Spanien
6. Jh.
Bronze, L. ca. 4 cm
Madrid, Museo Arqueológico Nacional,
Inv. 61671

Bei der vorliegenden Fibel handelt es sich
um ein kleines gegossenes Exemplar in
Gestalt eines rundplastisch dargestellten
Vogels (Taube) mit spitzem Schnabel, lang-
gezogenem Körper und Schwanz. Fibeln
dieses Typs finden sich in der gesamten
spätantiken Mittelmeerwelt und werden
als romanische Fibeln angesprochen.

Lit.: Ebel-Zepezauer 2000, 41.   A.W.

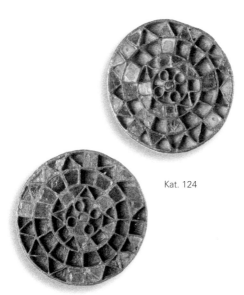

Kat. 124

Kat. 124
Paar Cloisonnéscheibenfibeln
Daganzo de Arriba, Grab 1, Prov. Madrid
6. Jh.
Bronze mit Glaseinlage, Dm. 6,0/6,8 cm,
T. 0,6/1,6 cm
Madrid, Museo Arqueológico Nacional,
Inv. 61795 + 61796

Die westgotischen, als Funktionspaar
getragenen Cloisonnéscheibenfibeln
bestehen in der Regel aus Bronze und verfügen über rote Glaseinlagen, die Granate
nachahmen. Die vorliegenden Stücke
zeichnen sich durch ein radial angeordne-
tes flächendeckendes Zellwerk auf ihren
Schauseiten aus und sind auffallend groß.

Lit.: Ebel-Zepezauer 2000, 38. 213.   A.W.

Kat. 121

Kat. 122

Kat. 125

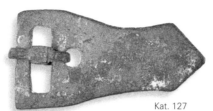

Kat. 127

Kat. 128

Kat. 126

Kat. 129

Kat. 125
**Gürtelschnalle mit
Rechteckbeschlag**
Castiltierra, Segovia
6. Jh.
Bronze, L. 12,4 cm, B. 6,8 cm,
T. 0,8 cm
Madrid, Museo Arqueológico Nacional,
Inv. 61664

Bei dem vorliegenden Stück handelt es
sich um eine großformatige Gürtelschnalle
mit gegossenem Bronzebeschlag.
Auf dem ovalen, im Querschnitt leicht
gedrückten Schnallenbügel befinden
sich zwei Reihen von Punzen, während
der Schnallendorn an seiner Basis kantig
verdickt ist. Der rechteckige Schnallenbeschlag zeichnet sich durch die Darstellung eines vierbeinigen Tieres aus, die
von einem Rahmen mit floralen Motiven
eingefasst ist. Form, Stil und Machart der
Gürtelschnalle zeichnen diese als Erzeugnis mediterran-romanischen Kunsthandwerks aus.

Lit.: Ebel-Zepezauer 2000, 208.   **A.W.**

Kat. 126
**Rechteckbeschlag
einer Gürtelschnalle**
Sammlung Fernández Guerra
7. Jh.
Bronze, L. 10,3 cm, B. 5,6 cm
Madrid, Museo Arqueológico Nacional,
Inv. 61804

Von dieser Gürtelschnalle hat sich nur der
Beschlag erhalten. Die Beschlagplatte ist
durchbrochen gearbeitet und zeigt in der
Mitte ein Kreuz und am Bügelansatz eine
Inschrift.

Lit.: Menendez Pidal 1963, 710.   **A.W.**

Kat. 127
**Rechteckige Schnalle
mit festem Beschlag**
Vega del Mar, Grab 19, Málaga
7. Jh.
Bronze, L. 9,5 cm, B. 4,8 cm
Madrid, Museo Arqueológico Nacional,
Inv. 61026

Im Bereich der gegen Ende des 6. Jhs.
erbauten Basilika San Pedro de Alcantara
wurden 145 Bestattungen entdeckt, darunter Grab 19, in dem zwei Individuen bestattet worden waren. In diesem Grab wurden
neben der vorliegenden Schnalle noch ein
Fingerring und zwei Einhenkelkrüge sowie
Fragmente einer römischen Grabplatte in
Zweitverwendung gefunden.
Die in einem Stück gegossene Schnalle
verfügt über ein spitz zulaufendes Be-
schlagende und ist an den Seiten leicht
eingezogen. Der Riemendurchzug ist von
rechteckiger Form, der zugehörige Schnallendorn laschenartig und unverziert. Dieser
Schnallentyp ist weitverbreitet und gehört
zum westgotischen Kulturgut des 7. Jhs.

Lit.: Ebel-Zepezauer 2000, 66. 282. 303.   **A.W.**

Kat. 128
Einhenkelkrug
Vega del Mar, Grab 18, Málaga
6./7. Jh.
Ton, H. 24,5 cm, Dm. (Boden) 6,5 cm
Madrid, Museo Arqueológico Nacional,
Inv. 61030

Krüge gehören zu den bevorzugten kera-
mischen Produkten aus dem Westgotenreich. Sie sind besonders aus romanischen Nekropolen bekannt, lassen sich
aber meist zeitlich nicht näher einordnen.

Lit.: Ebel-Zepezauer 2000, 90 f. 302.   **A.W.**

Kat. 129
**Beschlag einer byzantinischen
Schnalle**
Hinojar del Rey, Prov. Burgos
7. Jh.
Bronze, L. 18 cm, B. 6 cm
Madrid, Museo Arqueológico Nacional,
Inv. 61787

Von der Schnalle hat sich nur der leierför-
mige Beschlag erhalten. Die Beschlagplatte ist in Felder eingeteilt, in denen
sich Spiralverzierungen mit Tierköpfen befinden. Am Bügelansatz ist eine Inschrift
angebracht: + EVDENICA +.

Lit.: Ebel-Zepezauer 2000, 249.   **A.W.**

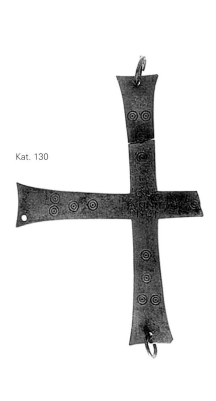

Kat. 130

Kat. 131

Kat. 130
Votivkreuz
Burguillos, Badajoz
7. Jh.
Bronze, H. 22 cm, B. 22 cm, T. 0,25 cm
Madrid, Museo Arqueológico Nacional,
Inv. 61746

Ein gleicharmiges Votivkreuz, von dem ein
Arm nicht erhalten ist. Auf den anderen
Armen befinden sich jeweils vier Kreisau-
genpunzen. Die Enden der Arme weisen
jeweils eine Durchbohrung auf, die im
oberen und unteren Arm über jeweils
einen Bronzering verfügen.
Die zentrale Inschrift auf dem Kreuz
lautet: +OFFS / TEFAN / V / SECLISIE /
SECINI / ANISI. Sie wird in direktem Zusammenhang zu dem offenbar als Weihe-
gabe gedeuteten Kreuz gesehen. Deutung
und Lesung sind allerdings umstritten.
Dieser Kreuztyp erinnert an byzantinische
Prozessionskreuze.

Lit.: Zeiss 1934 Taf. 22. – Ebel-Zepezauer 2000,
86. 201.   **A.W.**

Kat. 131
Patena und Bronzegefäß
El Gatillo de Arriba, Cáceres
7. Jh.
Bronze, H. 4 cm, Bronze, H. 22,5 cm
Madrid, Museo Arqueológico Nacional,
Inv. 1976/119/3+1

Aus einer Kirche stammen mehrere liturgische Geräte, darunter eine Patena und
ein Krug, die möglicherweise aus Gräbern
stammen. Außer einem Krug gehörte zur
liturgischen Zeremonie auch immer ein
Hostienteller.

A.W.

Die Straße von Gibraltar, von Tarifa am südlichsten Ende der Iberischen Halbinsel aus gesehen. Den Vandalen könnte sich 429 ein ähnlicher Anblick auf die Meerenge zwischen Europa und Afrika geboten haben.

VOR DER GROSSEN ÜBERFAHRT

Das vandalische Zwischenspiel in Hispanien

von Javier Arce

Die Chroniken des 5. Jahrhunderts n. Chr. deuten an, dass die Vandalen – zusammen mit Verbänden von Sueben und Alanen – von Gallien aus, wo sie sich seit dem Jahr 406 aufgehalten hatten, auf die Iberische Halbinsel zogen. Die Chronisten stimmen im Allgemeinen darin überein, das Datum des Übergangs in den Monaten September/Oktober des Jahres 409 festzumachen (Hydatius, *Chronica* 34).

Für den heutigen Historiker ist es nicht einfach zu verstehen, was der Grund für diese gemeinsame Migration von Völkern war, die ihre Wanderung gen Westen drei Jahre zuvor in Zentraleuropa begonnen hatten. Handelte es sich um eine Invasion? Gab es einen Pakt mit irgendeiner römischen Autorität? War es lediglich ein Ansiedlungsversuch aus Gründen der Existenzsicherung? Es ist einleuchtend, dass wir uns diese Fragen stellen und versuchen, eine Antwort darauf zu finden. Zugleich bleiben viele andere: Wer waren diese Vandalen? Wie viele Menschen zählten sie? Wer führte sie an? Welches Gefühl der Zusammengehörigkeit oder gemeinsamer Identität herrschte unter ihnen? Und vor allem: Warum kamen sie auf die Iberische Halbinsel, was bedeutete ihr Aufenthalt und in welchem Maße veränderte ihre Anwesenheit den Stand der Dinge in den römischen Provinzen, die sie besetzten? Davon, wer die Vandalen waren, handeln andere Artikel in diesem Katalog. Bezüglich unseres Themas, des Aufenthalts in Hispanien, wissen wir, dass sie in zwei Gruppen oder Subgruppen kamen: die hasdingischen und die silingischen Vandalen. Für das Jahr 409 sind beide durch die Quellen ausdrücklich in Hispanien belegt.

Zahlen

Berichte davon, wie groß die Zahl der Neuankömmlinge war, kennen wir nur indirekt, und die überlieferten Zahlenangaben sind weder zuverlässig noch zufriedenstellend. Nach dem christlichen Historiker Victor von Vita – der am Ende des 5. Jahrhunderts seine *Geschichte der Verfolgung in der Provinz Africa zur Zeit der Vandalen* schrieb – ließ der Vandalenkönig Geiserich vor der Überfahrt von Hispanien nach Afrika im Jahr 429 eine Volkszählung vornehmen. Diese umfasste nicht nur die hasdingischen Vandalen, sondern auch den Rest der Alanen, die sie begleiteten, sowie etliche Goten

> „Hispania … ist mit Ausnahme der Seite, wo es die beiden Gallien berührt, überall vom Meer umgeben … Es hat Überfluss an Männern, Pferden, Eisen, Zinn, Erz, Silber und sogar Gold und ist so fruchtbar, dass es sogar dort, wo es infolge Wassermangels dürr … ist, dennoch Flachs und Federgras hervorbringt."
>
> Pomponius Mela, *De chorographia* II 86 über Hispanien zur Zeit des Kaisers Claudius

und ergab etwa 80 000 Personen, inklusive Frauen und Kindern, Freien und Sklaven (Victor von Vita I, 2). Diese Zahl ist jedoch nicht zuverlässig, da sie sich auf eine bei den antiken Autoren standardisierte Zahl zu beziehen scheint, und zahlreiche Historiker vermuten heute, dass die Zahl auf etwa 50 000 reduziert werden muss. Von diesen standen 15 000 Männer unter Waffen.

Die Gründe für den Übergang

Die zweite grundlegende Frage ist, warum die Vandalen (zusammen mit Alanen und Sueben) ausgerechnet zu diesem Zeitpunkt (409) nach Hispanien gezogen waren. Ihr Pyrenäenübergang war auch den Geschichtsschreibern der Epoche nicht gleichgültig, die uns alle möglichen Erklärungen dafür liefern.

Olympiodoros von Theben, ein Historiograf des 5. Jahrhunderts, der eine Geschichte des römischen Westreichs schrieb, berichtet, dass „[die Vandalen] nach Hispanien strömten, als sie gehört hatten, die Erde von Hispanien sei fruchtbar und sehr reichhaltig" (Olympiodoros, *Fragment* 15.2). Dabei handelt es sich vielleicht nur um ein literarisches Klischee, denn der Reichtum

ten Experten der Vandalenforschung in der Mitte des 20. Jahrhunderts, der andeutet, dass „der Hauptgrund des Übergangs der Mangel an Ressourcen war, der in Gallien im September 409 herrschte und sie in Anbetracht des bevorstehenden Winters veranlasste, die Pyrenäen zu überqueren, um angemessenen Lebensunterhalt zu finden".

Alle diese Meinungen, antike und moderne, scheinen wenig zufriedenstellend und kaum überzeugend. Wir wissen nicht, welche Mittel im Winter 409 in Hispanien existierten und welche in Aquitanien, und die Strafe Gottes als Erklärung ist eine propagandistische Parole der christlichen Schreiber.

> Im Jahre 421 entschlossen die Barbaren sich endlich, nach dem grässlichen Geschick, das Spanien durch ihre Schläge erlitt, Frieden zu machen auf Gottes Geheiß, denn das Land jammerte, und teilten die Provinzen untereinander durchs Los. Gallicien besetzten die Vandalen und Sueben, die Alanen Lusitanien und die Provinz von Carthago Nova; die Vandalen aber, welche Silingen heißen, gaben Gallicien auf, verwüsteten die Inseln der tarraconensischen Provinz, kamen zurück und nahmen Baetica.
>
> Isidor von Sevilla, *Historia de regibus Gothorum, Vandalorum et Sueborum* 73

Meines Erachtens gibt es in den antiken Quellen eine viel überzeugendere Erklärung: Sueben, Vandalen und Alanen überquerten die Pyrenäen im Jahr 409 als Resultat eines Abkommens mit Gerontius, dem *magister militum* des Usurpators

Hispaniens war schon seit den Schriften Strabos sprichwörtlich, aber zumindest ist es ein Erklärungsversuch: Die Vandalen wanderten nach Hispanien, weil sie es als ein reiches Land ansahen und ein solches das Ziel ihrer Unternehmung war. Wenn das tatsächlich die Ursache für den Übergang der Vandalen gewesen sein sollte, gibt es keinen Grund zu der Annahme, dass es sich um eine zerstörerische und blutrünstige Invasion handelte, vielmehr würde die Definition des Historikers Peter Brown von den „Invasionen" als „Bewegungen von motivierten Bauern auf der verzweifelten Suche nach urbarem Land für eine Ansiedlung" Anwendung finden.

Die christlichen Autoren Salvian, Hydatius und Paulus Orosius sehen die Erklärung für die Ankunft der „Barbaren" in Hispanien in der göttlichen Absicht, die hispanischen und afrikanischen Provinzen für ihr Heidentum zu bestrafen.

Unter den heutigen Historikern sticht die Meinung von Christian Courtois hervor, einem der bedeutends-

Constantin III., der in diesem Moment Rädelsführer einer Rebellion der hispanischen Provinzen gegen Constantin war. Gerontius könnte demnach die aus Gallien kommenden Truppen in seinem Krieg gegen den Usurpator und seinen Sohn Constans, der in Hispania Mitregent war, benutzt haben. Olympiodoros spricht von einem „Abkommen" zwischen ihnen, folglich kamen diese Völker nicht in der Absicht sich in Hispanien anzusiedeln. In der Tat blieben sie während der ersten zwei Jahre ihres Aufenthalts – bis zum Jahr 411 – ohne feste Ansiedlung auf der Iberischen Halbinsel. Ursprünglich hatten sie beabsichtigt, wieder nach Gallien zurückzukehren, erhielten aber als Resultat ihrer Zusammenarbeit mit Gerontius von diesem später die Berechtigung, einen Teil des Landes der hispanischen Provinzen unter sich aufzuteilen. Dies geschah aufgrund eines Vertrags mit Kaiser Maximus, einem weiteren Usurpator, der von Gerontius in Tarraco (Tarragona) auf den Thron gehoben worden war. Zwei Jahre lang waren die Vandalen ohne

Römischer Aquädukt bei Tarraco/Tarragona in Katalonien. Die Vandalen trafen auch in Hispanien, der Heimat der römischen Kaiser Trajan, Hadrian und Theodosius, auf eine Welt mit fest verwurzelter römischer Kultur.

bekannte Siedlungstätigkeit in Hispanien. Möglicherweise ließen sich einige von ihnen in den Städten nieder, wie sie es später in Afrika taten, und/oder in den *villae* der hispano-romanischen Großgrundbesitzer, die entweder geflüchtet waren oder sich mit ihnen zu arrangieren suchten.

Die Verteilung des Landes (411)

In der Folgezeit, berichten uns die Quellen, widmeten sich die Sueben, Vandalen und Alanen dem Bestellen der Felder, solange bis sie 411 durch ein Abkommen mit dem Usurpator Maximus einen Teil der Territorien der Iberischen Halbinsel neu unter sich aufteilten, um sich dort endgültig niederzulassen. Die Verteilung resultierte aus den *sortes* und erfolgte keineswegs gleichberechtigt. Es ergab sich das Paradoxon, dass das weitläufigste Territorium – die Provinzen Lusitania und Carthaginensis – an die Alanen ging, die vielleicht die zahlenmäßig kleinste Gruppe stellten, während die hasdingischen Vandalen und die Sueben die Gallaecia (ein wesentlich

> „Im Jahre 406 durchzogen die Vandalen, Alanen und Sueben mordend und verwüstend Spanien kreuz und quer, steckten die Städte in Brand und zehrten die geraubten Vorräte auf" …
>
> Isidor von Sevilla, *Historia de regibus Gothorum, Vandalorum et Sueborum* 72

kleineres Territorium) und die silingischen Vandalen die fruchtbare Baetica erhielten. Diese ungerechte Aufteilung des Landes, die wohl ein Ergebnis der Unkenntnis der geografischen Gegebenheiten auf der Iberischen Halbinsel war, verursachte alsbald Rivalitäten, und jeder versuchte, sein Territorium auf Kosten der Anderen zu vergrößern. Die hasdingischen Vandalen gewannen dabei die westlichen Gebiete der Gallaecia und die Sueben die dem Atlantik am nächsten gelegenen.

Bei der Verteilung wurden allerdings nicht alle Provinzen Hispaniens einbezogen, sondern nur vier, da die Tarraconensis in hispano-romanischen Händen war und

die Balearischen Inseln sowie die Provinz Mauretania Tingitana (heute Spanisch-Marokko) unter der Kontrolle des oströmischen Kaisers Honorius standen und blieben.

Der Verkauf von Weizen an die Goten

Wir wissen, dass das Volk der Westgoten, welches mit seinem König Athaulf in Gallien ansässig war, im Jahr 414 von dem patrizischen Heermeister Constantius – der rechten Hand des Honorius – genötigt wurde, sich in die Tarraconensis zu begeben und den Königshof in *Barcino* (Barcelona) anzusiedeln. Das gotische Volk, das nun in Hispanien lebte, erlitt mehrere Jahre lang Druck und Blockaden vonseiten Honorius' und seines Heeres. Athaulf sollte genötigt werden, seine Frau Galla Placidia – die Tochter des römischen Kaisers, die er in Narbonne geheiratet hatte – zurückzugeben. Die See- und Landblockade führte bei den Goten zu einer Versorgungsknappheit mit Weizen und damit zu einer verzweifelten Situation. Während der Jahre der Blockade (zwischen 415 und 417) verlegten sich die Vandalen darauf, den Goten Weizen zu exorbitanten Preisen zu verkaufen. Der Geschichtsschreiber Olympiodoros erzählt davon: „Die Vandalen nennen die Goten *trulli*, denn als diese vom Hunger bedrückt wurden [er bezieht sich auf die Zeit der Blockade] verkauften ihnen die Vandalen Getreide für einen Solidus per *trulla* [„Schöpfkelle", ein Hohlmaß] und eine *trulla* ist weniger als ein Drittel eines *sextarios*." Der Preis war tatsächlich übertrieben. Wir wissen aus juristischen Texten jener Epoche, dass der gerechte Preis bei 48 Solidi für ein *modius* (Scheffel) Weizen lag, und der Preis, den die Goten an die Vandalen bezahlen mussten, war höher.

Diese Geschichte zeigt zum einen, dass die Vandalen die extreme Situation der Goten auszunutzen wussten und sich enorm auf deren Kosten bereicherten, und zum anderen, dass sie sich ohne Zweifel einer auch der

Ernährung des gotischen Volkes bestimmten landwirtschaftlichen Produktion widmeten. Die Episode erklärt auch den Groll, der sich bei den Goten gegen die Vandalen aufgestaut hatte, und ihre Bereitschaft zur Zusammenarbeit mit dem römischen Heer in militärischen Expeditionen gegen sie, sukzessive *romani nominis causa*, das heißt, im Namen Roms.

„Im Namen Roms": Goten gegen Vandalen

Die Goten führten in Hispanien Feldzüge gegen die Vandalen, Galla Placidia wurde an ihren Bruder Honorius ausgeliefert (Athaulf war bereits tot), und unmittelbar nachdem die Goten gewonnen hatten, ließen sie sich 418 mittels eines *foedus* (Föderatenvertrag) oder Abkommens mit Honorius in den südlichen Gebieten Galliens nieder. Von diesem Zeitpunkt an setzten die kaiserlichen Streitkräfte die Goten bei jeder Militärexpedition gegen die Vandalen in Hispanien ein.

Schon 417 wurde der gotische König Valia zu einer Strafexpedition und territorialen Rückeroberung gegen die Vandalen nach Hispanien entsandt. Die Goten durchquerten die Tarraconensis und das alanische Territorium ohne Probleme und zogen in die Baetica (Territorium der Silingen). Das Ergebnis des Feldzugs war die fast völlige Vernichtung der Silingen (*caedes magnas effcit ... barbarum omnes extincti*, „er (König Valia) verursachte ein großes Blutbad und vernichtete praktisch alle Barbaren"). Die überlebenden Alanen und Silingen flüchteten in das Gebiet der Hasdingen in der Gallaecia.

Wenig später, erneut als kaiserliche Truppen und bei dieser Gelegenheit unter dem Befehl des *comes Hispaniarum* Astirius, zogen die Goten gegen die Vandalen, die sich in Gallaecia festgesetzt hatten. Der Feldzug fand in Zusammenarbeit mit dem *vicarius Hispaniarum* Maurocellus statt, der auch zum Kriegsschauplatz in der Nähe von Bracara Augusta (Braga, Portugal) eilte, wo ein beachtliches Massaker an den Vandalen stattfand. Der Druck der beiden römischen Heere nötigte die Vandalen, die Gallaecia zu verlassen und in die Baetica zu ziehen, um sich dort in dem Gebiet niederzulassen, das einmal ihren „Brüdern", den Silingen, zugestanden hatte. Aber auch in der Baetica konnten die Vandalen nicht in

Ruhe leben, denn 422 wurde vom weströmischen Hof in Ravenna ein weiterer Feldzug gegen die Vandalen geschickt, dieses Mal angeführt vom *magister militum* Castinus. Aber nun gelang es dem vandalischen Heer, die Oberhand zu gewinnen und den römischen Truppen eine Niederlage beizubringen. Der gedemütigte Castinus wurde zum Rückzug nach Tarraco genötigt.

Expeditionen zu den Balearen und in die Mauretania Tingitana

Bisher haben wir gesehen, wie das vandalische Volk in Hispanien zunächst mit einem römischen Usurpator gegen einen anderen kämpfte, dann einen Vertrag zur Ansiedlung in verschiedenen Provinzen der Halbinsel erreichte, sich anschließend dem Ackerbau und dem Handel widmete und schlussendlich wiederholt vom römischen Heer unter Mithilfe der Goten bedrängt wurde. Diese und die Vandalen erscheinen als unversöhnliche Völker und vernichteten sich gegenseitig. Aber seit dem Sieg von 422 über Castinus und seine Truppen können wir eine vollständige Neubelebung des in Hispanien ansässigen vandalischen Volkes beobachten. Gewachsen an dem Sieg fühlten sich die Vandalen sogar stark genug, die Balearischen Inseln zu plündern (die ebenfalls unter römischer Verwaltung standen). Mit dieser Razzia gegen die Balearen traten die Vandalen in Kontakt mit dem Meer und der Schifffahrt. Später, während ihrer Herrschaft in Afrika, waren sie in den Gewässern des Mittelmeers gefürchtet. Die Balearen waren eine sehr günstige Basis, um sich Gallien, Italien oder Nordafrika zu nähern. Es steht außer Zweifel, dass die Vandalen zu diesem Zeitpunkt nicht über Schiffe verfügten, sondern die Bestände an den levantinisch-spanischen Küsten beschlagnahmen mussten (in Carthago Nova/Cartagena?). Die vandalische Gefahr erwies sich jetzt, da sie sich in Angreifer verwandelt hatten, für Kaiser Honorius als wesentlich ernsthafter. Und tatsächlich: Nach der Razzia gegen die Balearen plünderten die Vandalen Carthago Nova und sodann die Stadt Hispalis (Sevilla) in der Baetica, um schließlich einen Beutezug auf die andere Seite der Meerenge zu unternehmen, in die Mauretania Tingitana. Es sieht nicht so aus, als sei eine der beiden

Hauptstädte (Carthago Nova und Hispalis) in ihre Hände gefallen, wohl aber wurden beide geplündert. Der Beutezug gegen die Mauretania Tingitana gliedert sich in denselben Kontext ein wie der gegen die Balearen: ein Provinzgebiet, das noch zur römischen Verwaltung gehörte, allerdings ohne militärischen Schutz war, und das als Brückenkopf nach Afrika diente.

Zwischen den Jahren 425 und 429 scheint es eine Phase der Siedlungstätigkeit ohne Feindseligkeiten gegeben zu haben. Aber 428 nahm Guntherich, König der Hasdingen, dieses Mal tatsächlich Hispalis ein und versuchte die Kirche der Stadt zu schänden. Diese Tat wurde, nach dem Chronisten Hydatius, umgehend bestraft, da der König kurz darauf starb. Die Nachricht von Hydatius bestätigt, dass Hispalis nicht bereits 425 eingenommen wurde, und ihr entnimmt man auch, dass der vandalische König nicht katholischer Christ war, sondern möglicherweise Arianer oder Heide. Die Einnahme der Stadt Sevilla schien eine beständigere Ansiedlung mit einer spezifischen und symbolischen *sedes regia* anzukündigen (Hispalis war von der zweiten Hälfte des 4. Jahrhunderts an die Hauptstadt der Provinz Baetica), die sich in die Hauptstadt eines vandalischen *regnum* (Königreichs) in Hispania hätte verwandeln können.

Geiserich und der Weg nach Afrika

Dem Tod Guntherichs folgte die Thronbesteigung seines Halbbruders Geiserich – die Thronfolge erfolgte in der familiären Linie der Hasdingen.

Aber Geiserich plante nicht, in Hispalis oder der Baetica sesshaft zu werden. Im Jahr nach seiner Thronbesteigung, 429, endete die vandalische Episode in Hispanien. Im Monat Mai, berichtet Hydatius, verließ Geiserich Hispanien mit allen Vandalen und ihren Familien sowie etlichen Alanen und Goten und überquerte das Meer von den Ufern der Baetica aus nach Mauretania und Afrika.

Natürlich stellt sich die Frage nach dem Warum. Afrika bot im 5. Jahrhundert vielleicht mehr Vorteile als Hispanien. Die Blütezeit der römischen Provinzen Afrikas, die seit der Epoche der Severer (beginnend im 3. Jahrhundert) und später im 4. Jahrhundert anhielt, hatte ihren größten Glanz erreicht: Landwirtschaft, Handel, Kommunikation, prächtige römische Städte, voll von Luxus und öffentlichen Gebäuden, Schulen, *villae*, Ölproduktion und eine Landwirtschaft, die keine Konkurrenz hatte. Das bot die Baetica zwar auch, jedoch nur in geringerem Maße. Afrika versprach zudem höhere Sicherheit im Hinblick auf mögliche römische Angriffe (was sich im Laufe der Zeit als Irrtum herausstellen sollte), und so erschien es vielleicht als eine Art gelobtes Land. Dennoch stellte das Unterfangen eines Zuges nach Karthago und in sein sehr fruchtbares Umland ein hohes Risiko dar, verbunden mit großem Zeitaufwand und beträchtlichen Strapazen. Und dennoch führte Geiserich sein Volk in dieses Abenteuer. Gewiss hatte er noch andere Gründe als diejenigen, die überliefert sind.

Nach der dem *magister militum* Castinus beigebrachten Schlappe hatten die Vandalen ihre Vormacht in Hispanien demonstriert. Sie konnten einen weiteren römischen Feldzug gegen sie also mit der Gelassenheit der Sieger erwarten. Einige Historiker wiesen allerdings schon in der Antike darauf hin, dass das Überqueren der Meerenge auf Vorschlag des *comes Africae* Bonifatius geschah, der die Vandalen als etwaige Verbündete gegen seine Feinde am Hof von Ravenna einsetzen wollte. Wenn diese Erklärung wahr ist (und sie stammt von Prokop), wird deutlich, dass die Vandalen immer ein nützliches Instrument für die römischen Generäle darstellten: Zuerst war es Gerontius, der ihnen erlaubte, von Gallien nach Hispanien zu kommen, und dann Bonifatius, der sie, ebenfalls als Verbündete in seinen Diensten, nach Afrika lockte.

Zurück zum Zeitpunkt der Überfahrt nach Nordafrika im Jahr 429: Nach Prokop waren es etwa 50 000 Personen, die loszogen. Sie überquerten die Meerenge von Gibraltar, was ein sehr schwieriges und gewagtes Unterfangen war. Gregor von Tours berichtet, dass sie von Iulia Traducta (bei Algeciras) aus aufbrachen (*Historia Francorum* II,2); Prokop deutet an, dass sie von Gades (Cádiz) aus losfuhren (*Bellum Vandalicum* I. 3,26). Welcher auch immer der gewählte Ort war, die Frage ist: Von wo wurden die Schiffe für den Transport herbeigeschafft? Um 50 000 Personen mit ihrem Gepäck, ihren Familien, Tieren etc. zu transportieren, benötigt man viele Schiffe. Wie viele, darüber gibt es unterschiedliche Ansichten. Manche Historiker sind der Meinung, dass 5000 Schiffe benötigt wurden, um alle Migranten gleichzeitig zu transportieren. Andere hingegen halten dafür, dass nur 500 Frachtschiffe nötig waren (Courtois). Diese Schiffe wurden nicht von den Hispano-Römern ausgeliehen, sondern von den Vandalen konfisziert, wie es uns die *Chronica Gallica* andeutet (anno DXI), welche die Bezeichnung *arreptis navibus* benutzt, was „geraubte Schiffe" bedeutet. Wie groß auch immer ihre Zahl war, sie brachen auf und hatten eine kurze, aber wegen der Strömungen gefährliche Überfahrt vor sich und waren sicherlich der Gefahr des Schiffbruchs ausgesetzt. Wieder an Land, begaben sich die Neuankömmlinge auf die römischen Straßen und Wege, welche die weiten Regionen Nordafrikas miteinander verbanden.

Niemand stellte sich ihnen bei der Landung in Afrika entgegen. Kein Heer, keine bewaffnete Gruppe leistete Widerstand. War das einer Intervention von Bonifatius oder dem Fehlen einer römischen Armee in Afrika zu verdanken?

Zusammenfassung

Die Vandalen waren gerade einmal 20 Jahre in Hispanien. Dementsprechend ist die Frage erlaubt: Welche Zeugnisse ihrer Kultur können wir hier von ihnen erwarten, welche Spuren hat ihre materielle oder geistige Kultur hinterlassen? Reste von Waffen, Kleidung oder Schmuck finden sich in den archäologischen Beständen nur in geringfügigen Mengen, ihre Zuweisung ist zudem zweifelhaft. Wir können kein einziges Bauwerk, nicht ein charakteristisches Objekt benennen. Man kann Veränderungen und Umbauten an einigen Gebäuden, wie den *villae* oder Kirchen annehmen, die Alltagsgeräte müssen aber ebenso wie die Kleidung und der Schmuck römisch gewesen sein. Insgesamt ist es sehr schwierig, mithilfe der Archäologie Unterschiede festzustellen.

Die vandalische Episode in Hispanien war kurz und ihre kulturelle Wirkung gering. Letzten Endes kamen, blieben und gingen die Vandalen im Dienst der Römer.

Lit.: Arce 2008 – Berndt 2007 – Berndt / Steinacher 2008 – Courtois 1955

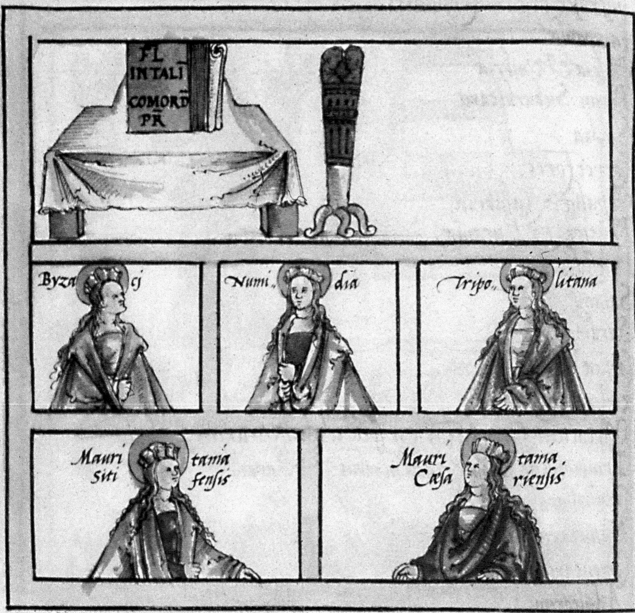

FL
INTALI
COMORD
PR

Byza...cj   Numi...dia   Tripo...litana

Mauri Siti tamia fensis   Mauri Cæsa tamia riensis

Sub dispositione viri spectabilis Vicary Africæ

Consulares	Mauritaniæ Cæsarie: cenarui.	Adiutorem
Byzaci	Offitiu aut habet Cormcularu	Subadiuuas
Numidiæ	idem vir specta Numerarios duo.	Exceptores
Præsides	bilis. hoc mo Comentariensem	Singulares &
Tripolitam	Principem de schola Ab actis	reliquos offitiales.
Mauritaniæ sitifensis: Agentu in rebus du.	Cura Epistolar.	

DIE NEUEN HERREN

„So nahmen die Vandalen den Römern Afrika weg"

von Guido M. Berndt

Als die Vandalen am 19. Oktober 439 Karthago eroberten, brach in den römischen Provinzen Nordafrikas eine neue Zeit an. König Geiserich, an der Spitze einer aus Soldaten ganz unterschiedlicher Herkunft zusammengesetzten Armee mit großem Gefolge, hatte eine Schwächephase des weströmischen Kaisertums in Italien ausgenutzt und die damals wichtigste Metropole der Mittelmeersüdküste in einem handstreichartigen Coup eingenommen. Mit einem bemerkenswerten Gespür für symbolträchtiges Handeln veranstaltete Geiserich sogleich eine Triumphalfeier, die keinen Zweifel an der zukünftigen Herrscherrolle in Nordafrika, die er freilich sich selbst zugedacht hatte, aufkommen ließ. Dieser Moment der Eroberung Karthagos war Ausgangspunkt einer neuen zusätzlichen Jahreszählung im vandalischen Herrschaftsgebiet und fand auch in Regionen, die allenfalls an der Peripherie des Vandalenreiches lagen, Anwendung.

Die Einnahme des römischen Afrika

Geiserich war ein Machtmensch, was die Geschichte des 5. Jahrhunderts deutlich unterstreicht. Sein Aufstieg hatte in den späten 420er Jahren noch auf der iberischen Halbinsel begonnen, seine bemerkenswerteste Leistung war die erfolgreiche Durchführung des Übergangs der Vandalen und ihrer Verbündeten nach Afrika, sein politisch größter Erfolg die Durchsetzung des vandalischen Herrschaftsanspruches sowohl gegen die Widerstände West- und Ostroms als auch gegen innere Oppositionen. Handlungsbasis für sein beispielloses Agieren in weiten Teilen der damaligen Mittelmeerwelt war die altehrwürdige Stadt Karthago, von wo aus schon Jahr-

> **Um die Mauern von Cirta und Karthago ließen Barbarenvölker ihre Waffen erklirren…**
> Salvian, *De gubernatione Dei* VI, 12

hunderte zuvor und über einen langen Zeitraum hinweg Gefahr für Rom ausgegangen war. Nicht ohne Grund hat man das militärische Vorgehen der Vandalen insbesondere gegen die westliche Reichshälfte des bereits in zwei Teile gespaltenen Imperiums als „Vierten Punischen Krieg" bezeichnet. Die entscheidende Phase für ihren nachhaltigen Erfolg waren die Jahre zwischen 429 und 442. In dieser Zeit etablierte sich der Vandalenkönig als souveräner Herrscher und schuf sich eine Machtbasis, die ihn schließlich im Jahr 455 in die Lage versetzen sollte, gegen Rom selbst zu ziehen und in einem unerhört demütigenden Akt die „ewige Stadt" zwei Wochen lang seinen Soldaten zur Plünderung freizugeben.

Vandalen vor Karthago

Lapidar und in gewohnter Knappheit schildert der Bischof von Chaves (Aquae Flaviae) und zeitgenössische Chronist Hydatius, was sich in jenem Herbst des Jahres

⇦ Die Gliederung des dem *Vicarius Africae* unterstellten Gebiets in anschaulicher Form. Der *Vicarius Africae* war Stellvertreter des Prätorianerpräfekten, des Zivilbeamten, zu dessen Verwaltungsbereich die Diözese Africa mit ihren Provinzen gehörte. Aus der Notitia Dignitatum, s. Kat. 96

91. CARTHAGE — Anciens Ports

Die Häfen des antiken Karthago, hier in einer historischen Aufnahme. Im Vordergrund das runde Hafenbecken mit der „Admiralitätsinsel", dahinter der Handelshafen. Der Bereich um die Hafenanlagen ist heute bebaut.

439 in Nordafrika zutrug: „Nachdem er Karthago mit großem Betrug am 19. Oktober überlistet hat, nimmt König Geiserich ganz Afrika in Besitz." Etwas mehr hat der in dieser Zeit in der päpstlichen Kanzlei arbeitende Schreiber Prosper Tiro (von Aquitanien) zu berichten: „Während Aëtius seine Aufmerksamkeit darauf richtete, was sich in Gallien zusammenbraute, drang Geiserich, von dessen Freundschaft man nichts fürchtete, am 19. Oktober unter einer Friedenslist in Karthago ein und schlug dessen gesamte Schätze seinem Recht zu, indem er die Bürger mit verschiedenen Arten von Folter geißelte, und er hielt sich auch nicht vor einer Beraubung der Kirchen zurück." Der Besetzung Karthagos durch die Truppen Geiserichs war eine zehnjährige Präsenz der Vandalen in Nordafrika vorausgegangen. Bereits im Frühjahr 429 war ein großer und aus ganz unterschiedlichen Personengruppen bestehender Kriegerverband, dessen Soldaten auch ihr familiärer Anhang folgte, aus Spanien über das Mittelmeer gekommen. Victor von Vita und Prokop, beides Autoren, die mit einem großen Zeitabstand über diese Ereignisse berichteten, sind sich nicht einig in der Angabe der Personenzahl. Was heißt schon 80 000 (Victor) oder 50 000 (Prokop) anderes, als dass es „sehr viele" waren, zu viele zumindest, als dass die

in Nordafrika stationierten römischen Einheiten ihnen hätten Einhalt gebieten können. Schon in der Spätantike und auch im Mittelalter ist die Organisation der vandalischen Überfahrt nach Afrika als eine logistische Glanzleistung bewertet worden. Wie auch immer dieser Übergang im Einzelnen vonstattengegangen sein mag, Tatsache ist, dass von diesem Zeitpunkt an mit Geiserich eine neue Figur auf das politische Spielfeld getreten war.

Vandalische Expansion

Über die Aktivitäten der vandalischen Verbände in den ersten Monaten in Nordafrika ist kaum etwas bekannt. Erst ihr Erscheinen vor der Bischofsstadt Hippo Regius im Jahre 430 hat Niederschlag in den Quellen gefunden, starb doch im Verlaufe der Belagerung der berühmte Kirchenvater Augustinus. Nach der gelungenen Einnahme der Stadt und der Einbeziehung der umliegenden Region in ihren neuen Dominanzbereich, scheiterte ein offenbar nicht mit letzter Konsequenz geführtes Militärunternehmen gegen die Vandalen. Im Jahr 435 kam es zu einer ersten vertraglichen Übereinkunft zwischen Geiserich und der durch die vandalische Invasion geschädigten römischen Zentrale, welche die Gebietsverluste in ihren nordafrikanischen Provinzen zumindest vorläufig anerkennen musste. In der Folgezeit scheint eine Phase eingetreten zu sein, in welcher der *status quo* über drei bis vier Jahre nicht angetastet wurde. Vor diesem Hintergrund sind die zitierten Ausführungen der Chronisten zu verstehen, die von einer „List" Geiserichs berichten. Er hatte nicht weniger als einen Vertragsbruch begangen, wohl wissend, dass Rom dem nichts entgegenzusetzen vermochte. In Italien fürchtete man sich sogar vor vandalischen Angriffen, wie eilig in Gang gesetzte Befestigungsmaßnahmen belegen. Das Bedrohungspotenzial der Vandalen war durch die Inbesitznahme des karthagischen Kriegshafens und der damit einhergehenden Vergrößerung ihrer marinen Schlagkraft enorm gestiegen. Doch noch beließ es Geiserich bei dieser latenten Einschüchterung. In Nordafrika aber setzte er die Expansion der vandalischen Herrschaft fort. In der sog. Gallischen Chronik findet sich zum Jahr 441 ein bemerkenswerter Eintrag, der zeigt, wie das militärische Vorgehen Geiserichs auch nach der Eroberung der Metropole fortgesetzt wurde: „Karthago wurde von den Vandalen eingenommen, und gleichzeitig mit dem gesamten Afrika in einem beklagenswerten Unglück und zum Schaden des römischen Reiches sank seine Macht. Von da an wurde es überhaupt von den Vandalen besessen."

Bonifatius: ein Verräter?

Eng mit der Frage nach den Modalitäten der Ausbreitung der vandalischen Herrschaft in Afrika verbunden ist ein Problem, das in der Forschung kontrovers diskutiert wird, nämlich ob Bonifatius, der damalige *comes Africae*, der militärische Oberbefehlshaber der Provinz, mit Guntherich, dem Anführer der Hasdingen, und dessen Halbbruder Geiserich im Jahr 428 ein Abkommen geschlossen hatte, nach dem diese drei die Herrschaft über Nordafrika künftig unter sich aufteilen würden. Sowohl Prokop als auch Jordanes erzählen in ihren Geschichtswerken von diesem aus römischer Perspektive verräterischen Bündnis. Bonifatius hätte demnach den Hasdingenbrüdern für ihre militärische Unterstützung in innerafrikanischen Konflikten Land für ihre Leute versprochen. Doch schrieben beide in der Mitte des 6. Jahrhunderts mit einem nicht unerheblichen zeitlichen Abstand zu den Ereignissen. Sie nehmen also eine retrospektive Haltung ein und wollten offenbar ihren Lesern eine Erklärung anbieten, wie es Geiserich und seinen Truppen so schnell hatte gelingen können, Afrika unter ihre Kontrolle zu bringen. Bonifatius war eine der schillernden Figuren der spätrömischen Geschichte Nordafrikas und geriet immer wieder in Konflikte mit der Regierung in Italien, auch weil er in einem Nahverhältnis zur Kaiserin Galla Placidia stand. Nach einigen Verwerfungen zwischen diesen beiden, die durch das Streuen böser Gerüchte seitens des obersten Heerführers Westroms, Aëtius, ausgelöst worden waren, hatten sie sich 428 wieder versöhnt. Allein vor diesem Hintergrund ist eine „Einladung" Bonifatius' an die vandalische Doppelspitze auszuschließen, zudem lassen sich die entsprechenden Passagen bei Prokop und Jordanes

als stereotype Sündenbockgeschichten lesen. Letzterer zeigte für den Vandalenkönig Geiserich zwar eine gewisse Bewunderung, dessen Anhänger bezeichnete er aber als Feiglinge. Schon ihr erstes Auftreten in der Geschichte ist eine Niederlage gegen seine Goten, und so ist auch ihr Weg nach Nordafrika gekennzeichnet durch ihre Feigheit vor denselben, die im Auftrage des Kaisers nach Spanien zogen, um dort die imperiale Autorität wiederherzustellen.

Vertragspartner Westroms

Die Realität sah freilich anders aus: Nicht nur, dass Guntherich noch vor der vandalischen Invasion Nordafrikas gestorben war und sich Geiserich nun zum alleinigen König (*rex Vandalorum*) aufgeschwungen hatte, der rasche Zug der Vandalen in die Gebiete des heutigen Ostalgerien, die lange, aber schließlich erfolgreiche Belagerung der Bischofsstadt Hippo Regius (Annaba) und die Abwehrversuche seitens des Bonifatius, der auf kaum mehr als 10 000 Soldaten zurückgreifen konnte, schufen eine neue Situation. Zwar schickte der oströmische Kaiser Theodosius II. seinen erprobten General Flavius Ardaburius Aspar nach Nordafrika, um die dortigen Truppen zu unterstützen, letztlich brachte dieses Kommando aber keinen Erfolg. Bonifatius wurde 432 aus Afrika abberufen und kämpfte in der Schlacht bei Ariminum (Rimini), in der er zwar siegte, aber so schwer verwundet wurde, dass er kurz darauf verstarb. Aspar zog wieder ab und erhielt sogar 434 den Konsulat, eine Ehrenstellung, die er im noch unter römischer Kontrolle stehenden Karthago feiern konnte.

Nun sollte eine diplomatische Lösung zwischen Geiserich und Westrom getroffen werden, die im Februar 435 durch den weströmischen Legaten Trygetius ausgehandelt werden konnte. Wir verfügen nur über äußerst begrenzte Nachrichten darüber, was in diesem Vertrag festgelegt wurde. Prosper schreibt: „Mit den Vandalen wurde Frieden geschlossen und ihnen dabei ein Teil Afrikas zur Ansiedlung überlassen." Die dürftige Überlieferung hat der Forschung Raum für Spekulationen gegeben. Man wird wohl davon ausgehen können, dass den Vandalen das zuvor eroberte Hippo Regius

Mosaik aus Sant' Apollinare Nuovo: Schiffe im Hafen von Ravenna/Classe (links im Bild), um 500

überlassen wurde, sie Gebiete in den Provinzen Mauretania Sitifensis, Numidia und den nordwestlichen Zipfel der Proconsularis erhielten. Vielleicht gab Geiserich seinen Sohn Hunerich damals als Faustpfand dieses Abkommens an den ravennatischen Hof, vielleicht sicherte er den Römern Getreidelieferungen zu. Sicher ist nur, dass es sich bei dem Vertrag von 435 um das erste Abkommen handelte, in dem die Vandalen als Vertragspartner Westroms Anerkennung fanden, und nach sechs unruhigen Jahren nun endlich Frieden einkehren sollte. Eine Wende in der vandalischen Geschichte markiert das Jahr 435 in jedem Fall. Die Migration fand ein Ende, in Hippo Regius wurde eine erste „Residenz" eingerichtet und Geiserich siedelte sein Gefolge an. Die Mechanismen dieser Landverteilung sind nicht überliefert, dürften aber am ehesten dem „Gesetz des Stärkeren" gefolgt und mit massiven Enteignungsmaßnahmen der römischen Vorbesitzer einhergegangen sein, wie es auch nach 439 der Fall war.

Die Hoffnung des weströmischen Kaisers, dass nach dem Vertrag von 435 Ruhe in den nordafrikanischen Gebieten herrschen würde, wurde schon wenige Jahre später enttäuscht. Geiserich hatte Karthago in seine Gewalt gebracht und damit den vandalischen Herrschaftsanspruch eindrucksvoll unter Beweis gestellt. Nun sahen sich die Römer erneut gezwungen, militärisch auf die vandalischen Aggressionen zu reagieren. Und erneut eilte Konstantinopel dem weströmischen Kaiser zu Hilfe. Auf einen Angriff der Vandalen in Sizilien und Unteritalien – sie hatten sich also umgehend der nun deutlich vergrößerten Flotte bedient – folgte ein Eingreifen der oströmischen Armada, bestehend aus angeblich 1100 Schiffen, das allerdings ohne Wirkung blieb. Valentinian III. sah sich folglich gezwungen, wieder den Verhandlungsweg zu beschreiten. An dessen Ende stand ein Vertrag, geschlossen im Jahr 442, der Geiserich die durch militärische Stärke erzwungenen Gebietsgewinne zugestand und gleichzeitig den Verlust der prokonsularischen Provinz für Westrom bedeutete. Dies war ein schwerer Schlag für den Kaiser, galt Karthago doch als eine der wichtigsten Städte des gesamten Imperiums und die reichen Böden Nordafrikas als Kornkammer Italiens. Das Reich der Vandalen umfasste nunmehr Teile der Provinz Numidia, Byzacena, Tripolitania und vor allem die Africa proconsularis (= Zeugitana), wie Victor von Vita in seiner *Historia* ausführt (*Historia persecutionis* 1.13). Für das Jahr 442 ist von zwei entscheidenden und für den Fortgang der vandalischen

Herrschaft in Nordafrika zukunftsweisenden Ereignissen zu berichten. Zum einen gelang es Geiserich, mit dem weströmischen Kaiser Valentinian III. einen neuen Vertrag zu schließen, in dem das durch militärische Gewalt neu geschaffene Machtverhältnis zum Ausdruck kam, zum anderen konnte sich der Vandalenkönig erfolgreich einer „Rebellion" erwehren.

„Sortes Vandalorum"

Drei Aspekte musste Geiserich im Jahr 442 berücksichtigen: erstens die Versorgung seines unmittelbaren Gefolges, der hasdingischen Familie, mit Landbesitz, der sich auch für repräsentative Zwecke eignete. Zweitens musste er die Kämpfer seiner Armee mit Ackerland belohnen, und drittens hatte er dafür Sorge zu tragen, dass die Produktion von Korn, Oliven und allen anderen Produkten nicht zum Erliegen kam. Bei der Organisation seines neuen Reiches konnte er unter keinen Umständen auf die seit Jahrhunderten etablierten Strukturen des römischen Nordafrika, die den Reichtum ja erst sprudeln ließen, verzichten. Insbesondere das Eintreiben der Steuer für den Königshof dürfte weiterhin

Aufgabe einheimischer Amtsträger mit entsprechender Erfahrung gewesen sein. Ein prominentes Beispiel hierfür ist der spätere Mönch Fulgentius. Im Werk Prokops ist die Landverteilung und das Schicksal einiger römischer Grundbesitzer überliefert: „Wer sich aber unter den Einheimischen durch Ansehen und Reichtum auszeichnete, den übergab Geiserich samt Ländereien und sonstigem Besitz als Sklaven seinen Söhnen Honorichos [Hunerich] und Genzon [...] Den übrigen Libyern [Römern] aber nahm er ihre größten und besten Ländereien und verteilte sie unter das Volk der Vandalen. Infolgedessen heißen diese Grundstücke bis auf den heutigen Tag Vandalenlose" (*Bellum Vandalicum* III 5,11). Die Landverteilung dieser wohl steuerfreien *klēroi Bandilōn* oder *sortes Vandalorum* bildete die entscheidende Basis des entstehenden vandalischen Staatswesens. Reichtum an Grundbesitz stellte fortan einen wichtigen Indikator für den gesellschaftlichen Status des Einzelnen dar. Militärische Hierarchien hingegen, die den multiethnischen Verband über mehr als vier Jahrzehnte geprägt hatten, lösten sich in der Folgezeit zusehends auf. Aufstieg durch militärische Leistungen war immer weniger möglich. Dazu trug auch der grundlegende strukturelle Umbau der Armee bei, den Geiserich in den frühen 440er Jah-

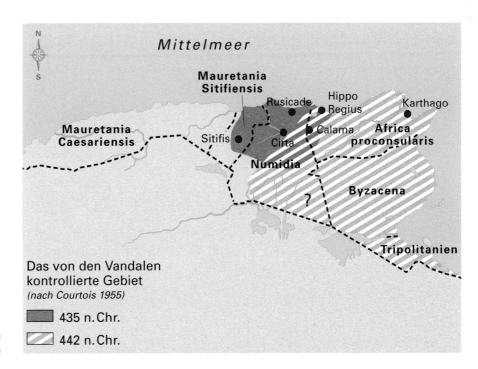

Das Reich der Vandalen in der Frühphase

Das von den Vandalen kontrollierte Gebiet
(nach Courtois 1955)

435 n. Chr.
442 n. Chr.

Die Herausforderung – Geiserichs Seeunternehmen

von Ronald Bockius

Dass der Hasding Geiserich im Jahre 429 eine etliche Zehntausend Menschen zählende Wanderungsgemeinschaft nebst Tausender Pferde und Ausrüstung von Spanien nach Nordafrika verschiffen konnte, mag man als Meisterstück sehen – doch war das Ereignis durchaus auch günstigen Umständen geschuldet: Im Zuge ihrer spanischen Invasion trafen die Vandalen auf eine über viele Jahrhunderte etablierte römische Seeschifffahrt mit für Küsten- und Hochseeeinsatz gerüsteten Fahrzeugen und nicht zuletzt auf erfahrene Seeleute. Überdies konnten der Bau fester Seeschiffe und die Struktur der Häfen auf eine lange Tradition zurückblicken.

Sich eines im frühen 5. Jahrhundert noch weitgehend intakten Transportsystems zu bedienen und geeignete Fahrzeuge zu requirieren, war zweifelsohne eine *conditio sine qua non*. Beachtlich bleibt die technisch-organisatorische Leistung insofern, als sie gemäß der Quellen das Zusammenziehen ausreichend vieler Boote und Schiffe beim Hafen Iulia Traducta nahe der engsten Stelle der Straße von Gibraltar bewältigte. Sie wird auch

keineswegs durch die gelehrte Frage geschmälert, ob die Expedition lediglich die Meerenge kreuzte – sei es in einem einzigen Unternehmen oder im Pendelverkehr – oder ob die Flotte gar zur 650 Seemeilen entfernten numidischen Küste gesegelt war. Die nach Osten gerichtete Oberflächenströmung im Iberischen Meer hätte der Fernreise nicht im Wege gestanden, indes das Problem der Wasserversorgung auf einer Fahrtroute, die in der Antike selbst ohne Zwischenstopps kaum weniger als eine Woche (Skylax, *Periplous* 3), unter widrigen Bedingungen weit mehr beanspruchte. Aber selbst die kurze Passage, unter idealen Wetterbedingungen auch mit leichteren, kleinen Fahrzeugen vorstellbar, beansprucht bis heute angesichts tückischer Strömungsverhältnisse in der Meerenge eine umsichtige Schiffsführung.

Sind wir über das Erscheinungsbild zeitgenössischer Schiffe durch Bildquellen nur vage unterrichtet, liefert eine Handvoll spätantiker Wracks, gefunden vor den türkischen und französischen Mittelmeerküsten, konkrete Auskünfte über die Bauart, Größe und Eigenschaften von Booten und Schiffen

aus den Jahrzehnten um 400 n. Chr. Bedeutende technikgeschichtliche Veränderungen gegenüber den Verhältnissen in der vorangegangenen Epoche zeichnen sich da kaum ab.

Das seit dem Späthelladikum nachweisbare Steckverfahren – mit in die Beplankung integrierten Nut-Feder-Verbindungen – gewährleistete den Bau römischer Handelsfahrer von teils mehr als 50 m Länge und für gut 400 bis 600 t Ladung. Gedeckt, mit gewöhnlich zwei rahgetakelten Masten und einem hoch entwickelten Reff- und Trimmsystem versehen, ausgestattet mit Lenzpumpen, diversen Holz- und Eisenankern, zwei Steuerrudern und fest verschließbaren Ladeluken gaben sie ein zuweilen auch von Zeitgenossen schwärmerisch bewundertes Bild ab.

Die archäologische Überlieferung lässt ermessen, dass der spätantike Seeverkehr immens nachgelassen hatte: In den beiden Jahrhunderten um Christi Geburt sanken jeweils siebenmal mehr Frachter als im 5. Jahrhundert. Mit den wenigen archäologischen Relikten kündigt sich, *bona fide*, auch die Verkleinerung des individuellen Schiffsraumes an: Das größte, eine Generation vor der Vandalen-Zeit gesunkene Schiff (Anse Gerbal, Port-Vendres A) wurde als ein gegen 20 m langes, max. 8 m breites Fahrzeug mit annähernd 75 t Ladekapazität identifiziert. Mit dem etwas kleineren, ca. 45 t tragenden Frachtsegler vom Cap Dramont (Wrack E) aus dem frühen 5. Jahrhundert teilte es verfahrenstech-

Die Seeroute, die die vandalischen Einwanderer möglicherweise eingeschlagen haben.

nische Besonderheiten der Spätantike, die eher als Zugeständnis an rationellen Schiffbau denn als Resultat handwerklicher Minderqualität zu sehen sind. Das trifft gleichermaßen für den um 400 n. Chr. mit 1100 Amphoren untergegangenen Küstenfahrer von Yassı Ada/Türkei (Wrack B) zu, ein einst 20 m langes Fahrzeug ohne tiefgehenden Kiel, sowie für ein gleichaltriges, östlich von Saint-Raphaël un-tergegangenes Handelsschiff mit nur 10–12 m ursprünglicher Länge (Cap Dramont, Wrack F).

Der römische Frachter, auf dem der Apostel Paulus vor Malta gestrandet war, hatte gemäß dem Evangelisten Lukas 276 Menschen an Bord (*Apostelgeschichte* 27,37). Nimmt man diese Zahl zum Maßstab, zählte Geiserichs Expeditionsflotte mindestens 200 bis 300 große Schiffseinheiten, viel zuviel, um sie in einer konzertierten Aktion von einer südspanischen Reede zu einem nordafrikanischen Strand oder gar Hafen segeln zu lassen. Das nautische Unternehmen darf man sich strategisch geplant, mit Einsatz weniger Fahrzeuge und mit mehreren Landeplätzen vorstellen.

Lit.: Parker 1992

Mosaik mit Schiffsdarstellung, s. Kat. 133

ren durchführen ließ. Tausendschaftsführer (*millenarii*, griechisch: *chiliarchoi*) bildeten künftig die Spitze der einzelnen Einheiten, die oberste Befehlsgewalt verblieb beim König selbst. Alle diese tiefgreifenden Maßnahmen blieben nicht ohne Widerspruch und Opposition.

Rebellion gegen Geiserich

Während sich Geiserich in den darauffolgenden 13 Jahren keiner Bedrohung von außen mehr ausgesetzt sah, drohte trotzdem Unfrieden. Nur ging die Gefahr dies-

Darstellung von Frachtseglern aus der Notitia Dignitatum, s. Kat. 96. Ihre Ladung besteht aus prall gefüllten Kornsäcken.

In Villen lebten die Herren. Mosaik aus der Villa des Dominus Iulius, Musée national du Bardo

mal vom Reichsinneren aus. Die durch Geiserich im Kontext seiner Machtetablierung 442 vorgenommene Neuverteilung von Landbesitz zeitigte eben nicht nur Gewinner: So haben Konfiskationen des Besitzes reicher römischer Familien ihren Niederschlag in den Quellen gefunden. Doch gab es offensichtlich auch Unzufriedene in den eigenen Reihen. Manch einer aus der einstigen Barbarenkoalition, die sich mittlerweile seit etwas mehr als einem Jahrzehnt in Afrika befand, dürfte sich benachteiligt gefühlt haben. Die dadurch entstehende Unruhe schlug alsbald in eine offene Rebellion gegen König Geiserich um, der die Opposition, von der Pros-

per berichtet, dass sie von Adligen geführt wurde, mit brutaler Gewalt unterdrückte. Wer aber könnte sich hinter den Rebellen verbergen? Vergegenwärtigt man sich, dass *die* Vandalen sich aus Gruppen äußerst heterogener ethnischer Zugehörigkeit konstituierten, in ihrem Verband Goten, Sueben, Alanen und viele Personengruppen mehr integriert waren, wäre zu überlegen, ob nicht eine dieser Minderheitengruppen maßgeblich verantwortlich war. Bedenkt man weiter, dass die vollständige vandalische Königstitulatur späterhin *rex Vandalorum et Alanorum* lautete, scheint es erwägenswert, eine Verstrickung der Alanen in diesen Aufstand gegen

Geiserich zu sehen. Hatten diese noch 411 in Spanien den größten Teil bei der „Verlosung" der spanischen Halbinsel für sich sichern können, ist ihr vollkommenes Verschwinden aus der Geschichte nach dem Übergang nach Nordafrika doch auffällig. Geiserich hat weder den Namen der Sueben noch den einer anderen ethnischen Gruppierung in den Königstitel integriert.

Eine Inschrift aus Sufetula mit Datierung nach Geiserichs Zählung (12. September 467) (s. Kat. 138)

Zementierung der Macht

„So nahmen die Vandalen den Römern Afrika weg." Diesen Satz schrieb Prokop im Anschluss an seine Schilderungen der Anfangsjahre der vandalischen Herrschaft in Nordafrika. Die Ereignisse jener anderthalb Jahrzehnte, die in diesem Beitrag nachgezeichnet wurden, betrafen das Leben und Schicksal Abertausender Menschen. Doch wie so häufig in der Geschichte, verdichtet sich die Überlieferung auf das Handeln einiger weniger Akteure. Im konkreten Fall auf das Machtspiel des Hasdingen Geiserich, dessen unbedingter Wille zur Herrschaft Entscheidungen mit sich brachte, die weitreichende Konsequenzen nach sich zogen: Westrom musste empfindliche Verluste in Nordafrika hinnehmen, die nordafrikanische Bevölkerung sich mit den neuen Herren in ihrem Land arrangieren und die unter dem Namen der Vandalen zu subsumierenden Gruppen mussten eine Umstrukturierung der militärischen und gesellschaftlichen Verhältnisse hinnehmen, bei der die Macht des hasdingischen Hauses endgültig zementiert wurde. Sowohl nordafrikanische Provinzialrömer als auch Personen aus den dem Vandalenreich benachbarten Berbergebieten wurden in der Folgezeit in den Vandalenstaat integriert. Aufgaben in der Verwaltung, nicht nur am Königshof, sondern auch in den Provinzstädten, boten dazu genauso Möglichkeit, wie der Dienst im vandalischen Militär, wie es etwa für Rudermannschaften berberischer Herkunft in der vandalischen Flotte überliefert ist. In seinem Exil in Neapel beklagt der karthagische Bischof Quodvultdeus (*De tempore barbarico*), dass sich seine Landsleute nun dem Vandalenkönig andienen würden. Diese Kooperation, aus römischer Perspektive wohl Kollaboration, dürfte ihren Anteil an der erfolgreichen Etablierung der vandalischen Herrschaft gehabt haben. Die entscheidenden Schritte nach dem Übergang der Vandalen auf dem Weg zur Macht über Nordafrika waren die Verträge der Jahre 435 und 442, durch die es Geiserich gelungen war, sich gegenüber dem weströmischen Kaiser durchzusetzen. Auf dieser Basis hatte das Reich der Vandalen beinahe 100 Jahre Bestand.

Lit.: Berndt 2007 – Berndt / Steinacher 2008 – Castritius 2007 – Clover 2003 – Courtois 1955 – Gil Egea 1998 – Goetz / Patzold / Welwei 2006 – Howe 2007 – Modéran 2002

Kat. 132

Kat. 134
Grabinschrift
Fundort unbekannt
439 n. Chr.
Stein, H. 47,5 cm, B. 55 cm, T. 6,6 cm
Carthage, Musée national de Carthage,
Inv. 22.172

Es handelt sich um eine Grabinschrift, die
sich aufgrund der Konsulatsangabe des
Theodosius II. und des Faustus in das Jahr
439 datieren lässt. In diesem Jahr gelang
es den Vandalen Karthago zu erobern.

Lit.: Ennabli 1975 Nr. 00046. – Merlin 1944 Nr.
01126. – Ennabli 2001, 73. **R.H.**

Kat. 135 *(ohne Abb.)*
Bügelfibel
Cuicul/Djemila, Numidien
5. Jh.
Silber mit Nielloeinlage
Algier, Musée national des Antiquités,
ohne Inv.

Vergleichbare Silberfibeln finden sich
gehäuft im Raum zwischen Mittelrhein
und Mittelelbe und gehören in die
1. Hälfte des 5. Jhs. Da der Fundort dieser
Gewandspange westlich des ab 442
bezeugten vandalischen Siedlungsgebiets
in Nordafrika liegt, könnte sie wegen ihrer
Datierung als singulärer Nachweis „barbarischer" Präsenz im Numidien der Zeit
der vandalischen Landnahme aufgefasst
werden.

Lit.: Eger 2004a, 74 f. – Quast 2005, 286. **C.H**

Kat. 132
Münzhort
Simitthus/Chemtou
um 420 n. Chr.
Gold, Gewicht 7,2 kg
Jendouba, Musée de Chemtou, ohne Inv.

Im Mai 1993 wurde in der Stadt Chemtou,
in der Antike für den Abbau numidischen
Marmors bekannt, auf dem Gelände einer
modern stillgelegten Marmoranlage ein
Krug mit 1646 Solidi, einem Halb-Solidus
und einem falschen Solidus geborgen.
Der 7,2 kg schwere Goldmünzschatz verdeutlicht den außerordentlichen Reichtum
der Provinz Africa proconsularis zur Zeit
der Vandaleninvasion 429.
Die jüngste Münze des Münzhortes ist in
die Regierungszeit des Honorius (395–
423), jedoch vor 420 zu datieren. Dass
das Verbergen des Schatzes mit dem
Erscheinen der Vandalen in Nordafrika im
Jahr 429 in ursächlichem Zusammenhang
steht, ist somit zwar denkbar, allerdings
nicht zu beweisen.

Lit.: Paris 1995, 273 f. **R.H.**

Kat. 133 *(Abb. s. S. 183)*
Grabmosaik
Thabraca/Tabarka
5. Jh.
H. 82 cm, B. 100 cm
Tunis, Musée national du Bardo, Inv. A.320

Teil eines Grabmosaiks, auf dem ein Schiff
mit einem Mast dargestellt ist.

T.G.

Kat. 134

Grabstein einer Fortunatiana, gefunden in El Erg. Die Datierung, die auf ihm angegeben ist, weist in das 22. Regierungsjahr König Thrasamunds, eines Enkels von Geiserich, s. Kat. 140.

DIE GESCHICHTE DES VANDALENREICHS

Geiserich und seine Dynastie in Nordafrika

von Helmut Castritius

Die Vandalen, nach Tacitus Träger eines wahren und alten Namens, der, in unsere Sprache übersetzt, „die Gewandten, die Beweglichen, die Raschen" bedeutet, hatten von der Region an der unteren Donau kommend bis zu ihrer Ankunft im römischen Nordafrika einen ungeheuer langen Weg zurückgelegt. Die Ankömmlinge waren allerdings zu ihrem überwiegenden Teil nicht die Nachkommen der Vandalen, die einst aus ihren Wohnsitzen jenseits der unteren Donau aufgebrochen waren, auf der Suche nach Versorgungsmöglichkeiten und bessere Lebensbedingungen erstrebend – dies sind noch die am ehesten nachzuvollziehenden Motive für den Einfall und die Festsetzung in einer hoch organisierten und komplexen Welt. So begaben sie sich in das Römerreich und durchzogen dessen gesamte Westhälfte, bis sie sich schließlich in Nordafrika niederlassen konnten.

Schon die Ausziehenden waren keine ethnische Einheit, die von Anfang an vorhanden war und die man „höchstens ahnend zurückverfolgen" konnte, sondern etwas Gewordenes, ein Produkt verschiedenster Umstände und Entwicklungen, zusammengehalten durch eine gemeinsame Überzeugung und durch ein von einer Führungsgruppe ausgehendes und gefördertes Bewusstsein von Zusammengehörigkeit, das den vandalischen Sozialverband prägte und auf andere Gruppen werbend und anziehend ausstrahlte. Und auch in der Folgezeit – auf der Wanderung und während der wenigen Jahre des Verweilens in verschiedenen Regionen der Westhälfte des Römerreichs – formierten sich die Vandalen immer wieder aufs Neue, wobei der tief im Bewusstsein verankerte Glaube an eine gemeinsame Herkunft und an die Wirkmächtigkeit ihrer religiös legitimierten Führung Zusammengehörigkeit und Identität stiftete. Ein Indikator dieses vielschichtigen, kaum jemals zum Abschluss gekommenen Bewusstseinsprozesses war die Titulatur der Vandalenkönige in Nordafrika, wenn sich Geiserich (gest. 477) und seine Nachfolger jeweils *rex Vandalorum et Alanorum* nannten.

Der Übergang der Vandalen von Spanien nach Nordafrika im Sommer 429 unter Führung König Geiserichs war für die damaligen Verhältnisse eine logistische Meisterleistung, wenn es sich auch um kaum mehr als 80 000 Personen – Männer, Frauen und Kinder – und um einige Tausend Pferde gehandelt haben dürfte. Unter Benutzung in Spanien requirierter römischer Transportkapazitäten wurde nicht lediglich die Meerenge von Gibraltar überquert, sondern man segelte wohl anschließend an

> Jener aber (Geiserich), dessen Freundschaftsbeteuerungen man Glauben geschenkt hatte, brach den Eid und nahm durch Hinterlist Karthago weg. Durch verschiedene Arten von Foltern presste er den Bürgern alle ihre Schätze ab und nahm sie für sich. Dann verwüstete er Sizilien, belagerte Panormus, verbreitete die Seuche der arianischen Lehre über ganz Afrika ...
>
> Isidor von Sevilla, *Historia de regibus Gothorum, Vandalorum et Sueborum* 75

der nordafrikanischen Küste entlang nach Osten, um die damals noch blühenden, kaum vom wirtschaftlichen Niedergang erfassten römischen Provinzen Numidia und Africa proconsularis (heute Ostalgerien und Tunesien) mit ihrem noch funktionierenden und lebendigen

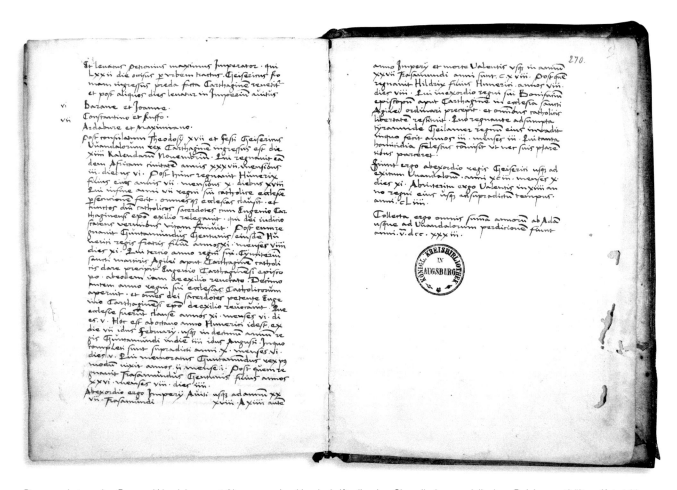

Der sog. *Laterculus Regum Wandalorum et Alanorum*, eine Handschrift, die eine Chronik des vandalischen Reiches enthält, s. Kat. 141

Städtewesen zu erreichen und in Besitz zu nehmen. War der Widerstand der Vertreter der römischen Staatsmacht trotz vergleichsweise bescheidener militärischer Mittel beachtlich, so war er bei der provinzialrömischen Bevölkerung insgesamt eher gering, wobei den Vandalen hier die tiefe Kluft entgegengekommen sein dürfte, die durch die schon ein Jahrhundert andauernden religiösen Auseinandersetzungen um den wahren christlichen Glauben – katholische Orthodoxie gegen den Donatismus – entstanden war. Dass mit den Vandalen eine häretische Richtung des Christentums – der sog. Arianismus – in Nordafrika Fuß fassen und zu einer weiteren tiefen Spaltung der Gesellschaft führen würde, war nach der Ankunft der Vandalen noch nicht abzusehen.

Im Herbst 431 konnte das lange belagerte Hippo Regius (heute Annaba/Bône), die Bischofsstadt des heiligen Augustinus, eingenommen und als vorläufige Königsresidenz und vorübergehender Verwaltungssitz eingerichtet werden. Die Metropole Karthago, eine antike Großstadt mit vielleicht damals noch 200 000 Einwohnern, fiel dann einige Jahre später (439) handstreichartig in die Hände der Vandalen und damit auch das Kerngebiet des damals wirtschaftlich noch blühenden römischen Nordafrika.

Das Vandalenreich als Modellfall einer Staatsbildung

In der Epoche der sog. Völkerwanderungszeit (ca. 375–600) kam es hauptsächlich im Westteil des Römerreichs zu einer Reihe von teilweise eher kurzzeitigen Staatsbildungen, deren Gemeinsamkeit darin bestand, dass sich die einwandernden und Reichsgebiet in Besitz nehmenden, meist germanischen Großgruppen auf die Autorisierung ihrer Herrschaft über die jeweils vorgefundene provinzialrömische Bevölkerung durch die römische Zentrale berufen konnten. Ein Paradebelspiel dafür ist die Reichsgründung der Ostgoten in Italien unter Theoderich. Die Vandalen hingegen durchzogen ungerufen und unautorisiert die westlichen Provinzen des Imperium Romanum, und ihr Übergang nach Nordafrika erfolgte aus eigenem Entschluss, vielleicht angeregt durch frühere ähnliche, aber gescheiterte Vorhaben anderer germanischer Großgruppen. Inwieweit die zuvor wirren politischen, in bürgerkriegsähnliche Zustände ausartenden Verhältnisse in Nordafrika selbst dabei eine Rolle gespielt hatten, ist kaum zu entscheiden, auch wenn man davon auszugehen hat, dass die Vandalen über die Vorgänge im römischen Nordafrika gut unterrichtet waren.

Als Befreier wurden die Vandalen jedenfalls von den unterdrückten Unterschichten oder von den durch die katholische Orthodoxie verfolgten Häretikern (Donatisten) nicht begrüßt – wie eine marxistisch inspirierte Geschichtsschreibung allzu gern hervorhebt –, sondern sie sahen sich mit einem hartnäckigen militärischen Widerstand konfrontiert, der von den in Nordafrika befindlichen, zahlenmäßig allerdings schwachen römischen Truppen getragen wurde und vor allem in den befestigten Städten seinen Rückhalt hatte. Nach anhaltenden schweren Kämpfen, einem fehlgeschlagenen handstreichartigen Überfall auf Karthago und der Einnahme von Hippo Regius nach vierzehnmonatiger Belagerung stellten die Römer im Jahre 435 die Kampfhandlungen ein und schlossen mit König Geiserich einen Friedensvertrag ab.

Nach römischem Vertragsverständnis rückten der König und die Vandalen in ein Untertanenverhältnis gegenüber dem römischen Staat ein, mit festen Verpflichtungen für den neuen Vertragspartner und mit einer Geltungsdauer allein für die Zeit der Herrschaft Geiserichs.

Dass die Vandalen aus diesem Vertrag dieselben Verpflichtungen ihrerseits abgelesen haben, ist zweifelhaft. Da er zudem von der Zentrale in Ravenna nicht ratifiziert wurde, ist das Problem der Gültigkeit, des Geltungsbereichs und der Wirkmächtigkeit dieses ersten Vertrags gegenstandslos. Geiserich jedenfalls dürfte sich nicht in den Dienst des Römerreichs gestellt verstanden haben.

Modellhaft für andere spätere Reichsgründungen auf römischem Boden ist hingegen der Vertrag vom

> „Geiserich … fuhr mit einer Flotte nach Italien und griff Rom an. Vierzehn Tage lang plünderte er Roms Schätze, dann nahm er Valentinians Witwe, ihre Töchter und viele Tausend Gefangene mit sich fort. Darauf kehrte er nach Karthago zurück und machte durch eine Gesandtschaft Frieden mit dem Kaiser. Valentinians Witwe schickte er nach Konstantinopel zurück, eine ihrer Töchter vermählte er mit seinem Sohn Hunerich. Nachdem er auf diese Weise viele Provinzen mit Mord und Plünderung heimgesucht hatte, starb er im 40. Jahr seiner Herrschaft.“
>
> Isidor von Sevilla, *Historia de regibus Gothorum, Vandalorum et Sueborum* 77

Jahre 442 geworden. Darin wurden den Vandalen nicht nur die Kerngebiete des römischen Nordafrika – die Provinzen Africa proconsularis mit Karthago (das nördliche Tunesien), Byzacena (Südtunesien) und Numidia (Ostalgerien) – überlassen, sondern man verzichtete auf der römischen Seite auch auf jegliche Leistungen seitens der Vandalen, d. h. vor allem auf die seit Jahrhunderten üblichen Getreidelieferungen aus Nordafrika für die Bevölkerung der großen Metropolen Italiens, vor allem für die Stadt Rom selbst. Im Jahre 442 entstand vielmehr erstmals auf römischem Boden ein souveräner, von Barbaren beherrschter Staat mit einer überwiegend römischen Bevölkerung (ein bis zwei Millionen gegenüber ca. 80 000 bis 100 000 Barbaren), die sich noch dazu überwiegend in einem religiösen Gegensatz zu den arianischen Vandalen befand. Hatten sich Westgoten, Burgunder, Alanen, ja zunächst sogar die Franken noch in den Dienst des Römerreichs stellen lassen, so konnte Geiserich im römischen Nordafrika ein zuvor unbekanntes Modell einer Staatsbildung aus der Taufe heben.

Du, glückliches Vandalenreich, heirate!

von Susanne Erbelding

Von den Frauen aus dem Königshaus der Hasdingen kennen wir nur zwei mit Namen.

Die eine ist Eudocia, die Tochter des weströmischen Kaisers Valentinian III. (425–455). Sie wurde bereits als Kleinkind zur Bekräftigung des 442 zwischen ihrem Vater und Geiserich geschlossenen Staatsvertrags mit dem vandalischen Kronprinzen Hunerich verlobt. Dessen 13-jährige Ehe mit einer Tochter des Westgotenkönigs Theoderich (418–451) wurde für diese Verbindung aufgelöst; der Westgotin entledigte man sich, indem man ihr Verrat vorwarf – sie soll versucht haben, Geiserich zu vergiften –, und schickte sie mit abgeschnittener Nase und abgeschnittenen Ohren zu ihrem Vater zurück.

Aufgrund der ravennatischen Verlobung sah sich Geiserich im Jahre 455 berechtigt, nach dem Tod Kaiser Valentinians III. ein Mitspracherecht bei der Besetzung des weströmischen Kaiserthrons zu erheben, insbesondere da der neue Imperator, der ehemalige Senator Petronius Maximus, seinerseits versuchte, sich durch eine Heirat in das theodosianische Kaiserhaus zu legitimieren. Während er die Kaiserinwitwe Eudoxia zur Ehe gezwungen hatte, schickte sich sein Sohn an, Hunerichs Verlobte Eudocia zur Frau zu nehmen. Die daraufhin prompt erfolgende vandalische Intervention mündete am 2. Juni 455 in der Eroberung Roms. Zu der Kriegsbeute, die die Vandalen nach Karthago führen, zählten auch die kaiserlichen Frauen Eudoxia und ihre ca. 16-jährige Tochter Eudocia. Letztere wurde 456 gezwungen, den etwa 25 Jahre älteren Thronfolger Hunerich zu heiraten. Aus

der Ehe gingen zwei Kinder, darunter der spätere König Hilderich, hervor. Dieser konnte als Enkel Geiserichs wie Valentinians III. – zumindest ideelle – Ansprüche auf den weströmischen Kaiserthron geltend machen, indem er sich „Erbe zweier Kronen" nannte. Die Tatsache, dass Eudocia nach 16 Jahren Ehe im Jahr 472 unter Zurücklassung ihrer Kinder nach Konstantinopel floh, lässt vermuten, dass sie im *regnum Vandalicum* bzw. in ihrer Ehe nicht sehr glücklich gewesen war. Die Überlieferung, sie habe ihren Gatten wegen dessen radikalen Arianismus nicht mehr ertragen können, ist allerdings nicht unbedingt glaubhaft.

Namentlich bekannt ist uns außerdem die Königin Amalafrida, die mit Thrasamund verheiratete Schwester des Ostgotenkönigs Theoderich des Großen (ca. 470–526). Ihre Mitgift bestand nicht nur aus 6000 Goten, darunter 1000 Krieger, sondern auch aus einem Teil Siziliens, das somit erneut dem vandalischen Herrschaftsbereich zugeschlagen werden konnte. Vermutlich besaß die Königin Amalafrida, in der man eine bedeutende Mäzenin vermutet, einen nicht unerheblichen Anteil an der literarischen Blüte der Ära Thrasamunds – so stammten die Auftraggeber der z. T. in der *Anthologia Latina* ab 523 niedergeschriebenen Lyrik wahrscheinlich auch aus dem königlichen Kreis um die gebildete Ostgotin.

Es scheint, als hätte Amalafrida nach dem Tod Thrasamunds im Jahr 523 versucht, auf die Religionspolitik von dessen Thronerben Hilderich Einfluss zu nehmen. Es ist möglich, dass sie, selbst von arianischem Bekenntnis,

Zugeständnisse in der Katholikenfrage – die außenpolitisch eine Annäherung an Byzanz, aber eine Abkehr von den Ostgoten darstellten – verhindern wollte. So soll sie Hilderich vor seinem Regierungsantritt den Eid abgenommen haben, als König nicht von der antikatholischen Linie der Hasdingen abzuweichen. Doch dieser reagierte mit einer List: Er trat seine Königsherrschaft erst einen Tag nach dem Tod seines Vorgängers an und traf während der Thronvakanz seine eigenen Entscheidungen. Es ist auch nicht auszuschließen, dass Amalafrida mit dem militärischen Potenzial ihres gotischen Gefolges einen Staatsstreich anstrebte, als Hilderich sie 525 gefangen nehmen ließ und sie kurz darauf, wahrscheinlich durch ein Attentat, starb.

Es wird deutlich, dass bei verschiedenen mit außenpolitischen Anlässen in Zusammenhang stehenden Ereignissen königliche Frauen mit „Migrationshintergrund" eine nicht unwesentliche Rolle spielten. Das Schicksal dieser Herrscherinnen zeigt, dass dynastische Verbindungen für das hasdingische Königshaus ein wichtiges machtpolitisches Instrument darstellten. Eine offensichtlich gezielt betriebene Heiratspolitik diente der „internationalen" Vernetzung mit anderen Dynastien oder der Bekräftigung staatsrechtlicher Bündnisse und damit der Konsolidierung oder Mehrung vandalischer Macht.

Lit.: Berndt 2002 – Castritius 2007

Konsequenzen der Ansiedlung

Barbarische Verbände wie die Vandalen, die sich aus den unteren Donau- und Schwarzmeerregionen mit Frauen und Kindern auf den Weg ins Römerreich begaben, um dort bessere Lebensbedingungen zu erlangen, waren zur Hauptsache keine Ackerbauern und Viehzüchter mehr. Sie hatten ihre Lebensweise vielmehr längst an die der Steppenvölker Asiens angepasst, mit denen sie für eine längere Periode in direkten Kontakt gekommen waren. Sie hatten sich – teils freiwillig, teils gezwungenermaßen – einem Prozess der „Verreiterung" unterzogen, den in Sesshaftigkeit umzukehren keine einfache Sache war. Dennoch steht es außer Frage, dass sie feste Wohnsitze und auf Eigentum beruhende gesicherte Lebensverhältnisse erstrebten. Nordafrika kam den Vandalen, die sich mit Gewalt Zugang verschafft und dafür schließlich die staats- und völkerrechtliche Anerkennung ertrotzt hatten, wie das „Gelobte Land" vor, wie uns ein zeitgenössischer Chronist berichtet.

Entsprechend erhielten die Mitglieder des von Geiserich geführten Heeresverbands unter Berücksichtigung des sozialen Status, den sie damals einnahmen, ihren Anteil an diesem „speergewonnenen Land". Voraussetzung für die Erfüllung dieses Anspruchs waren umfangreiche Enteignungen, die in erster Linie die senatorischen Großgrundbesitzer mit ihren prächtigen Landhäusern und die städtischen Mittelschichten, die ebenfalls über nicht unbeträchtlichen Landbesitz verfügten, betrafen. Verfügungsmasse für die Landzuteilungen war allerdings auch in Form der kaiserlichen Latifundien geradezu im Übermaß vorhanden. Daraus wurden vor allem die Mitglieder der königlichen Familie und die Angehörigen der Führungsschicht versorgt, während der Masse der Heeresangehörigen kleinere Parzellen (*sortes Vandalorum* genannt) auf weniger fruchtbaren Böden ebenfalls in den Kerngebieten vandalischer Herrschaft und zudem steuerfrei zugeteilt wurden. Dieser Umverteilung ging die Vernichtung aller Grundkataster durch die königliche Verwaltung voraus. Den Besitzerwechsel

Grabinschrift mit Nennung des Königs Gunthamund, eines Enkels von Geiserich, s. Kat. 139

Bauinschrift des Thrasamund, Nachfolger des Gunthamund, s. Kat. 286

darf man sich nicht so radikal vorstellen wie etwa die diesbezüglichen Auswirkungen der sog. Oktoberrevolution im zaristischen Russland. Einmal war für eine solche Politik der Ansiedlung und des Besitzwechsels genügend Land vorhanden, das für die Umverteilung zur Verfügung stand, und zum anderen war man auf die aus der Landwirtschaft erwirtschafteten Steuererträge seitens der römischen Provinzialbevölkerung angewiesen, denn die *sortes Vandalorum* waren, wie bereits erwähnt, steuerfrei. Auch ist für die letzte Phase der Vandalenherrschaft in Nordafrika der Rückkauf von Liegenschaften durch Angehörige der provinzialrömischen Oberschicht belegt.

Die Angehörigen der vandalischen Führungsschicht wie auch die Mitglieder des Heeresverbands, die auf diese Weise zu neuem Eigentum in Gestalt von zum Teil äußerst ansehnlichem Hausbesitz und agrarisch nutzbaren Flächen gelangt waren, haben sich bei der Pflege und der Nutzung dieser festen Habe „die Hände selbst nicht schmutzig gemacht". Verbunden mit den Landzuweisungen war nämlich ein menschliches Kapital, sozusagen eine „Menschenbeute", das den Nutznießern der Landzuweisungen überlassen wurde. Es bestand aus Sklaven, aus halbfreien Pächtern (halbfrei, weil sie ohne Erlaubnis des Eigentümers das ihnen überlassene Stück Land nicht verlassen durften) und aus mit Freizügigkeit ausgestatteten Pächtern, und zwar in derselben Weise, wie schon in der hohen römischen Kaiserzeit die Bewirtschaftung der Agrarflächen im fruchtbaren Teil Nordafrikas organisiert war. So konnte immerhin über einen längeren Zeitraum die auf Abkömmlichkeit beruhende Mobilität und Homogenität des vandalischen Heeresverbands aufrechterhalten werden.

Die Außenbeziehungen des Vandalenreichs unter Geiserich

Für die Beziehungsgeschichte zwischen dem Vandalenreich und den römischen Regierungen des West- (Rom/Ravenna) und des Ostreichs (Konstantinopel) sind die unterschiedlichen Politikmuster und deren Auswirkungen deutlich zu unterscheiden. Geiserich als die Personifizierung der vandalischen Führungsschicht im lateinischen Nordafrika interpretierte die durch den Vertrag von 442 errungene völkerrechtliche Position anders als die kaiserlichen Regierungen, von denen die in Konstantinopel fortan ihren Anspruch auf Bestimmung und Durchsetzung der römischen Interessen stärker zur Geltung brachte. Der aufgrund des im Jahre 435 abgeschlossenen Vertrags als Geisel nach Rom verbrachte Königssohn Hunerich konnte etwa zehn Jahre später nach Karthago zurückkehren, mit dem Versprechen, die Kaisertochter Eudocia ehelichen zu dürfen, im Gepäck. Mit der Aussicht auf diese „Rangerhöhung" durch die Aufnahme in die kaiserliche Verwandtschaft hörten die Piraterie und die Raubzüge der Vandalen im Mittelmeer und an den Küsten Italiens zunächst auf – Geiserich ließ sogar die außerordentliche, durch die Hunnen verursachte Bedrohungslage des Westreichs ungenutzt. Und auch die Katholiken Nordafrikas kamen – wenn auch nur kurzzeitig – aus der Schussrichtung der die Arianer begünstigenden Aktivitäten des Königs. Mit der Ermordung Kaiser Valentinians III. im Jahre 455 war diese Periode des „Tauwetters" vorbei.

Für die Vandalen endete damit das weströmische Reich als – modern gesprochen – Völkerrechtssubjekt, und sie betrachteten es fortan als eine Art Verfügungsmasse, auf die neben dem Kaiser in Konstantinopel auch die völkerwanderungszeitlichen Reiche auf dem Boden des Westreichs je nach den Machtverhältnissen ihren Einfluss ausüben und darüber befinden konnten. Die Reaktion der Vandalen auf den Staatsstreich in Rom und Italien ließ nicht lange auf sich warten: Unter Führung des Königs schiffte sich das Gros des vandalischen Heeres, erstmals verstärkt durch aus Mauren rekrutierten Einheiten, nach Italien aus, am 2. Juni 455 rückte dann die Interventionsarmee in der „Ewigen Stadt" ein. Es folgte eine systematische, sich über zwei Wochen hinziehende Plünderung Roms, die neben materiellen Werten vor allem die in Jahrhunderten angesammelten Kunstwerke betraf, die man auf Schiffe verlud und nach Nordafrika überführte. Der „tanzende Satyr", wohl ein Werk des Praxiteles, der durch glückliche Umstände aus dem Canale di Sicilia geborgen werden konnte, dürfte sich auf einem auf der Rückfahrt nach Karthago untergegangenen Transportschiff befunden haben (s. S. 200 ff.).

Dem sprichwörtlich gewordenen Verdikt als Plünderer, Zerstörer, Brandstifter und Mörder – mit dem im späten 18. Jahrhundert im Zusammenhang der Französischen Revolution geprägten Begriff „Vandalismus" auf den Punkt gebracht (s. S. 424) – haben die Vandalen jedenfalls damals keineswegs entsprochen. Obwohl es also im Zusammenhang mit der Einnahme Roms zu keinen Exzessen und Gewaltorgien seitens der Vandalen kam, hat sie wohl die „Menschenbeute" in unauslöschlichen Verruf gebracht. Unter dieser befanden sich die Kaiserin und ihre Töchter sowie zahlreiche andere Angehörige der spätrömischen Führungsschicht, daneben viele Gefangene aus allen Schichten der Stadt Rom, denen nun der Verkauf in die Sklaverei drohte, es sei denn, sie konnten freigekauft werden (was in einigen Fällen auch durch die Initiative des katholischen Bischofs von Karthago gelang). Von der kaiserlichen Familie musste lediglich Eudocia in Karthago bleiben – sie wurde mit dem Thronerben Hunerich verheiratet. Die Kaiserin und eine andere Tochter hingegen wurden nach Konstantinopel weiterverfrachtet.

Mit den Vorgängen während und nach der Einnahme Roms kehrte in der damaligen Weltöffentlichkeit, d. h. der Mittelmeerwelt, die ursprüngliche Einschätzung des Vandalenstaats als eines die zivilisierte Welt terrorisierenden Raubstaats zurück. Und in der Tat erwecken die jeweils zu Frühlingsbeginn aus Karthago zu Verschleppungs- und Plünderungszwecken an den Küsten Siziliens, Italiens und selbst des adriatischen Raums und zu den griechischen Inseln auslaufenden Flottenexpeditionen einen solchen Eindruck. Und wenn Geiserich, von einem Schiffssteuermann nach dem Ziel der Expedition und dem zu erwartenden Gegner befragt, geantwortet haben soll: „Natürlich gegen diejenigen, denen Gott zürnt", so lässt diese Antwort zunächst auf eine gewisse Ziellosigkeit schließen. Auf den zweiten Blick lässt sich jedoch so etwas wie eine Systematik und ein festes Konzept der vandalischen Führung erkennen. Zugleich mit einem religiös begründeten Impetus ging es offensichtlich um das Anlegen und Sichern fester Stütz- und Anlaufpunkte auf den großen Mittelmeerinseln und den Balearen, die es ihnen ermöglichen sollten, jederzeit die Küsten Spaniens und Italiens, ja selbst Galliens und Griechenlands zu erreichen; Stützpunkte, die bis zum Untergang des Vandalenreichs behauptet werden konnten.

Geiserich – glückverwöhnter König und Strafe Gottes

von Uwe Walter

Wenn Gott die Welt regiert und die Welt im Chaos zu versinken beginnt, dann drängt sich die Frage nach der Rechtfertigung des Lenkers auf. Warum erlaubte er barbarischen Horden in die blühenden Landschaften Galliens, Spaniens und Nordafrikas einzubrechen, zu plündern und die Bewohner mit unaussprechlichen Martern zu überziehen? Der Kleriker Salvianus von Marseille (etwa 400–480) formulierte eine klare Antwort: Gott lasse diese Übel zu, weil es die Römer wegen ihres unsittlichen und schändlichen Lebenswandels verdienten, sie zu erleiden. Vor allem hinter den Mauern der reichen Städte Afrikas, der Seele des römischen Gemeinwesens, tobten sich Unzucht und Laster aus.

„Und so wurde Gott durch unsere Verbrechen genötigt, die feindlichen Plagen von Ort zu Ort, von Stadt zu Stadt auszubreiten und die aufgescheuchten Völker beinahe von den hintersten Grenzen der Erde sogar über das Meer zu schicken, um die Verbrechen der Afrikaner zu bestrafen."

Namen nennt Salvianus nicht; er betont nur, wie geschlossen sich die Scharen der Invasoren unter der Führung jeweils eines Königs präsentierten. Das idealisiert die tatsächlichen Verhältnisse. Der Verband, den der Vandalenkönig Geiserich im Jahr 429 über die Enge bei den Säulen des Herkules nach Afrika hinübersegeln ließ, war ethnisch alles andere als einheitlich. Die Integration gelang politisch durch eine einheitliche Führung und den gemeinsamen Erfolg. Diesen zu erreichen, besaß Geiserich allerdings gute Voraussetzungen: Als minderbürtiger Sohn des Königs Godegisel (seine Mutter war eine Sklavin) und

Halbbruder von Godegisels Nachfolger Guntherich dürfte Geiserichs erste Lebenshälfte durch Nähe zur Macht und familiäre Zurücksetzung geprägt gewesen sein – eine gute Voraussetzung für Ehrgeiz und Geschick. Zugleich konnte er durch das Schicksal der vandalisch geführten Verbände in Spanien seit 409 aus erster Hand erfahren, wie das politische Spiel zwischen römischer Zentrale, Heermeistern, provinzialen Eliten und rivalisierenden Germanengruppen gespielt wurde. Die Vandalen werden jedenfalls Gründe gehabt haben, nach dem Tod des Guntherich im Jahr 428 nicht dessen Sohn, sondern den zu diesem Zeitpunkt etwa vierzig Jahre alten Geiserich auf den Schild zu heben. Als „im Kriegswesen bestens geübt" und überhaupt den tüchtigsten aller Menschen rühmte ihn hundert Jahre später der byzantinische Geschichtsschreiber Prokop – sicher auch, um eine Verfallsgeschichte erzählen zu können, die vom tüchtigen Reichsgründer bis zu seinen schwachen Nachfolgern hinabführte.

Wie auch andere Anführer lernte Geiserich von den Römern und für den Umgang mit ihnen, Diplomatie und Gewalt, Angebote und Forderungen miteinander zu verbinden, Verbündete zu gewinnen und Gegner auseinanderzudividieren. Diese Fähigkeit hob zwei Generationen nach Geiserichs Tod der Geschichtsschreiber Jordanes hervor: Geiserich „war von mittlerer Größe, hinkte infolge eines Sturzes vom Pferde, ein Mann von tiefen Gedanken, dabei wortkarg, ein Verächter der Üppigkeit, jähzornig, habgierig, sehr darauf bedacht, die Völker gegeneinander zu hetzen; stets bereit, den

Samen zu Zwietracht auszustreuen und unter den Völkern Hass zu erregen." Die Skizze enthält typische Charakterzüge eines Barbaren: Mangel an emotionaler Kontrolle und eine paradoxe Verbindung von Anspruchslosigkeit im Lebensstil und der Lust, alles Wertvolle zusammenzurauben – der Barbar erscheint hier in einem Atemzug als Feind der Zivilisation und als unverdorbenes Gegenbild einer dekadenten Kulturwelt. Aber die knappen Bemerkungen spiegeln auch die Faszination, die von dem geschickten Politiker ausging, wider. Dessen Fähigkeiten anzuerkennen, überforderte nicht wenige Zeitgenossen, die zu schlichten Erklärungen Zuflucht nahmen. So soll beispielsweise der römische Provinzstatthalter Bonifatius die Scharen Geiserichs nach Afrika eingeladen haben. Solche – in der Sache ganz abwegigen – Verschwörungstheorien konnten entstehen, weil man am sorgsam konstruierten Bild von den wilden Fremden festhielt. Man konnte sich nicht vorstellen, dass auch außerhalb des Reiches wohlinformiert, zielorientiert und rational gehandelt wurde, und man wollte nicht sehen, wie die Anfälligkeit der kaiserlichen Zentralgewalt für Herausforderer und Gegenkaiser die Verteidigung der Provinzen untergrub. Geiserich dagegen hatte, so scheint es, im jeweils entscheidenden Moment die nötigen Machtmittel an der Hand, so dass er „mit seinen Aktionen stets schneller war als ein anderer auch nur mit seinen Planungen", wie der Geschichtsschreiber Malchos von Philadelphia berichtet.

Geiserichs politische Konzeptionen müssen aus seinem Handeln erschlossen werden. Was er ins Werk setzte, spricht eine deutliche Sprache. Schon die reibungslose Seepassage des gesamten Gefolgschaftsverbandes nach Nordafrika verrät ein bemerkenswertes Führungs- und Organisationstalent. Nicht zufällig schreibt Prokop dem König eine Neueinteilung des vandalisch-alanischen Heeres zu und stellt ihn damit indirekt in die Reihe der großen Gründergestalten der griechischen und römischen Geschichte. Geiserich hat mit einiger Sicherheit auch gewusst, wie stark die Vandalen nach einer Inbesitznahme dieser bis dahin unbehelligten Region sein würden, stellten doch deren Getreideexporte und Steueraufkommen eine tragende Säule in der zuneh-

mend fragilen Architektur des Reiches dar. Und er scheint gewusst zu haben, wo die Schwächen der römischen Position lagen. Während die Masse der provinzialen Bevölkerung dem bedächtigen Siegeszug der Vandalen nach Osten völlig passiv gegenüberstand, gewann Geiserich Verbündete unter den nomadischen Berbern sowie unter den hauptsächlich arianischen Häretikern und ihrem bislang an den Rand gedrängten Klerus, der nunmehr die Leitung in den Kirchen übernehmen konnte. Nach außen hin suchte der „König des Landes und des Meeres" das jeweils Erreichte durch Verträge mit Ravenna bzw. Konstantinopel zu sichern und sich daneben durch Plünderungszüge an den Küs-

ten Respekt und Geldmittel zu verschaffen. Als erstem König eines Wanderverbandes gelang es ihm, auf dem Boden des Reiches ein selbstständiges und unabhängiges Staatswesen zu errichten und damit grundsätzlich gleichberechtigter Partner der kaiserlichen Regierung zu werden.

Zum Bild Geiserichs gehört aber auch das Glück, das ihm beschieden war. Er überstand gefährliche Verschwörungen im eigenen Haus und militärische Angriffe von außen. Als er am 24. Januar 477 starb, gab es im Westen schon keinen römischen Kaiser mehr.

Lit.: Berndt 2007 – Claude / Reichert 1998 – Heather 2007, Kap. 6 – Walter 2007

An der Wende vom 19. zum 20. Jh. war das Sammeln von Werbebilderserien aus Schokoladen-, Zigaretten- und Fleischextrakt-packungen bei Kindern und Erwachsenen sehr beliebt. Geiserich war einer der Helden von *Liebig's Sammelbildern*, Serie 662: Völkerwanderung, Bild 2, Jahrgang: 1905.

LIEBIG'S FLEISCH-EXTRACT.

GEISERICH

REICH der VANDALEN.

Gesetzlich geschützt.

Die Vandalen unter GEISERICH landen an der Küste von Afrika i. J. 428

VÖLKERWANDERUNG

Erklärung siehe Rückseite.

Eine solche für die Existenz des Römerreichs als äußerst bedrohlich erkennbare Konzeption löste allerdings insgesamt zweimal gewaltige militärische Anstrengungen Roms aus, die – hätten sie zum Erfolg geführt – das Ende des Vandalenreichs bedeutet hätten. Beide Male beendeten Zufall wie geniale Strategie und Taktik Geiserichs ein sich zunächst abzeichnendes Untergangsszenario: Im Jahr 461 scheiterte ein vom Westkaiser Majorian (reg. 457–461) zusammengebrachtes gewaltiges Heer vor allem an Uneinigkeit und Verrat auf römischer Seite sowie an der mangelnden Unterstützung durch Ostrom, wenige Jahre später (468) eine von Konstantinopel ausgehende Zangenoperation zu Wasser und zu Lande gegen das vandalische Kerngebiet um Karthago. Anschließend nahmen die Vandalen ihre Raub- und Plünderungszüge in den Küstenbereichen des Mittelmeeres wieder auf und konnten sich sogar auf Sizilien festsetzen. Man kam deshalb in Konstantinopel zu der Einsicht, dass alle militärischen Kraftanstrengungen vergeblich sein würden und die Realität des Vandalenreichs hinzunehmen sei. Das Ergebnis dieser Einsicht und langer Verhandlungen in Karthago war ein unbefristeter, d. h. nicht an die aushandelnden Machthaber gebundener, mit einer Ewigkeitsformel ausgestatteter Friedensvertrag im Jahre 474. Für die katholischen Bewohner des Vandalenreichs wurde darin eine Reihe von Erleichterungen vereinbart (darunter die freie Reli-

dalen uneingeschränkte Interventionsmöglichkeiten im gesamten römischen Mittelmeerraum eingeräumt. Als Geiserich am 24. Januar 477 hochbetagt starb, hinterließ er seinen Nachfolgern auf dem Königsthron ein konsolidiertes und völkerrechtlich anerkanntes, weite Gebiete im gesamten westlichen Mittelmeerraum kontrollierendes Herrschaftsgebilde.

Die innere Entwicklung des Vandalenreichs unter Geiserich

Kennzeichnend für das Vandalenreich in Nordafrika waren zahlreiche gesellschaftliche und religiös-kulturelle Antagonismen, als da wären: eine barbarische, auf Kriegswesen kaprizierte Gemeinschaft – eine hochkomplexe arbeitsteilige Gesellschaft; eher geringe soziale Ausdifferenzierung – eine fast an ein Kastenwesen erinnernde Gesellschaftsordnung; arianische Häresie – katholische Orthodoxie; allein den Eigenbedarf abdeckendes Wirtschaften – eine auf Überschuss und Vermarktung angelegte Produktionsweise. Hinzu kam als römisches Erbe ein für Nordafrika spezifischer Antagonismus: die sesshafte Lebensweise der römischen Provinzialbevölkerung – das Halbnomadentum bzw. Nomadentum der Bewohner der Halbwüsten und Wüsten und abgelegener Bergregionen in den Rand- und Kontaktzonen des Vandalenreichs. Von diesen Gegensätzen wurde kein einziger wirklich überwunden, wenn diese auch zu unterschiedlichen Zeiten und in unterschiedlicher Stärke jeweils virulent wurden.

Eine allein auf Gewalt und Repression gegründete Herrschaft kann jedenfalls die Existenz des Vandalenreichs von 429 bis 534 nicht erklären, zumal das vor allem aus Reitertruppen bestehende vandalische Heer als Instrument zur ständigen Unterdrückung einer aufmüpfigen Bevölkerung im Inneren eher ungeeignet war. Wir haben vielmehr von einer, wenn auch unterschiedlichen Akzeptanz der Vandalenherrschaft auszugehen, einer

> Auf Geiserich folgte sein ältester Sohn Hunerich – Genzo war schon gestorben … Gegen die Christen in Afrika aber benahm sich Hunerich höchst ungerecht und grausam. Er zwang sie, arianisch zu werden; wer sich weigerte, wurde verbrannt oder auf andere Weise zu Tode gebracht.
>
> Prokop, *Bellum Vandalicum* I 8, 1–4

gionsausübung und die Rückkehr verbannter Kleriker), für die vandalische Seite waren die Zugeständnisse allerdings weitreichender: Die vandalische Herrschaft über all die Gebiete, die zum Zeitpunkt des Vertragsabschlusses von den Vandalen besetzt waren, wurden vom Kaiser in Konstantinopel anerkannt und zudem den Van-

Stammtafel der Hasdingen

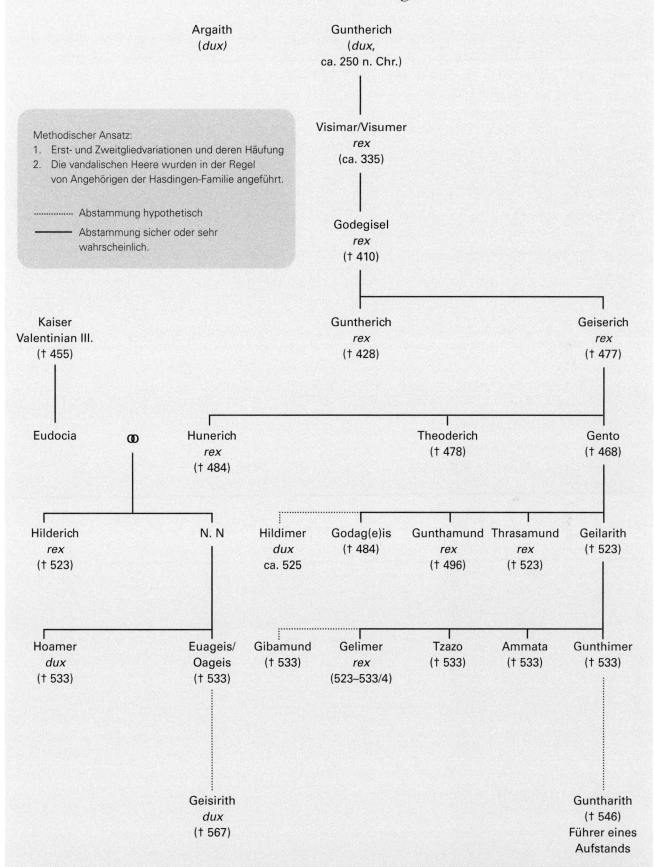

Argaith
(*dux*)

Guntherich
(*dux*,
ca. 250 n. Chr.)

Visimar/Visumer
rex
(ca. 335)

Godegisel
rex
(† 410)

Methodischer Ansatz:
1. Erst- und Zweitgliedvariationen und deren Häufung
2. Die vandalischen Heere wurden in der Regel
   von Angehörigen der Hasdingen-Familie angeführt.

.... Abstammung hypothetisch

————— Abstammung sicher oder sehr
wahrscheinlich.

Kaiser
Valentinian III.
(† 455)

Guntherich
rex
(† 428)

Geiserich
rex
(† 477)

Eudocia ⚭ Hunerich
rex
(† 484)

Theoderich
(† 478)

Gento
(† 468)

Hilderich
rex
(† 523)

N. N

Hildimer
dux
ca. 525

Godag(e)is
(† 484)

Gunthamund
rex
(† 496)

Thrasamund
rex
(† 523)

Geilarith
(† 523)

Hoamer
dux
(† 533)

Euageis/
Oageis
(† 533)

Gibamund
(† 533)

Gelimer
rex
(523–533/4)

Tzazo
(† 533)

Ammata
(† 533)

Gunthimer
(† 533)

Geisirith
dux
(† 567)

Guntharith
(† 546)
Führer eines
Aufstands

Mögliche alanische Namen in der *stirps regia*: Gento (Genzon) (?), Tzazo(n), Ammata (?), Sersao (cognatus regis Geiserici);
weitere alanische Namen in Nordafrika (nach Francovich Onesti): Basa, Batzu, Baza, Safrac, Safratis (Saeratis), Tzaiza, Tzoza, Tzozu.

Kunst aus Rom für die vandalische Nobilität

von Bernard Andreae

Der Historiker des Vandalenkrieges, Prokopios von Caesarea, berichtet in Kapitel I 5 seines Geschichtswerkes über den Vandalenkrieg, Geiserich habe nach der Einnahme Roms die Paläste geplündert und die Beute auf dreißig Schiffen abtransportieren lassen, wobei nur das Schiff mit den Statuen verloren gegangen sei.

Auf der Route dieser Flotte zog ein Fischereidampfer, der zwischen Sizilien und Tunesien sein Schleppnetz ausgeworfen hatte, am 4./5. März 1998

Der Satyr von Mazara del Vallo

aus 480 m Tiefe eine Bronzestatue an Bord. Sie wurde zum Hafen von Mazara del Vallo an der Südwestküste Siziliens gebracht und in einem aufwendigen Verfahren restauriert. Die Statue stellt einen tanzenden Satyr dar, ein tiermenschliches Wesen aus dem Gefolge des Weingottes Dionysos (s. Abb.). Endgültige Aufstellung fand die Großbronze in dem stimmungsvollen Museum der aufgelassenen Kirche Sant'Egidio in Mazara del Vallo.

Wer diese Statue je gesehen hat – auch auf fotografischen Wiedergaben –, kann sie nicht mehr vergessen: Dieser hingebungsvoll um seine eigene Achse wirbelnde Satyr mit den spitzen Ziegenohren, den man in Gedanken ergänzen kann als einen auf den Zehen des rechten Fußes wie auf einer Nadelspitze Tanzenden, ist der Inbegriff eines Anhängers des Gottes von Wein und Trunkenheit.

Das kühne Bewegungsmotiv mit dem hochgeworfenen linken Unterschenkel war in der Antike berühmt und weitverbreitet. In der römischen Reliefkunst zeigen es mehr als sechzig genaue Nachbildungen; das Musterbild gelangte bis hinauf an die Nordgrenze des Imperiums, bis nach Haltern, wo eine Öllampe aus der Zeit des Augustus es trägt. Danach kann man die Figur sicher ergänzen: In der Linken hielt der Gefolgsmann des Dionysos den Weinbecher, dessen Fliehkraft seine Drehbewegung noch beschleunigt. Mit der Rechten schwang er über seinem Haupt den efeuumrankten Thyrsosstab mit einem Pinienzapfen auf der Spitze. Um nicht schwindlig zu werden und zu taumeln, wirft er den Kopf in den Nacken und blickt aus weit aufgerissenen Augen hinauf zu

dem Zapfen als ruhendem Pol in der relativen Bewegung.

Ist dieses vor elf Jahren im wahrsten Sinne des Wortes wiederaufgetauchte Meisterwerk der *Satyr periboetos*, der im Altertum hochberühmte Satyr des Praxiteles (tätig 370–330/20 v. Chr.), den Plinius im 34. Buch Absatz 69 seiner *Naturgeschichte* als in Rom befindlich erwähnt, oder ist er eine spätere Schöpfung hellenistischer, vielleicht gar erst römischer Zeit?

Über Praxiteles, der sowohl in Bronze als auch in Marmor arbeitete, gibt es so viele Nachrichten aus dem Altertum wie von kaum einem anderen Künstler. Berühmt ist die Schönheit seiner Geliebten Phryne, welche für die erste unbekleidete Aphroditestatue, die Venus von Knidos, Modell gestanden haben soll. Sie hieß eigentlich Mnesarete, „die Tugendhafte", wurde aber dermaßen beneidet, dass die anderen Mädchen sie wegen ihres zart olivfarbenen Teints Phryne, zu Deutsch „Kröte", nannten.

Von einem Satyr des Praxiteles ist bei Pausanias in seiner *Beschreibung Griechenlands* 1,20,1 angelegentlich einer (hier leicht gekürzten) Anekdote mit Phryne die Rede: Als diese Praxiteles einst bat, ihr das schönste seiner Werke zu nennen, wollte er es ihr nicht sagen. Da stürzte ein Diener der Phryne mit der Nachricht herein, der größte Teil der Werke des Praxiteles sei bei einer Feuersbrunst in der Werkstatt verbrannt, doch sei nicht alles vernichtet. Praxiteles eilte daraufhin sofort mit dem Ausruf, all sein Mühen helfe ihm nichts, wenn die Flamme auch den Satyr erfasst hätte, zur Türe hinaus. Phryne aber veranlasste ihn, ruhig zu bleiben, es hätte sich nichts

Unangenehmes ereignet, er sei nur durch eine List zum Geständnis gebracht worden, welches sein schönstes Werk sei.

Da Praxiteles noch zwei andere durch römische Marmorkopien bekannte Satyrn geschaffen hat, den Einschenkenden und den Angelehnten, lässt sich nicht sagen, welcher der in der Phryne-Anekdote erwähnte ist. Doch wenn der Satyr von Mazara del Vallo ein Werk des Praxiteles wäre, dann verstünde man besser, warum er einen bestimmten seiner drei Satyrn so über alles stellte.

Viel hängt davon ab, ob man beweisen kann, dass die Bronze aus dem Meer tatsächlich das Original der Schöpfung ist. Auf der Innenseite findet sich am Rippenrand der Abdruck einer Matte aus Schilfrohren im Negativ, ein Hinweis auf die Herstellungstechnik der Statue, wie sie noch 1568 der Renaissance-Bronzekünstler Benvenuto Cellini aus Florenz beschrieb und anwendete. Man spricht vom Wachsausschmelzverfahren (*a cera persa*) und von der verlorenen Form, die man abschlagen muss, so dass aus ihr nur ein einziges Original zu gewinnen ist: in diesem Fall die Bronzestatue des Tanzenden Satyrs von Mazara del Vallo, in dessen Innenseite man mit geeigneten Geräten den Negativabdruck der Schilfstängel beobachten kann.

Jetzt bleiben noch die Fragen nach dem Schöpfer des Werkes und nach der Entstehungszeit, die allein aufgrund der Beurteilung des Stiles zu beantworten sind. Hier wird es immer verschiedene Meinungen geben. Doch im Grunde genügt der Vergleich mit der bisher einzigen bekannten Originalstatue des Praxiteles, dem Hermes von Olympia, um zu zeigen, dass der Stil der gleiche ist, das heißt die Handschrift des Meisters.

Gewiss sind das Hypothesen, nichts ist strikt zu beweisen. Allerdings: „Hypothesen sind Netze. Nur der auswirft, wird fangen", wie der romantische Dichter Novalis in seinem 6. Distichon

sagt. Denn zwei Dinge sind trotz aller Zweifel sicher.

Erstens: Geiserich wollte seine Hauptstadt Karthago mit klassischen Statuen schmücken, weil er wie viele Herrscher vor ihm und nach ihm wusste, dass dies seinem Volk gefiel und dass es sein Ansehen hob. Doch das Schiff mit den Statuen versank im Meer, bevor es Afrika erreichte.

Zweitens: Auf der Route dieses Schiffs in der Meerenge zwischen Sizilien und Tunesien fand man am Meeresgrund eine der schönsten griechischen Bronzestatuen wieder, die wegen ihrer wahrscheinlichen Aufstellung in Rom doch wohl *res extra commercium*, also unverkäuflich war und kein Handelsgut darstellte.

Sie kann nur durch Gewalt zum Transport auf ein Schiff gelangt sein, und der einzige in den Schriftquellen überlieferte Transport geraubter Statuen nach der Lebenszeit des 79 n. Chr. beim Vesuvausbruch verunglückten Admirals und Autors der *Naturgeschichte*, Plinius, der die Satyrstatuen des Praxiteles in Rom erwähnt, war der Abtransport von Kunstwerken nach der Plünderung durch die Vandalen im Jahr 455. Die Flotte, zu welcher das Schiff gehörte, das mit dem Satyr unterging, kam aus Rom, wie ein an der gleichen Stelle im Meer gefundenes Fragment eines Elefantenbeines aus Bronze beweist. Dieses muss zu einer Elefantenquadriga gehört haben, die es nur auf kaiserlichen Triumphbögen in Rom oder Ostia gab.

Die beiden Statuenfragmente vermitteln eine lebendige Vorstellung davon, um was es König Geiserich ging. Es war nicht pure Zerstörungsabsicht, die man heute mit dem Begriff „Vandalismus" verbindet. Der Vandale wollte die hoch geschätzten Kunstwerke in seinem Besitz haben und behalten. Doch ein Sturm auf dem Meer hat sie ihm geraubt und uns auf abenteuerlichem Weg wiedergeschenkt.

Lit.: Andreae 2009 – Moreno 2005 – Petriaggi 2005

Das Gesicht des Satyrs, mit eingelegten Augen

Die Haare wehen in ekstatischem Tanz.

Akzeptanz, die unter der Regierung des äußerst fähigen Königs Geiserich besonders groß war. Die römische Oberschicht in den Städten und auf dem Land war am ehesten bereit, sich zu integrieren, nachdem die Periode der Landenteignung zu Lasten der Vorbesitzer und der Landverteilung zugunsten der vandalischen Krieger zu Ende gegangen war. Dies fiel umso leichter, als die vandalische Führungsschicht sich erstaunlich schnell den Lebensstil, die Vorlieben und Interessen der begüterten Provinzialrömer aneignete. Für die breite Masse auf dem

> Bevor es mit Belisar zum Treffen kam, ließ der Tyrann Gelimer den Hilderich mit einigen von seiner Sippe umbringen. Belisar aber nahm den Gelimer gefangen und führte ihn mit den Schätzen, welche aus den Provinzen und Afrika zusammengebracht waren, dem Kaiser Justinian zu Konstantinopel vor. So wurde das Vandalenreich mit Stumpf und Stiel im Jahre 534 ausgerottet, nachdem es von Guntherich bis auf Gelimers Fall 113 Jahre bestanden hatte.

Isidor von Sevilla, *Historia de regibus Gothorum, Vandalorum et Sueborum* 84

Land änderte sich an ihrer Situation unter den neuen Herren wenig; in unterschiedlichen Graden in rechtlicher Abhängigkeit befangen, hatten sie wie schon zuvor das von ihnen erwirtschaftete Mehrprodukt abzuliefern – in ständiger Sorge um das pure Überleben, das nicht zuletzt auch von den klimatischen Bedingungen und deren Veränderung abhing. Das Ergebnis dieses Stillstand wie Dynamik verbindenden Prozesses war eine Mischung von gesellschaftlichem Neben- und Miteinander, das die Herrschaft der Vandalen nicht infrage stellte.

Religiöse Konflikte

Dass es dabei blieb, und die Vandalen wie so viele Völker des Römerreichs vor ihnen nicht romanisiert wurden, hatte vor allem im religiösen Gegensatz seine Ursache, wobei allerdings zu vermuten ist, dass es zu einer völligen Angleichung des Vandalentums an das Römertum gekommen wäre, hätte das Vandalenreich noch zwei bis drei Generationen länger existiert. Doch die gegen die

katholische Mehrheitsbevölkerung gerichteten Verfolgungswellen riefen den Unterschied zwischen Vandalen und Provinzialrömern unmissverständlich ins Gedächtnis und errichteten Barrieren, die dann wieder unter großen Mühe abgebaut werden mussten, ohne dass sie von der Agenda wirklich verschwanden. Verlief das Leben in Nordafrika nahezu überall in den gewohnten Bahnen, war das Vandalenreich in den Wirtschaftskreislauf der Mittelmeerwelt voll integriert, funktionierte der Fernhandel und der Austausch der Güter wie ehedem, so erzeugten die regelmäßigen Verfolgungswellen vor allem gegenüber dem katholischen Klerus, der gewissermaßen international vernetzt war, tiefe Wunden im kollektiven Gedächtnis der gesamten Christenheit der damaligen Welt und ließen das Vandalenreich als unversöhnlichen Außenseiter erscheinen.

Zwei Gründe für die immer wieder aufflammenden Katholikenverfolgungen lassen sich deutlich erkennen: Einmal ist ersichtlich, dass sich der König und die Führungsschicht um die Aufrechterhaltung einer spezifischen vandalischen Identität sorgten, die zu gewährleisten ihnen am ehesten über die Verbreitung und Durchsetzung des Arianismus zu gelingen schien. Und zum anderen erweisen sich die verschiedenen Perioden der Verfolgung als eine Funktion der außenpolitischen Situation des Vandalenreichs. Jedenfalls sind die Verfolgungen der Jahre 437 und vor allem ab 457 jeweils aus einer verschärften Konfliktsituation mit dem römischen Reich zu erklären. So wurde der Tod des Bischofs der Metropole Karthago im Jahr 457 nicht nur zum Anlass genommen, diesen Bischofsstuhl nicht wiederzubesetzen, sondern auch zahlreiche Bischöfe als Hochverräter anzuklagen und zu verbannen sowie bei eingetretenen Vakanzen die Wiederbesetzung zu verhindern. Klugerweise richtete der Staatsapparat bei der bekannten hohen Bereitschaft der katholischen Christen Nordafrikas zum Martyrium sein Vorgehen darauf aus, Martyrien möglichst zu vermeiden.

Nach dem Abschluss des „Ewigen Friedens" mit Ostrom/Byzanz im Jahre 474 ging man anscheinend von dem harten Kurs gegenüber den Katholiken ab, wenn auch für den Dienst am Königshof fortan ausschließlich Personen arianischen Bekenntnisses zugelassen wurden. Und in den ersten Jahren der Regierung von Geiserichs Nachfolger Hunerich konnten die Katholiken sogar den Bischofsstuhl von Karthago wiederbesetzen. In jedem Fall geht aus den Quellen deutlich hervor, dass die vandalischen Könige die katholische Kirche und ihre Anhänger mit einer oszillierenden Politik von Zuckerbrot und Peitsche schwächten, um gleichzeitig eine arianische Staatskirche aufbauen zu können.

Mauren und Römer

Auch das Verhältnis zu den indigenen Gruppen der Gebirgszonen und der Randgebiete des Vandalenreichs war durch ein vergleichbares Auf und Ab gekennzeichnet. Ihre der Romanisierung weitgehend entgangenen bzw. sich entziehenden Bewohner wurden in den Quellen unter der Bezeichnung Mauren oder Maurusier zusammengefasst und haben als die Vorfahren der heutigen Berber zu gelten. Gerade in der Vandalenzeit Nordafrikas bildeten sich bei ihnen politische Führungsstrukturen aus, was zur Folge hatte, dass man ihnen zunehmend auf Augenhöhe begegnen musste. Einige ihrer politischen Führer suchten die Anlehnung an das Vandalenreich, um sich dadurch eine höhere Legitimation ihrer Stellung zu verschaffen, andere hingegen ließen sich in keiner Weise einbinden. Belegt ist, dass den Anbindung Suchenden die Zeremonie einer Investitur durch den Vandalenkönig zuteil wurde. Das vandalische Vorbild konnte sogar soweit gehen, dass sich einer der maurischen Machthaber offiziell *rex gentium Maurorum et Romanorum* nannte. Für die Regierungszeit Geiserichs kam es jedenfalls noch nicht zu dem später so charakteristischen Bedrohungsszenario, das wie ein Damoklesschwert über dem Vandalenreich hing. Für den mächtigen König, dessen Ruhm sich bei den maurischen Stämmen überall herumgesprochen haben dürfte, stellten die Mauren damals ein wichtiges Rekrutierungspotenzial dar, auf das er bei seinen maritimen Expeditionen zurückgreifen konnte, wie es

etwa für den Angriff und die Eroberung Roms im Jahr 455 belegt ist.

Für das Wirtschaftsleben bedeutete die Eroberung der wichtigsten nordafrikanischen Römerprovinzen keinen wirklichen Einschnitt, vielleicht abgesehen von den ersten und turbulenten Jahren in der Phase der Eroberung. Neuere Untersuchungen der archäologischen Funde und Befunde weisen darauf hin, dass von einer ökonomischen Krise und einem Niedergang in Stadt und Land ganz im Kontrast zu anderen Gegenden der west-

Bildnis eines jungen Afrikaners. Hermenpfeiler aus schwarzem Stein, gefunden in den Antoninus Pius-Thermen in Karthago, 2. Jh. n. Chr., Musée national du Bardo

lichen Mittelmeerwelt nicht gesprochen werden kann. Und wo eine Vernachlässigung traditioneller Tätigkeit im öffentlichen Raum gegenüber beträchtlich wachsenden privaten wie kirchlichen Investitionen feststellbar ist, so entspricht dies dem allgemeinen Trend jedenfalls im Westen des Römerreichs. Ob man die Organisation der so wichtigen agrarischen Produktion, den Güteraustausch im Inland, den Fernhandel mit seinen weitgespannten Transitlinien, den von der Archäologie nachgewiesenen Bauboom von privater wie kirchlicher Seite oder die Zollpolitik in den Blick nimmt, in allen dieser Bereiche lässt sich eine mehr oder weniger bruchlose Kontinuität mit der vorvandalischen Epoche erkennen. Eine wesentliche Voraussetzung dafür war die von den Vandalen beibehaltene und durch neue Prägungen gestärkte Geldwirtschaft. Nachprägungen römischer Silber- und Bronzemünzen, von den Königen nach Geiserich dann eigenverantwortlich geprägte Münzen, sorgten zusammen mit den aus den Münzstätten des Ostreichs stammenden Goldmünzen für ein ausdifferenziertes Münzgeldsystem, das es erlaubte, Transaktionen in jeder Größenordnung abzuwickeln. Selbst im Kauf und Verkauf von Dingen des täglichen Bedarfs spielte das Münzgeld nachweislich eine Rolle, auf den lokalen Märkten und auf dem flachen Land ergänzt und begleitet durch Formen von Tausch- und Naturalwirtschaft.

Neben dem ungelösten, wenn nicht sogar unlösbaren Maurenproblem sollte auch die von Geiserich durchgesetzte neue Thronfolgeordnung langfristig zunächst wohl nicht voraussehbare negative Folgen für den Fortbestand des Vandalenreichs zeitigen. Geiserich hatte, in Anknüpfung an das traditionelle vandalische Doppelkönigtum und um die Situation eines Kinderkönigtums auszuschließen, eine neue Thronfolgeordnung durchgesetzt, wonach immer das älteste Mitglied der Königssippe der Hasdingen die Königsherrschaft übernehmen sollte. Im Falle seiner direkten Nachfolge ergab sich daraus kein Problem, denn sein ältester Sohn Hunerich war gleichzeitig das älteste Mitglied der Königssippe. Bei späteren Herrscherwechseln gab es jedoch diese glückliche Konstellation nicht, so dass tiefgreifende, ja zerstörerische Konflikte aufgrund divergierender Ansprüche entstanden.

Lit.: Berndt 2007 – Castritius / Bierbrauer 2006 – Castritius 2007 – Clover 1993 – Courtois 1955 – Eger 2004 – Francovich Onesti 2002 – Maier 2005 – Modéran 2003 – Schmidt 1942 – Steinacher 2008 – Walter 2007

Kat. 136
Mosaik: Personifikation der Karthago(?)

Karthago, Byrsa-Hügel
Anfang 6. Jh.(?)
Marmor (Tesselae), Dm. 82 cm
Paris, Musée du Louvre, Département des Antiquités grecques, étrusques et romaines, Inv. Ma 2999

Dieses Mosaiktondo mit einer weiblichen, durch einen Nimbus als göttliches oder gottähnliches Wesen gekennzeichneten Gestalt war Teil eines großen, ehemals aus 30 Einzelbildern komponierten Fußbodenmosaiks. Die Gestalt wird als Personifikation der Stadt Karthago angesehen, welche den Bewohnern der Metropole auch als Schutzherrin ihrer urbanen Heimat galt. Für diese Interpretation sprechen ihre segenspendenden und glückverheißenden Attribute: die Blumen oder Früchte, welche sie in den ausgestreckten Händen darbietet, sowie die links und rechts von ihr auf Kandelabern angebrachten Kerzen.

Die Lichtsymbolik und die floralen Beizeichen, vor allem der Blumenkranz auf ihrem Haupt, könnten jedoch auch darauf hinweisen, dass es sich um eine Allegorie des Frühlings handelt. Die anthropomorphe Darstellung der Jahreszeiten war, vor allem in den fruchtbaren nordafrikanischen Regionen, eine weitverbreitete Würdigung der Menschen an die göttlichen Mächte des Jahreskreislaufs.

Lit.: Gauckler 1904, 165–178. – Baratte / Duval 1978, 76–78 Nr. 38.   S.E.

Kat. 136

Kat. 137
Mosaik: Personifikation der Karthago (sog. Dame von Karthago)

Karthago, Sayda-Hügel, Haus 5./Anfang 6. Jh.
Marmor und grünes Glas (Tesselae), H. 107,5 cm, B. 103,5 cm
Carthage, Musée national de Carthage, Inv. 03-03-19-700

Das Brustbild einer nimbierten Dame beeindruckt durch die wohlproportionierten, bis auf die großen mandelförmigen Augen fast „klassisch" wirkenden und fein modellierten Züge ihres Antlitzes. Dessen strenge Frontalansicht verleiht dem Porträt eine beinahe sakrale Aura. Auch der Nimbus, „jenes Licht, das den göttlichen Scheitel mit hellem Kreis umschloss" (10. Panegyricus auf Maximian und Diokletian 3,2), kennzeichnet die Dargestellte als höheres Wesen von göttlichem oder gottähnlichem Charakter. Schließlich wird ihre Autorität unterstrichen durch ein typisches Attribut – das Szepter in der Linken – und eine gebieterische Gebärde – die Rechte ist in einer Art Rede- oder Segensgestus erhoben. Die kostbare Machart des Gewandes mit seinen perlenbesetzten Säumen, die erlesenen Schmuckstücke (Ohrringe, Diadem, Fibel) und die sorgfältige Frisur drücken vornehme Erhabenheit aus. Bedeutsam ist vor allem der purpurne Feldherrnmantel (*paludamentum*), ein typisch männliches Kleidungsstück und eine Insignie imperialer Macht.

All diese äußeren Erscheinungsmerkmale sprechen für eine Interpretation als Stadtpersonifikation – diese galt den Bewohnern der Städte als Schutzherrin ihrer urbanen Heimat –, angesichts des Fundortes und der überragenden Bedeutung der afrikanischen Kapitale ist es naheliegend an Karthago zu denken. So lässt sich die faszinierende Hypothese aufstellen, das Porträt der Stadtgöttin spiegle den Glanz und die Bedeutung wider, welche die Metropole auch in vandalischer Zeit noch besessen haben mag.

Lit.: Dunbabin 1978, 146 Taf. III Nr. 135. – Paris 1982, 201 Nr. 272. – Paris 1995, 277   S.E.

Kat. 137

Kat. 138 *(s. Abb. S. 186 und 214)*
Grabstein des Vitalis
Sufetula/Sbeïtla
12. September 467, vandalenzeitlich
Stein, H. 124 cm, B. 52 cm, T. 10 cm
Tunis, Musée national du Bardo,
Inv. 07.1.9 13 (?)

Grabstein des Priesters Vitalis, der im 28.
Regierungsjahr des Geiserich geboren
wurde (*natus anno XXVIII regis Gesiric*)
und nach 38 Jahren starb. Durch diese
Angaben lässt sich der Grabstein in das
Jahr 467 datieren.
Die Angabe des Regierungsjahres eines
vandalischen Herrschers findet sich auf
mehreren Inschriften aus Nordafrika und
ermöglicht uns dadurch eine genaue
Datierung.

Lit.: Courtois 1955, 373 Nr. 54. – AE 1915, 38.
R.H.

Kat. 139 *(Abb. s. S. 193)*
Grabstein des Lucilianus
Bir el Hfay
17. September 491, vandalenzeitlich
Stein, H. 28,5 cm, B. 35,5 cm, T. 9 cm
Tunis, Institut National du Patrimoine,
ohne Inv.

Auch der Grabstein des Bischofs Lucilia-
nus lässt sich mithilfe der Angabe der Regierungsjahre des Gunthamund (484–496)
genau datieren. Die Angabe *XIIII kalendas
octobres anno septimo d(omi)ni n(ostri)
regis Gonthamundi* („an den 14. Kalenden des Oktobers im 7. Regierungsjahr
unseres Herrn Gunthamund") verweist
auf den 17. September 491.

Lit.: Béjaoui 1990 Taf. VI.
R.H.

Kat. 140 *(Abb. s. S. 188)*
Grabstein der Fortunatiana
El Erg
18. Januar 517, vandalenzeitlich
Kalkstein, H. 164 cm, B. 50,5 cm,
T. 10–13,5 cm
Sbeïtla, Musée de Sbeïtla, ohne Inv.

*Fortunati/ana fidelis / in Chr(ist)o vixit /
in pace ann(os) XVI / deposita sub / die
XIII K(a)l(enda)s Febru/arias ann(o) XXII /
d(omini) n(ostri) regis Thra/samundi*
Der Grabstein der Fortunatiana wurde
im Annexraum des Baptisteriums einer
kleinen Kirche in El Erg gefunden.
Durch die Königsdatierung „im 22. Re-

gierungsjahr unseres Herrn Thrasamund"
lässt sich die Inschrift in das Jahr 517
datieren. Die Angabe *XIII Kalendas Feb-
ruarias* ermöglicht sogar eine taggenaue
Datierung auf den 18. Januar.

Lit.: Duval 1973. – Béjaoui 2001, 1479.
R.H.

Kat. 141 *(Abb. s. S. 190)*
Handschrift: sog. Laterculus Regum Wandalorum et Alanorum
Herkunft unbekannt
Kopie: 15. Jh., Original: 6. Jh.
H. 22 cm, B. 16,8 cm
Augsburg, Staats- und Stadtbibliothek,
Inv. Cod 223, Blatt 269v und 270r

Bei dem sog. „Laterculus Regum Wandalorum" (diese Bezeichnung stammt von
Theodor Mommsen) handelt es sich um
eine kurze, wohl ursprünglich ausführli-
chere Chronik des vandalischen Reiches.
In Beiträgen zu den einzelnen vandalischen Königen werden deren Regierungszeit und die in diese Zeit fallenden wichtigsten kirchengeschichtlichen Ereignisse
in Nordafrika zusammengefasst.
Die Augsburger Handschrift ist eine sehr
genaue Abschrift des Pariser Codex BN
Fonds lat. 4860 aus dem 9. Jahrhundert.

Lit.: Steinacher 2001.
R.H.

Kat. 142
Halbautonome (?) Kupferprägung Karthagos (ca. 523–533)
12 Nummi
Kupfer, Dm. 17 mm, Gew. 5,46 g
Berlin, Staatliche Museen zu Berlin,
Münzkabinett, Inv. 2805

Vs.: KARTHAGO
Frontal stehender Soldat mit langer Lanze.
Rs.: Pferdekopf nach links, im unteren Teil
des Feldes die Wertzahl XII.

Lit.: Interaktiver Katalog des Münzkabinetts
www.smb.museum/ikmk, Objektnr.
18216338. – MEC 48.
R.K.

Kat. 143a und b

Kat. 143a und b
Zwei halbautonome (?) Kupferprägungen Karthagos (ca. 480–523)
42 Nummi und 21 Nummi
Kupfer, Dm. 28 mm und 25 mm
Stuttgart, Landesmuseum Württemberg,
Münzkabinett, Inv. mk-su-1247.
mk-su-1248

a) 42 Nummi:
Vs. (ohne Abb.): Die Personifikation
Karthagos steht frontal, in den erhobenen
Händen hält sie Kornähren. Die Darstellung ist von einem Lorbeerkranz umgeben.
Rs.: Die Wertangabe N XLII innerhalb
eines Lorbeerkranzes, das L mit langgezogener unterer Haste geschrieben.

Lit.: MEC 34.
R. K

b) 21 Nummi:
Vs.: Die Personifikation Karthagos steht
frontal, in den erhobenen Händen hält sie
Kornähren. Die Darstellung ist von einem
Lorbeerkranz umgeben.
Rs. (ohne Abb.): Die Wertangabe N XXI
innerhalb eines Lorbeerkranzes.

Lit.: MEC 41.
R. K.

Kat. 142

Kat. 144

Kat. 147

Kat. 144
Gunthamund (484–496)
25 Denare, geprägt nach 490 n. Chr.
Silber, Dm. 10 mm, Gew. 0,46 g
Berlin, Staatliche Museen zu Berlin, Münz-
kabinett, Inv. v. Rauch 1878

Vs.: D[ominus] N[oster] R[e]X GVNTHA
Büste des Königs in der Tracht eines römischen Kaisers nach rechts.
Rs.: D N XXV (= 25 Denare), innerhalb
eines Lorbeerkranzes.

Lit.: Interaktiver Katalog des Münzkabinetts
www.smb.museum/ikmk, Objektnr.
18216325. – MEC 11.   R.K.

Kat. 145a und b
Gunthamund (484–496)
50 Denare, geprägt nach ca. 490 n. Chr.
Silber, zwei Exemplare, Dm. 12 mm
Stuttgart, Landesmuseum Württemberg,
Münzkabinett, Inv. mk-su-1254.
mk-su-1255

Vs.: D[ominus] N[oster] R[e]X GVNTHA
Büste des Königs in der Tracht eines römi-
schen Kaisers nach rechts.
Rs.: D N (= 500 Nummi = 50 Denare),
darüber ein Strich. Das Feld ist von einem
Lorbeerkranz umgeben.

Lit.: MEC 8.   R. K.

Kat. 145a und b

Kat. 146a und b
Thrasamund (496–523)
50 Denare
Silber, zwei Exemplare, Dm. 14 mm
Stuttgart, Landesmuseum Württemberg,
Münzkabinett, Inv. mk-su-1259.
mk-su-1260

Vs.: D[ominus] N[oster] R[e]G[s]
THRASAMVND[u]S
Büste des Königs in der Tracht eines römischen Kaisers nach rechts.
Rs.: D N, darunter ein L mit einer langgezogenen unteren Haste als Wertzeichen
für 50, darum ein Lorbeerkranz.

Lit.: MEC 17.   R.K.

Kat. 146a und b

Kat. 147
Thrasamund (496–523)
Nummus
Kupfer, Dm. 9 mm, Gew. 0,64 g
Berlin, Staatliche Museen zu Berlin,
Münzkabinett, Inv. 302/1875

Vs.: D[ominus] N[oster] R[e]G[s] [...]
Büste des Königs in der Tracht eines römi-
schen Kaisers nach rechts.
Rs.: Eine Victoria mit einem Kranz in der
Hand steht nach links. Sehr verwilderter
Stil.

Lit.: Interaktiver Katalog des Münzkabinetts
www.smb.museum/ikmk, Objektnr.
18216336. – MEC 19.   R.K.

Kat. 148
Gelimer (530–534)
Nummus
Kupfer, Dm. 9 mm, Gew. 0,63 g
Berlin, Staatliche Museen zu Berlin,
Münzkabinett, Inv. 462/1872

Vs.: GEILAMIR
Büste des Königs in der Tracht eines römischen Kaisers nach rechts.
Rs.: Monogramm des Namens Gelimer in
einem Lorbeerkranz.

Lit.: Interaktiver Katalog des Münzkabinetts
www.smb.museum/ikmk, Objektnr.
18216337. – MEC 28.   R.K.

Kat. 148

Kat. 149a und b

Kat. 149a und b
Gelimer (530–534)
50 Denare
Silber, zwei Exemplare, Dm. 15 mm
Stuttgart, Landesmuseum Württemberg,
Münzkabinett, Inv. mk-su-1267.
mk-su-1268

Vs. (jeweils ohne Abb.): D[ominus]
N[oster] REX GEILAMIR
Büste des Königs in der Tracht eines
römischen Kaisers nach rechts.
Rs.: D N, darüber ein Kreuz, darunter
ein L mit einer langgezogenen unteren
Haste als Wertzeichen für 50, darum
ein Lorbeerkranz.

Lit.: MEC 26. R.K.

Kat. 150
Bronzekanne
Lissabon
7. Jh.
Bleihaltige Zinnbronze, H. 22 cm
Belas, Museu Luso-Alemão, ohne Inv.

In diese bronzene Kanne ist die Inschrift
Giserici et Succes(s)e vita eingraviert:
„*Giseric und Sucessa sei Leben.*" Ob
der Besitzer dieser Kanne, der im 7. Jh.
auf der Iberischen Halbinsel im Königreich
der Westgoten lebte, von seinen Eltern
nach dem legendären Vandalenkönig
benannt wurde? Schon in der Antike berichteten zahlreiche Geschichtsschreiber
von König Geiserich und seinen Taten.

Lit.: Schulze-Dörrlamm 2006. F.F.

Kat. 150

ANGELORVMOSPES
MARTYRVMCOMES
VITAMQVESPIRANS
PLACIDAMADTESANC
EPROFECTVSSITNOSTI
RIMEMORGRATAPIE
ATEQVASOLEI
CRESCENTINVSDIACO
NPACEREDIIKALAVG

PRO
MAX
PAPA
IVCTV
CONST

„FEINDE DER SEELEN UND KÖRPER"

Die Vandalen in Afrika

von Frank M. Clover

Im Jahr 534 n. Chr. gab Kaiser Justinian I. in Konstantinopel ein Edikt über die Prätorianische Präfektur Africa heraus, welche kurz zuvor unter oströmische Herrschaft geraten war. Er blickte zurück auf das Jahrhundert, das diesem Erlass vorangegangen war:

> „Wir haben zwar auch schon früher viele Wohltaten von Gott erhalten, und wir bekennen viele Wohltaten von ihm an uns, für die wir, wie wir bekennen, nicht Würdiges getan haben: Vor allem aber übersteigt das, was jetzt der allmächtige Gott zu seinem Preise und für seinen Namen zu zeigen geruhte, alle seine wunderbaren Werke, die sich in der gesamten Weltgeschichte ereigneten, dass nämlich Afrika durch uns in so kurzer Zeit seine Freiheit wiedererlangte, nachdem es vor 105 Jahren von den Vandalen, die Feinde der Seelen und der Körper waren, in Gefangenschaft geführt wurde."
>
> (*Corpus iuris civilis* 27,1.1 f.
> Übers.: Dietrich Hauck)

Justinians *animus* (Absicht, Gesinnung) ist klar und verständlich. In seiner Welt gab es keine Grenze zwischen Religion und Politik, und daher war die Annahme einer abgeirrten Form des Christentums durch die Vandalen ein Anschlag auf das Staatswesen und die Seele. Zudem bewirkten die Vandalen gewissermaßen körperlichen Schaden, indem sie den Rhythmus der römischen Verwaltung in Afrika unterbrachen.

⇦ Grabmosaik mit Darstellung des Grabherrn, des Diakons Crescentius, zu Pferd, 5. Jh., s. Kat. 200

Justinian bezifferte die vandalische Herrschaft in Afrika auf einhundertundfünf Jahre. Seine Rechnung war genau – die Vandalen setzten im Mai 429 von Spanien in die Mauretania Tingitana über –, doch die Vandalen selbst zählten den Beginn ihrer Vorherrschaft ab dem 19. Oktober 439, dem Tag, an dem sie sich ihren Weg in die Stadt Karthago freigekämpft hatten. Nachdem sie sich der Metropole des römischen Afrika bemächtigt hatten, prägten die beiden zeitweise verfeindeten Mächte der Mauren und Römer das Königreich, das sie hier begründet hatten. Die römische Regierungsgewalt in Ravenna und Konstantinopel ging gelegentlich diplomatisch und militärisch gegen die Vandalen in die Offensive und zwang sie so im westlichen und zentralen Mittelmeerraum zur Einrichtung einer Verteidigungszone zur See. Insbesondere zwischen 440 und 480 dehnte eine irreguläre Flotte ihre Überfälle von den Inseln des westlichen Mittelmeers bis nach Kap Taina-

> Geiserich aber starb ... in hohem Alter und bestimmte in seinem Testament außer vielem andern, dass die Krone immer der älteste von seinen direkten männlichen Nachkommen tragen solle. Neununddreißig Jahre hatte er zu Karthago als König der Vandalen geherrscht.
>
> Prokop, *Bellum Vandalicum* I 7, 29–30

ron im unteren Balkangebiet aus. Später konzentrierte sich die vandalische Führung auf die Beherrschung der Balearen, Sardiniens, Korsikas und Westsiziliens. Als Ergebnis dieser maritimen Aktivitäten schlossen die Römer verschiedene Verträge mit den Vandalen. Die Abkommen, die 442 vom weströmischen Kaiser Valentinian III. und 474 vom oströmischen Kaiser Zeno mit

Karthago – Königsstadt der Vandalen

von Konrad Vössing

Wie es den Vandalen gelungen ist, 439 n. Chr. die Großstadt Karthago zu überrumpeln, wissen wir nicht. Eine erfolgreiche Belagerung der keine zwanzig Jahre alten gewaltigen Mauern wäre ihrer Streitmacht von 15 000–20 000 Mann nicht möglich gewesen. Jedenfalls hatte man in der Stadt geglaubt, dass sich Geiserich mit dem Teil des Landes begnügen würde, den ihm ein Abkommen mit Ravenna vier Jahre zuvor zugestanden hatte. Dieser aber wollte mehr: die Metropole Afrikas.

Für die Stadt hatte das auch Vorteile. Denn nach der handstreichartigen Eroberung kam es zwar zu Zerstörungen einiger Gebäude im Theaterviertel (Victor von Vita 1,3), im Ganzen gesehen blieb der Baubestand aber erhalten und auch die Bevölkerung wurde weitgehend verschont (nur die Oberschicht teilweise vertrieben). Geiserich wollte offenbar eine funktionierende Hauptstadt, und dazu brauchte er die bisherigen Bewohner. Sein neues Königreich wurde drei Jahre später durch einen zweiten Vertrag mit dem Kaiser abgesichert: Geiserich konnte seine Beute legalisieren und erhielt eine Art Teilsouveränität.

Was den Charakter der neuen Königsstadt angeht, bietet sich kein einheitliches Bild. Einerseits residierte hier jetzt der Vandalenherrscher, höchstwahrscheinlich im alten Statthalterpalast auf der Byrsa. Die katholische Bischofskirche wurde von der arianischen Hierarchie (an der Spitze ein „Patriarch") in Besitz genommen und viele reiche Stadthäuser wurden von vandalischen „Großen" okkupiert. Andererseits war die römische Aristokratie nicht vollständig vertrieben worden – jedenfalls nicht auf Dauer. Mit ihr war auch das traditionelle kulturelle Leben geblieben bzw. zurückgekehrt. Nicht nur weil die Gerichtsprozesse zwischen Römern weiterhin vom Prokonsul entschieden wurden (wobei dem Publikum von den Advokaten sicher die übliche Rhetorik geboten wurde), auch die übrigen Literaten hatten ihr Auditorium, wie eine ganze Reihe von Werken (Dracontius, Fulgentius, *Anthologia Salmasiana*) bezeugt.

Die entscheidende Frage ist nun aber die nach der Verbindung dieser beiden Sphären. Anzunehmen ist, dass die Vandalen zunehmend Latein lernten. Denn auch wenn in der arianischen Liturgie sicher das Gotische benutzt wurde, ist es doch unwahrscheinlich, dass die neuen Herren dauerhaft dabei blieben, mit ihren romanischen Untertanen per Dolmetscher zu verhandeln. Bezeugt ist außerdem, dass die Vandalen typisch römische Formen des „guten Lebens" schätzten, die sie ja nicht erst in Afrika kennengelernt hatten: Bäder, prächtige Villen und auch Schauspiele, in erster Linie sicher Wagenrennen, aber auch Musikvorführungen. Doch das bedeutet nicht, dass alle Formen des kulturellen Lebens von den neuen Herren gefördert wurden.

Tatsächlich haben wir nur die Werke der römischen Literaten, es fehlen dagegen Hinweise auf ein Interesse der Vandalen daran. Dieses wäre etwa erkennbar, wenn ein Historiker in ihrem Auftrag eine *„Historia Vandalorum"* verfasst hätte oder wenn hergebrachte literarische Formen von ihrer Seite aus gestaltet oder zumindest erkennbar wertgeschätzt worden wären. Wenn wir nun noch bedenken, dass sich die Vandalen selbst erklärtermaßen als „Barbaren" verstanden, liegt die Folgerung nahe, dass sich die römischen und die vandalischen Karthager nicht nur religiös, sondern auch kulturell weitgehend in Parallelgesellschaften aufhielten. Erst König Hilderich, der sich offen dem römischen Kaiser unterordnete, wollte dies ändern, was aber 530 seinen Sturz und einen Aufstand der traditionellen Vandalen provozierte.

Einen Bereich der Urbanistik Karthagos haben die Vandalen ganz bewusst verfallen lassen: die Mauern. Man wollte verhindern, dass sich aufständische Römer hinter ihnen verschanzen könnten. Als Belisar im Jahr 533 die Truppen des letzten Königs Gelimer vor Karthago geschlagen hatte, blieb diesem deshalb nur noch die schnelle Flucht (Prokop, *Vandalenkriege* 1,21).

Lit.: Ben Abed / Duval 2000 – Clover 1993a – Lancel 1989 – Modéran 2002a – Vössing 2009

ihnen geschlossen wurden, gaben den Ton für die späteren vor. Im Allgemeinen galten die Vandalen in diesen Übereinkünften als *foederati*, d. h. als Bundesgenossen der Römer, gleichwohl aber als quasi-unabhängige Besatzer des östlichen Numidien, des prokonsularischen Afrika, der Byzacena und der Tripolitania. Diese Regelung blieb trotz gelegentlicher Feindseligkeiten in Kraft, bis Justinian und sein General Belisar ihr im Jahr 533 ein Ende setzten.

Während die Vandalen bei ihren Anstrengungen, die Römer in Schach zu halten, gleichzeitig auf Kriegsführung und Verhandlungen setzten, sahen sie sich zusätzlich anderen Gegnern auf afrikanischem Boden gegenüber – den einheimischen Mauren. Das römische Afrika des frühen Dominats besaß sowohl horizontale als auch vertikale Grenzen: Die Wüste im Süden und das bergige Hochland lagen außerhalb römischer Reichweite. Zwischen dem späten dritten und dem frühen fünften Jahrhundert störten einheimische Weidenomaden gelegentlich das römische Leben im ackerbautreibenden Tiefland nahe oder an der Mittelmeerküste. Nachdem die Vandalen Karthago erobert hatten, blieben die Mauren eine Generation lang ruhig, manchmal unterstützten sie die Vandalen sogar bei Seeüberfällen. Aber zwischen 480 und 533 ignorierten sie die Vandalen oder stellten sich ihnen entgegen, als sie kleine Fürstentümer vom Atlasgebirge bis zum tunesischen Dorsale (östlicher Ausläufer des Atlasgebirges) und nach Tripolitanien errichteten. Ihre feindlichen Aktivitäten verminderten den vandalischen Einfluss in Afrika, zogen die vandalische Aufmerksamkeit teils von den Römern auf der anderen Seite des Mittelmeers ab und erleichterten so die oströmische Eroberung.

> ... Vandalen, die Feinde der Seelen
> und Körper waren ...
>
> *Corpus iuris civilis*

Bevor Belisar ihren Versuchen, die landwirtschaftlichen Flächen des afrikanischen Tieflands zu kontrollieren, ein Ende setzte, hatten die Vandalen ihre Macht mit den vormaligen Herren der Region, der römischen

Justinian I., der von 527–565 regierte, nach Jean-Joseph Benjamin-Constant (1845–1902). Justinian hatte die 528–534 entstandene Gesetzessammlung in Auftrag gegeben, die später als *Corpus Iuris Civilis* bekannt wurde, eine Meisterleistung der Rechtsgeschichte.

Das vandalische Königtum

von Helmut Castritius

Das Königtum Geiserichs zwischen ca. 425 und 477 weist ebenso wie das seiner Vorgänger und seiner Nachfolger eine Reihe von Besonderheiten auf, die Gemeinsamkeiten mit Institutionen und Erscheinungen erkennen lassen, welche sogar über den indoeuropäischen Raum hinausgehen. So ist nicht nur für die mythischen Anfänge der Vandalen, sondern bis in die Zeit ihres Aufenthaltes in Spanien eine doppelte Anführerschaft (Doppelkönigtum) charakteristisch, die an das religiös fundierte spartanische Doppelkönigtum oder überhaupt an das dioskurische Königtum bei den Indo-Ariern erinnert. Eine solche Doppelspitze existierte noch in den Anfängen Geiserichs im heutigen Spanien. Sie war einerseits das Erbe der bei den Vandalen traditionellen Anführerzweiheit und resultierte andererseits aus einer neuerlichen Ethnogenese im selben Raum, als sich mit der Aufnahme von versprengten Alanen (und anderen Volkssplittern) ein neuer politischer Verband konstituierte. Durch den biologischen Zufall (Guntherichs Tod) führte Geiserich 429 den neuen Verband allein nach Nordafrika und nannte sich fortan *rex Vandalorum et Alanorum*. Solche Doppeltitulaturen kamen im Frühmittelalter kaum

vor, neben dem Berberfürsten Masuna, der sich – nach vandalischem Vorbild! – *rex gentium Maurorum et Romanorum* nennen ließ, wäre hier allein Karl der Große zu nennen, der nach der Inkorporation des Langobardenreichs den Titel *rex Francorum et Langobardorum* führte.

Ist schon für die Anführerzweiheit bei den Vandalen und für die in den Quellen genannten Personennamen der Könige der Frühzeit ein religiössakraler Bezug zu vermuten, so lässt sich auch an dem Namen Hasdingen für die Königssippe eine kultischheilscharismatische Aussage greifen. Diese gehört noch in eine Periode, die von einer vorchristlichen, magischmythischen Weltsicht geprägt war. Hasdingen (zeitweise als Name auch für den Gesamtverband gebraucht) bedeutet „Langhaarträger" und stellt damit seine Vertreter in eine Reihe mit den langhaarigen Königen der Franken, deren Haartracht und -pracht als Garant für Existenz und Fortbestand der Gemeinschaft insgesamt angesehen wurde. Von daher erklärt es sich auch, dass die Heere der Vandalen ausschließlich von Mitgliedern der Königssippe angeführt wurden.

Die in vorchristlichem Denken mit der Königssippe und dem Doppelkö-

nigtum verbundene Heilsgewissheit lebte in anderer Form in einer neuen Thronfolgeordnung weiter, die Geiserich noch selbst für alle seine Nachfolger verbindlich einführte: Nach der von ihm verfügten, Senioratsprinzip genannten Regelung sollte jeweils das älteste Mitglied der Königssippe das Königtum übernehmen, um zu verhindern, dass Kinder oder noch unerfahrene Personen auf den Thron gelangten. Hatte das Doppelkönigtum schon dafür Sorge getragen, dass es zu keiner Thronvakanz kommen würde, so gewährleistete die neue Regelung die Einheitlichkeit in der Staatsführung und schloss Entzweiung und Rivalität mehr oder weniger aus. Es waren solche pragmatischen Überlegungen, die das Senioratsprinzip zum Staatsgesetz erhoben, und nicht etwa Rechtsgewohnheiten und Verfassungsformen von Fremdvölkern wie Berbern oder Inselkelten, die sich die Vandalen angeblich zum Vorbild nahmen. Vom letzten Herrscherwechsel im Vandalenreich, der durch einen Staatsstreich zustande kam, abgesehen, funktionierte die neue Thronfolgeordnung sogar erstaunlich gut.

Lit.: Berndt 2007 – Castritius 2007 – Castritius 2008 – Claude 1974 – Clover 1993

Der Name König Geiserichs (zweite Zeile von unten) in einer Inschrift, Detail von Kat. 138

Provinzialaristokratie, geteilt. Die Schlüssel zu einer erfolgreichen Vorherrschaft wären Einigkeit unter den Vandalen selbst und der gute Wille der römischen Elite gewesen – die Vandalen erlangten keines von beidem: Ihre Regierung war bestenfalls ein unsicheres Arrangement sich bekämpfender Elemente.

Die Neuankömmlinge in Afrika bildeten eher eine vielsprachige Gruppe denn eine homogene Einheit. Das hybride Wesen der vandalischen Elite wird auch durch den offiziellen Titel der Vandalenkönige, *rex Vandalorum et Alanorum*, aufgedeckt. In Spanien waren zwei Gruppen der ostgermanischen Vandalen, die Hasdingen und die Silingen, mit Elementen der iranischen Alanen verschmolzen, um eine neue Koalition zu schmieden. Sie wurden von Hispano-Römern, ostgermanischen Goten und westgermanischen Sueben verstärkt, so dass die Zahl dieser Gemeinschaft auf vielleicht 80 000 anwuchs. Auf afrikanischem Boden verteilte sich ein Gutteil der Macht dieses Konglomerats auf drei Eliten oder vielleicht eher die drei Erscheinungsformen einer Elite: erstens auf die *optimates* („Adligen"), zweitens auf die arianische kirchliche Hierarchie – vor oder nach ihrer Ankunft in Spanien konvertierten die Vandalen zum arianischen Christentum (dem Glauben, der von der römischen Herrschaft so verabscheut wurde) – sowie drittens auf die Krieger. Bald nach der Einnahme Karthagos übergaben die vandalischen Könige einige Kirchen und die Quellen ihrer Einkünfte dem arianischen Klerus. Außerdem schufen sie für ihre Krieger die Einrichtung der berühmten *sortes Vandalorum* (erbliche und steuerfreie Landlose) im prokonsularischen Africa. Zu guter Letzt behielten sie vergleichbare Landgüter in der Byzacena und Ostnumidien für sich selbst und ihre Klanmitglieder.

An der Spitze dieses Völkergemischs stand der königliche Klan der Hasdingen. Auf afrikanischem Boden waren sechs Klanangehörige Träger des Titels *rex Vandalorum et Alanorum*: Geiserich (428–477), Hunerich, sein ältester Sohn (477–484), seine Enkel Gunthamund (484–496), Thrasamund (496–523) und Hilderich (523–530) sowie schließlich ein Urenkel, Geilamir/Gelimer (530–533). Die Herrschaft dieser sechs Männer ist durch Blutvergießen an der Spitze der vandalischen Gesellschaft gekennzeichnet. Geiserich, Hunerich und Geilamir verübten dynastische Morde bei dem Versuch, die Thronfolge bestimmter Mitglieder ihres Klans zu beeinflussen. Diejenigen unter der weltlichen und kirchlichen Nobilität, die sich ihnen entgegenstellten, riskierten dasselbe Schicksal. Der Begründer dieser Tradition des Blutbades war der ehrgeizige Geiserich, der nach der Eroberung Karthagos den Königstitel für sich beanspruchte und der die Regel aufstellte, die vorsah, dass die königliche Autorität von ihm auf seinen ältesten männlichen Nachkommen übergehen sollte. Im Jahr 456 brachte er eine Heiratsallianz mit dem römischen Herrschaftshaus des Theodosius zuwege, indem er seinen Sohn Hunerich mit Eudocia verband, der ältesten Tochter Valentinians III. Dynastisch motivierte Gewalt war schließlich auch der unmittelbare Grund für den Niedergang der Vandalen. Als Geilamir, der letzte König der Vandalen und Alanen, Hilderich, den Enkel Geiserichs und Valentinians III., absetzte und dann seine Ermordung anordnete, benutzte Kaiser Justinian Hilderichs Anspruch auf den Thron als Vorwand für die Intervention in Afrika.

Mosaik mit der Nennung von Heiligen. Musée national du Bardo

Während die Hasdingen und andere vandalische Würdenträger um die Erbfolge in der Herrschaft stritten, brachten sie gelegentlich Leiden über ein weiteres Element des unsicheren Konglomerats: die Landbesitzer und Christen des römischen Afrika. Unter den Christen kamen nur diejenigen, die dem arianischen Glauben anhingen, in eine starke Position. Unter einem vandalischen Patriarchen in Karthago richteten die Arianer zweisprachige Gottesdienste in den Kirchen ein, die sie übernommen hatten, und suchten durch Unterstützung der Armen und Bedürftigen Konvertiten zu gewinnen. Anderen christlichen Gruppierungen erging es nicht gar so gut.

Victor von Vita und Fulgentius von Ruspe. Ihre Prüfungen begannen hauptsächlich, nachdem die Vandalen Karthago eingenommen hatten und ihren Sieg mit der Ausweisung des Bischofs Quodvultdeus aus der Stadt unterstrichen. In dem darauffolgenden Ringen zogen beide Seiten ihre Inspiration aus den Überlieferungen von Verfolgungen in der Vergangenheit. In einem Gesetz vom 25. Februar 484 beispielsweise berief sich Hunerich auf die Große Verfolgung unter den Tetrarchen und zitierte als zusätzliche Autorität die beiden parallelen Konzilien, die 359 in Ariminum (Rimini) und Seleucia-in-Isauria abgehalten worden waren und in welchen Kaiser Constantius II. einen Sieg für den arianischen Glauben arrangiert hatte. Das Werk, das dieses Gesetz überliefert, Victor von Vitas Bericht der vandalischen Verfolgungen, zieht einige seiner scharfen Anklagen aus biblischen Erzählungen von aufrechten Gläubigen in Not. Doch es gab nicht nur Verfolgung. Zwischen-

> Thrasamund, gleich hervorragend durch Schönheit wie Charakter und Verstand. Auch er zwang die Christen, die Religion ihrer Väter zu verlassen, aber nicht durch Martern und Todesstrafen, wie seine Vorgänger, sondern er verlockte sie durch Ämter, Ehrenstellen und reiche Geschenke.
>
> Prokop, *Bellum Vandalicum* I 7, 8–9

Die donatistischen Herausgeber des *Liber genealogus*, einem 438 entstandenen Buch mit Genealogien der biblischen und klassischen Vergangenheit, kleideten eine Warnung vor Verfolgung in den Vergleich von Geiserich mit dem Antichrist (s. S. 404). Spätere Ausgaben dieses Werks, die in Karthago in den Jahren 455 und 463 erschienen, belegen zwar den Fortbestand dieser Sekte unter der vandalischen Herrschaft – allerdings fehlt in diesen Ausgaben die Charakterisierung Geiserichs als Antichrist, wahrscheinlich weil der vandalische Monarch, der ebenfalls in Karthago residierte, an solchen Anspielungen Anstoß nahm.

Die Manichäer hingen weiterhin ihren Glaubensvorstellungen an und vermehrten sich sogar um ein paar Konvertiten. Zu Beginn seiner Regierung verhängte Hunerich Tod oder Exil über die Manichäer, besonders wenn sie seinem eigenen Volk angehörten.

Die am besten belegten Leidtragenden jedoch sind die Katholiken. Ihre Beharrlichkeit inmitten der Verfolgung sorgte für das Überleben vieler Schmähschriften und Abhandlungen, besonders auch derjenigen von

zeitlich gab es auch Perioden des Friedens, die durch kurzzeitige Wiedereinsetzungen der (katholischen) Bischöfe von Karthago gekennzeichnet sind: Deogratias (454–457), Eugenius (480/81–484 und wieder für eine kurze Zeit Anfang 487) und Bonifatius (523–525). Außerdem traten zwei bedeutende Zusammenkünfte der Katholiken in Karthago zusammen, eine Versammlung der Glaubensrichtungen bzw. ein „Religionsgespräch" im Jahr 484 und ein Konzil im Jahr 525. Ein solches Nachlassen der Wut der Verfolger trug zum Überleben der Katholiken unter oströmischer Herrschaft bei.

Der andere große Anlass für Unzufriedenheit unter den Römern Afrikas war die provinziale Aristokratie. Während die Arbeitskräfte auf den afrikanischen Landgütern kaum den Wechsel von einem Herrn zum andern bemerkten, bekamen die wohlhabenden Römer, die den Großteil des urbaren Landes besaßen und die Gemeindeverwaltungen dominierten, die Ankunft der Vandalen äußerst heftig zu spüren. Manche Römer wählten oder erlitten das Exil von ihren Ländereien und suchten Zuflucht im nahe gelegenen Westnumidien und der Mauretania Sitifensis oder auswärts in Italien und dem Osten. Die Auswanderer drängten die Kaiser häufig zur Rücker- oberung Afrikas und ihre Bemühungen trugen Früchte. Der Chronist Zacharias von Mytilene versichert, dass hochrangige Exilanten mit glühenden Beschreibungen von Afrikas Reichtum Justinian zum Krieg gegen die Vandalen bewegten.

Viele prominente Römer jedoch blieben zurück. In seinem Gesetz vom 25. Februar 484 zitierte Hunerich eine Abstufung des Strafmaßes für verschiedene Arten von Individuen und gab damit zu verstehen, dass sich dieselben Kategorien noch bis in seine Zeit erhalten hat- ten. Ganz oben auf dieser Liste standen die *inlustres*, *spectabiles*, *senatores* (d.h. *clarissimi*), *sacerdotales* und *principales*. Andere Zeugnisse bezeugen romano- afrikanische Träger dieser Ehrentitel im vandalischen Königreich. Die alte städtische Organisationsform, die von provinzialen Aristokraten beherrscht wurde, be- stand fort. Die berühmten *Tablettes Albertini* (Kauf- verträge, die auf die Jahre zwischen 493 und 496 datiert sind) und Ostraka (beschriftete Scherben), die nahe Bir Trouch (Algerien) entdeckt wurden, beweisen den Fort- bestand von Landgütern, die afrikanischen Römern ge- hörten. Die herausragenden Gesellschaftselemente am Anfang von Hunerichs Namensliste genossen daher noch unter vandalischer Herrschaft ein gewisses Maß an früherem Status und Wohlstand.

Doch trotz der Beharrlichkeit römischen und christ- lichen Lebens bedeutete das Auftreten der neuen viel- sprachigen Elite an der Spitze der Gesellschaft einen Bruch. Vandalen und Römer haben nicht wirklich gut miteinander kooperiert. Der unsichere Charakter des neuen Konglomerats, der Rückgang der vandalischen Seeherrschaft auf das westliche Mittelmeergebiet nach 480, die zunehmende Kühnheit der Mauren im Süden und Westen und Justinians Entscheidung, die neue Stärke des oströmischen Reichs zu nutzen – all dies

Mosaik mit Kreuzdarstellung, aus El Ouara, s. Kat. 207

wurde den Vandalen zum Verhängnis. Im Jahr 533 besa- ßen sie zwar noch immer einen furchteinflößenden Ruf, doch war es ein Leichtes für Belisar, ihrer Herrschaft ein Ende zu bereiten.

Lit.: Castritius 2007 – Berndt 2007.
Ältere Versionen dieses Texts sind erschienen in Humphrey 1982 und Chrysos / Schwarcz 1989.

Die Münzprägung der vandalischen Könige

von Roman Keunitsch

Die Münzprägung der Vandalen setzte erst in Nordafrika ein – während ihres kurzen Aufenthaltes in Spanien haben sie offensichtlich nicht geprägt. Das Auffälligste am vandalischen Münzwesen ist, dass es bisher nicht möglich war, ihnen eindeutig eine Goldprägung zuzuweisen, was im Gegensatz zum sonstigen Geldwesen der Spätantike und der Völkerwanderungszeit steht, in dem Gold die wichtigste Rolle spielte. Das soll nicht heißen, dass sich die Vandalen nicht des Goldes bedient hätten, wie Schatzfunde zeigen: Offensichtlich reichten die vorgefundenen, erbeuteten oder durch den Handel importierten Goldstücke aus. In unpublizierten nordafrikanischen Horten, wie dem von Chemtou in Nordwesttunesien, tauchen „barbarisierte" Goldprägungen auf, bei denen zu untersuchen wäre, ob es sich um lokale Produkte oder um Importe handelt.

Auch im Vandalenreich beginnt die Münzprägung mit pseudo-imperialen Münzen. Hier sind es silberne Siliquen und Halbsiliquen nach dem Vorbild von Stücken des Honorius (395–423) (s. Kat. 151). Sie sind leicht an ihrem charakteristischen, etwas verwilderten Stil und vor allen Dingen an den Schrötlingen zu erkennen, die dicker als bei den Originalen, dafür aber kleiner sind, so dass sich die Legende der zu großen Stempel nur zum Teil abprägt. Ihre Datierung schwankt in der Literatur.

Mit der Eroberung Karthagos im Jahr 439 kam man in den Besitz der dortigen Münzstätte. Manche Forscher setzen den Beginn der Siliquaprägung denn auch in dieses Jahr 1 der vandalischen Zeitrechnung, an-

dere vermuten eher ein Datum in den 470er Jahren. Diese Honorius-Imitationen mögen bis zur Regierungszeit des Gunthamund (484–496) emittiert worden sein, dabei ist auffallend, dass der mächtigste König der Vandalen und Alanen, Geiserich (428–477), nicht dem Beispiel des Sueben Rechiar folgte und seinen Namen auf Münzen setzte. Auch von seinem Sohn Hunerich (477–484) gibt es keine namentlich gekennzeichneten Münzen. Eine eigentlich autonome Königsprägung gibt es erst von den letzten vier vandalischen Königen Gunthamund, Thrasamund (496–523), Hilderich (523–530) und Gelimer (530–534) (s. Kat. 144–150 und 152–154). Auf ihr finden wir etwas, was es im Münzwesen der Völkerwanderungszeit sonst nur bisweilen bei den Ostgoten und in der antiken Welt überhaupt nur selten gibt: Wertzahlen. Es gibt Stücke zu 100 (lateinisches Zahlzeichen C), 50 (lateinisches Zahlzeichen L) und 25 (lateinisches Zahlzeichen XXV) Denaren, wobei ein Denar wohl 10 Nummi entsprach. Angesichts ihres schwankenden Gewichts ist nicht ganz klar, ob es sich im römischen Sinne um Siliquen, Halb- und Viertelsiliquen oder um Doppelsiliquen, Siliquen und Halbsiliquen handelt. Die vandalischen Könige sind auf der Vorderseite in der Art und Tracht eines römischen Kaisers nach rechts blickend mit Panzer, Paludament (Mantel) und Diadem dargestellt, nicht wie die Herrscher der Westgoten mit germanisch langer Haartracht.

Kupfermünzen spielten im Geldverkehr des Vandalenreiches eine bemerkenswert große Rolle. Auf ihnen kommen mit Ausnahme winziger, oft

kaum lesbarer Stücke des Hilderich und Gelimer keine Königsnamen vor; die größeren, anonymen Nominale gibt es in zwei Serien: Die schwerere zeigt auf der Vorderseite frontal die stehende Personifikation Karthagos mit Kornähren in den Händen und auf der Rückseite die Abkürzung N für „Nummi", gefolgt von den römischen Zahlzeichen für 42, 21 und 12 in einem Kranz (s. Kat. 142 f.). Die leichtere Serie trägt auf der Vorderseite eine frontale Soldatengestalt zur Legende KARTHAGO und auf der Rückseite einen nach links blickenden Pferdekopf und dieselben Nominalangaben, allerdings ohne N (s. Kat. 173). Es gibt noch ein kleineres Nominal zu vier Nummi mit einer namenlosen Büste auf der Vorderseite. Da diese Münzen keine Königsnamen tragen und in Bild (der Pferdekopf war schon auf punischen Münzen geläufig) und Legende auf die Hauptstadt Karthago hinweisen, hat man in ihnen munizipale Editionen wie auch immer gearteter städtischer Behörden sehen wollen. Ähnlich wie es anscheinend oder scheinbar bei den Ostgoten in Rom und Ravenna der Fall war. Allerdings ist es schwer vorstellbar, dass sowohl in Nordafrika als auch in Italien zu dieser Zeit eine städtische Münzprägung völlig außerhalb königlicher Regie möglich war. Die Gewichte der einzelnen Stücke in beiden Serien schwanken sehr. Bei der Datierung ist man weitgehend auf Vermutungen angewiesen. Es mag sein, dass die schwerere Serie zusammen mit den königlichen Silberstücken des Gunthamund beginnt und ungefähr 50 Jahre lang weitergeführt wurde. Die leichtere Serie könnte dann in die letzten Jahrzehnte des Reiches gehören. Doch ist die Diskussion hier noch völlig offen.

Ein weiteres noch ungelöstes Problem der völkerwanderungszeitlichen Numismatik stellen reaktivierte römische Kupfer- und Messing-Münzen des ersten bis dritten Jahrhunderts dar. Es handelt sich um alte Sesterzen (selten), Dupondien und Asses, auf deren Vorderseite man vor das Gesicht des Kaisers oder der Kaiserin die Wertzahlen LXXXIII (bisweilen LXXXIIII) =

83 (84) Nummi oder XLII = 42 Nummi mit einem Meißel eingeschlagen hat, nicht eingeritzt, wie man bisweilen lesen kann. Die teils über 400 Jahre alten Münzen wurden so dem neuen Münzsystem angepasst und erhielten neue Umlauffähigkeit. Es hat sich keine Einigkeit darüber erzielen lassen, ob diese Kontermarkierung im ostgotischen Italien oder im vandalischen Nordafrika erfolgte. Einerseits wurden die meisten dieser Stücke wohl in Ita-

lien gefunden, allerdings bevorzugten die Ostgoten Stückelungen zu 10, 20 und 40 Nummi. Andererseits erinnern die eingepunzten Wertzahlen eher an die Stückelung des Karthago-Kupfers, was wiederum an einen vandalischen Ursprung denken lässt.

Lit.: Grierson / Blackburn 1986 – Kluge 2007

Kat. 151

Kat. 151
Unbekannter vandalischer Herrscher
Siliqua, Nordafrika, ca. 440–490
Silber, Dm. 15,6 mm, Gew. 1,72 g
Karlsruhe, Badisches Landesmuseum, Münzkabinett Inv. 2007/563

Vs.: Reste der Inschrift D[ominus] N[oster] HONORIVS P[ius] F[elix] AVG[ustus]. Büste des weströmischen Kaisers Honorius (395–423) nach rechts mit Panzer, Paludament, Perldiadem, und großer Schulterfibel.
Rs.: Reste der Inschrift VRBS ROMA. Die Göttin Roma sitzt nach links auf einem Panzer. Sie hält in der Linken einen nach unten gerichteten Speer und in der ausgestreckten Rechten einen Globus mit einer kleinen Victoria. Darunter Reste der Inschrift R[a]V[enna] P[u]S[ulatum] (=Reines Silber aus der Münzstätte Ravenna).
In der Frühphase setzten die vandalischen Könige ihre Namen noch nicht auf die Münzen, sondern ahmten die im Umlauf befindlichen Gepräge der römischen Kaiser nach.

Lit.: MEC 1–3.   R.K.

Kat. 152
Gunthamund (484–496)
100 Denare, geprägt nach ca. 490
Silber, Dm., 17 mm
Karlsruhe, Badisches Landesmuseum, Münzkabinett, Inv. 98/122

Vs.: D[ominus] N[oster] REX GVNTHMVNDV[s]
Büste des Königs in der Tracht eines römischen Kaisers nach rechts.

Rs.: D[e]N[arii] C[entum] Das C sehr lang gezogen geschrieben. Das Feld ist von einem Lorbeerkranz umgeben.

Lit.: MEC 6–7.   R. K.

Kat. 153
Thrasamund (496–523)
50 Denare
Silber, Dm. 12 mm, Gew. 1,05 g
Karlsruhe, Badisches Landesmuseum, Münzkabinett, Inv. 98/123

Vs.: D[ominus] N[oster] R[e]G[s] THRASAMV[n]D[u]S
Büste des Königs in der Tracht eines römischen Kaisers nach rechts.
Rs.: DN (= 500 Nummi = 50 Denare) in einem Lorbeerkranz.

Lit.: MEC 15.   R. K.

Kat. 154
Hilderich (523–530)
50 Denare
Silber, Dm. 15 mm, Gew. 1,14 g
Karlsruhe, Badisches Landesmuseum, Münzkabinett, Inv. 1877/250

Vs.: D[ominus] N[oster] HILDIRIX REX Büste des Königs in der Tracht eines römischen Kaisers nach rechts.
Rs.: FELIX KART[a]G[o]
Die Personifikation der Stadt Karthago steht frontal, in den erhobenen Händen Kornähren.

Lit.: MEC 21.   R. K.

Kat. 152

Kat. 153

Kat. 154

Mosaikdarstellung eines Kaufmanns oder Schreibers und einer Frau, 5. Jh., Musée national du Bardo

LEBEN IM VANDALENSTAAT

Kontinuität und Wandel

von Philipp von Rummel

In der Spätzeit des Vandalenreichs gibt der Dichter Luxorius mit einem Lobgedicht auf das Gartenschlösschen des vandalischen Adligen Fridamal einen Einblick in das vandalische Leben in Nordafrika. Der Dichter besingt eine turmartige Villa inmitten eines Waldes samt Gärten, Brunnen und kunstvoller Ausstattung, welche – genau wie der Dichter – Fridamals Tapferkeit und seinen Jagderfolg preist. Die vandalische Villa lag vielleicht im Bergland der Kroumirie, in dem die noch heute von dichten Korkeichenwäldern bestandene Landschaft eine geeignete Kulisse für ein Jagdschloss abgeben würde (s. Abb. S. 222). Wenn der im Gedicht besungene Fridamal auch sicher nicht repräsentativ für die ganze vandalische Gemeinschaft ist, so lebte er doch gemäß der dichterischen Beschreibung ungefähr so, wie auch Archäologen in Kenntnis spätantiker Villen aristokratisches Leben in der Provinz darstellen würden. Tatsächlich sind Villen mit Gärten, Thermen und Brunnen bekannt, die mit prachtvollen Mosaiken die Jagdleidenschaft ihrer Besitzer in Szene setzten (s. Abb. S. 223).

Zumindest einige Vandalen lebten in ihrem nordafrikanischen Reich also ähnlich opulent wie reiche Römer in anderen Provinzen. Wie war es dazu gekommen? Zehn Jahre nach ihrer Ankunft in Nordafrika eroberten die Vandalen unter Führung Geiserichs Karthago, die wichtigste Stadt des römischen Afrika, und teilten die neu eroberten Gebiete unter sich auf. Der König behielt die Provinzen Byzacena und Numidien für sich und übergab seinem Heer die Grundstücke in der Provinz Africa proconsularis als erblichen und steuerfreien Besitz. Der westliche Teil von Numidien und die mauretanischen Provinzen ver-

blieben dem römischem Kaiser Valentinian III. Die wenig ertragreichen Böden beließ Geiserich den früheren Besitzern, belegte sie aber mit so hohen Steuern, dass sie keine Gewinne erwirtschaften konnten.

Bei ihrer Ankunft übernahmen die Vandalen die Häuser der zuvor enteigneten reichen Römer samt Landbesitz, Pächtern, Handwerkern und Sklaven. Es ist daher nicht erstaunlich, dass in Nordafrika bisher noch keine Bauten gefunden wurden, die dort fremd wirken und Bezüge zu den Auswanderungsgebieten der Vandalen in Polen oder an der Donau aufweisen. Es ist auch sehr unwahrscheinlich, dass die Vandalen in Afrika traditionelle Holzhäuser gebaut haben – Bauholz ist im Gegensatz zu Stein in Nordafrika schwer zu beschaffen, und es gibt

> Alle Güter, die Geiserich seinen Söhnen oder anderen Vandalen geschenkt hatte, sollten steuerfrei bleiben; wo der Boden schlecht war, überließ er ihn den früheren Eigentümern, legte aber so hohe Steuern darauf, dass ihnen vom Ertrag so gut wie nichts übrig blieb.
>
> Prokop, *Bellum Vandalicum* I 5

eigentlich keinen Grund zu der Annahme, dass die neue Elite des Landes freiwillig auf die Annehmlichkeiten der lokalen Architektur verzichtet hätte. Prokop stützt, genau wie Luxorius, diese Vermutung mit dem Bericht, die Mehrzahl der Vandalen habe „in gut bewässerten und mit Bäumen reich bestandenen Lustgärten (*paradeisoi*)" gewohnt. In der älteren Literatur zu den Vandalen ist daher häufig zu lesen, sie hätten Städte gemieden und sich vor allem auf dem Land niedergelassen. Ob die *paradeisoi* auf dem Land lagen oder in Städten, ist jedoch nicht bekannt. Zumindest einige Städte waren unter vandalischer Herrschaft noch wichtige Verwaltungszentren, in denen, wie etwa Inschriften aus Haïdra (Ammaedara) oder die *Tablettes Albertini* zeigen, die städtische Oberschicht noch immer ihrer alten Bestimmung als Stadtherren nachkam. Ohne eine gewisse Anzahl städtischer Vandalen hätten diese Zentren auch nicht kontrolliert werden können; zudem stammen viele der inschriftlichen Hinweise, die auf eine vandalische Anwesenheit hindeuten, aus Städten. Die wirklich reichen Vandalen besaßen wahrscheinlich sowohl Häuser in den Städten als auch auf dem Land. Hierauf deutet der als „Pseudo-Origines" bezeichnete homöische Autor aus dem Vandalenreich hin, der deutlich zu erkennen gibt, dass die Adressaten seiner theologischen Ausführungen im städtischen Umfeld lebten, aber trotzdem Bezug zu ländlichen Domänen hatten.

Der Fortbestand römischer Kultur

Unabhängig davon, ob sie auf dem Land oder in Städten lebten, war es um die Vandalen, die als siegreiches Heer die Elite der Provinz ersetzt und sich senatorialen und kaiserlichen Besitz angeeignet hatten, im Allgemeinen nicht schlecht bestellt. Im Vergleich zu den anderen Provinzen des Westreiches war das spätantike Nordafrika kurz vor der vandalischen Eroberung noch immer reich, ungemein fruchtbar und die Kornkammer Roms, obwohl es in diesen Jahren von tiefen Krisen erschüttert wurde.

Sowohl die archäologischen Quellen als auch Prokop bezeugen, dass die Vandalen einen sehr „römischen" Lebensstil pflegten, zu dem auch die Badekultur gehörte. Eine in Tunis gefundene Inschrift bezeugt den Bau (viel-

Die Kroumirie, eine waldreiche Bergregion Nordtunesiens

Mosaik, das einen berittenem Jäger in waldreicher Landschaft zeigt, Musée national du Bardo

leicht auch die Renovierung) von Thermen durch den Vandalen Gebamund (s. Abb. S. 227). Auch ihre Toten bestatteten die Vandalen in römischer Manier in älteren Nekropolen oder in Kirchen. Lediglich eine kleine Zahl von zumeist reichen Gräbern mit prunkvoll gewandeten Toten weist auf ein fremdes, in Afrika zuvor unübliches und daher wohl mit den Vandalen verbundenes Bestattungsritual hin.

Die Art und Weise der Bestattung ist der einzige archäologische Bereich, in dem sich die neu angekommenen Vandalen von der einheimischen Bevölkerung abheben. Die wirklich entscheidenden Merkmale, die damals einen Vandalen von einem Nicht-Vandalen unterschieden, haben dagegen keine Spuren in der Sachkultur hinterlassen. So war etwa die politische Zugehörigkeit zum Verband der Vandalen, also die gegenseitige Akzeptanz von König und Gefolgsleuten, von entscheidender Bedeutung. Der Kern der vandalischen Gemeinschaft bestand aus den Familien, die mit Geiserich von Spanien nach Afrika gekommen waren. In Afrika kamen jedoch neue Menschen hinzu: nordafrikanische Frauen, die von Vandalen geheiratet wurden, und Männer, die mit den neuen Herrschern kollaborierten und eine wichtige, ja unverzichtbare Stütze der Verwaltung und Führung des Königreiches darstellten. Viele dieser „Neuvandalen" nahmen die homöische Konfession an, einige blieben jedoch, wie Victor von Vita bezeugt, katholisch, galten aber dennoch gleichzeitig als Vandalen.

Ähnlich wie im religiösen Bereich ist es auch in anderen Lebensbereichen schwierig, die Vandalen klar von den anderen in Nordafrika lebenden Menschen abzugrenzen. Wie eben nicht alle Vandalen Homöer waren,

waren auch nicht alle Vandalen Abkömmlinge von den Einwanderern des Jahres 429. Auch sprachlich grenzten sich die Vandalen nicht klar von den Römern ab. Zeugnisse einer germanischen Sprache im Vandalenreich existieren nicht, lediglich eine unklare Textstelle und die Verwendung germanischer Namen lassen es möglich erscheinen, dass zumindest im Kern der vandalischen Gemeinschaft eine germanische Sprachtradition gepflegt wurde (s. S. 228 f.). Es ist sehr wahrscheinlich, dass die Vandalen in Nordafrika in einem recht polyglotten Umfeld lebten, in dem zumindest Latein, Berberisch, Griechisch und vielleicht eine vandalische Sprache zum Alltag gehörten.

Ein klares Unterscheidungsmerkmal zwischen Vandalen und Nicht-Vandalen war jedoch das Verhältnis zur neuen Form der Herrschaft. Während die eroberten Provinzen zuvor Teile des von römischen Kaisern regierten riesigen Reiches gewesen waren und von entsandten Gouverneuren verwaltet wurden, herrschte nun ein König in der zur Hauptstadt gewordenen ehemaligen Provinzkapitale Karthago. Ihn als Herrscher anzuerkennen und von ihm und seinem Umfeld als Mitglied der Gemeinschaft anerkannt zu werden, war eine der entscheidenden Voraussetzungen dafür, Vandale zu sein. Wenn das vandalische Königtum auch eine neue Form der politischen Ausrichtung und Loyalitätspflichten mit sich brachte, so deutet doch vieles darauf hin, dass das römische Reich auch in vandalischen Kreisen weiterhin ein wichtiger Maßstab war, nicht nur in geistig-literarischer, rechtlicher, wirtschaftlicher und religiöser, sondern auch in politischer Dimension. Das Vandalenreich war im Grunde eine kleine Kopie des römischen

Seide und Gold – Kleidung der vandalischen Elite

von Philipp von Rummel

Wie sahen Vandalen aus? Leider ist diese Frage schwerer zu beantworten, als wir es uns wünschen würden. Informationen zum Aussehen der Vandalen sind äußerst spärlich und beschränken sich auf wenige Hinweise in den Schriftquellen sowie einige Grabfunde. So erwähnt der katholische Bischof Victor von Vita in seiner Darstellung der vandalischen Katholikenverfolgung im Zusammenhang mit katholischen Vandalen am Königshof „nach barbarischer Gewohnheit gekleidete Männer und Frauen" (in habitu barbaro) und „Männer und Frauen mit dem Aussehen ihres Stammes" (in specie suae gentis). Die am königlichen Hof in Karthago dienenden Vandalen unterschieden sich dem-

Junge in vandalischer Tracht. Umzeichnung eines Grabmosaiks aus Tebessa

nach in ihrem Aussehen vom Rest der Bevölkerung und waren offensichtlich leicht an ihrem Äußeren zu erkennen. Wie dieser „habitus barbarus" aussah, hat Victor jedoch nicht beschrieben. Prokop berichtet, dass die Vandalen gern reichen Goldschmuck trugen und dazu persische Gewänder aus Seide. Die Soldaten Belisars profitierten davon, als sie nach der siegreichen Schlacht gegen die Vandalen auf dem Schlachtfeld den reichen Goldschmuck der gefallenen Feinde einsammeln konnten. Die vandalischen Männer trugen neben den von Prokop beschriebenen Auszeichnungen eine militärische Kleidung. Victor skizziert eine Szene, in der Vandalen eine katholische Kirche plündern und sich aus den Altartüchern Hemden und Soldatenhosen schneidern lassen. In militärischer Kleidung ist auch der auf einem heute leider verlorenen und nur in einer Zeichnung überlieferten Mosaik aus Theveste (Tebessa/Algerien) dargestellte Junge gezeigt (s. Abb.), der wohl der Sohn einer vandalischen Familie war, da das Grabmosaik in die Regierungsjahre eines Vandalenkönigs datiert ist. Der Junge trägt eine gegürtete Tunika, einen Mantel, Hosen und ein Schwert und ist damit so gekleidet, wie wir uns auch die erwachsenen vandalischen Männer vorstellen müssen. In den Diensten des Königs und des vandalischen Heeres waren sie militärisch organisiert und zeigten dies auch in der Kleidung. Zudem bildeten sie die oder zumindest eine soziale Elite des Landes und unterstrichen dies in der äußeren Erscheinung durch wertvolle Stoffe und kostbare Ausstattung. Letztere war nicht

unrömisch, sondern glich derjenigen römischer Soldaten und Offiziere. Daher sind auch die sogenannten „vandalischen Reiter" (s. Abb. S. 237) nicht an ihrem Äußeren als Vandalen zu erkennen, sondern sehen aus wie römische Gutsherren.

Auch die vandalischen Frauen sparten nicht an ihrer Kleidung, zumindest nicht die wohlhabenden unter ihnen. Dies zeigt beispielsweise die Kleidung jener Frau, die nach ihrem Tod vor den Mauern Karthagos auf dem heute Koudiat Zâteur genannten Hügel mit prächtiger Kleidung und reichem Schmuck bestattet wurde (s. S. 358f.). Wie die Männer waren auch die Frauen als Mitglieder der sozialen Elite erkennbar, freilich ohne den militärischen Aspekt. Die Frauen brachten ihre Angehörigkeit zur vandalischen Führungsschicht vielmehr durch modische Accessoires wie etwa prächtige Gewandspangen (Fibeln), wertvolle Gürtel, Goldbesatz der Kleidungsstücke oder Schmuck zum Ausdruck. Wenn Prokop die Kleidung der Vandalen als „persische Gewänder" beschreibt, unterstreicht er den allgemein als orientalischen Luxus gerügten reichen Kleidungsstil der Vandalen und somit ein Merkmal, das wahrhaft „barbarisch" war, weil es in der antiken Literatur schon lange vor den Vandalen ein Grund zu stetigen Lästereien der römisch-puristischen Traditionalisten war. Vornehme Zurückhaltung war, zumindest nach den wenigen erhaltenen Quellen, wohl keine vandalische Spezialität.

Lit.: Eger 2001 – Eger 2008 – von Rummel 2005 – von Rummel 2008

Reiches, die sich möglicherweise weiterhin als Teil eines größeren Ganzen verstand. Den Vandalen gelang es, das Funktionieren einer römischen Ordnung über ein Jahrhundert aufrechtzuerhalten. In dieser kleinen Kopie übernahmen die Vandalen auch die Rolle Roms gegenüber den einheimischen maurischen Stämmen. So übergab der vandalische König in einem offiziellen Ritual maurischen Fürsten die Insignien der Herrschaft: ein Diadem, einen Stab aus Silber mit vergoldeter Spitze, einen weißen Mantel mit einer goldenen Fibel, eine weiße bestickte Tunika und vergoldete Schuhe.

Ein Leben in Annehmlichkeit

In einem berühmten Vergleich von Mauren und Vandalen stellt Prokop das luxuriöse Leben der Vandalen der ärmlichen Existenz der Mauren gegenüber. Dieser Vergleich, der im Kontext der Flucht des Vandalenkönigs Gelimer nach der Niederlage gegen die Truppen Justinians zu den Mauren auf dem Berg Papua zu sehen ist, beschreibt die Vandalen als das am stärksten verweichlichte aller Völker, ganz im Gegensatz zu den kriegstüchtigen Mauren: „Denn seit der Eroberung Libyens nah-

Apsismosaik mit ländlicher Architektur, aus Tabarka, Musée national du Bardo

Thermenanlage in Sbeïtla. Die Vandalen schätzten die römische Bade- und Freizeitkultur.

men ja sämtliche Vandalen Tag für Tag warme Bäder und hatten ihre Tafel mit den schmackhaftesten und besten Speisen besetzt, was Land und Meer eben bieten. Sie trugen reichsten Goldschmuck, dazu persische Gewänder, die man jetzt serische heißt, und brachten ihre Tage in Theatern, auf Rennbahnen und bei sonstigen Lustbarkeiten, am meisten aber mit Jagden zu. Außerdem gab es bei ihnen Tänzer und Schauspieler sowie zahlreiche Darbietungen für Aug' und Ohr, kurz alles, was bei Menschen Musik heißt und sonst als sehenswert gilt. (…) Bei jeder Gelegenheit veranstalteten sie Trinkgelage und übten sich eifrig in allen Arten von Liebesgenuss. Die Maurusier [Mauren] hingegen wohnen Sommer wie Winter und zu jeder anderen Zeit in engen Zelten und können sich so weder gegen Schnee noch Sonnenhitze noch sonstige Unbilden der Natur schützen. Sie schlafen auf dem Erdboden, wobei sich die Wohlhabenden allenfalls ein kleines Fell unterlegen. Auch ist es bei den

Maurusiern nicht herkömmlich, sich den verschiedenen Jahreszeiten entsprechend zu gewanden, sie tragen vielmehr jederzeit einen dicken Mantel und ein grobes Hemd. Ebenso wenig kennen sie Brot oder Wein oder sonst etwas Schmackhaftes. Sie verzehren stattdessen Korn, Weizen und Gerste, ungekocht und ungemahlen und nicht anders als die Tiere" (Übersetzung Otto Veh). Prokop nimmt damit eine Gegenüberstellung vor, die in der römischen Ethnografie altbekannt war: die Kritik an verweichlichten Kulturmenschen durch den Vergleich mit harten, urtümlichen Barbaren.

Die entscheidende Information dieser Quelle ist jedoch, dass die Vandalen von ihrem römisch-städtischen Umfeld offenbar kaum zu unterscheiden waren. Bei den Mauren in den südlichen und westlichen Regionen des Vandalenreiches handelte es sich um eine vorwiegend ländliche Bevölkerung großer Teile des römischen Afrika. Ihre berberische Sprache war in ganz Nordafrika und auch im Vandalenreich weit verbreitet. Es scheint, dass der Unterschied zwischen vandalischen und römischen Afrikanern auf der einen und maurischen Afrikanern auf der anderen Seite vor allem ein sozialer gewesen ist. Das, was man über die bisher von der Forschung nur wenig beachteten spätantiken Mauren weiß, zeigt jedoch auch, dass im maurischen Umfeld viele Traditionen des vorrömischen Afrika, zum Beispiel die Stammesstruktur, die Sprache sowie die Keramik- und Grabformen, über die römische Kaiserzeit hinweg bis in die Spätantike und sogar darüber hinaus bewahrt wurden. Der Kontakt mit den innerhalb des Vandalenreichs lebenden Mauren war für die Vandalen vermutlich ein alltäglicher und äußerst normaler Zustand. Es kann nicht ausgeschlossen werden, ja es ist sogar wahrscheinlich, dass sich neben afrikanischen Römern auch provinzialrömische Mauren dem vandalischen Verband anschlossen und dann als Vandalen galten. Ein anderes Bild zeigt sich jedoch bei jenen Mauren, die ab dem späten 5. Jahrhundert von Wüstengebieten außerhalb des Reichs dessen südliche Grenze bedrohten, die Vandalen in verlustreiche Kämpfe verwickelten und sich höchstwahrscheinlich nicht nur von den Vandalen, sondern auch von der maurischen Bevölkerung innerhalb des Reichs deutlich unterschieden.

Der Speiseplan der Vandalen

Das Vandalenreich produzierte sowohl für den Eigenbedarf als auch den Export weiterhin landwirtschaftliche Produkte in großen Mengen, vor allem Getreide, Olivenöl und verschiedene Fischsaucen. Die als *Tablettes Albertini* bekannt gewordenen Holztäfelchen aus dem heute an der algerisch-tunesischen Grenze liegenden Bergmassiv Djebel Mrata geben Auskunft darüber, dass neben dem vorherrschenden Olivenbaum, der 72% der Baumkulturen ausmachte, Feigen, Mandeln und Pistazien sowie Weinstöcke angebaut wurden. Der Speiseplan der Van-

> … ein königlicher Palast der Vandalen mit einem Garten, wie wir ihn schöner nie gesehen. Viele Quellen sprudelten darin, und Bäume aller Art, mit Früchten bedeckt, spendeten Schatten.
> Prokop, *Bellum Vandalicum* I 17

dalen, über den leider nur sehr wenig bekannt ist, hat sich wohl nicht von dem ihrer römischen Nachbarn und Vorgänger unterschieden. Als der byzantinische General Belisar nach der Eroberung Karthagos den vandalischen Königspalast betrat, fand er dort die für König Gelimer gedeckte Tafel vor, die wohl eine überregionale „cuisine méditerranéenne" präsentierte, zumindest aber nicht so ungewohnt wirkte, dass sich die Herren aus Konstantinopel nicht gerne dort niedergelassen hätten.

Bauinschrift mit Nennung des Vandalen Gebamund, aus einer Thermenanlage, s. Kat. 162

Zeugnisse der vandalischen Sprache

von Nicoletta Francovich Onesti

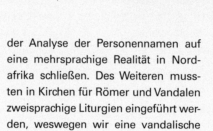

GEILAMIR REX – Inschrift auf einer Silberschale, s. Kat. 329

Die Vandalen sprachen eine dem Gotischen eng verwandte Sprache, der nur wenige besondere Merkmale zu eigen waren. Gotisch ist durch die Bibelübersetzung des Wulfila im 4. Jahrhundert gut bekannt. Wie das Gotische gehörte auch das Vandalische zur ostgermanischen Sprachgruppe. Es zeigt konservative Züge, bedingt durch die frühe Zeit, aus der die Belege stammen (5. und 6. Jahrhundert). Allerdings besitzen wir keinen vollständigen Überblick über diese Sprache, da kein einziger auf Vandalisch geschriebener Text erhalten geblieben ist. Jedoch kennen wir eine religiöse Formulierung und sehr wenige einzelne Worte, die in zeitgenössischen lateinischen oder griechischen Texten erwähnt sind – die meisten Erkenntnisse aber liefern die 140 bekannten Personennamen. Fast alle linguistischen Anhaltspunkte stammen aus dem Königreich der Vandalen in Nordafrika. In solch randständiger Lage, weit von ihren Schwestersprachen der germanischen Familie entfernt, bewahrte das Vandalische einerseits Archaismen, wurde andererseits aber schon früh einem Romanisierungsprozess unterzogen.

Wie das Gotische verschwand auch die vandalische Sprache früh – etwa zum Zeitpunkt der byzantinischen Eroberung (534) war sie ausgestorben. Bereits in der zweiten Hälfte des 5. Jahrhunderts geriet sie in bestimmten Bereichen der afrikanischen Gesellschaft allmählich außer Gebrauch. Eine zweisprachige Periode ist dennoch für diejenigen Nachfahren der Vandalen anzunehmen, die auch Latein sprechen konnten, insbesondere in großen Städten wie Karthago. So können wir aus der Analyse der Personennamen auf eine mehrsprachige Realität in Nordafrika schließen. Des Weiteren mussten in Kirchen für Römer und Vandalen zweisprachige Liturgien eingeführt werden, weswegen wir eine vandalische liturgische Formel kennen.

Der einzige vollständige Satz, der auf uns gekommen ist, ist eine religiöse Formel aus zwei Worten: die Anrufung *Domine miserere*, „Herr erbarme dich", die auf Vandalisch mit *froia arme* wiedergegeben wurde (vgl. gotisch *frauja*: „Herr"). Die Formel erscheint im lateinischen Text als *froia. arme . quod interpraetatur „Domine miserere"* und ist in einer Handschrift des 6. Jahrhunderts in Turin erhalten (Biblioteca Nazionale Universitaria, MS G.V. 26, fol. 15ʳ-27ʳ), die kürzlich von Heinrich Tiefenbach untersucht worden ist (s. Abb. rechte Seite).

Fünf weitere vandalische Worte sind im Epigramm Nr. 285 der *Anthologia Latina* – einer Sammlung lateinischer Gedichte, die im 6. Jahrhundert in Karthago zusammengestellt wurde – unter dem Titel *De conviviis Barbaris* erwähnt, in dem es heißt: *Inter „eils" gothicum „scapia matzia ia drincan"/ non audet quisdam dignos educere versus* (etwa: „Bei dem gotischen *eils, scapia matzia ia drincan*-Geschrei / kann kein Mensch anständige Verse machen"). Gewöhnlich werden sie als „Heil!" (*eils*), „formen" oder „schaffen" (*scapia*) sowie „essen und trinken" (*matzia ia drincan*) verstan-

den, so dass der Vers offenbar auf barbarische Gelage anspielt. Für die afrikanischen Zeitgenossen könnte *gothicum* („gotisch") einfach eine andere Bezeichnung für „vandalisch" gewesen sein, weil sie es fälschlich für dieselbe Sprache hielten. Aber es gab Unterschiede. Sowohl das vandalische *froia arme* als auch das Epigramm waren Ferdinand Wrede, dem Forscher, der 1886 alle überlieferten Spuren der Vandalensprache gesammelt hat, gut bekannt.

Jedoch ist seit dieser Zeit neues linguistisches Material in Inschriften Nordafrikas aufgetaucht, bestehend aus 90 weiteren Personennamen, die auf Münzen, Grabsteinen und anderen archäologischen Funden wiedergegeben sind. Unter diesen finden sich die folgenden Beispiele: *Arifridos* auf einem Mosaik aus Thuburbo Maius (*Arifridos in [pace] vixit annos [...] depositus di[e...] idus novem[br...]*) (s. Kat. 305), *Beremud* und *Beremuda* aus Karthago, *Fridila* auf einer Inschrift des antiken Caesarea, *Guilaruna* auf einem Grabmosaik des 5. Jahrhunderts aus Hippo Regius (*Gui+liaruna presbiterissa quiebit in pace*), eine weitere Frau namens *Guitifrida* – wie *Munifrida* aus Karthago bekannt –, *Scarila*, ein Mann, der im frühen 6. Jahrhundert lebte, *Sindivult* auf einer Inschrift von Tipasa, *Valilu fidelis*, eine Frau aus Hippo Regius und *Vilimut* (s. Kat. 158) in einer karthagischen Inschrift.

Ganz genau wie die gotischen Namen zeigen auch die vandalischen sowohl aus zwei Wortstämmen bestehende Formen (wie *Ari-fridos,* „Heer-Friede"; *Guilia-runa,* „Wille-Geheimnis"; *Vili-mut,* „Wille-Mut") wie auch Verkleinerungsformen eines Wortstamms (wie *Valilu,* „kleine Erwählte"; *Scarila,* „kleine (Heer)schar"). Letztere weisen die typischen ostgermanischen Nachsilben *-ila* (männlich) und *-ilo* (weiblich) auf. Folgende ostgermanische Charakteristika kennzeichnen das Vandalische: das Fehlen des Umlauts; der ursprünglich protogermanische lange Vokal *ē, der sich normalerweise erhalten hat, wie in den vandalischen Namen *Gunthimer, Geilimer;* ein kurzes *e, welches vandalisch *i* ergibt (bspw. *Gibamundus, Stilico,* der römische General Stilicho war vandalischer Abstammung); das protogermanische *z, das immer erhalten ist: *Gaisericus* (in griechischen Buchstaben auch *Gezérichos*), *Geisirith,* von *gaiza-* „Speerspitze". All diese typisch ostgermanischen Züge sind auch dem Gotischen gemein.

In wenigen Fällen ist die ursprüngliche *s*-Endung des männlichen Nominativ Singular beibehalten, wie in vandalisch *eils* und in den Königsnamen *Hunirix, Hildirix rex* und *Thrasamunds* (auf Münzen) – dies ist eindeutig ein eher konservatives Merkmal. Einige der Namen tragen oft eine romanisierte Endung, wie *Thrasamundus, Gunthamundus, Gibamundus.*

Die wesentlichen linguistischen Charakteristika des Vandalischen, durch die sich die Sprache innerhalb der ostgermanischen Gruppe auszeichnet, sind die folgenden: Der ursprüngliche Diphtong *ai kann als *ai* erhalten sein, tendiert im Lauf der Zeit aber zur Verwandlung in *ei.* Die Form *Gaisericus* findet sich z.B. regelmäßig bei der Nennung des Königs in einer Chronik des 5. Jahrhunderts, während in anderen historischen Quellen die Wiedergabe gewöhnlich *Geisericus* lautet. Später finden wir die

vereinfachte Schreibung *regis Gesiric* in einer afrikanischen Inschrift des 6. Jahrhunderts (s. Kat. 138, s.a. Abb. S. 214). Auch der Name des Königs Gelimer, Sohn des *Geilarith,* lautete offiziell *Geilamir,* wie auf seinem silbernen Teller (s. Abb. linke Seite) zu lesen ist; auf Münzen und Inschriften ist meist *Geilimer* zu lesen; bei Prokop begegnet er uns endlich auch als *Gelimer.*

Die Anpassung der vandalischen Formen an die lateinische linguistische Umgebung begann einigermaßen früh im 5. Jahrhundert. Wir bemerken z.B. den daraus resultierenden typischen Verlust des *h-,* wie in *Arifridos, Ariarith, Gunt-ari* (aus protogermanisch *harja-* „Heer"). Die Romanisierung zeigt sich in besonderer Weise im Aufkommen gemischter Namen, die aus vandalischen Elementen oder Nachsilben in Kombination mit lateinischen Elementen gebildet sind. Dieser Prozess verlief

parallel mit der raschen Romanisierung der vandalischen materiellen Kultur, wie sie uns die Archäologie zeigt. Aus lateinischen und vandalischen Bestandteilen wurden hybride Namen geformt, wie *Iulia-teus;* Namen heterogenen Ursprungs werden mehrfach in Nordafrika verzeichnet, wie *Flavius Vitalis Vitarit,* der den typisch vandalischen Namen *Vitarit* mit dem lateinischen *Vitalis,* einem der geläufigsten Namen des römischen Afrika, verbindet.

Das linguistische Formenspektrum des Vandalischen zu umreißen, stellt nach wie vor eine schwierige Aufgabe dar, solange nicht neue Zeugnisse dieser Sprache in Archiven oder bei aktuellen archäologischen Ausgrabungen zutage treten.

Lit.: Francovich Onesti 2002 – Tiefenbach 1991 – Wrede 1886

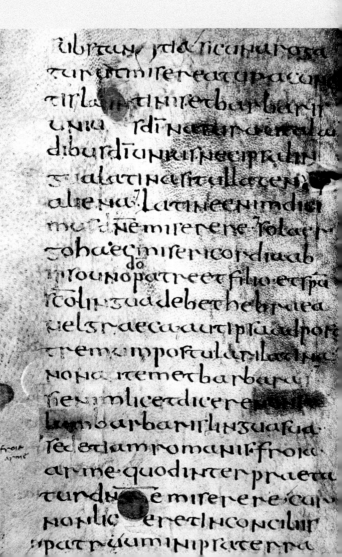

Froia arme – Codex in der National- und Universiätsbibliothek Turin

Wagenrennen im Stadion. 6. Jh., aus Gafsa. Mosaik im Musée national du Bardo

Bisher gibt es für Nordafrika leider noch keine Auswertung biologischer Reste in so gut stratifizierten Befunden, dass eine Aussage darüber möglich wäre, ob bzw. wie sich die Nahrungsgewohnheiten der Bevölkerung unter vandalischer Herrschaft verändert haben. Allgemein kann festgestellt werden, dass im spätantiken Nordafrika neben den üblichen mediterranen Getreide-, Obst- und Gemüsesorten vornehmlich Schwein, Schaf und Rind gegessen wurde. Bereichert wurde der Speiseplan durch Jagdwild, Fische und Vögel. Amphoren bezeugen, dass neben Wein aus afrikanischer Produktion kostbarer Wein aus der Ägäis und aus Palästina eingeführt wurde. Aus dem östlichen Mittelmeerraum importierte man zudem Preziosen wie Seidenstoffe, Edelsteine, Gewürze und Papyrus. Seit König Gunthamund (484–496) prägten die Vandalen eigene Bronze- und Silbermünzen, deren weite Verbreitung für die Vitalität des vandalenzeitlichen Handels spricht. Auch die berühmte afrikanische Feinkeramik wurde wie zuvor unter römi-

scher Herrschaft im Vandalenreich produziert und in den gesamten Mittelmeerraum exportiert. In Rom stammten noch in der zweiten Hälfte des 5. Jahrhunderts bis zu 90% der Feinkeramik aus nordafrikanischer Produktion. Sie bezeugt, dass die unentbehrlichen Lebensmittellieferungen aus Nordafrika Rom trotz der vandalischen Eroberung und der daraus resultierenden Hindernisse noch immer erreichten.

Leben in den Städten

Wie sich die vandalische Herrschaft auf ihr Lebensumfeld, also auf die Städte (s. Abb. rechte Seite) und die kleineren Orte ihres Reiches auswirkte, ist noch immer recht schwer zu sagen, da die bekannte Fundlage insgesamt ein sehr variables Bild ergibt. In diesem Bild unterscheiden sich nicht nur einzelne Städte voneinander, sondern auch Stadtviertel. Sogar einzelne Häuser können andersgeartete Entwicklungen nehmen als ihr Nachbarhaus, das schon den Zustand einer Ruine erreicht haben konnte, während nebenan noch renoviert und neu ausgestattet wurde. Sicher ist heute, dass der Beginn der vandalischen Herrschaft nicht jener katastrophale Einschnitt war, den man früher vermutet hatte. Viele Städte, allen voran die Hauptstadt Karthago, überlebten das Vandalische Reich bis in die byzantinische und häufig in die arabische Zeit hinein. Allerdings gilt dies nicht für alle Städte und für die meisten Siedlungen ebenfalls nicht im Ganzen.

Während man ursprünglich von einem Ende der repräsentativen Architektur in Afrika nach der vandalischen Invasion ausging und meinte, dass „Vandalen" selbstverständlich nur Trümmer und Ruinen hinterlassen haben könnten, wird zunehmend eine deutliche Kontinuität im Vandalenreich betont. Eindrucksvolle Mosaike, wie beispielsweise das Mosaik mit Diana und Apollo mit dem Kranich aus Karthago, werden heute statt in die zweite Hälfte des 4. Jahrhunderts in das frühe 5. Jahr-

hundert datiert. Befunde in mehreren Orten, darunter Karthago, Thuburbo Maius und Clipea (Kelibia), belegen das Fortleben stattlicher Privatarchitektur im Vandalenreich. Die Neuuntersuchung der Ergebnisse der kanadischen Grabungen in Karthago erbrachte das bemerkenswerte Ergebnis, dass ein Gebäude mit basilikalem Grundriss und Mosaikausstattung, das bisher in das 4. oder 5. Jahrhundert datiert wurde, frühislamischer Zeitstellung ist. Diese ersten frühislamischen Baubefunde Karthagos beweisen nicht nur, dass Karthago nach der arabischen Eroberung Ende des 7. Jahrhunderts nicht gleich dem Verfall preisgegeben wurde, sondern bezeugen auch eine deutliche Kontinuität spätantiker urbaner Architektur über die vandalische und byzantinische Epoche hinaus.

Neben Kontinuität ist in vielen Städten gleichzeitig jedoch auch Verödung zu beobachten. Ein Anzeichen dafür ist beispielsweise das für Karthago gut untersuchte, aber auch in vielen anderen nordafrikanischen Städten zu beobachtende Phänomen vandalenzeitlicher Gräber

Stadt und Kapitolstempel von Dougga/Thugga in der Africa proconsularis, Tunesien

in bereits aufgegebenen Stadtvierteln. Die deutschen Untersuchungen in dem am besten erhaltenen Wohngebäude des spätrömischen Karthago, dem sog. Kobbat Bent el Rey, zeigen für die vandalische Epoche die Aufgabe der prächtigen Mosaikböden des 4. Jahrhunderts durch das Verfüllen mit Schutt, auf den dann wiederum ein einfacherer Estrichboden gelegt wurde. Auch die Grabungen des Deutschen Archäologischen Instituts an der Rue Ibn Chabâat und der Avenue Habib Bourguiba in Karthago erbrachten einen vandalenzeitlichen Verfallshorizont. Als exemplarisch für das Nebeneinander von Kontinuität und Niedergang können neben zahlreichen Beispielen aus Karthago auch die Ergebnisse tunesisch-französischer Untersuchungen in Neapolis (Nabeul) gelten, wo manche Gebäude bis in die ausgehende byzan-

tinische Zeit bewohnt waren, während andere Häuser in der Nachbarschaft schon unter vandalischer Herrschaft verlassen worden waren.

Vergleicht man den Zustand der afrikanischen Städte um das Jahr 300 mit demjenigen um 500, sind überall deutliche Veränderungen festzustellen, die sich in dieser Kontrastierung als negative Entwicklung beschreiben lassen. Die zunehmenden Schwierigkeiten der kurialen Verwaltung der Städte verursachten besonders im Bereich des öffentlichen Raumes und öffentlicher Bauten einen deutlichen Niedergang, der sich nicht nur im Bereich der Inschriften, sondern auch in zahlreichen archäologischen Befunden abzeichnet. Besonders eindrücklich zeigt sich diese Entwicklung bei den städtischen *fora*, von denen die meisten ihre Funktion schon

Spätantike Häuser in Karthago

Die Villa von Sidi Ghrib

von Abdelmagid Ennabli

Die Jagdgesellschaft, angeführt vom Gutsherrn

Die römische Villa von Sidi Ghrib wurde in der Ebene von Mornag, etwa 30 km von Karthago entfernt, entdeckt. Die archäologische Stätte besteht aus einer *Villa rustica* mit privaten Thermen und Ölpressen (s. Abb. unten).

Die Mosaiken der Villa und der Thermen sind wahrscheinlich ins ausgehende 4. oder frühe 5. Jahrhundert zu datieren, z.T. möglicherweise in die beginnende Vandalenzeit. Bemerkenswert sind die Thermen durch ihre Architektur und das Mosaikdekor, von dem zwei realistische Szenen zum Einen das häusliche Umfeld der Hausherrin und zum Anderen den Aufbruch des Gutsherrn wahrscheinlich zur Jagd darstellen.

Die Herrin sitzt auf einem Sessel, sie ist gerade angekleidet worden und beendet ihre Toilette. Eine Dienerin hält noch ihr Schmuckkästchen, während eine andere ihr bereits den Spiegel entgegenhält, in dem ihr Gesicht zu sehen ist (s. Abb. rechte Seite).

In der Szene des Aufbruchs zur Jagd ist eine männliche Gestalt mit einer langen gelben Tunika und einem darüberliegenden Kapuzenmantel be-

kleidet; vor ihr schreitet eine anscheinend blonde Figur mit *torques* und langem Stab, der eine weitere Gestalt folgt – ein struppiger Mann mit kurzer Kleidung, einem zylindrischen Behälter und einem mit einem Netz umwickelten Bündel Stangen (s. Abb. oben).

Im Zentrum des Gebäudes befindet sich das *frigidarium* (Kaltbad der Thermen): Je rechts und links von einem Becken flankiert, wird es an der Nordseite von einem langen Gang gesäumt, der zwei symmetrische Eingänge an den Enden und eine Apsis in der Achse aufweist. Im Süden erstreckt sich der geheizte Teil der Anlage mit aneinandergereihten Räumen, von denen das *caldarium* (Heißbad) der wichtigste ist.

Der Boden des Gebäudes ist mit einer Gruppe von Mosaiken ausgelegt, die einen Meeresthiasos (das Gefolge der Meeresgötter) und geometrische Motive zeigen.

Das Thema des Thiasos zieht sich durch den Gang und das *frigidarium* und ist auf die Architektur zugeschnitten. Ein erstes halbkreisförmiges Bild zeigt die Krönung der auf einem Seelöwen sitzenden Venus. Darunter stellen auf beiden Seiten des Ganges zwei weitere rechteckige Bilder einen Umzug von Nereiden (Meeresnymphen) und Seezentauren dar. Zwischen diesen beiden Bildern erstreckt sich ein großes, die Mitte des Ganges

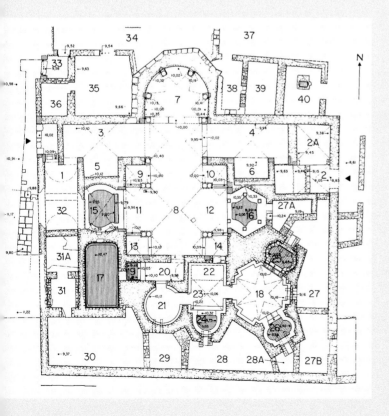

Grundriss der Villa und der Thermen von Sidi Ghrib

und das *frigidarium* ausfüllendes Feld. Der Umzug wird in mehreren übereinanderliegenden Bildzonen dargestellt: auf Meeresmischwesen reitende Nereiden sowie das von Meereszentauren begleitete göttliche Paar Neptun und Amymone (s. Abb. rechts). (Dieses Thema begegnet wieder auf einem vom Hellenismus inspirierten Fresko, das eine Villa von Stabiae in Kampanien schmückt.) Beidseitig dieses großen vertikalen Bildes sind zwei weitere kleinere Bilder je auf ein Becken des *frigidarium* ausgerichtet und stellen Zentauren dar.

Der auf einem der Bilder dargestellte Berg Gaurus erinnert an den Namen des berühmten kampanischen Weinbergs, der in einem kurzen, ins späte 4. Jahrhundert zu datierenden Gedicht von Symmachos erwähnt wird. In den vier Ecken der Halle des *frigidarium* zeigen vier Felder jeweils die weibliche Allegorie einer Jahreszeit.

Der geheizte Teil der Anlage ist mit verschiedenen geometrischen Mosaiken ausgelegt.

Der feine Architekturgeschmack und die Schönheit des Mosaikdekors illustrieren den Wohlstand und die Bildung des Besitzers, der, in einem nun christlich gewordenen Reich, von der heidnisch-klassischen Tradition durchdrungen war und gewiss zur karthagischen Aristokratie gehörte.

Die Villa wurde im frühen 6. Jahrhundert durch einen Brand teilweise zerstört. Ein Teil der Anlage wurde zu wirtschaftlichen Zwecken wieder in Betrieb genommen, im frühen 7. Jahrhundert aber definitiv aufgegeben. Das Verlassen ländlicher Ansiedlungen wurde in dieser Zeit im Hinterland von Karthago mehrfach beobachtet.

Lit.: Blanchard-Lemée 1988 – Ennabli 1981 – Ennabli 1986 – Ennabli / Neuru 1993 – Ennabli / Neuru 1994 – Picard 1968 – Picard 1987

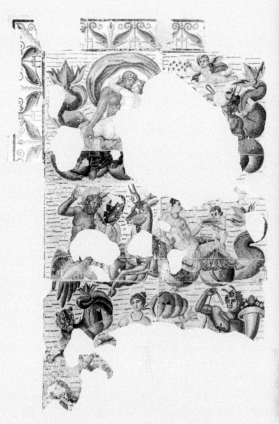

Mosaik mit Meeresthiasos aus dem Kaltbad der Thermen, Musée national de Carthage

Eine vornehme Dame und ihre Dienerinnen. Mosaik aus Sidi Ghrib, Musée national de Carthage

„Kobbat Bent el Rey", Carthage, Unterirdisches Ensemble
(Museion?) in nordöstlicher Insula-Bebauung des antiken Karthago,
320–340 n. Chr. Die Anlage wurde mit einigen Veränderungen
in vandalischer Zeit und byzantinischer Zeit weiterbenutzt. Sie
besteht aus Zugangssystem (Abgang), Rezeption, Hauptraum und
zwei flankierenden Nebenräumen.

im 5. Jahrhundert verloren hatten. Statt öffentlicher
Bauten, deren Errichtung und Erhaltung traditionell in
der Hand der nun geschwächten städtischen Eliten lag,
zeigt der archäologische Befund des 5. Jahrhunderts ein
großes Interesse an privaten Gebäuden und natürlich
an Kirchen, die zunehmend die die Städte dominierenden öffentlichen Bauten wurden.

Mit der vandalischen Herrschaft ist wohl ein sich zunehmend deutlich abzeichnender Unterschied in der Entwicklung von Städten in küstennahen und -fernen Gebieten zu verbinden. Während Erstere in der vandalischen
Zeit überwiegend floriert zu haben scheinen (s. Abb.
S. 233), gilt das für das Landesinnere nicht generell. Es
ist sogar so, dass sich dort manche untersuchte Stadt im
5. Jahrhundert in einem deutlichen Niedergangsprozess
befand. Ein durchgehend positives Bild der Städte unter
vandalischer Herrschaft gibt es daher nicht. Konzentra-
tionen städtischer Ansiedlungen, vor allem in der unter
römischer Herrschaft von einem außergewöhnlich dichten Netz von Städten überzogenen Proconsularis, können sich eventuell als Folgen der Umstrukturierung der
ehemals kaiserlichen Güter im Vandalenreich und einer
damit einhergehenden geringeren Produktivität erklären lassen. Um hier zukünftig differenziertere Einblicke
erlangen zu können, sind neue kleinräumige Studien notwendig – sowohl Ausgrabungen als auch Surveys –, die
es ermöglichen, die Entwicklung begrenzter Siedlungsräume besser zu beurteilen.

Lit.: Ben Abed / Duval 2000 – Ben Abed / de Balanda / Uribe Eche-
verría 2002 – Courtois 1955 – Leone 2007 – Moorhead 1992 –
Riese 1869 – Steinacher 2008 – Veh 1971 – von Rummel 2008

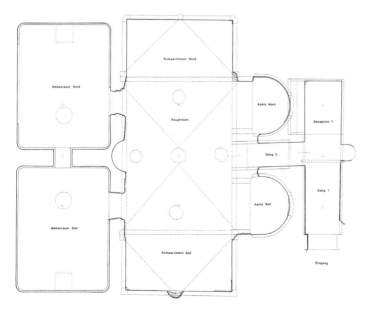

„Kobbat Bent el Rey". Hauptraum, Blick in Längsachse von
Norden nach Süden in das Kompartiment Süd. Bemerkenswert
das neuartige Gewölbetragwerk: Kreuzgewölbe (über der Mitte
des Raumes) und eine Trompen-Halbkuppel jeweils über den
Raumkompartimenten Nord und Süd

Kat. 156

Kat. 155 *(s. Abb. S. 232)*
Skulpturengruppe:
Ganymed mit Adler
Karthago, Haus der griechischen
Wagenlenker, Zisterne
1. Drittel 5. Jh.
Marmor, H. 49 cm, B. 32,5 cm
Carthage, Musée national de Carthage,
ohne Inv.

Homers Ilias erzählt vom Knaben Ganymed, dem schönsten Mensch auf Erden, der von Zeus in Gestalt eines Adlers auf den Olymp entführt wurde, um dort den Göttern als Mundschenk zu dienen. Ein Unikat spätantiker Plastik des 5. Jhs., das ursprünglich wohl zur Ausstattung des „Hauses der griechischen Wagenlenker" gehörte, jedoch, nachdem es zu Bruch gegangen war, in einer Abfallgrube entsorgt wurde, nimmt sich dieses Themas an. Von der virtuosen Kunst des Bildhauers zeugen die differenzierte plastische Formgebung von Gesicht und Körper sowie die komplizierte Figurenkomposition: Ganymed, die Beine übereinandergeschlagen, hat einen Arm in die Hüfte gestemmt, den anderen um den Hals des Adlers gelegt. Im intensiven Blickkontakt zwischen dem verliebten Göttervater und dem Objekt seiner Begierde schwingt unverhohlene Erotik mit.
Die kleine Skulpturengruppe birgt vielfache Referenzen auf die pagane Kunst und Kultur der klassischen Antike, nicht nur im Stil der Bildhauerarbeit und im Statuenmotiv, deren Vorbilder in der griechischen Klassik des 4. Jhs. v. Chr. zu finden sind, sondern auch in dem der griechischen Mythologie entnommenen Thema. In einer Zeit, in der das Heidentum und seine Traditionen, vor allem die „falschen Götter der Heiden", heftiger Kritik von Seiten der Kirchenväter ausgesetzt waren, könnte man darin einen Hinweis auf die Bildung, vielleicht gar die Geisteshaltung des Auftraggebers entdecken. Möglicherweise diente dieses Kunstwerk nicht nur der ästhetischen Erbauung, sondern sollte im christlich geprägten Karthago des 5. Jhs. eine intellektuelle, moralische Provokation darstellen.

Lit.: Humphrey 1977, 125–190. – Paris 1995, 311.   **S.E.**

Kat. 156
Mosaik: Jäger zu Pferd
(sog. Vandalischer Reiter)
Karthago/Bordj Djedid, Haus
Spätes 5./Anfang 6. Jh., vandalenzeitlich
Stein und Glas (Tesselae), H. 169 cm,
B. 245 cm
London, The British Museum,
Inv. 1967, 0405.18 (1860,1002.132)

Der sog. Vandalische Reiter ist eines von vier Teilstücken – darunter zwei mit weiteren, ähnlichen Reitern – eines großen Fußbodenmosaiks, dessen Hauptmotiv eine Jagddarstellung bildete. Zu sehen sind ein Jäger zu Pferd, der, die Hand in siegreicher Gebärde erhoben, davonsprengt, und im Hintergrund eine von parkähnlichen Gärten umgebene Villenanlage.
Aufgrund ihrer Kleidung sowie der signifikanten Haar- und Barttracht wird die Gestalt traditionell als Vandale angesprochen, doch diese Deutung ist umstritten. Denn die in der frühen und mittleren Kaiserzeit als typisch barbarisch geltenden Kleidungsstücke (vor allem Hose, Stiefel, langärmelige Tunika) sind in der Spätantike kein Hinweis mehr auf die Fremdstämmigkeit einer Person. Dasselbe gilt für die Pracht und Buntheit der Stoffe, welche ab dem 4. Jh. eine opulentere Verzierung mit Streifen, Bordüren und sonstigen Ornamenten aufweisen. Wahrscheinlicher ist, dass ein derartiges „Outfit" den Kleidungsstil der sozialen Elite darstellt. Zu dieser, die in Nordafrika selbstverständlich aus romanisierten Vandalen bestand, gehörten sowohl in West- als auch in Ostrom zahlreiche Germanen, welche in den höchsten Positionen des Staates, vor allem aber des Militärs anzutreffen waren. Dass die Männermode der Zeit einerseits Elemente einer früher als barbarisch angesehenen Gewandung, andererseits Einflüsse militärischer Kleidung aufweist, mag mit diesem gesellschaftlichen Wandel zusammenhängen. Die Kleidung ist demnach kein geeignetes Unterscheidungsmerkmal mehr – die Frisur mit den langen Haaren sowie der Schnurrbart (?) des Jägers wirken allerdings in der Tat eher „unrömisch".
Doch ob Vandale oder Römer – die Darstellung ist typisch für das spätantike Nordafrika, denn sie spiegelt das Repräsentationsbedürfnis und das Statusdenken der aristokratischen Großgrundbesitzer wider. Das Thema der Jagd symbolisierte einerseits die Tapferkeit und Männlichkeit des Gutsherrn und verwies andererseits auf die typische Freizeitbeschäftigung der privilegierten Oberschicht.

Lit.: Gauckler 1910, 255 f. Nr. 763. – Hinks 1933 Nr. 57d. – Dunbabin 1978, 59. 63. 250. – Pedley 1980, 73–78. – Buckton 1994 Nr. 55a. – Carrié / Lizzi 2002, 333–340. – von Rummel 2007, 231–245.   **S.E.**

Kat. 157

Kat. 157 *(ein Fragment abgebildet)*
Mosaik mit Lebensbaum und Jäger
Hergla, ländliche Kirche in der Umgegend
von Horrea Caelia
Anfang 6. Jh.
Hergla, Depot des Ausgrabungsgeländes,
ohne Inv.

Die figürliche Szene war Teil des Mosaik-
bodens des Seitenschiffs der Kirche. Sie
war vom Baptisterium hinter der Apsis
aus sichtbar. In zwei Fragmenten sind
ein Lebensbaum zwischen zwei sich
unbewegt gegenüberstehenden Löwen
und darüber eine Jagdszene erhalten.
Letztere zeigt einen Jäger zu Pferd mit
einem Falken und in einer Fortführung
dieser narrativen Szene den fliegenden
Falken, der einen verängstigten Hasen mit
zurückgewendetem Kopf verfolgt.
Das symbolische Geschehen fügt sich
in das ikonografische Programm des
Kirchenfußbodens ein. Es zeigt den durch
den Glauben gestärkten Neophyten in
einem transzendenten Zustand, ausge-
drückt durch den Lebensbaum. Das an
den Anfang des 6. Jhs. gehörende Werk
ist in seiner Ikonografie lokalen Traditionen
verpflichtet (die Jagdszenen), weist aber
auch orientalische Einflüsse auf, vielleicht
aus der sasanidischen Kunst (Lebensbaum mit antithetischen Löwen).

T.G.

Kat. 158
Grabmosaik des Vilimut
Fundort unbekannt
Vandalenzeitlich
Marmor(?)-Tesserae, H. 40 cm, B. 40 cm
Carthage, Musée national de Carthage,
Inv. A 333

Vandalenzeitliches Grabmosaik mit einem
Rundbild, in dem der Name *Vili/mut*
wiedergegeben ist. Es handelt sich hierbei
um eines der seltenen Stücke aus Nordafrika, auf dem ein germanischer bzw.
vandalischer Name überliefert ist.

Lit.: Ennabli 2001, 73.   R.H.

Kat. 158

Kat. 159

Kat. 159
Runde Öllampe
Nordafrika
5./6. Jh., vandalenzeitlich
Ton, H. 5,5 cm, Dm. 8,5 cm
Carthage, Musée national de Carthage,
Inv. 09.29

Kat. 160a und b
Zwei runde Öllampen
Karthago und Fundort unbekannt
5./6. Jh., vandalenzeitlich
Ton, H. 5,6 und 6,3 cm, Dm. 8,7 und 9 cm
Carthage, Musée national de Carthage,
Inv. 09.25 und 09.28

Kat. 160a

Kat. 160b

Kat. 161
Öllampe
Karthago
5. Jh.
Ton, H. 6,5 cm, L. 11 cm, Dm. 9 cm
Carthage, Musée national de Carthage,
Inv. 738

Diese Öllampe hat zwei Öffnungen für
die Dochte, konnte also mehr Licht geben
als die einschnäuzigen Lampen. Verziert
ist sie mit geometrischen Mustern:
einer Rautenform im Spiegel, flankiert
von Fischgrätmuster, und zwischen den
beiden Schnauzen acht Kreise.

Lit.: Ennabli 1976 Kat. 1192. – Landes / Ben
Hassen 2001, 136 Nr. 14.   F.F.

Kat. 162 *(s. Abb. S. 227)*
Bauinschrift des Prinzen Gebamund
Tunis/Tunes, sog. Thermen des
Gebamund
1. Drittel 6. Jh., evtl. 530–533 n. Chr. (?),
vandalenzeitlich
Marmor, H. 31 cm, B. 160 cm
Tunis, Musée national du Bardo,
Inv. D 753

Inschrift
(CIL VIII 25362):
„cerne salutiferas sp[lendent]i marmore baias /
qui calidos aest[us fran]gere quaeris aquis /
hic ubi Vulcano Ne[ptunus] certat amore /
nec necat unda f[ocum n]ec nocet ignis aquas /
gaude operi, Gebam[unde, tu]o, regalis origo /
deliciis sospes ute[re cum] populo"

Übersetzung
(zitiert nach Busch 1999, 243):
„Sieh an das heilbringende Bad mit seinem
blinkenden Marmor, der du die Gluthitze [der Sonne]
durch das Wasser brechen willst. Hier, wo mit
Vulcanus Neptunus in Eintracht streite, erstickt
weder das Wasser das Feuer, noch schadet das
Feuer den Wassern. Freue dich über dein Werk,
Gebamundus, königlicher Spross [oder: Stammvater
eines königlichen Geschlechts], nutze den Luxus in
voller Gesundheit zusammen mit dem Volke."

Die einzige erhaltene Bauinschrift eines
Angehörigen der vandalischen Hasdin-
gen-Dynastie nennt Gebamund, einen
Verwandten König Gelimers, als Stifter
eines Thermengebäudes aus „blinkendem
Marmor". Mit dem Bau öffentlicher
Badeanlagen zum Wohle seiner Untertanen nahm der Prinz die Tradition
römischer Herrscherstiftungen auf. Die

selbstverständliche Existenz und Nutzung
dieser Einrichtungen ist außerdem ein
Indiz für den romanisierten Lebensstil im
Vandalenreich. Die Vorliebe der Vandalen für die römischen Thermen ist auch
literarisch überliefert, so etwa bei Prokop,
der feststellt: „Seit jene [die Vandalen]
im Besitz von Afrika waren, nahmen sie
täglich warme Bäder […]"
Die Inschrift besitzt die Gestalt eines
Epigramms aus sechs in elegantem Latein
formulierten Hexametern. Mit dieser De-
monstration seiner „klassischen" Bildung
signalisiert der Prinz seinen herausragenden gesellschaftlichen Status als Mitglied
eines kultivierten Herrscherhauses, das
bereits eine Generation zuvor, unter
Thrasamund, die Literatur am Königshof
zu einer bemerkenswerten Blüte geführt
hatte.

Lit.: Gauckler 1907, 790–795. – Ben Abdallah
1986, 173 Nr. 432. – Busch 1999, 242–245. –
Tunis 2007, 63.   S.E.

Kat. 161

Kat. 163 *(ohne Abb.)*
Krug, Räuchergefäß und Schale mit hohem Fuß
aus der Umgegend
von Henchir Chokaf
Ende 4./5. Jh.
Bronze
Moknine, Musée du Village,
Inv. 24-04-30-1 (Krug). 24-04-30-7
(Räuchergefäß)

Weingärten in der Ebene von Mornag, Nordtunesien.
Hier reift der Jahrgang 2009. Im Hintergrund das wasserreiche
Zaghouan-Gebirge

KORNKAMMER UND KERAMIKLAGER

Die wirtschaftlichen Verhältnisse im Vandalenreich

von Andrew H. Merrills

Das Königreich der Vandalen war reich. Als Geiserich und seine Gefolgsleute Karthago im Jahr 439 besetzten, übernahmen sie die Kontrolle über eine der fruchtbarsten römischen Provinzen, die überdies von der imperialen Macht seit mehr als zwei Jahrhunderten systematisch ausgebeutet wurde. Wenngleich die Ölpressen und Dreschböden Nordafrikas niemals mehr die Produktivität erreichen sollten, die sie während der römischen Herrschaft besaßen, blieben die Exporte aus der Region hoch und die Truhen der Hasdingenkönige füllten sich durch den Ertrag ihrer Ländereien.

In mancherlei Hinsicht kann die vandalische Wirtschaft in zwei Zeitabschnitte unterteilt werden. Während der Regentschaft von Geiserich und Hunerich (439–484) funktionierte die Ökonomie des Königreichs nach den bekannten klassischen Prinzipien. Zugegeben, es gab Änderungen: Durch die Eroberung Karthagos wechselten viele große Landgüter ihre Besitzer – von der alten senatorischen Aristokratie hin zu den neuen militärischen Anführern; durch eine gewandelte Einstellung zum urbanen Leben änderten sich auch die Siedlungs- und Produktionsstrukturen innerhalb der Städte der Region; zudem – und dies war von besonderer Wichtigkeit – bedeutete die politische Trennung Nordafrikas von Rom den Wegfall der Steuerzahlungen, die lange Zeit nordwärts über das Mittelmeer abgeflossen waren. Doch trotz allen Wandels beschieden sich Geiserich und Hunerich damit, einem funktionierenden – und sogar blühenden – Wirtschaftswesen vorzustehen.

Ab dem späteren 5. Jahrhundert änderte sich dies. Die genaue Analyse des archäologischen Materials weist darauf hin, dass sich die Produktion und Verteilung von Olivenöl, Fischsauce und vielleicht auch Wein als Antwort auf breitere ökonomische Anreize wandelte. Auch die Vandalenkönige spielten dabei eine Rolle. Gunthamund (484–496) war der erste vandalische König, der eine erkennbare Geldpolitik betrieb, und auch die Münzen, die er prägen ließ, enthüllen seine ehrgeizigen wirtschaftlichen Ziele. Die berühmten *Tablettes Albertini* (Holztäfelchen mit Vertragstexten) stammen ebenfalls aus seiner Regierungszeit: Sie bieten eine unschätzbare Quelle zur Erhellung der Wirtschaftsabläufe des späten 5. Jahrhunderts an den äußeren Rändern des Vandalen-

> Da sie überdies ein ungemein reiches und fruchtbares Land bewohnten, das alle lebensnotwendigen Bedürfnisse in Fülle hervorbrachte, brauchten sie die Einnahmen aus ihren Erzeugnissen nicht zum Ankauf von Lebensmitteln aus anderen Gebieten zu verwenden, sondern konnten sie während der fünfundneunzig Jahre, die sie über Libyen herrschten, als Eigentümer der Ländereien dauernd verwenden.
>
> Prokop *Bellum Vandalicum* II 3.26

reichs. Wie die übrige schriftliche und archäologische Befundlage belegen diese Dokumente faszinierende Widersprüche im Herzen der Wirtschaft des vandalischen Königreichs. Zugleich unerschütterlich „römisch" und auffällig „afrikanisch" zeigen sie uns eine Landschaft, die weit in die Zeit vandalischer Vorherrschaft hinein blühte.

Ein reiches Land

Nordafrikanischer Reichtum war in der spätrömischen Welt weithin sprichwörtlich. Die fruchtbaren Güter der Africa proconsularis, Numidiens und der Byzacena verfrachteten ihre Erzeugnisse nach Karthago und in andere afrikanische Häfen und von dort nach Rom und darüber hinaus. Die archäologische Erforschung karthagischer Häfen brachte große Speicherbauten und Verladezentren ans Licht, in denen die gewaltigen Mengen von Getreide, Olivenöl und Wein zur Verschiffung nach Ostia und in das alles verschlingende Imperium vorbereitet wurden. Schriftliche Dokumente aus derselben Region – zufällig erhalten auf óstraka, Tonscherben, die als Karteikarten in der spätrömischen Verwaltung dienten – belegen die Komplexität der Buchhaltung, die hinter diesen gewaltigen Vorgängen lag. Die Feldfrüchte wurden von den Landgütern Afrikas zu zentralen Sammelstellen transportiert, von wo sie nach Karthago verbracht, in eines der zahllosen Warenlager gepackt und nach Rom verschickt wurden.

Olivenbäume in Zentraltunesien

Die Ankunft der Vandalen in Nordafrika brachte diese große ökonomische Maschine ins Wanken, aber nur für kurze Zeit. Die Anfangsphase der Invasion 429–435 muss sich auf die großen Landgüter ausgewirkt haben, während die Einnahme Karthagos im Jahr 439 die Indienststellung eines beachtlichen Teils der Handelsmarine für militärische Zwecke vorsah. Es ist auch wahrscheinlich, dass die Besatzungstruppen viele der beweglichen Reichtümer Afrikas für sich selbst nahmen – Besatzungstruppen tun dies immer –, aber alle unsere Textzeugnisse und Bodenfunde lassen darauf schließen, dass dies nur zeitweilige Rückschritte waren, die sich überwiegend auf die prokonsularische Provinz selbst beschränkten. Die Hinweise auf Kontinuität sind beachtlich: Afrikanische Keramik wurde während der vandalischen Besatzung weiterhin produziert und in die ganze Mittelmeerwelt exportiert. Die ununterbrochene Herstellung nordafrikanischer Amphoren und die Beständigkeit, mit der dieses Material an Fundorten in ganz Italien, Gallien, Spanien und sogar dem Ostmit-

MITTELMEER

KARTHAGO
Uthina
Uchi Maius
Thubarbo Maius
AFRICA PROCONSULARIS
Hadrumetum
Leptis Minor
NUMIDIA
Bararus
Cillium
BYZACENA
Thelepte
Fundort der
Albertini-Tafeln

Karte mit den im Text
genannten Orten

telmeerraum zutage tritt, lassen darauf schließen, dass die Ausfuhr von Olivenöl und Wein noch in den düstersten Krisenjahren bedeutend war. Es darf angenommen werden, dass Getreideexporte (die im archäologischen Befund weit schwerer nachzuvollziehen sind), trotz des politischen Aufruhrs in Nordafrika weitergingen. Sogar die im Jahr 442 verordnete Umverteilung des Landes unter den Vandalen scheint wenig Auswirkung auf die landwirtschaftliche Erzeugung in den ländlichen Gebieten gehabt zu haben: Das Ersetzen eines Grundherrn durch einen anderen hatte nur einen geringen unmittelbaren Effekt auf die Methoden, die zur Bestellung des Bodens angewandt wurden.

Die vandalische Invasion zerstörte also weder die bestehende Wirtschaft mit einem einzigen Schlag noch konservierte sie die nordafrikanischen Provinzen in einem Zustand zeitlosen Wohlstands. In mancherlei Hinsicht hatte die nordafrikanische Ökonomie ihren Scheitelpunkt im späten 4. Jahrhundert erreicht. Zu dieser Zeit erfuhr die staatliche Intervention in der imperialen

Wirtschaft ihren Höchststand, und Überschüsse wurden mit der größten Effizienz erzielt und abgeführt. Diese ökonomische Infrastruktur jedoch konnte nicht endlos aufrechterhalten werden. Aufstände am Ende des 4. Jahrhunderts in Nordafrika und Thronusurpationen in Italien am Anfang des 5. Jahrhunderts führten zu einigen Unterbrechungen des lebenswichtigen Versorgungsstrangs, der Karthago an Rom band. Sich ändernde soziale und politische Umstände, nicht zuletzt der kontinuierliche Aufstieg neuer bürokratischer und militarisierter Aristokratien auf Kosten der alten senatorischen Klasse störten das empfindliche Gleichgewicht zwischen Stadt und Land, Provinz und Reich. Die landschaftlichen Verhältnisse im römischen Afrika wandelten sich ständig; seit dem frühen 5. Jahrhundert wurden diese Umgestaltungen besonders fassbar, und sie scheinen sich mit dem Fortschreiten der Vandalenzeit noch weiter beschleunigt zu haben.

Die vandalische Besatzung veränderte die Beziehungen Nordafrikas zur übrigen Welt, und dies hatte ökono-

Amphorenproduktion an der Wende zum 5. Jahrhundert

von Michel Bonifay

Zwei mit afrikanischen Amphoren beladene Wracks, die an der Küste der Provence ausgegraben wurden, stellen zwei wichtige Anhaltspunkte für den Handel der Vandalenzeit dar: das Wrack von Dramont E auf der Höhe von Saint-Raphaël, das in das zweite Viertel des 5. Jahrhunderts datiert wird, und das von La Palud auf der Insel Port Cros, das in das zweite Viertel des 6. Jahrhunderts gehört. Die Datierungsschwierigkeiten dieser Wracks sollen nicht verschwiegen werden, da sich die Vandalenzeit hinsichtlich ihrer materiellen Hinterlassenschaften vor dem Hintergrund der langen Beständigkeit der afrikanisch-spätantiken Kultur schwer charakterisieren lässt. Man kann aber sagen, dass beide Wracks wenig vor bzw. unmittelbar nach der Gründung und dem Niedergang des Vandalenreiches in Nordafrika einzuordnen sind. Folglich bleibt die Amphora im 5. und 6. Jahrhundert, trotz der Konkurrenz durch Holzfässer, einer der Hauptindikatoren des Seehandels afrikanischer Waren.

Um die in den mittleren Jahrzehnten des 5. Jahrhunderts eintretenden Veränderungen beurteilen zu können, muss daran erinnert werden, dass seit dem 2. Jahrhundert der Anteil afrikanischer Amphoren auf allen Märkten des westlichen Mittelmeers zugenommen hat, bis er im frühen 5. Jahrhundert beinahe 60% der Importe in Rom, Arles oder Katalonien ausmachte. In diesen Amphoren wurden Öl (besonders im 2. Jh. und in severischer Zeit), Eingesalzenes oder Fischsaucen (besonders im 3. und 4. Jh.) und vielleicht Wein (ab dem späten 3. Jh.) transportiert.

In der Vandalenzeit war es vor allem das Produktionssystem, das sich änderte. Während der gesamten römischen Epoche lagen die Amphorenwerkstätten am Rande der großen Hafenstädte (Neapolis, Hadrumetum, Leptis Minor, Sullecthum usw.), die nach einem von J. Theodore Peña für Karthago sehr gut beschriebenen Modell die Zusammenführung und Verpackung der Lebensmittel vor der Ausfuhr nach Rom und in andere Regionen des Reiches gewährleisteten – das Öl vielleicht im Rahmen der *annonae*, die *salsamenta* im Rahmen des Freihandels. Für die Mitte des 5. Jahrhunderts wird eine Verlagerung dieser Werkstätten festgestellt: Sie schlossen sich zusammen und rückten näher an die Produktionszentren von Öl (Sullecthum/Salakta) oder *salsamenta* und *garum* (Neapolis/Nabeul).

Die Formen der Amphoren setzten ihre schon im frühen 5. Jahrhundert begonnene Entwicklung einerseits zur Miniaturisierung (die sog. *spatheia*, „schwertförmige" Amphoren mit einem Fassungsvermögen unter 3,5 L), andererseits zum Gigantismus (bis zu 65 L) fort, um am Ende des 5. Jahrhunderts ganz neuen Typen Platz zu machen. Die Frage der Zuweisung eines bestimmten Inhalts zu jedem Amphorentyp bleibt weitgehend ungelöst. Im Wrack von Dramont E wurden verschiedene Produkte in verschiedenen Amphorentypen gefunden: Öl (Amphoren ohne Pechschicht), Fischsaucen oder Wein (Amphoren mit Pechschicht), zudem eingelegte Oliven (Kerne) und gepökeltes Schweinefleisch (Knochen).

Von einem Einbruch der Ausfuhr afrikanischer Amphoren seit der Mitte des 5. Jahrhunderts im westlichen Mittelmeer kann nicht die Rede sein. In Katalonien bleiben diese Amphoren so zahlreich wie zuvor und auch ein im späten 5. Jahrhundert abgebranntes Lager der ostgotischen Hauptstadt Ravenna enthielt vorwiegend afrikanische Amphoren. Doch ist nicht zu leugnen, dass die Anlieferungen aus Nordafrika ihre Vorrangstellung allmählich verloren, besonders in Südgallien und Italien (30–40% in Marseille und Rom), wo sich die Einfuhrzunahme aus dem östlichen Mittelmeer am stärksten abzeichnet. Im Orient, wo die Einfuhr von afrikanischem Geschirr ab 450 fast gänzlich aufhörte, blieb der Import afrikanischer Amphoren schwach. Im späten 5. oder frühen 6. Jahrhundert nahm der Absatz afrikanischer Amphoren im ganzen Mittelmeerbecken aber wieder zu, parallel zur Einfuhr von orientalischen Amphoren nach Afrika. Das Schiffswrack von La Palud hatte nämlich eine zusätzliche Ladung Amphoren aus dem östlichen Mittelmeer an Bord und lässt damit vermuten, dass die territoriale Eroberung Afrikas durch die Byzantiner vielleicht erst nach einer wirtschaftlichen Eroberung stattgefunden hat.

In der Vandalenzeit lassen sich also wichtige Veränderungen in der Produktion, Typologie und Verbreitung der afrikanischen Amphoren feststellen. Als Nachhall der aussetzenden Getreidelieferungen der *annonae* und des veränderten Marktes für afrikanisches Geschirr zeugt dieser Wandel wahrscheinlich von einer tatsächlichen Entwicklung der wirtschaftlichen Mechanismen in der antiken Welt der zweiten Hälfte des 5. Jahrhunderts.

Lit.: Bonifay 2004 – Keay 1984 – Long / Volpe 1998 – Peña 1998 – Santamaria 1995

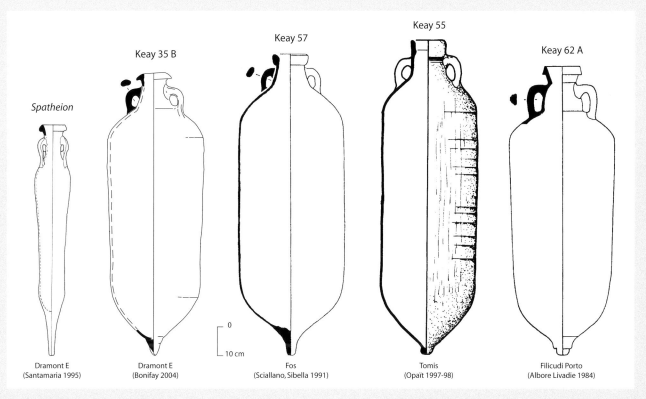

Amphorenformen der Vandalenzeit

Zeugnisse einer vandalenzeitlichen Amphorenwerkstatt bei Nabeul (Tunesien). Forschungsprogramm „Geschichte und Kulturerbe der tunesischen Küstenzone" (2008).

mische genauso wie diplomatische Auswirkungen. Mit der Einnahme Karthagos war Nordafrika nicht länger in das römische Steuersystem eingebunden. In anderen Worten: Die Region schuldete ihre Überschussproduktion nicht länger Italien als Tribut. Subventionierte Schifffahrtsunternehmen würden nicht länger Güter zu feststehenden Preisen in die Reichshauptstadt transportieren. Dieser Wandel hatte einen umwälzenden Effekt auf Rom und die Reichsfinanzen – seine Auswirkung in Nordafrika war unterschiedlich. Einerseits fanden sich Landbesitzer nun mit einem beträchtlichen, zum Verkauf auf dem freien Markt zur Verfügung stehenden Überschuss ausgestattet, der zuvor in Form der *annona* genannten Steuern nach Norden hätte geschickt werden müssen. Andererseits war ein großer, fester Markt für ihre Güter beseitigt worden, und die Händler, die diese nach Norden verfrachteten, erhielten nun keine staatlichen Subventionen mehr. So waren die afrikanischen Produzenten zwar nicht länger dem Imperium verpflichtet, aber die zum alten System gehörigen Vorteile – inklusive dem freien Transport für andere Güter – verschwanden ebenfalls. Unter dem Strich folgten daraus die schrittweise Umorganisation der Produktion durch die Erzeuger und eine rasche Suche nach neuen und profitablen Märkten durch die Händler.

Beide Verhaltensmuster lassen sich klar im archäologischen Befund erkennen. Ausgrabungen und *surveys* (archäologische Feldbegehungen) innerhalb Nordafrikas weisen auf eine kleine, aber ausgeprägte Neujustierung der Produktions- und Verteilungsstrukturen im Verlauf des 5. Jahrhunderts hin. Während viele Orte in dieser ganzen Zeit anscheinend blühten, wurden manche aufgegeben, um andernorts durch neue ersetzt zu werden. Die Herstellung von Luxusgeschirr beispielsweise, lange Zeit ein lukrativer Nebenerwerb der Landgüter, ging im Verlauf des mittleren 5. Jahrhunderts im Hinterland Karthagos zurück. Dies wurde durch einen Anstieg der entsprechenden Produktion weiter südlich in der Byzacena ausgeglichen. Andere Erscheinungen waren dramatischer. Seit der Mitte des 5. Jahrhunderts stellten Landbesitzer zunehmend ihre eigenen Amphoren vor Ort her und füllten ihr Öl und ihren Wein dort ab, anstatt ihre Produkte wie früher in Lederschläuchen zu zentralisierten Abfüllanlagen zu transportieren. Dies wirkte sich auf die Küstenstädte aus, da sich die Verteilungswege für diese Produkte gelegentlich änderten – der Hafen von Hadrumetum scheint weiterhin dem Export gedient zu haben, während Leptis Minor, weiter unten an der Küste, bis zur Mitte des 6. Jahrhunderts einen Niedergang erlebte. Auch die Endabnehmer der nordafrikanischen

Rekonstruktion der Speicherbauten am Marktplatz von Demna (vorne)

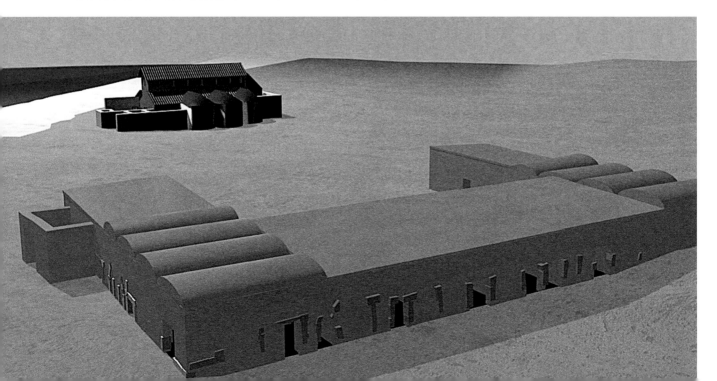

Güter wechselten. Seit der Mitte des 5. Jahrhunderts werden afrikanische Exporte mit zunehmender Häufigkeit auf den westmediterranen Inseln und an den Küsten Spaniens und Südgalliens gefunden, während sie sich in Mittelitalien schrittweise verringern. Die Wirtschaft der Mittelmeerwelt änderte sich, was zum Teil den Vandalen zuzuschreiben ist, aber sie befand sich sicherlich nicht in einem unerbittlichen Niedergang.

Diese Umgestaltung betraf auch die Städte des vandalischen Nordafrika. Auch hier hatten größere soziale und kulturelle Umformungen begonnen, die städtische Topografie bereits lange vor der Ankunft der Vandalen zu verändern. Bereits im späten 4. Jahrhundert begann sich das gewohnte Bild klassischer Städte zu wandeln, indem Kirchen die Tempel, Theater und Bäder als Zentren des hauptstädtischen Lebens ersetzten. Einige herausragende öffentliche Gebäude blieben in Gebrauch – der Circus (der Ort der Wagenrennen) in Karthago scheint in der vandalischen Zeit populär geblieben zu sein und Bäder wurden ebenfalls in der Stadt errichtet –, aber dies waren Ausnahmen, und viele ähnliche Bauten waren entweder vor der Invasion aufgegeben worden oder verloren danach ihren Nutzen. Dabei handelt es sich jedoch nicht nur um eine Geschichte des städtischen Zerfalls, auch ein viel subtilerer Wandel kann auf wesentliche Umgestaltungen hinweisen. In verschiedenen Städten fanden Archäologen Hinweise auf Gewerbebetriebe in ehemaligen Foren, Badegebäuden und Basiliken. Eine Ölpresse fand sich z. B. auf dem Forum der Kleinstadt Uchi Maius, und der öffentliche Platz von Bararus scheint ebenfalls zur gewerblichen Pressung von Öl umgewidmet worden zu sein. Ein Badekomplex in Uthina wurde um 480 in eine Keramikmanufaktur umgewandelt, aus ähnlichen Stätten anderswo wurden Kalkbrennöfen. In einigen Fällen wurden Gewerbebetriebe und sogar Wohngebiete vollständig aufgelassen, aber dies belegt einfach die Komplexität des urbanen Lebens jener Epoche. Am Ende der Vandalenzeit waren die alten Stadtlandschaften des klassischen Afrika beinahe verschwunden, doch die neuen Strukturen, durch die sie ersetzt wurden, behaupteten eine zentrale Rolle in der Wirtschaft der Region.

Steuer- und Geldsysteme

Das aktive Eingreifen der Vandalen in die Wirtschaft scheint relativ beschränkt gewesen zu sein. Wenngleich der Historiker Prokop an einer Stelle seiner *Geschichte* erklärt, dass die Vandalen Steuern insgesamt abgeschafft hätten, lässt eine fragmentarische Überlieferung doch darauf schließen, dass die Praxis der Steuererhebung während der gesamten Epoche fortgeführt wurde. Prokop gibt an anderer Stelle zu, dass viele Landeigen-

Transportamphora im Museum von Sbeïtla, s. Kat. 169

Spur der Steine – der Almandinhortfund von Karthago

von Patrick Périn

Das Musée national de Carthage besitzt ein Ensemble von Almandinen (Halbedelsteine, die zur Gattung der Granate gehören), die um 1900 zufällig während der Bauarbeiten für das Seminar der Weißen Väter (Pères Blancs) in Karthago gefunden wurden. Christian Courtois, der als einer der Ersten „vandalischen" Schmuck aus Nordafrika veröffentlicht hat, kannte dieses Ensemble anscheinend nicht. 1973 wurde es knapp im Werk von Elisabeth Haevernick erwähnt und schliesslich 1980 von Helmut Roth untersucht und teilweise publiziert.

Haevernick hat einige der Almandine aus Karthago (in Vierpass-, T-, S-, Treppen- und Blumenform) mit solchen von Cloisonné-Objekten (Schmuck mit Zelleinlagen) aus dem Donauraum verglichen und formgeschichtlich untersucht – auch mit dem berühmten Fund von Apahida (Rumänien) aus dem 3. Viertel des 5. Jahrhunderts. Sie warf die Frage auf, ob die Almandine bereits als Fertigprodukte importiert oder erst vor Ort geschnitten worden waren und plädierte für ersteres. Roth dehnte den Vergleich auf andere Cloisonné-Objekte vom Ende des 4. bis zum Anfang des 6. Jahrhunderts aus: auf Funde in Mitteleuropa (Szilagy-Somlyo, Pietroassa, Apahida), im ostgotischen Italien (Desana) und im vandalischen Afrika (u. a. mit zu Cabochons geschliffenen Granaten). Für ihn hing das Depot aus Karthago mit einer Goldschmiedewerkstatt aus der Vandalenzeit zusammen und wurde 533 bei der Landung der von Belisar angeführten byzantinischen Expedition in Karthago versteckt.

Dank der großzügigen Hilfe von Herrn Abdelmagid Ennabli, damals Direktor der Ausgrabung und des Museums von Karthago, konnte dieses Ensemble von Almandinen für eine beschränkte Zeit nach Frankreich reisen, damit die chemische Zusammensetzung der Steine und damit ihre Herkunft im Rahmen eines Forschungsprogramms untersucht werden kann. Dieses Programm läuft bereits seit 1999 unter der Leitung des Musée d'Archéologie Nationale (MAN) und des Centre de Recherche et de Restauration des Musées de France (C2RMF).

Während Haevernick nur die Almandine mit klassischen Formen des merowingischen Cloisonné berücksichtigt hatte, teilte Roth eine Menge von ca. 120 Steinen – unbearbeitete, Halbfabrikate und fertig geschnittene – in drei Gruppen (A, B, C) ein (mündliche Mitteilung von H. Roth). Wir mussten allerdings feststellen, dass die vom Musée de Carthage übergebenen Almandine sich auf ungefähr 200 Stück beliefen.

Die Analyse der Almandine aus Karthago wurde im C2RMF unter der Leitung des Forschungsingenieurs Thomas Calligaro mit dem Teilchenbeschleuniger AGLAE nach der PIXE-Methode (Bestimmung der Spurenelemente) durchgeführt, zudem genoss das Projekt sowohl die wertvolle Unterstützung des Gemmenspezialisten Jean-Paul Poirot als auch die der Studentin in Konservierung/Restaurierung Christel Sudres, deren Magisterarbeit dieses Thema aufgriff.

Es wurde folgendermaßen verfahren: Die von Helmut Roth vorgenommene Einteilung wurde natürlich beibehalten, wobei jeder Stein mit Gewicht, Inventarnummer und digitaler Aufnahme dokumentiert und einer metrischen und optischen Untersuchung wie auch einer Gebrauchsspurenanalyse unterzogen wurde. Dabei stellte sich heraus, dass die mittlere Dicke der Almandine von Karthago (1,2 mm) durchschnittlich der doppelten Dicke der bereits früher untersuchten Stücke entsprach – z. B. derjenigen aus den Gräbern von Saint-Denis (0,5 mm). Es zeigte sich außerdem, dass sämtliche Steine Abnutzungsspuren aufwiesen und dass manche ausserdem abgesplittert oder abgebrochen waren: Sie waren eindeutig ohne Vorsicht aus den Fassungen genommen worden. Die Untersuchung mit der PIXE-Methode ergab auch, dass neben der grossen Mehrheit von Almandinen auch einige Exemplare aus rotem Glas bestanden, sei es vollständig eingefärbt oder nur an der Oberfläche getönt – dies entspricht früheren, wenn auch selteneren Beobachtungen für die Völkerwanderungszeit. Ein „Almandin" entpuppte sich als Karneol. Schliesslich waren einige Steine unbearbeitet, darunter zwei mit einer Durchbohrung, um als Anhänger verwendet zu werden.

Im Gegensatz zu Proben aus den merowingischen Gräbern der Basilika von Saint-Denis nördlich von Paris zeigen diese mit PIXE untersuchten Almandine eine große Streuung in ihrer chemischen Zusammensetzung. Berücksichtigt man aber nur die Schmucksteine, deren Formen sich bei klassischen, merowingischen oder mediterranen Cloisonné-Objekten wiederfinden, so wird eine signifikante Konzentration von echten Almandinen erkennbar.

Um verschiedene Typen von Einschlüssen besser erfassen zu können, die auf eine Verwandtschaft zwischen

den Almandinen von Karthago und den bisher im C2RMF untersuchten Stücken (aus Frankreich und Süddeutschland) hinweisen könnten, wurden die Analysen durch Untersuchungen mit der RAMAN-Mikrosonde ergänzt. Die Ergebnisse sind positiv, sowohl bezüglich der orientierten Rutilnadeln, der Apatit-Kügelchen, des Quarz, des Zirkon (mit Splitterspuren) als auch der kleinen radioaktiven Kristalle usw.

Durch die metrische und chemische Untersuchung kann die Deutung des Almandinhortes aus Karthago neu überdacht werden. Wie die Analysen gezeigt haben, liegt hier kein zusammengehöriges Ensemble unbearbeiteter, halb bearbeiteter und halb geschnittener Steine vor, das zum Depot eines Steinschneiders passen würde. Ganz im Gegenteil wurden hier die teilweise abgenutzten Granate rücksichtslos aus den Fassungen genommen und sollten wahrscheinlich nicht wiederverwendet werden. Die wenigen in der Masse oder an der Oberfläche rot gefärbten Glaslamellen passen problemlos in den chronologischen Rahmen der Völkerwanderungszeit, ein hellerer, „rosenförmig" facettierter Granat fällt jedoch aus dem Rahmen – diese Form ist erst seit dem 18. Jahrhundert bekannt. Helmuth Roth konnte sich an keinen besonderen Stein erinnern, der heller als die anderen gewesen wäre.

Eine andere Frage ist die nach der Differenz zwischen der kurz vor 1980 von Roth in drei Gruppen aufgeteilten Anzahl der Almandine – 120 Stück im Unterschied zu den 200, die uns vom Musée de Carthage zur Untersuchung übergeben wurden. Es ist wenig wahrscheinlich, dass etwa 80 Steine zu den von den Weißen Vätern um 1900 entdeckten und seitdem immer am selben Ort aufbewahrten Almandinen hinzugefügt worden waren. Es müssen daher zwei Möglichkeiten erwogen werden: Entweder hat Roth nicht das gesamte Depot gesehen oder er hat die archä-

ologisch relevantesten Almandine für eine Studie ausgelesen (er ist mittlerweile verstorben und kann nicht mehr befragt werden).

Die Interpretation und die Datierung der Almandine von Karthago bleiben offen. Ob nun dieses Depot mit dem rosenförmig facettierten Granat, wenn er denn dazugehört, neuzeitlich ist oder doch, worauf einige Stücke zweifellos hinweisen, auf die Vandalenzeit zurückgeht und der modern geschliffene Stein erst nach der Entdeckung dazugekommen ist, die Interpretation bleibt dieselbe. Wir haben es nämlich mit Almandinen zu tun, die zur Wiederverwendung des die Steine zellenförmig umgebenden Edelmetalls ohne Vorsicht aus ihrer Fassung gerissen wurden – wahrscheinlich gehörten sie zu cloisonniertem Goldschmuck. Ob der Fund nun in die Vandalenzeit oder die Neuzeit gehört – man sollte in diesem Zusammenhang unbedingt an Raubgut und eine Notsituation denken, wie es auch folgendes Beispiel zeigt: 1831 wurde in der Bibliothèque royale de Paris eingebrochen und die Diebe teilten das wertvolle Gut in zwei Gruppen. Die Objekte aus Edelmetall wurden sofort eingeschmolzen, aber die mit Edelsteinen verzierten Stücke – darunter die Cloisonné-Beschläge des Schwertes und des Scramasax König Childerichs – wurden in Ledersäcken bei Pont-Marie in der Seine versenkt, da die Zeit zur Zerlegung der kostbaren Gegenstände fehlte. So wäre bei-

Alamandine: Silicat-Minerale aus der Familie der Granate. Aus dem Hortfund von Karthago, s. Kat. 172

nahe ein Befund entstanden, der mit dem von Karthago hätte verglichen werden können.

Auch wenn diese Fragen hier nicht gelöst werden können, sind die Almandine von Karthago, deren Typen im merowingischen Westen geläufig sind und die daher wahrscheinlich aus dieser Gegend stammen, trotzdem von Bedeutung. Sie bezeugen ganz offensichtlich den Fernhandel von Cloisonné-Objekten und die Kontakte, die das afrikanische Vandalenreich in der zweiten Hälfte des 5. und der ersten Hälfte des 6. Jahrhunderts mit den germanischen Königreichen Westeuropas pflegte.

Lit.: Calligaro / Colinart / Poirot / Sudres 2002 – Calligaro / Périn / Vallet / Poirot 2008 – Courtois 1955 – von Freeden 2000 – Haevernick 1973 – Périn 1980 – Périn / Wieczorek 2001 – Roth 1980 – Sudres 2001

Geschnittene Almandine verschiedener Färbung aus Karthago, s. Kat. 172

tümer unter den exorbitanten Forderungen des Staates litten. Unsere anderen Belege sind verstreut. Der Bischof Fulgentius von Ruspe scheint für den Fiskus gearbeitet zu haben, bevor er in die Kirche eintrat, und zwei Gedichte in der sogenannten *Anthologia Latina* spielen auf einen besonders prominenten (und unbeliebten) Steuereinnehmer namens Eutychus an. Aber es ist ein anderes Gedicht aus derselben Quelle, das den überraschendsten Hinweis für die Besteuerung bietet: In einem kurzen Epigramm stellt ein anonymer Dichter fest, dass die Person, die das Thema seines Gedichts abgibt, so große und geschwollene Genitalien habe, dass sie einer Amphora glichen und dass er dafür eigentlich Töpfersteuer bezahlen müsste. Der Witz beruht auf der doppelten Bedeutung von *fiscus* (sowohl „Geldbeutel/Fiskus" als auch „Hodensack"), und es mag sein, dass das Wortspiel des Dichters sein Verständnis der zeitgenössischen Wirtschaft übertrifft. Dennoch gibt es guten Grund, anzunehmen, dass es auch unter den Vandalen eine Form von Besteuerung gab.

Die unter den Vandalen geprägten Münzen bieten klarere Hinweise auf das königliche Eingreifen in die Wirtschaft ihres Reichs. Dies beruht gewissermaßen ebenso auf politischem Stolz wie auf ökonomischer Notwendigkeit. Als reiches Gebiet mit mannigfachen Handelskontakten fehlte es im römischen Nordafrika nie an Reichsprägungen, auch die Gold- und Silberwährungen des übrigen Mittelmeerraums zirkulierten auf breiter Basis. Im Unterschied dazu nutzte man in vandalischer Zeit für Transaktionen im Alltag Geld aus unedlem Metall, das in den zahllosen lokalen Münzen geschlagen wurde und das mehr oder weniger an die Währungssysteme der übrigen Welt gekoppelt war. Die Ausgaben königlich vandalischer Münzen bildeten mit ihrem Auftreten eine Art Mittelfeld zwischen diesen verschiedenen geldwirtschaftlichen Systemen. Dominiert von Silber- und Bronzemünzen mit teils hohem Nominalwert konnten die königlichen Prägungen im zentralen Mittelmeerraum zirkulieren, und sie taten es auch und boten zugleich einen Standard, an dem lokale Produkte gemessen werden konnten. Das Ergebnis war zwar keine fein abgestimmte Geldwirtschaft, wie wir sie heute verstehen, aber es war ein wichtiger Teil der regionalen Wirtschaft. Viel überraschender ist vielleicht, dass sich die Vandalen als Erneuerer auf dem Gebiet der Münzemission erwiesen.

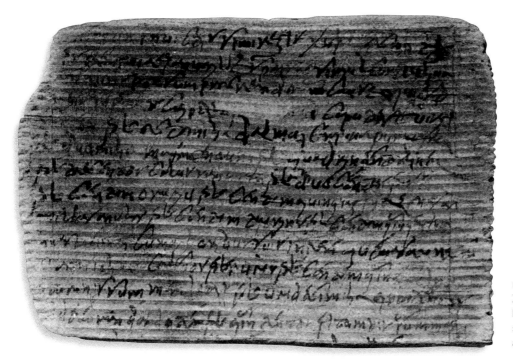

Eines der 1928 gefundenen und nach Emile Albertini benannten Zedernholztäfelchen mit Tintenbeschriftung in Latein. Hier findet sich die Mitgift der Ianuarilla aufgelistet. S. Kat. 168

Die vandalische Münzprägung entwickelte sich eigentlich erst unter König Gunthamund (484–496). Vor dieser Zeit verwendeten die Vandalen gewöhnlich einfach die bereits im Umlauf befindlichen Münzen des Imperiums, wenn auch ein paar dieser Emissionen formal mit neuen Daten zu Ehren der hasdingischen Königsmacht gegengestempelt waren. Gunthamund war der erste Vandalenkönig, der mit Namensbeischrift auf einer Münze dargestellt war, und er leitete auch eine groß angelegte Reform des Geldsystems innerhalb seines *regnum* ein. Die genauen Details sind komplex, aber dank der unermüdlichen Arbeit einiger Generationen moderner Numismatiker sind die Umrisse dieses Systems erkennbar. Das Kernstück von Gunthamunds neuem Münzsystem bildete eine Serie von Silberemissionen mit den Nennwerten von 100, 50 und 25 *denarii* und eine weitere Serie von Münzen aus unedlem Metall, die 42, 21, 12 und 4 *nummi* wert waren. Letztere Werte mögen dem modernen Publikum, das mit dem Dezimalsystem groß geworden ist, exzentrisch erscheinen, aber sie funktionierten ausgezeichnet in einem duodezimalen Rechensystem, das auf den Vielfachen von zwölf beruhte und in welchem der wichtigste Wechselkurs 12 000 *nummi* zu einem *solidus* war. Von einer silbernen Standardmünze (von heutigen Numismatikern üblicherweise *siliqua* genannt, wahrscheinlich Gunthamunds 100-Denar-Münze), glaubt man, dass sie entweder ein Vierundzwanzigstel eines Solidus wert war oder 500 Nummi. Wenn dies stimmt, dann sehen wir, dass analog dazu die 42-Nummi- und 21-Nummi-Münzen ungefähr ein Zwölftel bzw. ein Vierundzwanzigstel der 100-Denar-Münze ausmachten. Anders gesagt, Gunthamund führte das System einer einfach zu wechselnden Währung in verschiedenen Metallen ein, die klar mit ihrem jeweiligen Wert gekennzeichnet war.

Diese Neuordnung erwies sich als außerordentlich einflussreich. Etwa um dieselbe Zeit, in der Gunthamunds neue Münzen aufkamen, wurden in Italien vergleichbare Emissionen für den dortigen Gebrauch geprägt, und die Fundstellen von Lesefunden lassen vermuten, dass es zwischen beiden Regionen einen beträchtlichen Währungsaustausch gab. 498 und 512 führte der oströmische Kaiser Anastasius eigene Wirtschaftsreformen durch und übernahm eine modifizierte Version der afrikanischen und italischen Prägungen. Dies förderte die Anerkennung des Systems und verlieh ihm zusätzlich kaiserliche Autorität. Bezeichnenderweise ließ Justinian, nachdem er Nordafrika im Jahr 534 erobert hatte und seine Kriegszüge auch nach Italien ausdehnte, das Geldsystem seiner neuen Provinzen weitgehend unangetastet. Es scheint, dass die Vandalen einen bleibenden positiven Beitrag zur Wirtschaft zu leisten vermocht hatten.

Die Albertini-Tafeln: Momentaufnahme einer Gesellschaft

Die Zeugnisse, die als *Tablettes Albertini* oder Albertini-Tafeln bekannt sind, bieten die aussagekräftigsten Belege für das tägliche Leben an den Rändern des Vandalenreichs. Diese 45 hölzernen Täfelchen bestehen aus 34 verschiedenen Dokumenten. Die meisten davon beziehen sich auf das Recht, verschiedene Parzellen ertragarmen Landes zu bebauen, aber zur Sammlung gehören auch Dokumente über den Verkauf einer Ölpresse, den Verkauf eines jungen Slaven sowie über eine Mitgift. Alle diese Tafeln stammen aus den Jahren 493–496 und beziehen sich auf eine Gemeinschaft, die auf dem *fundus Tuletianos* lebte – offenbar ein großes Landgut im Besitz eines gewissen Flavius Geminius Catullinus. Die Tafeln selbst wurden unter etwas mysteriösen Umständen im Umfeld des Djebel Mrata in Südtunesien gefunden. Dies bedeutet, dass die genaue Lokalisierung des *fundus Tuletianos* unmöglich ist, wenngleich sich die Texte eindeutig auf die Kultivierung von ertragärmerem Land beziehen, das dem des Djebel sehr ähnlich gewesen sein muss. Die Landwirtschaft in dieser Zone des südlichen Tunesien ist bestimmt durch die Ausnutzung der saisonalen (und gelegentlich heftigen) Überschwemmungen der örtlichen Flusstäler (Wadis), die den größten Teil des Jahres trocken sind. Die Notwendigkeit, dieses kostbare Wasser zu kanalisieren und aufzubewahren, war eindeutig ein beherrschender Zug der Landwirtschaft dieser Region in der Vandalenzeit, und so gibt es in fast allen Texten Bezüge zum Thema Wasserbewirtschaftung und zu verschiedenartigen Bewässerungshilfen. Im Anbau dominierte die

Olive, wenngleich auch Feigen- und Nussbäume in den Texten genannt sind, und es ist möglich, dass Getreide zwischen den Bäumen angebaut wurde.

Die rechtliche Bedeutung der Albertini-Tafeln wurde detailliert von einer Anzahl von Forschern untersucht und bleibt umstritten. Die Dokumente selbst beziehen sich auf die *lex Manciana*, ein römisches Gesetz des 1. Jahrhunderts n. Chr., das ansonsten von den weit größeren Gütern im Norden Tunesiens bekannt ist. Es wurde vorgeschlagen, dass sich dieses Gesetz eher auf das Recht zur Bewirtschaftung genau definierter Parzellen ertragärmeren Landes als auf den vollständigen Verkauf von Landlosen aus Familienbesitz handelt. Unabhängig vom Rechtssystem, das hier im Einzelnen zur Anwendung kommt, gestatten die Täfelchen dem Historiker einen einzigartigen Einblick in Einzelschicksale ländlichen Lebens in der Vandalenzeit. Einige der Dokumente lassen auf die Bewegung des Vermögens zweier Personen mit Namen Processanus und Siddana schließen – einem Ehepaar mit zwei Söhnen, die eine Anzahl kleiner Landlose und eine Olivenpresse angesammelt hatten. Leider schwanden ihre Besitztümer allmählich: Die Dokumente verzeichnen den Verkauf der Presse und einer Anzahl Parzellen, sie berichten auch, dass Processanus im Verlauf dieser Zeit des Unglücks starb und dass seine Witwe und die Söhne weiteres Land verkaufen mussten, um ein Auskommen zu haben. Zwar sind diese Einblicke ins Landleben, wie sie die Täfelchen geben, kaum erbaulich, sie stellen aber keinen Beleg für eine Welt im jähen Absturz dar, sondern eher für ein ländliches System, das weiterhin funktionierte, auch in den äußersten Randbereichen kultivierbaren Landes.

Die Tafeln bieten auch ein unvergleichliches Bild des kulturellen Kaleidoskops des vandalischen Afrika. Der *fundus Tuletianos* lag im Grenzbereich des Vandalenreichs und fern des Zentrums politischer Autorität in Karthago. Trotzdem wurde jedes Dokument nach der Herrschaftszeit des Königs Gunthamund datiert – ein untrüglicher Beweis für die Autorität des vandalischen Monarchen sogar am Rand der Wüste. Genauso signifikant ist die beträchtliche Anverwandlung römischer Kultur, die die Texte offenbaren: Die Landeigner tragen alle ebenso wie viele der Kleinbesitzer erkennbar römische Namen und die Dokumente waren auf Latein verfasst, wenn auch von eher minderer Qualität. Flavius Geminus selbst trug stolz den alten Titel eines *flamen perpetuus* (ursprünglich ein Priesteramt im heidnischen Kaiserkult) – ein Titel, der in verschiedenen Texten auftaucht und wohl seinen Rang in der Bürgerschaft einer Landstadt dokumentiert. Trotz dieses römischen Anstrichs lassen sich auch „afrikanische" Traditionen erkennen. Ein Text bezieht sich auf einen Kamelweg, der an eines der Felder angrenzte – was an die Integration von sesshafter Landwirtschaft und nomadischer Weidewirtschaft in der Region gemahnt. Noch eindrucksvoller ist das allererste Dokument der Gattung – ein Täfelchen, das die Mitgift der Ianuarilla auflistet, der Tochter (oder Schwester) des Flavius Geminus. Unter der Aussteuer der Braut befanden sich auch eine afrikanische *dalmatica* (langärmelige Tunika), ein *mafors* (Schleier) und ein weiteres, *colussa* genanntes Kleidungsstück, zusammen mit einem Sortiment von 50 *torques* (offene Halsreifen), Armbändern und Ringen sowie verschiedenen Stierhäuten und Muscheln. So eindrucksvoll dieses Ensemble (mit offenbar sehr hohem Geldwert) gewesen sein muss, scheint es doch sehr verschieden von der üblichen Kleidung des zentralen Mittelmeerraums. Der *fundus Tuletianos* war ein Gut, das im Namen des vandalischen Königs gemäß römischem Recht von einem städtischen Priester geleitet wurde, dessen Tochter mit afrikanischen Gewändern protzte: Die Albertini-Tafeln demonstrieren sehr lebendig die kulturelle Komplexität des nordafrikanischen Königreichs.

Lit.: Courtois / Leschi / Perrat / Saumagne 1952 – Leone 2007 – Merrills / Miles 2009 – Panella 1993 – Wickham 2005

Kat. 164

Kat. 164
Die römische *villa* von Wadi Arremel

Holz und Kunststoff, 160 cm x 225 cm
Tunis, Musée national du Bardo, ohne Inv.

Notgrabungen, die wegen des Baus eines Staudammes in der Provinz Zaghouan (Nordosttunesien) durchgeführt wurden, haben zwischen 1997 und 2001 zur Entdeckung eines römischen Gutshofes bei Wadi Arremel (Oued R'mel) geführt. Auf einer Fläche von 3500 m² konnte die *villa*, die vom späten 4. bis zum späten 6. Jh. n. Chr. betrieben wurde, freigelegt werden. Die Untersuchung der Baureste ergab nicht nur Aufschluss über den Grundriss des Hauptbaus, sondern auch Erkenntnisse über die einzelnen Bereiche der *villa*, die der Produktion, Vermarktung und Lagerung dienten, sowie über die Wohnverhältnisse des *villicus* bzw. Gutsherrn. Unweit des Wadi Arremel wurden Thermen gefunden, die zum Gutshof gehörten. Die *villa* selbst wurde durch Doppelzisternen mit Wasser versorgt. Im Bereich des Landgutes kam auch ein ins 3. Jh. n. Chr. gehörender Podiumstempel zutage, der im Laufe des 5. Jhs. in eine christliche Kapelle umgewandelt worden war, in deren Umkreis einige Amphorenbestattungen entdeckt werden konnten. Die *villa* bildete das Zentrum eines großen Wirtschaftsbetriebs mit Olivenhainen, dessen Hauptaktivität in der Produktion von Olivenöl für den Export bestand. Der von Türmen flankierte Hauptbau wurde zur Vandalenzeit erweitert, als die Produktivität, wohl unter einem neuen *dominus*, gesteigert wurde. Die zunehmenden Ernteerträge machten nun die Inbetriebnahme einer zweiten Ölpressanlage in den

Annexbauten des erweiterten Guts erforderlich. In dieser Phase entstand an der Nordseite der *villa* ein neuer Flügel mit mehreren Anbauten. In diesen Räumen fanden sich Tröge und eine Weinkelter für die Erzeugung des Eigenbedarfs.
Die Produktion der *villa* nahm gegen Ende des 6./Anfang des 7. Jhs. langsam ab. Das Olivenöl wurde nur noch im Westflügel produziert, wo noch eine Reihe von Ölpressen in Betrieb blieb. Gleichzeitig wurden im Haupthof verschiedene Werkstätten eingerichtet, darunter eine Glaswerkstatt. Wahrscheinlich Ende des 7./Anfang des 8. Jhs., als die Region arabisch wurde, wurde das Gut endgültig aufgegeben. Die in einem Raum der *pars urbana* gefundenen Bestattungen in Vorratsgefäßen dürften aus dieser Zeit stammen.

Lit.: Ben Rhomdane / Ghalia 2000, 59   T.G.

Kat. 165
Beschriftete Scherbe (Ostrakon)

El Ouara, Kirche
5. Jh., vandalenzeitlich
Ton
Tunis, Institut national du Patrimoine, ohne Inv.

Kat. 165

Erst seit kurzer Zeit ist die ländliche Kirche von El Ouara bekannt, in deren Chor und Presbyterium eine größere Anzahl mit Tinte beschrifteter *óstraka* (Scherben) gefunden wurde. Der Text der z. T. nur unvollständig erhaltenen Dokumente ist noch nicht entziffert. Ihr Inhalt dürfte aber auf das Rechts- und Wirtschaftsleben der Vandalenzeit Bezug nehmen.

Lit.: Béjaoui 2008a, 209 f.   C.H.

Kat. 166
Grabstein

Fundort unbekannt
Zeitstellung unbestimmt
Stein, H. 26,2 cm, B. 36,7 cm, T. 8,5 cm
Carthage, Musée national de Carthage, ohne Inv.

Der Grabstein zeigt Werkzeuge, die vermutlich den Beruf des Verstorbenen bezeichnen. Rechts neben der fragmentarischen Inschrift befindet sich die Ritzzeichnung einer Taube mit Ölzweig im Schnabel. Diese gilt als Bote Gottes und Symbol des Friedens.

Lit.: Ennabli 2001, 20.   R.H.

Kat. 166

Kat. 167
Beschriftete Scherben (Ostraka)

Bir Trouch, Algerien
486–493 n. Chr.
Ton, H. 5,5–9 cm, B. 6.5–9,5 cm
Timgad, Musée de Timgad, Inv. 1–5
(nur Inv. 2 abgebildet)

Nomaden stießen 1965 auf der Suche nach Wasser in der Nähe des Oued el

Mitta, westlich von Bir Trouch, auf einen Krug, der fünf mit Tinte beschriftete Tonscherben enthielt. In allen wird in formelhafter Sprache die Übergabe einer bestimmten Menge eines Produkts (z. B. Getreide) an einem bestimmten Ort quittiert und alle sind durch die Angabe eines Regierungsjahrs des Königs Gunthamund datiert. Zusammen mit den „Tablettes Albertini" werfen die Ostraka von Bir Trouch ein Schlaglicht auf die ländliche Ökonomie in einer Randzone des Vandalenreichs am Ende des 5. Jhs.

Lit.: Bonnal / Février 1967. – Sintes / Rebahi 2003, 248 ff. (Y. Modéran).   **C.H.**

Kat. 167

Kat. 168 *(s. Abb. S. 29 und 250)*
Die sog. „Tablettes Albertini"
Region des Djebel Mrata
493–496 n. Chr.
Zedernholz
Algier, Musée national des Antiquités

Bei den nach ihrem ersten Erforscher benannten „Tablettes Albertini" handelt es sich um zwischen 493 und 496, in der Regierungszeit des Vandalenkönigs Gunthamund, abgefasste Kaufverträge. Die Zedernholztafeln sind mit Tinte beschriftet und waren zu aufklappbaren *codices* (Diptycha oder Triptycha) zusammengefügt. Sie bestanden jeweils aus dem Urkundentext sowie einer Rechentafel bzw. einem Zahlungsregister. Vertragsgegenstand waren landwirtschaftlich genutzte Grundstücke, die ehemals zum Großgrundbesitz eines Flavius Geminius Catullinus gehört hatten und nach ihm benannt waren. Sie wurden, samt der auf ihnen angepflanzten Baumkulturen von ihren Eigentümern, die zwischenzeitlich gewechselt hatten, an Mitglieder der Familie der Geminii zurückverkauft. Ein Dokument behandelt

Kat. 170a   Kat. 170b   Kat. 170c

den Verkauf eines Sklaven, ein anderes den Wert einer Mitgift.
Der aus dem äußersten Südwesten des Vandalenreichs nahe Tebessa/Theveste stammende Komplex von insgesamt 29 (bzw. 34) Urkunden stellt einen einzigartigen Beleg dafür dar, dass es bei den Vandalen üblich war, Rechtsgeschäfte zwischen Privatpersonen gemäß alter römischer Rechtspraxis schriftlich zu fixieren. Ähnliche Dokumente, allerdings auf günstigeren „recycelten" Schriftträgern, stellten Ostraka (beschriftete Tonscherben) dar.

Lit.: Berndt 2007, 263–267. – Weßel 2003.   **S.E.**

Kat. 169 *(s. Abb. S. 247)*
Transportamphore
Nordafrika
5. Jh.
Ton, H. 120 cm, Dm. 50 cm
Sbeïtla, Musée de Sbeïtla, ohne Inv.

Lit.: Keay 1984. – Bonifay 2004.

Kat. 170a–c
Drei Amphoren
Nordafrika
Ende 4.–5./6. Jh.
Ton, H. 68,5–113 cm, Dm. 10–37 cm
Carthage, Musée national de Carthage, Inv. 09.3. 09.4. 245

Amphoren dienten in der Antike zur Lagerung und zum Transport von vorwiegend flüssigen Nahrungsmitteln wie Wein, Olivenöl oder Garum (Fischsoße). Sie variieren in Form und Größe. Die Typen reichen von dem kleinen schmalen und spitzen Typ der Spatheia bis hin zu großen bauchigen Amphoren, die bis zu 65 Liter fassen.

Lit.: Keay 1984. – Bonifay 2004.   **F.F.**

Kat. 171a–e
Wrackfund „Dramont E"
Cap Dramont bei Saint-Raphaël, Wrack Dramont E
1. Hälfte 5. Jh.

An der Côte d'Azur, nahe dem Ort Saint-Raphaël wurde in 42 m Tiefe das Schiffswrack „Dramont E" gefunden. Es handelt sich um ein Frachtschiff, das eine Ladekapazität von etwa 40 Tonnen besaß und 16 m lang war. Die geborgenen Mün-

Kat. 171

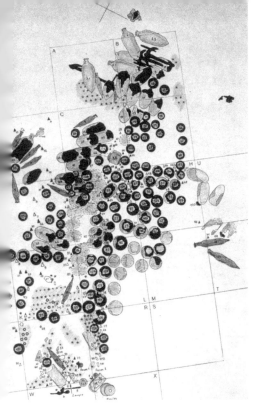

Kat. 171

Kat. 171a

Kat. 171b

zen deuten darauf hin, dass es zwischen 425–455 n. Chr. gesunken ist, also zur Zeit der vandalischen Herrschaft in Nordafrika. Die Formen der Amphoren, aber auch der Feinkeramik, die das Schiff geladen hatte, belegen, dass es aus Nordafrika kam, wahrscheinlich aus dem heutigen Tunesien. Dies ist ein Beweis dafür, dass der Fernhandel durch die vandalische Eroberung nicht zum Erliegen kam.

a) zwei Amphoren

Ton, H. 107 cm und 109,5 cm,
Dm. 39 cm und 34 cm
Marseille, Collection DRASSM,
Inv. Nr.A01/81 und A02/81

Die Ladung bestand überwiegend aus Amphoren. Die großen zylindrischen waren wahrscheinlich mit Olivenöl, gesalzenem Fisch oder Fischsauce gefüllt.

Lit.: Santamaria 1995, 27 ff.   F.F.

b) Amphore vom Typ Spatheion

Ton, H. 104 cm, Dm. 11 cm
Marseille, Collection DRASSM, Inv.
SpB15/83

In den kleineren schmalen Amphoren, den sogenannten Spatheia, wurden Olivenkerne gefunden. Ihr Inhalt waren vermutlich eingelegte Oliven.

Lit.: Santamaria 1995, 27 ff.   F.F.

c) Zehn Teller

Ton, H. 4,2–5,8 cm, Dm. 19,7–32,4 cm
Marseille, Collection DRASSM, Inv. 001.
004. 006. 009. 020. 023. 70. 01/82. 12/82.,
ohne Inv.

Platten und Teller nordafrikanischer Feinkeramik wurden auf den Schiffen als Beifracht transportiert und so in den ganzen Mittelmeerraum exportiert. Neben Tellern und Platten hatte das Schiff noch andere Gefäße wie z. B. Krüge geladen.

Lit.: Santamaria 1995, 79 ff.   F.F.

Kat. 171c

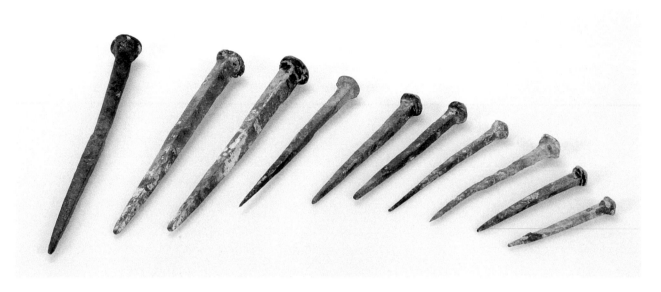

Kat. 171d

d) Zehn Nägel vom Schiff
Bronze, L. 7,5–21 cm
Marseille, Collection DRASSM, ohne Inv.

Lit.: Santamaria 1995, 108.　　　　F.F.

e) Senkblei
Blei, H. 10 cm, Dm. 11 cm
Marseille, Collection DRASSM, ohne Inv.

Schon in der Antike waren auf den bekannten und viel befahrenen Schiffsrouten die Wassertiefen kartiert. Zur Bestimmung der Wassertiefe wurde das Senkblei an

einem langen Seil ins Meer hinabgelassen. An diesem Seil waren bestimmte Abstände farbig oder durch Knoten markiert. Erreichte das Senkblei den Meeresgrund, konnte der Matrose an Deck ablesen, wie tief das Meer an der Stelle war.

Lit.: Santamaria 1995, 106 f.　　　　FF.

Kat. 172
Almandine
(sog. Almandinhort von Karthago)
5. Jh., vandalenzeitlich
Almandin, L. 0,3–1,6 cm; Gewicht 0,13–1,38 g
Carthage, Musée national de Carthage, Inv. B 003. 004. 005. 007. 012. 013. 017. 018. 021. 027. 028. 030. 032. 037. 041. 043. 048. 103. 106. A 009. 012

s. S. 248 f.

Kat. 171e

Kat. 172

Kat. 173
Halbautonome (?) Kupferprägung
Karthagos (ca. 523–533)
42 Nummi
Kupfer, Dm. 22 mm, Gew. 7,70 g
Karlsruhe, Badisches Landesmuseum,
Münzkabinett, Inv. 2007/565

Vs.: KARTHAGO
Frontal stehender Soldat mit langer Lanze.
Rs.: Pferdekopf nach links, im unteren Teil
des Feldes die Wertzahl XLII, das L mit
langgezogener unterer Haste geschrieben.

Lit.: MEC 43 f.   R. K

Kat. 174

Kat. 173

Kat. 174
Halbautonome (?) Kupferprägung
Karthagos (ca. 523–533)
21 Nummi
Kupfer, Dm. 20 mm, Gew. 6,86 g
Karlsruhe, Badisches Landesmuseum,
Münzkabinett, Inv. 2007/566

Vs.: KARTHAGO
Frontal stehender Soldat mit langer Lanze.
Rs.: Pferdekopf nach links, im unteren Teil
des Feldes die Wertzahl XXI

Lit.: MEC 45–47.   R. K

Kat. 175 *(ohne Abb.)*
Zehn vandalische und vier
byzantinische (Justinian I.) Münzen
Fundort unbekannt
Kupfer und Silber
Köln, Römisch-Germanisches Museum,
Inv. D 6294. D 6295. D 6296. D 6297.
D 6298. D 6300. D 6303b. D 6304.
D 6307. D 6310. (vandalisch) D 6303 a.
D 6306. D 6309. D 6311 (byzantinisch)

Kännchen aus rotem Ton mit der Reliefdarstellung eines Töpfers bei der Arbeit, 3. Jh. n. Chr., *African Red Slip Ware*

TAFELGESCHIRR AUS NORDAFRIKA

Exportschlager der Spätantike

von Aletta Seiffert

In der Spätantike war Feinkeramik aus Nordafrika im gesamten Mittelmeerraum der Marktführer im Sektor des römischen Tafelgeschirrs und diktierte für einige Jahrhunderte die Keramik-Mode. Heutzutage dient sie als bedeutsame Informationsquelle für spätantike römische Kultur und Ikonografie. Darüber hinaus liegt ein besonders hoher Wert der Keramik darin, dass durch sie wichtige Erkenntnisse zur Organisation der nordafrikanischen Wirtschaft sowie zu ökonomischen Interaktionen im gesamten Mittelmeerraum gewonnen werden können.

Das bereits während der Antike für seine Qualität berühmte Geschirr bestand vor allem aus Tellern, Schalen, Schüsseln und Platten, seltener wurde Trinkgeschirr wie Becher, Kannen und Krüge produziert. Die Gefäße sind aus einem einfach zusammengesetzten, relativ grob geschlämmten Ton geformt und wurden mit einem feinen Tonschlicker (Engobe) überzogen, der durch den Brand ein mattes oder leicht glänzendes ziegelrotes bis orangerotes Erscheinungsbild erhielt. Der Großteil der Gefäße blieb unverziert; bei Gefäßen mit Dekoration wurden diese entweder gestempelt, eingeritzt oder im Relief modelliert, niemals jedoch aufgemalt.

In ihrer Herstellungsweise und ihrem Erscheinungsbild erinnert die nordafrikanische rote Feinkeramik an die ihr vorangehende *Terra sigillata* aus Italien und den nördlichen Provinzen des Imperiums. Daher wird sie auch als „nordafrikanische Sigillata" oder „*Terra sigillata chiara*" (= helle *Terra sigillata*) bezeichnet. In der Beschaffenheit des Tones und des roten Überzuges, in der Farbe, in den Gefäßformen und in den Dekorationen unterscheidet sie sich jedoch deutlich von *Terra sigillata* und darf keinesfalls mit ihr gleichgesetzt werden.

Herstellung und Vermarktung eines Luxusprodukts

Der Siegeszug der nordafrikanischen Feinkeramik begann im späten 1. Jahrhundert n. Chr.: Zunächst erwarb sich die rote Tonware das Monopol auf dem einheimischen afrikanischen Markt, um dann im 2. und 3. Jahrhundert auf die Märkte des westlichen und östlichen Mittelmeeres zu drängen. Dort gelang ihr ebenfalls der Durchbruch, so dass sie im 4. Jahrhundert praktisch konkurrenzlos war und sich für lange Zeit als beliebtestes Tischgeschirr des Mittelmeerraumes – inklusive Rom – und der daran angrenzenden Provinzen behaupten konnte.

Die Produktionszentren der nordafrikanischen Feinkeramik lagen zunächst in der Region um Karthago. Mit zunehmendem Erfolg wurden immer mehr Töpferstätten in vielen Teilen des heutigen Tunesien und Algerien, den römischen Provinzen Africa proconsularis, Byzacena, Tripolitania und Numidia, gegründet. Die qualitätvolle Produktion erfolgte in effizient organisierten Arbeitsschritten in Töpfereien, die mit Fug und Recht als Manufakturen bezeichnet werden können.

Jede Produktionsstätte war auf die Fabrikation weniger Serien von Gefäßformen spezialisiert, die in komplexer Arbeitstechnik mithilfe von Töpferscheibe, Modeln und Matrizen erfolgte. Für die Gefäßformen einer Produktionsserie wurde eine dazugehörige Serie von Vorlagen für die Dekoration gefertigt: verschiedene Tonpunzen (s. Abb. S. 260) für den Stempeldekor sowie Matrizen aus Gips oder Ton, in denen Appliken geformt wurden (s. Abb. S. 261). Das Anbringen der Appliken und das Stempeln mit den Tonpunzen erfolgte, sobald die gefertigten Gefäße so weit getrocknet waren, dass sie sich nicht mehr ohne Weiteres verformen ließen (= „ledertrocken"). Die Positionierung und Zusammen-

Tonpunzen, s. Kat. 179

stellung der Dekorationsvorlagen auf der Gefäßform konnte dabei variieren. So lässt sich dasselbe Motiv beispielsweise mal auf Gefäßrändern, mal auf Gefäßböden einer Serie finden.

Ebenfalls in „ledertrockenem" Zustand erfolgte das Anbringen des Glanztones: Bei der frühen nordafrikanischen Sigillata durch Eintauchen der Gefäße in eine entsprechend vorbereitete Lösung aus Tonschlicker, später vermutlich durch Aufgießen und/oder durch Auftragen mit feinen Bürsten oder Pinseln. Ab dem 3. Jahrhundert sind viele Gefäßserien nicht mehr vollständig mit dem Glanzton überzogen, sondern nur noch partiell. Als Grund wird hierfür angenommen, dass die Gefäße zum Trocknen in ihren (unteren) Modeln verblieben und die Engobe, von oben in das Gefäßinnere eingegossen und gleichmäßig verteilt, nicht die im Model befindlichen äußeren Gefäßteile erreichte.

Nach dem Trocknen des Überzuges und falls nötig dem vollständigen Herauslösen aus den Modeln erfolgte schließlich der kontrollierte Brand der Töpferwaren in offenen Öfen, in denen die Gefäße durch Oxidation auch ihre typische rote Färbung erhielten. Während des Brennens wurden dickwandige Tonzylinder als Brennhilfsmittel über das Brenngut gestülpt, um es vor Hitzeschwankungen, Rauch und Flugasche zu schützen und um das Zusammensacken und Verschieben der Geschirrstapel auf ein Minimum zu reduzieren.

Benennung und Klassifizierung

Bei der Beschäftigung mit nordafrikanischer Sigillata fällt auf, dass verschiedene Bezeichnungen existieren. Während nach italienischer Terminologie für die nordafrikanische Feinkeramik, die im westlichen Mittelmeerraum gefunden wurde, die Bezeichnung „Terra sigillata chiara" (im Französischen „sigillée claire") verwendet wurde, bezeichnete man die des östlichen Mittelmeeres als „Late Roman Ware". In der Erkenntnis, dass es sich hierbei jedoch um ein und dieselbe Keramiktradition handelt, wird in der Fachsprache der Begriff der „African Red Slip Ware" (=ARS) bevorzugt.

Mit den unterschiedlichen Terminologien entstanden auch zwei konkurrierende Klassifizierungssysteme: Die „Terra sigillata chiara" unterteilt sich in „Terra sigillata chiara A (spätes 1.–3. Jh. n. Chr.), C (3.–6. Jh.) und D (4.–7.Jh.)"; die „Late Roman Ware" in „Late Roman Ware A und B". (Die Bezeichnung „Terra sigillata chiara B" wird anderweitig für eine Gruppe südgallischer Keramik verwendet und ist daher für das nordafrikanische Tafelgeschirr nicht relevant.)

Als Kriterien für die Klassifizierung der nordafrikanischen Sigillata zieht man vor allem Veränderungen der Gefäßformen, des Tons, des Überzuges, der Qualität, der Dekorationen und der Auswahl der Motive heran. Die Produktion von einzelnen Serien erfolgte nur eine bestimmte Zeit lang, bis eine neue Mode aufkam und dementsprechend neue Geschirrserien die alten ablösten. Wenige Formen und Motive wurden mehr als ein Jahrhundert lang hergestellt – im Vergleich zum heutigen Wechsel der Moden ein sehr langer Herstellungszeitraum, für die Spezialisten ist er jedoch kurz genug, um eine genaue Chronologie der nordafrikanischen Feinkeramik vom 1. bis zum 7. Jahrhundert erstellen zu können.

Neben der eher groben Einteilung in die Hauptgruppen „Terra sigillata chiara A, C und D" (mit Untergruppen in Ziffern nach Fabrikaten) und „Late Roman Ware A und B" erstellte John W. Hayes 1972 anhand der nordafrikanischen Feinkeramikfunde der Athener Agora eine detailliertere Klassifizierung, getrennt nach Gefäßformen und Verzierungsarten. Diese Nomenklatur wurde von Michael Mackensen für die Gruppe der „Terra sigillata chiara D" im Zuge seiner detaillierten Analyse der tunesischen Keramik-Produktionsstätte El Mahrine, im Hinterland von Karthago, erneut verfeinert. So können die Experten mittlerweile anhand von Form und Dekoration die Gefäße der nordafrikanischen Sigillata nicht nur datieren, sondern auch ihrer Serie und damit ihrer Produktionsstätte zuordnen.

Sowohl bei der Wahl der Gefäßformen als auch der des Reliefdekors lässt sich eine Abhängigkeit zum gleichzeitigen Bronze- und Silbergeschirr beobachten (s. Abb. S. 263). Vor allem kostbare Silberplatten dienten als Vorbilder für die Herstellung großer Tonplatten der African Red Slip Ware, zum Teil wurden regelrechte Imitate der Silberarbeiten in Ton angefertigt. Neben Vorbildern aus der Toreutik konnten, wenn auch seltener, Elfenbeinarbeiten als Vorlagen für Motive der Feinkeramik dienen, wie z. B. Consulardiptycha (s. Abb. S. 266).

Die Verzierungen der Gefäße haben nicht allein einen ästhetischen Wert, aus ihnen lassen sich auch wichtige Informationen zur Entwicklung der spätantiken Bildkunst gewinnen. Darüber hinaus vermitteln sie uns einen Einblick in die Wünsche und Vorlieben der antiken Käufer. Die Darstellungen spiegeln zudem die mythologischen und religiösen Vorstellungen der spätantiken römischen Gesellschaft wider: Zum einen zeigen sie Szenen und Motive der paganen Bilderwelt, zum anderen christliche Symbole sowie Szenen aus dem Alten und Neuen Testament (s. S. 290 f.).

Im Gegensatz zur Terra sigillata wurde bei der nordafrikanischen Ware auf das Einstempeln von Werkstattbezeichnungen verzichtet. Trotzdem lassen sich, wie bereits erwähnt, die Herkunftsregionen und z. T. sogar die einzelnen Produktionsstätten aufgrund der Spezialisierung der einzelnen Werkstätten auf wenige Geschirrserien und durch die Analyse der verwendeten Tone ermitteln. Durch das Fundmaterial lässt sich auch bestimmen, wie lange und in welcher Quantität ein bestimmtes Töpferzentrum produzierte, wohin es exportierte und welche Verbreitung seine Waren fanden. Daher stellt die Feinkeramik einen wichtigen Index für die Organisation und

Matrize für Appliken in Form von Fischen und Rhomben, s. Kat. 178

Entwicklung der nordafrikanischen Wirtschaft mit ihren Handelsbeziehungen und Handelswegen dar und lässt auf Florieren oder Niedergang, Wohlstand oder Armut bestimmter Regionen in genau bestimmbaren Zeiträumen schließen. Weiter können Rückschlüsse gezogen werden, inwieweit sich politische Ereignisse auf Handel und Wirtschaft ausgewirkt haben.

Die Feinkeramikproduktion im Vandalenreich

Da die Entwicklung und der Export der nordafrikanischen Feinkeramik in den Zeitraum der vandalischen Invasion und der Errichtung des vandalischen Reiches fallen, erhoffte man sich, Antworten auf Fragen zur vandalischen Wirtschaft zu finden: Was änderte sich mit den Vandalen? Wurden die Produktion und der Export durch die Eroberer gestört? Können vandalische Einflussnahmen auf Formen und Verzierung der Gefäße festgestellt werden? Sind auf dem Sektor der Feinkeramik endlich eindeutige vandalische Eigenheiten und Charakteristika fassbar?

Fest steht, dass die nordafrikanische Sigillata ohne Unterbrechung vom späten 1. Jahrhundert bis zum 7. Jahrhundert produziert und exportiert wurde. Die Vandalen im 5. und 6. Jahrhundert müssen diesen Wirtschaftszweig daher von den Römern übernommen und ihn nach römischer Tradition fortgeführt haben. Sowohl auf der Produktionsebene als auch im Vertriebssystem scheinen keine Umgestaltungen erfolgt zu sein. Es ist keine Zäsur erkennbar, nicht einmal ein kurzzeitiger Produktionseinbruch in den Jahren der vandalischen Eroberung. Veränderungen der Gefäßformen und Ver-

Pugilla genannte Töpferwerkzeuge, Ende des 19. Jhs. in Uthina ausgegraben, in einer Zeichnung des Archäologen Paul Gauckler. Das pugillum diente zur Glättung und Verdichtung der Keramikoberfläche vor dem Brand.

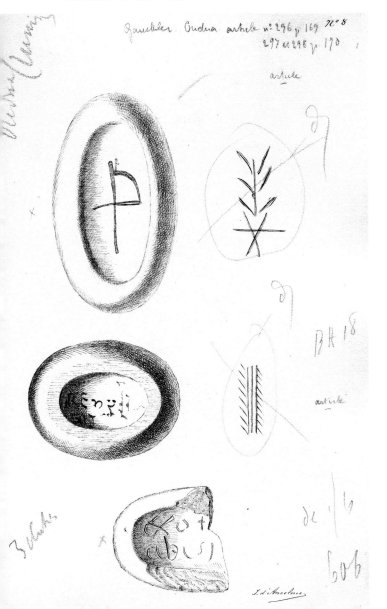

zierungsarten sowie Verschiebungen von Produktionszentren, die in vandalischer Zeit erfolgten, entsprechen einer normalen Wirtschaftsentwicklung und lassen sich ursächlich nicht alleine auf die Vandalen zurückführen.

Während der Vandalenzeit wurden die Hauptgruppen „*Terra sigillata chiara* C und D" produziert. Die typische nordafrikanische Sigillata der Vandalenzeit ist die Unterkategorie „C5". Die Dekoration der vandalenzeitlichen Keramik wird von christlichen Motiven und Szenen dominiert. Es lassen sich jedoch keine spezifisch vandalischen oder sogar arianischen Besonderheiten erkennen.

Da angenommen werden kann, dass der Transport der Feinkeramik über das Mittelmeer als Beifracht auf Getreideschiffen erfolgte, wäre eigentlich zu erwarten, dass mit dem anzunehmenden Ende der vertraglich vereinbarten Öl- und Getreidelieferungen (*annona*) aus Nordafrika nach Rom auch der Export der Sigillata stagnierte. Erstaunlicherweise ist dies aber nicht der Fall: Auch in der 2. Hälfte des 5. Jahrhunderts stammte bis zu 90 % der stadtrömischen Feinkeramik aus Nordafrika, wie exemplarische Untersuchungen belegen konnten. Es scheinen also weiterhin Handelsverbindungen – wie auch immer geartet – zwischen den Vandalen und Rom bestanden zu haben.

Im Gegensatz zur Kontinuität des Handels im Westen scheint sich im östlichen Mittelmeerraum (v. a. in Athen und Antiochia) ein anderes Bild abzuzeichnen: Dort brach in der 2. Hälfte des 5. Jahrhunderts der Import der nordafrikanischen Feinkeramik deutlich ein und nahm erst wieder in der Mitte des 6. Jahrhunderts zu – eine Entwicklung, die analog zum Ende der nordafrikanischen Getreidelieferungen infolge der Vandalenherrschaft einerseits und dem Untergang des Vandalenreiches durch die byzantinische Eroberung andererseits erfolgte. Diese Beobachtung ist als Indiz dafür zu werten, dass die vandalische Invasion in Nordafrika sehr wohl Auswirkungen auf die mediterrane Wirtschaft hatte.

Die Objektgruppe der nordafrikanischen Sigillata zur Vandalenzeit gibt neben Hinweisen zu Handel und Wirtschaft des Vandalenreiches auch Anhaltspunkte zur Lage der Landwirtschaft. Wie M. Mackensen am Beispiel von El Mahrine aufzeigen konnte, war für die Herstellung der Feinkeramik ein enges Zusammenspiel mit

Silberschale mit zentralem
Porträt des Kaisers Licinius I.,
hergestellt in Nikomedia
321/22 n. Chr.

Sigillata-Teller mit Reliefschmuck;
solche Gefäße aus dem preiswer-
ten Material Ton imitieren kostbare
Metallschalen,
s. Kat. 188

Der Silberhortfund aus Karthago

von François Baratte

Im römischen Afrika wurden viel weniger Goldschmiedearbeiten gefunden als in anderen Gegenden der römischen Welt. Deshalb besitzt der kleine Hortfund aus Silbergefäßen und Schmuck aus Karthago – heute auf das British Museum und den Louvre aufgeteilt – eine besondere Bedeutung. Seine Geschichte ist komplex. Niemand weiß, wann und wo die Objekte gefunden wurden. Nicht einmal die genaue Zusammensetzung des Schatzes ist bekannt. Seit 1869 gelang es nach und nach, das Ensemble aus mehreren Sammlungen in zwei Gruppen zu rekonstruieren. Die erste, und auch bedeutendere, wurde 1897 dem British Museum vermacht, die zweite anlässlich des Verkaufs der Sammlung des Grafen Tyskiewicz 1898 vom Louvre erworben. Verschiedene Dokumente lassen keinen Zweifel mehr am karthagischen Ursprung und sprechen für einen Fundort in der Nähe der ehemals auf dem Byrsa-Hügel stehenden zivilen Basilika.

Deckelschale im Musée du Louvre, Paris, s. Kat. 195

Der „Schatz aus Karthago" setzt sich heute aus 32 Objekten zusammen: 24 Silberobjekten (Gefäße und Löffel) und acht Schmuckstücken. Letztere bilden eine kleine, eher heterogene Gruppe: ein Goldring, eine Gemme aus Achat mit der Darstellung der Isis *Pelagia* („der Seefahrenden"), eine weitere Gemme aus Grünquarz mit dem Kopf des Herakles, bedeckt mit dem Skalp des Nemeischen Löwen, ein Kameo aus grauem Achat mit dem Kopf der Athena, eine Goldkette mit quadratischem Querschnitt und Löwenköpfen an beiden Enden, eine weitere Goldkette mit alternierend aufgefädelten Saphiren und Smaragden, ein Paar Ohranhänger – auch aus Gold – mit je einem Ring, an dem ein Gehänge befestigt ist, an welchem nacheinander ein Smaragd, eine Perle und ein Saphir eingefädelt sind. Diese letzten drei Schmuckstücke bilden ohne Zweifel zusammen ein Geschmeide-Ensemble und können mit Stücken des 5. und 6. Jahrhunderts aus Rom und Luni sowie solchen aus Griechenland und Tunesien – in Thuburbo Maius, Maktar oder auch Karthago (in Koudiat Zâteur und Douar ech-Chott) – verglichen werden. Der Schmuck aus dem Schatz von Karthago – zumindest Teile davon – gehört also wohl in die Spätantike. Die tunesischen Vergleichsstücke stammen aus Grabkomplexen, die mit den Vandalen in Verbindung gebracht werden.

Auch die 24 Objekte des Tafelsilbers sind durch Form und Dekor charakteristisch für spätantikes Luxusgeschirr. Zwei flache Schalen mit breitem, von einem umlaufenden Band aus großen Perlen verzierten Rand sind reliefverziert: Dargestellt sind Hirten, umgeben von Ziegen und Schafen (s. Abb. rechte Seite), oder Raubtiere, die friedfertigere Tiere verfolgen. Bemerkenswert sind die Köpfe zwischen diesen Szenen – Satyrn oder Mänaden, die zum Gefolge des Bacchus gehören. Interessanterweise tragen zwei weibliche Köpfe einen dicken, in den Nacken hochgezogenen Zopf: eine im 4. Jahrhundert beliebte Frisur. Aus dem 4. Jahrhundert ist eine ganze Reihe in Form und Dekor vergleichbarer Objekte erhalten: im Schatz von Mildenhall (Großbritannien), dem von Traprain Law (Schottland) oder von Viminacium und Šabac (Serbien). Vier schlichte Löffel sind für diese Zeit ebenfalls typisch. Acht größere Löffel, deren Funktion unklar bleibt, haben Parallelen in Norditalien (Pavia, Desana und Canoscio). In der Regel werden sie grob ins späte 5. oder 6. Jahrhundert datiert.

Vier weitere Schalen verdienen besonders erwähnt zu werden: Sie weisen einen hohen kegelstumpfförmigen Fuß und eine etwas gedrungene halbkugelige Form auf. Ein vorherrschendes Merkmal ist der Knauf auf ihrem Deckel, der die Form des Fußes aufgreift (s. Abb. linke Seite). Es sind gewiss auch einige Objekte ähnlicher Form bekannt, vor allem in Italien, darunter besonders eines aus Arten (Belluno), vergesellschaftet mit einer großen, eine Inschrift mit dem Namen des Vandalenkönigs Gelimer (Geilamir) tragenden Silberplatte. Es handelt sich hier um eine ganz neue Form des Tafelsilbers römischer Tradition, die jedoch Bezüge zu sasanidischen Gefäßen aufweist. Hier liegt also ein sehr interessanter Fall von Güteraustausch zwischen den beiden großen Reichen vor. Leider besitzt keine dieser Schalen einen Deckel, der sicherlich auf einen besonderen Inhalt hinweisen würde. Ein solcher kommt bisher sonst nur bei zwei in Viminacium (Serbien) gefundenen Schalen vor, die von den Exemplaren aus Karthago lediglich durch die Trompetenform des Fußes zu unterscheiden sind. Bei keinem von beiden kann es sich um ein Trinkgefäss handeln: Das Randprofil spricht dagegen.

Zwei Objekte sind besonders hervorzuheben: Das erste ist eine Art Löffel mit einem delfinförmigen Griff. Den Löffelrand bildet eine Girlande, auf deren Spitzen Kügelchen sitzen. Der Delfin wird zwar oft für antike Griffe verwendet, doch hier findet sich außerdem ein Krake – eine besonders geschätzte Nahrung des Delfins – auf dem Rand just vor der Nase des Delfins eingraviert. Es ist sonst nur ein vergleichbares, etwas einfacheres Exemplar aus Bronze bekannt. Noch erstaunlicher ist eine große Schale (*patera*) mit zweigförmigem Griff. Es handelt sich um ein Gefäß zum Schöpfen oder Gießen, dessen Boden mit einem reliefierten Frosch verziert ist.

Zwei kleine Platten tragen je eine sorgfältig hervorgehobene Inschrift. Erstere ist ungewöhnlich, da es sich um ein Lob auf die Redekunst des Empfängers dieser Schale handelt. Die zweite, mit vielen Abkürzungen, ist schwer verständlich, erwähnt aber

einen gewissen Cresconius, der vielleicht einer der Besitzer des Hortes war. Leider ist dieser Name in Afrika, besonders in der Spätantike, zu sehr verbreitet, um Genaueres über seinen Träger in Erfahrung zu bringen.

Aus welchen Werkstätten stammen die Stücke? Nur wenige Anhaltspunkte zur Beantwortung dieser Frage sind gegeben. Es fällt aber auf, dass die meisten Vergleiche nach Westen, besonders nach Italien führen. Zumindest kann man festhalten, dass der Schatz wohl in die Spätantike gehört. Ist er älter als die Präsenz

der Vandalen in Afrika? Diese Frage ist schwer zu beantworten, da nichts Näheres über das Versteck bekannt ist. Es ist aber durchaus wahrscheinlich, dass bei der Ankunft der Vandalen vor den Toren Karthagos der verängstigte letzte Besitzer des kostbaren Geschirrs seinen Schatz versteckt hat.

Lit.: Baratte / Lang / La Niece / Metzger 2002 – Cameron 1992 – Kent 1977 – Pirzio Biroli Stefanelli 1992 – Strong 1966

Schale mit pastoralen Szenen im British Museum

Patrize für das Mittelfeld eines Consul-Tabletts, s. Kat. 181

fereien mit Baumverschnitt, der als Brennholz diente, sowie mit getrocknetem Olivenfruchtfleisch, das beim Pressen von Öl anfiel und ebenfalls als Brennmaterial genutzt wurde. Ein Einbruch der Olivenölproduktion hätte damit auch eine Krise der Töpferstätten zur Folge gehabt. Aus der kontinuierlichen Produktion der nordafrikanischen Keramik lässt sich daher umgekehrt auch auf eine gewisse Kontinuität der landwirtschaftlich Produktion trotz der vandalischen Eroberung schließen (s. S. 241 ff.).

So viele Informationen auch aus der Gattung der nordafrikanischen Sigillata gewonnen werden können, etwas spezifisch „Vandalisches" lässt sich in ihr bislang nicht ausmachen. Sie stellt vielmehr einen weiteren Beleg für die Übernahme römischen Lebensstils durch die Vandalen und für eine gewisse Integration in die ökonomischen Strukturen des spätantiken Mittelmeerraumes dar.

Als das Vandalenreich 533 durch den oströmischen Feldherr Belisar besiegt und Nordafrika byzantinisch wurde, überstand die nordafrikanische Feinkeramik auch diese Geschehnisse ohne größere Einbrüche und Veränderungen. Erst im 7. Jahrhundert, als sich Nordafrika infolge der arabischen Eroberung von seinen antiken römischen Traditionen löste, hörte nach und nach auch die Erzeugung der so typischen spätantiken nordafrikanischen Sigillata auf.

der landwirtschaftlichen Produktion vonnöten. Nicht nur, weil der Transport der Waren zusammen mit dem der landwirtschaftlichen Erzeugnisse erfolgte, sondern auch weil die Landwirtschaft notwendige Rohstoffe für die Keramikfabrikation lieferte. Das Vorhandensein von günstigem Brennmaterial für die Töpferöfen wurde beispielsweise in El Mahrine durch die dort ansässigen Olivenbaumkulturen garantiert. Diese versorgten die Töp-

Lit.: Bonifay 2003 – Bonifay 2004 – Carandini 1981 – Hayes 1972 – Hayes 1997 – Mackensen 1993 – Mackensen 1998 – Mackensen/Schneider 2002 – Peacock / Béjaoui / Ben Lazreg 1990 – Salomonson 1968 – Salomonson 1969 – Salomonson 1976 – von Rummel 2008

Kat. 178

Kat. 176 *(ohne Abb.)*
Töpferwerkzeug
Mitteltunesien
spätantik
Ton, L. 9,4 cm, B. 6 cm, T. 2,8 cm
Köln, Römisch-Germanisches Museum,
Inv. KL 604

Kleine eiförmige Töpferwerkzeuge, die auf
einer oder beiden Seiten mittig oval einge-
wölbt sind, werden als Pugilla bezeichnet.
Sie dienten dem Töpfer wahrscheinlich als
Glättwerkzeug oder als Modellierhilfe. In
die Mulde, die vielleicht dem Daumen Halt
gab, ist der Werkstattname eingeritzt: *Ex
of(f)ici/na magni.*

Lit.: Mackensen 1993, 75 ff.   **F.F.**

Kat. 177

Kat. 177
Appliken-Model
Nordafrika
5. Jh.
Ton, L. 4,4 cm
München, Archäologische
Staatssammlung, Inv. 1982,2100

Model zur Herstellung einer Applike in
Baumform, wahrscheinlich eine Palme.
Verschiedene Baumarten fanden als Motiv
sowohl in profanem als auch in christlichem Kontext vielfach Verwendung.

Lit.: vgl. Garbsch / Overbeck 1989 Kat. 131.   **F.F.**

Kat. 178
Appliken-Model
Nordafrika
5. Jh.
Ton, H. 7,5 cm, B. 5,6 cm
München, Archäologische
Staatssammlung Inv. 1985,4483

Die nordafrikanische rote Feinkeramik
wurde häufig mit Appliken verziert. Dabei
konnten verschiedene Einzelbilder kombiniert werden. Verbreitet waren geometrische Muster, pagane Bildmotive und
christliche Darstellungen. Der Ton wurde
in Model gedrückt und noch vor dem
Brand auf das nur ledertrockene Gefäß
aufgebracht. Da die Modeln mehrfach
wiederverwendet werden konnten, wurde
eine Massenproduktion der Keramik
möglich.

Lit.: Garbsch / Overbeck 1989 Kat. 129.   **F.F.**

Kat. 179 *(s. auch Abb. S. 260)*
Acht Ton-Punzen
Nordafrika
5. Jh.
Ton, L. 4,1–5,5 cm
München, Archäologische Staats-
sammlung, Inv. 1985,4484-86. 1985,
4489. 1981,3270-72. 1981,3291

Neben der Verzierung mit Appliken gab es
die Möglichkeit, Bilder in die Sigillata zu
stempeln. Dies geschah vor dem Brand
mithilfe einer Punze. In diese länglichen
Tonstifte wurde an einem oder an beiden
Enden das gewünschte Motiv eingeritzt.
Die Teller oder Platten wurden innen am
Gefäßboden gestempelt. Die Stempel-
Motive können einzeln auftreten oder,
mehrfach wiederholt, gleichmäßig um den
Mittelpunkt angeordnet sein.

Lit.: Garbsch / Overbeck 1989 Kat. 132–139.   **F.F.**

Kat. 179

Kat. 180
Lampenmodel
Nordafrika
5. Jh.
Ton, L. 14 cm, B. 8,5 cm, H. 2,5 cm
Carthage, Musée national de Carthage,
Inv. 09.27

Wie die Appliken wurden auch die Öllampen in Modeln hergestellt. So wurde eine Massenproduktion in den spezialisierten Werkstätten möglich. In diesem Lampenmodel konnte eine einschnäuzige Öllampe mit lateinischem Kreuz im Spiegel hergestellt werden.

F.F.

Kat. 182a

Kat. 183

Kat. 180

Kat. 181 *(s. Abb. S. 266)*
Patrize
Nordafrika
5. Jh.
Ton, H. 11,6 cm, B. 9,3 cm
München, Archäologische Staatssammlung, Inv. 1988, 3002

ANIC FAVST IN BASILIVS lässt sich als Inschrift unter dem Giebel entziffern. Der bärtige Konsul unter dem Portal trägt in der linken Hand ein Amtsszepter, worauf zwei Kaiserbüsten angedeutet sind, vermutlich Theodosius II. und Valentinian III. Es handelt sich hierbei wohl um einen Abguss oder eine Nachbildung der ersten Tafel eines Diptychons.

Lit.: Garbsch / Overbeck 1989, Kat. 28.   D.E.

Kat. 182a–c
Scherben mit eingestempelten Tieren
Uthina/Oudhna
5. Jh.
Ton, H. 1,8–2,2 cm, Dm. 11–13,5 cm
Tunis, Musée national du Bardo,
Inv. Oudhna 1894 verschiedene

Kat. 182b

Kat. 182c

Der Boden im Inneren von Tellern und Platten wurde vom 4. bis zum 6. Jh. oft mit Stempeln verziert. Die abgebildeten Exemplare zeigen einen Hahn, einen Hund und Vögel.
Um die Mitte des 5. Jhs. wurden Tiere als Motive beliebt, während zuvor florale und geometrische Muster, wie Palmwedel oder Kreise, dominierten.

Lit.: Hayes 1972.   F.F.

Kat. 183
Scherbe
Nordafrika
5. Jh.
Ton, L. 26,5 cm, B. 28 cm, T. 3 cm
Carthage, Musée national de Carthage,
Inv. 47.38

Die Scherbe stammt vom Boden eines Tellers. Das Bild im Zentrum wird von einem doppelten Kreis eingerahmt. Eine männliche Figur mit lockigem Haar hält in der linken Hand eine Pflanze, die sich noch drei weitere Male auf der Scherbe wiederfindet. Mit der rechten Hand gießt sie aus einer Kanne Wasser in das Maul eines kleinen Hundes. Zu beiden Seiten der Figur sind zwei identische Köpfe im Profil eingestempelt.

F.F.

Kat. 184a–d
Verschiedene Gefäße
Tabarka, El Djem, Sidi Daoud, Fundort unbekannt
4.–6. Jh.
Ton, H. 3,5–6 cm, Dm. 13–28,5 cm
Bardo, Musée national du Bardo, Inv. B1. El Djem 1.913. Sidi Daoud 1900., ohne Inv.

Verschiedene Formen nordafrikanischer roter Sigillata. Darunter eine konische Schale mit Fischgrätendekor aus Tabarka und eine runde Platte, die mit eingestempelten konzentrischen Kreisen verziert ist.

Lit.: Salomonson 1969. – Hayes 1972. – Hayes 1980. – Mackensen 1993. – Hayes 1997.   F.F.

Kat. 184a

Kat. 185a

Kat. 185b

Kat. 184b

Kat. 186a

Kat. 186b

Kat. 184c

Kat. 186c

Kat. 184d

Kat. 185a und b
Küchengeschirr aus Ton
Karthago
5./6. Jh.
Ton, H. 7 und 8,7 cm, Dm. 25 und 23,5 cm
Carthage, Musée national de Carthage,
Inv. 09.19 u. 09.17

Kat. 186a–c
Verschiedene Gefäße
Karthago
5./6. Jh.
Ton, Schalen: H. 4,5–7,5 cm, Dm. 21–27
cm, Krug: H. 22 cm, Dm. 14 cm
Carthage, Musée national de Carthage,
Inv. 09.18, 09.20, ohne Inv.

Noch in römischer Zeit wurde in Nordaf-
rika eine spezielle Art von qualitätvollem
Tafelgeschirr entwickelt, das in vandali-
scher Zeit weiterhin hergestellt wurde.
Die afrikanische Sigillata zeichnet sich
durch ihre matte oder leicht glänzende,
ziegel- bis orangerote Oberfläche aus. Ihre
rote Färbung bekam die Keramik durch
Sauerstoffzufuhr beim Brand in offenen
Öfen, der Glanzton entstand durch das
Auftragen oder Eintauchen in einen feinen
Tonschlicker (Engobe) vor dem Brand.
Auf diese Weise wurden vor allem Teller,
Schalen, Schüsseln und Platten herge-
stellt, seltener auch Trinkgeschirr wie
Krüge und Kannen.

Lit.: Salomonson 1969. – Hayes 1972. – Hayes
1980. – Mackensen 1993. – Hayes 1997. **F.F.**

Kat. 187 *(ohne Abb.)*
Teller
Nordafrika
2. Hälfte 5. Jh.
Ton
München, Archäologische Staatssamm-
lung, Inv. 1983,2789

Sigillata-Teller vom Typ Hayes 84 mit
Stempeldekor.

Lit.: Hayes 1972. – Hayes 1980. –
Hayes 1997.   F.F.

Kat. 188 *(s. Abb. S. 263)*
Sigillata-Teller: Hore des Herbstes
und jagender Hund
Nordafrika/Tunesien
4./5. Jh.
roter Ton, H. 4,3 cm, Dm. 17 cm
Mainz, Römisch-Germanisches
Zentralmuseum, Inv. O.39466

Die auf dem Teller dargestellte Frau
hält einen Korb in den Händen, der mit
Früchten gefüllt ist (wohl Granatäpfel). Zwischen den Früchten steht ein
geflügelter Putto, der einen nicht näher
bestimmbaren Gegenstand in den Händen
hält (Kranz?). Dieses Motiv gehört zum
beliebten Themenkreis der Jahreszeiten-
bilder; die Frau wird als Verkörperung des
Herbstes (Hore) angesprochen. Ihr gegenüber ist ein Hund dargestellt, der offenbar
gerade einen Hasen erlegt hat.

Lit.: Weidemann 1990 Nr. 29.   B.F.

Kat. 189
Sigillata-Teller: Silen und zwei Pan-
Darstellungen
Nordafrika/Tunesien
4./5. Jh.
roter Ton, H. 4,2 cm, Dm. 17 cm
Mainz, Römisch-Germanisches
Zentralmuseum, Inv. O.39711

Die drei Figuren auf diesem Teller illustrieren Gestalten des Mythos. Zweimal
ist der bocksbeinige Pan dargestellt. Der
eine stemmt die Hände in die Hüften, der
andere hält einen kurzen gebogenen Hir-
tenstab in seiner Linken und eine Klapper
in der Rechten. Ihnen gegenüber bläst
ein Silen ein vorne gebogenes Blasin-
strument. Pan und Silen treten häufig im
Gefolge des Gottes Dionysos auf.

Lit.: Weidemann 1990 Nr. 28.   B.F.

Kat. 189

Kat. 190

Kat. 190
Sigillata-Teller: Panther und Löwe
Nordafrika/Tunesien
4./5. Jh.
roter Ton, H. 4,4 cm, Dm. 18 cm
Mainz, Römisch-Germanisches
Zentralmuseum, Inv. O.39803

Drei Raubkatzen erscheinen auf diesem Teller: ein Löwe und zwei Panther.
Darstellungen von wilden Tieren sind
auf nordafrikanischen Sigillaten geläufig,
sowohl als Einzelmotive wie hier als auch
in szenischen Zusammenhängen (z. B.
Tierhatz).

Lit.: Weidemann 1990 Nr. 49.   B.F.

Kat. 191
Sigillata-Teller: Reiter führt ein
Pferd und Figur mit Füllhorn
Nordafrika, Tunesien (?)
4./5. Jh.
roter Ton, H. 4,8 cm, Dm. 19 cm
Mainz, Römisch-Germanisches
Zentralmuseum, Inv. O.42606

Links steht ein Reiter vor seinem Pferd. Er
ist mit einer kurzen gegürteten Tunika und
einem Schultermantel bekleidet. In seiner
Rechten hält er einen Speer. Anscheinend
trägt er eine sog. phrygische Mütze auf
dem Kopf. Möglicherweise handelt es
sich um einen der Dioskuren, einen der
göttlichen Zwillingssöhne des Zeus. Ihm
gegenüber steht eine weibliche Gestalt
mit einem Füllhorn in der linken Armbeuge.
Durch dieses Attribut des Überflusses und
des Glücks ist die Frau als Personifikation
oder Gottheit gekennzeichnet (vielleicht
Tyche/Fortuna). Sie hat ihre Rechte im
Redegestus ausgestreckt.

Lit.: Unpubliziert.   B.F.

Kat. 191

Kat. 192

Kat. 192
Sigillata-Teller: Herakles beim
Umleiten des Flusses Styx
Nordafrika
4./5. Jh.
roter Ton, H. 4,5 cm, Dm. 17,4 cm
Mainz, Römisch-Germanisches
Zentralmuseum, Inv. O.39770

Neben drei Palmblättern, einem großen Löwen, einem Steinbock und einem Hasen ist auf diesem Teller auch ein muskulöser nackter Mann in Rückenansicht dargestellt. Aufgrund der links von ihm abgebildeten Keule kann er als Herakles identifiziert werden. Er hält eine Hacke in den Händen, womit vermutlich auf die Umleitung des Flusses Styx angespielt wird. Mit dem Wasser des Flusses vermochte Herakles die Ställe des Augias zu reinigen.

Lit.: Weidemann 1990 Nr. 18.   B.F.

Kat. 193
Schale
Karthago, aus einem Hortfund
4. bis frühes 5. Jh., spätrömisch
Silber, H. 5,1 cm, Dm. 17 cm
London, The British Museum,
Inv. AF 3276

Diese charakteristische spätantike Gefäßform entwickelte sich aus Schalen des fortgeschrittenen 3. Jhs. Für gewöhnlich war der profilierte Rand mit einem Band aus kleinen Perlen oder anderen Mustern

gesäumt. In diesem Fall weist die Schale einen wesentlich aufwendiger verzierten Rand auf. Dieses Gefäß ist vermutlich aus einer glatten Silberblechscheibe durch Treiben und Schmieden entstanden, während der Standring mit der Schale verlötet wurde.

Lit.: Baratte 2002. – Foltz 1984, 364. – Martin-Kilcher 1984, 155–158.   D.E.

Kat. 194
Deckelpyxis
Karthago, aus einem Hortfund
4. bis frühes 5. Jh., spätrömisch
Silber, H. 11,4 cm, Dm. 12,4 cm
London, The British Museum,
Inv. AF 3280

Die Deckelschale aus dem Schatzfund von Karthago gehört zu einem hochwertigen silbernen spätantiken Tischgeschirr. Ihre Form ähnelt dem frühbyzantinischen Geschirr. Es sind Vergleichsstücke aus Serbien bekannt.

Lit.: Baratte 2002. – Kent / Painter 1977.   D.E.

Kat. 194

Kat. 195 *(s. Abb. S. 264)*
Deckelpyxis
Karthago, aus einem Hortfund
2. Hälfte 4. Jh.
Silber, H. 13 cm, Dm. 15 cm
Paris, Musée du Louvre, Département des Antiquités grecques, étrusques et romaines, Inv. Bj 1921

Das hier vorherrschende Merkmal der Deckelpyxis aus dem Schatzfund von Karthago ist der Knauf auf dem Deckel, der die Form des Fußes aufgreift.

Lit.: Baratte 2002, 35–47 Nr. 8 Abb. 28–31. – Demange 2006, 123 Kat. 65.   D.E.

Kat. 196 *(ohne Abb.)*
Silberlöffel
Karthago, aus einem Hortfund
2. Hälfte 4. Jh.
Silber, L. 15,3 cm, L. 15,4 cm
Paris, Musée du Louvre, Département des Antiquités grecques, étrusques et romaines, Inv. Bj 2057 und Bj 2058

Silberlöffel (*cochlear; ligula*) bildeten das übliche Essbesteck der vornehmen Oberschicht.
Bis in das 2. Jh. werden *cochlear* und *ligula* deutlich voneinander differenziert. Mit dem Ende des 6. Jhs. verschwindet die *ligula*, da ihre Funktionen vom abgeänderten *cochlear* übernommen werden konnten. Die Herstellung erfolgte entweder durch einen Schmiedevorgang, eine Gusstechnik oder eine Kombination der beiden Verfahren.

Lit.: Baratte 2002, 58-69 Nr. 11 u. 19 Abb. 62-64. – Foltz 1984, 364. – Martin-Kilcher 1984, 56–95.   D.E.

17.28

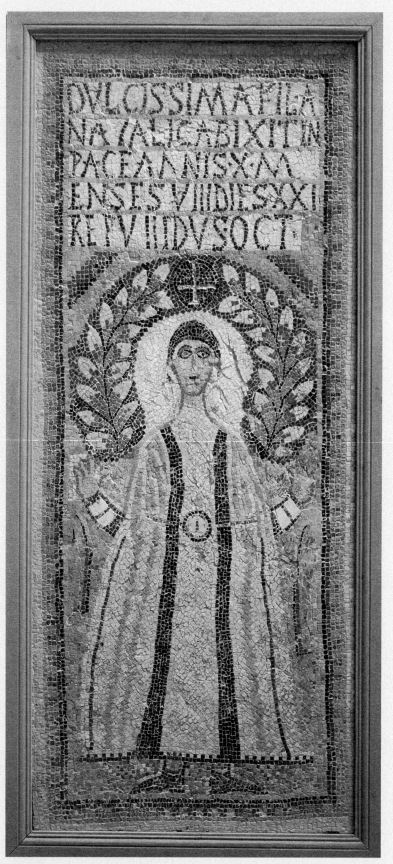

Grabmosaik der Natalica,
s. Kat. 201

MOSAIKE AUS DER VANDALENZEIT

Eine späte Blüte christlich-römischer Kunst

von Taher Ghalia

Das römische Afrika ist die Wiege des christlichen Grabmosaiks. Die Erfindungsgabe und Könnerschaft der Mosaikschulen – besonders aus der Proconsularis und der Byzacena – haben die Verbreitung einer solchen auf die christliche Kundschaft zugeschnittenen Denkmalgattung begünstigt. Die Kirche erlaubte damals, in der Basilika und deren Annexbauten zu bestatten – oft *ad sanctos* oder in sakralen Bereichen wie dem Baptisterium und dem Chor. Bekanntermaßen diente der in die afrikanische Liturgie integrierte Märtyrerkult als Katalysator sowohl für die künstlerische Technik des Mosaizierens als auch einer praktischen, wenig kostenintensiven Bestattungsart. Aus den Inschriften und aus dem Bildschmuck ist zu schließen, dass die Auftraggeber aus sehr unterschiedlichen sozialen Verhältnissen stammten. Die Gräber an bevorzugten Plätzen des Kirchenraums waren oft dem Klerus vorbehalten. Der symbolische Dekor der Mosaike selbst befand sich im Einklang mit den Lehren der Kirche und so fügte sich die Fußbodengestaltung gewissermaßen in das ikonografische Programm der Gebäude ein.

Die chronologische Gliederung der christlichen Grabmosaiken Afrikas basiert in erster Linie auf stilistischen Kriterien, denn die durch eine Grabinschrift im Dekor oder durch archäologische Merkmale datierten Exemplare sind selten. Die älteste Gruppe ist durch Kompositionen charakterisiert, die sich wahrscheinlich aus den Grabstelen mit Inschrift ableiten lassen. Hier nimmt die Grabinschrift, manchmal versehen mit einem unauffälligen geometrischen Schmuck, den größten Teil des Mosaikfeldes ein. Die mit Sicherheit in das 4. Jahrhundert datierenden Mosaiken aus der Doppelkirche von Setif (Algerien) und den Katakomben von Sousse sind besondere Zeugnisse dieser frühen Phase der afrikanischen Grabmosaiken.

Im frühen 5. Jahrhundert wurde ein spezifisches Zeichenrepertoire entwickelt, um mittels einer metaphorischen Bildsprache die Annahme des Christentums durch den Gläubigen und seine Freude darüber auszudrücken, der Kirche jetzt und in Ewigkeit anzugehören. Dieses anagogische, d. h. der irdisch-konkreten Bedeutung einen höheren Sinn zumessende „Bildvokabular" ist aus der Bibelauslegung der Kirchenväter, insbesondere des heiligen Augustinus, entstanden und wurde im Rahmen der pastoralen Mission der afrikanischen Kirche verbreitet. Unter den afrikanischen Mosaiken sind die in Tunesien gefundenen quantitativ wie qualitativ herausragend. Gut verteilt auf mehrere Produktionszentren im heutigen Tunesien, sind sie zwischen das Ende des 4. und den Anfang des 7. Jahrhunderts zu datieren.

Die Grabmosaikschulen Tunesiens zur Vandalenzeit

Es mag paradox erscheinen, aber die produktivste Periode der christlichen Grabmosaikkunst Tunesiens fällt mit der Vandalenzeit zusammen. Zwischen dem 5. und frühen 6. Jahrhundert entstanden mehrere regionale Schulen mit originellen Erzeugnissen, die nun durch das erneuerte und der Mentalität wie der Frömmigkeit der Auftraggeber angepasste Repertoire eine reichhaltige Bildsprache verwendeten. Die Texte des Victor von Vita und die hagiografischen Quellen der Vandalenzeit zeugen von der Präsenz zweier hierarchisierter und durch den Glauben zusammengeschweißter christlicher Gemeinschaften: die der katholischen und der vandalischen Kirche. Zur Vandalenzeit entstanden zwei führende Schulen für das christliche Grabmosaik: eine in der Africa proconsularis, die andere in der Byzacena.

Die Proconsularis

Tabarka (das antike Thabraca) liegt an der Nordküste Tunesiens, wo am Anfang des 20. Jahrhunderts durch Ausgrabungen eine bedeutende Sammlung von christlichen Grabmosaiken zutage gefördert wurde, die heute im Musée national du Bardo aufbewahrt wird. Diese homogene Gruppe weist eine sehr enge Chronologie auf (5. Jh.). Die Ikonografie vermittelt ausdrucksstark den Glauben an Christus und an die Auferstehung. Sie zeigt auf idealisierte Weise den betenden Gläubigen – als Erwachsenen oder als Kleinkind – zwischen zwei brennenden Kerzen; ein Bild des ewigen Glaubens, das auf das Gleichnis von den törichten und den klugen Jungfrauen zurückgreift (Matthäus 25,1–12) und sich auf die Auferstehung der Toten bezieht. Diese von der Schule von Tabarka erfundene Ikonografie steht im Zusammenhang mit der neuplatonisch beeinflussten Lehre vom Menschen als Abbild Gottes, die Augustinus in seinem Werk entwickelt hat. Sie fußt auf dem klassischen Thema des oder der Betenden als Allegorie der *pietas* (Frömmigkeit). Dieser Typ von manchmal individuellem Grabporträt mit detaillierter Kleiderwiedergabe und den beruflichen Attributen des Verstorbenen war anscheinend auch in Algerien verbreitet, wie einzelne, in die Jahre 444 bzw. 508 datierbare Funde aus Tebessa und Kherbet Guidra zeigen. Wie der Mosaikgruppe mit metrischen Texten oder der klassischen Gruppe mit dreiteiliger Komposition – oben das Christussymbol, in der Mitte die Inschrift und ganz unten der Kantharos als

Eine der Mosaikwerkstätten im Musée national du Bardo, dem bedeutendsten Museum für Mosaike der Welt. Hier werden alte kunsthandwerkliche Techniken weitergegeben und auch Replikate antiker Mosaike hergestellt – wie der Schmuck des Taufbeckens von Demna, 2009 eigens für die Ausstellung im Landesmuseum angefertigt.

Mosaiktessellae, vorbereitet zum Einsetzen in die in die Nachbildung des Baptisteriums

Symbol des Lebensquells – zu entnehmen ist, liegt die Besonderheit dieser Schule im Reichtum und in der Vielfalt des ikonografischen Repertoires. Diese Originalität erscheint besonders gut im Mosaik der *Ecclesia Mater* (s. Abb. S. 276), welches die „Mutter Kirche" als Symbol für die Gemeinschaft der Seelen, als „Haus Gottes" bzw. die Gemeinde als Gebäude zeigt – „... und auf diesen Felsen will ich bauen meine Gemeinde und die Pforten der Hölle sollen sie nicht überwältigen" (Matthäus 16,18).

Im unteren Medjerda-Tal, einer von Karthago beeinflussten Region, ragt im Laufe des 5. Jahrhunderts ein Produktionszentrum von Grabmosaiken besonders hervor, dessen bedeutendste Zeugnisse am Fundplatz Furnos Minus entdeckt wurden. Mit der Darstellung einer allegorischen Bildwelt (der Garten mit vielen Vögeln, in dem das ewige Wasser fließt) und biblischer Themen drücken diese im Bardo aufbewahrten Mosaiken die Teilhabe des Christen am göttlichen Heil und seinen Glauben an Christus aus. Das signifikanteste Beispiel dieser „Schule" ist das Grabmosaik des Flavius Vitalis, der während der Vandalenzeit das Amt des *flamen perpetuus* (die Amtsbezeichnung lässt sich auf eine Priesterwürde heidnischer Zeit zurückführen) in Furnos Minus innehatte.

Am Cap Bon haben die Mosaikwerkstätten des 5. Jahrhunderts sowohl ästhetische als auch technische Neuerungen eingeführt. Das dortige Produktionszentrum war Clipea, das heutige Kelibia. Die bemerkenswerteste Gruppe bringt Gärten mit Vögeln, Pfauen und Rosen, die als Streumuster Kantharos-Darstellungen umgeben, geradezu meisterhaft zur Abbildung. Es ist eine metaphorische Sprache, die die Freude und das Glück des Gläubigen, Teil der Kirche Christi zu sein, zum Ausdruck bringt. Gegen Ende des 5. Jahrhunderts hat die sogenannte Cap Bon-Schule einen anderen Typ von Grabmosaik mit dreiteiliger Komposition hervorgebracht: Ganz oben steht das Symbol Christi – oft ein Christogramm – als wichtigstes Dekorelement. Manchmal überdeckt es eine agnostische Krone. Die in der Mitte stehende Inschrift ist manchmal auf ei-

ner *tabula ansata* (einer Inschriftentafel mit Henkeln) angebracht. Der zusätzliche „vegetabile" Dekor nimmt schließlich den unteren Teil des Feldes ein. Dieses typische Gestaltungssystem fand weite Verbreitung, besonders auch an der Küste des Cap Bon. Einer anderen Werkstatt aus der Region um Hammamet verdankt man eine Reihe von nicht besonders originellen Grabmosaiken, die wahrscheinlich im 5. Jahrhundert in den Boden der Grabkirche von Pupput eingefügt wurden.

In Thuburbo Maius waren zwei im Boden der Basilika eingelassene Gräber von Mosaiken mit Grabinschrift und symbolischem Dekor bedeckt (der Darstellung eines Hängekreuzes, an dessen Ketten die apokalyptischen

> „Löscht in diesem Taufbecken die sündenbrennde Schuld! Eilt! Was zögert ihr? Die Zeit und die Stunde entflieht."
> Der Grammatiker Calbulus über die Taufe, *Carmen* 373

Buchstaben befestigt sind). Sie enthielten sehr reiche Grabbeigaben vandalischer arianischer Christen, insbesondere Schmuck (s. Kat. 305 f.). Diese Gräber sprechen für die Anwesenheit einer Mosaikwerkstatt, die lokale Aufträge wahrnehmen konnte.

Mosaik mit der Darstellung eines Kirchengebäudes: „Ecclesia Mater" (Mutter Kirche), Musée national du Bardo

Die Byzacena

Diese dem Vandalenreich direkt unterstehende Provinz entzog sich der Kontrolle der arianischen Kirche. Der aus ihr stammende Mosaikbestand ist durchaus mit dem aus Nordtunesien vergleichbar, orientiert sich aber im Allgemeinen an den Steinstelen, bei denen die

Versuch, aus der stilisierten Kirchendarstellung des Ecclesia Mater-Mosaiks den Raumeindruck eines zeitgenössischen Kirchenraums zu ermitteln

Grabinschrift überwiegt, wie es die Exemplare aus der Region Sbeïtla-Jilma zeigen (Grabmosaike der Bischöfe Honorius und Milicus). Eine der charakteristischsten Gruppen wurde jüngst in einem Hypogäum, einem unterirdischen Grabgewölbe, in Lamta entdeckt. Sie weist Porträts von jungen idealisierten Verstorbenen auf, von denen einer als Orpheus dargestellt ist – geradezu eine Heroisierung von Kleinkindern in der Kunst. Aus demselben Fundplatz stammt eines der seltenen durch die vandalische Kalenderrechnung datierten Mosaiken.

Durch ihre reiche Ikonografie und Komposition ragen in der vandalenzeitlichen Byzacena noch andere Mosaikschulen heraus. Die Sammlung im Museum von Enfida wäre zuerst zu erwähnen. Sie kam am Anfang des 20. Jahrhunderts bei den Ausgrabungen der Basilika von Uppenna zutage und scheint aus einer lokalen Schule herzurühren. Im Gegensatz zu den Exemplaren aus der Metropole Hadrumetum (Sousse) zeichnet sich diese Sammlung durch neuartige Kompositionen aus. Die Mosaiken von Uppenna bestehen aus Steinchen in fein abgestuften Farben und weisen einen ganz eigenen Stil auf. Ihr Repertoire ist dekorativ und symbolisch: die christliche Glückseligkeit assoziierende Rosen, der Kantharos als Lebensquelle, das an den ewigen Glauben in Christus erinnernde konstantinische Christogramm und

Grabmosaik des Abdeu-
duccis, s. Kat. 204

geometrische Motive. Zu den herausragenden Stücken dieser Serie gehören die Grabmosaike zweier Bischöfe, von denen einer mit Namen Honorius in der Liste der 484 vom Vandalenkönig Hunerich geladenen Bischöfe nachgewiesen ist. Diese Werke zeugen auch von der Langlebigkeit der gesellschaftlichen Einrichtungen und der Bedeutung des Ölbaums in der Wirtschaft der damaligen christlichen Gesellschaft, wie zum einen aus dem Inschriftformular des Grabmosaiks des lokalen Ädils Iulius Honorius (zur Vandalenzeit als *flamen perpetuus* ein Funktionsträger in der Stadt Uppenna) zu entnehmen ist, zum anderen dem eines mit neunzig Jahren verstorbenen Besitzers von viertausend Ölbäumen – *P(ius) V(ir) Dion*, „Dion, ein frommer Mann".

Eine weitere Gruppe von herausragender Qualität wurde in Sfax und Acholla freigelegt. Die Mosaiken sind in warmen Tönen ausgeführt und schließen neben klassischen Kompositionen auch idealisierte Grabporträts ein, mit dem Bestreben, den Ausdruck der geschminkten und weit geöffneten Augen in Erwartung der Auferstehung realistisch wiederzugeben. Ein guter Vergleich dazu ist das Mosaik der Frauenbestattung von Acholla, das eine junge Verstorbene mit reicher Tracht darstellt (s. Kat. 201).

Dieser Überblick über die Schwerpunkte der Grabmosaikproduktion in Tunesien während der sogenannten dunklen Jahrhunderte der Spätantike kann nicht den Anspruch erheben, vollständig zu sein. Unser Ziel war es, sowohl die Kontinuität hervorzuheben, die damals die künstlerischen und wirtschaftlichen Aktivitäten prägte, als auch – in bescheidenerem Masse – die althergebrachten Ideen über die katastrophale Lage Afrikas in der Vandalenzeit infrage zu stellen.

Lit.: Duval 1976 – Dunbabin 1978 – Ghalia 1998 – Ghalia 2001 – Béjaoui 2006 – Ghalia 2008

Grabmosaik des Amicoru. Der Verstorbene ist zwischen Kerzen und Rosen dargestellt, Musée national du Bardo.

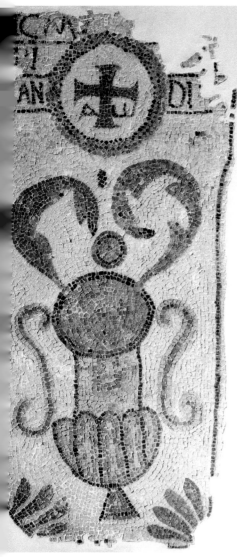

Kat. 197

Kat. 197
Grabmosaik
*Thala, aus dem Boden der Apsis
einer Kirche
Ende 5./Anfang 6. Jh.
H. 203 cm, B. 98 cm
Tunis, Musée national du Bardo,
Inv. A.332*

Oben eine kurze lückenhafte Inschrift:
Hic memoria [...] or [...]/brandini um
einen Kranz, in den ein lateinisches Kreuz
und die Buchstaben Alpha und Omega
eingeschrieben sind. Der Hauptdekor
besteht aus einem sehr stilisierten
Kantharos aus dem zwei Akanthusranken
ragen – ein Symbol des Lebensquells, des
christlichen Glaubens.

T.G.

Kat. 198
Grabmosaik
*Demna, aus der Kirche
5. Jh.
H. 177 cm, B. 76 cm
Tunis, Musée national du Bardo, Inv. 3430*
Imposanter Rand aus Akanthusranken,
versehen mit Rosen, die abwechselnd in
Blüte und als Knospen dargestellt sind.
Der Hauptdekor kündigt den Triumph des
Christentums an und beschränkt sich auf
eine agnostische Krone mit Palmzweigen
und Schleifenlinien, darüber ein Strauro-
gramm, zusammen mit den Buchstaben
Alpha und Omega.
Im Zentrum die Grabinschrift: *Paulina
vixi(t) / annis LXX d(ecessit) pri(die) /
idus octobres.* Weiterer Dekor wird durch
zwei Vögel, eine Rose, eine Weinrebe und
geometrischen Blumenzierrat gebildet.
Mosaikschule von Kelibia.

T.G.

Kat. 199
Grabmosaik
*5. Jh.
H. 177 cm, B. 48 cm
Tunis, Musée national du Bardo, Inv. A.34*

Gerahmt von einer Wellenlinie (Marmor,
Kalkstein, Glaspaste). Oben ein lateinisches Kreuz in einem Kranz. Durch die
Inschrift ist das Sterbedatum der jungen
Toten namens Billatica in der Regierungszeit Geiserichs fixiert: *Billa/tica vixit /
annis / XVIII pl(us) m(inus) requi/ebit /
in pace / die VI / k(a)l(endas) iuli/as an/
no XX/VIIII.*

T.G.

Kat. 199

Kat. 198

Kat. 200 *(Abb. s. S. 210)*
Grabmosaike

Thabraca/Tabarka, Kapelle der Märtyrer
5. Jh., vandalenzeitlich
H. ca. 200 cm
Tunis, Musée national du Bardo,
Inv. A.309 und A. 315

Zwei miteinander verbundene Grabmosaike von denen das besser erhaltene
das des Diakons Crescentius ist. Es spielt
auf den Kult der Märtyrer und dessen
herausragende Rolle in der Verbreitung
des Glaubens im Herzen der afrikanischen
Gesellschaft an: *Angelorum hospes /*
martyrium comes / vitamque spirans
/ placidam ad te. Sanc/te profectus,
sit nost/ri memor grata pie/tate qua
solet. Crescentius diac/(onus) in pace,
red(didit) III kal(endas) Aug(ustas).
Der Bildschmuck unter der Inschrift
symbolisiert durch Fische, ein Schiff und
ein Christogramm das Seelenheil des
Verstorbenen sowie seine Verbundenheit
mit Christus und der Kirche.
Das zweite Grabmosaik ist nur sehr
fragmentarisch erhalten. Es bestand aus
einer langen Grabinschrift unter einer
Darstellung eines Lamms als Symbol
des Gläubigen. Unten ein Vogel und eine
Rose. Die beiden gleichzeitigen Mosaike
gehören in die Vandalenzeit.

T.G..

Kat. 201 *(Abb. s. S. 272)*
Grabmosaik

Acholla, nordwestlicher Nekropolenbereich
5. Jh.
H. 206 cm, B. 100 cm
Tunis, Musée national du Bardo,
Inv. A.226

Die Inschrift über der Verstorbenen ist
in Großbuchstaben verfasst: *Dulcissima*
filia Natalica bixit in pace annis X m/
enses VIII, dies XXI / rep(osita) VIII idus
oct(obres).
Der Dekor besteht aus einem Lorbeerkranz auf schwarzem Grund, bekrönt von
einem Monogrammkreuz, der den Kopf
des idealisierten Porträts der mit Ohrrin-
gen geschmückten Verstorbenen rahmt.

Sie trägt eine lange Tunika mit schwarzen
clavi und bestickten Ärmeln. Ein Gürtel
mit einer Schnalle mit Cabochons fasst
das Gewand in der Hüfte zusammen. An
ihren Füßen trägt sie rote Schuhe. Die
Gestalt wird von zwei brennenden Kerzen
als Glaubenssymbolen flankiert. Mosaikschule der Gegend von Sfax.

T.G.

Kat. 202
Grabmosaik

Thabraca/Tabarka, Westnekropole
Ende 5. Jh.
H. 138 cm, B. 63 cm
Tunis, Musée national du Bardo, Inv. A. 51

Oben die Inschrift in einer Kartusche mit
Schwalbenschwanzdekor: *Abundantia*
in pace. Im Bildfeld, gerahmt von einer
gezahnten Begrenzungslinie, findet sich
die Darstellung der jungen Verstorbenen
Abundantia als Betende in einer langen,
mäanderdekorierten Tunika mit Gürtel. Um
ihre Schultern liegt ein Schal aus Leinen (?).
Weißer Hintergrund mit Taube und Fisch.
Unten ein paar Vögel und Rosenstengel.

T.G.

Kat. 203
Grabmosaik

Ende 5./Anfang 6. Jh.
H. 116 cm, B. 54 cm
Tunis, Musée national du Bardo, Inv. A.61

Die obere Inschrift befindet sich in
einem Rahmen: *Crescentia in pace.* Die
jugendliche Verstorbene trägt kurzes Haar
und eine Tunika mit *clavi*, die in der Hüfte
durch einen Gürtel mit Metallschließe
geschürzt ist. Zu beiden Seiten Crescen-
tias finden sich symmetrisch dargestellte
Rosen, Tauben und zwei brennende
Kerzen als Symbole des ewigen Glaubens.
Werk der Schule von Tabarka.

T.G.

Kat. 204 *(Abb. s. S. 277)*
Grabmosaik
*Thabraca/Tabarka, Westnekropole des
christlichen Viertels*
Ende 5. Jh.
H. 130 cm, B. 71 cm
Tunis, Musée national du Bardo, Inv. A.64
Die Inschrift (*Abdeuduccis in pace*) steht
über dem Porträt des jugendlichen Verstorbenen, der in frommer Haltung dargestellt ist: mit ausgebreiteten Händen und
weitgeöffneten Augen, in Erwartung der
Auferstehung. Seine Bekleidung besteht
aus einer langen Tunika mit *clavi* und
segmenta. Um seinen Hals trägt er einen
weißen Schal. Zu seinen Füßen befindet
sich ein Lamm, ein Symbol des Gläubigen.
Links und rechts von ihm Tauben. Werk
der Schule von Tabarka.

T.G.

Kat. 205
Grabmosaik
*Thabraca/Tabarka, östliche Einfriedung
der Kathedrale der Stadt*
5. Jh.
H. 170 cm, B. 83 cm
*Tunis, Musée national du Bardo,
Inv. A.48*

Oben kurze Inschrift: *Iovinus dulcis in
pace*. Der Verstorbene betet mit ausgebreiteten Händen und trägt eine Tunika
mit *obiculi* und einen Kapuzenmantel.
Den symbolischen Schmuck des Mosaiks
bilden Rosen und Tauben.

T.G.

Kat. 205

Kat. 206
Grabmosaik

Thabraca/Tabarka, Ostnekropole
5. Jh.
H. 188 cm, B. 102 cm
Tunis, Musée national du Bardo,
Inv. A.83

Grabmosaik des Lollianus, der in einem
Bleisarg unter dem Mosaik ruhte. Oben
die Inschrift *Lollianus in pace*. Naturalis-
tischer bukolischer Dekor in Registern.
Oben ein guter Hirte mit zwei Lämmern.
Im zweiten Register ein an eine Zypresse
gebundenes Pferd. Das folgende Register
zeigt Symbole von Seelenheil und Glückseligkeit. Unten eine Zone mit Fischen an
Angelschnüren. Die klassische Ikonografie
scheint die durch den christlichen Glauben
transformierte Erde zu evozieren. Werk
der Mosaikschule von Tabarka.

T.G.

Kat. 207
Mosaik

El Ouara, Basilika, Mittelschiff zwischen
Chorraum und Gegenapsis
6. Jh.
H. 168 cm, B. 173 cm
Sbeïtla, Musée de Sbeïtla

Das Mosaik zeigt zahlreiche Motive, die
mit dem Sakrament der Taufe in Verbindung gebracht werden: Die Hirsche und
die Schafe können für Christus stehen,
der Kantharos, aus dem die Hirsche
trinken, symbolisiert die Lebensquelle. Die
Bäume mit den schirmartigen Fortsätzen
im Hintergrund werden als Lebensbäume
gedeutet. Die Tauben neben dem Kreuz
sind Symbol des Heiligen Geistes, der
bei der Taufe Jesu in Gestalt einer Taube
auftrat.

Lit.: Béjaoui 2001a, 1491.　　　F.F.

Kat. 207

Kat. 208

Kat. 208
Mosaik mit Fischen und
Meerestieren

El Ouara, Basilika
6. Jh.
H. 152 cm, B. 168 cm
Sbeïtla, Museé de Sbeïtla, ohne Inv.

Auf dem bunt gehaltenen Mosaik sind
verschiedene Fischarten und andere Mee-
restiere dargestellt.
Der Fisch mit seinem Hinweis auf die
Wassertaufe galt als das Erkennungszeichen der frühen Christen und wurde zu
einem bis heute weitverbreiteten Symbol
in der christlichen Kunst. Die Häufigkeit
von maritimen Szenen erlaubt jedoch
nicht, jede entsprechende Darstellung im
christlichen Sinn zu interpretieren. Derartige
Bilder drücken vor allem Lebensfreude
aus und besitzen paradiesischen Charakter.

Lit.: Seibert 1980, 114–155. – Beck / Bol 1983,
249–257. **M.R.**

Kat. 209
Mosaik mit Kantharos
und Weinranken

El Ouara, Basilika
6. Jh.
H. 140 cm, B. 122 cm
Sbeïtla, Museé de Sbeïtla,
ohne Inv.

Kat. 209

VICENTIVS FIDELIS
IN PACE VICXIT ANN XX
RESTITVTVS FIDELIS
IN PACE VICXIT ANN XXX
VR K IVNI VIII R
XIIII K MAIAS

FRÜHES CHRISTENTUM IN NORDAFRIKA

Archäologische Zeugnisse einer christlichen Lebenswelt

von Rainer Warland

Das Christentum hat Nordafrika sicherlich von Rom, zu dem enge Verbindungen bestanden, erreicht. Obwohl Nordafrika nicht zu den Regionen gehört, die sich auf eine apostolische Missionierung berufen können, setzt das frühchristliche Schrifttum bemerkenswert früh und intensiv ein. Aus der Zeit der Christenverfolgungen des 3. Jahrhunderts sind die Akten der Märtyrer von Scilli erhalten – in der besonders authentischen Form von Mitschriften der Verhörprotokolle. Perpetua und Felicitas, auch in Rom hochverehrte Märtyrerinnen, haben im Amphitheater von Karthago 203 den Märtyrertod erlitten; auch dies ist schriftlich festgehalten worden. Das Glaubenszeugnis der Märtyrer begründete von Anfang an das Selbstverständnis und die Identität des nordafrikanischen Christentums. Im 3. und 4. Jahrhundert bietet die lateinische Textüberlieferung Nordafrikas dann fundamentale Beispiele dessen, was das Christentum von den anderen Kulten der Antike unterscheidet: die Ausbildung einer Theologie. Das *Apologeticum* Tertullians (ca. 160–220), die Briefe eines Cyprian von Karthago (Bischof 248/49–258) und das immense, schon zu Lebzeiten geordnete Schrifttum des Augustinus (354–430; Vita des Possidius) liefern Erörterungen und Reflexionen zu Amtsverständnis, Ethik und Gotteslehre.

Zeugnisse der Vandalenzeit: Sichtungen

Demgegenüber stehen die archäologischen Zeugnisse des nordafrikanischen Christentums deutlich zurück – sowohl für die Zeit der Verfolgung im 3. Jahrhundert

⇦ Mosaikepitaph des Vicentius und Restitutus, s. Kat. 210

wie auch für die neue Ära einer christenfreundlichen Religionspolitik seit Konstantin (nach 312), erst recht aber für das Königreich der Vandalen (429–533) selbst. Die vandalische Herrschaft belastete Nordafrika mit einer schweren innerchristlichen Kontroverse. Kaum dass die Spaltung der Gemeinden durch den Donatismus mit der Konferenz von 411 beigelegt worden war, brach nun eine Konfrontation in der Gotteslehre aus. Die Vandalen waren Arianer, die in die Beschlüsse des Konzils von Nicäa 325 nicht einbezogen waren, da sie nicht zum römischen Staatsvolk gehörten. Christus war für sie ein göttliches Halbwesen. Er war aber nicht von gleichem Wesen wie der Vater. Auch der Geist wurde nicht als Wirkungsweise des einen dreifaltigen Gottes verstanden. Wenn der Umgang zwischen Arianern und Katholiken – in diesem Kontext fällt erstmals der heute geläufige kirchliche Begriff – andernorts eher zu einem Nebeneinander der Gemeinden führte, zeigt dies, dass der Konflikt in Nordafrika politisch-sozial grundiert war und als Teil der Herrschaftssicherung der vandalischen Führungsschicht ausgetragen wurde. Einer der Ersten, der von den neuen Mechanismen der Unterdrückung und Vertreibung der Vandalen betroffen war, war der Bischof Quodvultdeus von Karthago, der 439 verbannt wurde (Victor von Vita, *Historia persecutionis* I, 12–18). Er fand seine Zuflucht in Neapel. In der Bischofsgruft von San Gennaro in Neapel wurde ihm eine ehrenvolle Bestattung zuteil. Sein Bildnis im Mosaiktondo eines Arkosols, das ein veristisches Porträt eines dunkelhäutigen Afrikaners zeigt, liefert ein eindringliches Bilddokument vom Beginn des Religionskonfliktes.

Wenn die Zahl der Kirchen und Ausstattungen, die sicher der Vandalenzeit zuzurechnen sind, vergleichsweise gering ist, so hat dies seine Ursache in zwei Gründen: Zum einen gibt es keine arianische Kirchenarchitektur

Bischof Quodvultdeus von Karthago, Grabmosaik in Neapel

oder Ikonografie, die aus sich heraus erkennbar wäre. Selbst in Städten wie Ravenna ist eine Unterscheidung arianischer und katholischer Kirchen aufgrund der Ausstattung nicht möglich. Als 561 die arianische Hofkirche des Gotenkönigs Theoderich, Sant' Apollinare Nuovo in Ravenna, rekatholisiert wurde, tilgte man die Figuren der arianischen Herrscherfamilie, die Mosaiken Christi aber beließ man unverändert. Die Erkennbarkeit vandalischer Kirchen in Nordafrika basiert somit ausschließlich auf datierenden Bau- und vor allem Grabinschriften. In jüngerer Zeit sind im Hinterland zwischen Haïdra und Thelepte bemerkenswerte Neufunde zur Vandalenzeit gelungen: der Kirchenbau von Henchir el-Gousset, datiert 521 durch eine Bauinschrift (s. Kat. 286), und El Erg, mit einer Grabinschrift von 517 (s. Kat. 140).

Eine zweite Ursache liegt darin, dass nach 533, nach der byzantinischen Eroberung Nordafrikas (Prokop, *Vandalenkriege*), die älteren Kirchen der Vandalenzeit eingreifend umgestaltet wurden. Im 6. Jahrhundert setzte eine intensive Bautätigkeit ein, die die älteren

Befunde durch Umbauten uminterpretierte und mit gesteigerter künstlerischer Ausstattung überformte. Der wirtschaftliche Aufschwung und die Intensivierung der Baumaßnahmen scheinen allerdings bereits im späten Vandalenreich eingesetzt zu haben, wie etwa die genannten Funde vandalischer Kirchen in den ländlichen Bergregionen bei Thelepte zeigen. Die neue Monumentalisierung der Kirchenausstattung, die neuartige Bauornamentik und die Aufwertung der Bildausstattungen tragen nach 533 ausgehend von Konstantinopel deutlich die Prägung der frühbyzantinischen Reichskunst. Nach Zeiten des Tradierens und Bewahrens erhielt die Bildkunst Anschluss an die Neuerungen der christlichen Kunst des Mittelmeerraumes.

Im Folgenden soll der Blick nicht auf die Spurensuche nach vandalischer Identität beschränkt, sondern das Interesse grundsätzlicher auf die Art der Zeugnisse dieser frühchristlichen Lebenswelt des 5. und 6. Jahrhunderts gerichtet werden. In der Forschung wird die Inkulturation des Christentums längst als ein komplexer Vorgang gesehen, der unter den ethnischen und regionalen Bedingungen der Lebenswelt, der Ressourcen, Techniken und tradierten Werkverfahren, der gesellschaftlichen Prägung und der Mentalitäten der Führungsschichten in Rom, Gallien, Kleinasien oder Nordafrika ganz unterschiedlich verlief. Die spezifischen Felder der frühchristlichen Kunst Nordafrikas sind dabei in den Bereichen von Kirchenbau, Liturgie, Baptisterien, Märtyrerkult und Grabwesen zu finden. Die markanteste Eigenart aber ist die allgegenwärtige Mosaikkunst, sei es in Form von Mosaikinschriften, Boden- und Grabmosaiken.

Der nordafrikanische Kirchenbau: Altäre im Kirchenschiff

Der Kirchenbau als öffentliche Bauaufgabe bedient sich der mehrschiffigen, gerichteten Basilika. Auffällig für Nordafrika ist besonders die Vielzahl der Schiffe: Drei, fünf oder gar neun Schiffe begründen als Würdeform die Bedeutung der Kirchen des 5. Jahrhunderts (Tipasa, Haïdra, Karthago), wobei nach regionaler Konvention Doppelstützen das Mittelschiff auszeichnen. Selbst wenn die Zahl der Seitenschiffe reduziert wurde und die mittlere lichtführende Obergadenwand die seitlich angrenzenden Eindachungen nur mäßig überragen musste, finden sich im Mittelschiff Pfeilerbündel oder Kombinationen von Säule und Pfeiler. Das *Opus africanum*, eine Art Steinfachwerk mit Quadern zur Aussteifung der tragenden Wandstücke, führt eine örtliche Baukonvention der römischen Kaiserzeit fort. In der Regel sind Flachdecken über den Schiffen zu ergänzen. Einzelne kleinere Kompartimente konnten auch durch Leichtgewölbe geschlossen werden. An allen Grabungsplätzen sind in großer Zahl Tubuli, Tonröhren für derartige tragende Leichtgewölbe, anzutreffen. Diese ineinandergesteckten Röhren sind im Mittelmeerraum weit verbreitet und beispielsweise auch beim Baptisterium der Orthodoxen in Ravenna eingesetzt worden. Le Kef und Haïdra bieten mit Schirmgewölben aus zusammenlaufenden Rippen besonders aufwendige Apsidenwölbungen des 6. Jahrhunderts. Kompliziertere Grundrisse mit einer Durchkreuzung der Schiffe und der Ausbildung einer Vierung

finden sich erst im 6. Jahrhundert (Sbeïtla VI; Karthago, Damous el-Karita).

Als nordafrikanische Eigenart erweist sich sodann die liturgische Erschließung dieser Basiliken. Die erhöhten, durch Treppen zugänglichen Apsiden boten in der Regel ein Podium mit der Sitzbank für den Klerus (Synthronon). Der Altar war dagegen im Mittelschiff in einem mit Schranken abgetrennten Bereich installiert. Mitunter konnte dieser Altarraum erhebliche Teile des Mittelschiffes einnehmen. In den Kirchen des 6. Jahrhunderts erhielt dieser Altarbereich in einem ausgesonderten Bereich oftmals ein Gegenstück für die Märtyrerverehrung. Dieses „Martyrium" konnte in monumentalen Mosaikinschriften der Namen der Märtyrer gedenken (Haïdra, Uppenna). In einigen Fällen wurden unter den Mosaikböden auch Reliquiare mit Reliquienpartikeln angetroffen. Silberne Dosen (Capsella africana, heute in der Bibliotheca Vaticana), elfenbeinerne Pyxiden oder

Grabmosaik eines kleinen Mädchens, verstorben im Alter von vier Jahren, Musée national du Bardo

Christliche Inschriften aus Tunesien

von Liliane Ennabli

Grabinschrift aus Karthago. *Dagamer / fidelis in pa/[c]e[...]*

Die christliche Epigrafik der antiken Provinz Africa proconsularis besteht hauptsächlich aus Grabinschriften und Weiheformeln in Kirchen.

In Karthago ist der Bestand an christlichen Inschriften zwar sehr umfangreich, dafür aber stereotyp. Andere Orte wie Sbeïtla oder El Faouar (Belalis Maior) weisen hingegen originelle Formulare auf, die in den Grabinschriften einige Auskünfte über einzelne Personen liefern.

Jede Fundstätte kennt individuell typische Inschriften. Die Originalität zeigt sich in der Präsentation, der Schreibweise und in festen Formulierungen – ganz zu schweigen von äußeren Gegebenheiten wie dem Schriftträger: Mosaik oder Steinplatte, Steinkiste, Sarkophag, Ziegel von *loculi* (Grabnischen), Graffiti. Im südlichen Sahel und am Cap Bon ist das Grabmosaik sehr beliebt. Graffiti sind in den Katakomben von Sousse am zahlreichsten.

Einige Charakteristika sind jedoch allen Inschriften dieses Landes gemeinsam: Sie sind sehr selten datiert. Nur wenige lassen sich durch die Nennung von Konsuln exakt zeitlich einordnen (Sousse, Lamta).

Etwa zehn Inschriften aus der Vandalenzeit weisen eine Jahreszählung auf. Karthago wurde 439 von den Vandalen eingenommen, und dieses Datum markiert den Beginn einer neuen Zeitrechnung (*anno N Karthaginis*), die mit derjenigen nach König Geiserich zusammenfällt. An anderer Stelle wird die Zeit durch Nennung der Königsnamen präzisiert: *anno N Domini Regis* ... Mit Ausnahme von Hunerich, dem großen Verfolger der katholischen Kirche, finden sich alle übrigen Könige genannt.

In byzantinischer Zeit wird manchmal der Name des Kaisers angegeben, allerdings verwendet das gewählte Datierungssystem die sog. Indiktion (einen Zeitraum von 15 Jahren) und ermöglicht daher keine durchgehende Jahreszählung.

Im 11. Jahrhundert erscheint in Kairouan die universale Zeitrechnung, gefolgt von der als Bezugspunkt weiterhin verwendeten Indiktion.

Bei einer fehlenden Datierung bilden verschiedene Kriterien wie paläografische Charakteristika und die Entwicklung des Formulars die Grundlage für die zeitliche Einordnung. Aber die lokalen, sehr vielfältigen Eigenheiten erlauben keine Herausarbeitung allgemeingültiger chronologischer Fixpunkte.

In der Vandalenzeit zeichnet sich ganz klar ein Bruch in der Qualität der Schrift ab. Die Buchstaben können auf demselben Stein verschiedene Linienführungen annehmen, deren Höhe stark variieren kann. Manchmal ist der Schriftzug ziemlich regelmäßig, aber seine Anordnung ohne System (s. Abb. links).

Das Formular kann alle Möglichkeiten aufweisen: Name allein; Name und *in pace*; Name und *fidelis in pace*; Name

fidelis in pace und Alter. Das Anbringungsdatum kann folgen oder kommt unmittelbar nach *fidelis in pace*.

Die vielen Abkürzungen werden durch einen Balken über dem letzten Buchstaben oder ein kleines S angezeigt. Dabei kommen auch oft Ligaturen (Verbindung mehrerer Buchstaben zu einer Einheit) vor.

Ein häufig in der Mitte oder am Anfang der Grabinschrift verwendetes Symbol ist das griechische Kreuz mit gleich langen Balken, meistens umgeben von einem Kreis, aber auch das Monogramm-Kreuz.

Form und Größe der Steinplatten können stark variieren. Die Inschrift bedeckt die ganze Fläche und oft kommen mehrere Inschriften auf demselben Stein vor.

Der vandalische Namensschatz ist kaum bekannt. Aus Karthago kennt man die Namen *Agisildis*, *Dagamer* (s. Abb. oben), *Geddo*, *Hostrildis* (s. Kat. 327 f.), *Tanca*, *Vilimut* (s. Kat. 158), *Valarit*.

Einige kleinere ländliche Kirchen und Nekropolen, die im Süden des Landes kürzlich entdeckt wurden – in der Region von Thelepte und Jilma, in Henchir el Gousset –, lassen auf einen großen Klerus in der Vandalenzeit schließen.

Lit.: Béjaoui 1989 – Béjaoui 1991 – Béjaoui 1995 – Duval / Prévot 1975 – Duval 1987 – Ennabli 1975 – Ennabli 1982 – Ennabli 1991 – Ennabli 2000 – Prévot 1984

Kalksteinplatte aus Saniet Khodja in Karthago (Ennabli 1991, 586). *Godilius / vixit in pa/ce annos / XX*

Steinkisten mit eingearbeiteten Fächern sind dabei zutage gekommen. Im Martyrium der Candidusbasilika in Haïdra werden Namenslisten aufgeführt, die nicht durch die literarische Überlieferung bekannt sind. Alle diese Zeugnisse dokumentieren die intensive Memorialkultur Nordafrikas in der Spätantike. Es fällt dabei allerdings auf, dass keine Märtyrerverzeichnisse aus der Verfolgung der Vandalenzeit anzutreffen sind, sondern die Verehrung stets den Märtyrern der diokletianischen Verfolgung (304/05) gilt.

Auch die zahlreichen Kirchen mit Doppelapsiden erklären sich aus dem intensiven Märtyrergedenken. Bei der Anfügung einer zweiten Apsis handelt es sich in der Regel nicht um eine „Gegen"-Apsis, sondern um eine nachträgliche Anfügung mit besonderer Funktion, z. B. für Gräber von Märtyrern oder zu ehrenden Verstorbenen. Derartige kapellenartige Raumeinheiten konnten auch durch eine seitliche Anfügung an das Langhaus geschaffen werden, wie im Beispiel von Henchir el-Gousset. In frühbyzantinischer Zeit wurde auch bewusst eine geostete Apsis an bestehende Bauten hinzugefügt. Waren die älteren Kirchen allein durch Vorgaben und Achsen der städtischen Bauparzellen bestimmt, so setzte sich im 6. Jahrhundert generell die liturgische Ostung der Apsiden als Norm durch. Das Gebet der Gemeinde sollte zur aufgehenden Sonne hin, zum Paradies, gesprochen werden.

Taufbecken aus Mosaik: lebensspendendes Wasser

Der Taufort erfährt von Anfang an eine Aufwertung durch einen eigenen Raum. Er konnte hinter der Apsis liegen, wie in der am besten erhaltenen tunesischen Doppelkirchenanlage von Sbeïtla (Sufetula), oder in einem seitlichen Nebenraum, wie in Sidi Jdidi mit seinen gestuften Bauphasen. Aus keiner Region des Frühchristentums sind jedoch so vielfältige Schmuckformen mosaizierter Taufbecken (*piscinae*) erhalten wie aus Nordafrika. Die in den Boden eingetieften Becken besaßen eine Achse, die der Täufling hinabsteigend und, nach der Übergießung mit Wasser, wieder aufsteigend durchschritt. In

Mosaik aus Junca/Younga, das den Lebensbrunnen mit den vier Paradiesesströmen zeigt. Musée national du Bardo

Terra sigillata in Mainz

von Fathi Béjaoui

„… und sie erkannten, dass sie nackt waren." Adam und Eva

Die hier behandelten Teller stammen ursprünglich aus Mitteltunesien, wo mehrere Herstellungszentren solcher Keramik um El Alla bei Kairouan nachgewiesen wurden. Sie befinden sich heute im Römisch-Germanischen Zentralmuseum in Mainz.

Es handelt sich um eine rein afrikanische Produktion des späten 4. und frühen 5. Jahrhunderts, die von den Fachleuten als „Sigillata C" bezeichnet wird und sich durch einen feinen orangeroten Ton und eine Reliefapplikenverzierung auszeichnet. Deren Motive wurden separat hergestellt und vor dem Brand auf die zu verzierende Fläche appliziert. Die Teller haben einen mittleren Durchmesser von 17 cm und sind 4,5 cm hoch bzw. tief.

Die Mainzer Stücke bieten eine große Themenvielfalt: Blumen- und Tiermotive, vor allem auch mythologische Erzählungen (die zwölf Taten des Herkules, Venus, Mithras, Orpheus) oder Szenen mit Wagenrennen und Gladiatorenkämpfen. Aber die besonders bemerkenswerten Darstellungen stammen aus der biblischen Überlieferung des Alten und Neuen Testaments. Die Mainzer Sammlung ist bisher die einzige, die so viele biblische, in anderen Kunstgattungen manchmal überhaupt nicht vorkommende Motive bietet. Szenen aus dem Alten Testament nehmen in der afrikanischen Keramik insgesamt (Lampen, Teller, Schalen, Vasen) einen besonderen Platz ein.

Ein Teller zeigt Adam und Eva schreitend und schamhaft ihr Geschlecht mit der rechten Hand bedeckend; eindeutig eine Darstellung der Vertreibung von Adam und Eva aus dem Paradies (*Genesis* 3,8). Zwischen beiden steht eine Gestalt in einer Tunika, wohl ein Bote Gottes, wie er in anderen biblischen Szenen, in denen Gott eingreift, dargestellt wird, so etwa bei der Darstellung der Opferung Isaaks durch Abraham. Die Szene folgt auf ihre Erkenntnis, dass sie nackt sind, und ist eher selten dargestellt.

Auf einer anderen Platte wird eine dem Opfer Abrahams – ein auf Tellern und Lampen verbreitetes Motiv – vorausgehende Episode dargestellt, die ebenfalls selten anzutreffen ist: Der Vater mit einem langen Messer und der Sohn mit einem Holzbündel auf dem Rücken sind auf dem Weg zum Ort des Opfers.

Das dritte Thema aus dieser Sammlung ist einzigartig in der christlichen Ikonografie, da es auf zwei voneinander unabhängige Begebenheiten zurückgreift: die drei Hebräer im Feuerofen (*Daniel* 3,26) – hier als Töpferofen dargestellt – und den vor Potiphars Frau fliehenden Joseph (*Genesis* 39,12). Eine Verbindung zwischen beiden Episoden kann dank eines Textes des Kirchenlehrers und Erzbischofs von Konstantinopel, Johannes Chrysostomos, aus dem 4. Jahrhundert hergestellt werden. In diesem wird das Feuer des Ofens, in den die drei Hebräer geworfen wurden, mit der Leidenschaft der Frau des Potiphar verglichen. Diese Geschichte kommt in vereinfachter Form noch zweimal auf einem anderen Stück aus Mainz vor. Sie muss bei den Afrikanern sehr beliebt gewesen sein. Dies trifft auch auf die Erzählung von den drei Hebräern zu, die auf mehreren Tellern erscheint (einer in Mainz). Der Ofen ist hier als großer Trog, aus dem glühende Flammen emporsteigen, wiedergegeben.

Ein weiteres, in anderen Kunstgattungen der Zeit selten auftretendes Thema ist das Urteil des Salomon (*1. Buch der Könige* 3,16-28). Die Geschichte findet sich hier sehr realistisch wiedergegeben: Der König thront vor der wahren (links) und der angeblichen Mutter des im unteren Teil der Platte liegenden Kindes, das auf Anweisung Salomons in zwei Teile zerschnitten werden soll.

Ein weiteres Sujet ist die Geschichte des Propheten Jona, die im gleichnamigen Buch des Alten Testaments geschildert wird. Der gesamte Erzählstoff wird hier dargestellt: Rechts befindet sich das Schiff, von dem aus die Matrosen Jona ins Meer werfen, der ihn verschlingende Wal wird als Seeungeheuer dargestellt, und dann folgt der selten dargestellte Moment, in dem Jona vor Wut entbrennt (*Jona* 3–4,2). Ganz links speit der Wal Jona aus, der in der nächsten Szene in der Kürbislaube ruht. Die letzte Szene erscheint wieder auf einem weiteren Teller zusammen mit dem Jona verschlingenden Seeungeheuer.

Die Jünglinge im Feuerofen und Potiphars Weib,
s. Kat. 244

Das Urteil des Salomo, s. Kat. 243

Die Geschichte von Jona, s. Kat. 241

Die Auferweckung des Lazarus, s. Kat. 249

Die Mainzer Sammlung bietet nur zwei Themen aus dem Neuen Testament. Die erste Darstellung zeigt die Heilung des Gelähmten (Matthäus 9,2–8). Dieser ist in der Mitte des Tellers zu sehen, wie er mit seinem Bett weggeht. Christus steht links und streckt befehlend seine rechte Hand aus, während er in der Linken ein langes Zepter als Würdezeichen hält. Rechts schließlich steht eine dritte Person, wahrscheinlich ein Jünger oder ein Apostel. Die zweite Darstellung behandelt die Auferweckung des Lazarus. Hier erscheint Christus wie in der vorigen Darstellung, das Grab des Lazarus ähnelt einem Mausoleum. Rechts steht Martha, die Schwester des Verstorbenen, die Jesus zu Hilfe geholt hatte (Johannes 11,39–44).

Diese wenigen Beispiele aus einem einzigartigen Material sind besonders wertvoll für unsere Kenntnis der christlichen Ikonografie und bezeugen ein profundes Wissen der Töpfer um die biblischen Texte. Durch diese religiösen Bilder konnte auch der durchschnittliche Afrikaner, der keine Gegenstände aus Edelmetall oder anderem kostbaren Material besaß, welche sonst oft als Medium für biblische Themen genutzt wurden, Zugang zur christlichen Religion erlangen.

Lit.: Weidemann 1990 – Béjaoui 1997

Das Taufbecken von Bekalta

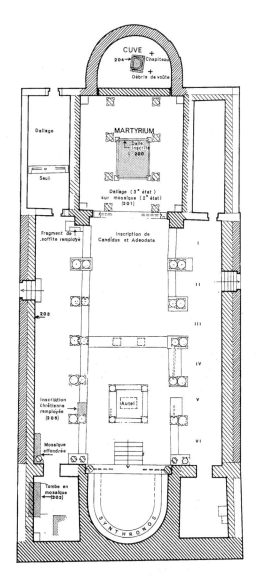

⇦ Grundriss der Candidusbasilika in Ammaedara/
Haïdra mit Altarstelle im Kirchenschiff und Gedächtnis-
ort der Märtyrer

diesem „Passagetypus" wurde der Täufling nach Paulus, Römerbrief 6, 3–8, in Tod und Auferstehung Christi
einbezogen, um als neuer Mensch in die Gemeinschaft
mit Christus aufgenommen zu werden.

Die besonders aufwendig gestalteten nordafrikanischen Taufbecken aus Demna-Kelibia (s. S. 336) und Be-
kalta/El Djem (s. Abb. oben) gehören dem fortgeschrittenen 6. und frühen 7. Jahrhundert an. Abgesehen von der
gesteigerten Schmuckwirkung und den beachtlichen Dimensionen fehlt auch hier ein zentraler Hinweis auf die
trinitarische Taufformel frühbyzantinischer Zeit. Auch die
Inschriften dieser Taufbecken des 6. Jahrhunderts sind
nicht tauftheologischer Natur, sondern Stifterinschriften
und Widmungen. Die Bilddekorationen sollten nicht allzu symbolisch aufgeladen interpretiert werden, sondern
als Schmuck und lebensspendende Verweise. Spätestens wenn Fische nicht nur einmal, sondern dreimal
oder sogar viermal an diesem Bildort auftreten, spielen
sie nicht nur auf den Namen Christi (*ichthys* = griech.
für *Jesus Christus Sohn Gottes Retter*) an, sondern
auf christliche Lebensfreude und Schöpfung (Wasser).

Die prächtigen Taufbecken in Mosaik sind fromme Werke um des Seelenheils willen, so wie andernorts, in Kleinasien oder Syrien, Kelche, Patenen und liturgisches Silber gestiftet wurden. Die Typologie des Passagetypus förderte freilich das Bewusstsein für die individuelle christliche Initiation, im Gegensatz etwa zu Rom und Oberitalien, wo große oktogonale Becken der Gemeinschaftstaufe in der Osternacht dienten. Die liturgische Praxis lag in der Spätantike generell in der Hoheit der jeweiligen Metropolitanbischöfe und entsprechend vielfältig waren Praxis und theologische Traditionsbildungen in der frühen Kirche.

Der Sarkophag von Lamta: eine christliche Jagdgesellschaft

Einen völlig anderen Zugang zur Christianisierung der spätantiken nordafrikanischen Lebenswelt eröffnet der Sarkophag von Lamta (Leptis Minor bei Sousse). Reliefierte Sarkophage, in der Regel Importstücke aus Rom, sind selten genug in Nordafrika. Der Sarkophag von Lamta war damit von vornherein ein prestigeträchtiges Stück. Er markiert um 370 n. Chr. das Ende der bedeutenden Gattung der römischen Jagdsarkophage. Im Kontext der fortschreitenden Christianisierung hielten sich diese thematisch „neutralen" Jagdthemen am längsten. Nun aber weist der tunesische Sarkophag auch christliche Themen auf, die wie kleine persönliche Hoffnungsbilder in den beherrschenden Figurenfries der Auftraggeber und Jagdgefährten eingeblendet sind. Es sind römische Themen, wie die *Dominus-legem-dat*-Gruppe mit Christus, Petrus und Paulus und eine einzelne Frau im Gebetsgestus (Susanna?), die hier eingefügt wurden. Nordafrikanischer Vorliebe entspricht dagegen die namentliche Benennung der Mitglieder dieser Jagdgesellschaft. Mit ihren Namensbeischriften erinnert sie an Jagdmosaiken des 5. Jahrhunderts im Bardo-Museum, die ebenfalls die einzelnen Figuren namentlich ausweisen. Secundinus und seine Frau Maziua, mit dem libysch klingenden Namen, nehmen auf dem Sarkophag von Lamta die Mitte ein. Die zentrale Begrüßungsszene kehrt tatsächlich auch auf einem libyschen Mosaik der Fattoria del Orfeo in Leptis Magna wieder (Aurigemma 1960 Taf. 107 u.

Leptis Magna, Hof des Orfeo

Leptis Magna, Hof des Orfeo (Detail)

112. s. Abb. S. 293): Eine Frau kommt mit Gefäßen dem zurückkehrenden Mann entgegen. In der Gesamtheit der vielen Szenenverknüpfungen rückt dem Sarkophag von Lamta das Mosaik des Dominus Iulius im Bardo Museum (4. Jh. n. Chr., s. Abb. S. 185) zur Seite. Beide spiegeln das Selbstverständnis der Oberschicht von Villenbesitzern und Grundherren wider, die im ausgehenden 4. Jahrhundert nun auch Christen waren.

Unzählige Grabmosaiken: Bilder vom Leben der Verstorbenen

Einen anderen Einblick in die Veränderungen der spätantiken Gesellschaft geben die Grabmosaiken, von denen einige Hundert vor allem in Tunesien erhalten sind. Die gerahmten Mosaikpaneele berichten von Lebensdaten, von Ämtern und gesellschaftlichem Status. Sie verwenden heilsversichernde Bildformeln wie das Christogramm, das Gemmenkreuz und den Kantharos zusammen mit individualisierten Frontalfiguren der städtischen Eliten. Ganze Felder und Raumeinheiten wurden mit diesen „mosaizierten Grabplatten" (Enfidaville, Tabarka) ausgelegt. Eine Besonderheit der nordafrikanischen Kirchen war die Zulässigkeit der Bestattungen im Kirchenraum und in Baptisterien, für die anderorts der Vorraum oder separate Räume zur Verfügung standen. In Mittelschiffen oder Apsiden der nordafrikanischen Kirchen finden sich Grabmosaiken von Klerikern, darunter zahlreiche Diakone, die als „rechte Hand" des Bischofs in der Spätantike besonderes Ansehen besaßen.

Auch im Alltagsleben des 5. und 6. Jahrhunderts gab es eine Präsenz der christlichen Bilderwelt durch Gebrauchskeramik der *Terra sigillata*-Ware, durch Öllampen mit biblischem Dekor und eine Vielzahl von gebrannten Tonplatten, die als Dekor der Fachdecken in Wohnhäusern dienten und in Unteransicht zu sehen waren. Letztere sind auch aus Spanien bekannt. Gemeinsam ist allen genannten Objekten die serielle Fertigung unter Einsatz von Modeln. Die Ikonografie wird durch einen wiederkehrenden Typenschatz an Motiven (Tiere, Blüten) und Einzelszenen (Adam und Eva, Abraham und Isaak, Christus mit der Frau am Jakobsbrunnen) beherrscht. Christus auf Aspis und Basilisk nach Psalm 91,13 („Über Schlangen und Ottern wirst du gehen und junge Löwen und Drachen niedertreten.") gehört zu den markantesten Christusthemen. Eine narrative Verknüpfung der Themen findet jedoch nicht statt. Selbst zum Neuen Testament und zu den vielen Märtyrerleben sind keine szenischen Bildfolgen bekannt. Angesichts des leicht eingängigen, begrenzten Bildrepertoires stellt sich die Vandalenzeit für die Bildkunst auch als Zeit des Bewahrens und des Stillstandes dar. Erst in frühbyzantinischer Zeit werden vielfältige neue Impulse in der Bildkunst wirksam. Wie umfassend sich das Erscheinungsbild der Kirchen damals änderte, lässt die aus Konstantinopel stammende Bauplastik nur erahnen, die später für die bedeutenden Moscheen in Kairouan und Tunis wiederverwendet wurde. Die Herkunft dieser Bauglieder lässt sich im Einzelnen nicht mehr rekonstruieren. Die Zahl der frühbyzantinischen Kirchenausstattungen des 6. Jahrhunderts muss jedenfalls beträchtlich gewesen sein.

Lit.: Aurigemma 1960 – Duval 1972 – Landes / Ben Hassen 2001 – Sodini 2002 – Tunis 2007

Kat. 210 *(Abb. s. S. 284)*
Grabmosaik
Demna, westlicher Teil des
linken Seitenschiffs der Kirche
1. Hälfte 5. Jh.
H. 220 cm, B. 162 cm
Tunis, Musée national du Bardo, ohne Inv.

Das Mosaik bedeckte zwei nebeneinan-
derliegende Gräber. Der Rand des Mosaiks besteht aus Ranken mit Weinreben
und Rosen und ist bevölkert von Vögeln.
Das Bildfeld ist mit einem Kantharos dekoriert, aus dem zwei Rosensträucher ragen,
sowie mit Vögeln, Rosenstengeln und
zwei Fischen. All diese Symbole spielen
auf die Gemeinschaft der Gläubigen, die
ecclesia, an.
Im Zentrum befindet sich eine kurze
Inschrift, bekrönt von einer Taube mit
Olivenzweig und umgeben von zwei
Rosen, die für das Seelenheil der beiden
Verstorbenen Vicentius und Restitutus
stehen, die kurz nacheinander verstorben sind: *Vicentius fidelis in pace*
vicxit an(nis) LXX / Restitutus fidelis
in pace vicxit an(nis) XXX / V(icentius)
r(equievit) k(alendas) iuni(as) VIII,
R(estitutus) r(equievit) XIII k(alendas)
maias. Ein qualitätvolles Werk, das aus
der Mosaikschule von Kelibia hervorgeht.

T.G.

Kat. 212   Kat. 213

Kat. 212
Sigillata-Scherbe
Fundort unbekannt
Zeitstellung unbestimmt
Ton, H. 14 cm, B. 12,3 cm
Carthage, Musée national de Carthage,
Inv. 09.11

Auf der Scherbe einer stempelverzierten
afrikanischen Sigillata ist eine kreuztragende
Person mit Palmette abgebildet. Diese
Darstellung stellt das übliche christliche
Motiv der Kreuzwache dar.

Lit.: Garbsch 1989, 140.   D.E.

Kat. 211
Sigillata-Scherbe
Fundort unbekannt
Ton, H. 16,5 cm, B. 20,2 cm
Carthage, Musée national de Carthage

Auf der *Terra sigillata*-Scherbe sind eine
unvollständig erhaltene Person mit Kreuz
und ein Baum dargestellt.

Lit.: Garbsch 1989, 143.   D.E.

Kat. 211

Kat. 213
Sigillata-Scherbe
Fundort unbekannt
Zeitstellung unbestimmt
Ton, H. 12 cm, B. 10,3 cm
Carthage, Musée national de Carthage

Die stempelverzierte Sigillata-Scherbe
zeigt eine kreuztragende Person und
einen Putto. Der Putto ist vollständig,
während die Person mit dem Kreuz nur
schlecht erhalten ist.

Lit.: Garbsch 1989, 140.   D.E.

Kat. 214
Sigillata-Scherbe
Nordafrika
5. Jh.
Ton
München, Archäologische
Staatssammlung, Inv. 1970, 1799

Das christliche Motiv zeigt die sog. Kreuzwache. Man erkennt einen Mann unter

Kat. 214

einem perlstabgesäumten Bogen mit
einem langen, kreispunzenverzierten –
wodurch vermutlich Edelsteinschmuck
angedeutet werden soll – Kreuz im linken
Arm. Die Scherbe stammt aus dem Mittelfeld einer Apostel-Platte.

Lit.: Garbsch / Overbeck 1989, 143.   D.E.

Kat. 215
Sigillata-Scherbe
Fundort unbekannt
Datierung unbestimmt
Ton, H. 8 cm, B. 8 cm
Carthage, Musée national de Carthage,
Inv. 47.414

Die *Terra sigillata*-Scherbe ist mit einem
Kreuz als zentraler Abbildung verziert.
Außerdem befinden sich auf diesem
stempelverzierten Fragment Darstellungen von Lämmern, die jedoch nur schwer
zu erkennen sind. Das Lamm ist seit dem
4. Jh. Symbol für Jesus Christus, den

Kat. 215

Kat. 216

Kat. 217

Johannes als „Lamm Gottes" (Joh. 1,29) bezeichnete. Des Weiteren versinnbildlicht es den Gläubigen, dessen Hirte Christus ist. Allgemein gilt das Lamm als Symbol der Reinheit, Unschuld und Geduld.

Lit.: Garbsch / Overbeck 1989, 139. – Béjaoui 1995 Abb. 130. **R.H.**

Kat. 216
Sigillata-Scherbe
Bordj el-Amri
Zeitstellung unbestimmt
Ton
Tunis, Musée national du Bardo, Inv. L Bordj el-Amri I. 903

Das Schalenfragment ist mit zwei Stempeln verziert. Die keramische Massenware mit schönem rotem Farbton zeigt zwei Christogramme, das am häufigsten verwendete Symbol für Jesus Christus. Die Ligatur XP verbindet die ersten beiden Buchstaben des Wortes Χριστός („Christus"). Die Laute „Ch" und „R" für den Namen Christus werden im Griechischen durch die Buchstaben X (Chi) und P (Rho) repräsentiert, die mit den lateinischen Buchstaben X und P optisch identisch sind.

Lit.: Mackensen 1998, 150. – Sachs 1988, 84. **R.He.**

Kat. 217
Sigillata-Scherbe
Moknine
Zeitstellung unbestimmt
Ton, H. 12,5 cm, B. 10,5 cm
Tunis, Musée national du Bardo, Inv. L Moknine 1908

Die Scherbe einer Schale zeigt zwei Staurogramme. Ähnlich dem Christusmonogramm stellt das Staurogramm eine Ligatur dar. Es kann sowohl aus der Übereinanderstellung der griechischen Buchstaben T (Tau) und P (Rho) für das *Nomen sacrum* „sTauRos" (Kreuz) als auch aus den um 45° gedrehten Buchstaben X (Chi) und P (Rho) gebildet werden.

Lit.: Mackensen 1998, 137. **R.He.**

Kat. 218
Tonmodel für Monogrammkreuz
Nordafrika
5. Jh.
Ton, B. 6,7 cm
München, Archäologische Staatssammlung, Inv. 1982, 2100 a

Eine rechteckige Tonplatte, bei der es sich um ein Model handelt, mit einem eingestempelten Monogrammkreuz. Die Platte ist rechts abgebrochen, man sieht nur noch die Reste eines weiteren gleichartigen Kreuzes. Das Monogrammkreuz,

welches aus dem Christogramm entstand und ebenso die beiden griechischen Anfangsbuchstaben des Namens Christi abbildet, weist verbreiterte Enden und eine Punktfüllung auf.

Solche Model wurden zum Herstellen applikenverzierter Keramik verwendet. In diesem Fall zur Herstellung von Monogrammkreuz-Appliken.

Lit.: Garbsch / Overbeck 1989, 143. 151 Nr. 128. **R.H.**

Kat. 219
Fragment einer Öllampe
Nordafrika
5. Jh.
Ton, Dm. 9,3 cm
München, Archäologische Staatssammlung, Inv. 1988, 3011

Bei dem Fragment handelt es sich um den runden Griffaufsatz einer Öllampe. Im Inneren von zwei konzentrischen Kreisen ist ein Monogrammkreuz mit Punktfüllung abgebildet, darauf eine nach

Kat. 218

Kat. 219

Kat. 220

Kat. 222

Kat. 223

links schauende Taube. In den Zwickeln
befinden sich Palmen. Im äußeren Kreis
sind abwechselnd Palmen, Tauben und
Blätter dargestellt.
Die Taube gilt als Sinnbild des Friedens
und des Heiligen Geistes, ist aber auch
das Zeichen Christi und der Kirche. Sieben
Tauben sind das Symbol der sieben Gaben
des Heiligen Geistes.

Lit.: Garbsch / Overbeck 1989, 153 Nr. 150, 155.
R.H.

Kat. 220
Zweischnauzige Öllampe mit Monogrammkreuz
Fundort unbekannt
5. Jh., vandalenzeitlich
Ton, H. 4,1 cm, B. 16,7 cm, Dm. 7,9 cm
*Carthage, Musée national de Carthage,
Inv. 03-04-13-721*

Zweischnauzige Öllampe, in deren Spiegel
ein Monogrammkreuz als Hauptmotiv
abgebildet ist. Dieses wird an den Seiten
durch zwei Palmzweige gerahmt, die
als Sinnbild des Sieges und des Lebens
gelten.
Der Spiegel einer Öllampe, der häufig
figürlich oder ornamental verziert ist, ist
Teil des Lampenkörpers und wird von der
Schulter umschlossen.

Lit.: Seibert 1980, 243.
R.H.

Kat. 221 *(s. Abb. S. 74)*
Öllampe mit Kreuzmotiv
Fundort unbekannt
5. Jh.
Ton, H. 5,2 cm, B. 14,3 cm, Dm. 8,4 cm
*Carthage, Musée national de Carthage,
Inv. 03.04.13.734 (IMC 934)*

Der Spiegel der Öllampe zeigt ein Monogrammkreuz, das auf der Schulter der Lampe
von Münzabdrücken umgeben wird. Auf
jeder Seite befinden sich vier Abdrücke einer
Münze des Theodosius II. Vorder- und Rückseite der Münze wechseln sich dabei ab.

Lit.: Ennabli 1976, 192 Nr. 952 Taf. 52.
R.H.

Kat. 222
Öllampe mit Christogramm
Karthago (?)
Mitte 4.–1. Hälfte 5. Jh.
Ton, H. 5,3 cm, B. 14,2 cm, Dm. 8,8 cm
*Carthage, Musée national de Carthage,
Inv. 03.04.13.731*

Öllampe, in deren Spiegel sich ein
Christogramm befindet. Auf der Schulter
sind links und rechts die Köpfe der zwölf
Apostel abgebildet.
Das Christogramm entsteht durch das
Zusammenziehen der ersten beiden grie-
chischen Buchstaben des Namen Χριστός
(Christus) – X (Chi) und P (Rho). Es ist ein
Symbol für Jesus Christus und wird als
schützendes, heilskräftiges Zeichen in der
christlichen Kunst verwendet.

Lit.: Béjaoui 1995 Nr. 76.
R.H.

Kat. 223
Öllampe mit Christogramm
Nordafrika
5. Jh.
Ton, B. 14 cm
*München, Archäologische
Staatssammlung, Inv. 1985, 862*

Der Spiegel der Öllampe zeigt ein rück-
läufiges Christogramm mit Strichfüllung.
Das Christogramm mit einem spiegel-

verkehrten P (Rho) wird von einem Kranz
umgeben. Auf der Schulter wechseln sich
gefüllte Kreisscheiben und Winkel ab.
Ab konstantinscher Zeit erscheint das
Christogramm häufig in einem Kranz.
Der Kranz war in der Antike Zeichen des
Sieges und wurde in der frühchristlichen
Kunst übernommen.

Lit.: Seibert 1980, 181. – Garbsch / Overbeck
1989, 143. 145 Nr. 106.
R.H.

Kat. 224
Fragment einer Öllampe mit Christogramm (ergänzt)
Lorenzberg bei Epfach
1. Hälfte 5. Jh.
Ton, B. 6 cm
*München, Archäologische Staatssamm-
lung, Inv. 1958, 1404*

Das Schulterfragment lässt sich zu einer
rottonigen, birnenförmig-länglichen Öllampe
mit flacher Schulter ergänzen. Auf den
erhaltenen Teilen des Spiegels kann man
Reste eines Christogramms erkennen.
Die Produktion typgleicher Öllampen (Typ
Hayes I B/ Atlante VIII C2c) lässt sich im
nordtunesischen El Mahrine nachweisen.

Lit.: Wamser / Zahlhaas 1998, 134 Nr. 150. **R.H.**

Kat. 224

Kat. 225

Kat. 226

Kat. 227

Kat. 225
Öllampe mit Christogramm
Nordafrika
5. Jh.
Ton, B. 13 cm
München, Archäologische Staatssamm-
lung, Inv. 1988, 3027

Eine weitere Öllampe mit einem Christogramm im Spiegel, die Schulter ist durch
Kerbreihen verziert. Die Schnauze fehlt.

Lit.: Seibert 1980, 72. – Garbsch / Overbeck
1989, 145 Nr. 105. **R.H.**

Kat. 226
Öllampe mit Christogramm
Karthago
1. Hälfte 6. Jh.
Ton, H. 5,4 cm, B. 12,1 cm, Dm. 8 cm
Carthage, Musée national de Carthage,
Inv. 03.04.13.726 (867)

Die Öllampe weist im Spiegel als
Hauptmotiv ein Christogramm auf. Seit
konstantinischer Zeit wird das Christogramm häufig von einem Kranz umrahmt
und symbolisiert als solches den Sieg des
Christentums. Auf der Schulter ist eine
Strichverzierung angebracht.

Lit.: Garbsch / Overbeck 1989, 143. – Landes/
Ben Hassen 2001, 163 Nr. 12. **R.H.**

Kat. 227
Öllampe mit Kreuz und Vögeln
Karthago
6. Jh.
Ton, H. 7,5 cm, B. 18,7 cm, Dm. 12,6 cm
Carthage, Musée national de Carthage,
Inv. 03.04.13.722 (718)

Öllampe mit der Abbildung eines lateinischen Kreuzes unter dem zwei Vögel
sichtbar sind. Auf der Schulter befinden
sich „herzförmige Elemente", die wohl
stilisiertes Weinlaub darstellen sollen.
In der frühchristlichen Bildkunst ist das
Kreuz noch unbekannt, es ist erst ab dem
4. Jh. ohne Spuren des Monogrammkreu-
zes als christliches Symbol nachweisbar.

Lit.: Garbsch / Overbeck 1989, 143. – Landes /
Ben Hassen 2001, 161 Nr. 4. **R.H.**

Kat. 228
Öllampe
Fundort unbekannt
Zeitstellung unbestimmt
Ton, L. 14 cm, Dm. 9 cm
Tunis, Musée national du Bardo, Inv. L 574

Eine Gruppe der spätrömischen Öllampen,
die sich ab dem 2. Jh. von Nordafrika aus
verbreitet hat, die Afrikanische Lampe, wird
zum Teil, wegen ihres Bildschmuckes, auch
Christliche Lampe genannt. Der niedrige
Lampenkörper ist oval, auf der Schulter ragt

der zapfenartige Griff senkrecht empor, der
knapp gerundet ist und oben spitz zuläuft.
Die gerundete Schnauze mit Dochtloch ist
zerstört. Im Spiegel (der verzierten Oberseite) zwischen den beiden Eingusslöchern
ist ein Fisch abgebildet, der von Blüten
in Rechtecken auf der Lampenschulter
umgeben ist. Der Fisch ist ein urchristliches
Symbol, das den Christen in der Zeit der
Verfolgung als unauffälliges christliches
Erkennungszeichen diente. Das griechische
Wort für Fisch ιχθύς (ichthýs) enthält ein
kurz gefasstes Glaubensbekenntnis (Ιησούς
Χριστός Θεού Υιός Σωτήρ): Jesus Christus
Gottes Sohn Erlöser.

Lit.: Mackensen 1998, 120. – Burkhardt 1962,
383. – Sachs 1988, 133. **R.He.**

Kat. 229
Öllampe
Fundort unbekannt
Zeitstellung unbestimmt
Ton, L. 14 cm, Dm. 8,3 cm
Tunis, Musée national du Bardo, Inv. L
Kasbati 1.917, 186

Kat. 228

Kat. 229

Kat. 230

Kat. 231

Kat. 232

Die ovale Lampe ist aus einem kräftig rotbraunen Ton gefertigt und mit einem dünnen rötlichbraunen Überzug versehen. Die Farbgebung des Stückes erinnert an spätantike *Terra sigillata*. Der zapfenartig gerundete Griff ragt senkrecht empor, die Schnauze mit Dochtloch fehlt. Das christliche Symbol des Fisches im Spiegel wird von umlaufenden Fischen auf der Schulter ergänzt. Gesichert scheint die Bedeutung des Fisches vor allem, wenn er mehrfach oder in Verbindung mit Broten auftritt: als Hinweis auf die Brotvermehrung (Wundertaten Christi), die Speisung der Fünftausend und die Speisung der Jünger durch den Auferstandenen, die bei Johannes die Stelle des Abendmahlsberichts einnimmt (Joh. 21, 13). Das Stück gehört zur Gruppe der sog. afrikanischen Lampen. Der Lampentypus wurde zunächst in Nordafrika, vor allem in Tunesien, gefertigt und gelangte als begehrter Import nach Italien und Gallien

Lit.: Mackensen 1998, 120. – Burkhardt 1962, 383. – Sachs 1988, 133.   **R.He.**

Kat. 230
Öllampe
Karthago
5. Jh.
Ton, L. 12 cm, B. 7,5 cm, H. 4,5 cm
Carthage, Musée national de Carthage,
Inv. 768

Der Rand der Öllampe ist mit einem geometrischen Muster verziert, das abwechselnd aus konzentrischen Kreisen und Leitern besteht. Den Spiegel ziert ein Lamm, das nach rechts gewandt ist. Es symbolisiert Christus als Lamm Gottes (*agnus Dei*).

Lit.: Landes / Ben Hassen 2001 Kat. 11.   **F.F.**

Kat. 231
Öllampe
Fundort unbekannt
Zeitstellung unbestimmt
Ton, L. 14,5 cm, Dm. 9 cm
Tunis, Musée national du Bardo,
Inv. L I.428

Die vollständig erhaltene Öllampe hat eine ovale Form. In der gerundeten Schnauze befindet sich ein großes Dochtloch. Den Spiegel zieren Darstellungen von einem Lamm und einer Taube, die auf der Schulter von Kreisen umgeben werden.
Das Lamm als das häufigste Symbol Christi ist seit dem 4. Jh. in der frühchristlichen Sarkophagplastik nachweisbar. Im Alten Testament wurde das Blut des geopferten Lammes in der Nacht des Auszugs der Israeliten aus Ägypten auf das Gebot Gottes als Schutzzeichen vor dem Todesengel an die Türpfosten gestrichen (Ex. 12). Als Osterlamm verweist es auf die Auferstehung Jesu Christi. Ebenso wie das sündlose reine Lamm Gottes ist auch Jesus Christus unschuldig für die Sünden der Menschen gestorben.
Die Taube war schon in der vorchristlichen Antike Symbol für Einfalt, Liebe und Unschuld. Im Christentum wurde sie zum Symbol des Heiligen Geistes, beruhend auf dem in allen vier Evangelien erhaltenen Bericht von der Taufe Christi, bei der der Geist Gottes in Gestalt einer Taube erscheint. In der biblischen Sintflut-Erzählung spielt die Taube die Rolle des frohen Botschafters: Eine von Noah freigelassene Taube kehrt mit einem frischen Olivenzweig im Schnabel zur Arche zurück (Gen. 8,11). Bis heute ist die weiße Taube mit dem Ölzweig das weltweite Symbol für Frieden.

Lit.: Burkhardt 1962, 1558. – Betz / Browning / Janowski / Jüngel 2004, 47. – Sachs 1988, 233. 329.   **R.He.**

Kat. 232
Öllampe
Fundort unbekannt
Zeitstellung unbestimmt
Ton, L. 13,2 cm, Dm. 7 cm
Tunis, Musée national du Bardo,
Inv. L 618 (213)

Die gut erhaltene rottönerne ovale Öllampe besitzt einen zapfenartigen Griff. An der langen gerundeten Dochtschnauze sind Schmauchspuren zu erkennen. Die Schulter zieren abwechselnd Blüten und Kreise. Im Spiegel sitzt auf zwei rankenverzierten Säulen, die das Eingussloch flankieren, ein Vogel.
Aufgrund ihrer tragenden Funktion in der Baukunst ist die Säule Symbol der Kraft und der Beständigkeit. Kraft und Beständigkeit Gottes bedeuten auch die beiden Säulen Jachin und Boas, die Salomon am Eingang seines Tempelbaus aufstellen ließ. Nach Eusebius hat schon Konstantin der Große zwölf Säulen in der Apostelkirche von Konstantinopel errichten lassen und sich dabei auf den salomonischen Tempel in Jerusalem bezogen, in dem die Zwölfzahl vorgegeben war. Nach Isidor von Sevilla bedeuten die vier Säulen des Tabernakels die vier Evangelien, die die Kirche tragen. Auf Werken der altchristlichen Kunst kann eine Säule als Symbol der Kirche selbst verstanden werden (1. Tim. 3, 15). Die häufigste Darstellung einer Säule in Zusammenhang mit einem Vogel nimmt Bezug auf Petrus. Der Vogel, der als Hahn gedeutet wird, ruft Petrus nach seiner Verleugnung Christi (Mt. 26, 34, Mk 14, 30, Lk 22, 34, Joh. 13, 38 und 18, 27) zu Reue und Buße. Deshalb gehört der Hahn zu den Leidenswerkzeugen und ist Symbol für den reuigen Sünder.

Lit.: Sachs 1988, 160. 304.   **R.He.**

Kat. 233

Kat. 234

Kat. 235a

Kat. 233
Öllampe
Médéma
Zeitstellung unbestimmt
Ton, L. 14 cm, Dm. 8,5 cm
Tunis, Musée national du Bardo,
Inv. L Médéma 1.912 (31)

Der tönernen ovalen Lampe mit zapfenar-
tigem Griff fehlt die runde Schnauze mit
Dochtloch. Die Schulter ist mit Blüten und
Kassetten verziert. Zwischen den zwei
Eingusslöchern findet ein Vogel seinen
Platz. Der Kopf, die Füße und das Gefieder
des Tieres sind im Relief deutlich heraus-
gearbeitet. Diese Vogeldarstellung, die als
Pfau zu interpretieren ist, geht nicht auf
einen biblischen Beleg, sondern auf antike
Gartendarstellungen zurück, von denen sie
über die Katakombenmalerei Eingang in
die spätere christliche Kunst gefunden hat.
Die Häufigkeit von Pfauendarstellungen
in der frühchristlichen Kunst wird von der
antiken Gewohnheit abgeleitet, in Grabma-
lereien den Pfau als schönsten der Vögel in
römischen Gärten abzubilden. So erscheint
er auch in den Katakombenmalereien, in
denen die Illustration des Gartens zum
Abbild des Paradieses wird. Somit nimmt
der Pfau die symbolische Bedeutung des
Paradiesvogels an.

Lit.: Sachs 1988, 282. 363.   **R.He.**

Kat. 234
Öllampe
Fundort unbekannt
Zeitstellung unbestimmt
Ton, L. 13,5 cm, Dm. 8,5 cm
Tunis, Musée national du Bardo,
Inv. L I.521 60

Der Spiegel der ovalen Öllampe, deren
Schnauze fehlt, ist zwischen den zwei
Eingusslöchern mit einem Hasen verziert.

Der Schulterfries besteht auf verschiedenen Blütenformen. Der Hase oder das
Kaninchen ist in der bildenden Kunst ein
häufiges Bildmotiv, das in Mythologie
und Kunst in den verschiedenen Kulturen
unterschiedliche Bedeutungen annehmen kann. Der Hase galt in der Antike
wegen seiner Wertschätzung als Jagdtier
als Inbegriff der gejagten Kreatur, die nur
durch eine zahlreiche Nachkommenschaft
überleben konnte. Aristoteles, Claudius
Aelianus und Plinius ordnen ihn als eines der
fruchtbarsten Tiere überhaupt ein. Auf diese
Weise wurde er zum Symbol von Lebens-
kraft, sexueller Begierde und Fruchtbarkeit.
Dargestellt wird der Hase als Attribut der
Aphrodite, als Geschenk unter Liebespaaren
und in der Spätantike als Glückssymbol. Im
Zusammenhang mit der antiken Grabkultur
ist der Hase als Zeichen des Strebens zum
ewigen Heil zu verstehen.

Lit.: Sachs 1988, 162.   **R.He.**

Kat. 235a und b
Öllampen mit Engel
Karthago und Fundort unbekannt
Mitte 4.–1. Hälfte 5. Jh.
Ton, H. 4 und 5,2 cm, B. 12,2 und 14 cm,
Dm. 7,8 und 8,6 cm
Carthage, Musée national de Carthage,
Inv. 03.04.13.727 (IMC 59). 03.04.13.03 (60)

Zwei Öllampen, deren Spiegel je einen
geflügelten Engel mit Kreuzstandarte zeigen. Die beiden Engel ähneln sich in ihrer
Darstellungsweise sehr, da sie beide das
gleiche Gewand tragen. Auf der Schulter
der Lampen finden sich verschiedene
Tierdarstellungen – Taube und Lamm –,
Blumen und Ornamentik.
Engel galten in der Bibel als Boten Gottes,
die im 3. Jh. noch ungeflügelt und erst
seit dem Ende des 4. Jhs. auch geflügelt
dargestellt wurden.

Lit.: Seibert 1980, 100. – Béjaoui 1995, Nr. 81.
          R.H.

Kat. 235b

Kat. 236
Öllampe mit Kantharos und
Weinranken
Fundort unbekannt
5. Jh., vandalenzeitlich
Ton, H. 4,5 cm, L. 13,2 cm
Carthage, Musée national de Carthage,
Inv. 03-04-13-733 (IMC 471)

Die Öllampe (*lychnus*) war neben Kerze,
Kienspan und Fackel die wichtigste und
verbreiteteste Form der künstlichen
Lichtquelle. Der Docht bestand aus
Pflanzenfasern (Flachs, Binsen, Wollkraut),
wobei man hier auf dessen Stärke achten
musste, da er nicht nur Einfluss auf die
Lichtintensität, sondern auch auf die
Rauchentwicklung nahm. Zum Ölnachfül-
len wurden, bedingt durch die kleine Öffnung, spezielle Einfüllgefäße verwendet.

Lit.: Schäfer 1990, 58 f.   **D.E.**

Kat. 236

Kat. 237

Kat. 239

Kat. 237
Öllampe mit Kantharos
El Djem
5. Jh., vandalenzeitlich
Ton, L. 13,5 cm, Dm. 8,5 cm
Tunis, Musée national du Bardo, Inv. 323

Kat. 238
Lampenfragment
Nordafrika
5. Jh.
Ton, Dm. 9,5 cm
München, Archäologische Staatssammlung, Inv. 1988, 3012

Bei diesem Lampenfragment ist noch der Griffansatz zu erkennen. Das Dekormotiv trägt die Symbole Kreuz und Taube. In der heidnisch-antiken Bildwelt weitverbreitete Motive wurden von den Christen oft in ihrem Sinne gedeutet.

Lit.: Garbsch / Overbeck 1989 Kat. 153. – Boppert 1990, 234. 97. – Schäfer 1990, 58 f.　**D.E.**

Kat. 239
Öllampe
Karthago
6. Jh.
Ton, H. 5,5 cm, L. 12,5 cm, Dm. 8,1 cm
Carthage, Musée national de Carthage, Inv. 03-04-13-730 (25)

Der Lampenspiegel zeigt zwei Männer, die eine Stange mit einer Traube gewaltiger Weinbeeren schultern. Es handelt sich um die von Moses zur Rekognoszierung des gelobten Landes Kanaan ausgesandten Kundschafter: „Und sie kamen bis an den Bach Eschkol und schnitten dort eine Rebe ab mit *einer* Weintraube und trugen sie zu zweien auf einer Stange …"
(4. Mose 13,23)

Lit.: Landes / Ben Hassen 2001, 135 Kat. 10.
　　　C.H.

Kat. 240
Grabmosaik
Thabraca/Tabarka
5. Jh., vandalenzeitlich
H. ca. 80 cm, B. ca. 95 cm
Tunis, Musée national du Bardo, Inv. A.424

Biblische Szene von einem kastenförmigen Grab: Der Prophet Jona ruht sich nackt in der Kürbislaube aus, nachdem er vom Meeresungeheuer ausgespien worden ist. Diese Szene symbolisiert das christliche Seelenheil in der Erwartung der Auferstehung. Die Darstellung wurde mit einem idealisierten Porträt der Verstorbenen verbunden.
　　　T.G.

Kat. 240

Kat. 241 *(s. Abb. S. 291)*
Sigillata-Teller: Jonasgeschichte
Nordafrika
4./5. Jh.
roter Ton, H. 4,3 cm, Dm 16,6 cm
Mainz, Römisch-Germanisches Zentralmuseum, Inv. O.39746

Auf diesem Teller sind Episoden aus dem alttestamentlichen Buch Jona dargestellt. Charakteristisch für die Ikonografie des Jonas ist der Meerwurf vom Schiff (links unten). Dort erwartet ihn bereits der Meerdrache (*Ketos*), der ihn verschlingen wird (rechts unten). Die ebenfalls häufig illustrierte Ausspeiung des Propheten erscheint hier nicht. Den größten Raum nimmt die Szene der Ruhe des Jonas unter der Kürbislaube ein. Dieser Jonaszyklus ist in der spätantiken Kunst verbreitet und erscheint häufig als Errettungsbild in sepulkralen Kontexten.

Lit.: Demandt / Engemann 2007 Kat. II.4.53 (G. Clauß). – Weidemann 1990 Nr. 2.　**B.F.**

Kat. 238

Kat. 242

Kat. 242
Sigillata-Randfragment:
Daniel in einem Kantharos
Nordafrika (?)
4./5. Jh.
roter Ton, 10,5 x 10 cm
Mainz, Römisch-Germanisches
Zentralmuseum, Inv. O.41453

Ein nackter bärtiger Mann steht in einem
Kantharos. Rechts ist noch die Pranke
eines Löwen zu erkennen. Es handelt
sich um eine ungewöhnliche Variante der
Ikonografie Daniels in der Löwengrube.

Lit.: Unpubliziert. Vgl. Sörries 2005, 127 f.
Kat. 284f. Taf. 24. – Beck / Bol 1983, 683
Kat. 261 (D. Stutzinger).   B.F.

Kat. 243 *(s. Abb. S. 291)*
Sigillata-Teller: Urteil des Salomon
aus der Nähe von Maktar
4./5. Jh.
roter Ton, H. 4,7 cm, Dm 17,2 cm
Mainz, Römisch-Germanisches Zentral-
museum, Inv. O.39449

Auf diesem Teller ist das berühmte
Urteil König Salomons dargestellt (1 Kön.
3,16–28). Im oberen Teil der Schale thront
der mit Tunika und Schultermantel bekleidete König erhöht zwischen den zwei
streitenden Müttern. Seine Rechte ist im
Redegestus ausgestreckt. Direkt unter
ihm bedroht auf Anweisung des Königs
ein Soldat den vor ihm liegenden Säugling
mit dem Schwert, damit sich die wahre
Mutter zu erkennen gibt.

Lit.: Snowadsky 2005, 114 f. Taf. 31,1–2. –
Weidemann 1990 Nr. 1.   B.F.

Kat. 244 *(s. Abb. S. 291)*
Sigillata-Teller:
u. a. Drei Jünglinge im Feuerofen
Nordafrika
4./5. Jh.
roter Ton, H. 5,1 cm, Dm. 17,7 cm
Mainz, Römisch-Germanisches
Zentralmuseum, Inv. O.39475

Dargestellt sind zwei Szenen, die durch
ein Palmblatt und einen Baum voneinander getrennt werden. Eine gebeugte
Frau fasst einen bärtigen Mann am Zipfel
seines Mantels. Diese Szene wurde
teilweise als Heilung der Blutflüssigen
durch Christus angesprochen. Es
handelt sich aber eher um die versuchte
Verführung Josephs durch die Frau des
Potiphar (Gen. 39,12). Die zweite Szene
zeigt drei nackte Männer, die aus einem
gemauerten Ofen herausstürmen.
Es handelt sich um eine ungewöhnliche
Darstellung der drei Jünglinge im Feuerofen (Dan. 3). Möglicherweise wurde
die Zusammenstellung dieser beiden
Szenen durch eine Predigt des berühmten
Kirchenvaters und Bischofs von Konstantinopel, Johannes Chrysostomos
(† 407), angeregt.

Lit.: Snowadsky 2005, 115 Taf. 32, 1–2. –
Weidemann 1990 Nr. 8. – Béjaoui 1984/85,
52 f. Abb. 6. – Beck / Bol 1983, 682 Kat. 259
(D. Stutzinger).   B.F.

Kat. 245
Öllampe
Fundort unbekannt
Zeitstellung unbestimmt
Ton, L. 10,9 cm, Dm. 7,7 cm
Tunis, Musée national du Bardo,
Inv. L 250

Die Dochtschnauze der ovalen rottöner-
nen Öllampe ist abgebrochen. Der
Blütenfries auf der Schulter umrahmt den
Spiegel, in dem drei sich umarmende
Männer zwischen den zwei Eingusslöchern stehen. Nach dem Bericht des
Buches Daniel handelt es sich bei den
Männern um die drei Hebräer Sadrach,
Mesach und Asarja, die unter Nebukad-
nezar zu Statthaltern in Babylon erhoben
worden waren, nachher aber, weil sie sich
standhaft weigerten, die Götzen anzube-
ten, in einen Feuerofen geworfen wurden,
wo sie, von einem Engel geschützt,
unversehrt blieben.

Lit.: Meyer 1908, 188.   R.He.

Kat. 245

Kat. 246

Kat. 246
Öllampe
Karthago
Mitte 4.–1. Hälfte 5. Jh.
Ton, L. 13,6 cm, Dm. 8,1 cm
Carthage, Musée national de Carthage,
Inv. 03-04-13-732 (IMC 48)

Der Lampenspiegel zeigt die drei Jünglinge im Feuerofen und den rettenden
Engel.

Kat. 247
Sigillata-Teller: Hasen
aus der Nähe von Maktar
4./5. Jh.
roter Ton, H. 4,4 cm, Dm. 17,2 cm
Mainz, Römisch-Germanisches
Zentralmuseum, Inv. O.39450

Die Schale ist mit je zwei kauernden
Hasen und Palmblättern dekoriert. Beide
Motive sind in der Gattung der nordafrika-
nischen *Terra sigillata* verbreitet.

Lit.: Weidemann 1990 Nr. 12.   B.F.

Kat. 247

Auf diesem Teller ist die Erweckung des Lazarus durch Christus illustriert (Joh. 11,17–44). Lazarus ist als Wickelleiche in einem tempelartigen Grabbau dargestellt. Links steht Christus, für dessen Figur anscheinend das gleiche Applikenmodel verwendet wurde wie bei dem Teller mit der Heilung des Gelähmten (s. folgende Nr.). Durch zwei Palmblätter von Christus getrennt erscheint eine Frau, die ihre rechte Hand im Redegestus erhoben hat. Es handelt sich sicher um eine der beiden Schwestern des Lazarus (Maria oder Martha).

Lit.: Demandt / Engemann 2007 Kat. II.4.51 (G. Clauß). – Weidemann 1990 Nr. 10.   B.F.

Kat. 251

Kat. 252

Kat. 248

Kat. 248
Öllampe
Karthago (?)
Mitte 4.–5. Jh.
Ton, L. 15 cm, B. 9,5 cm, H. 6,5 cm
Carthage, Musée national de Carthage, Inv. IMC 932

Auf dieser Lampe wird in einem eckig umrahmten Bildfeld die Erweckung des toten Lazarus durch Jesus thematisiert, die zu den Wundergeschichten des Neuen Testaments gehört. Jesus steht mit einem Kreuzszepter, während Lazarus kleiner dargestellt ist und durch die Einwicklung als (vormals) Toter erkennbar ist.

Lit.: Béjaoui 1997 Kat. 72.   F.F.

Kat. 249 *(s. Abb. S. 291)*
Sigillata-Teller: Erweckung des Lazarus
Nordafrika/Tunesien
4./5. Jh.
roter Ton, H. 4,7 cm, Dm. 18,8 cm
Mainz, Römisch-Germanisches Zentralmuseum, Inv. O.40868

Kat. 250
Sigillata-Teller: Heilung des „Gichtbrüchigen"
aus der Nähe von Maktar
4./5. Jh.
roter Ton, H. 4,5 cm, Dm. 17,4 cm
Mainz, Römisch-Germanisches Zentralmuseum, Inv. O.39448

Dargestellt ist die Szene der Heilung eines Gelähmten durch Christus. Charakteristisch für diese Szene ist die Figur des Mannes in der Mitte der Schale, der nach erfolgter Heilung sein Bett wegträgt (Mt 9,6–7; Mk 2,11–12; Lk 5,24–25). Bei der unbärtigen Person links von ihm, mit dem Stabszepter mit kugeligem Knauf in der Hand, handelt es sich um Christus. Der bärtige Mann am rechten Rand des Tellers, der eine Art Schriftrolle in der Armbeuge hält, ist nicht eindeutig zu benennen. Es könnte sich um einen Jünger Christi oder vielleicht auch einen der Schriftgelehrten handeln, die in den Evangelien als Zeugen des Wunders erwähnt werden (Mt 9,3; Mk 2,6; Lk 5,21).

Lit.: Demandt / Engemann 2007 Kat. II.4.50 (G. Clauß). – Snowadsky 2005, 113 f. Farbtaf. 1, 1–2. – Weidemann 1990 Nr. 9.   B.F.

Kat. 250

Kat. 251
Sigillata-Fragment: Christus mit Stabszepter
Nordafrika (?)
4./5. Jh.
roter Ton, 6,3 x 8,5 cm
Mainz, Römisch-Germanisches Zentralmuseum, Inv. O.40787

Die Scherbe zeigt den Oberkörper Christi mit langem Stabszepter. Dieser Typus tritt auf nordafrikanischen Sigillaten mehrfach auf, z. B. auf den Tellern (s. Kat. 249 und 250).

Lit.: Unpubliziert.   B.F.

Kat. 252
Sigillata-Randfragment: Christogramm und Widder
Nordafrika (?)
4./5. Jh.
roter Ton, 12,3 x 8 cm
Mainz, Römisch-Germanisches Zentralmuseum, Inv. O.41455

Unter einem Christogramm in einem Medaillon schreitet ein Widder nach rechts.

Lit.: Unpubliziert.   B.F.

Kat. 253

Kat. 254

Kat. 253
Sigillata-Fragment: Märtyrer und Bär
Nordafrika (?)
4./5. Jh.
roter Ton, 7 x 9,6 cm
Mainz, Römisch-Germanisches Zentralmuseum, Inv. O.40869

Ein an einen Pfahl gebundener Mann, der bis auf einen Lendenschurz nackt ist, wird von einem Bären angefallen. Es handelt sich um die Darstellung einer *damnatio ad bestias*, bei der Verbrecher oder Kriegsgefangene in der Arena durch wilde Tiere zu Tode gebracht wurden. Da der Bär seinen Kopf von dem Mann abwendet, kann überlegt werden, ob hier die Verschonung eines christlichen Märtyrers gemeint ist. Diese Deutung wurde für vergleichbare Szenen auf nordafrikanischen Sigillaten erwogen.

Lit.: Unpubliziert.   B.F.

Kat. 254
Sigillata-Randfragment: Hand Gottes
Nordafrika (?)
4./5. Jh.
roter Ton, 5,3 x 6,5 cm
Mainz, Römisch-Germanisches Zentralmuseum, Inv. O.40798

Auf der Scherbe ist eine Hand zu erkennen, die aus einer Baumkrone herausragt. Es handelt sich vielleicht um die Hand Gottes im Kontext der Szene des Opfers Abrahams.

Lit.: Unpubliziert.   B.F.

Kat. 255
Mosaik: Daniel in der Löwengrube
Bordj El Youdi
5. Jh./Anfang 6. Jh.
Marmor (?) (Tesselae), H. 168 cm,
B. 120 cm
Sfax, Musée Archéologique, ohne Inv.

Der Prophet Daniel, Protagonist des gleichnamigen Buches im Alten Testament, wurde, weil er seinem Gott die Treue hielt, vom persischen König Kyros in einer Grube den Löwen zum Fraß vorgeworfen. Doch als ihn die Tiere verschonten, da Gott ihm Beistand leistete, begnadigte ihn der Herrscher.

Daniel in der Löwengrube ist in frühchristlicher Zeit eine der beliebtesten Bildmetaphern für Erlösung und Auferstehung und signalisiert den Gläubigen, dass sie durch ihr unerschütterliches Vertrauen in Gott ebenso wie ihre religiösen Vorbilder aus aller irdischen Bedrängnis, sogar vor dem Tod, gerettet werden können. Die Tauben in der Bordüre verdeutlichen die Gegenwart des Heiligen Geistes.

Lit.: Yacoub 1995 Abb. 184. – Ben Abed / Ben Khader 2003 Abb. 382.   S.E.

Kat. 255

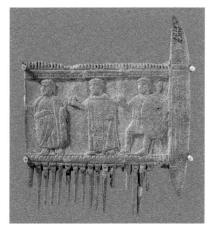

Kat. 256

Im Spiegel der Öllampe ist eine Dreiviertelansicht des heiligen Petrus sichtbar. Dieser ist mit einer Tunika bekleidet und trägt einen Bart. Nur die rechte Hand ist zu erkennen. Der Rand ist mit einer Leiste aus Dreiecken verziert.

Lit.: Béjaoui 1995, 143 Nr. 78.   R.H.

Kat. 259
Fragment mit Apostel (?)
Nordafrika
4. Jh.
Ton
München, Archäologische
Staatssammlung, Inv. 1984, 3625

Das *Terra sigillata*-Deckelfragment ziert eine stehende männliche Gestalt, die in einen langen Mantel (*pallium*) gehüllt ist und den rechten Arm hebt.
Kleidung und Gestus erinnern an die in der frühchristlichen Kunst übliche Darstellungsweise der Apostel, ohne individuelle Kennzeichnung nach Art antiker Philosophenbilder. Die Figur kann aber auch allgemein nach der Gewandung als Palliatus bezeichnet werden.

Lit.: Seibert 1980, 35–38. – Garbsch / Overbeck 1989 Kat. 100.   M.R.

Kat. 256
Kammfragment
Hippo Regius/Annaba, Algerien
6. Jh.
Bein
Paris, Musée du Louvre, Département des Antiquités grecques, étrusques et romaines, Inv. MND 1101

Kammfragment mit beidseitiger Verzierung. Die eine Seite zeigt drei Männer, auf der anderen Seite ist Daniel in der Löwengrube dargestellt. Die von links heranfliegende Gestalt könnte der von Gott gesandte Engel sein. Dieser bewahrte Daniel vor den Löwen, indem er ihnen den Rachen zu hielt (Dan. 6).

Lit.: Coche de la Ferté 1958, 95. – Meiner 1996, 387–396.   K.W.

Kat. 257

Kat. 257
Öllampe: Daniel in der Löwengrube
Karthago (?)
5. Jh. (?)
Ton, L. 13,7 cm, H. 4,9 cm, Dm. 8,3 cm
Carthage, Musée national de Carthage, Inv. 1.3.91

Das Motiv „Daniel in der Löwengrube" ist hier durch zwei den Propheten begleitende Gestalten erweitert: Ein geflügelter Engel (links) bringt Daniels Nothelfer Habakuk (rechts) herbei. Dieser leistet Daniel Beistand und stärkt ihn mit Nahrung. Er hält ihm einen runden Laib Brot entgegen, der zugleich ein Symbol der Eucharistie, der Begegnung mit Gott im zentralen Ritus des christlichen Gottesdienstes, darstellt.

Lit.: Béjaoui 1997, 123 f.   S.E.

Kat. 258

Kat. 258
Öllampe mit dem Heiligen Petrus
Karthago
Mitte 4.–1. Hälfte 5. Jh.
Ton, H. 4,6 cm, B. 13,6 cm, Dm. 8,1 cm
Carthage, Musée national de Carthage, Inv. 03.04.13.729 (IMC 80)

Kat. 259

Kat. 260

Die Scherbe zeigt einen Apostel in Tunika und Mantel (*pallium*), dem für ihn typischen Gewand. Er hält einen Kranz in der ausgestreckten rechten Hand. Im Huldigungsgestus schreitet er auf die nicht mehr erhaltene Gestalt oder ein Symbol Christi zu.

Apostel waren die engsten Vertrauten Christi und somit nicht nur sehr wichtige Gestalten der christlichen Bildwelt, sondern auch sehr oft an dessen Seite zu finden.

Lit.: Seibert 1980, 35–38. – Béjaoui 1995, 95 Nr. 43. **M.R.**

Kat. 262
Mosaik: Kreuz flankiert von zwei Lämmern
Lamta
5./6. Jh.
Marmor (?) (Tesselae), H. 93 cm,
L. 247 cm
Lamta, Musée de Lamta, ohne Inv.

Die Darstellung eines Lammes in der christlichen Kunst kann unterschiedliche Bedeutung haben: Es kann nach einem im Johannesevangelium (1,29) überlieferten Wort Johannes des Täufers für Christus als Opferlamm Gottes (*agnus Dei*) stehen, aber auch für den Gläubigen, den der Hirte Christus wohl behütet und leitet. Die beiden symmetrisch angeordneten Lämmer unter dem Kreuz, dem Zeichen

Kat. 260
Pilgerflasche mit Darstellung des Heiligen Paulus
Afrika
Mitte 4.–1. Hälfte 5. Jh.
Ton, H. 22 cm
Köln, Römisch-Germanisches Museum, Inv. KL 426

Einhenklige, flachbauchige Flasche mit einem hohen zylindrischen Hals, wulstigen Henkel und schmalen, stark erhöhten Standfuß. Der Gefäßkörper wurde aus zwei Teilen zusammengesetzt, Hals und Fuß sind nachträglich angefügt worden. Die Darstellung der Vorderseite zeigt eine nach rechts schreitende Gestalt mit Stirnglatze, die mit einem Pallium und einem

Mantel bekleidet ist. Die Inschrift zu beiden Seiten der Person identifiziert diese als Paulus. Umgeben wird die Szene von einem kreisrunden Palmenzweigmuster mit einem Kreuzmonogramm mit Alpha und Omega im oberen Bereich.

Lit.: La Baume / Salmomonson 1976, 157. 611 Taf. 62,4. **R.H.**

Kat. 261
Scherbe mit Apostel
Karthago (?)
Mitte 4.–1. Hälfte 5. Jh.
Ton, H. 11 cm, L. 6,8 cm, D. 2,1 cm
Carthage, Musée national de Carthage, Inv. 4725

Kat. 261

Kat. 262

der Passion und Opferung Christi, des „Guten Hirten", zum Wohl der Menschheit, symbolisieren hier die Gemeinde, ja die gesamte Christenheit. Durch die „paradiesische" Landschaft mit Pflanzen, Vögeln und Fischen wird dabei zugleich auf das Ziel des christlichen Lebens verwiesen: nach dem irdischen Tod in Gott und Christi weiterzuleben.

S.E.

Kat. 263 *(ohne Abb.)*
Pilasterkapitell
Fundort unbekannt
5./6. Jh.
Marmor, H. 56,8 cm, B. 60 cm
Paris, Musée du Louvre, Département des Antiquités grecques, étrusques et romaines, Inv. Ma 3679

Auf diesem Kapitell sind zwei Engel zu erkennen, die einen Thron flankieren. Auf diesem Thron befindet sich ein Buch mit einem Kreuz, wobei es sich vermutlich um die Bibel handelt.
Am oberen Rand ist ein weiteres Kreuz in einem Kreis dargestellt, von dem vier Strahlen ausgehen. Außerdem befindet sich ein Auge in der oberen rechten Ecke des Kapitellfragmentes.

Lit.: Metzger 1980, 445 ff.   D.E.

Kat. 264
Sarkophagfragment
Fundort unbekannt
1. Hälfte 4. Jh.
Marmor, H. 55 cm, B. 50 cm
Toulouse, Musée Saint-Raymond, Musée des Antiques de Toulouse, Inv. 86.1.1

Aus heutiger Perspektive hat es manchmal den Anschein, dass im theologischen Diskurs des noch jungen Christentums die Botschaft des Evangeliums zugunsten der Frage nach der Natur Jesu Christi zurücktrat. Der Versuch, das Mischungsverhältnis der göttlichen und menschlichen Anteile in seiner Person zu bestimmen, führte zur Ausbildung verschiedener Glaubensströmungen. In der frühchristlichen Ikonografie haben diese jedoch keine ausgeprägten Spuren hinterlassen.
Hier das Fragment einer Sarkophagwanne, dessen Relief Maria mit dem göttlichen Kind zeigt – ein Motiv, das in der späteren kirchlichen Kunst des Ostens wie des Westens wichtig wurde.

Lit.: Cazes 1999, Abb. S. 163.   C.H.

Kat. 264

Das kreuzförmige Taufbecken des Baptisteriums von Meninx auf der Insel Djerba, 6. Jh. Heute ist es fest verbauter Bestandteil der frühchristlichen Abteilung des Musée national du Bardo in Tunis.

DER STREIT UM DEN WAHREN GLAUBEN

Arianismus und Katholizismus im Reich der Vandalen

von Yves Modéran

Im Mai 429 kam König Geiserich nach der Überquerung der Straße von Gibraltar mit all „seinem Volk" – vor allem hasdingischen Vandalen – und einer weiteren heterogenen Gruppe von Auswanderern in ein zutiefst christianisiertes Land. Das römische Nordafrika war in diesem Bereich seit dem 3. Jahrhundert dem übrigen Westen immer voraus gewesen und hat diesen Vorsprung auch behalten. Mit über 600 Bistümern reichte der Einfluss oder die Autorität der katholischen Kirche bis zu den Berberstämmen, und der katholische Bischof von Hippo Regius, der heilige Augustinus (354–430), war der größte Theologe jener Zeit. Zwar hatte das donatistische Schisma lange die Kirche geteilt, doch war diese Krise seit den frühen 420er Jahren überwunden und im Gegensatz zum Osten wurde seither die Botschaft der Kirche durch keine Häresie infrage gestellt.

Die religiöse Orientierung der Vandalen Geiserichs war im Jahr 429 nicht so klar: Der König und die meisten, die ihm gefolgt waren, hatten sich erst vor nicht allzu langer Zeit zu einer seltenen Form des Christentums, dem Arianismus, bekehrt. Diese aus den Überlegungen des Arius, eines Priesters aus Alexandria, entstandene Strömung stellte eine Hierarchie zwischen Christus, von Gott geschaffen und nicht ewig – also von einer geringeren Göttlichkeit –, und Gott dem Vater auf und war 325 im Konzil von Nicäa als Häresie verurteilt worden. Trotzdem hatte sich ihr Einfluss in den folgenden fünfzig Jahren über den ganzen Osten ausgedehnt und durch einen ihrer Bischöfe, Ulfila (Wulfila), die nördlich der Donau siedelnden Goten erreicht. Inzwischen waren unter den Arianern mehrere Gruppen entstanden, von denen einige in ihrer hierarchischen Vorstellung der göttlichen Trinität moderater waren. Es ist aber nicht bekannt, wann und in welcher Form diese Häresie die Vandalen erreichte. Die wahrscheinlichste Hypothese ist, dass sie sich während ihres Aufenthalts in Spanien zwischen 409 und 429 im Kontakt mit den Goten bekehrten.

Antikatholische Verbissenheit

Nun aber führte diese wenn auch relativ junge religiöse Gesinnung die Vandalen seit ihrer Ankunft in Afrika zu einem sonderbaren Verhalten. Während ihres Vormarsches im ersten Jahr (429–430) von Marokko nach Osten plünderten sie nämlich nicht nur alles, was sie unterwegs vorfanden, sondern griffen auch die katholischen Kirchen und den Klerus an, brannten die Gebäude nieder, vergewaltigten die Nonnen und töteten notfalls auch die Priester. Bei keiner anderen zeitgenössischen

> ... Von arianischer Glaubenswut entflammt, verfolgte er (Hunerich) die Katholiken in ganz Afrika ärger als sein Vater, schloss ihre Kirchen und schickte alle Priester und sämtliche Kleriker in die Verbannung. Ungefähr 4000 Mönche und Laien bestrafte er mit härterem Exil, machte viele Blutzeugen, ...
>
> Isidor von Sevilla, *Historia Vandalorum* 78

Barbareninvasion lässt sich eine solche antikatholische Verbissenheit nachweisen. Nach der Einnahme Karthagos und der Gründung des Königreichs im Oktober 439 beendete Geiserich die chaotische Gewalt, führte aber eine systematische repressive Politik des Vandalenstaates gegenüber den Katholiken ein, die bis zur Thronbesteigung Hilderichs 523 andauerte. Wie Victor von Vita, ein afrikanischer Geistlicher und direkter Zeuge der Geschehnisse, in einem 487–489 verfassten Werk berichtet, wurde diese Politik von der katholischen Kirche immer als „Verfolgung" betrachtet. Sie nahm aber verschiedene Formen an und wurde nur selten lebensgefährlich.

Abgesehen von 484 sind die Strafmaßnahmen nie generell gewesen. Geiserichs Beschlüsse beschränkten sich meistens auf die Provinz Africa proconsularis, d.h. auf den Norden des heutigen Tunesien, wo die vandalischen Familien mit Grundstücken bedacht worden waren. Fest entschlossen, hier eine arianische Kirche zu gründen, konfiszierte er zuerst die katholischen Basiliken, verbot nach 457 jegliche Bischofsweihe, beschlag-

nahmte das Kirchengerät und unterband schließlich alle katholischen Gottesdienste. Bis auf wenige Bischöfe wie Quodvultdeus von Karthago wurde der Klerus – von nun an ohne Kultmöglichkeiten – jedoch nicht vertrieben, und es wurden auch keine Maßnahmen gegen die Klöster ergriffen. In den anderen Provinzen, wo die Bevölkerung und der Grundbesitz nicht betroffen waren, wurden nur einige als feindlich eingestufte Prälaten ausgewiesen. Diese Politik kannte manchmal zwar mildere Phasen wie in den Jahren 454–457, als Geiserich die Neuwahl eines katholischen Bischofs in Karthago gestattete, sowie in der Zeit 477–480/81, aber sie änderte sich nicht grundsätzlich bis zu diesem Zeitpunkt. Nach 480/81 und bis zum Tod des Königs Hunerich Ende 484 begann eine neue und außerordentlich schwerwiegende Phase, die

Bistümer, deren Bischöfe im Jahr 484 während Hunerichs Regentschaft zum Abfall vom katholischen Glauben genötigt wurden (nach Modéran 2006). Nur die sicher lokalisierbaren Bischofssitze sind kartiert.

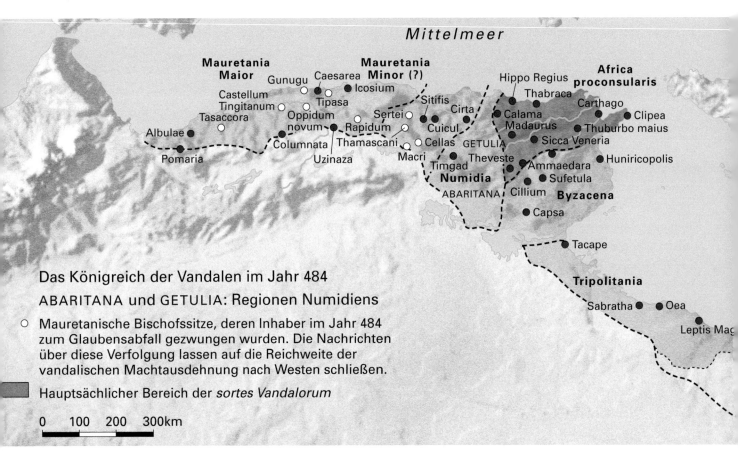

Das Königreich der Vandalen im Jahr 484

ABARITANA und GETULIA: Regionen Numidiens

○ Mauretanische Bischofssitze, deren Inhaber im Jahr 484 zum Glaubensabfall gezwungen wurden. Die Nachrichten über diese Verfolgung lassen auf die Reichweite der vandalischen Machtausdehnung nach Westen schließen.

Hauptsächlicher Bereich der *sortes Vandalorum*

0   100   200   300km

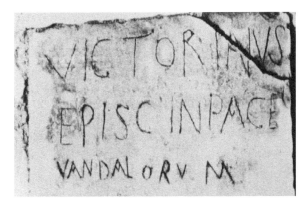

Grabinschrift aus Haïdra für Victorinus, einen *episcopus Vandalorum* (Bischof der Vandalen)

die Bezeichnung „Verfolgung" vollkommen verdient. Zuerst verfügte der Vandalenkönig die massive und mörderische Verbannung von etwa 5000 Geistlichen aus der Proconsularis; dann, nach dem Scheitern der Konferenz zwischen beiden Kirchen Anfang Februar 484, veranlasste er die Verbannung aller Bischöfe und die unverzügliche Bekehrung aller Afrikaner zum Arianismus, was für einige Monate eine Welle des Terrors im ganzen Reich auslöste. Die Agenten des Königs durchstreiften das Land, nahmen die Geistlichen fest und ließen sie umbringen; die Gläubigen wurden manchmal unter absurden Bedingungen gezwungen, sich neu nach dem arianischen Credo taufen zu lassen. Zu den damals berühmtesten Märtyrern zählten der Bischof Laetus von Nepta (Nefta im Süden des heutigen Tunesien), sieben Mönche eines Klosters in Capsa (Gafsa, ebenfalls in Südtunesien) (s. Kat. 270) sowie auch eine Gruppe von Katholiken aus Tipasa (Algerien), denen die Zunge abgeschnitten wurde. Letztere wurden die Protagonisten eines oft erwähnten „Wunders", da sie nach dem Zeugnis verschiedener Texte wieder anfingen zu sprechen.

Diese Krise war nicht von langer Dauer. Mit der Thronbesteigung des Königs Gunthamund Ende 484 änderte der vandalische Staat seinen Kurs, ohne jedoch wirklich Toleranz walten zu lassen. Die damals von Geiserich bestimmte Politik, wie auch die Beeinträchti-

gungen der Bischofswahlen, wurde in den den Vandalen zugefallenen Teilen der Proconsularis fortgesetzt. Diese beiden Charakteristika der Verfolgung wurden unter Thrasamund (496–523) verstärkt, der das Verbot, die verstorbenen Bischöfe zu ersetzen, auf die Byzacena (die südliche Hälfte des heutigen Tunesien) ausdehnte und die Gesetzesbrecher unverzüglich verbannte. In diesem Punkt ging der König weiter als Geiserich, setzte aber zugleich die Konsolidierung der arianischen Proconsularis fort. Er hielt sich dabei auch an die vom Reichsgründer abgesteckten Grenzen: Der katholische Kult wurde in der Byzacena und den weiteren den Vandalen nicht zugelosten Gebieten nie verboten, was die vielen, von den Archäologen seit vierzig Jahren in diesen Regionen beobachteten Hinweise auf dessen Vitalität erklärt. Die Existenz der Klöster wurde dort keineswegs behindert, stattdessen wurden sie auf Initiative des Bischofs Fulgentius von Ruspe vervielfacht. Auch wurden dort die Kirchenreparaturen, wie in Henchir el-Gousset 521–522, oder Erweiterungen, wie im bischöflichen Baukomplex von Sbeïtla aus dem Ende des 5. und Anfang des 6. Jahrhunderts, fortgesetzt und nahmen ohne jeglichen Widerstand der Königsmacht zu.

Die Thronbesteigung Hilderichs setzte 523 dieser repressiven Politik in wesentlichen Aspekten ein Ende. Alle Verbannten wurden zurückgeholt, alle Wahlen und

Weihungen erlaubt, und der Kult überall gestattet. Doch verlangte der König von der arianischen Kirche keine Rückgabe der ihr seit 439 zugewiesenen Güter und Kirchen, und so blieb ein wesentlicher Faktor des Konflikts zwischen den religiösen Gemeinschaften bestehen, der erst mit der byzantinischen Eroberung nach 533 gelöst wurde.

Vandalische Religionspolitik

Über diese recht eigenartige Religionspolitik der Vandalenkönige sind die Historiker geteilter Meinung. Im 5. Jahrhundert übten zwar auch andere arianische „Barbarenreiche" Repressionen auf die katholische Kirche aus – wie die Westgoten unter Eurich in Südgallien (466–484) –, doch blieben diese Ausschreitungen punktuell und begrenzt. Die Fortdauer der vandalischen Verfolgung und deren 484 erreichte Extremform sind wirklich außergewöhnlich.

Einige meinen, dass Geiserich keine andere Politik zur Wahl stand, da die katholische Kirche von Anfang an entschlossen war, das Römertum und die Interessen der 439 mit Härte enteigneten römischen Aristokratie zu verteidigen. Die Hartnäckigkeit, mit der der Klerus die in der Proconsularis durchgeführte Enteignung des Grundbesitzes angefochten hat, wäre folglich der Grund für die stets repressiveren Maßnahmen der germanischen Herrscher gewesen. Aber der Widerstand der römischen Laienaristokratie gegen die Vandalen war tatsächlich nicht von langer Dauer: Noch vor dem Tod des Geiserich (477) schloss sie sich dem neuen Regierungssystem an und arbeitete mit ihm zusammen. Es ist daher nicht einzusehen, warum die Kirche eine Aristokratie, die den Kampf aufgegeben hatte, weiterhin verteidigen hätte sollen.

Andere Historiker haben in jüngster Zeit einen begrenzt offensiven Charakter der vandalischen Politik erkannt. Demzufolge hätte Geiserich, auch wenn er seiner noch jungen und schlecht strukturierten arianischen Kirche die Mittel gab, sich des Volkes anzunehmen, und zu seinen Gunsten viele Kirchengüter und Heiligtümer enteignete, vor allem aus politischer Sicht gehandelt. Da er sich der heterogenen Zusammensetzung seines „Volkes" wohl bewusst war und es einigen wollte, hätte er gezielt den Arianismus als Instrument der ideologischen und politischen Vereinheitlichung eingesetzt und eine Kirche geschaffen, die von einem ihm ergebenen Patriarchen geführt werden würde. Dann wäre die Verfolgung der Katholiken also nur eine Folge dieser Politik: Der König hätte es für nötig befunden, vorbeugend den katholischen Klerus zu neutralisieren, weil dieser

Grabinschrift aus Hippo Regius mit germanischen Namen. Ingomar hat den Stein in Erinnerung an seine verstorbene Frau, die Suebin Ermengon, errichten lassen, s. Kat. 266.

Die Reste der Kirche von Henchir el-Gousset im westlichen Tunesien

durch sein Predigen manche Vandalen anziehen und das königliche Projekt hätte gefährden können. Doch weist kein Dokument nach, dass die katholische Kirche Afrikas versucht hätte, Arianer zu gewinnen.

In Wirklichkeit liegt der tiefere Grund der Konfliktdauer und -intensität in der eigentlich ganz besonderen Religionspolitik der hasdingischen Dynastie: Es war ihr Wille, die Katholiken der Proconsularis, die inmitten des vandalischen Grundbesitzes lebten und oft für die neuen Besitzer des Provinzbodens arbeiteten, zu missionieren. Schon 439 prangerte der Bischof von Karthago, Quodvultdeus, diese Bekehrungsversuche deutlich an: „Der Arianer ist ein Wolf. [...] Kommt, sagte er, ich werde euch in Schutz nehmen; seid ihr in Not, werde ich euch ernähren; seid ihr nackt, werde ich euch kleiden; Geld werde ich euch geben und die tägliche Summe eines jeden festmachen. Böser Wolf! Du unterdrückst die einen mit deiner Macht, um sie zu verderben, und du kaufst mit Gold die anderen, um sie in den Tod zu stürzen!"

Dieses missionarische Projekt der vandalischen Führung drückte eine religiöse Überzeugung aus, gründete aber auch auf ein politisches Kalkül: Wenn der Arianismus auch die Sieger einigen sollte, sollte er auch gleichzeitig die Afrikaner, unter denen sie leben würden, neutralisieren. Die religiöse Gemeinsamkeit aller Bevölkerungskomponenten würde für die politische Einheit des Landes, in dem die Eroberer lebten, und somit auch für deren Sicherheit bürgen. Die katholische Kirche

Modell der Kirche von Henchir el-Gousset. 2009 für die Ausstellung im Badischen Landesmuseum erstellt (*arw-modellbau*)

konnte aber in dieser Situation nicht tatenlos bleiben, wenn es auch in anderen Provinzen, wo kein vandalischer Grundbesitz existierte, keine arianische Mission gab: Die Verteidigung des katholischen Glaubens in der Proconsularis führte zur einer ständigen Konfrontation mit Geiserich und dessen Nachfolgern.

Diese Konfrontation war zunächst theologisch. Es gab eine Literatur der vandalischen Arianer, die aber leider fast vollständig verschwunden ist. Übrig geblieben sind viele katholische Texte, die oft regelrechte Kampfschriften darstellen. Deren berühmte Autoren sind Quodvultdeus von Karthago, Vigilius von Thapsus, Victor von Vita und Fulgentius von Ruspe. Dazu kommen noch etliche oft anonyme Predigten. Mittels dieser Texte erkennt man den Gegenstand des religiösen Konflikts. Einige Historiker bezeichnen die vandalische Doktrin als Homöismus oder moderaten Arianismus. Sie nahm aber radikalere Positionen ein: Sie verneinte unter anderem die Göttlichkeit des Heiligen Geistes und stellte eine Hierarchie zwischen dem Vater und dem Sohn auf, was für die Katholiken eine Infragestellung des beim Konzil von Nicäa festgelegten Dreifaltigkeitsbegriffs bedeutete.

Theologische Gegensätze – vergleichbare Kulte

Bei beiden auf theologischer Ebene sehr gegensätzlichen Kirchen wurde der Kult jedoch auf fast gleiche Weise zelebriert, sowohl die Ausstattung der Basiliken wie auch die Liturgie der Eucharistie und andere Riten betreffend. Keinem Archäologen ist es bisher gelungen, anhand des Dekors oder der Architektur eine arianische von einer katholischen Kirche in Afrika zu unterscheiden. Die einzige wirkliche Diskrepanz trat trotz allgemeiner Ähnlichkeit in der Taufliturgie auf. Im Übrigen waren die Unterschiede minimal, und die Vandalen ehrten sogar die Jungfrau und die Heiligen.

Diese Ähnlichkeit verschlimmerte nur noch den Konflikt, der sich um die Frage der Basiliken und Feste drehte. Da viele der enteigneten Basiliken nämlich nicht wieder verwendet wurden und geschlossen blieben – die vandalische Bevölkerung war sogar in der einzigen Provinz Proconsularis nicht zahlreich genug –, versuchten die um alle Kultgebäude gebrachten Katholiken, sie zurückzuerobern. Und dies löste manchmal Dramen aus: Ende der 450er Jahre beschlossen die afrikanischen Einwohner des Städtchens Regia, am Ostertag ihre Kirche wieder zu benutzen, um dort den Gottesdienst zu feiern. Die Arianer wurden informiert. Sofort kam ein arianischer Priester namens Anduit mit einer bewaffneten Truppe in die Kirche, während andere Krieger auf die Dächer kletterten und Pfeile durch die Fenster schossen. Dieser Angriff verursachte mehrere Opfer.

Das Werben um Anhänger

Die Konfrontation zwischen beiden Kirchen erreichte ihren Höhepunkt an zwei großen Festen des christlichen Kalenders: an Ostern, meistens der bevorzugte Tag für die Tauffeier, und am Festtag des heiligen Cyprian. Dieser war bei den Afrikanern sehr beliebt und wurde als ihr heiliger Schutzpatron betrachtet. Die Vandalen erkannten die Bedeutung, die die Beanspruchung eines solchen Kultes für den Erfolg ihres Missionsprojekts haben könnte, da er einen der einfachsten und am stärksten empfundenen Aspekte der Volksfrömmigkeit traf. So zögerten sie nicht, sich das „Monopol" über die Feste des heiligen Cyprian anzueignen und sie dazu noch besonders prächtig zu gestalten. Dieses Vorgehen war sicher wirkungsvoll, denn die katholischen Geistlichen

Mosaiziertes Taufbecken mit inschriftlicher Nennung des Heiligen Vitalis. Aus dem „bischöflichen Baukomplex" in Sbeïtla

haben gegenüber solch einem in der Proconsularis als ungerecht und unlauter empfundenen Wettbewerb ganz verzweifelt geklagt.

Da mit diesem Vorgehen ebenfalls die Armenhilfe monopolisiert wurde, wofür besonders die einfachen Leute empfänglich waren, bedeutete es für den katholischen Klerus eine umso größere Gefahr. In Afrika war die Armenhilfe, da die sozialen Probleme groß waren, schon vor der Invasion eine wesentliche Tätigkeit der Kirche gewesen. Die Texte der katholischen Polemiker zeigen, dass der arianische Klerus sofort auf dieses Bedürfnis der Ärmsten einging, allerdings für seine eigenen Zwecke. Diese Konkurrenz bereitete der katholischen Kirche der Proconsularis große Schwierigkeiten. Ohne Vermögen und Einkommen war keine Hilfe möglich und da sie fast ihren ganzen Besitz und all ihre Schätze unter Geiserich eingebüsst hatte, war sie nicht in der Lage, ihre karitative Rolle wahrzunehmen. Daraus hat die arianische Kirche zweifellos große Erfolge erzielt.

Das Ende des arianischen Afrika

Man möchte natürlich diese Erfolge einschätzen können. Leider stammen unsere Quellen aus dem katholischen Lager und erlauben somit keine Hypothese. Es ist keine einzige Liste von arianischen Bischöfen und keine einzige Zahl aus der Vandalenzeit bis zu uns gelangt. Durch Gräber kennen wir einige Beispiele von arianischen Basiliken: in Hippo Regius, mit der in einer Kirche entdeckten Grabinschrift von Ermengon der Suebin,

die ihr von ihrem Mann Ingomar gewidmet wurde (s. Abb. S. 312), und in Haïdra, wo das Grab des Victorinus, eines Bischofs der Vandalen, in der Basilika des Melleus gefunden wurde (s. Abb. S. 311). Nur spärliche, manchmal sehr beunruhigende Andeutungen des Victor von Vita und besorgte Rufe des Fulgentius in den Jahren 510–520 lassen ahnen, dass es dem arianischen Klerus nach einem Jahrhundert wahrscheinlich gelungen war, eine nicht unerhebliche Glaubensgemeinschaft bei den Afrikanern zu bilden.

In den Augen der katholischen Kirche kamen diese Erfolge nur durch die Unterstützung der vandalischen Machthaber zustande und wurden von ihr nie anerkannt: Für sie mussten Barbaren und Arianer Synonyme bleiben, was aber immer weniger der Realität entsprach. Ohne den Sturz der vandalischen Macht konnte sie sich keinen Ausweg aus diesem Konflikt vorstellen. Trotz der 523 von Hilderich eingeführten Toleranz blieb die katholische Kirche nach wie vor feindlich eingestellt, und einige ihrer Mitglieder haben bei der Entscheidung Justinians im Jahr 533, eine Expedition zur Wiedereroberung Afrikas zu starten, eine entscheidende Rolle gespielt. Nach dem Sieg blieb sie weiterhin unnachgiebig: Mit ihrem Einverständnis und teilweise auch unter kirchlichem Druck hat der Kaiser von Konstantinopel 535 das endgültige Verbot des Arianismus in Afrika verhängt. Die kurz danach folgende Deportation der vandalischen Familien hat dem 429 begonnenen Abenteuer ein definitives Ende gesetzt.

Lit.: Howe 2007 – Landes / Ben Hassen 2001 – Mandouze 1982 – Modéran 1998

t. 265

PERPETVESIIII
DVLCISSIMAI

Kat. 265
Grabinschrift der Perpetua
Karthago, Basilica Maiorum
4. Jh.
Kalkstein, H. 42 cm, B. 62 cm,
Dm. 6,4 cm
Carthage, Musée national de Carthage,
ohne Inv.

Perpetu(a)e fili(a)e / dulcissimae

Grabinschrift für die „lieblichste Tochter"
(filiae dulcissimae) Perpetua aus der
Basilica Maiorum in Karthago. Die Inschrift
befand sich dort in einer Grube, die als
Massengrab diente.

Lit.: Landes / Ben Hassen 2001 Nr. 56.   R.H.

Kat. 266 *(s. Abb. S. 312)*
Grabinschrift der Ermengon
Hippo Regius/Annaba
11. September 474 (?)
Kalkstein
Annaba, Musée d'Hippone, ohne Inv.

Die III idus septe/mbres recessit E/
rmengon Suaba / bon(a)e memori(a)e in
p/ace ann(o) XXXV / coniuves Ingoma-
ris. Unklar ist, ob das *ANNXXXV* in der
vorletzten Zeile tatsächlich als Sterbedatum (im 35. Jahr nach der Eroberung Karthagos, also 474) oder aber als Altersanga-
be der verstorbenen Suebin Ermengon
aufzufassen ist *(ANN(os) XXX V(ixit) –*
„… lebte 30 Jahre").

it.: Courtois 1955, 375 Nr. 70. – Quast 2005,
286.   C.H.

Kat. 267
Grabmosaik
Thabraca/Tabarka
Ende 5. Jh.
H. 185 cm, B. 66 cm
Tunis, Musée national du Bardo,
Inv. A.324

Die Darstellung ist gerahmt von vier-
eckigen Elementen. Oben die Inschrift:
Victoria ma/ter dei famula in / pace
Glyceria f(ecit). Der Dekor ist rustikal.
Oben zwei Vögel mit Rosen. Im Zentrum
ein Lorbeerkranz, in dem sich das Symbol
Christi befand. Werk der Schule von
Tabarka.

T.G.

Kat. 267

Kat. 268

Kat. 268
Grabmosaik
Gegend von Sbeïtla
5. Jh.
H. 222 cm, B. 86 cm
Sbeïtla, Musée de Sbeïtla, ohne Inv.

Das Mosaikepitaph ist durch ein Flecht-
bandmuster gerahmt. Oben ein Staurogramm zwischen Alpha und Omega in
einem von Rosen umgebenen, gerippten
Kranz.
Der Text bezieht sich auf die kirchliche
Laufbahn des heiligen Milicus, Bischof
von Thagamuta, der am Religionsgespräch
von 411 in Karthago teilgenommen hatte.
Memoria / sancti / Milici / episco(pi) /
deo et chr(isto) / serviit / fideli/ter in
pr(esbitiri) / annis VIIII / in ep(i)sc(opati)
an(nis) / XVII d(iebus) XXV r(equievit) /
in p(ace) V id(us) / iulias.

T.G.

Kat. 270

Kat. 269 *(ohne Abb.)*
Mosaiziertes kastenförmiges Grab
Demna, eingelassen in die Mauer
der Apsis der Kirche
5. Jh.
L. 191 cm, B. 62 cm
Tunis, Musée national du Bardo, ohne Inv.

Arkosolgrab des Maxutius. Oben die
Inschrift in einem Kranz: *Maxuti/us*
presbiter / in pace vixit / annis X [...]
Das Epitaph setzt sich auf der Vorderseite
der Kiste fort: *requievit XI kal(endas)*
septemb(res).
Der Bildschmuck organisiert sich um die
Darstellung eines Kantharos mit Weinranken voller Reben und Vögeln. Zwei
schreitende Pfauen bilden umgeben von
Rosen die Mitte der Darstellung.
Mosaik eines privilegierten Grabes, das
einem Mitglied des Klerus von Demna
gehörte.

T.G.

Kat. 270
Mosaik mit Bezug auf die sieben Mönche von Gafsa
Karthago
Anfang 7. Jh.
Marmor(?)-Tesserae, H. 72 cm,
B. 82,5 cm, T. 5 cm
Carthage, Musée national de Carthage,
ohne Inv.

Locus sa/n(c)torum / sept(em) fratrum /
(h)ic me(moriae) Maca/beorum

Durch die Inschrift auf dem Bodenmosaik
lässt sich der Bestattungsort der sieben
Mönche von Gafsa, die 483 unter dem
Vandalenkönig Hunerich das Martyrium
erlitten, lokalisieren.
Die katholischen Mönche wurden, nach
Angaben antiker Autoren, auf die Brücke
eines Schiffes genagelt, das, nachdem auf
ihm Feuer gelegt worden war, aufs Meer
hinausgeschickt wurde. Das Feuer erlosch
jedoch sofort. Aus Wut ließ Hunerich die
Geistlichen mit Stangen erschlagen.

Lit.: Ennabli 2001, 55. R.H.

Kat. 271 *(ohne Abb.)*
Mosaikmedaillon
Beni Rached
Algier, Musée national des Antiquités

Im Zentrum die Inschrift: *Pax aeclesiae*
catolice semper (etwa: „Der Friede/die
Harmonie der Gemeinschaft der katholischen Kirche ist immerwährend").

Lit.: Gessel 1981, 41. 48 Abb. 72.

Kat. 272 *(ohne Abb.)*
Grabinschrift des Donatianus
Madauros/M'Daourouch
Kalkstein
503 oder 530 n. Chr.
Constantine, Musée national Cirta de
Constantine

Der Stein bedeckte das Grab des Priesters
Donatianus, der wegen seines katholischen Glaubens nach Madauros ins Exil
geschickt worden war *(in exilio pro fide*
ca/t(h)olica ... / relegatus) und dort im
hohen Alter von 96 Jahren verstarb, wie
die Inschrift berichtet. Die Datierung weist
in das siebte Herrscherjahr – *an(no) VII*
Kartha/g(i)n(is) – wohl entweder Thrasamunds (503) oder Hilderichs (530).

Lit.: Courtois 1955, 379 Nr. 107. C.H.

Kat. 273
Altarplatte
Karthago, Basilika von Douïmes
6. Jh.
grauer Marmor, Dm. 25 cm, T. 3 cm
Carthage, Musée national de Carthage,
Inv. 09.8

Kat. 273

Diese rosettenförmige Marmorplatte stammt aus dem Zentrum eines Altartisches. In der Mitte ist großflächig ein Tatzenkreuz mit gleichlangen Armen und sich verbreiternden Enden eingemeißelt. Am Rand befindet sich umlaufend eine Inschrift. Der Altar spielte schon im frühchristlichen Gottesdienst eine zentrale Rolle und war Ort vieler liturgischer Handlungen. Nur der Klerus durfte den Altarbereich betreten, der daher oft durch Chorschranken vom Kirchenschiff abgetrennt war.

Lit.: Ennabli 2001, 69 f.　　　　　F.F.

Kat. 274
Reliefplatte mit Totenmahl
Aus Sbeïtla?
Zeitstellung unbestimmt
Kalkstein, H. 67 cm, B. 47 cm, D. 21,5 cm
Sbeïtla, Musée de Sbeïtla, ohne Inv.

Die ursprünglich liegende Kalksteinplatte bildet im Relief einen gedeckten Tisch nach, auf dem ein Fischtablett, eine Griffschale und zwei langstielige Schalen zu sehen sind. Die leeren Schalenmulden waren zur Aufnahme von Speisen bestimmt, während das Fischtablett bereits mit einem Fischrelief ausgestattet ist. In die halbkreisförmige Vertiefung dahinter war vermutlich eine vertikale Grabstele eingelassen. Bodenplatte und Stele zusammen bilden einen Grabmaltypus mit Totenmahltisch, der insbesondere in Nordafrika bezeugt ist. Die besten Vergleichsstücke bietet das Museum von Timgad in Algerien.
Die Praxis des Totenmahles ist in den spätantiken Zeugnissen Nordafrikas vielfach

Kat. 274

präsent. Der Verstorbene war mit dem bereiteten Tisch in die Mahlgemeinschaft der Angehörigen einbezogen, die sich etwa zur Wiederkehr des Todestages zusammenfanden. Derartige Totenmahlfeiern konnten leicht in Trinkgelage ausufern, wie die heftige Kritik des Augustinus an diesen Begleiterscheinungen erkennen lässt. Interesse der frühen Kirche war es, das überkommene Totenbrauchtum in kirchliche Bahnen zu lenken. In einer kleinen Schrift „Von der Sorge, die man den Verstorbenen zuteil werden lassen soll" *(De cura pro mortuis gerenda)* verweist Augustinus auf die vorrangige Wirksamkeit des Gebetes für die Verstorbenen.

Lit.: Jensen 2008.　　　　　R.W.

Kat. 275
Reliquienschrein mit lateinischer Inschrift
Dalaa, südlich von Aïn Beida, Algerien
Anfang 4. Jh.
Weicher Kalk, H. 13 cm,
L. 27 cm, T. 15 cm
Paris, Musée du Louvre, Département des Antiquités grecques, étrusques et romaines, Inv. Ma 3344

Der Reliquienbehälter stand vielleicht in der Kirche von Dalaa unter dem Altar und war für die Reliquien des Lokalheiligen St. Felicianus vorgesehen. Er zeigt eine Einlassung für einen Schiebedeckel und ist an seiner Außenseite mit geometrischen Mustern verziert, darunter eine sechsblättrige Rosette in einem Rad. Auf einer gemeißelten Inschriftentafel ist eine lateinische Inschrift erkennbar: *Memoria w* Der steinerne Reliquienschrein ist mehrfach gebrochen.

Lit.: Duval 1971, 297–299. – Buschhausen 1971, 314 f. Nr. C 67.　　　　　H.Se.

Kat. 276 *(ohne Abb.)*
Reliquienschrein mit Kreuz
Fundort unbekannt
4./5. Jh.
Marmor, H. 12 cm, L. 12,8 cm, T. 10 cm
Paris, Musée du Louvre, Département des Antiquités grecques, étrusques et romaines, Inv. Ma 3668

Auf dem Schiebedeckel des würfelförmigen Reliquienbehälters ist ein lateinisches Kreuz mit hinzugefügtem griechischen Rho am Kopfende eingemeißelt; damit

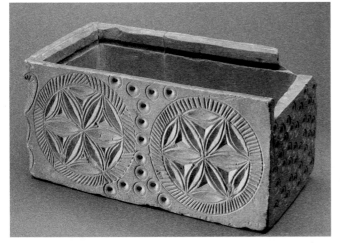

Kat. 275

Kat. 278

fungiert dieses Kreuzzeichen als Monogramm Christi. Dieselbe Kreuzform wie auf dem Reliquiardeckel findet sich auf einem Monogrammkreuz aus Metall, verwendet als Standkreuz, ebenfalls aus dem 4. bis 5. Jh. in Köln.

Lit.: Duval / Metzger 1996, 317–318 Abb. 9.
H.Se.

Kat. 277

Kat. 277
Reliquiar mit Christogramm
Weißer Marmor
Carthage, Musée national de Carthage,
Inv. 351

Das kleine Reliquiar aus Marmor trägt ein Christogramm als Verzierung. Seit dem 2. Jahrhundert ist die Verehrung von Reliquien überliefert, und seit etwa dem 4. Jahrhundert wurden in fast jeder Kirche Reliquien aufbewahrt; hierfür waren kostbare Behältnisse notwendig. Das Christogramm, X (Chi) und P (Rho), wurde vor allem in der Spätantike als Symbol für Christus verwendet. Kaiser Konstantin benutzte es seit dem Jahr 312 für seine Standarte und als Feldzeichen.

Lit.: Ennabli 2000a, 69.
H.Se.

Kat. 278
Reliquiar (Capsella Africana)
Ain Zirara, Numidien
Spätes 5. Jh.
Silber, H. 10,7 cm, B. 7,5 cm, L. 16,3 cm
Vatikanstadt, Museo Sacro, Biblioteca
Apostolico Vaticano, Inv. 60859
Für die Eucharistie sind frühchristliche

Pyxiden aus Edelmetall sehr selten nachgewiesen, obwohl dafür anorganisches Material vorgeschrieben war. Auch konnten sie z. B. als Reliquiar genutzt werden. Oft weist jedoch der Dekor des Deckelgefäßes auf seine Verwendung hin. Auf dem vorliegenden ovalen Reliquiar aus Silber, der sog. Capsella Africana, ist auf dem gewölbten Deckel ein auf den vier Paradiesflüssen stehender Märtyrer mit einem Kranz in der Hand und einem über ihn mit einer Hand gehaltenen Palmzweig dargestellt, flankiert von je einem schlanken Kerzenhalter mit lodernder Kerze. An der Wandung der Deckeldose trinken auf einer Seite ein Hirsch und eine Hirschkuh aus den in einem Christogramm entspringenden vier Lebensströmen, hinter ihnen stehen Palmen; seit dem 4. Jh. sind trinkende Hirsche ein Taufsymbol, nach der Deutung des Augustinus ist der Hirsch auch die gottsuchende menschliche Seele. Auf der anderen Seite sind Lämmer zu erkennen, die sich einem in der Mitte stehenden Lamm zuwenden, das auf seinen Rücken ein Kreuz trägt, ein Symbol für Jesus Christus. Sehr fein gearbeitete Palmzweigbänder umrahmen die Szenen.

Lit.: Hoops 2003 Bd. 23, 623 s.v. „Pyxis". – van der Meer 1951 Abb. 21 f.
H.Se.

Kat. 279a und b
Zwei Tongefäße
Bir Ftouha, frühchristliche Basilika
6. Jh.
Ton, H. 25 und 27 cm, Dm. 15,5 und 12 cm
Carthage, Musée national de Carthage,
Inv. 880.1 und 09.9

Die beiden Gefäße – ein Krug und ein zylindrisches Gefäß – wurden wahrscheinlich im Zusammenhang mit der Taufe verwendet. Die Gefäßkörper sind mit eingekerbten Fischgrätmustern und stilisierten Blüten- oder Sternmotiven verziert. Am Hals des Kruges sind ein Kreuz und ein Fisch eingeritzt, beides christliche Symbole. Bei der Taufe wurde der Täufling dreimal mit Wasser übergossen, während er seinen Glauben an die Dreifaltigkeit bekräftigte.

Lit.: Ennabli 2001, 69–72.
F.F.

Kat. 279a

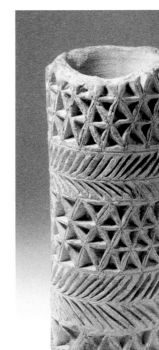

Kat. 279b

Kat. 280

Kat. 280
Brotstempel
La Mohamédia, bei Jébeniane, Basilika
Ton, Dm. 15,5 cm, Stärke 1,5 cm
Tunis, Musée national du Bardo, Inv. 1745

Schon in vorchristlicher Zeit war die Sitte
verbreitet, Bilder in Brotlaibe zu stempeln;
sei es aus religiösen Gründen oder einzig
zur Zierde. Dieser Brotstempel wurde
wohl für eucharistisches Brot verwendet.
Dafür sprechen das Bild – der Hirsch
hinter einem Lebensbaum als Symbol für
Christus – und die umlaufende Inschrift
aus dem Johannesevangelium: *Ego sum
panis vivus cuii de celo descendi* („Ich
bin das lebendige Brot, das vom Himmel
herabgekommen ist").

Lit.: Galavaris 1970, 57. – Cacan de Bissy / Petit
1982.   F.F.

Kat. 281
Katholische Inschrift
Karthago
Ende 6. Jh. (?), byzantinisch
Stein, H. 29 cm, B. 29 cm, T. 7,5 cm
Carthage, Musée national de Carthage,
ohne Inv.

Die Inschrift aus einer im 6. Jh. errichteten Basilika bei Carthagena, in der darum
gebeten wird, auf „dieses Haus tags
und nachts [zu] achten" (Kön. I, 8, 29),
legt nahe, dass es sich bei dieser um die
katholische Kirche Karthagos handelte.
Zwischen der Inschrift ist ein Kreuz mit
dem Satz: „In diesem Zeichen werden
wir siegen", abgebildet, was verdeutlicht,
dass sich die Katholiken in Nordafrika
während der byzantinischen Eroberung
endgültig gegen die Arianer durchsetzen
konnten.

Lit.: Ennabli 1991 Nr. 00164. –
Ennabli 2001, 35.   R.H.

Kat. 281

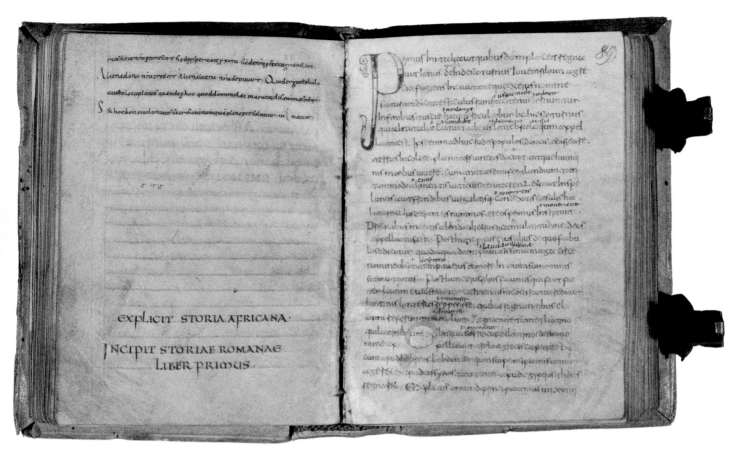

Kat. 282

Kat. 282

Handschrift: Victor von Vita,
*Historia persecutionis Aficanae
provinciae* (Geschichte der
Verfolgung in der Provinz Africa)
Bamberg, seit 12. Jh.
Kopie: 9. Jh., Original: Ende 5. Jh.
Pergament, H. 19,3 cm, B. 14,5 cm
Bamberg, Staatsbibliothek, Inv.Msc.Hist.6.

Die Bamberger Handschrift ist die älteste
und besterhaltene Handschrift der *Historia persecutionis Africanae provinciae*,
die das gesamte Werk des Victor von
Vita enthält. Durch diese für die Textüberlieferung wichtigste Arbeit lässt sich
die Überlieferung des Werkes bis ins 9.
Jahrhundert zurückverfolgen.
Victor von Vita, Zeitzeuge der Vandalenherrschaft in Nordafrika, schildert die
Verfolgung der katholischen Christen in
Nordafrika durch die Vandalen.

Lit.: Leitschuh 1897, 132 f. – Howe 2007, 28.
R.H.

Der Heilige Augustinus in einer hochmittelalterlichen Buchmalerei, s. Kat. 284

AUGUSTINUS, BISCHOF VON HIPPO

Philosoph, Kirchenvater, Lehrer des Abendlands

von Hanns Christof Brennecke

Im Jahr 429 waren die Vandalen in Afrika gelandet; seit Mai 430 belagerten sie Hippo Regius, wo der inzwischen fünfundsiebzigjährige Bischof Augustinus während der vandalischen Belagerung am 28. August 430 starb. Kurz darauf wurde Hippo das erste Herrschaftszentrum der Vandalen in Afrika. Etwa hundert Jahre sollte die vandalische Herrschaft über Afrika dauern, das dann die Römer noch einmal für hundert Jahre zurückgewinnen konnten, bis die arabische Eroberung Afrikas nicht nur die römische Kultur, sondern auch das Christentum weithin auslöschte.

Augustinus stammte aus Afrika, war aber ganz und gar Römer und von der römischen Kultur geprägt. Wer aber war nun dieser in der lateinischen Tradition Ciceros stehende afrikanische Römer, der für weit mehr als tausend Jahre das europäische Denken maßgeblich mitbestimmt hat? Dieser Mann, von dem wir bis heute nicht loskommen, an dem sich aber auch bis heute die Geister scheiden.

sondern um ein Dankgebet an Gott, dem er für seine Führung dankt. Augustinus betrachtet seinen bisherigen Lebensweg in den *Confessiones* außerordentlich kritisch, manches ist stilisiert, aber er gibt eben Auskunft.

Sein Leben als Bischof ist uns aus seinem umfangreichen Werk bekannt, vor allem aus den erhaltenen knapp 600 Predigten und etwa 300 Briefen. Allein das erhaltene literarische Schaffen (die frühen Schriften sind verloren) ist nahezu unüberschaubar. Augustinus war ein Gelegenheitsschriftsteller. Ein großer Teil seiner Schriften ist Bibelauslegung, meist aus Predigten erwachsen. In fast alle intellektuellen und kirchenpolitischen Auseinandersetzungen seiner Zeit verwickelt, hat er auch immer wieder aus aktuellem Anlass zur Feder gegriffen.

> Schon als Knabe also fing ich an, zu Dir zu beten, meine Hilfe und Zuflucht, und brach mir für Deine Anrufung schier die Zunge, und ich betete, ich, der Kleine, mit nicht kleiner Inbrunst, ich möchte in der Schule doch nicht geschlagen werden.
>
> Augustinus, *Confessiones* I 9.14

Ein Mann gibt Auskunft

Sein Schüler und Mitarbeiter Possidius hat nach seinem Tod eine knappe Lebensbeschreibung verfasst, sonst kennen wir ihn nur aus seinen eigenen Werken.

Kurze Zeit nach seiner Weihe zum Bischof der nordafrikanischen Hafenstadt Hippo Regius hat er Rechenschaft über sein bisheriges Leben abgelegt. Bei diesem für die gesamte antike Literatur einzigartigen Werk, welches er *Confessiones (Bekenntnisse)* genannt hat, handelt es sich nicht einfach um eine Autobiografie,

Als Augustinus am 13. November 354 während der Herrschaft Constantius' II. (337–361), des Sohnes des ersten christlichen Kaisers Konstantin, in Nordafrika geboren wurde, verstand sich das römische Reich bereits weitgehend als christlich und das noch bestehende Heidentum verlor stetig an Bedeutung. Nordafrika mit seiner Hauptstadt Karthago war eine blühende und inzwischen fast vollkommen christliche Provinz, ein wichtiges Zentrum der lateinischen Kultur und Kunst, Wissenschaft und Bildung.

Hier hatte das junge Christentum schon seit 200 Jahren einen bedeutenden Schwerpunkt, hier war Latein zur Sprache einer christlichen Kultur und Literatur geworden, waren die ersten lateinischen Übersetzungen der Bibel entstanden.

Augustinus wuchs in einem christlichen Milieu heran, das für ihn vor allem durch seine Mutter Monica geprägt wurde. Dass sein Vater Heide war, wie es in der Literatur immer wieder heißt, ist so nicht ganz richtig. Zwar hat er sich erst kurz vor seinem Tod taufen lassen, allerdings war das damals durchaus üblich. Augustinus hatte eine sehr enge Bindung an seine Mutter Monica, das Verhältnis zum Vater dagegen scheint etwas distanzierter gewesen zu sein. Auch von seinen Geschwistern spricht Augustinus nicht. Die Familie gehörte der städtischen Oberschicht, den Kurialen, an, war aber nicht wohlhabend.

Der junge Augustinus durchlief den damals für Angehörige der Oberschicht üblichen Bildungsweg von der Elementarschule bis hin zur intensiven Beschäftigung mit Philosophie und Rhetorik, den sog. *artes liberales*.

Das Christentum der Mutter hat ihn von Kindesbeinen an geprägt, aber nicht sonderlich interessiert. Wie in christlichen Familien dieser Zeit oft üblich, war auch Augustinus noch nicht getauft.

Darstellung eines Schülers in kurzer Tunika und Mantel, neben seinem rechten Bein befindet sich eine Kiste mit Schriftrollen. Die Marmorstatue stammt aus Madauros im heutigen Algerien, etwas südlich von Thagaste gelegen, dem Geburtsort Augustinus'. Als Elfjähriger ist er zur Schulausbildung dorthin gekommen, weswegen das Bildnis – allerdings ohne zwingenden Grund – gelegentlich auch als Darstellung des Heiligen bezeichnet wurde, s. Kat. 285.

Die Ausbildung musste zeitweilig wegen Geldmangels unterbrochen werden, dann aber konnte er sie sogar in der afrikanischen Hauptstadt Karthago fortsetzen.

Im Alter von etwa 17 Jahren ging er mit einem jungen Mädchen niederen Standes, dessen Namen er nie nennt, eine feste Verbindung ein (Ehe war nicht möglich und auch nicht gewollt). Er hat diese Verbindung später sehr kritisch gesehen; sie war aber über mehr als ein Jahrzehnt offenbar sehr stabil; den damals geborenen Sohn nannten die beiden noch sehr jungen Eltern Adeodatus („von Gott gegeben").

Woher kommt das Übel?

Eine nur noch in einigen Fragmenten erhaltene Schrift Ciceros, der *Hortensius,* begeisterte ihn für ein philosophisches Leben, für die Suche nach der geistigen Glückseligkeit, und regte den jungen Augustinus zum Nachdenken über Gott und Christus an. Da bei Cicero der ihm vertraute Name Jesu nicht vorkam, griff der knapp Zwanzigjährige zur Bibel. Das Ergebnis war nicht nur eine große Enttäuschung, sondern führte zu einer radikalen existenziellen Wende.

Der an Cicero und den Klassikern geschulte Intellektuelle war trotz christlicher Sozialisation abgestoßen von dem stilistisch und auch sonst eher primitiven Latein der lateinischen Bibelübersetzung sowie der Widersprüchlichkeit und moralischen Fragwürdigkeit des Alten Testaments. Die existenzielle Folge: Abkehr vom Christentum und Zuwendung zu den Manichäern, die mit ihrem krassen gnostischen Dualismus zumindest scheinbar eine Antwort auf die den philosophisch Interessierten umtreibende Frage *unde malum* („Woher kommt das Übel?") geben konnten.

Der Manichäismus, eine aus Persien stammende Religion mit ursprünglich christlichen Wurzeln, behauptete zumindest, Antwort auf nahezu alle Fragen geben zu können. Das Böse in der Welt wurde als ein Gegeneinander von zwei Weltprinzipien, einem guten und einem bösen, erklärt. Unsere irdische Welt, in der wir leben, war nach Auffassung der Manichäer unter die Herrschaft des bösen Prinzips geraten. Und sie boten auch allerlei Hilfen an, wie man sich daraus befreien könne.

In den 70er Jahren des 4. Jahrhunderts war der Manichäismus für junge Intellektuelle äußerst anziehend, weil er eben Antwort auf alle Fragen zu geben schien und außerdem den Reiz des Verbotenen hatte, ohne dass es wirklich gefährlich werden konnte. Denn obwohl die Manichäer seit Kaiser Diokletian im römischen Reich eigentlich verboten waren, hatten sie dennoch gerade im intellektuellen Milieu viele Gönner und Förderer bis hin in die hohe Beamtenschaft. In gewissen intellektuellen Kreisen galt es geradezu als *chic*, mit dem Manichäismus zu kokettieren. Augustinus wandte sich dieser östlichen Religion, die von den westlichen Provinzen des römischen Reiches bis hin nach China und Japan weltweit verbreitet war, mit einem ganzen Kreis von ähnlich gestimmten Freunden zu. Während der mehr als zehn Jahre, in denen er zu den Manichäern gehörte, ging seine akademische Karriere weiter. Zunächst hat er sich in Rom als Lehrer für Grammatik, Rhetorik und Philosophie niedergelassen, wurde dort aber nicht glücklich, bis sich endlich durch Vermittlung des römischen Stadtpräfekten Symmachus die Möglichkeit einer Tätigkeit in Mailand in unmittelbarer Verbindung zum Kaiserhof ergab. Damit war eigentlich ein Höhepunkt in der möglichen Laufbahn eines Intellektuellen erreicht. Eine Position im Umfeld des kaiserlichen Hofes bot die Chance zu einer gut dotierten Statthalterschaft – und die Möglichkeit für eine reiche Heirat. So wurde dann auch die Lebensgefährtin aus früheren Tagen und Mutter des gemeinsamen Sohnes nach Afrika zurückgeschickt und die Heirat mit einer wohlhabenden Erbin arrangiert. Leider war sie noch minderjährig, so dass Augustinus sich noch etwas gedulden musste.

Mittlerweile war er auch vom Manichäismus enttäuscht, denn auch hier stieß ihn letztlich das dürftige intellektuelle Niveau der führenden Vertreter dieser Religion ab. Die Suche bei der Philosophie, d. h. bei den damaligen philosophischen Schulen, führte Augustinus nicht recht weiter, und so sehen wir ihn, nun in seinen Dreißigern, Mitte der 80er Jahre in Mailand geradezu in einer existenziellen Krise, die sich auch in vielerlei Krankheiten äußerte. Auch die Karriere am kaiserlichen Hof konnte ihn nicht recht befriedigen.

In dieser Situation des Zweifelns begegnete er dem der Oberschicht entstammenden und hochgebildeten

Augustinus und seine Mutter, die Heilige Monica. Druck nach einem Gemälde von Ary Scheffer (1846)

Mailänder Bischof Ambrosius, welcher ihn in erster Linie als Intellektueller überzeugte. Bei ihm und einem Kreis von gebildeten Mailänder Klerikern erlebte Augustinus nun philosophisch gebildetes Christentum und die Allegorie als Auslegungsmethode, die hinter dem wörtlichen Text der biblischen Schriften noch einen besonderen und jeweils zu entschlüsselnden Sinn suchte. Der christliche Neuplatonismus und die allegorische Methode der Schriftauslegung eröffneten Augustinus einen völlig neuen Zugang zum christlichen Glauben. Und die neuplatonischen Schriften (wir wissen nicht genau, welche), die ihm damals in lateinischen Übersetzungen zugänglich wurden, bestätigten ihm nun die wesentlichen Aussagen der Bibel.

„Nimm und lies"

Augustinus deutete den Neuplatonismus wie andere christliche Theologen seiner Zeit christlich. Jetzt fand er in der Bibel das, was er seit dem Anstoß durch die Lektüre Ciceros in ihr gesucht, aber ohne die Hilfe der neuplatonischen Philosophie und ohne die Methode der allegorischen Schriftauslegung nicht gefunden hatte. Biblische Texte waren für ihn eben nicht aus sich selbst verständlich, sondern bedurften der methodischen Auslegung. Und die Methoden lieferten die (heidnische)

Philosophie und Philologie, wie er später in seiner großen Hermeneutik *De doctrina christiana* darlegte.

Dieses Erlebnis, einen ganz neuen Zugang zum christlichen Glauben gefunden zu haben, führte zu einer radikalen Wende in seinem Leben, die er später in den *Confessiones* literarisch stilisiert als eine Art wunderhafter Bekehrung beschrieben hat:

„Da auf einmal hörte ich aus dem Nachbarhaus die Stimme eines Knaben oder Mädchens im Singsang wiederholen: ‚Nimm es, lies es, nimm es, lies es!‘ (lat.: *Tolle lege, tolle lege).* Augenblicklich machte ich eine andere Miene, gespannt besann ich mich, ob unter Kindern bei irgendeinem Spiel so ein Leierliedchen üblich wäre, aber ich entsann mich nicht, das irgendwo gehört zu haben. Ich hemmte die Gewalt der Tränen und stand vom Boden auf: Ich wusste keine andere Deutung, als dass mir Gott befehle, das Buch zu öffnen und die Stelle zu lesen, auf die zuerst ich träfe. Denn von Antonius [ein Mönchsheiliger] hatte ich gehört, wie er bei einer Evangelienlesung, zu der er sich von ungefähr eingefunden hatte, die Worte ‚Geh hin, verkaufe alles, was du hast, gib es den Armen, und du wirst einen Schatz im Himmel haben; und komm und folge mir nach‘, als wäre es für ihn vermeint, was man da las, sich zur Mahnung genommen und bei diesem Gottesspruch sogleich zu Dir [d. h. zu Gott] gekehrt hatte. So ging ich eilends wieder an den Platz, wo Alypius [ein Freund des Augustinus] saß, denn dort hatte ich das Buch des Apostels hingelegt, als ich aufgestanden war. Ich ergriff es, schlug es auf und las still für mich den Abschnitt auf den zuerst mein Auge fiel: ‚Nicht in Schmausereien und Trinkgelagen, nicht in Schlafkammern und Unzucht, nicht in Zank und Neid, vielmehr ziehet an den Herrn Jesus Christus und pfleget nicht des Fleisches in seinen Lüsten.‘ Weiter wollte ich nicht lesen, und weiter war es auch nicht nötig. Denn kaum war dieser Satz zu Ende, strömte mir Gewissheit als ein Licht ins kummervolle Herz, dass alle Nacht des Zweifelns hin und her verschwand."

(*Confessiones* VIII 12.29, übers. von Joseph Bernhart) Sicher eine der bekanntesten Szenen der Weltliteratur überhaupt.

Im Abstand von mehr als einem Jahrzehnt beschreibt der inzwischen berühmte Schriftausleger, Theologe und Bischof hier seine Rückkehr zum christlichen Glauben.

Geht es tatsächlich um eine *Rückkehr*? Was Augustinus da las, sind einige Worte aus dem Römerbrief des Paulus (13,13) – offenbar als göttliche Stimme empfunden, geradezu als eine Art Orakel, das unmittelbare existenzielle Konsequenzen forderte. Die Folge war jedoch eigentlich keine Bekehrung zum christlichen Glauben, sondern eine Wendung zu einer christlich begründeten *vita philosophica et ascetica.* Dabei galt asketisches Leben damals allgemein als philosophisches Ideal, das eben auch christlich vertreten werden konnte.

Mit einigen Freunden gründete er eine Art christlich-philosophische Gemeinschaft in Cassiciacum, einem Landgut am Fuß der Alpen, wofür wohl eher Cicero in Tusculum als das christliche Mönchtum Vorbild war. Ostern 387 ließ er sich zusammen mit seinem Sohn Adeodatus durch Ambrosius taufen und 388 folgte die Rückkehr nach Afrika, die sich durch den Tod der Mutter und politische Unbillen noch etwas verzögerte. Mit der

Der Hafen der Stadt Annaba (früher: Bône), die sich heute über dem antiken Hippo Regius erhebt. „Nach Augustins Tod indes wurde Hippo von seinen Bewohnern endgültig aufgegeben und von den Feinden eingeäschert." (Possidius von Calama, *Vita Augustini* 28)

Rückkehr nach Afrika endet der biografische Teil der *Confessiones.*

Literat und Bischof

Auch in Afrika lebte Augustinus in einer asketisch-philosophischen Gemeinschaft von Freunden. Im Prinzip ging er seinem alten Beruf nach: Er schrieb Lehrbücher für den üblichen akademischen Unterricht (*De grammatica, De musica*) und philosophische Dialoge, die durchaus zu den Höhepunkten der philosophischen Debatten in der Spätantike zählen. Er hat sich in diesen Jahren wie schon vorher seit seiner „Bekehrung" in Italien zu eigentlich allen wesentlichen philosophischen Problemen der Zeit geäußert (*De beata vita, De ordine*), nun aber eben von einem dezidiert christlichen Standpunkt aus. Dazu kam nun auch eine sehr breite literarische Auseinandersetzung mit den Manichäern, in der er vor allem immer wieder die Schöpfungsgeschichte gegen deren Darstellung von der Minderwertigkeit der Schöpfung und auch des Schöpfers auslegte. Als er 390 mit der Schrift *De vera religione* eine umfassende religionsphilosophische Widerlegung der manichäischen Lehren erscheinen ließ, war er in Afrika und auch schon darüber hinaus bereits einer der bekanntesten lebenden lateinischen Schriftsteller.

Auf einer Reise wurde er in Hippo Regius erst zum Priester und wenige Jahre später zum Bischof geweiht. Wie seine Briefe zeigen, hat der gelehrte Literat das Bischofamt bis hin zu den eher lästigen Verwaltungstätigkeiten sehr ernst genommen. Jetzt wurde er zusätzlich in die großen kirchlichen Debatten, denen er bisher eher fern gestanden hatte, verwickelt. Und er lieferte Antworten, die die Kirche und Gesellschaft für viele Jahrhunderte prägen sollten.

In Afrika gab es damals seit fast hundert Jahren eine Kirchenspaltung. Eine Kirche, die sich die Kirche der „Reinen" nannte und auf einen gewissen Donatus (daher *Donatisten*) zurückging, war der Auffassung, dass es in der Kirche gleichsam nur makellose Christen geben dürfe. Vor allem meinten die Donatisten, dass die Wirkung der Sakramente von der moralischen Reinheit der Priester abhängig sei: eine Konsequenz der Verfol-gung am Anfang des Jahrhunderts kombiniert mit den Erfahrungen auch des Versagens. In diesem Konflikt entwickelte Augustinus seine Lehre von der Kirche. Sie ist ein *corpus permixtum*: Sünder und Gerechte sind ununterscheidbar miteinander vermischt – wahre Christen und damit die wahre heilige Kirche werden erst im Jüngsten Gericht offenbar. Der Donatismus war in Afrika zu einer großen Gegenkirche geworden, die teilweise die Mehrheit der afrikanischen Christen ausmachte. Radikale Anhänger dieser Kirche scheuten auch nicht vor Gewalt gegen Andersdenkende zurück. Augustinus hat letztlich auch polizeiliche Unterdrückungsmaßnahmen des Staates gegen die Donatisten befürwortet und sogar gefordert, was dazu führte, dass man später die Anwendung von Gewalt gegen Dissidenten in gewisser Weise auch von Augustinus her rechtfertigen konnte.

Gnade und Härte

Noch in einer anderen großen und die Kirche ganz grundsätzlich bestimmenden Debatte hat Augustinus Maßstäbe bis in die Gegenwart gesetzt. In Anlehnung an Paulus, der damals förmlich neu entdeckt wurde, hat Augustinus die für die Kirche seither wichtige Lehre von der Gnade Gottes formuliert, auf die der Mensch als Sünder angewiesen ist. Die unglaublich scharfe Kontroverse über die Gnadenlehre hat durchaus auch unerfreuliche Aspekte. Der inzwischen alte Bischof von Hippo hat hier gelegentlich mit einer geradezu erschreckenden Härte argumentiert. Gegen den britischen Mönch Pelagius, der meinte, der Mensch habe die Freiheit, sich für Gott zu entscheiden, hat Augustinus daran festgehalten, dass der Mensch allein auf die Gnade Gottes angewiesen sei und in diesem Zusammenhang auch seine heftig umstrittene Lehre von der Prädestination formuliert.

Ausgehend von seiner eigenen monastischen Gemeinschaft hat Augustinus auch wesentliche Impulse für die Entwicklung eines abendländischen Mönchtums vermittelt.

Die *Confessiones* sind sicher sein bekanntestes und am meisten gelesenes Werk gewesen. Das für die Zukunft vielleicht wichtigste sind die 22 Bücher *De civitate Dei* („*Über den Gottesstaat*").

Die älteste bekannte Darstellung des Kirchenlehrers Augustinus. Es besitzt keine Porträtzüge im modernen Sinne. Fresko in der Laterankirche, 6. Jh. n. Chr.

Angesichts der Eroberung und Plünderung Roms durch die Goten im Jahre 410 und der Entwicklung eines christlichen römischen Reiches kam von Kritikern und Gegnern des Christentums der Vorwurf, dass diese bisher für undenkbar gehaltene Eroberung der alten Hauptstadt die Strafe für die Hinwendung zum christlichen Glauben sei. In einer in vieler Hinsicht großartigen Deutung von Geschichte widerlegt Augustinus diesen Vorwurf nicht nur, sondern zeigt seinen christlichen Lesern vielmehr, wie die Geschichte des Gottesreiches und des satanischen Reiches bis zum jüngsten Gericht miteinander verwoben sind und dass man in dieser Welt nicht einfach das Reich Gottes oder auch nur Gottes Handeln in der Geschichte abtrennen und erkennen kann. Und er verteufelt den Staat nicht als Einrichtung dieser irdischen Welt, sondern definiert ihn (sich dabei übrigens durchaus auf Cicero berufend) als notwendig, um die Ordnung aufrechtzuerhalten. Der Staat darf sich keine göttliche Autorität anmaßen. Ganz anders als im Osten, wo auch die Christen und die christliche Kirche viel eher bereit waren, den Staat sakral zu sehen, konnte sich damit der augustinische Gedanke vom säkularen, also grundsätzlich weltlichen Staat durchsetzen (was für Augustinus keine Trennung bedeutete). Wenn heute vor allem im westlichen Europa der Staat als weltlich angesehen wird, wie es in Anlehnung an Augustinus bekanntlich auch Luther sah, so verdanken wir auch dies dem Bischof aus Hippo.

Auf Augustinus geht die westliche Definition der Trinitätslehre zurück, die später durch die Einfügung des *filioque* (der Heilige Geist gehe vom Vater *und vom Sohn* aus) in das Nicaeno-constantinopolitanische Bekenntnis ihren Ausdruck gefunden hat, welches dann allerdings zur Trennung zwischen der griechischen Orthodoxie und dem Westen beitrug.

Das Erbe des afrikanischen Bischofs

Während der muslimischen Eroberung kamen seine Gebeine nach Sardinien, wo sie der langobardische Herrscher Luitprand um 700 in Pavia beisetzen ließ. Nicht in Afrika, sondern im lateinischen Europa hat er seine Wirkung entfalten können. Das ganze Mittelalter ist sowohl in seiner theologischen als auch in seiner philosophischen Entwicklung nur als Rezeption des Augustinus zu verstehen, die durch Exzerptsammlungen schon bald nach seinem Tod beginnt und im Spätmittelalter, besonders in der Theologie der Augustiner, einen Höhepunkt findet, der die Verbindung zur Reformation bildet. Sowohl Luther als auch Zwingli und Calvin sind ohne Augustinus nicht vorstellbar; die durchaus kontroverse Aneignung und Auseinandersetzung mit Augustinus setzt sich durch die ganze frühe Neuzeit fort bis hin zu philosophischen Entwürfen des 20. Jahrhunderts (Hannah Arendt; Martin Heidegger u. a.). So wurde Europa zum Erben dieses afrikanischen Bischofs, den wir nicht nur als Kirchenvater der ganzen abendländischen Christenheit, sondern darüber hinaus als einen der Väter der abendländischen Kultur überhaupt ansehen dürfen.

Lit.: Brachtendorf/Drecoll 2002 ff. – Brown 1967 – Drecoll 2007 – Flasch 1994 – Fuhrer 2004 – Horn 1995 – Ulrich 2007

im Regenbogen erscheint und die Rechte
segnend zu Augustinus hinstreckt. Am
Rand befindet sich ein Laubwerkband in
rot, grün, purpur und blau zwischen einem
rot eingefassten goldenen und silbernen
Streifen. Große M-Initiale und zwölf
kleinere Initialen stehen am Beginn der
einzelnen Bücher.

Lit.: Harrassowitz 1966, 15–17. – Dengler-
Schreiber 1979, 77. 97. 145. – Schemmel
1990, 86 f.   R.H.

Kat. 283

Kat. 283
Handschrift: Kölner Mani-Codex
Herkunft unbekannt
5. Jh.
Pergament, H. 4,5 cm, B. 3,5 cm
Köln, Institut für Altertumskunde,
Papyrus-Sammlung, Inv. 4780 Lage 3B

Der kleine Pergamentkodex im Taschen-
format wurde wahrscheinlich Ende des
4. oder Anfang des 5. Jhs. aus dem
Ostaramäischen ins Griechische übersetzt
und ist die erste größtenteils erhaltene
literarische Quelle des Manichäismus in
griechischer Sprache.
Die Schrift mit dem Titel *Über das
Werden seines Leibes* beschreibt auf
48 beidseitig beschriebenen Doppelblät-
tern das Leben des Religionsstifters Mani
bis zum Jahre 242. Der Rest der Biografie
ist verloren. Anhänger des Manichäismus
waren über den ganzen Mittelmeerraum
verbreitet. Auch Augustinus war in seinen
jungen Jahren Teil dieser ursprünglich
persischen Kultgemeinschaft.

Lit.: Koenen / Henrichs 1970. – Koenen / Römer
1988. – Demandt / Engemann 2007 II.1.119.
                                                       R.H.

Kat. 284
Handschrift: Augustinus,
„Bekenntnisse"
Bamberg-Michelsberg
1169
Pergament, Holz, Kalbsleder, Gold, Silber,
H. 27 cm, B. 19,5 cm
Bamberg, Staatsbibliothek,
Inv.Msc.Patr.33m.

Eine der maßgeblichen Handschriften
der „Bekenntnisse" des Augustinus.

Gleichmäßige Schrift auf kräftigem Pergament mit samtartiger Oberfläche. Der mit
dunkelbraunem Kalbsleder überzogene
Holzdeckel stammt aus dem 15. Jh.
Auf dem Titelbild ist Augustinus dargestellt (s. Abb. S. 324). In den Händen hält
er eine Schriftrolle mit den Worten:
„Herr, es ruft Dich mein Glaube, der
Glaube, den Du mir gegeben hast." *Confessiones* I,1) Er blickt zu einer Halbfigur
Christi auf, die mit einem Kreuznimbus

Kat. 285 *(s. Abb. S. 326)*
Statue: sog. Augustinus
Madauros/M'Daourouch, Theater
Weißer Marmor, H. 86 cm, B. 35 cm
Guelma, Musée de Guelma, Inv. 025

Statue eines Knaben mit vergeistigten
Zügen in kurzer Tunika und schwerem
Mantel, den er mit seiner Linken vor
der Brust fixiert. Die Skulptur selbst
bietet keinen Anhaltspunkt für die
Identifizierung des Dargestellten mit
Augustinus.

Lit.: Sintes / Rebahi 2003, 228 Kat. 110.   C.H.

Kat. 284

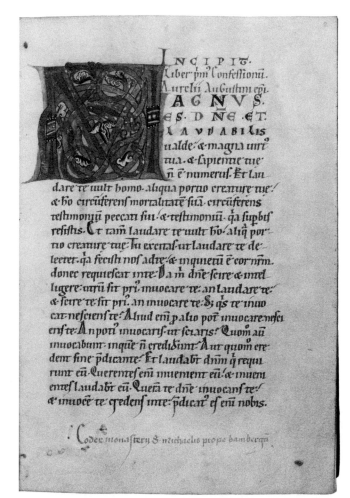

ORTE DES GEBETS

Sakralarchitektur im vandalischen Afrika

von Fathi Béjaoui

Wenngleich nach der schriftlichen Überlieferung das Christentum schon im 1. Jahrhundert in Afrika eingeführt worden sein soll, gehen die ältesten sicheren Zeugnisse auf das 2. Jahrhundert zurück und beziehen sich auf die ersten bekannten Märtyrer Afrikas – die zwölf in Karthago hingerichteten Scillitaner und vor allem die berühmten Heiligen Perpetua und Felicitas, die im Jahr 203 im Amphitheater der Metropole den Raubtieren zum Fraß vorgeworfen worden sind.

Hier liegt wahrscheinlich der Ursprung einer beträchtlichen Menge an Zeugnissen über einen der berühmtesten Abschnitte der antiken Geschichte Tunesiens. Diese Zeugnisse stammen aus Schriften wie denen des Tertullian, Zeitzeuge und Märtyrer, und des heiligen Cyprian, Bischof von Karthago, der 256 die erste große Bischofskonferenz in Afrika initiiert hat. An dieser hatten über 80 Kirchenvertreter der römischen Provinz teilgenommen. Es wird aber z. T. auch die Meinung vertreten, dass andere Konzile bereits vor dem Martyrium der heiligen Perpetua und Felicitas – d. h. am Ende des 2. Jahrhunderts – in Afrika stattgefunden hätten.

Das 411 vom heiligen Augustinus ins Leben gerufene große Religionsgespräch von Karthago – Honorius war damals Kaiser – ist sicherlich das spektakulärste Zeugnis für die Dichte der afrikanischen Kirchengemeinden, insbesondere auf dem Boden des heutigen tunesischen Staates. Das erhalten gebliebene Protokoll erwähnt nämlich über 500 Vertreter, gleichmäßig auf Katholiken und Donatisten verteilt und in den meisten Fällen sogar zwei für eine Stadt.

⇦ Mosaikfragment, das Bauleute bei der Arbeit zur Errichtung einer Basilika zeigt. Im oberen Register ein Steinmetz bei der Arbeit, in der Mitte das Anmischen des Mörtels. Unten der Abtransport einer Säule mit einem Fuhrwerk. Gefunden in Oued R'mel (Wadi Arremel), 5. Jh., Musée national du Bardo

Die anderen danach in verschiedenen Städten Afrikas organisierten Konzile bis zur arabischen Eroberung 647 können die Intensität der christlichen Durchdringung des Landes nur bestätigen. In der Tat haben die archäologischen Untersuchungen eine bis heute in anderen römischen Provinzen unerreichte Zahl von christlichen Kultbauten zutage gefördert.

Kirchenbauten

An dieser Stelle sollte daran erinnert werden, dass die ins 4. oder frühe 5. Jahrhundert zu datierenden christlichen Kultstätten kaum Spuren hinterlassen haben, im Gegensatz zu späteren Zeiten – vor allem seit der von manchen als „Renaissance" bezeichneten byzantinischen Wiedereroberung. Abgesehen von einigen berühmten Gebäuden, z. B. in Karthago (Damous el-Karita) oder Uppenna, sind diese Kultbauten in einem Nutzungszustand aus der Mitte des 5. bis zur ersten Hälfte des 7. Jahrhunderts auf uns gekommen. Dies schließt jedoch nicht aus, dass sie eine noch frühere Nutzungsphase erfahren haben.

Außerdem ist festzuhalten, dass diese Situation nicht nur die großen Städte betrifft, sondern auch die ländlichen Kirchen, deren Zahl durch die archäologische Feldforschung stetig wächst.

Die architektonische Struktur

Obwohl die architektonische Struktur der christlichen Sakralbauten Afrikas dem Grundriss der in Rom entstandenen klassischen Basilika entsprach, wurden bei mehreren afrikanischen Kirchen Besonderheiten festge-

Damous el-Karita heute

stellt. Diese treten auf dem Mosaik von Tabarka (Nordwesttunesien) auf, das eine Kirche gleichzeitig sowohl von außen (Eingangsfassade, Dach samt Dachstuhl, Apsisform) wie von innen (Säulengang, Altar mit angezündeten Kerzen, Mosaikboden mit Vögeln und Blumen, Zugang mit Treppe zum erhöhten Boden der Apsis) darstellt (s. Abb. S. 276).

Wie man heute weiß, war die Bauorientierung – zumindest in der byzantinischen Zeit (533–647) – nicht entscheidend, und so kommt es vor, dass ein Bau zwei unterschiedlich orientierte Apsiden (die eine nach Osten, die andere nach Westen) aufweisen kann, wie z. B.

Damous el-Karita, Rekonstruktionsvorschlag des Kircheninneren

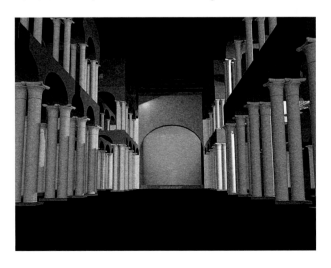

in Karthago, Haïdra (Ammaedara) und Sbeïtla (Sufetula). Dies lässt sich in einigen Fällen durch die Entwicklung der Stadt und die Einrichtung der Kultbauten in nicht länger genutzten Gebäuden erklären: Sie wurden z. B. in einem heidnischen Tempel, dem *frigidarium* einer Thermenanlage, auf öffentlichen Plätzen, in zivilen Basiliken oder sogar privaten Häusern eingerichtet. Schließlich ist zu erwähnen, dass bei einigen Kirchen Mittelschiff und Seitenschiffe gleich breit ausfallen, wie in einer der Kirchen von Karthago sowie in denen von Thala, Thelepte, Ammaedara und Henchir el-Gousset in den Steppen Tunesiens, wo regional die meisten Kirchen entdeckt wurden – manchmal mit sieben bis acht Gebäuden für lediglich eine einzige Stadt (Sufetula, Ammaedara und Thelepte).

Neben der relativ freien Wahl der Orientierung der Gebäude und Abmessungen bestimmten allerdings spezifische liturgische Belange, von denen wir aus den Predigten des heiligen Augustinus erfahren, die Praxis des Kirchenbaus, zumindest was Karthago angeht. So erreicht man die im Vergleich zum Boden des Mittelschiffs erhöhte Apsis in der Regel über eine Treppe. In dieser Apsis, in deren Mitte eine gemauerte oder hölzerne Bank steht, befindet sich die Kanzel des Bischofs.

Ursprünglich stand der Altar im Zentrum des Mittelschiffs, weshalb mehrere Schranken aus Stein (Kalkstein oder Marmor) oder Holz aufgestellt werden mussten, deren Rillen im Boden oder auf den Basen der Schrankensäulen in mehreren Kirchen beobachtet wurden. Später befand sich der Altar meistens in der Nähe der Apsis.

Eine Besonderheit der Sakralbauten im Land des heiligen Augustinus war ab der byzantinischen Zeit (Mitte des 6. Jahrhunderts) die Anlage einer zweiten Apsis oder eines zweiten Chors, die eine Rückwirkung auf die liturgische Praxis hatte. Manchmal änderte sich die Funktion der ursprünglichen Apsis, die zu einer Art Heiligen- oder Märtyrerkapelle mit Reliquiaren und Altar wurde. In diesem Fall entstand am entgegengesetzten Ende des Gebäudes eine neue Apsis mit einem nun nach Osten orientierten Hauptchor. Dies lässt sich bei mehreren Kirchen (Karthago, Sufetula, Ammaedara, Thelepte) feststellen. Manchmal wird der zweite Chor mit Reliquiaren oder Gräbern nicht durch eine Apsis verlängert, sondern durch Schranken deutlich abgegrenzt.

Dies ist der Fall in Maktar (Mactaris) und Sbeïtla (Sufetula). Diese Besonderheit findet sich nicht ausschließlich in den großen Städten, sondern auch in einigen ländlichen Kirchen.

Schließlich ist festzuhalten, dass der Typus der Emporenbasilika bisher nur an zwei Orten – in Ammaedara (innerhalb der byzantinischen Festung) und in Kef (Sicca Veneria mit seiner berühmten Petrusbasilika) – nachgewiesen wurde.

Die Ausschmückung der Kirchen und ihrer Anbauten

Das Innere der Sakralbauten wurde vor allem mit Mosaikböden geschmückt. Es wurden aber auch Tonkacheln und Stuck gefunden.

Die als Bodenbelag in den meisten öffentlichen wie privaten Gebäuden (Thermen, Theater, Häuser usw.) anzutreffenden Mosaiken waren bei den Afrikanern sehr beliebt. Aber regelrecht aufgeblüht ist die Mosaikkunst mit christlicher Thematik erst in den Sakralbauten – Kirchen und ihren Anbauten, Kapellen oder Baptisterien. Daneben besitzen einige Kirchengebäude manchmal mit Grabinschriften versehene Steinplatten (es sind über Hundert in der Melleus-Basilika). Auf den Mosaiken kommen die geläufigsten christlichen Symbole (Kreuze, Vögel, Pflanzen usw.) und vor allem auch biblische Themen vor. Zwei Themen waren bei den Afrikanern besonders beliebt: Daniel in der Löwengrube (Gegend von Sfax und Mausoleum von Bordj Lihoudi südlich von Karthago) und die Geschichte des Jonas (Karthago und Tabarka). Mosaiken begegnen uns in vielen Kirchengebäuden und deren Anbauten, aber vor allem auf den Gräbern der Verstorbenen. Dies ist eine „tunesische Besonderheit", denn die Mehrheit der Beispiele stammt aus diesem Staatsgebiet. Mehrere Schulen wurden erkannt. Tabarka hat Mosaiken mit einer Grabinschrift und der Darstellung des Verstorbenen geliefert, die in ihrer Gestaltung an die reich geschmückten Grabstelen erinnern. Diese Art von Ikonografie wurde jüngst in den Katakomben von Lamta (Leptis Minor) beobachtet. Andere Gebiete – Kelibia (Clipea), Sousse (Hadrumetum) und Sbeïtla – weisen Mosaikböden mit symbolischen

Henchir el-Gousset, im Boden erkennbar sind die Einlassungen für die Schranken vor dem Altarraum

Themen wie dem Kantharos, verschiedenen Kreuztypen, Vögeln oder Fischen auf.

Die Grabinschriften konnten auf einfache Verstorbene wie auf führende Persönlichkeiten der christlichen Kirche oder verfolgte Märtyrer hinweisen, wie die Beispiele aus Uppenna und aus der Gegend von Sbeïtla zeigen (aus Sbeïtla stammt die Grabinschrift des Bischofs Milicus, s. Kat. 268, der 411 im Religionsgespräch von Karthago die Kirche von Thagamuta vertreten hatte).

Die Baptisterien sind ein wichtiger Bestandteil der christlichen Glaubenspraxis, und das heutige Tunesien

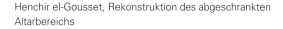

Henchir el-Gousset, Rekonstruktion des abgeschrankten Altarbereichs

Das Baptisterium von Demna (Cap Bon)

von Taher Ghalia

Das Baptisterium mit seinem Taufbecken wurde 1953 in Demna anlässlich von Waldarbeiten entdeckt und gehört zur zweiten Bauphase einer Kirche, die der Wissenschaft eine bedeutende, heute im Musée national du Bardo aufbewahrte Sammlung von Grabmosaiken beschert hat.

Der von einem auf vier Pfeilern ruhenden *ciborium* (eine Art Baldachin) überdachte Bau stand unter freiem Himmel an der Stelle eines ursprünglich quadratischen Taufbeckens. Letzteres war in der Nähe der Apsis und in der Verlängerung des linken Seitenschiffes angelegt worden. Dem neuen Bau wurde ein Raum mit Bänkchen zum Umkleiden angegliedert.

Die besondere Bedeutung dieses Baptisteriums liegt im Mosaikschmuck, der heute in dem seit 1885 als Nationalmuseum dienenden Bardo-Palast fest eingebaut ist. Anhand der archäo-

logischen Beobachtungen des Architekten Alexandre Lézine – der zur Zeit der Entdeckung des Taufbeckens im tunesischen Service des Antiquités et des Beaux-Arts Verantwortliche für die historischen Denkmäler – und der Untersuchungen des hierher versetzten mosaizierten Taufbeckens selbst konnte die Mosaikwerkstatt des Bardo das Aussehen des einstigen Baldachinbaus rekonstruieren.

Der Mosaikboden um das eigentliche Taufbecken bildet ein Viereck. Die Schwelle weist eine Inschrift auf, die die drei göttlichen Tugenden *pax, fides, caritas* (Friede, Glaube, Nächstenliebe) nennt. Die Bildkomposition des Bodenmosaiks bezieht sich mit ihren vier Kantharoi in den Ecken auf das Kreuzgewölbe des Dachs; die Weinranken, die aus den Gefäßen sprießen, stellen wahrscheinlich eine Allegorie auf den Weinberg des Herrn dar (Johannes 15,1–5).

Das Becken selbst ist kreisförmig mit einem leicht erhabenen Rand. Auf dem Beckenrand befindet sich eine Weihinschrift: Sie nennt den Vorsteher der ländlichen Kirchengemeinde, den Priester Adelfius, der dem Bischof Cyprianus und seinem Bistum Clipea (heute Kelibia) unterstand. Der Text erwähnt zudem die Namen der Stifter, die das Mosaik finanziert haben – das Ehepaar Aquinius und Juliana sowie ihre Kinder Villa und Deogratias.

Die Treppen bilden eine vierpassförmige Vertiefung, deren Boden zur Erinnerung daran, dass die Taufe im Glauben an Christus stattfindet, durch ein Monogramm-Kreuz mit Alpha und Omega geschmückt ist. Die gesamte Ikonografie der Beckenwände thematisiert das ewige Heil, das Chris-

tus den Katechumenen, den künftig vom Glauben erleuchteten Täuflingen, versprochen hat, worauf auch die angezündeten Kerzen hinweisen. Die auf dem Mosaik des Taufbeckens von Demna entwickelte Symbolik bezieht sich auf Bibeltexte und deren Exegese durch Tertullian und den heiligen Augustinus. Sie ist vor einem kosmografischen Hintergrund (Erde-Meer) zu verstehen und erinnert daran, dass sich sowohl die Werke als auch der Einflussbereich der Kirche auf Erden verbreiten solle. Die gewählten Symbole sind vielfältig: die Arche Noah, die Taube mit dem Ölzweig im Schnabel, der Kelch, das Kreuz unter dem Baldachin und der Lebensbaum, der als Ölbaum, Dattelpalme, Feigen- oder Apfelbaum dargestellt ist. Weiterhin wies dieses ikonografische Programm die Priester und Gläubigen der Gemeinde auf die Weltmission des Christentums, ihr besonderes Verhältnis zu Christus und auf die Zugehörigkeit zur Kirche nach Empfang des *sacramentum fidei* (der Taufe) hin.

Das Taufbecken von Demna ist ein Übergangswerk der Mosaikschule von Clipea, deren Produktion im 5. Jahrhundert begann. Es kann in die ausgehende Vandalenzeit nach 523 datiert werden. Damals hatten sich die Religionsstreitigkeiten zwischen der katholischen und vandalischen (arianischen) Kirche Afrikas – besonders in der Proconsularis – beruhigt, worauf vielleicht auch die Inschriften im Dekor dieses Meisterstückes der Abteilung Spätantike des Bardo-Museums hinweisen.

Lit.: Courtois 1955a – Février 1984 – Ghalia 1996–98

Das Taufbecken

Die erhaltenen Reste der Basilika von Demna

Das Taufbecken von Demna, Musée national du Bardo

Christlicher Bauschmuck aus Ton

von Nejib Ben Lazreg

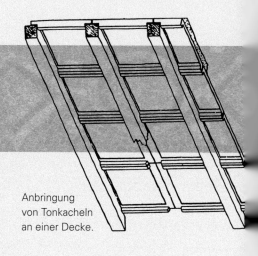

Anbringung von Tonkacheln an einer Decke.

Tonkacheln mit christlichen Motiven aus byzantinischer und teilweise vielleicht schon aus vandalischer Zeit stellen ein spezifisch tunesisches archäologisches Material dar. Die Auffindung solcher Kacheln weist auf eine damit geschmückte Kirche oder auf einen Ofen für ihre Produktion hin. Wir kennen sie von 80 Fundorten, die in etwa gleichmäßig auf den Norden und die Mitte des Landes verteilt sind.

Die nördlichen Fundstellen, in der Proconsularis, sind vor allem entlang des Medjerda-Tals und um den Golf von Tunis aufgereiht und gehören oft zu Siedlungen. Die Machart und die Themen sind weitgehend standardisiert: In seltenen Fällen gibt es mythologische Darstellungen und solche der Mutter Gottes, vor allem aber eine Vielfalt von Hirschen, Löwen, Rosetten und geometrischen wie pflanzlichen Kompositionen. Diese Tonplatten messen einen römischen bzw. byzantinischen Fuß (29,6 bzw. 30,8 cm).

Die Produktion aus der Byzacena (Mitteltunesien) fällt bezüglich der Thematik, Typen und Größe sehr uneinheitlich aus. Dort treten Themen aus der Mythologie, dem Alten und Neuen Testament, den Heiligenlegenden, der Jagd und der Tierwelt sowie Vögel und Rosetten auf. Als Maß wurde oft die halbe punische Elle (25 cm), manchmal aber auch der byzantinische Fuß (31,5 cm) und zwei Drittel des römischen Fußes (20 cm) verwendet. Das breite typologische Spektrum erklärt sich durch die kurzlebigen Produktionen auf Landgütern – die Kacheln wurden kurzfristig für den Bau ländlicher Basiliken vor Ort hergestellt, was die geringe

Typenverbreitung, die schlechte Qualität und die Vielfalt der Formen und Maße erklärt. Die Produktionsweise in relativ kleinen Mengen hat wechselseitige Einflüsse zwischen den Werkstätten ausgelöst. Drei verschiedene Produktionszentren lassen sich unterscheiden: El Djem, Kairouan und Thelepte.

Die Tonplatten orientieren sich künstlerisch am zeitgenössischen Stilkanon mit seiner Vorliebe für Symmetrie, eine Frontal- und Seitenansicht und kennen keine Dreidimensionalität. Die Produktion in der Byzacena zeigt eine volkstümliche und naive Darstellungsweise, die für die Berberkunst typisch ist: Die Köpfe der Figuren sind überdimensioniert, kugelig oder dreieckig, das Kinn oder der Bart spitz, die Augen groß. Um Dreiviertelansichten zu erzeugen, wurde zugleich die Vorder- und Seitenansicht verwendet. Randverzierungen und Perlbänder waren sehr beliebt, auch die Bemalung mit rotem Ocker, der spätestens seit der punischen Zeit von den Libyern (den Berbern) häufig verwendet wurde.

Neben ihrem dekorativen Zweck enthalten die Bilder auf den Platten auch eine christliche Symbolik, der die zugrunde liegende künstlerische Konvention gelegentlich einen naiven Ausdruck verleiht. So symbolisieren beim Löwen das seitliche kugelige Auge, das offene Maul, die stehende Mähne und die gestreckten Krallen Wachsamkeit und Stärke – für jeden Christen unabdingbare Eigenschaften. Der zum Wasser springende Hirsch symbolisiert den zur Taufe strebenden Katechumenen und sein jedes Jahr neu wachsendes Geweih das Wieder-

erstarken der Seele durch die Taufe. So ermöglichte dieser billige Dekor mit seinen Bildern eine für jeden Gläubigen zugängliche Erläuterung des Glaubens.

Dieses vorgefertigte Material besaß eine architektonische Funktion und schmückte christliche Bauten, vielleicht auch private Räume. Die Vorderseite besteht aus Leisten oder plastischen Säulen und flachen unverzierten Seitenflächen. Mit den ebenen Flächen konnte die Kachel auf den parallel laufenden Deckenbalken aufliegen, während Leisten und Säulen zur Arretierung der Kachel zwischen den Balken dienten. Durch diese Gestalt konnten die Kacheln serienweise zwischen den parallelen Dachbalken eingeschoben werden. Andere Exemplare mit quadratischem oder kreisförmigem Rahmen oder solche, deren Vorderseite mit Schrift und Verzierungen versehen war, dienten als Wandschmuck. Die Rückseite besaß oft Eindrücke von Fingern, die eine bessere Haftung auf dem Mörtel ermöglichten. Die Gattung entstand in der Proconsularis anscheinend spätestens um die Mitte des 6. Jahrhunderts und hat die Werkstätten der Byzacena, deren Produktionen jünger sind (2. Hälfte 6. Jh. oder 7. Jh.), teilweise beeinflusst.

hat bestimmt die größte Zahl von Taufbecken verschiedener Form und Dekoration geliefert. Es existieren auch einfachste Formen wie kreisförmige, rechteckige, kreuzförmige und viereckige Taufbecken. Die meisten aber beschreiben einen Grundriss aus mehreren Konchen (Rundnischen), deren Wände meist mit Mosaiken ausgelegt und mit vielen christlichen Motiven geschmückt sind: Kreuzen, Christusmonogrammen, Bienen (wie in Demna bei Kelibia, s. S. 336), Tauben und auch biblischen Zitaten, wie auf dem bei Bekalta (tunesische Ostküste) auf einem privaten Gutshof entdeckten Meisterwerk.

Es soll noch erwähnt werden, dass die Taufbecken mit Konchen in der Vandalenzeit und nicht erst in byzantinischer Zeit, wie lange vermutet wurde, erscheinen. Die Entdeckung der Grabinschrift einer gewissen Fortunatiana beim Baptisterium einer ländlichen Kirche in Henchir

el-Erg am Rand der Stadt Thelepte, in der ein dem Taufbecken von Demna ähnelndes Becken gefunden wurde, lässt keinen Zweifel zu. Der Grabherr ist 517 im 22. Regierungsjahr von Thrasamund verstorben – eine Datierung, die einen wichtigen chronologischen Fixpunkt darstellt.

Oft zeigt der Mosaikboden des Baptisteriums neben pflanzlichen und geometrischen Motiven auch solche, die mit der Taufe und dem Katechumenen, dem Taufanwärter, unmittelbar zusammenhängen: Lämmer zu beiden Seiten eines Kreuzes oder eines großen Kantharos, Hirsche, die vier Flüsse des Paradieses (so in Skira in der Gegend von Sfax, in Sokrine bei Lamta und Monastir).

Neben dem Mosaik verfügten die Sakralbauten des christlichen Tunesien noch über eine andere Art von Ausschmückung: die Tonkacheln (mit einer durchschnittlichen Seitenlänge von 26 cm) der Kirchendecken

Mosaik mit der Nennung von Märtyrern aus Enfidah

„Sancta Sinagoga" – jüdisches Leben im Vandalenreich

von John Lund

Archäologische und schriftliche Quellen weisen auf eine zunehmende Präsenz des Judentums in Nordafrika während der römischen Zeit hin, und obwohl uns eine sichere Basis zur Schätzung der Anzahl der Gläubigen fehlt, ist es eindeutig, dass der jüdische Glaube im vandalischen Karthago fest verankert war. Dies lässt sich z. B. aus der 1883 entdeckten Synagoge von Hammam Lif (dem antiken Naro), etwa 16 km südlich von Karthago am Golf von Tunis gelegen, schließen. Sie wurde damals nur oberflächlich ausgegraben, und die Mosaiken wurden entfernt (einige davon befinden sich jetzt im Bardo in Tunis, andere im Brooklyn-Museum in New York), aber erhaltene Aufzeichnungen und Funde ermöglichen uns einen Eindruck des Baus. Der ausgegrabene Grundriss (22 auf 20 m) war rechteckig und bestand aus 16 Räumen. Er besaß drei Eingänge – der monumentalste befand sich im Süden – und ein *atrium*, auf das ein rechteckiger Raum folgte, von dem aus man den mit Bodenmosaiken ausgestatteten Hauptraum betrat. Eine kleine seitliche Kammer

könnte zur Aufbewahrung der Heiligen Schriften, der Tora-Rollen, gedient haben.

Gemäß einer Mosaikinschrift im Hauptraum hat eine Frau namens Juliana den Mosaikboden der *Sancta Sinagoga* (d. h. der Heiligen Synagoge) aus eigenen Mitteln bezahlt (s. Abb. unten). Ein kleiner siebenarmiger Leuchter, eine *menorah*, steht am Ende der Inschrift, die auf beiden Seiten von Mosaikfeldern mit einer größeren Menora und anderen jüdischen Symbolen flankiert wird. Eine weitere Inschrift berichtet uns, dass Asterius, Sohn des *archisynagogus* (Synagogenvorstehers) Rusticus und dessen Frau Margarita, Tochter des Riddeus, „einen Teil der Säulenhalle der Synagoge mit Mosaiken" ausstatten ließ (s. Kat. 287). Zwei figürliche Mosaiken im Hauptraum stellen, umgeben von reichem Blattwerk, verschiedene Vögel und Tiere dar (u. a. einen Löwen und einen Hund), ein drittes zeigt Fische und Enten und ein viertes eine von zwei Palmen, Hühnern und Pfauen gerahmte Quelle – vielleicht Symbole des Paradieses. Diese

Mosaiken, die stilistisch ins 5. oder 6. Jahrhundert gehören, sorgten zur Zeit ihrer Auffindung für eine Kontroverse, da die meisten Forscher damals annahmen, dass entsprechend dem Zweiten Gebot figürliche Darstellungen in Synagogen verboten waren. In der Folgezeit erwiesen jedoch Befunde aus Synagogen in Israel und anderswo, dass diese Vermutung irrig war.

Archäologische Nachweise für jüdisches Leben in Karthago selbst sind weit verstreut, abgesehen von einem Friedhof im nahe gelegenen Gammarth. Dänische Ausgrabungen zwischen 1975 und 1984 an der Küste im nördlichen Teil der Stadt erbrachten jedoch neue Belege in Form von zwölf Tonlampen mit einer Menora-Darstellung (s. Abb. rechte Seite). Sie gehören fünf verschiedenen Unterarten an und wurden vermutlich alle in Nordtunesien zwischen dem späten 4. und dem 6. Jahrhundert hergestellt. Während einzelne Exemplare von Lampen mit diesem Motiv in Tunesien nicht selten sind, ist ihr massiertes Auftreten an einem einzigen Ort in Nordafrika ungewöhnlich (aus Algerien sind

Mosaik aus der Synagoge von Naro (Hammam Lif). Die Inschrift bezieht sich auf die Ausstattung des Gotteshauses mit Mosaiken durch eine private Stiftung.

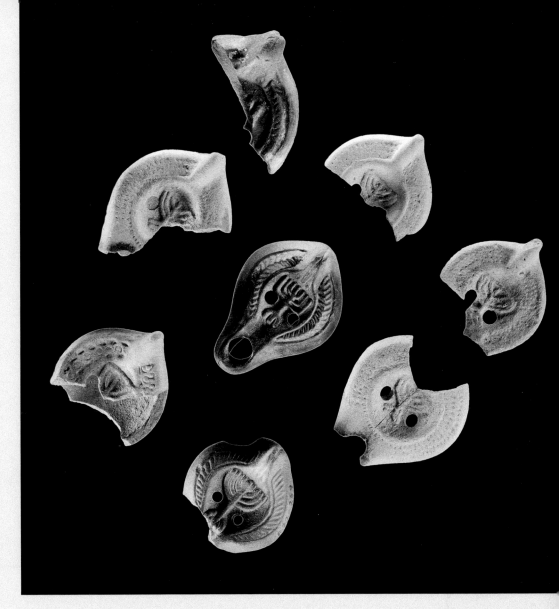

Tonlampen, deren Spiegel im Relief den siebenarmigen Leuchter, eine Menora (Plural: Menorot), zeigt, eines der wichtigsten Symbole des Judentums, gefunden bei dänischen Ausgrabungen in Karthago.

überhaupt nur sieben solcher Lampen bekannt). Die besten Parallelen zu dieser Dichte von Menora-Lampen liefern die Synagoge von Hammam Lif und der Friedhof von Gammarth. Der Ort, den die dänischen Ausgrabungen freilegten, war in römischer Zeit ein Wohngebiet und die Lampen gehören nicht zu Grabinventaren. Daher ist man versucht zu glauben, dass sie aus einer Synagoge stammen, die auf einer noch unausgegrabenen Terrasse über und unmittelbar neben dem dänischen Grabungsgelände lag. Natürlich ist das nur eine Hypothese, die der Überprüfung durch weitere Ausgrabungen harrt.

Diese Geschichte besitzt eine besondere Note: Als die Römer im Jahr 70 n. Chr. den Tempel in Jerusalem zerstörten, fiel ihnen eine reiche Beute in die Hände, die nach Rom gebracht wurde. Eine große Menora – vermutlich das Urbild aus dem Jerusalemer Tempel selbst –, die das Relief mit dem Triumphzug auf dem Titus-Bogen im Forum Romanum zeigt, sticht besonders aus den eroberten Schätzen heraus. Der Vandalenkönig Geiserich führte nach seiner Eroberung Roms im Jahr 455 diese Kriegsbeute nach Karthago, wie der Historiker Prokop berichtet. Dieser schreibt weiter, dass Justinians General Belisar „die

Schätze der Juden" nach seiner Eroberung des Vandalenreichs im Jahr 533 nach Konstantinopel brachte (*Bellum Vandalicum* II 9.5). Daher ist es recht wahrscheinlich, dass die Menora, die Titus 70 n. Chr. in Jerusalem eroberte, sich tatsächlich zu einer Zeit in Karthago befand, als die meisten der in den dänischen Grabungen gefundenen Lampen hergestellt und benutzt worden sind.

Lit.: Bleiberg 2005 – Darmon 1995 – Levine 2005 – Lund 1995 – Stern 2008

Reste einer Kirche in Ammaedara/Haïdra, innerhalb der byzantinischen Festung

(s. S. 338). Über 5000 Stück sind bisher bekannt und bilden wie die Mosaiken anscheinend eine Besonderheit der Provinz. Man entdeckt dort Blumen- und Tiermotive, manchmal mythologische Themen, vor allem aber auch Szenen aus dem Alten und Neuen Testament: z. B. Adam und Eva, Abrahams Opfer, Jonas, Daniel und die Wunder Christi.

Bemalter Stuck ist wegen seiner Zerbrechlichkeit nur sehr spärlich auf uns gekommen: einige Fragmente aus Karthago, aus der Gegend von Lamta und aus Segermes in der Gegend von Zaghouan. Auf diesen erhalten gebliebenen Resten sind Heilige und Apostel dargestellt. Die Wände mancher Kirchen waren aber vermutlich auch mit einfachen pflanzlichen oder geometrischen Motiven ausgeschmückt, wie es zahlreiche bei Grabungen entdeckte kleine Fragmente andeuten.

Resümee

Aus dieser knappen Übersicht über die archäologischen Zeugnisse – vor allem über die Kultgebäude – wird der Reichtum und die architektonische wie künstlerische Vielfalt ersichtlich, die uns die über mehr als 700 Jahre während Präsenz der Christen, Vandalen und Byzantiner in Tunesien hinterlassen hat und die in anderen Provinzen des Reiches ihresgleichen sucht. Aber darüber sollte man nicht vergessen, dass Karthago während der gesamten Antike die Hauptstadt und die wahre Metropole dieses Teils von Nordafrika und auch des südlichen Europa war.

Lit.: Baratte / Béjaoui 2009 – Béjaoui 1989 – Béjaoui 2002 – Béjaoui 2008 – Ben Abed / Duval 2000 – Duval 1972 – Duval 1973

Kat. 286 *(s. Abb. S. 194)*
Inschrift

Henchir el-Gousset, nahe Feriana, Basilika
521 n. Chr.
Stein, H. 25 cm, B. 89,5 cm, T. 48 cm
Sbeïtla, Musée de Sbeïtla

Die in zwei Teile zerbrochene Bauinschrift
wurde am Übergang zwischen der Basilika
und einem Anbau gefunden. Ihre leichte
Bogenform lässt darauf schließen, dass
sie im Türsturz verbaut war. Die Inschrift
Anno vicesimo vi domni regis Trasa-
mundi besagt, dass der Anbau im 26.
Regierungsjahr des Königs Thrasamund
errichtet wurde. Wahrscheinlich wurde
die zuvor katholische Kirche von Arianern
genutzt, die den Anbau zur Aufbewahrung
von Reliquien errichteten.

Lit.: Béjaoui 1995. – Duval 1990.   F.F.

Kat. 288

Kat. 287
Mosaik

Naro/Hammam Lif, Portikus der Synagoge
6. Jh.
H. 56 cm, B. 129 cm
Tunis, Musée national du Bardo, Inv. A.15

Weihinschrift: *Asterius filius Rustici*
arcosinagogi Margaritari de donis Dei,
partem portici tesselavit. Die Inschrift
bezeugt eine jüdische Gemeinde für
Hammam Lif. Asterius, Sohn des Synagogenvorstehers Rusticus, war Mitglied der
Gilde der Juweliere in der für seine heißen
Quellen der *Aquae Persianae* berühmten
Ortschaft und Stifter des Mosaikpavi-
ments im Synagogen-Portikus. Der Text
enthält die jüdisch-christliche Formel *de*
donis Dei, die in Afrika häufig bezeugt ist.

T.G.

Kat. 288
Modell: Demna im Wadi Ksab

gebaut 2009 (ARCHEOKIT)
Holz, Kunststoff, L. 220 cm, B. 160 cm,
Maßstab 1:50
Karlsruhe, Badisches Landesmuseum

Sieben Kilometer nördlich des antiken
Clipea liegt zwischen der Küste und einer
Waldzone, die natürlichen Schutz bietet,
ein archäologischer Fundplatz von einem
Kilometer Länge. Die ersten archäologischen Untersuchungen haben seinen südlichen Teil erfasst und nacheinander ein
mit Mosaiken ausgelegtes Taufbecken,
das sich nun im Musée national du Bardo
befindet (s. S. 336), und mehrere Phasen
einer christlichen Basilika mit Kapellen-
kranz zutage gefördert. Die Bedeutung
dieses Bauwerks liegt in der wichtigen
Sammlung von Mosaiken und Kisten-
gräbern, die es erbracht hat und die heute

im Bardo aufbewahrt wird.
Die Wiederaufnahme der Prospektionen
im Jahr 1988 auf dem Gebiet der Stadt
Clipea (heute Kelibia) war auch Ausgangspunkt eines Forschungsprogramms für
Demna. Diese Untersuchungen haben
nachgewiesen, dass auf dem bis ins 4.
Jh. betriebenen Zentrum eines Landgutes
eine ländliche Siedlung errichtet wurde,
wie die mit Mosaiken und Marmorverklei-
dungen reich geschmückten Thermenres-
te einer *Villa maritima* bezeugen. Der Ort
entwickelte sich im frühen 5. Jh. um zwei
religiösen Zwecken dienende Siedlungs-
kerne mit einer seit dem 3. Jh. n. Chr. benutzten Nekropole am Siedlungsrand. Eine
am Meer gelegene Anlegestelle mit Einrichtungen zur Fischverarbeitung war mit
dem Landesinnern durch einen Kiesweg
verbunden. Sie diente dem Handel mit
Süditalien und der iberischen Halbinsel.
Der Kern der Siedlung selbst lag im Süden
und bestand aus einer christlichen Basilika
(s. das Modell) und Speicherbauten (*hor-*
rea). Dank mehrerer Grabungskampagnen
konnten die Geschichte und die relative
Chronologie der Belegungsphasen vom
5. bis 8. Jh. dieser beiden zeitgleichen
Gebäudekomplexe rekonstruiert werden.

T.G.

Kat. 287

Kat. 289

Kat. 290

Kat. 291

Kat. 292

Kat. 289
Kachel: Floraler Dekor
Karthago
2. Hälfte 6. Jh., byzantinisch
Beiger Ton, H. 30 cm, B. 30 cm
Carthage, Musée national de Carthage,
Inv. 09-26

Rahmen: Viereck um zwei konzentrische
Kreise, alle aus Rundstäben. In der Mitte ein
Kreuz aus vier Palmetten, die durch eine Kugel miteinander verbunden sind. Vier weitere Kugeln trennen die Palmetten voneinander. Zwischen beiden Kreisen befindet sich
eine Girlande aus Efeublättern, die durch
bogenförmige Ranken miteinander verbunden sind. Die Ecken sind von Weintrauben
und Efeulaub besetzt. Rückseite: Mit den
Fingern gezeichnetes Christogramm.

N.B.L.

Kat. 290
Kachel: Adam und Eva
Henchir Naja, 30 km südlich von Kairouan,
Ausgrabungen Dubiez 1909.
Ende 6./7. Jh., byzantinisch
Beiger Ton, H. 26 cm, B. 23 cm
Tunis, Musée national du Bardo, Inv. L 85

Beide Vertikalränder wurden durch zu starkes Glätten vor dem Brand beschädigt.
Rahmen: Zwei durch Rundstäbe ver-
bundene Säulen. Adam steht links, Eva
rechts von einem Baum, um den sich
eine Schlange windet. Die Figuren sind
vorderansichtig, die Füße zum Baum
gedreht. Adam und Eva erkennen ihre
Nacktheit. Dreieckige Köpfe mit spitzem
Kinn. Die Glieder sind stark schematisiert.
Die perspektivische Darstellung wird
durch den bis unterhalb der Standlinie der
Figuren reichenden Baum durchbrochen.
Die Schlange, deren Körper mit Kügelchen
(Flecken) bedeckt ist, spricht zu Eva.
Am linken und rechten Rand läuft parallel
zu jeder Figur eine erhabene Inschrift von
unten nach oben; beide sind durch das
Glätten vor dem Brand teilweise ver-
wischt. Zu lesen ist links: +EBA; rechts:
+ADAM. Diese Darstellung geht auf einen
Prototyp aus Sidi Hassen bei Hajeb el
Aioun in der Gegend von Kairouan zurück.
Rückseite: Mit den Fingern gezeichnetes
Christogramm.

Lit.: Cacan de Bissy / Petit 1982, 187 Nr.
245. – Ben Lazreg 1983, 124. – Yacoub
1993, 45, 99, Abb. 38 b. – Ben Lazreg
2001, 146 Nr. 39; 170 Nr. 39.   **N.B.L.**

Kat. 291
Kachel: Abrahams Opfer
Kasserine (Cillium)
Ende 6./7 Jh., byzantinisch
Beiger Ton, H. 26,7 cm; B. 26,7 cm
Tunis, Musée national du Bardo, Inv. L 7

Ausgesprochen flaches Relief. Abraham
ist im Begriff, Isaak zu opfern. Der links
stehende Patriarch ist von vorne zu
sehen, die Füße nach rechts gedreht.
Er trägt einen Strahlenkranz und holt
mit einem Messer in der Rechten aus.
Mit der Linken hält er das Stirnband des
Isaak, ebenfalls mit Strahlenkranz, der vor
ihm kniet. Oberhalb von Abraham liegt
ein Holzbündel. In der unteren rechten
Bildecke steht ein viereckiger Altar mit
züngelnder Flamme. Oben rechts wird ein
Schaf von Gottes Hand dargeboten. Insgesamt fallen die Hände grob und zu groß
aus. Am oberen Rand läuft die Inschrift
von rechts nach links und überragt leicht
die Rahmenbreite: +ABRAM ET ISAC.
Diese Darstellung lehnt sich in sehr stili-
sierter Weise an einen Prototyp aus Hajeb
el Aioun (Masofiana) und Sidi Hassen aus
demselben Gebiet an. Rückseite: Mit den
Fingern gezeichnetes Kreuz.

Lit.: Cacan de Bissy / Petit 1982, 288 Nr. 246.
– Yacoub 1993, 45, 99, Abb. 38 a. – Ben Lazreg
2001, 147 Nr. 41. 171 Abb. 41.   **N.B.L.**

Kat. 292
Kachel: Christus und die Samariterin am Jakobsbrunnen
Hajeb el Aioun (Masofiana), christliche
Basilika, Ausgrabungen G. Hannezo,
L. Molins, A. Laurent 1893
2. Hälfte 6. Jh., byzantinisch
Hellgrauer Ton, H. 26 cm, B. 26,4 cm
Tunis, Musée national du Bardo, Inv. L 4

Rahmen: Zwei durch Rundstäbe verbundene Säulen; die obere Linie ist verwischt.
Die Details sind sehr verschwommen.
Rechts steht Christus in Vorderansicht.
Er trägt ein Pallium, ist barfuß, hält in
der linken ein langes Kreuz und grüsst
mit der rechten Hand die links stehende
Samariterin. Sein großer, kugeliger und
bartloser Kopf ist von einem Nimbus
umgeben. Links steht die Samariterin im
langen Gewand, dem Jakobsbrunnen in
der Mitte zugewandt, aus dem sie Wasser
schöpft. Der stilisierte Brunnen, von
dünnen Balken gerahmt und mit einem
Flaschenzug versehen, ist zu eng für den
Wasserkrug, den die Samariterin mit dem

Seil hochzieht. Diese Darstellung imitiert sehr grob einen Prototyp aus Sidi Hassen bei Hajeb el Aioun in der Gegend von Kairouan. Flache Rückseite.

Lit.: Ben Lazreg 1983, 258. **N.B.L.**

Kat. 293
Kachel: Die wundersame Brotvermehrung
Hajeb el Aioun (Masofiana), christliche Basilika, Ausgrabungen G. Hannezo, L. Molins, A. Laurent 1893
2. Hälfte 6. Jh. byzantinisch
Hellgrauer Ton, H. 26,5 cm; B. 26 cm
Tunis, Musée national du Bardo, Inv. L 3

Rahmen: Zwei durch Rundstäbe verbundene Säulen. Christus, zwischen zwei Jüngern stehend, segnet Brote und Fische. Die Figuren tragen alle ein Pallium. Ihre großen kugeligen Köpfe mit spitzen Bärten sind jeweils mit einem Nimbus umgeben. Der Jünger links steht im Profil mit nach vorne gewandtem Kopf und trägt einen Korb mit vier runden Broten. Symmetrisch steht auf der anderen Seite der zweite Jünger mit einer rechteckigen Platte, auf der zwei Fische liegen. Vor ihren Füßen stehen zwei Körbe mit der vermehrten Nahrung.

Lit.: Cacan de Bissy / Petit 1982, 188, Nr. 247. – Ben Lazreg 1983, 258. – Ben Lazreg 2001, 145 Nr. 37. **N.B.L.**

Kat. 294
Kachel: Die Übergabe der Schlüssel an Petrus
Sidi Hassen bei Hajeb el Aioun (Masofiana), Ausgrabungen Rouberol 1907
2. Hälfte 6. Jh., byzantinisch
Ton, H. 27 cm, B. 26,8 cm
Tunis, Musée national du Bardo, Inv. L 107

Rahmen: Zwei durch Rundstäbe verbundene Säulen. Die Säulen sind leicht beschädigt.
Sehr flaches Relief, sehr verwischte Details. Rechts steht Christus in Vorderansicht. Er presst mit der Linken ein langes Kreuz an sich und übergibt mit der rechten Hand dem heiligen Petrus, der links im Profil demütig mit gesenktem Kopf steht, die Schlüssel des Paradieses. Beide Figuren tragen einen Nimbus und ein Pallium. Christus trägt langes Haar und einen Bart. Der Apostel trägt ebenfalls langes Haar, aber es lässt sich nicht feststellen,

ob auch er bärtig ist. Beide sind barfuß. Flache Rückseite.

Lit.: Ben Lazreg 1983, 267. **N.B.L.**

Kat. 295
Kachel: Der heilige Theodor zu Pferd
Henchir Naja, 30 km südlich von Kairouan, Ausgrabungen Dubiez 1909
7. Jh., byzantinisch
Beiger Ton, H. 24,8 cm, B. 24,3 cm
Tunis, Musée national du Bardo, Inv. L 88

Rahmen: Zwei Leisten, quadratisch. Sehr stilisierte und naive Darstellung. Der heilige Theodor reitet nach rechts und richtet seine Lanze auf eine Schlange, die in dieselbe Richtung schleicht. Kopf und Brust des Reiters sind von vorne zu sehen, das rechte Bein im Profil. Der Kopf ähnelt einem auf der Spitze stehenden Dreieck mit konvexer Oberseite. Die Ecken des Dreiecks stellen Ohren und Kinn dar. Augen, Nase und Mund sind punktförmig in das flache Gesicht gestochen. Kurz stehendes Haar rahmt den Kopf bis zu den Backen. Der Rumpf bildet ein langes Dreieck. Die Arme, das Becken und das rechte Bein sind schematisch durch einfache plastische Linien dargestellt. Das Pferd scheint über die sehr stilisierte Schlange zu springen.
Dunkelrote Bemalung: Im Zick-Zack hebt sie den ganzen Rahmen hervor. Farbstriche konturieren das Haar, betonen die Gesichtszüge und die Glieder des heiligen Theodor. Ein senkrechter Strich verläuft über den Rumpf. Die Farbe hebt auch Lanze und Schlange hervor. Sie konturiert das gepunktete Pferd, insbesondere dessen Auge. Nach einem Prototyp aus Hajeb el Aioun und Sidi Hassen, dessen Rahmen aus zwei Leisten besteht. Rückseite: Mit den Fingern gezeichnetes Kreuz.

Lit.: Ben Lazreg 1983, 423. **N.B.L.**

Kat. 296
Kachel: Heiliger oder Apostel
El Djem (Thysdrus), Geschenk von Henri Placette
Ende 6./Anfang 7. Jh., byzantinisch
Ton, H. 18 cm, B. 17,8 cm
Tunis, Musée national du Bardo, Inv. 2386

Rahmen: Leisten und mit Rundstab gezeichnetes viereckiges Medaillon. Nur ein Teil der rechten Leiste ist erhalten;

Kat. 293

Kat. 294

Kat. 295

Kat. 296

Kat. 297

Kat. 298

Kat. 299

Kat. 300

vom Medaillon ist noch ein Abschnitt der oberen und der rechten Seite übrig. Flaches Relief. Eine nicht näher identifizierbare, mit Pallium bekleidete Gestalt hebt mit beiden Händen ein langes Tatzenkreuz nach rechts empor. Der Kopf ist von vorne, der Körper im Profil zu sehen. Der Kopf ist oval, das Haar bildet einen Halbkreis. Die Füße sind beschädigt. Rechts von der Figur eine fragmentarische Inschrift: BA / R. Der Buchstabe A steht auf dem Kopf. Vielleicht handelt es sich um Barnabas oder Bartholomäus. Rückseite: Mit den Fingern gezeichnetes Christogramm.

Lit.: Ben Lazreg 1983, 368. – Ben Lazreg 2001, 149 Nr. 48. **N.B.L.**

Kat. 297
Kachel: Hirsch
Gegend von El Djem (Thysdrus), gefunden 1914
7. Jh., byzantinisch
Beiger Ton, H. 24,5 cm, B. 24,5 cm
Tunis, Musée national du Bardo, Inv. L 131

Rahmen: Leisten und mit Rundstab gezeichnetes viereckiges Medaillon. Flaches Relief. Nach links springender Hirsch, sehr stilisiert. Im Feld sechs mit einer Perle besetzte Dreiecke: vier davon sitzen in den Ecken des Medaillons, eines am Ende der linken Geweihstange und ein weiteres zwischen den Vorderbeinen. Der Leib des Hirsches und die fünf ersten erwähnten Dreiecke sind durch Bemalung mit rotem Ocker hervorgehoben. Schwarze Farbe auf dem Geweih und schwarz gemaltes Kreuz unter dem Tier. Rückseite: Mit den Fingern gezeichnetes Christogramm.

Lit.: Ben Lazreg 1983, 891. – Ben Lazreg 2001, 147 Nr. 42. 171 Nr. 42. **N.B.L**

Kat. 298
Kachel: Löwe
Henchir Naja, 30 km südlich von Kairouan, Ausgrabungen Dubiez 1909
7. Jh., byzantinisch
Ton, H. 27 cm, B. 24,2 cm
Tunis, Musée national du Bardo, Inv. L 96

Rahmen: zwei Leisten und ein viereckiger Rahmen. Flaches Relief, Oberfläche abgeblättert. Nach links springender Löwe mit offenem Maul und stehender Mähne, spitzen Ohren, kugelrunden Augen und

gestreckten Krallen. Seine Haltung und die verwendeten ikonografischen Mittel suggerieren Stärke und Wachsamkeit. Rückseite: Mit den Fingern gezeichnetes Christogramm.

Lit.: Ben Lazreg 1983, 1403. **N.B.L.**

Kat. 299
Kachel: Taube
Gegend von El Djem (Thysdrus)
7. Jh., byzantinisch
Beiger Ton, H. 25,5 cm, B. 24,4 cm
Tunis, Musée national du Bardo, Inv. L 133

Rahmen: Leisten und viereckiger Rahmen um einen Kreis. Zwischen den Pflanzen befindet sich eine nach links laufende Taube. Verblasste rote Bemalung, die den viereckigen Rahmen unterstreicht, indem sie unregelmäßige Wellenlinien in seine Ecken zeichnet. Bemalung auch innerhalb des kreisförmigen Medaillons. Rückseite: Mit den Fingern gezeichnetes Christogramm.

Lit.: Ben Lazreg 1983, 1619. **N.B.L.**

Kat. 300
Kachel: Pfauen
Sidi Hassen bei Hajeb el Aioun (Masofiana), Ausgrabungen Rouberol 1907
2. Hälfte 6. Jh., byzantinisch
Hellgrauer Ton, H. 27 cm, B. 26,5 cm
Tunis, Musée national du Bardo, Inv. L 117

Rahmen: Zwei durch Rundstäbe verbundene Säulen. Zwei auf einem Kelchrand sitzende Pfauen mit nach vorne gebeugtem Hals, als würden sie gerade trinken. Über dem Kelch steht auf dem oberen Rand ein lateinisches Kreuz. Rückseite: Mit den Fingern gezogene senkrechte Striche.

Lit.: Ben Lazreg 1983, 1674. – Ben Lazreg 2001, 149 Nr. 49. 172 Abb. 49. **N.B.L.**

Kat. 301a *(ohne Abb.)*
Altartisch
Henchir Bhil/El Mahrine
Ende 6./Anfang 7. Jh.
Kalkstein, H. 41,5 cm, B. 30,5 cm
Sbeïtla, Musée de Sbeïtla, Inv. H B 99001

Der Altartisch wurde 1999 im Chor der Kirche von Henchir Bhil entdeckt. Auf der Hauptseite ist ein lateinisches Kreuz mit

Kat. 301

einer nur schwer lesbaren Inschrift abgebildet. Diese nicht eindeutig zu entziffern-
de Inschrift scheint ein Hinweis auf den
frühen Marienkult zu sein.
Die Rückseite zeigt eine Weihinschrift
des Priesters Crescens, der den Altartisch
Gott „zum Geschenk macht" (*de donis
Dei*). Beide Seiten sind mit je einer Palme
und geschachtelten Rauten verziert.

Lit.: Landes / Ben Hassen 2001 Nr. 54.   **R.H.**

Kat. 301
Mosaikfußboden
Skhira
6. Jh.
Marmor(?)-Tesserae
Sfax, Musée Archéologique, ohne Inv.

Der Mosaikfußboden aus dem Baptis-
terium von Skhira weist zwischen einer
Architektur aus Säulen und Bögen eine
Verzierung mit vier Gemmenkreuzen auf.
Von den Kreuzarmen hängen jeweils zwei
Schalen zur Beleuchtung herab. Darüber
befinden sich Vögel.
Gemmenkreuze sind mit Edelsteinen,
Perlen oder Filigran verziert. Sie gelten als
höchstes christliches Symbol, Sieges-
zeichen und auch als Instrument der
kaiserlichen Repräsentation. Die ältesten
Gemmenkreuze stammen aus dem 6. Jh.
n. Chr.

Lit.: Yacoub 1995 Abb. 203.   **R.H.**

Kat. 302
Kapitell
Karthago, Damous el-Karita, Rotunde
5./6. Jh.
*Prokonnesischer Marmor, H. 48 cm, B. 72
cm, T. 46 cm*
*Carthage, Musée national de Carthage,
ohne Inv.*

Ausladendes Zweizonen-Kapitell der Rotunde von Damous el-Karita aus weißem
prokonnesischen, d. h. von der Mittel-
meerinsel Marmara stammenden Marmor
mit Widderprotomen und Füllhörnern über
einem Kranz aus Akanthusblättern. Das
Kapitell vom Typ „Blattkapitell mit Tierfiguren in der Oberzone" wurde mit weiteren
Zweizonen-Kapitellen der Rotunde aus
Konstantinopel importiert.

Lit.: Landes / Ben Hassen 2001 Kat. 53. –
Dolenz 2001, 69. 116.   **R.H.**

Kat. 302

Kat. 303a

zu Kat. 303b, Rekonstruktionsvorschlag für die Huldigung der drei Magier (der „Heiligen drei Könige"),
s. Kat. 303, rechte Seite

Kat. 303a und b
Hirtenverkündigung und Magierhuldigung

Zwei frühbyzantinische Reliefs zur Kindheitsgeschichte Christi aus Karthago.
Bei Ausgrabung in der Basilika Damous el-Karita als Streufund geborgen
2. Viertel 6. Jh.
kleinasiatischer Marmor (Dokimeion?), beide Reliefs ursprünglich ca. 75 x 110 cm, Reliefstärke ca. 12 cm
Carthage, Musée national de Carthage, ohne Inv.

Bei der Freilegung der Basilika Damous el-Karita in Karthago wurden zwischen 1890 und 1910 stark gebrochene und in der Oberfläche gesplitterte Bruchstücke zweier Reliefplatten mit Szenen zur Kindheitsgeschichte Christi geborgen. Alle anpassenden Stücke wurden in einem Gipsträger fixiert. Lose Fragmente verblieben im Depot. Beide Reliefs, die von umlaufenden Blattkragen aus spitzgezahntem Akanthus gerahmt sind, umfassen jeweils zwei Teilszenen: Auf der stärker beschädigten ersten Reliefplatte (a) ist oben die Verkündigung des Engels an die Hirten (nach Lk 2,9-12) zu sehen. Einige Bruchstücke im Depot gehören vermutlich der darunter zu ergänzenden Geburt Christi an. Auf dem zweiten Relief (b) wird unten die Reise der drei Magier nach Bethlehem erzählt. Die abgesplitterten Figuren und Eckfragmente schildern die Suche und Ratlosigkeit, dann das freudige Wiederentdecken des wegweisenden Sternes. In der Zone darüber wird dann die Huldigung der Magier vor der thronenden Gottesmutter mit dem Christusknaben auf dem Schoß in Szene gesetzt. Ein Engel in Ganzfigur vermittelt zur hieratischen Throngruppe. Im erzählerischen Duktus und in der Leserichtung – zunächst absteigend, dann wieder aufsteigend – bieten beide Reliefs Kohärenz und Vollständigkeit. Für die Anbringung derartiger wandgebundener Reliefs fehlen allerdings Analogien in frühbyzantinischen Kirchenräumen.

Trotz der starken Beschädigungen sticht die hervorragende Qualität der frei vor dem Grund agierenden Figuren und der tief hinterarbeiteten Partien hervor. Im lebendigen Erzählstil, in der Gegenwartsnähe der Realien und Ortsschilderungen und in der ereignishaften Aufladung des Geschehens stehen die Reliefs in engster Beziehung zu Hauptwerken der frühbyzantinischen Kunst: zu dem aus Thessaloniki stammenden Ambo im Archäologischen Museum in Istanbul, der besonders in der

303b

Konstantinopel nach Karthago gesandt wurden. Wie der Schiffsfund von Marzamemi vor Sizilien dokumentiert, wurden auf dem Seeweg komplette Kirchenausstattungen aus Werkstätten Konstantinopels verschifft. Die Reliefs dürften, wie die Schranken und die zweizonigen Tierprotomenkapitelle der Ostapsis, für den frühbyzantinischen Umbau der Kirche Damous el-Karita bestimmt gewesen sein und dem 2. Viertel des 6. Jhs. angehören. Nach der älteren Rekonstruktion von Wilpert wird hier erstmals eine neu angefertigte zeichnerische Dokumentation der gesamten nachweisbaren Befunde der Reliefs vorgelegt. Werkstattfragen, Rekonstruktion und Bildrezension der frühbyzantinischen Reliefs sind Teil eines DFG-Forschungsprojektes der Byzantinischen Archäologie der Universität Freiburg.

Lit.: Kollwitz 1941, 178–184. – Warland 1994a. – Warland 1994b. – Sodini 2002.　　　R.W.

Kat. 304
Modelle der Basilika von Damous el-Karita
Gebaut 2009 (Digitale Archäologie, Freiburg)
Hauptmodell
Holz, farbig angelegt, L. ca. 250 cm, B. 90 cm, Maßstab 1:100
mit Einblicken in die Innenraumsituationen (Schnitte)
3 Bauphasenmodelle
im Rapid Prototyping Verfahren produziert, farbig angelegt, L. jeweils ca. 36 cm, B. 24 cm, Maßstab 1:750
Karlsruhe, Badisches Landesmuseum

Akzentuierung des Sternes und der nichtbiblischen Magierreise Übereinstimmungen aufweist, und zu den Ciboriumssäulen in San Marco in Venedig. Auch die Reliefs der ravennatischen Elfenbeinkathedra des Bischofs Maximianus stehen in der Bildfassung nahe.

Gemeinsam ist diesen Werken das überragende Neukonzept eines Kindheitszyklus der justinianischen Kunst, der bis in das hohe Mittelalter das verbindliche Vorbild stellte – in der Kunst des Ostens wie auch des Westens. Sein Erkennungszeichen ist insbesondere die in sich verschränkte, raumsparende Magiergruppe der Huldigungsszene. Die gleichförmige Reihung der drei Magier aus den Anfängen der frühchristlichen Kunst wird in der Neufassung des 6. Jhs. durch einen vorderen knienden Magier und einen dahinter stehenden mittleren Magier, der sich zum dritten Gefährten zurückwendet, abgelöst. Eines der besten Vergleichsstücke zur Throngruppe der Magierhuldigung bietet das Mosaik aus der Kapelle Johannes' VII. in S. Maria in Cosmedin in Rom aus dem Anfang des 8. Jhs.

Kleinasiatischer Marmor, der Blattschnitt des Rahmens und die technische Raffinesse des Bohrstiles sprechen dafür, in den so stark beeinträchtigten Relieffragmenten Originale einer hauptstädtischen Werkstatt zu erkennen, die nach 533 von

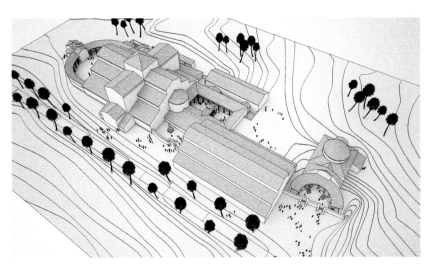

304, mittleres Bauphasenmodell

„DE CURA PRO MORTUIS"

Begräbnis und funerale Repräsentation im Vandalenreich

von Christoph Eger

Im spätrömischen und vandalenzeitlichen Nordafrika stand der Totenkult im Spannungsfeld heidnischer und christlicher Riten. Eine besondere Rolle spielten die Feierlichkeiten am Grab, und zwar sowohl bei der Beerdigung als auch an den Jahrestagen, an denen man des Toten gedachte. Nach antiker Vorstellung wurden dem Verstorbenen Speise- und Trankopfer dargebracht und an seinem Grab ein Totenmahl gefeiert.

Feiern am Grab

Von Trinkgelagen und Schwelgerei im Essen, selbst von sexuellen Ausschweifungen wird in den Schriftquellen berichtet. Obwohl dieses Erbe des antiken Totenkultes zutiefst der christlichen Lehre widersprach, erfreute es sich nicht bloß bei den Heiden, sondern auch bei der bereits christianisierten Bevölkerung bis in das 5. Jahrhundert hinein großer Beliebtheit. Schon früh kam es zum Konflikt mit der Kirche, die einerseits das lasterhafte Treiben anprangerte und andererseits auf die Nutzlosigkeit für den Toten hinwies. An der Wende vom 2. zum 3. Jahrhundert schrieb der christliche Schriftsteller Tertullian: „Was tut ihr überhaupt zur Ehrung der Götter, das ihr nicht auch euren Verstorbenen erwieset? Tempelgebäude hier wie dort, Altäre hier wie dort [...] Wodurch unterscheidet sich von einem Jupiterschmaus ein Leichenmahl, von einem Opfergefäß ein Grabgefäß?"

Großer Erfolg war dieser Ermahnung indes nicht beschieden. Noch zweihundert Jahre später sah sich der heilige Augustinus, Bischof von Hippo Regius, genötigt, in die Diskussion um den Totenkult einzugreifen, hatte doch sogar seine eigene Mutter Monica an einem Märtyrergrab Opfergaben dargebracht: „Wenn wir tot sind, bringen unsere Eltern, unsere Freunde, unsere Verwandten Opfer zu unseren Gräbern. Sie bringen diese für sich selbst, die noch leben, nicht für uns, die wir tot sind. Dies ist eine Folge der Sitte, über die die Schrift spottet: Gleichsam wie wenn man die Mahlzeiten um den Toten herumstellt. Es ist offensichtlich, dass diese Handlung den Toten nichts bringt. Diese Sitte ist heidnisch und kann nicht aus dem Geschlecht und dem Blut unserer Väter, den Partriarchen, stammen. Denn wenn wir über ihre Beisetzung lesen, hören wir nichts bezüglich der *parentalia* [dem mehrtägigen Fest für die Verstorbenen]." Augustinus mahnte, dass nicht der Ort der Bestattung oder der Aufwand des Begräbnisses über das Schicksal des Verstorbenen entscheide, sondern einzig der Wandel, den dieser Mensch zu Lebzeiten führte. Statt Totenmahl und Opfer empfahl er den Gläubigen Fürbitten, das Geben von Almosen und das Anrufen der Märtyrer und Heiligen zugunsten des Verstorbenen. Die einzig glaubensgemäße Zeremonie am Grab sei die Feier der Eucharistie. Doch vergingen wohl noch einige Jahrzehnte, bevor sich diese christlichen Leitlinien endgültig durchsetzen konnten.

Zu den archäologischen Indizien paganen Brauchtums gehören zum Teil große Mengen an fragmentierter Keramik, die bei oder zwischen den Gräbern gefunden und als Überrest der für die Opfergaben und Gelage be-

> Wer aber an den Gräbern der Märtyrer sich betrinkt, wie kann der von uns gelobt werden?
>
> Augustinus, *Contra Faustum manichaeum* XX,4

Mensa des Avianus und der Bavaria, Tipasa

nötigten Gefäße gedeutet wurden. Eine hervorragende archäologische Quelle des spätrömischen Totenkults stellen weiterhin sogenannte Mensa-Gräber dar: Außer dem eigentlichen, in den Boden eingelassenen Behältnis mit dem Leichnam umfassen sie ein oberirdisch sichtbares Podest von meist rechteckiger oder halbrunder Form aus verputztem Mauerwerk, das bankettförmige Einfassungen und in der Mitte eine Platte für die Opfergaben aufweisen kann. Besonders prachtvolle *mensae* wurden flächig mosaiziert, so das Grab des Avianus und der Bavaria in der Nekropole der hl. Salsa in Tipasa, das zugleich ein schönes Beispiel für den nordafrikanischen Synkretismus ist: Die Grabinschrift mit der Nennung der beiden Verstorbenen wird von einem Staurogramm mit Alpha und Omega bekrönt und weist das wohl im frühen 5. Jahrhundert verstorbene Paar als Christen aus (s. Abb. oben).

Selbst Teile des Klerus waren den paganen Bräuchen des Totenkults gegenüber offen, wie die Tatsache zeigt, dass in einzelnen Kirchen Gräber mit besonderen Vorrichtungen für das Darbringen von Speise- oder Trankopfern errichtet werden konnten. So umschließt die von

Bischof Alexander gestiftete Kirche in der Westnekropole von Tipasa ein sigmaförmiges (halbrundes) Mensagrab; weitere Grabanlagen dieser Art liegen unmittelbar neben dem Sakralbau. Eine andere Vorrichtung lässt sich in der sogenannten Kathedrale der Donatisten in Timgad, Algerien, beobachten. Im Hauptschiff der Basilika befindet sich ein umschrankter, in den Boden eingelassener Steinsarkophag, dessen Deckel in Höhe des Kopfbereiches eine Öffnung mit bronzenem Siebeinsatz aufweist. Offensichtlich diente dies der Libation (der Trankspende) für den Verstorbenen, den man schon mit dem von den Donatisten als Märtyrer verehrten Bischof Optatus († 398) glaubte identifizieren zu können.

Bestatten, aber wie? – Die Vielfalt der spätantiken Grabformen

Im 3. Jahrhundert hatte sich in Nordafrika endgültig die Körperbestattung gegenüber der bald danach fast überall aufgegebenen Brandbestattung durchgesetzt. Da sich Körpergräber regional unterschiedlich schon vom (späten) 1. Jahrhundert n. Chr. an und damit bereits in heidnischer Zeit feststellen lassen, ist ein enger Zusammenhang der Körperbestattung mit dem sich ausbreitenden Christentum in Nordafrika auszuschließen. Beides erfolgte mehr oder weniger parallel zueinander, wobei das frühe Christentum diese Entwicklung vielleicht forcierte und wegen des Glaubens an die fleischliche Auferstehung unumkehrbar machte. Die Toten wurden in aller Regel in gestreckter Rückenlage ins Grab gelegt, mit seitlich ausgestreckten oder über dem Becken angewinkelten Armen. Dabei wurde das Grab seit dem späten 4. Jahrhundert gewöhnlich annähernd west-östlich ausgerichtet und der Leichnam mit dem Kopf im Westen positioniert.

Während die noch bis in das 5. Jahrhundert von heidnischen Vorstellungen geprägten Feierlichkeiten bei der Bestattung und dem Totengedächtnis den Zorn der Kirchenväter hervorriefen, schien die Wahl der Grabform von diesem Konflikt völlig unberührt und frei zu sein. Bemerkenswert ist die Vielzahl der spätantiken Grabtypen, die sich grob in drei Gruppen einteilen lassen: Nämlich in solche, die nur aus einem unterirdischen, gegebenenfalls umwehrten oder in einem Behältnis vorgenommenen Begräbnis bestehen, des Weiteren in solche, die zusätzlich einen oberirdisch sichtbaren Aufbau besitzen, und schließlich in solche, die in eine größere begehbare Grabkammer integriert sind.

Die einfachste Art der Bestattung bestand darin, den Leichnam ohne Sarg, vielleicht aber in ein Leichentuch gehüllt, in eine ungeschützte Erdgrube zu legen. Der geringe Aufwand spricht dafür, dass diese Grabform von Angehörigen ärmerer Bevölkerungsschichten gewählt wurde. Kaum viel kostspieliger dürften Bestattungen in gebrauchten Amphoren gewesen sein, die in Nordafrika bis in die byzantinische Epoche zu belegen sind. Sie wurden vorwiegend für Kinder benutzt. Dazu schnitt man eine genügend große Amphore der Länge nach auf, deponierte den Leichnam in dem Behältnis und verschloss die Amphore anschließend wieder. Die Leichname Erwachsener wurden mit mehreren großen Amphorenfragmenten abgedeckt.

Zu den umwehrten Grabformen gehören solche, bei denen die Grube mit Bruchsteinen oder Steinplatten umstellt oder sogar ummauert und nach der Grablege auch mit Steinplatten verschlossen wurde. Funde von eisernen Nägeln können auf die zusätzliche Verwendung eines Holzsarges hinweisen. Anstelle von Steinen wurde alternativ auch auf Ziegelsteine oder Dachziegel (tegulae) zurückgegriffen. Besonders typisch und auf manchen nordafrikanischen Gräberfeldern – so in der Südnekropole von Timgad – geradezu dominierend sind Gräber, bei denen die tegulae dachförmig gegeneinander verkantet wurden. Jedes Grab wirkt dadurch wie ein kleines Totenhaus mit Satteldach.

Die aufwendigste und dauerhafteste Form des Leichenbehältnisses bilden zweifellos steinerne Sarkophage, die man häufig für mehrere Bestattungen einer Familie verwendete. Die ausgedehnteste Nekropole mit mehreren Hundert Sarkophagen liegt an der Basilika der hl. Salsa in Tipasa (s. Abb. S. 356). Sehr viel seltener als die einfachen unverzierten Steinsarkophage sind figürlich verzierte Marmorsarkophage, die unter anderem von einer bis in das 5. Jahrhundert tätigen Karthagoer Werkstatt produziert wurden. Solche kostbaren Stücke wurden nicht eingegraben, sondern sichtbar aufgestellt, etwa in Annexräumen von Kirchen, wie beispielsweise in der großen Karthagoer Basilika von Damous al-Karita, wo besonders viele skulptierte Sarkophagfragmente gefunden wurden, oder in Mausoleen.

> Daher sind alle diese Dinge wie die Sorge um die Aufbewahrung, die Gestaltung des Begräbnisses und der Prunk des Totengeleits mehr ein Trost für die Hinterbliebenen als eine Hilfe für die Toten.
>
> Augustinus, *De cura pro mortuis gerenda* II,4

Zu den Gräbern mit oberirdisch sichtbarem Aufbau gehört das vor allem in der mittleren Kaiserzeit beliebte, in spätantiken Kontexten aber deutlich seltener auftretende Cupula-Grab, das seinen antiken Namen einem über dem eigentlichen Grab errichteten monolithischen oder gemauerten Halbzylinder verdankt. Aus Karthago

Der Sarkophag von Lamta

von Fathi Béjaoui

Secundinus, der Grabherr

Der auf einem Landgut in der unmittelbaren Umgebung von Lamta (Leptis Minor) nördlich von Bekalta gefundene Sarkophag zeigt klassische Themen der römischen Sarkophagkunst des 4. Jahrhunderts, bleibt aber ein Sonderfall wegen der Verknüpfung zweier auf den ersten Blick unabhängiger Themen: einer Jagdszenerie und der *traditio legis* (Gesetzesübergabe). Der Bildschmuck befindet sich auf der Vorderseite der Sarkophagwanne aus Carrara-Marmor und auf dem Deckel, der aus prokonnesischem Marmor gearbeitet ist. Auf dem Deckel ist rechts neben einer unbeschrifteten, von zwei Eroten gestützten Tafel eine Jagdszene mit mehreren Personen zu sehen, die in einer Waldlandschaft mit einem Hund Hirsche in ein Netz treiben, darunter auch ein Reiter (wahrscheinlich der Gutsherr). Links neben der leeren Inschrifttafel ist die Rückkehr von der Jagd zu sehen, wo derselbe Reiter vor einem monumentalen Eingang von der Gutsherrin empfangen wird.

Die Vorderseite ist der interessanteste Teil des Sarkophags. Vor dem Hintergrund einer Architektur mit kannelierten Pilastern, deren Kapitelle einen Giebel tragen, eilt ungefähr in der Bildmitte eine weibliche Figur, die ein kleines Lamm trägt, zu einem Mann, wahrscheinlich dem Gutsherrn. Letzterer, mit einer kurzen Tunika bekleidet, hält die Zügel seines Pferdes in der Rechten und einen langen Stab in der Linken. Auf dem Rand des Sarkophagkastens erscheint der Name der Frau – Maziua – und der des Mannes: Secundinus. Derselbe Mann, wieder mit namentlicher Beischrift, kommt im linken Bereich der Vorderseite in einer zweiten Gruppe vor.

Er hält die Zügel seines Pferdes und befindet sich in Gesellschaft zweier Gefährten: Possidius in der Mitte mit einer Lanze in der Rechten und neben ihm Sizan unter einem Baum. Die Namen stehen über ihren Köpfen in einer kleinen *tabula ansata*.

In der ganz rechts stehenden dritten Gruppe erscheint abermals der nach links schauende Possidius (sein Name steht auf dem Rand der Sarkophagwanne) mit den Zügeln des Pferdes in der Rechten, das in den vorigen „Episoden" von Secundinus geführt wurde. Diesem begegnen wir hier zum letzten Mal, wie er der berühmten Szene der *traditio legis* zugewandt die rechte Hand erhebt. Mit dieser symbolischen, auch Zustimmung ausdrückenden Geste grüsst er Christus und die Apostel. Im Hintergrund stehen zwei Palmenpaare, zwischen denen der bärtige Christus auf einem kleinen Berg sitzt. Am Bergfuß ist eine von zwei Lämmern flankierte Betende (Orans) zu sehen. Christus erhebt die rechte Hand zum Segenszeichen (ein Teil des Vorderarms fehlt) und hält in der Linken ein abgerolltes *volumen* (Buchrolle), das der Apostel Petrus mit verhüllten Händen und einem langen Kreuz auf der linken Schulter entgegennimmt.

Bemerkenswert ist die ziemlich ungewöhnliche Ikonografie. Anstelle seiner Porträtbüste – die eigentlich gängige Darstellung in der Grabkunst – lässt der verstorbene Gutsherr Secundinus auf der Vorderseite des Sarkophags zwei wichtige Aspekte seines Lebens darstellen. Erstens seine soziale Stellung, die durch den Stab in der Hand – die *virga* als das Machtsymbol schlechthin – und die

in verschiedenen Phasen abgebildete Jagd (eine neben den kulturellen Aktivitäten wichtige Beschäftigung der führenden Schichten der Antike) illustriert wird. Secundinus gehörte also zu den Wohlhabenden. Zweitens betont er seine religiöse Zugehörigkeit mit der Darstellung auf der Sarkophagvorderseite, wo er Christus und den Aposteln huldigt. Die Wahl dieser Szene muss bewusst erfolgt sein, denn die *traditio legis* war in Grabkontexten sehr früh verbreitet (in Form von Malereien in Katakomben oder auf Sarkophagen). Und überall erscheint Christus als siegreicher Gottessohn: Auf diese Weise überwinden auch die verstorbenen Christen – hier Secundinus – den Tod. Dieses Bild des Sieges wollte man wahrscheinlich auch mit dem konstantinischen Christusmonogramm vermitteln, das auf der im Sarkophag entdeckten Bleikiste, die die sterblichen Überreste des Secundinus enthielt, eingraviert war.

Abschliessend sei noch einmal daran erinnert, dass die Figuren der Vorderseite dieses Sarkophags (der, wie der stilistische Vergleich einiger aus Rom bekannter Exemplare zeigt, ebenso wie vergleichbare Stücke in Arles sicher aus Italien importiert wurde) durch die Inschriften auf dem Rand namentlich bekannt sind. Die Namen lauten: Possidius, Secundinus und Maziua und Sizan – die beiden letzteren verraten eine numidische Herkunft.

Lit. : Béjaoui 1999

Der Sarkophag von Lamta, s. Kat. 316

sind einzelne frühchristliche *cupulae* bekannt, deren Halbzylinder vollständig mit einem Mosaik verziert sind. Zeitgemäßer als diese antiquierte Form scheinen im 4. bis 6. Jahrhundert neben den bereits erwähnten Mensa-Gräbern solche mit ebenerdig angelegtem Grabmosaik gewesen zu sein, dessen Größe gewöhnlich in etwa den Ausmaßen der eigentlichen Gruft entspricht, in Ausnahmefällen aber auch deutlich darüber liegen kann. Im Zentrum des Bildschmucks steht in der Regel entweder eine Darstellung des Verstorbenen oder eine Inschrift. Viele Grabmosaiken wurden in Verbindung mit privilegierten Bestattungen im Kircheninnern angetroffen, doch treten sie auch auf Gräberfeldern unter freiem Himmel auf, wie etwa in der Nekropole vor dem Nordtor Karthagos. Auch dort dürften sie als kostspielige Grabzier auf Bestattungen begüterter Personen hinweisen.

Größere Grabmonumente in Form begehbarer Kammern, in denen sich Sarkophage oder gemauerte Grüfte befanden, sind im spätantiken Nordafrika vornehmlich durch unterirdische Hypogäen (Grabgewölbe) und ebenerdige *cellae*, die an Kirchenbauten anschlossen, nachzuweisen. In byzantinischer Zeit treten halb in den Boden

eingetiefte Grabkapellen hinzu, darunter in Karthago die durch Münzen in das späte 6. Jahrhundert datierte Kapelle des Asterius. Kaum bekannt in Nordafrika sind Katakomben, die nur lokal, so besonders in Hadrumetum/Sousse, von Bedeutung waren. Eine Sonderrolle spielen die algerischen Djeddars, steinerne Rundbauten von enormen Dimensionen, die mit Grabmälern spätantiker Berberfürsten in Verbindung gebracht werden.

Die Auswahl der Grabform hing wohl in erster Linie vom sozialen Stand und den finanziellen Möglichkeiten ab. Daneben deuten sich aber auch gewisse regionale oder lokale Vorlieben an, wie die quantitative Verteilung verschiedener annähernd gleichwertiger Grabkonstruktionen (besonders das Verhältnis von Stein- und dachförmigen Ziegelplattengräbern) in einzelnen Nekropolen zeigt. Keine erkennbare Auswirkung hatte dagegen der Glaube. So lässt sich anhand der Grabformen keine Unterscheidung nach paganem und christlichem Begräbnis treffen. Hinweise hierzu bieten nur eindeutig christliche Symbole oder Grabinschriften mit christlichen Formeln. Die weitaus meisten Gräber erweisen sich in dieser Hinsicht jedoch als indifferent.

Grabbeigaben

Eine großzügige Ausstattung mit persönlichem Zubehör und Beigaben wurde während der Spätantike in Nordafrika weder für das Jenseits noch für die Selbstdarstellung des Verstorbenen für nötig erachtet. Schon im 19. Jahrhundert stellten Archäologen fest, dass Gräber des 4./5. bis 7. Jahrhunderts häufig keine Beigaben enthielten. Die weitgehende Beigabenlosigkeit spätantiker Gräber wurde bei den modernen Ausgrabungen in den verschiedenen Sektoren der Karthagoer Nekropolen bestätigt. Nur gelegentlich befanden sich dem Toten mitgegebene Objekte im Grab. Die Tendenz zur beigabenarmen oder -losen Bestattung ist bereits

Nekropole an der Basilika der hl. Salsa, Tipasa

in spätrömischer Zeit zu konstatieren, wie die jüngsten Ausgrabungen in den Nekropolen von Pupput bei Hammamet und Leptis Minor/Lamta an der tunesischen Ostküste zeigen. Allerdings deutet sich in manchen ländlichen Siedlungen ein abweichendes Brauchtum an. Stellvertretend hierfür könnte die kleine Nekropole von Draria el-Achour in Algerien stehen: Die insgesamt 19 Gräber verteilen sich auf einfache Erd-, Steinplatten- und trocken gemauerte Gräber, die vom 2./3. bis zum beginnenden 5. Jahrhundert angelegt worden sind. Neben wenigen Schmuckbeigaben enthielten mehrere Gräber Geschirrsätze von bis zu fünf Gefäßen. Seit dem frühen 5. Jahrhundert scheint eine Beigabe von Trink- und Speisegeschirr jedoch überall in Nordafrika unüblich geworden zu sein. Hingegen verschwindet die Gefäßbeigabe nicht vollständig. In Karthago beispielsweise lässt sich dies in der im 5. Jahrhundert aufgelassenen und als Bestattungsplatz umgenutzten meerseitigen Villa „Falbe Nr. 90" beobachten, die nördlich des heutigen Präsidentenpalastes liegt. In zwei als Grabkammern dienenden Räumen lagen Ansammlungen von ganzen und zerbrochenen Gefäßen an den Seiten und besonders in den Raumecken, die als beiseitegeräumte Beigaben oder Reste von Totenfeiern interpretiert werden können. Bei manchen Bestattungen lag ein Gefäß jedoch unmittelbar neben dem Toten – dabei handelt es sich überwiegend um einhenkelige Krüge, deren funerale Bedeutung/Funktion noch nicht überzeugend geklärt werden konnte. Echtes Speise- oder Kochgeschirr ist dagegen in vandalischer und byzantinischer Zeit nur noch ganz vereinzelt anzutreffen, so in einem Amphora-Grab an der südlichen Stadtmauer Karthagos, das außer der bedeckenden Amphore auch noch einen Kochtopf enthielt (s. Abb. rechte Seite). In dieser Zeit wurden auch Öllampen am Grab aufgestellt, seltener in das Grab gelegt.

Zu den weiteren gelegentlichen Beigaben während des 4. und 5. Jahrhunderts gehören Münzen. Diese wurden entweder im Schädelbereich, wobei sie wohl wie in heidnischer Zeit als „Charonspfennig" ursprünglich im Mund des Verstorbenen steckten, oder aber in der Hand des Toten gefunden. Dabei kamen in wenigen Fällen auch ganze Börsen mit einigen Dutzend Münzen zum Vorschein.

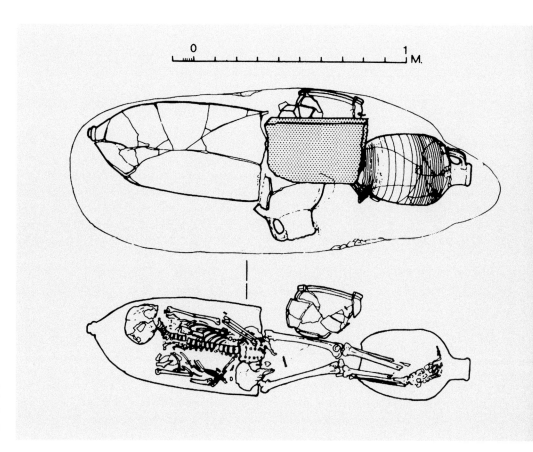

Amphora-Grab F109, Karthago,
an der südlichen Stadtmauer
(nach Hurst/Roskams 1984, 147
Abb. 54)

Seltener als Gefäße und Münzen sind Beigaben von Schmuck und persönlichem Zubehör, dabei rangieren unter den Schmuckgegenständen an erster Stelle Finger- und Ohrringe, gefolgt von Halsketten. Auffällig selten kommen Armringe vor, obwohl Armschmuck auf bildlichen Darstellungen dieser Zeit eine große Rolle spielt. Auch metallenes Kleidungszubehör wie Fibeln und Gürtelschnallen oder -beschläge waren als Zurüstung für das Jenseits nicht sehr verbreitet. Um einen verworfenen oder nicht dokumentierten Grabfund könnte es sich bei einer Scheibenfibel mit Heiligendarstellung handeln (s. Kat. 332), die man bei Ausgrabungen oberhalb der Basilika von Damous el-Karita fand, und ebenso bei einer Cloisonné-Schnalle mit Rechteckbeschlag von einem unbekannten karthagischen Fundort (s. Kat. 313), die ungeachtet der Beschädigungen, die durch die starke Korrosion verursacht worden sind, weitgehend vollständig erhalten geblieben ist.

Angesichts dieser Beigabenarmut könnte man meinen, dass den Archäologen Oberschichtgräber des 4./5.

bis 7. Jahrhunderts weitgehend entgangen sind. Doch wurde bereits auf besondere, mit Mitgliedern der oberen sozialen Schichten zu verbindende Grabbauten hingewiesen. Wo solche Gräber ungestört angetroffen wurden, zeigt sich, dass tatsächlich weite Teile dieser Eliten entweder vollständig beigabenlos oder doch nur mit einzelnen Beigaben wie einem goldenen Fingerring oder einem goldenen Ohrringpaar bestattet wurden. Sehr selten waren Verstorbene in wertvolle, mit Goldfäden durchwirkte Stoffe gehüllt wie in einem Sarkophag in Karthago-Mcidfa oder in Nini bei Aïn Beida, Algerien; auch dann hatten sie im Übrigen aber keinen reichen Goldschmuck angelegt oder andere wertvolle Beigaben mit ins Grab bekommen. Die hohe soziale Stellung wurde demnach vornehmlich über die exponierte Lage des Grabes (beispielsweise eine Kirchenbestattung) und/oder dessen aufwendige Konstruktion und Verzierung (Mosaikepitaph, Marmorsarkophag) demonstriert, während der Verstorbene selbst höchstens Einzelnes an sich trug, das seinen Status andeutete.

Das Grab einer vornehmen Vandalin

von Christoph Eger

„Als man den Sarkophagdeckel anhob, erblickte man ein Skelett, das ohne Zweifel dasjenige einer Frau war. Der Leichnam war mit kostbarem Goldschmuck in den Sarkophag gebettet worden. Am Hals glänzte ein perfekt erhaltenes Kollier [...] Auf den Schultern sah man zwei große, mit Cabochons verzierte Fibeln. Nahe des Halses bemerkte man eine weitere Fibel, deren Nadel ausgehängt war [...] Auf dem Becken lag eine massiv goldene Schnalle von rund 50 Gramm Gewicht. Die ganze obere Skeletthälfte war mit kleinen goldenen Appliken bedeckt, von denen einige wenige mit gefassten Steinen verziert sind. Die meisten dieser Appliken waren quadratisch; weiterhin gab es Tausende kleiner Goldröhrchen. In Höhe der Hände fand man einen kleinen goldenen Fingerring, auf dem eine Taube eingraviert ist [...]"

So beschrieb Alfred-Louis Delattre (1850–1932), Pater des Karthagoer Klosters der Weißen Väter und Schlüsselfigur der frühen archäologischen Erforschung Karthagos, den Originalbefund der reichsten Bestattung vandalischer Zeit aus Nordafrika, die wir bislang kennen. Der Fundort liegt auf einer sanften Erhebung (Koudiat = Anhöhe) etwa 1,2 km nördlich der spätrömischen Stadtmauer von Karthago (s. Abb. unten). Seit dem späten 19. Jahrhundert kamen dort bei Bau- und Kultivierungsarbeiten immer wieder antike Gräber zutage. Am 29. Dezember 1915 schließlich stieß man neben mehreren frühchristlichen Grabplatten mit Inschriften auch auf einen 2,12 m langen und 0,54 m breiten Riefelsarkophag des 3. Jahrhunderts, der für die Bestattung der vornehmen vandalischen Dame wiederbenutzt worden war (s. Abb. S. 360).

Der Fund war außergewöhnlich – und ist es noch, trotz umfangreicher Grabungen in den frühchristlichen Nekropolen Karthagos, bei denen ungezählte Gräber des 4. bis 7. Jahrhunderts freigelegt werden konnten. Delattre hielt damals fest, niemals zuvor ein ähnlich ausgestattetes Begräbnis aufgefunden zu haben. Die von ihm gegebene Beschreibung des Grabes ist äußerst wertvoll, weil seinerzeit keinerlei Fotos oder Zeichnungen gemacht worden sind. Aufgrund der Beobachtungen zur Lage der Beigaben im Grab gewinnt man eine Vorstellung davon, wie die Dame für ihre Bestattung hergerichtet worden war. Zum Schmuck gehören drei Fingerringe, ein Ohrringpaar und ein Halskollier mit Medaillon. Von der Kleidung haben sich 169 kleine Goldblechappliken erhalten, die als Gewandbesatz dienten, sowie Tausende kleiner Goldröhrchen, die über die ganze obere Partie der Bestattung streuten und wohl in ein Gewandstück eingewirkt oder wie die Appliken aufgenäht waren. Schließlich umfasst das Inventar mit drei Fibeln, nämlich einem Bügelfibelpaar und einer kleinen eingliedrigen Fibel, sowie einer Cloisonné-Schnalle auch Zubehör, das zum Anheften oder Verschließen von Kleidungsstücken diente. Die Verstorbene wurde demnach in einer festlichen, goldgeschmückten Kleidung bestattet. Sie trug ein im Beckenbereich gegürtetes Gewand, dessen genauer Zuschnitt allerdings unbekannt ist. Infrage käme eine Tunika mit mantelartigem Umhang oder ein peplosartiges Gewand – je nachdem, ob man den an den Schultern getragenen Bügelfibeln eine Schließ- oder Heftfunktion zubilligt. Die meistenteils quadratischen Appliken zierten wahrscheinlich Bordüren an Halsausschnitt und Ärmeln sowie den Saum, doch ist Delattre hierauf nicht näher eingegangen. Die vielen kleinen Goldröhrchen (s. Abb. rechte Seite) dürften zu einem bis auf den Oberkörper reichenden Schleiertuch gehört haben, das mit der kleinen Goldfibel auf Höhe des Halses verschlossen wurde. Ob die Dame zusätzlich ein Untergewand trug, bleibt ebenso offen wie die Frage nach einer besonderen Fußbekleidung. Zu den wahrscheinlich vorhandenen Schuhen gehörte jedenfalls keinerlei metallenes Accessoire. Verschleißspuren an den Bügelfibeln und an der Gürtelschnalle zeigen, dass es sich

Die leichte Anhöhe Koudiat Zâteur von Süden aus gesehen

Goldröhrchen

nicht um eine eigens für die Bestattungszeremonie angefertigte Totentracht handelte, sondern dass diese Kleidung schon zu Lebzeiten getragen worden sein muss. Der Zeitpunkt der Grablege kann anhand der einzelnen Beigaben auf das mittlere Drittel des 5. Jahrhunderts eingegrenzt werden, also in die ersten Jahrzehnte der vandalischen Herrschaft in Nordafrika.

Über den hohen sozialen Status der Verstorbenen geben die Beigaben hinreichend Aufschluss: Alles ist aus Gold gefertigt, manches zusätzlich mit flächigem Almandin- und Glas-Cloisonné verziert. Zweifellos handelt es sich um eine Angehörige der führenden Schicht des Vandalenreichs. Umstritten sind allerdings ihre ethnische bzw. kulturelle Identität und eine diesbezügliche Bewertung ihrer Kleidung. So versteht man das an den Schultern mit Fibeln geschmückte Gewand, bestimmte Stücke der Accessoires sowie die Tatsache, dass die Verstorbene bekleidet und mit angelegtem Schmuck bestattet wurde, als klare Indizien einer barbarischen Herkunft. Dagegen wurde jüngst eingewandt, dass sich in der Kleidung und ihrem Zubehör keine besondere vandalische Identität oder eine Herkunft aus dem ostmitteleuropäischen Barbaricum ausdrücke, sondern vielmehr die Zugehörigkeit zur spätrömischen Militäraristokratie, zu der auch die Oberschicht der unterschiedlichen Gentilverbände, die im 5. Jahrhundert auf römischem Reichsboden lebten, zu rechnen wäre. Die Kleidungsweise, aber auch die einzelnen Formen von Schmuck und Zubehör gelten dieser Interpretation zufolge unterschiedslos als im weitesten Sinne römisch.

Beide Auffassungen stehen vor den gleichen grundlegenden Problemen: Zum einen sind wir aufgrund der ganz überwiegend beigabenlosen Bestattungen während des 4. und 5. Jahrhunderts in den mediterranen Landschaften des römischen Reichs nur sehr unzureichend über das dort übliche Repertoire an Schmuck und persönlichem Zubehör unterrichtet, während umgekehrt von der nördlichen Peripherie des Reiches eine Fülle beigabenführender Grabfunde vorliegen, die uns einen vergleichsweise guten Überblick über die materielle Kultur ermöglichen. Zum anderen unterliegt die materielle Kultur des 5. Jahrhunderts einem tief greifenden Wandel, der eine Unterscheidung römisch/nichtrömisch (barbarisch/germanisch) zusätzlich erschwert. Die Deutung von einzelnen reichen Grabfunden im Mittelmeerraum wie demjenigen von Koudiat Zâteur hängt also ganz davon ab, wie man die Genese und Verbreitung sowohl einzelner Accessoire-Formen als auch der besonderen Kleidungsweise und der Bestattung in dieser Kleidung bewertet.

Tatsächlich sind eine Reihe von Schmuckstücken wie das Kollier, dessen Medaillon im Übrigen auf ein zur Schau getragenes christliches Bekenntnis der Dame hinweist, und die Fingerringe ganz eindeutig römischen bzw. oströmischen (Fingerring mit griechischer Inschrift) Ursprungs. Dagegen verweisen die paarigen Schulterfibeln, die Verwendung einer Drittfibel und der Besatz mit goldenen Appliken auf Kleidungssitten, die in ganz ähnlicher Weise bereits seit dem späten 4. Jahrhundert an der nordöstlichen Peripherie des Reichs auftraten – im Einzelnen mit durchaus unterschiedlichen Schwerpunkten innerhalb dieses Gebiets. Auch die schwere Goldschnalle mit rundem Cloisonné-Beschlag findet sich gehäuft in dieser Gegend, wenngleich man davon ausgeht, dass solche Schnallen, ähnlich wie auch die flächig cloisonnierten Prunkfibeln, nicht ohne Beteiligung (ost-)römischer Werkstätten entstanden sein können. Davon, dass sich diese Kleidung schnell im ganzen (West-)Reich unter der Militäraristokratie gleich welcher Herkunft (Barbaren, Provinzialen) verbreitet hätte, kann nach derzeitigem Forschungsstand keine Rede sein – zu vereinzelt sind solche Grabfunde im westlichen Mittelmeerraum, insbesondere auch dort, wo nach Aussage der Schriftquellen Militär gestanden hat. Aus demselben Grund – innerhalb des vandalenzeitlichen Nordafrika nimmt sich die Zahl solcher Gräber ebenfalls bescheiden aus – lässt sich die Kleidung der Dame von Koudiat Zâteur aber auch nicht unbedingt als typisch nordafrikanisch-vandalisch benennen und schon gar nicht als vandalische (Volks-)Tracht. Nur einzelne Elemente verweisen auf eine fremde Herkunft ganz allgemein aus der nordöstlichen Reichsperipherie. So handelt es sich um eine Ausstaffierung, in der sich hellenistisch-römischer Luxus und das Know-how römischer Goldschmiedekunst mit der nach Prestige trachtenden Prunksucht barbarischer Aristokraten mischt.

Lit.: Delattre 1916 – Eger 2001a – Eger 2008 – Kazanski 2000 – Koenig 1981 – Quast 2005 – Rostovtzeff 1923 – von Rummel 2007

Riefelsarkophag von Koudiat Zâteur (nach Eger 2001a, 351 Abb. 3)

Wie bestatteten die Vandalen?

Die nicht grundsätzlich unberechtigte Vermutung, dass mit den Ankömmlingen überwiegend barbarischer Abstammung auch fremdes Brauchtum im Totenkult, neue, bis dahin unbekannte Formen der Sachkultur und eine andersartige Kleidung Einzug in Nordafrika gehalten haben könnten, lässt sich archäologisch nur sehr bedingt bestätigen. In Erinnerung zu rufen bleibt dabei der Umstand, dass sich die Vandalen und die mit ihnen verbündeten Gruppen vor der Ankunft in Nordafrika bereits seit fast 30 Jahren auf römischem Territorium aufgehalten hatten und von der sie umgebenden römischen Kultur in vielfältiger Weise beeinflusst worden sind.

Eine Handvoll Grabfunde aus dem nördlichen Tunesien und östlichen Algerien unterscheidet sich jedoch auffällig von der zuvor beschriebenen Beigabensitte und zeichnet sich durch ein mehr oder weniger kostbares Ensemble von Schmuck und Zubehör aus. Chronologisch gehören diese Gräber alle in die mittleren Jahrzehnte oder die zweite Hälfte des 5. Jahrhunderts, also in die Zeit der vandalischen Herrschaft. Seit Längerem wurde deshalb vermutet, dass in diesen Gräbern führende Angehörige des Gentilverbandes bestattet sein könnten.

Bezüglich der gewählten Form weichen die genannten Gräber allerdings nicht von dem ab, was wir von anderen (Oberschicht-)Gräbern aus Nordafrika kennen: Bestattet wurde im Marmorsarkophag (Koudiat Zâteur), in Steinplattengräbern (Douar ech-Chott), teilweise mit zusätzlichem Holzsarg und an exponierter Stelle (Kirchengräber von Thuburbo Maius) und in einer gemauerten Gruft (sogenanntes Zisternengrab in der Basilika von Hippo Regius).

Dagegen kennt die Ausstattung der Verstorbenen mit reichem Schmuck und Kleidungszubehör in dieser Art und Weise kein unmittelbares Vorbild in Nordafrika. Das einzige Grab dieser Gruppe, das von einem Mann stammt, ist über den im Mosaikepitaph genannten germanischen Namen Arifridos als vandalisch zu identifizieren (s. Kat. 305). Es enthielt eine goldene Fibel, eine bronzene Gürtelschnalle und ein wohl als kostbare Zier der Fußbekleidung dienendes Kleinschnallenpaar. Die Frauengräber zeichnen sich übereinstimmend durch die Beigabe eines Fibelpaares aus. Zu den weiteren Gemeinsamkeiten gehören ein Ohrringpaar und ein Kollier, beides jeweils in vier der sechs Frauengräber vorkommend. Gürtelschnallen, kostbarer Kopfputz (Schleiertuch oder golddurchwirktes Stirnband) oder ein mit Appliken verziertes Gewand waren dagegen nur in jeweils zwei dieser Gräber festzustellen.

Während das Zubehör des Arifridos vielleicht mit Ausnahme der Schuhschnallen als durch und durch römisch zu bezeichnen ist und auf eine Tunika und einen darüber getragenen, an der Schulter oder in der Brustmitte verschlossenen Mantel hinweist – eine von spätrömischen Jagd- und militärischen Darstellungen bekannte Kleidungsweise –, sind die an den Schultern getragenen Fibelpaare der Frauen ungewöhnlich. Eine

Kleidung mit Fibelpaaren lässt sich für das spätrömische Nordafrika mit Ausnahme bildlicher Darstellungen von mythologischen Frauenfiguren, die auf alte Bildformeln zurückgreifen, nicht belegen und ist im mittleren 5. Jahrhundert auch im übrigen Mittelmeerraum noch sehr selten. Dagegen hatte sich seit dem späten 4. Jahrhundert ein an den Schultern gefibeltes Gewand außer im nördlichen Gallien, wo diese Kleidung bis in die Zeit um 400 verbreitet war, dann aber zugunsten einer anderen Fibeltrageweise ausklang, bei der gentilen Oberschicht im mittleren Donauraum durchgesetzt und blieb dort für beinahe ein Jahrhundert bestimmend. Bemerkenswert ist nun die Tatsache, dass auch die übrige Grabausstattung der reichen donauländischen Frauengräber hinsichtlich ihrer Zusammensetzung gewisse Ähnlichkeiten mit dem halben Dutzend Frauengräber aus Nordafrika aufweist. Dieser Zusammenhang wird durch wenige Stücke des Kleidungszubehörs unterstrichen, deren Genese Verbindungen zur nördlichen und nordöstlichen Reichsgrenze und dem vorgelagerten Barbaricum verrät,

Thuburbo Maius, sogenannte Tempelkirche, in der ein Frauengrab und das Grab des Arifridos gefunden wurden. Das Arifridosgrab lag in etwa vorne rechts hinter der Quermauer.

wie beispielsweise die kleinen Armbrustfibeln aus Karthago – Douar ech-Chott und Thuburbo Maius – und die eingliedrige Fibel aus Koudiat Zâteur (s. Kat. 308a und 309b).

Die prunkvolle Bestattungs- und Kleidungsweise spricht für eine Prägung von Teilen der vandalischen Führungsschicht durch die donauländische, ostgermanische ebenso wie reiternomadische und römische Elemente aufgreifende Mischkultur, die damals den führenden Schichten der östlichen Barbaren ihren Stempel aufsetzte. Inwieweit diese Kleidungsmode und der Prunkgrabbrauch auch für weite Kreise der weströmischen Militäraristokratie stilbildend wurde, ist dagegen strittig. Auch innerhalb Nordafrikas wird man angesichts der kleinen bislang bekannten Gräberzahl in Zweifel ziehen müssen, ob die gesamte vandalisch-alanische Elite diesem Modell folgte. Möglicherweise waren es nur einige Angehörige, die in den ersten Jahrzehnten nach der Ankunft des vandalisch-alanischen Verbandes auf diese Weise bekleidet bestattet wurden, um ihrem Standesbewusstsein und Geltungsbedürfnis in einer fremden und ihnen zunächst feindlich gesinnten Umgebung Ausdruck zu verleihen. Doch trugen auch verschiedene Frauen unterhalb der Führungsschicht eine entsprechende Kleidung, wie zwei Grabinventare aus Hippo Regius/Annaba mit weniger wertvollen, funktio-

nal aber vergleichbaren Accessoires zeigen. Einzelfunde von bronzenen Bügel- und Armbrustfibeln, die aus undokumentierten Grabfunden stammen könnten, weisen in dieselbe Richtung. Das Auftreten der an den Schultern gefibelten Kleidung, die Bestattung in dieser Kleidung sowie die Verwendung von zum Teil fremden Accessoires dürfte direkt mit der Migration des vandalisch-alanischen Verbandes zusammenhängen, die unter anderem auch Menschen nach Nordafrika führte, die noch in erster oder in zweiter Generation aus dem ostmitteleuropäischen Barbaricum stammten.

Die geringe Zahl der genannten Grabfunde wirft die Frage nach dem Gros des vandalisch-alanischen Verbandes und dessen Gräbern auf. Die meisten Angehörigen wurden offenbar überwiegend beigabenlos bestattet und sind damit auf archäologischem Wege in der Regel nicht von der einheimischen provinzialrömischen Bevölkerung Nordafrikas zu unterscheiden. Nur dort, wo Epitaphe mit germanischem Namen errichtet wurden, können mit gewissem Vorbehalt – eine Datierung der meisten Inschriften in die Vandalenzeit ist nicht gesichert – Gräber von Vandalen vermutet werden.

Lit.: Duval 1995 – Eger 2001a – Eger, in Vorbereitung – Gsell 1901 – Lancel 1997 – von Rummel 2007 – Schmidt 2000

Frontseite eines Cupula-Grabes mit Christogramm. Tipasa, Nekropole der hl. Salsa (nach Bouchenaki 1975)

Kat. 305

Kat. 305
Grabinschrift des Arifridos

Thuburbo Maius, „Tempelkirche"
Mittleres Drittel 5. Jh.
Mosaik, H. 90 cm, B. 95 cm
Tunis, Musée national du Bardo,
Inv. A 379

Epitaph des Arifridos, einer Person vandalischen Ursprungs, aus dem geometrisch
verzierten Mosaikboden des Mittelschiffs
vor dem Chor der „Tempelkirche" in
Thuburbo Maius. Die Inschrift *Arifridos in
p(ace) vixit annos XX(...) / depositus (die
...) / idus novemb(res)* deckte das Grab
eines vandalischen Adligen, der mit
seinen Würdezeichen und seinem persönlichen Schmuck bestattet worden war.

T.G.

Kat. 306
Grabausstattung des Arifridos

Thuburbo Maius, Grab des Arifridos
Mittleres Drittel 5. Jh.

(a) Zwei kleine Schnallen
Gold, Almandin, L. 2,4 cm, B. 1,6 cm
Tunis, Musée national du Bardo, Inv. E 150

Bei den beiden kleinen Schnallen mit
D-förmigem Laschenbeschlag handelt
es sich sehr wahrscheinlich um Strumpf-
band- oder Schuhschnallen. Allerdings fehlen Beobachtungen zur Lage im Grab, die
dies bestätigen könnten. Die Beschläge
sind mit einem D-förmigen Almandin-
cabochon verziert. Schuhschnallen sind
überwiegend aus barbarischen Fundkon-
texten außerhalb des Mittelmeerraumes
bekannt.

Lit.: Courtois 1955, Taf. 10. – Cacan de Bissy /
Petit 1982, 194 f. Nr. 266 (L. Ennabli). – Kleemann 2002, 126 Abb. 1.

(b) Ovalscheibenfibel
Gold, Buntmetall, Sardonyx, L. 3,3 cm,
B. 2,5 cm
Tunis, Musée national du Bardo, Inv. E 149

Die Scheibenfibel stammt wie das nach-
folgende Schnallenpaar aus dem Grab des
vandalischen Adligen Arifridos, der sich
in der im ehemaligen Baal-Tanit-Tempel
errichteten Basilika bestatten ließ. Das
Stück besteht aus einer ovalen Grundplatte mit Perlrand, auf die eine einfache
Fassung für einen glatt geschliffenen Sardonyx mit Randfacette montiert ist. Auf
der Rückseite befindet sich der angelötete
Nadelapparat. Von der buntmetallenen
Nadel hat sich nur ein Spiralrest erhalten.
Die Fibel dürfte als Verschluss eines Mantels gedient haben und wurde demnach
auf der rechten Schulter getragen.

Lit.: König 1981, 311 Abb. 6d. – Cacan de Bissy /
Petit 1982, 194 f. Nr. 265 (L. Ennabli). – Eger
2004a, 76 Abb. 12. – Aillagon 2008, 335
Nr. IV.12c (T. Ghalia). **C.E.**

Kat. 307
Grabausstattung einer Frau

Thuburbo Maius,
Mitte bis zweite Hälfte 5. Jh.

(a) Zwei Ohrringe
Gold, Smaragd (?), Amethyst, L. 6,5 cm
Tunis, Musée national du Bardo,
Inv. E 146

Kat. 306a

Kat. 306b

Kat. 307a

Die beiden Pendilienohrringe gehören
zu einer Frauenbestattung, die wie das
Grab des Arifridos in der im ehemaligen
Baal-Tanit-Tempel eingebauten Basilika
aufgefunden wurde. Das Paar ähnelt
demjenigen aus dem Grabfund von
Douar ech-Chott. Allerdings ist statt einer
Muschelperle ein großer tropfenförmiger
Amethyst abschließend auf den Drahtstift
aufgezogen.

Lit.: König 1981, 311 Abb. 6b–c. – Cacan de
Bissy / Petit 1982, 194 Nr. 263 (L. Ennabli). –
Aillagon 2008, 335 Nr. IV.12b (T. Ghalia). **C.E.**

(b) 23 Glieder eines Kolliers
Gold, Almandin, L. 1,1 cm
Tunis, Musée national du Bardo, Inv. E 147

Das Kollier bestand außer aus den 23 hier
gezeigten pyramidal getreppten Gold-
plättchen auch noch aus Glasperlen, die
vermutlich alternierend mit den Plättchen aufgefädelt waren. Die im Übrigen
unverzierten Plättchen verfügen auf der
Rückseite über angelötete Goldröhrchen.
Ähnlicher Kettenschmuck des 5./6. Jhs.
stammt aus dem nördlichen Schwarzmeerraum, unter anderem aus Gräberfeldern von der Krim.

Lit.: König 1981, 311 Abb. 6a. – Cacan de Bissy /
Petit 1982, 194 Nr. 262 (L. Ennabli). – Aillagon
2008, 335 Nr. IV.12a (T. Ghalia). **C.E.**

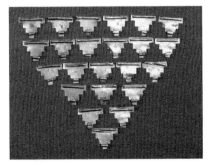

Kat. 307b

Kat. 308
Grab einer vornehmen Dame
Karthago, Douar ech-Chott, Grabfund
Mittleres Drittel 5. Jh.

(a) Zwei Armbrustfibeln
Gold, L. 2,4 und 2,6 cm, H. je 1,1 cm
Carthage, Musée national de Carthage,
Inv. 03-04-04-23/24

Das kleine Fibelpaar stammt wie die
nachfolgenden Beigaben aus dem Grab
einer vornehmen Dame, das 1993 bei
Notgrabungen im südlichen Karthago
geborgen wurde. Es zeichnet sich durch
einen halbrund gewölbten, schmalband-
förmigen Bügel und einen mit dem Bügel
gleichbreiten Fuß aus, der mit Querrillen
verziert ist. Eine kurze Spirale mit unterer
Sehne, durch die ein kleiner Achsstift
gesteckt ist, verleiht dem Fibeltyp seinen
Namen (Armbrustkonstruktion). Ähnliche
Fibeln stammen überwiegend aus dem
ostmitteleuropäischen Barbaricum.

Lit.: Ennabli / Roudesli-Chebbi 1994, 10 f. – Eger
2001a, 373 Abb. 9, 3a–b. 377 Abb. 10, 1a–b. –
Eger 2004a, 75 Abb. 9.

(b) Zwei Ohrringe
Gold, Smaragd (?), Muschelkalk,
L. 4,7 und 4,9 cm
Carthage, Musée national de Carthage,
Inv. 03-04-04-21/22

Bei dem Ohrringpaar handelt es sich um
Pendilienohrringe, die aus einem offenen
Reif mit angelöteter Öse und einem darin
eingehängten Drahtstift bestehen. Auf
den Stift sind eine Kästchenfassung mit
grüner Steineinlage (Smaragd?), weiße
Muschelperlen und kleine Goldperlen
aufgeschoben, die jedoch nur bei einem

der beiden Exemplare vollständig erhalten
geblieben sind. Vergleichbare Ohrringe
sind vom 5. bis 7. Jh. im Mittelmeerraum
nachweisbar.

Lit.: Ennabli / Roudesli-Chebbi 1994, 10 f. – Eger
2001a, 373 Abb. 9, 2a–b. 377 Abb. 10, 1a–b. –
Eger 2004a, 75 Abb. 9.

(c) Kollier
Gold, L. 21 cm (geschlossen)
Carthage, Musée national de Carthage,
Inv. 03-04-04-25

Die Kette setzt sich aus kleinen schlüs-
sellochförmigen Gliedern zusammen und
endet in zwei Halbkugeln, an denen die
Schließhaken befestigt sind. Ob einst
zusätzlich ein Anhänger oder ein einge-
hängtes Medaillon die Kette schmückte,
ist unbekannt.

Lit.: Ennabli/Roudesli-Chebbi 1994, 10 f. – Eger
2001a, 373 Abb. 9,1. 377 Abb. 10,2. – Eger
2004a, 75 Abb. 9.   C.E.

Kat. 309
Grab einer vornehmen Dame
Karthago, Anhöhe Koudiat Zâteur
Mittleres Drittel 5. Jh.

(a) Zwei Cloisonné-Bügelfibeln
Gold, Reste von Buntmetall, Einlagen
aus Granat und Naturperlen, L. 6,4 und
6,5 cm, B. je 2,6 cm
Carthage, Musée national de Carthage,
Inv. 03-04-04-08/09

Das Bügelfibelpaar ist Teil einer reichen
Grabausstattung, zu der auch die folgenden Katalognummern gehören. Es wurde
zusammen mit den Skelettresten einer

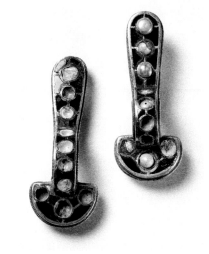

Kat. 309a

vornehmen Dame in einem Marmorsarkophag nördlich von Karthago gefunden
(siehe Kasten: Das Grab einer vornehmen
Vandalin in Koudiat Zâteur). Auf einer
blechernen Grundplatte mit außen umlau-
fendem Spuldraht wurde ein flächendeckendes Stegwerk montiert, das aus fünf-
bis sechseckigen Zellen mit halbrunden
Einbuchtungen sowie auf der Kopfplatte
aus axtförmigen Zellen besteht, in die
rote Granateinlagen eingelassen sind. Das
Zellwerk (= Cloisonné) vervollständigen je
drei mugelig gefasste Muschelperlen auf
Kopf- und Fußplatte sowie vier auf dem
Bügel. Eine der Perlen ist durchbohrt und
könnte in Erstverwendung an einer Kette
getragen worden sein. Auf der Unterseite
beider Fibeln sind Reste der angelöteten
Nadelkonstruktion zu sehen: Unter der
Kopfplatte befindet sich eine goldene
Öse mit Resten der buntmetallenen
Spirale. An der Fußplatte befindet sich der
angelötete Nadelhalter, der bei einer Fibel
feiner ausgeformt und facettiert ist, bei
der anderen dagegen gröber ausfällt. Die
eigentliche Nadel bestand aus Buntmetall
und ist verloren. Weiterhin fehlen mehrere
Perleneinlagen. Das Paar von Koudiat
Zâteur gehört zu einer kleinen Gruppe
untereinander sehr ähnlicher Bügelfibeln,
die vornehmlich aus Nordafrika und dem
mittleren Mittelmeerraum stammen.

Lit.: Rostovtzeff 1923, 151 Abb. 23. – König
1981, Taf. 49. – Cacan de Bissy / Petit 1982, 192
Nr. 255 (L. Ennabli). – Eger 2001a, 353 Abb. 4,
1–2. 379 Abb. 11, 1a–b. – Eger 2004a, 75
Abb. 8. Eger 2008, 192 Abb. 1, 3. – Aillagon
2008, 333 Nr. IV.10 (A. Ben Abed).

Kat. 308

(b) Eingliedrige Fibel
Gold, L. 3,2 cm
Carthage, Musée national de Carthage,
Inv. 03-04-04-11

Die kleine Fibel zeichnet sich durch einen halbrund gewölbten Bügel mit Querwülsten aus. Die Fußoberseite ist mit Facetten, Kerben und Andreaskreuzen verziert. Spirale und Nadel sind aus dem Bügel ausgeschmiedet bzw. ausgezogen worden, d. h. es liegt eine einteilige (eingliedrige) Konstruktion vor. Die Fibel ähnelt spätkaiserzeitlichen Typen aus dem ostmitteleuropäischen Barbaricum, ist allerdings deutlich kleiner als diese und weist einen bezogen auf die Gesamtproportion vergleichsweise langen Fuß auf.

Lit.: Cacan de Bissy / Petit 1982, 192 Nr. 256 (L. Ennabli). – Schulze-Dörrlamm 1986, 685 Abb. 102. – Kazanski 2000, 199 Abb. 2, 1. 202 Abb. 5, 2. – Eger 2001a, 353 Abb. 4, 3. – Eger 2008, 193 Abb. 2, 5.

(c) Fingerring
Gold, Dm. 1,6 cm
Carthage, Musée national de Carthage,
Inv. 03-04-04-13

Rundovaler drahtförmiger Reif mit ovaler Zierplatte, auf der ein Vogel (Taube) mit Zweig und ein kleines sternförmiges Ornament eingraviert sind. Die Taube mit Zweig ist ein beliebtes Ziermotiv spätantiker Fingerringe.

Lit.: Rostovtzeff 1923, 151 Abb. 23. – König 1981, Taf. 49. – Cacan de Bissy / Petit 1982, 192 Nr. 258 (L. Ennabli). – Eger 2001a, 355 Abb. 5,3.

(d) Fingerring
Gold, Dm. 2,2–2,5 cm
Carthage, Musée national de Carthage,
Inv. 03-04-04-12

Der Reif hat die Form zweier gegenständiger Delphine, die in ihrem weit aufgerissenen Maul eine rhombische Halterung und einen feinen Golddraht für eine ursprünglich aufgeschobene, jetzt verlorene Perle tragen. Die Delphinköpfe sind mit (Perl-)Drahtauflagen verziert, welche Maul, Augen und Rückenflosse andeuten.

Lit.: Cacan de Bissy / Petit 1982, 192 Nr. 259 (L. Ennabli). – Eger 2001a, 355 Abb. 5,4.

(e) Fingerring
Gold, Dm. 1,8 cm
Carthage, Musée national de Carthage,
Inv. 03-04-04-10

Bandförmiger, achteckiger Reif mit griechischer Inschrift. Sieben Felder tragen jeweils einen Buchstaben, in das achte Feld wurde ein Kranz oder ein Sonnensymbol eingraviert. Die Lesung der Buchstaben ergibt XNBKAΛΦ, möglicherweise eine Abkürzung, die jedoch bisher noch nicht überzeugend aufgelöst werden konnte.

Lit.: Delattre 1916, 16. – Rostovtzeff 1923, 151 Abb. 23. – König 1981, Taf. 49. – Cacan de Bissy / Petit 1982, 192 Nr. 260 (L. Ennabli). – Eger 2001a, 355 Abb. 5,5. – Aillagon 2008, 331 Nr. IV.7 (A. Ben Abed).

(f) Zwei Ohrringe
Gold, Dm. 1,6–1,8 cm
Carthage, Musée national de Carthage,
Inv. 03-04-04-14

Einfache offene Ovalreife mit einem abgesetzten geraden Endstück. Die auf den Enden ursprünglich aufgeschobenen Zierkapseln (Polyeder?) sind verloren.

Lit.: Rostovtzeff 1923, 151 Abb. 23. – König 1981, Taf. 49. – Cacan de Bissy / Petit 1982, 192 Nr. 257 (L. Ennabli). – Eger 2001a, 355 Abb. 5,2.

(g) Kollier mit Medaillon
Gold, Smaragd, Granat, Naturperle,
L. 22,6 cm (geschlossen), Dm. des
Medaillons 2,7 cm
Carthage, Musée national de Carthage,
Inv. 03-04-04-06

Das Kollier besteht aus 23 drahtförmigen Stiften mit ineinandergreifenden doppelten Schlaufenenden, einem Kettenglied mit tropfenförmig gefasstem Almandin-Cabochon und einem scheibenförmigen Medaillon. Auf den Drahtstiften sind abwechselnd prismatische Smaragd- und runde Almandin- oder Naturperlen aufgeschoben. Von letzteren sind jedoch nur noch wenige erhalten geblieben. Das Medaillon ist mit flächigem Zellwerk (Cloisonné) verziert und zeigt ein Staurogramm mit Alpha und Omega. Die Buchstaben sind mit farbigem Glas, die Kreuzarme und Zwickel mit großen Almandineinlagen geschmückt. Das Medaillon war vermutlich nicht allein Zierde, sondern auch ein deutliches Bekenntnis seiner Trägerin zum Christentum.

Lit.: Rostovtzeff 1923, 151 Abb. 23. – König 1981, Taf. 49. – Cacan de Bissy / Petit 1982, 191 Nr. 253 (L. Ennabli). – Eger 2001a, 355 Abb. 5,1. 379 Abb. 11,3. – Aillagon 2008, 333 Nr. IV.11 (A. Ben Abed).

Kat. 309b–f

Kat. 309h

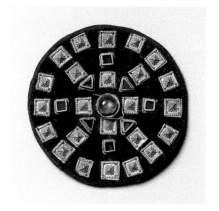

Kat. 309g

(h) 169 Gewandappliken, aufgezogen auf vier Samttableaus
Gold, L. 0,7–8,8 cm, B. 0,7–0,8 cm
Carthage, Musée national de Carthage,
Inv. 03-04-04-03/06

Die Goldblechappliken verteilen sich auf 139 quadratische Goldblechplättchen mit einer kleinen pyramidalen Spitze im Zentrum, 13 quadratische Plättchen mit einer erhabenen Fassung für eine plane Almandineinlage auf gewaffelter Goldfolie, 1 Plättchen gleicher Form, jedoch mit blauer (Glas-?)Einlage, 13 dreieckige Plättchen mit Almandineinlage auf gewaffelter Goldfolie, 1 rhombisches Plättchen mit vergleichbarer Verzierung und zwei rundoval gefasste Kristallcabochons. Mit Ausnahme letzterer sind alle Plättchen an den Ecken bzw. Rändern durchstochen, um sie auf ein Gewand aufzunähen. Die beiden Kristallcabochons könnten auf der Unterseite Drahtschlaufen zur Befestigung besitzen. Die Verteilung und Anbringung der Appliken auf den vier Tableaus ist modern und durch den archäologischen Befund nicht abzusichern. Eine exakte Lagebeoachtung zur Verteilung der Appliken im Grab fehlt.

Lit.: Rostovtzeff 1923, 151 Abb. 23. – König 1981, Taf. 49. – Cacan de Bissy / Petit 1982, 192–194 Nr. 261 (L. Ennabli). – Eger 2001a, 355 Abb. 5,6a–d. 385 Abb. 12. – Aillagon 2008, 332 Nr. IV.9 (A. Ben Abed).

Kat. 309h

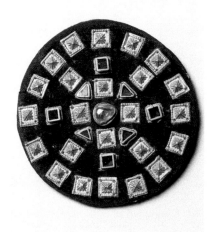

(i) Cloisonné-Schnalle
Gold, Einlagen aus Granat und Glas,
L. 5,4 cm, B. 2,8 cm
Carthage, Musée national de Carthage,
Inv. 03.04.04.07

Die Schnalle setzt sich aus einem rundstabigen, vorne verdickten Bügel, einem kolbenförmigen Hakendorn und einem rhombischen Beschlag mit rundem Zellkasten zusammen. Neben einer grünlichen Glaseinlage im Zentrum sind vier spitzovale Granateinlagen auf gewaffelter Goldfolie eingelassen. Einlagen und Stegwerk bilden das im Mittelmeerraum seit jeher beliebte Zirkelschlagmotiv. Eine konstruktive Besonderheit dieser Schnalle sind die am Außenrand angebrachten Niethülsen, in denen die zur Befestigung auf dem Gürtelriemen dienenden Niete mit kleinen halbrunden Köpfen stecken. Vergleichbare Schnallen treten gehäuft im Karpatenbecken und im nördlichen Schwarzmeerraum auf.

Lit.: Rostovtzeff 1923, 151 Abb. 23. – König 1981, Taf. 49. – Cacan de Bissy / Petit 1982, 192 Nr. 254 (L. Ennabli). – Kazanski 2000, 199 Abb. 2, 1. 202 Abb. 5, 4. – Eger 2001a, 353 Abb. 4, 4. 379 Abb. 11, 2. – Eger 2004a, 75 Abb. 8. – Aillagon 2008, 331 Nr. IV.8 (A. Ben Abed).   **C.E.**

Kat. 309i

Kat. 310

Kat. 310
Bügelfibel
Karthago (?)
Mittleres bis letztes Drittel 5. Jh.
Buntmetall, L. 5,8 cm, B. 1,9 cm
Carthage, Musée national de Carthage,
ohne Inv.

Die Bügelfibel ist von vergleichbarer
Form wie die goldcloisonnierten Stücke aus dem Grab von Koudiat Zâteur,
jedoch besteht sie aus Buntmetall und ist
unverziert. Trotz starker Korrosion ist sie
vollständig erhalten geblieben. Das deutet
ebenso wie die durch das Bronzeoxid
konservierten Textilreste auf dem Bügel
und der Fußplatte darauf hin, dass es sich
bei der Fibel um einen Grabfund handeln
muss. Doch sind der Fundort und Fund-
kontext unbekannt. Eine Herkunft aus
Karthago oder Umgebung kann aufgrund
der Sammlungsgeschichte des National-
museums von Karthago nur vermutet
werden.

Lit.: Eger 2001a, 361 Abb. 7, 1. – Eger 2008,
192 Abb. 1, 4.   **C.E.**

Kat. 311
Schnalle mit ovalem
Laschenbeschlag
Hippo Regius/Annaba (Algerien), Grabfund
Mitte bis zweite Hälfte 5. Jh., byzantinisch
Buntmetall, vergoldet, L. 5 cm, B. 4,3 cm
London, The British Museum,
Inv. 65,5-18,3

Die Schnalle stammt zusammen mit
einem cloisonnierten Scheibenfibelpaar
(nicht ausgestellt) aus einem bereits im
19. Jahrhundert in der Umgebung des
antiken Hippo Regius entdeckten Grab,
das vermutlich die letzte Ruhestätte
einer Vandalin war. Der feine Punzdekor
auf der Schauseite des Beschlags gibt
eine Jagdszene wieder, bei welcher der
nach rechts schreitende Jäger mit seiner
Lanze einen sich aufbäumenden Löwen

durchbohrt. Vergleichbare Schnallen,
die als Typ Bône-Csongrád bezeichnet
werden und unterschiedliche Tier- oder
Menschenbilder, aber auch griechische Inschriften aufweisen können, wurden ganz
überwiegend im östlichen Mittelmeerraum gefunden und gelten deshalb als
Produkte des oströmisch-byzantinischen
Kunsthandwerks.

Lit.: Kazanski 1994, 189 Abb. 16,13. – Eger
2004, 71 Abb. 2. – Quast 2005, 242 f. Abb. 4,3
u. 5,1.   **C.E.**

Kat. 311

Kat. 312
Gürtelgarnitur
Tuniza/La Calle, Algerien
3. Viertel 5. Jh.
Bronze, Gold, Almandin und Malchit,
Dm. 3 cm x 4,5 cm, Gesamtlänge 5,7 cm
Saint-Germain-en-Laye, Musée des
Antiquités nationales, Inv. 34245

Es handelt sich um eine zweiteilige
Gürtelgarnitur, die aus einer Schnalle mit
festem Beschlag sowie einem rechteckigen Gegenbeschlag besteht. Die beiden
Beschläge sowie der Schnallenbügel sind
mit nierenförmigen Almandin- sowie Mal-
chiteinlagen versehen. Diese Gürtelgarnitur kann aufgrund der zeitlichen Stellung
und dem Umstand, dass Römer zu dieser
Zeit keine Gürtel mit ins Grab gegeben
haben, wohl den Vandalen zugeschrieben
werden.

Lit.: König 1981, 316. – Quast 2005
Abb. 30D.   **A.W.**

Kat. 313
Cloisonné-Gürtelschnalle mit
rechteckigem Beschlag
Karthago (?)
Mitte bis zweite Hälfte 5. Jh.
Buntmetall, Gold, Almandin, Glas, L. 5 cm,
B. 3,5 cm
Carthage, Musée national de Carthage,
ohne Inv.

Sowohl der ovale Schnallenbügel, als
auch der Dorn und der Beschlag sind
flächig mit Zellwerk verziert. Die Einlagen
bestehen mit Ausnahme zweier kleiner
runder Einlagen aus rotem Almandin auf
gewaffelter Goldfolie, die den Edelstein
besonders zum Leuchten bringt. Ein
besonderer Farbkontrast ergab sich durch
die ursprünglich vollständige Feuerver-
goldung des buntmetallenen Rahmens.
Trotz starker Korrosion blieb das Stück mit
Ausnahme einiger ausgefallener Einlagen
vollständig erhalten und dürfte sehr wahrscheinlich aus einem Grabfund stammen.
Cloisonné-Schnallen sind ab Mitte des
5. Jhs. im ganzen Mittelmeerraum und in
seiner Peripherie verbreitet.

Lit.: Roth 1980, 329 Abb. 6, 7. – Kazanski 1994
Abb. 11, 4.   **C.E.**

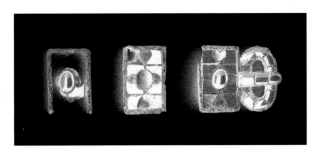

Kat. 312

Kat. 313

Kat. 314

Kat. 315

Kat. 314
Cloisonné-Schnallenbeschlag
Karthago (?)
Mitte bis zweite Hälfte 5. Jh.
Buntmetall, Glas, L. 2,5 cm, B. 2,8 cm
Carthage, Musée national de Carthage,
ohne Inv.

Hochrechteckiger Beschlag mit drei großen rechteckigen Zellen, von denen die
mittlere noch mit einer blauen Glaseinlage gefüllt ist. Vier kleine Nieten in den
Ecken sorgten für den notwendigen Halt
auf dem Gürtelriemen. Die Laschen, die
ursprünglich den verlorenen Schnallenbügel hielten, sind bis auf zwei Stümpfe
abgebrochen.

Lit.: unpubliziert. – Eger in Vorb.   C.E.

Kat. 315
Cloisonné-Beschlag
Karthago (?)
Mitte bis zweite Hälfte 5. Jh.
Buntmetall, Glas, L. 2 cm, B. 2,6 cm
Carthage, Musée national de Carthage,
ohne Inv.

D-förmiger Beschlag mit Aussparung für
eine große, gleichfalls D-förmige Einlage
im Zentrum, vermutlich ein Glascabochon.

Randbereich mit kleineren rechteckigen
Zellen mit türkis- und dunkelgrünen
(Glas-?)Einlagen. Vermutlich handelt es
sich um einen Gegen- und nicht um einen
Schnallenbeschlag, weil das Stück keiner-
lei Laschenkonstruktion erkennen lässt.
Gegenbeschläge gehören zu einer zwei
oder mehrteiligen Gürtelzier und wurden
auf dem Riemen genau gegenüber der
Schnalle getragen.

Lit.: unpubliziert; Eger in Vorb.   C.E.

Kat. 316
Sarkophag von Lamta (s. S. 354)
aus der Umgebung von Leptis Minor /
Lamta, Villa
4. Jh.
Carrara-Marmor (Wanne),
Prokonnesischer Marmor (Deckel),
H. gesamt 100 cm, L. 210 cm
Lamta, Musée de Lamta, ohne Inv.

Kat. 317
Sarkophagfragment
Karthago
Mitte 4. Jh.
Stein, H. 40 cm, L. 37 cm, T. 11 cm
Carthage, Musée national de Carthage

Der Gute Hirt ist nach dem Johannesevangelium (Joh. 10,12) ein Sinnbild für Jesus
Christus und auf frühchristlichen Wandma-
lereien, Mosaiken oder auf Sarkophagen zu
finden. Der Gute Hirt trägt auf den Schultern
ein Lamm, das Lamm Gottes, hier blicken
sie einander an; der Hirt ist mit einer kurzen,
gegürteten Tunika bekleidet. Ein etwas
späteres Motiv zeigt den Hirten inmitten
der weidenden Schafe; es erinnert an die
Vorstellung des Lebens in paradiesischer
Glückseligkeit nach der Auferstehung. Ein
weiteres fragmentarisches Bildfeld lässt
s-förmige Riefeln wie auf anderen kaiserzeit-
lichen Strigilis-Sarkophagen erkennen.

H.Se.

Kat. 318
Sarkophag
Karthago
Ende 4./Anfang 5. Jh.
Stein, H. 70,5 cm, L. 207 cm, T. 64,5 cm
Carthage, Musée national de Carthage

Auf einer symmetrisch verzierten Längssei-
te des Sarkophags sind zwei Register mit
Strigilatur (s-förmige Riefeln) angebracht; in
der Mitte der Riefelungen ist ein leeres Bildfeld zu erkennen, auf dem möglicherweise
Angaben zum Bestatteten, aufgemalt oder
gemeißelt, geplant waren. An den Enden
der Langseite steht je ein Guter Hirt mit
einem Lamm auf den Schultern; die beiden
Figuren sind nicht ganz identisch gemeißelt:
Der linke Hirt trägt zusätzlich zu seiner gegürteten, faltenreichen Tunika einen Mantel,
der an der Brust von einer Fibel zusammengehalten wird. Der Deckel des Sarkophags
ist zerbrochen.

H.Se.

Kat. 317

Kat. 318

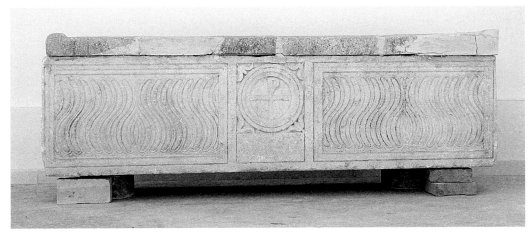

Kat. 319

Kat. 319
Sarkophag

Bir Ftouha – 5./6. Jh.
Stein, L. 208 cm, H. 50 cm
Carthage, Musée national de Carthage

Bis in das 7. Jh. n. Chr. bestanden
alte und neue Glaubensvorstellungen
nebeneinander. Unter anderem geben
Christogramme auf Sarkophagen
Hinweise auf den christlichen Glauben
des Toten.

Lit.: Stevens 2005.   D.E.

Kat. 321

Kat. 321
Sarkophagfragment

Karthago
1. Hälfte 5./2. Hälfte 6. Jh.
weißer Marmor,
H. 50 cm, B. 22,5 cm, L. 58 cm
Carthage, Musée national de Carthage

Auf diesem Sarkophagfragment ist eine
betende Person in Orantenhaltung dargestellt. Dabei werden die Hände offen
neben dem Körper gehalten.

                                D.E.

Kat. 322
Grabinschrift der Margarita und der Gaudiosa

Karthago
5. Jh.
Kalkstein, H. 33 cm, B. 62,5 cm, T. 7,8 cm
Carthage, Musée national de Carthage,
Inv. 22.223

Margarita vicxit / in pace annos LXXXV /
Gaudiosa vicx(it) i<n>pace / annis LXV
Die Grabinschrift der beiden Frauen Mar-
garita und Gaudiosa wurde in der Basilika
St. Monique entdeckt. Die Inschrift gibt
an, dass beide Frauen in Frieden lebten
(„vicxit in pace"), Margarita 85 Jahre und
Gaudiosa 65 Jahre.
Am unteren linken Rand des Grabsteins
ist ein Tier, eventuell ein Esel, eingraviert.

Lit.: Landes / Ben Hassen 2001,
155 Kat. 158.   R.H.

Kat. 320

Kat. 320
Sarkophagfragment

Karthago
Ende 4./Anfang 5. Jh.
Stein, L. 55 cm, B. 72 cm
Carthage, Musée national de Carthage,
Inv. 09.17 (?)

Das Christogramm wurde für die Christen
zum Heilszeichen Christi, in dem Anfang
(Alpha) und Ende (Omega) von Leben und
Kosmos beschlossen werden.

Lit.: Ristow 1980, 69 ff.   D.E.

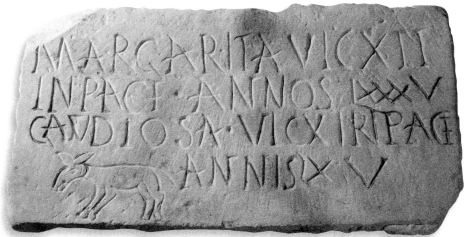

Kat. 322

Kat. 323

Kat. 323
Grabstein des Caecilius
Maktar/Mactaris
Datierung unbekannt
Stein, H. 42 cm, B. 47 cm, T. 13 cm
Maktar, Maison des fouilles, Inv. 120

Das Feld mit der Inschrift ist eingetieft, so
dass ein erhabener Rahmen entsteht. Die
rechte Seite des Grabsteins ist weggebro-
chen, ein Teil der Inschrift ist daher nicht
erhalten, kann aber rekonstruiert werden.
Der Verstorbene Caecilius Donatus lebte

35 Jahre, zwei Monate und fünf Tage und
verstarb in Frieden *(C(a)ecilius Don[atus] /
in pace vixit a[nnos] / triginta quinq[ue] /
menses II d(ies) V in [pa]/ce quiescas)*
Unter der Inschrift befinden sich zwei einander zugewandte Tauben, die je ein Ende
eines Palmzweiges im Schnabel halten.
Bemerkenswert ist, dass die christliche
Inschrift mit eindeutig christlicher Symbolik an die paganen Totengötter, die Manen
(Dis Manibus sacrum), gerichtet ist.

Lit.: Prévot 1984, 10, 00020. **R.H.**

Kat. 324
Grabstein der Elpizia
Maktar/Mactaris
Datierung unbekannt
Stein, H. 53 cm, B. 38 cm, T. 16 cm
Maktar, Maison des fouilles, Inv. 87

Der Grabstein der Elpizia, die nur zehn
Monate lebte, wird im oberen Bereich
von einem Christogramm und den
beiden griechischen Buchstaben Alpha
(A) und Omega (Ω) geschmückt. Trotz
der eindeutig christlichen Symbolik und
der christlichen Inschrift ist auch dieser
Grabstein den Totengöttern (Dis Manibus
sacrum) geweiht.

Lit.: Prévot 1984, 10, 00024. **R.H.**

Kat. 325 (ohne Abb.)
Fünf Beschläge
Hippo Regius/Annaba, Siedlungsfunde
5. Jh.
Annaba, Musée d'Hippone

Ein rechteckiger Cloisonnébeschlag mit
Ansätzen zu einem Schnallenbügel, ohne
Zelleinlagen, kreisförmige Verzierungen,
3,1 cm x 2,5 cm, gefunden im Quartier
chrétien.

Ein rechteckiger Cloisonnébeschlag,
Zelleinlagen ausgefallen, kreisförmige
Verzierungen, 3,9 cm x 2,8 cm, gefunden
im Quartier du Forum.

Ein ovaler Cloisonnébeschlag, alle Zelleinlagen ausgefallen, kreisförmige Verzierungen, 3,8 cm x 3,2 cm, gefunden im
Quartier des Thermes Sud.

Ein rechteckiger Cloisonnébeschlag, alle
Zelleinlagen ausgefallen, kreisförmige und
rechteckige Verzierungen, 3,8 cm x 3,2 cm,
gefunden im Quartier des Thermes Sud.

Ein rechteckiger Cloisonnébeschlag, ein
Opal befindet sich in der ovalen Mittel-
zelle, transluzide, blaue Einlagen in den
quadratischen Zellen, in den runden Eck-
zellen weiße, stumpf wirkende Einlagen,
die zum Teil ausgefallen sind, 4,1 cm x 3,0
cm, Opal: 2,0 cm x 1,3 cm, gefunden in
der Nähe der Grands Thermes.

Es handelt sich bei dieser Gruppe von Beschlägen um eine Form, die in Europa und
den Mittelmeerländern häufig vorkommt.

Lit.: König 1981, 306/307. 325. **A.W.**

Kat. 324

Kat. 326 *(ohne Abb.)*
Bügelfibel
Cirta/Constantine (Ksantina)
Ende 5. Jh./Anfang 6. Jh.
Constantine, Musée national Cirta de
Constantine

Im Aushub eines Grabes wurde eine
beschädigte, cloisonnierte Bügelfibel gefunden. Möglicherweise gehört die Kopfplatte
zu einer zweiten, nicht weiter erhaltenen
Fibel. Die Zellfüllungen sind rechteckig und
kastanienbraun. In diesem Grab war der
Goldschmied Praecilius bestattet.

Lit.: König 1981, 314. 328.   A.W.

Kat. 327

Kat. 327
Grabmosaik
Karthago, Kirche von Douar ech-Chott
5./6. Jh.
H. 35 cm, B. 62 cm
Tunis, Musée national du Bardo,
Inv. A.334

Unvollständiges Mosaik mit vandalischer
Namensinschrift *[Ho]strildi*, aus dem
Boden der Kirche von Douar ech-Chott.

                                               T.G.

Kat. 328
Grabmosaik
Karthago, Kirche von Douar ech-Chott
5./6. Jh.
H. 60 cm, B. 71 cm
Tunis, Musée national du Bardo,
Inv. A.335

Mosaik über dem Grab eines Mitglieds
der vandalischen Gemeinde Karthagos:
Hostrild/i fidelis in / pace vi[xit] ann[os]
[...]

                                               T.G.

Kat. 328

Silberschale mit Namensinschrift des
letzten vandalischen Königs, s. Kat. 329

EIN VERMEIDBARER UNTERGANG?

Das Vandalenreich nach Geiserich

von Helmut Castritius

Untergangsszenarien zu erstellen ist spätestens seit der Renaissance ein beliebtes Thema, und gerade für die Antike und die Zeit der Völkerwanderung oszillieren die Deutungen zwischen Kontinuität und Diskontinuität, zwischen Zwangsläufigkeit und Vermeidbarkeit sowie zwischen Transformation und Neubeginn. Viele, vielleicht sogar die meisten dieser Deutungen waren ideologisch unterlegt, und wenn germanische *gentes* im Spiel waren, dominierte lange Zeit – und zwar schon vor dem Nationalsozialismus – eine letztlich rassistisch orientierte Kulturkritik und Weltanschauung: Der unverdorbene nordische Tatmensch habe im südlichen Europa und besonders unter der Sonne Nordafrikas sein germanisches Volkstum erschöpft und die biologische Konstanz seiner Rasse gefährdet, ja aufgegeben. Dieses als ideologisches Konstrukt leicht zu entlarvende Deutungsmuster ist zwar obsolet, die Schwierigkeiten einer adäquaten Erklärung für das Ende der Vandalenherrschaft aber damit längst nicht ausgeräumt.

Geiserichs Erben

König Geiserich war als machtvoller Herrscher allseits anerkannt, im Inneren wie in den Außenbeziehungen war seine Führungsrolle völlig unstrittig, und mit dem Ende des Weströmischen Reichs im Jahre 476 war er der eigentliche Beherrscher der westlichen Mittelmeerwelt. Es bestand eine begründete Aussicht auf eine Institutionalisierung der Vandalenherrschaft in der westlichen Hälfte des Römerreichs, und zwar in Form einer gleichberechtigten Partnerschaft mit dem Kaiser in Konstantinopel, die auf die familiären Verbindungen mit der römischen Kaiserfamilie zurückzuführen waren. Nach zwei Generationen war dies alles vorbei, die Vandalen

und ihre Führungsschicht samt dem König verschleppt und, weit entfernt vom längst Heimat gewordenen Nordafrika, in dienende Verhältnisse hineingezwungen.

Eine Erklärung ist mit dem Hinweis auf unfähige Nachfolger in der Herrschaft schnell gefunden. Sie greift aber viel zu kurz, ist sogar erwiesenermaßen falsch. Geiserichs Sohn und Nachfolger Hunerich (477–484) war ein fähiger Herrscher, dessen fanatischer, zu einer flächendeckenden Verfolgung der Katholiken Nordafrikas ausartender Arianismus allerdings sein Bild in der Nachwelt völlig besetzt hat, zumal die schriftliche Überlieferung von seinen katholischen Gegnern monopolisiert ist. Es gibt vielmehr Hinweise auf sich rapide verändernde Rahmenbedingungen und massive strukturelle Defizite, die nicht einzelnen Personen angelastet werden können. Die für die Geiserichzeit so charakteristische „Macht über die Verhältnisse" musste zunehmend einer „Macht in den Verhältnissen" weichen, um schließlich in einer stark eingeschränkten Handlungsmacht der Vandalen zu enden. Strategische und taktische Fehler der Protagonisten auf der vandalischen Seite in der militärischen Auseinandersetzung mit den oströmischen Invasionstruppen in den Jahren 533 und 534 ergänzten den Weg in Niederlage und Untergang, deren Vermeidung vielleicht zu einem Weiterbestehen der Vandalenherrschaft hätte führen können. Die knapp sechs Jahrzehnte bis zum Untergang des Vandalenreichs sind andererseits durch beachtliche kulturelle Leistungen geprägt, die mit einem gewissen Recht von einer „vandalischen Renaissance" sprechen lassen. Diese war gekennzeichnet durch die Pflege und die Wertschätzung der kulturellen Traditionen Roms und einer darauf orientierten Erziehung. Somit stellt sie gleichzeitig ein Zeugnis für die Akkulturation der vandalischen Führungsschicht dar, die darüber hinaus sogar mit einer eigenen Note den Lebensgenuss der spätrömischen Aristokratie zu verfeinern und zu steigern suchte. Die schon einmal in Nordafrika erreichte Kulturhöhe konnte so weitgehend zurückgewonnen und zu einer neuen Blüte gebracht werden.

Klimaveränderungen

Die Veränderungen der Rahmenbedingungen von der Regierungszeit Hunerichs bis zum Ende der Vandalenherrschaft im Jahre 534 waren vielschichtig und sind in ihren Auswirkungen kaum zu unterschätzen. Die schon für die Jahre um 480 überlieferten Hungersnöte gingen wohl auf eine länger anhaltende Klimaverschlechterung in Form nachlassender Niederschläge und einer dadurch verursachten Austrocknung der an sich fruchtbaren Böden im vandalischen Kerngebiet zurück. Die Kornkammer des Römerreichs litt damit und völlig ungewohnt unter einem Versorgungsnotstand, für den man nicht gerüstet war. Auch setzte sich unter den Königen Gunthamund (484–496) und Thrasamund (496–523) – im Hinblick auf die Konfrontation mit der katholischen Mehrheitsbevölkerung – ein neuer Politikansatz durch, indem nun staatlicherseits versucht wurde, die Katholiken durch geistige Anstrengung und Überzeugungskraft, durch Verlockung und Bestechung, vor allem des katholischen Klerus, zu gewinnen und eben nicht einseitig durch die Anwendung roher Gewalt zu bekehren. Ein Wettbewerb der Ideen und besseren Argumente, allerdings nicht unter wirklich gleichen Bedingungen, sollte dem Arianismus in Nordafrika zum Durchbruch unter der provinzialrömischen Bevölkerung verhelfen. Neben diesem letztendlich nicht zum Erfolg führenden „Zuckerbrot" wurde bald wieder die „Peitsche" in Form von Verbannung der Bischöfe und Nichtbesetzung der Bischofsstühle geführt. Durch das Bündnis mit dem ebenfalls arianischen Ostgotenreich des Theoderich, der seit dem Jahre 507 auch die Regierungsgewalt im Westgotenreich ausübte, erschien das Vandalenreich zeitweise wieder ähnlich erstarkt und in seiner Existenz gesichert wie zu Zeiten des Königs Geiserich. Wenn die Zeitgenossen eine solche Einschätzung teilten, dann war sie trügerisch, denn mindestens ein – zunehmend immer wichtiger werdendes – strukturelles Problem blieb völlig ungelöst: das Verhältnis zu den indigenen Gruppen und Stämmen in den Rand- und Kontaktzonen des Vandalenreichs.

Unsichere Verhältnisse

Dafür, dass die Vandalen die Kontrolle über die Anrainer des Reichs besonders im Süden, aber auch im Westen und Osten ihres Herrschaftsgebiets in Nordafrika verloren, gibt es zwei Gründe. Zum Einen wäre die Selbstbeschränkung der Vandalen im Hinblick auf eine direkte Herrschaft über weite Teile des einstmals römischen Nordafrika zu nennen, zum Anderen die größtenteils erfolgreiche Expansion im westlichen Mittelmeerraum, wo die Vandalen auf den großen Inseln Sardinien und Korsika, nach 500 auch im Westteil Siziliens sowie auf den Balearen dauerhafte Stützpunkte etablierten. Anders als zur Römerzeit existierte kein effektives Grenzüberwachungssystem, die aus der Römerzeit vorgefundenen *limites* (Grenzen) und Garnisonsorte waren nicht besetzt und die Haupteinfallsrouten der Halbnomaden und Nomaden in das vandalische Territorium wurden nur sehr oberflächlich kontrolliert. Dass wiederum die Einfälle der Mauren besonders in die Südregionen des Vandalenreichs zunahmen, mag u.a. auch auf die Klimaverschlechterung zurückzuführen sein, welche die Weidewirtschaft betreibenden Halbnomaden veranlasste, neue Weidegründe zu suchen oder sich ganz auf Raub und Plünderung zu verlegen. Hinzu kamen Veränderungen in der gesellschaftlichen Organisation der maurischen Stämme, die dadurch entweder mehr und mehr zu Partnern oder zu ernsthaften Gegnern des Vandalenreichs wurden. Nicht wenige dieser ursprünglich nur ganz lose verbundenen Stämme organisierten sich nach vandalischem Vorbild unter eigener Führung – z.B. der des *rex gentium Maurorum et Romanorum* Masuna – zu regelrechten staatlichen Gemeinschaften, die zum Teil die Oberhoheit der Vandalenkönige anerkannten, zum Teil aber überhaupt nicht in ein Vertragssystem eingebunden werden konnten. Insgesamt konnte die Forschung acht oder neun solcher Herrschaftsbildungen ermitteln, die im militärischen Bereich zu einem kaum noch beherrschbaren Gegner mutierten. Dadurch fielen die Mauren auch als Rekrutierungspotenzial für die vandalischen Expeditionsarmeen weitgehend aus, was die Grenzgebiete lange Zeit im Hinblick auf maurische Raub- und Plünderungszüge deutlich entlastet hatte. So trat an die Stelle der Indienstnahme, der differenzierten Behandlung und des Gegeneinanderausspielens der maurischen Stämme die blanke militärische Konfrontation. In diesen Kämpfen verloren die von Angehörigen des Königshauses befehligten vandalischen Heere zunehmend die Oberhand, und über eine militärische Pattsituation kam man langfristig nicht mehr hinaus.

Hilderich

Es ist aber zu vermuten, ja sogar höchstwahrscheinlich, dass das Vandalenreich diese Konfrontation und auch den Gegensatz zwischen arianischer Staatskirche und ihrer vandalischen Anhängerschaft einerseits und den Provinzialrömern und ihrem katholischen Bekenntnis andererseits noch lange ausgehalten hätte. Entscheidend für den Untergang des Vandalenreichs in Nordafrika waren vielmehr ein durch keinen Kompromiss beizulegender Zwist in der vandalischen Führungsschicht und im Königshaus der Hasdingen selbst sowie eine tiefgreifende Veränderung in der politischen Großwetterlage. Nicht die Thronfolgeordnung war nach Anfangsschwierigkeiten für diesen Zwist verantwortlich, sondern die Neuorientierung der Religionspolitik unter König Hilderich (523–530), dem Sohn Hunerichs. Mit seinem Herrschaftsantritt ordnete der neue König die Rückkehr der verbannten katholischen Bischöfe und die Rückgabe des Kirchenbesitzes an und ermöglichte dazu Neubesetzungen zahlreicher schon lange verwaister Bischofssitze. Der damals bereits hochbetagte Hilderich, der mit Recht als der „Erbe zweier Kronen" apostrophiert wurde (er war sowohl Enkel Geiserichs als auch des Kaisers Valentinian III.), setzte mit seinem radikalen Kurswechsel in der Religionspolitik auf eine wirkliche Aussöhnung mit der katholischen Mehrheitsbevölkerung seines Reichs und deren Sachwalter, dem katholischen Klerus. Unterschätzt hatte er dabei den Widerstand der traditionellen

Kräfte vor allem in der Führungsschicht, die – sicher nicht ganz unberechtigt – den Verlust der vandalischen Identität befürchteten. Als es im Jahre 530 zu einer vernichtenden Niederlage eines vandalischen Heeres gegen die verstärkt in die zentralen Gebiete des Vandalenreichs vordrängenden Mauren kam, schritt eine breite Umsturzbewegung, getragen vom arianischen Klerus, vom Heer und von Angehörigen des Königshauses, zur Tat. Durch einen Putsch unter Anführung Gelimers, eines Urenkels des Geiserich, wurde Hilderich gestürzt, zusammen mit seiner Familie zunächst eingekerkert und später umgebracht.

„recuperatio imperii"

In diese hoch aufgeladene politische Situation platzte die von Kaiser Justinian I. (527–565) ausgerüstete und auf den Seeweg geschickte Afrikaexpedition hinein. Vom Kaiser war sie als Auftakt zur Verwirklichung seines großen Konzepts einer Wiederherstellung des Römerreichs in seiner Gänze (*recuperatio imperii*) gedacht. Sie ist als großes Wagnis wie als Probelauf zu verstehen. Offiziell schrieb sich der Kaiser die Rache für den gestürzten und ermordeten rechtmäßigen König Hilderich auf sein Banner, eine Propaganda, die allerdings recht wirkungslos blieb. Mit der gescheiterten *expeditio ad Africam* des Jahres 468 war das Unternehmen allein im Hinblick auf seine zahlenmäßige Stärke bei Weitem nicht zu vergleichen – auf 500 Schiffen wurden im Jahre 533 zwar nur 15 000 bis 16 000 Soldaten nach Nordafrika transportiert, aber der Kaiser hatte mit Belisar einen bewährten und äußerst erfolgreichen General mit dem Oberkommando über seine überwiegend kampferprobten Truppen betraut. Ebenso ausschlaggebend für die Niederlage der Vandalen, die innerhalb eines knappen Jahres das Ende ihrer Staatsgründung in Nordafrika bedeutete, war eine weitere, eigentlich kaum erklärbare Tatsache: Die vandalische Führung blieb sozusagen bis zur Landung der Invasionstruppen beim Vorgebirge *Caput Vada* (an der Ostküste des heutigen Tunesien) in voller Unkenntnis des Angriffs der Oströmer. Die Fernhandelsbeziehungen über das Mittelmeer nach Osten sowie die Warenströme in umgekehrter Richtung waren intensiv, die Könige

Byzanz' letzte Bastion in Afrika

von Yves Modéran

Ksar Lamsa, eine byzantinische Festung in Zentraltunesien

Nach dem Sturz des Vandalenreichs im Herbst 533 beabsichtigte Kaiser Justinian, das ganze einstmals römische Afrika zurückzuerobern. Mangels Mitteln und Truppen, die bereits anderswo im Einsatz waren, musste er sich jedoch mit dem ehemaligen, von Ostalgerien bis zum heutigen Tripolitanien reichenden Territorium der Vandalen begnügen.

Die byzantinische Zeit (533–698) wurde oft in den düstersten Farben geschildert. Das eroberte Afrika, wenn auch von griechischsprachigen orientalischen Beamten regiert, blieb in Wirklichkeit grundsätzlich römisch: Die Sprache wechselte nicht und die wichtigsten Städte mit ihren Eliten aus Grundbesitzern blieben bestehen. Wie zur Zeit der Vandalen sah sich Afrika oft mit dem Problem der Mauren konfrontiert. 544 erreichte ein gewaltiger in Tripolitanien entfachter Aufstand die Byzacena (Südtunesien) und dann das südliche Numidien (544–548). Da das Oströmische Reich nur mit Mühe den Sieg errang, duldete es schließlich die in diesen Gebieten niedergelassenen Maurengruppen und begnügte sich damit, deren Führer zu ernennen und einzusetzen. Aber dieses bereits früher von Rom angewandte System sicherte keinen absoluten Frieden: Für die zweite Hälfte des 6. Jahrhunderts (563–365 und 569–578) werden andere Aufstände erwähnt, zudem wurden größere Befestigungsarbeiten im Lande bis in den Umkreis von Karthago durchgeführt. Die Gründung eines Exarchats (eines byzantinischen Verwaltungsdistrikts) am Ende des 6. Jahrhunderts und die damit einhergehende Verbindung der zivilen und militärischen Befehlsgewalt gestattete eine Verstärkung dieser Vorkehrungen.

Die sehr zahlreichen Wehrbauten sind heute das sichtbarste Zeichen der byzantinischen Präsenz: so in Lamsa, Haïdra oder Madauros (M'Daourouch in Algerien), wo das große Fort auf dem älteren Forum errichtet wurde und sich auf das seither teilweise zerstörte Theater stützt. Aus dieser Wiederverwendung der Bausubstanz wurde oft auf einen byzantinischen „Vandalismus" geschlossen, der mit einem katastrophalen Niedergang des Stadtlebens einhergegangen sein soll. In Wirklichkeit waren solche Praktiken schon seit dem 4. Jahrhundert an der Tagesordnung und dürfen nicht nach den bei uns im Denkmalschutz angewandten Kriterien beurteilt werden.

Die Archäologen vermuten heute, dass die byzantinische Zeit wahrscheinlich die prachtvollste Phase der Kirchengeschichte in Afrika gewesen ist. Der kaiserlichen Gewalt unterstellt, wurde es zweimal Schauplatz theologischer Initiativen der Kaiser, zuerst im „Drei-Kapitel-Streit" (543–565) und dann im 7. Jahrhundert während der monotheletischen Krise. Der der afrikanischen Kirche von Justinian und seinen Nachfolgern angebotene Ausgleich dafür war beträchtlich. Die afrikanische Kirche des 6. und 7. Jahrhunderts, mit materiellen Vorteilen überhäuft und durch die repressive kaiserliche Politik jeglicher arianischen, donatistischen oder jüdischen Konkurrenz entledigt, erlebte eine glänzende Zeit, wovon die sehr zahlreichen damals gebauten Basiliken heute noch zeugen – besonders im heutigen Tunesien auch mit manchmal prächtigen Taufbecken. Das afrikanische Christentum, das weit vom Niedergang entfernt war und bei den Berberstämmen an Boden gewonnen hatte, war kurz vor der arabischen Eroberung die wichtigste Kraft des Römertums in einem Land, das den Wohlstand aus der Zeit des heiligen Augustinus nicht mehr kannte. So erklärt sich vor allem der lange Widerstand des byzantinischen Afrika, das, 643 zum ersten Mal von den Moslems angegriffen, erst nach der Eroberung Karthagos 698 aufgab.

Lit.: Diehl 1896 – Landes / Ben Hassen 2001 – Pringle 1981

der Vandalen figurierten als Schutzherrn ihrer arianischen Glaubensbrüder, die es – wenn auch in geringer Zahl – in den oströmischen Provinzen gab, und dennoch warnte anscheinend niemand die vandalische Staatsführung. Nur so ist es nämlich zu erklären, dass König Gelimer nahezu zur selben Zeit seinen Bruder Tzazo mit 120 Schnellseglern und 5000 Kämpfern nach Sardinien schickte, um dort einen Aufstand niederschlagen zu lassen. Als Belisars Truppen an Land gegangen waren, rief der König Tzazo und sein Heer zwar sofort zurück, doch war wertvolle Zeit zur Abwehr der Invasion verstrichen. Während das Heer Belisars nach Karthago marschierte und sich auf diesem Marsch ohne sichtbaren Erfolg als Befreier der katholischen Provinzialbevölkerung von der arianischen Häresie gerierte, handelte Gelimer, nachdem er den Ernst der Lage erkannt hatte, durchaus umsichtig. Auf einem Schnellsegler schickte er den äußerst umfangreichen vandalischen Königshort, der sowohl ein Symbol für die Existenz der vandalischen Gemeinschaft überhaupt war als auch in materieller Hinsicht als Staatsschatz eine beachtliche finanzielle Rücklage bildete, nach Hippo Regius, und zwar mit der Anweisung, ihn bei einem unglücklichen Ausgang des Überlebenskampfes der Vandalen nach Spanien zu den Westgoten in Sicherheit zu bringen. In den beiden Schlachten gegen Ende des Jahres 533 waren die Vandalen zudem keineswegs chancenlos gewesen, wie aus der ausführlichen Darstellung des oströmischen Historikers und Augenzeugen Prokop hervorgeht. Nach der ersten Schlacht bei Ad Decimum (ca. 15 km südwestlich von Karthago) konnte Belisar allerdings schon Karthago einnehmen, die zweite Schlacht bei Tricamarum (wohl bereits ca. 30 km westlich von Karthago) wurde erst durch eine übereilte Flucht des Königs und seiner Gefolgschaft zugunsten Belisars und seines Heeres entschieden. Gelimer leistete dann – ähnlich wie später die Ostgoten am *Mons Lactarius* bei Neapel – letzten Widerstand in einem schwer zugänglichen Gebirgsmassiv namens *Papua* westlich von Hippo Regius und scheint sogar geplant zu haben, mit Unterstützung der dortigen Mauren eine Art Guerillakrieg zu führen. Durch das schnelle Handeln Belisars wurde dieses Vorhaben zunichtegemacht. Eine Eliteformation des oströmischen Heeres schloss die Geflüchteten von jeder Unterstützung seitens versprengter vandalischer Truppen oder anderer maurischer Gruppen ab und zwang die Eingeschlossenen schließlich Ende März/Anfang April 534 in Erkenntnis der Hoffnungslosigkeit ihrer Lage zur Aufgabe. Mit seiner Familie und seinen wenigen Getreuen wurde der König nach Kleinasien gebracht und führte dort fortan das sorglose Leben eines kaiserlichen Pensionärs (nachdem er die Zurschaustellung als Besiegter in Konstantinopel

— 534 n. Chr. —

Bedrängniß des Vandalen Gelimer.

Gez. v. Ehrhardt.

König Gelimers Niederlage, historistische Grafik des 19. Jhs.

über sich hatte ergehen lassen müssen). Ebenso konnten die vandalischen Außenposten wie auch der vandalische Königshort ohne große Anstrengungen von den kaiserlichen Truppen in Besitz genommen werden.

Epilog

Das lateinische Nordafrika war mit dem Untergang des Vandalenreichs in seinen wesentlichen Teilen wieder mit einem Römerreich – diesmal als Außenposten Konstantinopels – vereint und sollte dies über mehr als anderthalb Jahrhunderte auch bleiben. Die Spuren, die die Vandalen in Nordafrika hinterließen, waren gering, sowohl genetisch als auch religiös wie kulturell. Die vandalischen Krieger, die bei den kriegerischen Auseinandersetzungen mit dem Leben davongekommen waren, wurden als Kriegsgefangene mit der Flotte nach Konstantinopel verbracht und dann in das oströmische Heer eingegliedert, wo sich ihre Spuren verlieren. Ihre zurückgelassenen Frauen schlossen mit Soldaten des Invasionsheeres den Ehebund und brachten ihre Landlose als Mitgift in diese Ehen ein. Nennenswerte von in Nordafrika verbliebenen Vandalen und anderen Unzufriedenen getragene Erhebungen gegen die Herrschaft Konstantinopels gab es keine. Die einzige Ausnahme bildete ein Aufstand im Jahr 546 unter der Führung eines gewissen Guntharith, wohl ein Mitglied der hasdingischen Königsfamilie, welcher erwartungsgemäß erfolglos blieb. Mit dem Ende des Königtums und der Auflösung des vandalischen Heeres verschwand auch die arianische Glaubensüberzeugung, während sich das Christentum katholischer Prägung noch lange nach dem Abzug der Oströmer und dem Siegeszug des Islam – in einigen Regionen sogar bis ins Hochmittelalter – behauptete. Auch mit der lateinisch geprägten „vandalischen Renaissance" und der lateinischen Epik war es spätestens in der Generation nach dem Untergang des Vandalenreichs vorbei. Das Griechische dürfte sowohl in der Verwaltung als auch im kulturellen Bereich fortan beträchtlich an Boden gewonnen haben.

Lit.: Cameron 2000 – Modéran 1999 – Modéran 2003 – Modéran 2003a – Spielvogel 2005

Kat. 330

Kat. 329 *(Abb. s. S. 373)*
Silberschale (sog. Gelimer-Schale)
Kastell Arten/Fonzaso (Belluno/Venetien)
530–533/34 (Regierungszeit des Königs
Gelimer), vandalenzeitlich
Silber, Dm. 49 cm, H. 7 cm, Gew. 3030 g
Paris, Bibliothèque nationale de France,
Cabinet des Médailles et Antiques,
Inv. BB 849

Die auf der Silberschale eingravierte Inschrift *Geilamir rex Vandalorum* et Alanorum nennt neben dem Namen des letzten
vandalischen Königs die offizielle, sonst
nur literarisch (Prokop, *Vandalenkrieg* I
24,3) bezeugte Titulatur der Hasdingen
– „König der Vandalen und Alanen". Sie
weist das Gefäß außerdem als das einzige
Objekt aus, das mit dem persönlichen
Besitz eines Vandalenkönigs in Zusammenhang gebracht werden kann.
Die Gelimer-Schale steht in der Tradition
spätantiker Largitionsschalen (*largitio*, lat.
Freigiebigkeit) bzw. Missorien (Prunk-
platten mit offiziellem Charakter), die im
römischen Reich im Auftrag der Kaiser gefertigt und Hofbeamten oder auswärtigen
Gesandten als Gunstbeweise überreicht
wurden. Diese Gepflogenheit hatten sich
die vandalischen Herrscher offenbar ebenfalls zu eigen gemacht.
Möglicherweise konnte der Vandalenkönig
das kostbare Gefäß nicht mehr verschen-
ken, so dass es bei der Eroberung seines
Reiches durch Belisar wohl als Teil des
vandalischen Kronschatzes zur Beute der
Byzantiner wurde. Manche Stücke daraus
wurden beim Triumphzug durch Konstantinopel an die Schaulustigen verteilt: „Um
silberne Gefäße, goldene Gürtel und viele
andere Kostbarkeiten der Vandalen balgte
man sich [...]", schrieb Prokop (Vandalenkrieg II 9) – andere, so vielleicht auch die
Gelimer-Schale, mögen durch Armeean-
gehörige, etwa im Zuge des byzantinisch-
ostgotischen Krieges, nach Italien gelangt
sein.

Lit.: Landes / Ben Hassen 2001, 141 Nr. 30. –
Eger 2004, 72 f. – Künzl 2008, 111.   S.E.

Kat. 330
Kapitell
Sabra, nahe Kairouan
6. Jh., byzantinisch
Marmor, H. 36 cm, B. 53 cm, T. 52 cm
Carthage, Musée national de Carthage,
ohne Inv.

Durchbrochen gearbeitetes Zweizonen-
Kapitell aus dem 6. Jh. mit Adlerproto-
men. Je zwei Adler flankieren einen Kantharos, darunter befindet sich ein Kranz
aus Blättern.
Das Kapitell lässt sich aufgrund technischer Kriterien, der Ikonografie, Qualität
und Art der Ausführung einer Serie von
Objekten zuweisen, die in den Werkstätten von Konstantinopel geschaffen wurde.

Lit.: Cacan de Bissy / Petit 1982 Kat. 236.   R.H.

Kat. 331
Fenster
Mustis
6. Jh.
Stein, H. 65 cm, B. 53 cm, T. 54 cm
Mustis, Ausgrabungsgelände,
ohne Inv.

Das aus einem großen Steinblock gearbeitete Fenster zeigt in der Mitte eine
runde Öffnung, die durch zwei Streben in
Kreuzform unterbrochen wird. Aufgrund
der Machart ist davon auszugehen, dass
das Innere der Öffnung nicht mit Glas
versehen war.

A.W.

Kat. 331

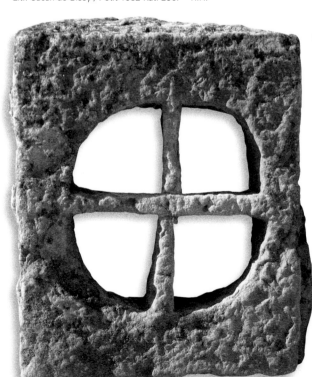

Kat. 332

Kat. 333

Kat. 332
Scheibenfibel
Karthago, in der Umgebung der Basilika
von Damous el-Karita
5. bis frühes 6. Jh.
Buntmetall, Dm. 3,1 cm
Carthage, Musée national de Carthage,
ohne Inv.

Auf der Schauseite der dünnen Scheibe
ist ein nimbiertes männliches Brustbild in
Punz- und Gravurtechnik dargestellt, das
einen nicht näher bezeichneten Heiligen oder sogar Christus wiedergeben
dürfte. Zu beiden Seiten des Kopfes sieht
man Zweige mit stilisiertem Blattwerk
(Früchten?). Auf der Unterseite ist der
Nadelapparat mit Spiral- und Nadelhalte-
rung montiert. Die Nadel selbst ist abgebrochen. Das Stück wurde zusammen
mit zwei ganz ähnlichen Scheibenfibeln
bei den Ausgrabungen an der größten
karthagischen Basilika Ende des 19. Jhs.
aufgefunden.

Lit.: Delattre 1886, 152 f. – Eger 2001b, 151
Abb. 1, 1 u. Taf. 7, 1. – Schulze-Dörrlamm 2003,
455 Abb. 5, 1.   C.E.

Kat. 333
Armringfragment
Karthago (?)
5./6. Jh.
Buntmetall, L. 4,4 cm, B. 1,6 cm
Carthage, Musée national de Carthage,
ohne Inv.

Von dem aus abwechselnd ovalen und
rhombischen Feldern bestehenden
Armring haben sich nur zwei Segmente
erhalten, die mit griechischer und lateinischer Inschrift sowie kleinen Kreuzzeichen
verziert sind. Auf dem rhombischen Feld
liest man HEIMCEωP, wohl eine mit den
Anfangsbuchstaben abgekürzte Formel,
die von A.-L. Delattre zu H EIMAPMENH
ΣE ΩPA MENEI aufgelöst wurde. Das
ovale Feld trägt ein Blockmonogramm in
lateinischen Buchstaben, das den Namen
Renobatus ergibt.
Die Verwendung beider Schriften auf dem
Armring mag schlaglichtartig verdeutlichen, dass Nordafrika nach 533/34 Teil
des byzantinischen Reichs geworden war,
aber weiterhin auch vom lateinischspra-
chigen Westen geprägt blieb. Ähnliche
Armringe mit alternierenden Zierfeldern
unterschiedlicher Form sind aus frühbyzantinischer Zeit im östlichen Mittelmeerraum bekannt.

Lit.: Monceaux / Delattre 1911, 244 f. – vgl.
Strzygowski 1904, 331 f. Nr. 7022–7025.   C.E.

Kat. 334a und b
Zwei Schnallenbeschläge mit
christlichen Bildmotiven
Karthago (?)
7. Jh.
Buntmetall, L. 4,5 cm und 3,3 cm
Carthage, Musée national de Carthage,
ohne Inv.

Eine wichtige Kleinfundgruppe byzantinischer Zeit sind gegossene Gürtelschnallen
aus Buntmetall, die einteilig („mit festem
Beschlag") oder zweiteilig („mit beweglichem Beschlag") angefertigt wurden.
Während die Schauseite des Beschlags
einen Relief- oder Gravurdekor trägt, befinden sich auf der Unterseite sogenannte
Lochzapfen, die durch Schlitze im Gürtelriemen gesteckt und anschließend mit Fa-
den oder Draht fixiert wurden. Zu den im
7. Jh. in Nordafrika besonders beliebten
Typen gehören Schnallen mit annähernd
hufeisenförmigem Scharnierbeschlag
vom Typ Hippo Regius, die in verschiedenen Größen hergestellt wurden. Allein
aus dem Nationalmuseum von Karthago
stammen über 50 Exemplare, viele davon
sind figürlich verziert und bieten einen
interessanten Einblick in die Bilderwelt der
frühbyzantinischen Kleinkunst. Manche
Darstellung weist einen explizit christlichen Bildinhalt auf, so der Beschlag mit
der frontalen Büste eines kahlköpfigen
und vollbärtigen Mannes, der zur Linken
und Rechten von zwei kleinen Kreuzen
eingerahmt wird. Wegen der hohen Stirn
und des Bartes könnte der Apostel Paulus
gemeint sein, doch reichen die ikonografischen Merkmale für eine eindeutige
Benennung nicht aus.
Um eine weitere Schnalle mit christlichem
Bildinhalt handelt es sich bei dem kleineren Beschlag mit nach rechts gewandtem
Reiter. Er ist nimbiert und zielt mit einer
Lanze auf eine sich am Boden windende

Schlange. Der Kampf gegen das Böse in Gestalt der Schlange ist in der byzantinischen Kunst für unterschiedliche Reiterheilige, darunter der heilige Georg und der heilige Theodor, typisch.

Lit.: unpubliziert. – Eger in Vorb. – vgl. Schulze Dörrlamm 2009.   C.E.

Kat. 335a und b
Zwei Schnallenbeschläge mit Kriegerdarstellungen
Karthago (?)
7. Jh.
Buntmetall, L. 5,5 cm, L. 2,9 cm
Carthage, Musée national de Carthage, ohne Inv.

Bei dem größeren der beiden Beschläge stecken im Scharnier noch Reste des weitgehend abgebrochenen Schnallenbügels. Die Schauseite ist mit einem nach rechts schreitenden Mann verziert, der einen Bogen (?) in der Hand hält. Vor und hinter ihm sind Pflanzenornamente und zwei im Boden steckende Lanzen zu sehen. Es dürfte sich deshalb um den Ausschnitt einer Kampf- und nicht um eine Jagdszene handeln.
In den kriegerischen Kontext verweist auch das Bildmotiv eines formgleichen, aber deutlich kleineren Stückes. Dargestellt ist ein Gefangener in der schon in römischer Zeit üblichen Haltung, nämlich kniend und mit auf den Rücken gebundenen Armen. Die aus langer Hose, kurzer Tunika und Kopfbedeckung bestehende Kleidung und der lange Bart deuten auf einen Barbaren. Vor ihm ragen zwei Speere auf.

Lit.: unpubliziert. – Eger in Vorb.   C.E.

Kat. 336a und b
Zwei Schnallenbeschläge mit eingraviertem Monogramm

Karthago, Byrsa
7. Jh.
Buntmetall, L. 4,5 cm, L. 3 cm
Carthage, Musée national de Carthage, ohne Inv.

Der größere der beiden Scharnierbeschläge vom Typ Hippo Regius wurde bei den Ausgrabungen des Weißen Vaters A.-L. Delattre am Abhang des Byrsa-Hügels gefunden. Das Stück ist mit einem in einen Kranz eingestellten Kreuzmono-

Kat. 335a
Kat. 334a
Kat. 336b
Kat. 336a
Kat. 335b

Kat. 337
Kat. 338a
Kat. 338b
Kat. 334b

gramm verziert, das sich zur Genitivform des Namens „Synesios" auflösen lässt. Möglicherweise handelt es sich um den Besitzer der Schnalle. Kreuzmonogramme als Namensformel lösten im 6. Jh. die älteren Blockmonogramme, wie etwa auf dem Armringfragment Kat. 333, ab. Ein weiteres, schlichteres Beispiel für diese Monogrammform findet sich auf einem kleineren Schnallenbeschlag aus dem Museum von Karthago.

Lit.: Delattre 1893, 98 Abb. 2. – Eger in Vorb. – vgl. Wamser 2004, 281 Nr. 449 (Ch. Eger). C.E.

Kat. 337
Schnallenbeschlag mit Darstellung einer Quadriga
Karthago (?)
7. Jh.
Buntmetall, L. 4,6 cm, B. 3,1 cm
Carthage, Musée national de Carthage, ohne Inv.

Die Schauseite des Beschlags vom Typ Hippo Regius zeigt einen Wagenlenker mit Quadriga en face. Trotz der schlichten Ausführung als „Strichmännchen" ist das Motiv gut getroffen. Der Wagenlenker hält Reitpeitsche und Zügel in der Rechten und einen Stab oder Palmwedel als Siegeszeichen in der Linken. Vorlagen für die frontale Darstellungsweise von Viergespannen finden sich auf spätrömischen Mosaiken, unter anderem auch in Karthago (z. B. nahe der Basilica Carthagenna), und auf reliefverzierter *Terra sigillata*. Zu dem Karthagoer Schnallenbeschlag gibt es einen Parallelfund aus Ägypten.

Lit.: unpubliziert. – Eger in Vorb. – vgl. Ruprechtsberger 2001, 48–50 Abb. 1–5; 92. C.E.

Kat. 338a und b
Zwei Schnallenbeschläge mit Tierdekor
Karthago (?)
7. Jh.
Buntmetall, beide L. 3,3 cm
Carthage, Musée national de Carthage, ohne Inv.

Die beiden Beschläge mit eingravierten und punzierten Tierfiguren gehören zur kleineren Variante der Schnallen vom Typ Hippo Regius. Auf dem einen ist ein Raubvogel (Adler?) mit ausgebreiteten Schwingen zu erkennen, der einen Wurm oder eine Schlange im Schnabel hält. Der im Profil wiedergegebene Vierbeiner auf dem anderen Beschlag ist nicht sicher zu benennen. Aufgrund des geweihähnlichen Fortsatzes am Kopf könnte eine Antilope gemeint sein.

Lit.: unpubliziert. – Eger in Vorb. C.E.

Kat. 339
Zwei Schnallenbeschläge mit palmettenverziertem Durchbruchdekor
Karthago (?)
7. Jh.
Buntmetall, L. 5,3 cm, L. 5 cm
Carthage, Musée national de Carthage, ohne Inv.

Sowohl die Schnalle mit festem als auch diejenige mit beweglichem Beschlag weisen einen nierenförmigen Durchbruch auf, in den eine kleine Palmette ragt (Typ Balgota). Während die feste Beschlagvariante weitverbreitet ist und beinahe im ganzen Mittelmeerraum und in wenigen Stücken auch noch weiter nördlich vorkommt, sind die Schnallen mit ovalem, am Ansatz eingeschnürtem Scharnierbeschlag eine stärker regional beschränkte Variante, die bislang nur aus Nordafrika bekannt ist.

Lit.: unpubliziert. – Eger in Vorb. C.E.

Kat. 340
Zwei Schnallenbeschläge mit Kreuzverzierung
Karthago (?)
Fortgeschrittenes 7. bis frühes 8. Jh.
Buntmetall, L. 5,6 cm, L. 4,9 cm
Carthage, Musée national de Carthage, ohne Inv.

Beide Stücke gehören unterschiedlichen Typen an, sind aber durch eine kreuzförmige Verzierung miteinander verbunden. Bei der vollständig erhaltenen Schnalle ist ein gleicharmiges Kreuz mit verbreiterten Armenden als Steg in einen triangulären Durchbruchbeschlag eingelassen. Das Beschlagfragment greift dagegen im äußeren Umriss die Kreuzform auf. Der obere Kreuzarm, an den die Scharnierkonstruktion mit Bügel und Dorn anschließen würde, ist abgebrochen. Das in der Fläche unverzierte Kreuz ist an den Armenden mit Rundeln geschmückt.

Lit.: unpubliziert. – Eger in Vorb. C.E.

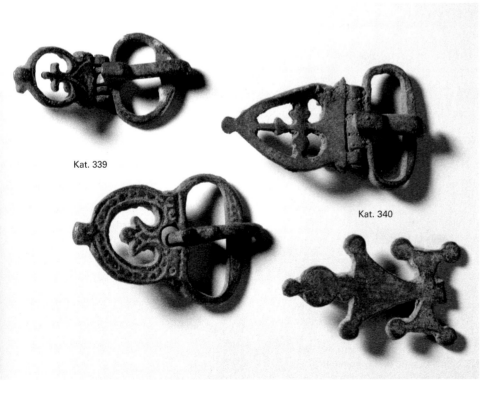

Kat. 339

Kat. 340

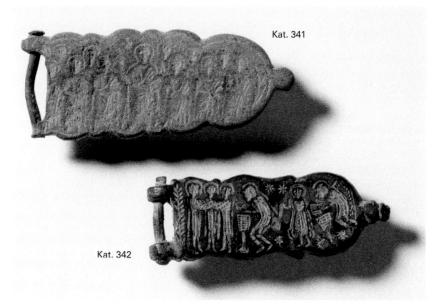

Kat. 341

Kat. 342

Kat. 343

Kat. 341
Länglicher Schnallenbeschlag mit Gravurdekor
Karthago (?)
Fortgeschrittenes 7. Jh. bis frühes 8. Jh.
Buntmetall, L. 6,7 cm, B. 2,6 cm
Carthage, Musée national de Carthage, ohne Inv.

Zu den figürlich verzierten Schnallenbeschlägen mit dem vermutlichen Fundort Karthago gehören auch zwei längliche, randlich gewellte Stücke. Beide sind mit biblischen Szenen verziert. Auf dem größeren, stark abgegriffenen Beschlag erkennt man Jesus und die zwölf Apostel, wobei Jesus kanonisch in der Mitte steht und die anderen Figuren leicht überragt. Zusätzlich kennzeichnet ihn ein kleines Kreuz links oberhalb des Kopfes. Zu beiden Seiten sind je sechs Apostel versetzt in zwei Reihen angeordnet. Allerdings sind von der Figur ganz links kaum mehr als Kopf und Nimbus angegeben. Der Rest der Figur sowie die des benachbarten Apostels sind einer späteren Abarbeitung des Schnallenbeschlags zum Opfer gefallen.

Lit.: unpubliziert. – Eger in Vorb.   C.E.

Kat. 342
Schnallenbeschlag mit Gravurdekor
Karthago (?)
Fortgeschrittenes 7. bis frühes 8. Jh.
Buntmetall, L. 5,8 cm, B. 2,1 cm
Carthage, Musée national de Carthage, ohne Inv.

Der zweite der beiden länglichen Beschläge ist mit einer alttestamentarischen Bilderfolge geschmückt. Es handelt sich um die in Genesis 18,1–15 geschilderte Begegnung Abrahams mit Gott im Hain von Mamre. Gott erscheint in Gestalt von drei Männern und wird von Abraham in gebeugter Haltung bewirtet. Der in der Erzählung erwähnte Baum, in dessen Schatten sich die Männer ausruhen, ist zwar vom Graveur berücksichtigt worden, aber auf einen Pflanzenstängel ganz am linken Bildrand reduziert. Eine zweite Szene in der rechten Beschlaghälfte zeigt Abraham und Sara vor ihrem Zelt bei der Bereitung des Mahls. Die Gestaltung beider Szenen folgt der unter anderem von Mosaiken aus den frühchristlichen Basiliken von S. Maria Maggiore, Rom, und S. Vitale, Ravenna, bekannten Ikonografie. Innerhalb Nordafrikas findet man Darstellungen dieser Geschichte auch auf Öllampen des 5./6. Jhs.

Lit.: Gernhöfer / Eger 2009. – Eger in Vorb.   C.E.

Kat. 343
Spangenhelm
Vézeronce, Isère
6. Jh., merowingisch
Vergoldetes Kupfer, Messing, Eisen;
Kalotte: H. 18 cm, max. Dm. 21 cm;
Wangenschutz H. 11,2 cm
Grenoble, Collection Musée dauphinois, Inv. D.67.3.257

Der Spangenhelm war der am weitesten verbreitete Helmtyp des Frühmittelalters. Er hat seinen Namen von den gebogenen Metallleisten (Spangen), die am Stirnband befestigt sind, oben zusammentreffen und die konische Kalottenform bilden. Die Zwischenräume werden durch vernietete Metallplatten gefüllt. Dieses Exemplar vom Typ Baldenheim wurde im französischen Vézeronce gefunden, wo 524 den Burgundern ihr letzter Sieg gegen die Franken gelang. Den Helm schmücken christliche Symbole wie Kreuze, Weinranken und Vögel. Vermutlich stammt er aus einer byzantinischen Werkstatt.

Lit.: Aillagon 2008, 340 Kat. IV.16 (I. Lazier). – Rémond 1992, 125.   F.F.

Kat. 344
Weihekrone
Karthago, Bordj Djedid
5. Jh.
Gold, Edelsteine, H. 2,1 cm, Dm. 11 cm
Tunis, Musée national du Bardo, ohne Inv.

Der kleine Goldreif ist an den Außenseiten mit neun runden und quadratischen verschiedenfarbigen Edelsteinen wie Smaragd, Rubin und Kristall geschmückt.

Kat. 344

Kat. 345

Kat. 345
Medaillon Justinians I. (Kopie)
Fundort des Originals: Caesarea
534–538 n. Chr.
Gold, Dm. 8,6 cm, Gew. 164,05 g
Paris, Bibliothèque nationale de France,
Inv. Monnaie Byzantine 4/Cp/AV/00

Vs.: Büste des Kaisers in Rüstung, mit
einem Speer in der rechten Hand und
einem Schild hinter der linken Schulter,
DN IVSTINII ANUS PPAVC.
Rs.: Justinian, einen Speer in der Rechten,
reitet auf einem geschmückten Pferd,
begleitet von Victoria mit Palmzweig und
Trophäe, SALVS ET CLORIA ROMANO
RVM, CONOB.
Justinian wird als großer Sieger dargestellt.
Möglicherweise feiert die Münze den Sieg
Byzanz' über das Vandalenreich im Jahr 533.

Lit.: Weitzmann 1979 Kat. 44.   F.F.

Kat. 346 *(ohne Abb.)*
Bleitäfelchen
Sila/Bordj el Ksar, Kirche
6. Mai 585
Blei, H. 12 cm, B. 17 cm
Constantine, Musée national Cirta de
Constantine

Inschrift in fünf Fragmenten, die ein
Reliquiendepot bezeichnet. Der Text lautet
etwa: „Im Namen des Vaters und des
Sohnes und des Heiligen Geistes wurden
die Reliquien der heiligen Märtyrer Marcus
Optatus und der anderen am 6. Mai in der
dritten Indiktion vom hochheiligen Mann,
dem Bischof Bonifatius, und von ihren
Angehörigen beerdigt.
Unter der Herrschaft unseres Herrn, des
Kaisers Mauricius Tiberius, und der Kaise-
rin Constantina, zur Zeit des ruhmreichen
Heermeisters in Africa und Exkonsuls
Gennadius ..."

Lit.: Sintes / Rebahi 2003, 264 f.

Kat. 347 *(ohne Abb.)*
Weihrauchgefäß
Volubilis (Ksar Pharaoun), Marokko
6. Jh.
Bronze, H. 14,5 cm
Paris, Musée du Louvre, Département
des Antiquités grecques, étrusques et
romaines, Inv. Br 4318

Lit.: Marquet / Chazal 1999 Kat. 137. – Thouve-
not 1969, 371 f.

Kat. 348 *(ohne Abb.)*
Lampe in Vogelform
Fundort unbekannt
6./7. Jh., frühbyzantinisch
Bronze, H. 5,70 cm
Paris, Musée du Louvre, Département
des Antiquités grecques, étrusques
et romaines, Inv. Br 4522

Die Öllampe in Vogelform, Taube oder
Pfau, ist in einem hervorragenden Zustand
erhalten. Die Schwanzfedern des Vogels
dienten als Lampenschnauze. Die frühchristliche Kunst stand in unmittelbarer
Tradition der römisch-kaiserzeitlichen
Kunst und bediente sich daher alter
Sinnbilder. Die Taube war das Sinnbild der
erlösten Seele, der Pfau das der Unsterb-
lichkeit.

Lit.: Alcouffe 1992, 122 Kat. 69.   K.H.

Kat. 349
Medaillon mit Christusdarstellung
Fundort unbekannt
6./Anfang 7. Jh., frühbyzantinisch
Silber, teilweise vergoldet, H. 13,50 cm,
Dm. 12,70 cm
Paris, Musée du Louvre, Département
des Antiquités grecques, étrusques
et romaines, Inv. Bj 2259

In einem Perlenkranzmedaillon ist die
Büste Christi abgebildet. Der jugendliche Christus, ohne Bart und mit kurzer
Lockenfrisur, trägt in seiner Rechten ein
Buch und erhebt die Linke zum Segnungs-
gestus. Hinter seinem Haupt ist der Hei-
ligenschein mit Kreuzbalken angegeben.
Die Bruchspuren und die stehen gebliebenen Reste am Rand des Medaillons lassen
vermuten, dass das Medaillon Teil eines
größeren Geräts war. Christusmedaillons
erscheinen häufig als zentrale Bestandtei-
le von Vortragekreuzen. Die beachtliche
Größe des Medaillons lässt darauf schließen, dass es sich um die Reste eines
außergewöhnlich großen Vortragekreuzes
oder eines anderen Geräts handelt.

Lit.: Coche de la Ferté 1958, 104 Nr. 41 Abb. 44.
                                            K.H.

Drei Ösen dienen als Aufhängevorrich-
tung, die Ketten sind verloren. Die Funktion des Objekts, ob es sich dabei um einen
Schmuckgegenstand, Lampenhalter,
Leuchter oder um eine Weihekrone handelt, lässt sich nicht eindeutig bestimmen
und gibt viele Rätsel auf. Jedoch ähnelt
dieser Goldreif den westgotischen Weihekronen, die 1858 in Guarrazar, einem
Ort in der spanischen Provinz Toledo, von
Bauern gefunden wurden (s. S.150).

Lit..: Perea 2001, S. 311. – Schellbach 2006, 9.
                                            R.He.

Kat. 349

Minarett der Großen Moschee von Kairouan,
vom Innenhof aus gesehen

BEGINN EINER NEUEN ZEIT

Die Islamisierung des byzantinischen Afrika

von Mourad Rammah

„Dieses Ifriqiya [der arabische Name der römischen Provinz Africa], heimtückisch und fern – ich werde mich niemals darauf einlassen, es zu erobern, solange ich lebe." Mit diesen Worten untersagte Kalif Omr Ibn al-Khattab 641 n. Chr. seinem Statthalter in Ägypten, Amr Ibn al'-As, die Fortführung der Eroberung des Maghreb, nachdem Ägypten und die Kyrenaika gewissermaßen im Spaziergang durch muslimische Armeen erobert worden waren. Diese vorausschauende Meinung, die den größten Strategen und Politikern würdig gewesen wäre – wenngleich der Kalif nicht die geringste Kenntnis von Afrika hatte –, wurde durch die folgenden Ereignisse niemals widerlegt. Tatsächlich war die Eroberung des Maghreb schwierig und voller Leiden. Während für die Ausbreitung des Islam vom Indus bis an den Nil nur wenige Jahrzehnte genügt hatten, waren mehr als hundert Jahre nötig, um das widerspenstige Ifriqiya zu befrieden.

sation erschienen allerorten. Die islamische Eroberung Syriens und Ägyptens brachte Konstantinopel in die Reichweite muslimischer Armeen, so dass der *basileus* nicht mehr in der Lage war, dem fernen Afrika Hilfe zu leisten, und sich darauf beschränkte, von dort zusätzliche Verstärkungskräfte zu fordern – sehr zum Unwillen der Einheimischen. Religiöse Streitigkeiten in der Folge der Propagierung der monoteletischen Doktrin (die Anhänger des Monoteletismus vertraten die These, dass Christus zwar zwei Naturen, jedoch nur einen einzigen göttlichen Willen besessen habe) zogen Bruderkriege nach sich, und Afrika, das strikt der Orthodoxie anhing, wandte sich beherzt gegen die Häretiker, die von Kaiser Heraklonas (641 n. Chr.) und seiner Mutter und Kaiserinwitwe Martina unterstützt wurden. Der Präfekt Afrikas und Exarch (Gouverneur) von Karthago, Gregorios, rief sich, angespornt von autonomistischen Antrieben und angesichts der Unzufriedenheit im Volk, zum Kaiser

Erste muslimische Einfälle

Nichts ließ anfangs auf eine so dauerhafte Konfrontation im Westen schließen: Noch vor den wiederholten Angriffen persischer und arabischer Truppen begann sich das Byzantinische Reich aufzulösen, und die Anzeichen seiner tiefgreifenden Desorgani-

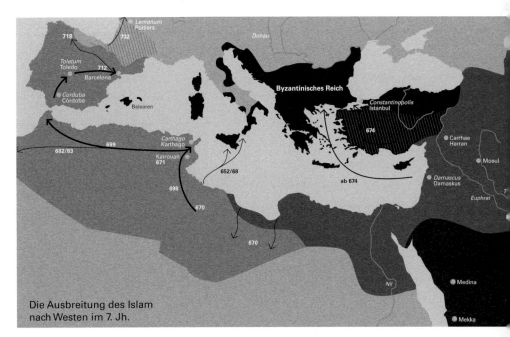

Die Ausbreitung des Islam nach Westen im 7. Jh.

Die Ausbreitung des Islam im 7. Jh.

Kapitelle erzählen Geschichte

von Fiona Finke

Kapitell aus der Großen Moschee mit christlichem Kreuz-Symbol.

Als die byzantinische Provinz Africa im 7. Jahrhundert unter arabisch-islamische Herrschaft geriet, hatte das Land bereits eine wechselvolle Geschichte hinter sich. Mit den Phöniziern, Römern, Vandalen und Byzantinern hatten über viele Jahrhunderte hinweg mächtige Reiche ihre Spuren in Nordafrika hinterlassen. Diese zeigen sich dem heutigen Betrachter besonders eindrucksvoll und konzentriert in der Großen Moschee der tunesischen Stadt Kairouan. Ihre Säulen schmücken weit über 400 Kapitelle, von denen die meisten aus den Ruinen des punischen und römischen Karthago und aus frühchristlichen Kirchenbauten stammen.

Der arabische Heerführer Oqba ibn Nafi ließ ca. 670 n. Chr. ein Feldlager (arabisch: Kairouan) zur Sicherung der eroberten Gebiete Nordafrikas errichten. Aus dem Lager entstanden die erste Hauptstadt der arabisch-islamischen Provinz Ifriqiya und ein bedeutender Wallfahrtsort. Die größte Moschee stammt aus den Anfangstagen der Stadt und wird nach ihrem Erbauer Sidi-Oqba-Moschee genannt. Der ursprüngliche Backsteinbau wurde 836 vollständig abgerissen und durch ein neues Bauwerk ersetzt, das in den folgenden Jahrhunderten mehrfach umgebaut und erweitert wurde. Das verwendete Baumaterial stammt größtenteils aus Ruinen des Umlands, vorwiegend aus Karthago, aber auch aus anderen Orten, von denen viele noch nicht identifiziert sind. Heute ist die Moschee 125 m lang und 73 m breit. Solche Dimensionen – der Gebetssaal allein misst ca. 70 auf 40 m – wurden erst durch Bogenkonstruktionen möglich, die auf Säulen ruhen. Diese und besonders ihre Kapitelle aus Marmor, Sand- oder Kalkstein fungieren darüber hinaus als ästhetisches Element.

Das älteste Kapitell, ein ionisches mit den charakteristischen schneckenförmigen Verzierungen (Voluten), kann möglicherweise bereits an das Ende des 3. Jahrhunderts v. Chr. datiert werden. Der Großteil der Kapitelle kann dem korinthischen Typus zugeordnet werden, dessen Hauptmerkmal das Akanthusblatt-Motiv ist. Korinthische und daraus entwickelte Kapitelltypen wurden jahrhundertelang hergestellt, weisen aber unterschiedliche Anordnungen und Formen von Akanthusblättern auf, anhand derer sie präzise datiert werden können. Sie reichen von naturalistisch dargestellten dornigen Blättern mit gezackten Konturen bis hin zu glatten Blättern, die eher gebogenen Fischschuppen ähneln.

Eine interessante Eigenart ist der Umgang mit christlichen Symbolen. Mehrere byzantinische Kapitelle mit plastischen Darstellungen von Adlern und Widdern wurden behauen, um die Tiere unkenntlich zu machen. Andererseits sind in der Kuppel des Gebetssaals intakte Kapitelle dieser Art erhalten. Ein anderes, ebenfalls byzantinisches Kapitell ziert auf einer seiner vier trapezförmigen Schauseiten ein Kreuz mit verbreiterten Enden. Auch dieses christliche Symbol wurde nachträglich bearbeitet, ist aber weiterhin gut erkennbar. Das Phänomen, christliche Motive absichtlich zu beschädigen, ist nicht ungewöhnlich und auch aus anderen Teilen Nordafrikas bekannt. Dass sie oftmals nicht völlig unkenntlich gemacht wurden, könnte als Zeichen dafür gedeutet werden, dass die neuen Herrscher nicht völlig mit den alten christlich-mediterranen Traditionen brechen wollten. Dies zeigt sich auch an den Kapitellen aus arabischer Zeit, die sicher eigens für die Moschee hergestellt wurden und großteils eindeutig von den Kapitellen mit Akanthusblättern aus byzantinischer Zeit beeinflusst sind.

Kapitell mit zerschlagenen Tierdarstellungen

Zwei Blattkapitelle

Lit.: Harrazi 1982 – Sebag 1965

aus und bezog in Sufetula Garnison, um sich vor Militärexpeditionen seitens Konstantinopels zu schützen. Die Araber hingegen, zweifellos auf dem Laufenden, was die Situation im byzantinischen Afrika anging, und angestachelt von dem neuen, unternehmungslustigen Kalifen Othman, gedachten von dieser Situation zu profitieren. Der Gouverneur Ägyptens, Abdallah Ibn Saad, hob 647 eine Armee von 20 000 Mann aus, die sich zur Eroberung des byzantinischen Afrika aufmachte. Unter dem Eindruck des

No. 169. Kairouan, La grande Mosquée.
Lehnert & Landrock, Tunis.

Die Große Moschee von Kairouan in einer historischen Aufnahme von Rudolf Franz Lehnert, der seine Fotografien mit der Hilfe des Geschäftsmanns Ernst Heinrich Landrock in Kairo und Tunis vermarktete.

Ansturms der arabischen Kavallerie, welche die Küstenstädte vermied, verstand es Gregorios, die ganze griechische und berberische Bevölkerung gegen die Angreifer zu mobilisieren. Eine entscheidende Schlacht wurde nahe Sufetula geschlagen – ein Desaster für die byzantinische Armee: Der Usurpator Gregorios fiel und die ganze Byzacena wurde von den Arabern erobert, die die Provinz plünderten und Gefangene und andere Beute wegführten. Die Entdeckung eines Münzhorts aus 268 byzantinischen Goldmünzen, die bei Rogga in der Nähe von Thysdrus vergraben worden waren, belegt die Realität der arabischen Überfälle auf die Region. Obwohl sich Afrika scheinbar den Eroberern auslieferte und der dauerhaften Etablierung des Islam in der Provinz Raum gab, entschied der Anführer der arabischen Armeen, Abdallah Ibn Saad, aus noch ungeklärten Gründen, sich unter Erhebung eines Tributs von 300 Talenten Gold zurückzuziehen. Dennoch wurde durch diese erste Militärexpedition, die die Araber mit den reichen und fruchtbaren Ländereien der Byzacena bekannt machte, das Ende der byzantinischen Präsenz in Afrika eingeläutet.

Die große Zwietracht (*fitna*, „schwere Prüfung", Glaubensspaltung) im Herzen der muslimischen Gemeinschaft, die zwischen den schiitischen Parteigängern des Kalifen Ali und den Rächern des ermordeten sunnitischen Kalifen Othman ausbrach, gewährte dem byzantinischen Afrika eine fast 15-jährige Atempause, die es den byzantinischen Statthaltern erlaubte, die Anbindung der Provinz an das Reich zu festigen, die Verbindungen zu den Berberstämmen wiederherzustellen und die Verteidigungslinien des neuen Limes zu verstärken.

Das Ende ihres Bürgerkrieges gestattete es den Muslimen, die Angriffe wieder aufzunehmen. Möglich, dass die Araber schon vor 665 Einfälle nach Afrika unternommen hatten – die größte Expedition aber wurde durch den Gouverneur Ägyptens, Moawiya Ibn Hudaij, durchgeführt, der sich mit einer Armee von 20 000 Mann mit den in der Tripolitania verbliebenen Truppen verband und die byzantinischen Festungen und Zitadellen angriff. Er vereitelte sogar die Landung einer byzantinischen Armee in Hadrumetum (Sousse), die der von der arabischen Kavallerie heimgesuchten Provinz zu Hilfe kommen wollte. Trotz allem, vielleicht aufgehalten durch den Widerstand, den ihnen die verschiedenen Festungen der Provinz leisteten, verließen die Muslime das Land: Wie bereits 647 beschränkten sie sich auf einen blitzartigen Überfall und die Brandschatzung der afrikanischen Bevölkerung.

No. 171. Kairouan, Intérieur de la grande Mosquée.
Lehnert & Landrock, Tunis.

Innenansicht der Großen Moschee von Kairouan, Anfang des 20. Jhs.

Einrichtung eines Brückenkopfs vor Augen, der als Grundstein für die Dauerhaftigkeit der muslimischen Präsenz in dieser entlegenen Provinz dienen sollte. Okba wandte sich folgendermaßen an seine Gefolgsleute: „Wenn ein Imam nach Afrika kommt, dann stellen seine Einwohner ihr Leben und ihre Güter unter seinen Schutz und bekennen sich zum Islam, doch sobald der Imam sich zurückzieht, verfallen dieselben Leute dem Unglauben. Es muss daher eine Stadt gegründet werden, die als Heerlager und Rückhalt des Islam bis ans Ende der Zeit dienen kann."

Vom strategischen Standpunkt wurde der Platz dieser Stadt klug gewählt. Tatsächlich befindet sich Kairouan einen Tagesmarsch vom Meer entfernt, das immer noch unter der Herrschaft der byzantinischen Flotte stand, und einen Tagesmarsch weit von den Bergen, in denen sich die islamfeindlichen Berberstämme verschanzten. Die neue Stadt bildete einen Brückenkopf an der Demarkationslinie zwischen Muslimen und Byzantinern.

Okba ersann den Grundriss Kairouans mit der Großen Moschee im Zentrum, an deren Seite er den Statthalterpalast errichten ließ, und begründete das spätere wirtschaftliche Zentrum, bevor er mit der Verteilung von Landparzellen an seine Soldaten begann. Kairouan wurde zur Stadt und die Menschen strömten von überall herbei.

Okba hatte kaum die Zeit, seine Siege auszukosten, denn er wurde unvermutet durch den Gouverneur Ägyptens zurückberufen, der an seine Stelle einen *maula* (einen neu zum Islam Konvertierten) setzte: Abû al Muhajir dinar. Dieser spielte eine verkannte Rolle bei der muslimischen Expansion im Maghreb. Tatsächlich erhielt er den Elan der Eroberung nach Westen aufrecht.

Die Gründung Kairouans und der Berberaufstand

Seit dieser Zeit aber hegten die Araber, durch ihre ersten Militärexpeditionen ermutigt, den Wunsch nach einer dauerhafteren Ansiedlung, und so entschied sich Kalif Moawiya, die Eroberung Afrikas ernsthaft zu betreiben. In Okba Ibn Nafii' fand er das verlässliche Werkzeug zur Umsetzung seiner Pläne. Unter seiner Führung nahmen die Muslime, kaum zurück vom Feldzug des Jahres 665, recht rasch den Weg nach Westen wieder auf.

Angesichts der bröckelnden byzantinischen Zentralmacht wurde der afrikanische Widerstand durch die sesshaften Berberstämme aufrechterhalten, insbesondere durch die Ourbas unter ihrem Anführer Kusaïla, der ein Treffen mit der muslimischen Armee herbeiführte, bei welchem er durch Okba geschlagen wurde – in einer Bergregion mit berberischer Bevölkerung, unweit des künftigen Kairouan.

Die langwährende Konfrontation zwischen Afrikanern und Arabern führte Okba die Notwendigkeit der

Er verstand es auch, weitgespannte Beziehungen zu den sesshaften Berbern aufzubauen, die in großer Zahl zum Islam bekehrt und in das öffentliche Leben eingebunden wurden. Ihre Anführer, die zu Militärkommandanten ernannt wurden, ahmten letztlich ihre ehemaligen Verbündeten, die Byzantiner, nach. Zwischen den Arabern und Berbern bildete sich eine perfekte Symbiose, die eigentlich in einer friedlichen Islamisierung des Maghreb und dem unmittelbaren Ende der byzantinischen Präsenz hätte münden sollen.

Das Schicksal wollte es anders. Der Omajiaden-Kalif Yazid beauftragte, zweifellos unter dem Eindruck rückläufiger Beuteerträge und der Verringerung der von den konvertierten Berbern bezahlten Tribute, 681 erneut Okba Ibn Nafii' damit, „den Maghreb zu retten, bevor er verloren ist".

Jener, brennend vor Verlangen nach Rache, richtete seine militärischen Aktionen gegen die südlichen Grenzen des byzantinischen Gebiets und betrieb gegen die Anführer der Berber eine Politik der Demütigung. Er unternahm einen Vorstoß bis zum Atlantik und führte auf dem Rückweg nicht mehr als einen kleinen Reiterverband zur Bedeckung mit sich, da er die indigene Bevölkerung unterschätzte, die er für unterworfen hielt. So wurde er Opfer eines Hinterhalts unzufriedener Berber, verstärkt durch griechische Einheiten. Der tapfere General, der nicht an Flucht dachte, fiel als Held im Kampf: bei Tehuda, nahe Biskra im heutigen Algerien, im Jahr 683. Okbas Tod bedeutete für die Araber eine Katastrophe und gefährdete nochmals für einige Jahre die Präsenz der Muslime im Maghreb. Kairouan wurde von Kusaïla geplündert, und die arabische Garnison zog sich völlig aus Afrika zurück und setzte sich in der Kyrenaïka fest. Der Fall Kairouans verschaffte dem byzantinischen Afrika erneuten Aufschub. Innere Schwierigkeiten im Omajiaden-Kalifat verzögerten den Augenblick der Ver-

Kairouan, Wasserbassins aus dem 9. Jh. Ursprünglich dienten sie zur Versorgung des Aghlabiden-Palastes mit Wasservorräten, die aus Quellen in einer Distanz von 36 km stammten.

Mihrab der Großen Moschee in Kairouan. Die nach Mekka ausgerichtete Gebetsnische zeigt die Gebetsrichtung *(qibla)* an.

geltung, und es dauerte fünf Jahre, bis Kusaïla durch Zuhayr Ibn Kays al-Balaoui geschlagen wurde.

Die Berber legten deswegen ihre Waffen nicht nieder. Die Fackel der Revolte wurde von den nomadischen Berberstämmen weitergetragen, angeführt von Kahina, der „Priesterin" des Stamms der Jarawa. Sie stand an der Spitze eines Zusammenschlusses der Berber des östlichen Aurès-Gebirges und zog die ganze Region mit in den Aufstand hinein. Mit einer Strategie der „verbrannten Erde" suchte sie das ganze urbare Land auf ihrem Weg mit Feuer und Schwert heim. Der Omajaden-Kalif war sich der Gefahr bewusst, der die muslimische Präsenz dadurch ausgesetzt war. Dank seiner über fünfzigjährigen Erfahrung in afrikanischen Angelegenheiten entsandte er eine große Armee unter der Führung des Strategen Hassan Ibn Nu'man, dem es trotz Rückschlägen gelang, die Revolte Kahinas niederzuschlagen.

Dem Kalifen war auch bewusst, dass die Byzantiner eine latente Gefahr für die Muslime darstellten, indem sie beständig berberische Aufstände anstachelten und unterstützten. 698 bemächtigte er sich Karthagos und warf die Byzantiner heraus. So endete die byzantinische Herrschaft in Afrika und das befriedete Land begann, sich in die muslimische Welt einzufügen.

Die Islamisierung Ifriqiyas

Ifriqiya ging von der verworrenen und heroischen Zeit der Eroberung in eine Phase der Ordnung und schmerzhaften Veränderung über, die als „das Jahrhundert der *Wulat* (Statthalter)" bezeichnet wird. Nach dem Abschluss der Landnahme durch Musa Ibn Nusayr wurde die Provinz mit einer Armee ausgestattet, die zuerst aus arabischen Soldaten bestand, sich dann aber schrittweise auch für Berber öffnete, die sich aktiv an der Eroberung Spaniens unter Tarek Ibn Ziad im Jahr 711 beteiligten. Das Land wurde nun nicht länger von Ägypten aus regiert, sondern leistete der Zentralmacht einen wichtigen Beitrag und entsandte Soldaten und Sklaven in den Osten. Die Verwaltung des Landes entwickelte sich durch die Einrichtung von Ämtern (*diwan*) zur Verwaltung der Armee (*al-jund*), der Grundsteuer (*al-kharaj*) und der Nachrichtenverbindungen (*al-rasail*). Die Beamten ge-

währleisteten Relaisstationen auf regionaler Ebene. Die Muslime begannen rasch mit einer Politik der Islamisierung. Mehrere Missionen von Rechtsgelehrten und religiösen Männern wurden nach Ifriqiya geschickt, um den Einwohnern die Prinzipien des Islam nahezubringen. Koranschulen entstanden überall, und Moscheen und lokale Betsäle dienten dem Unterricht des Arabischen, der Sprache des Korans.

Im 8. Jahrhundert lassen sich zwei Phasen unterscheiden: eine erste von 705 bis 740, die durch die innere Ordnung und das Vorantreiben der Expansion gekennzeichnet ist, und eine zweite, die durch das Wiederaufleben von Unruhen charakterisiert wird. Der berberische Widerstand zeigte sich nun auf religiöse Weise: in der Übernahme der Häresie der Charidschiten, einer Bewegung, die jegliche familiäre oder durch Stammeszugehörigkeit bedingte Auswahl der Kalifen ablehnte. Trotz der Unterstützung der Gegenwehr durch das Kalifat konnten die Stämme der Warfajuma, der Hawara und der Zeneta Kairouan plündern, und das Land versank wiederholt in Anarchie. Der maghrebinische Charidschismus besaß aber auch konstruktive Aspekte, die z. B. zum Entstehen mehrerer strukturierter Fürstentümer führten, der Propagierung des muslimischen Glaubens Vorschub leisteten und zur Blüte und Organisation des Sahara-Handels beitrugen. Aufs Ganze gesehen transformierte er die xenophoben Berber mit einer erstaunlichen Dickköpfigkeit und auf fast schon rührende, aber fruchtbare Weise dahingehend, dass sie die arabische Präsenz akzeptierten, die die Form einer politischen und militärischen Herrschaft angenommen hatte und letztlich einer ethnischen Verbindung Vorschub leistete. All dies führte dank eines sehr ansteckenden Glaubens zur Bereicherung der arabisch-muslimischen Zivilisation.

Nach einem vorübergehenden Bruch und trotz aller Unruhen in der Epoche der Wulat kam es zu einem allmählichen Wiederaufleben der Wirtschaft Ifriqiyas. Deren Rückgrat blieb die Landwirtschaft, wenngleich die Politik der „verbrannten Erde", die Kahina verfolgt hatte, für den Olivenanbau der Byzacena einen furchtbaren Schlag bedeutet hatte. Die Gründung von Rades durch Hassan Ibn Nu'man, einem Schiffsarsenal für die Expansion Ifriqiyas zur See, regte den Handel an und führte zu einem der blühendsten Wirtschaftszweige des

Der Ribat von Sousse aus der Aghlabidenzeit. Ribat bezeichnet eine Festung, die dem militärischen Schutz und der Ausbreitung des Islam diente (ein „Wehrkloster"). Der Ribat von Sousse gehört zu den am besten erhaltenen: hier ein Blick in den Innenhof mit angrenzenden Lagerräumen, den Wohnbereichen darüber und dem Wachturm.

Landes. Kairouan und Tunis entwickelten sich zu großen Zentren des Handelsnetzes. Die *souks* (Märkte) formierten und der Sklavenhandel wie auch die Karawanenstraßen Richtung Orient belebten sich. Das muslimische Ifriqiya wurde zwar unter Schmerzen geboren, verstand es aber, seine Wunden zu verbinden, und machte sich schließlich bereit, eine zentrale Rolle in der Geschichte des muslimischen Westens einzunehmen.

Die christlichen Gemeinden Ifriqiyas bis ins 12. Jahrhundert

Trotz der irreversiblen Islamisierung Ifriqiyas scheinen mehrere christliche Gemeinden im Land friedlich wei-

terexistiert zu haben, ungeachtet gelegentlicher Ausbrüche islamischen Volkszorns in Krisenzeiten. Tatsächlich bestätigen arabische Chronisten und Historiker eine größere Anzahl afrikanischer Christengemeinden, als man vermuten würde, obwohl Grundsteuern und eine Kopfsteuer bezahlt werden mussten, die speziell für die *dhimmi* (nichtmuslimische Monotheisten, die mit eingeschränktem Rechtsstatus geduldet und geschützt wurden) galten. Die Gemeinden bestanden insbesondere im Süden (Tripoli im heutigen Libyen, Nafzawa, Jarid und Qastiliya) und in den städtischen Zentren Kairouans, in Tunis und Mahdia. In Kairouan und Sousse sprechen die Texte von einer Zuqaq (Straße) der Rum („Rhomaier/Römer", Nachfahren der byzantinischen Griechen in arabischsprachigen Ländern). Im tunesischen Sahel ist eine Ölmühle nachgewiesen, die einem Christen gehörte, der sein Metier von seinen Vorfahren übernommen hatte. In Tripoli wurden christliche Friedhöfe freigelegt und in Kairouan mehrere christliche Grabstelen ausgegraben, beschriftet in lateinischer und sogar griechischer Sprache. Es scheint, dass die Christen Ifriqiyas weiterhin ein archaisches und wenig ausgefeiltes Latein sprachen, und der Geograf al-Idrisi berichtet uns, dass in Gafsa (im südwestlichen Tunesien) sogar noch bis ins 12. Jahrhundert von einigen Bewohnern Latein gesprochen wurde. Solche Relikte hielten sich in den Oasen des Djerid bis in die Zeit des Geschichtsschreibers Ibn Chaldûn (14. Jahrhundert).

Die christlichen Gemeinden Ifriqiyas bewahrten eine geachtete religiöse Hierarchie sowie eigene Gerichte und Rechtsgelehrte. Man kann Anfang des 11. Jahrhunderts wenigstens 40 Bistümer zählen. Ihre Zahl ging bis zum Zeitpunkt der Invasion des Beduinenstamms der Hilal im Jahr 1053 ununterbrochen bis auf fünf zurück. Die Oberhoheit der Bischofssitze gebührte Karthago, bis ihr diese Mitte des 11. Jahrhunderts vom Bischof von Gummi (Mahdia) streitig gemacht wurde, nachdem die Hauptstadt der Ziriden von Kairouan nach Mahdia verlegt worden und die christliche Gemeinde in der Folge der Hilal-Angriffe ebenfalls dorthin abgewandert war. Der Papst schlug sich auf die Seite des Bischofs von Karthago. Die Quellen berichten, dass die Christen ihre Kirchen behalten konnten und auch die Erlaubnis erhielten, sie wiederherzustellen, wie es für den Ort Tozeur belegt ist. Hinweise auf den Bau neuer Kirchen sind rar, aber das Bestehen mehrerer Kirchen zur Zeit der normannischen Eroberung (1143) in Mahdia, einer rein muslimischen Gründung, zeigt, dass den Christen die Errichtung neuer Kirchenbauten gestattet war.

Die christliche Gemeinde scheint die Begehung ihrer religiösen Feiern wie Weihnachten, Ostern und der Kalendenfeste fortgeführt zu haben. „Manche Muslime nahmen gern vergleichbare Praktiken an und [ihre] Kinder hatten sogar Freude daran, an den Kalenden Tabernakel zu bauen und am Weihnachtsfest zu schlemmen." Solches Verhalten wurde zweifellos von dem malikitischen Rechtsgelehrten Abû al Hassen al Qabusi (gest. 1012) aus Kairouan verdammt, es zeigt aber gleichzeitig das Überleben christlicher Tradition und auch den Geist der Toleranz und des Miteinanders von Muslimen und Christen im mittelalterlichen Ifriqiya.

Auch wurde das Tragen einer festgelegten Tracht, das den „dhimmi" theoretisch auferlegt war, niemals eingehalten, und die verschiedenen monotheistischen Gemeinschaften lebten in guter Nachbarschaft. Historische Quellen berichten von Stadtteilen, wo Christen und Muslime zusammen mit Juden lebten.

Von Zeit zu Zeit entwickelte sich religiöse Polemik zwischen diesen Gemeinden, jedoch ohne jeden Fanatismus. Ein hagiografischer Autor informiert uns darüber, dass „ein Christ, Meister seiner Lehre, an der Spitze einer Delegation den Gouverneur von Kairouan, Abd Allah b. Muhammad al-Kâtib, aufsuchte. Dieser rief daraufhin den Juristen Abû Muhammad Abd Allah b. at-Tabbân, um ihn in der Kontroverse mit dem Christen zu unterstützen. At-Tabbân brachte diesen zum Schweigen, indem er ihm folgende Frage zum Thema der Dreifaltigkeit stellte: ‚Bedarf der Erhabene tatsächlich zweier [anderer], oder kann er ohne sie auskommen?'".

Die Zahl der Christen in Ifriqiya hörte durch Zustrom aus verschiedenen Richtungen nicht auf, sich zu mehren. Schon Hassan Ibn Nu'man ließ 1000 Kopten aus Ägypten zum Bau seines neuen Schiffsarsenals an den Golf von Tunis kommen. Der Anteil an christlichen Sklaven war noch bedeutender. Diese wurden durch Piraterie und als Beute aus den Einfällen an der Nordküste des Mittelmeers erworben. Auch wurden seit der Aghlabitenzeit christliche Milizen slawischer und sizilischer Herkunft in die Garde Prinz Ibrahims II. (875–902) aufgenommen. Diese Entwicklung verstärkte sich in der Zeit der Fatimiden – der bedeutende General Jawhar, der Ägypten eroberte und das eigentliche Kairo (al-Kahira) gründete, war ein Christ aus Sizilien. Zu einer Audienz beim fatimidischen Kalifen al Moizz kam er in Begleitung seiner Miliz, mit deren Offizieren er sich dabei in slawischer Sprache unterhielt. Der Kalif zeigte sich den Christen gegenüber sehr tolerant, von denen er auch einige als Kunsthandwerker in den herrscherlichen Textilwerkstätten (Dar-at-Tiraz) beschäftigte.

Es scheint, dass die Rolle der Christen am Hofe der Ziriden zunehmend bedeutend wurde und seine Fürsten eine besondere Vorliebe für die christlichen Sklaven entwickelten. Eine zum Islam konvertierte Christin, Fatma, war die Amme des Prinzen Badis (996–1015) und besaß eine bedeutende Funktion am Hof seines Sohnes al Moizz (1015–1062). Sie stiftete 1020 einen wundervollen Koran in die Große Moschee von Kairouan. Der Ziridenprinz Tamim (1062–1108) schuf ein bewegendes Liebesgedicht an eine schöne Christin.

Dergleichen Austausch zwischen der muslimischen und christlichen Gemeinschaft in Ifriqiya erklärt zum Teil die Rolle, die Konstantin der Afrikaner (1015–1082) spielte, ein Karthager, der zum Christentum konvertiert war und an der Universität von Salerno zur Verbreitung arabischer ärztlicher Kunst in Europa beitrug.

Sicher kann man nicht von einer Symbiose oder einem religiösen Synkretismus sprechen, aber Christen und Muslime lebten in Ifriqiya bis in die Mitte des 12. Jahrhunderts in völligem Einverständnis und in einem Geist der Toleranz. Diese Verhältnisse wurden erst nach der Ankunft der Almohaden im Jahr 1155 verdorben, die im Hinblick auf die Christen eine repressive Politik verfolgten. Deren Anzahl ging seither in Ifriqiya ununterbrochen zurück.

Lit.: Courtois 1945 – Diehl 1896 - Djaït 1976 – Djaït / Talbi / Dachraoui / Dhouib / M'rabet / Mahfoudh 2006 – Idris 1954 – Mahjoubi 1966

Kat. 350

Kat. 350
Zwei Seiten eines Korans
Aus der Großen Moschee von Kairouan
Ende 7. Jh. (Ende 2. Jh. n. der Hedschra)
Pergament, Querformat, B. 49 cm
Kairouan, Musée des arts islamiques,
Inv. Rubti 38

Auf jeder Seite 20 Zeilen aus dem Koran
in brauner kufischer Schrift. Die diakritischen Zeichen sind als rote Striche
wiedergegeben. Das Versende ist durch
mehrere übereinanderliegende rote Striche markiert. Der fünfte und der zehnte
Vers sind jeweils durch eine rote und eine
gelbe Krone hervorgehoben. Der Anfang
der Sure ist durch einen sehr einfachen
geometrischen Dekor bezeichnet. Ein
Vergleich mit ähnlichen Stücken aus dem
Jemen und aus Syrien spricht für ein bedeutendes Vorbild, das sich in der ganzen
muslimischen Welt durchgesetzt hat.

M.Ra.

Kat. 351
Seite aus einem Koran
Aus der Großen Moschee von Kairouan
Ende 8./Anfang 9. Jh. (Ende 3./Anfang
4. Jh. n. der Hedschra)
Pergament, Querformat, B. 35 cm
Kairouan, Musée des arts islamiques

14 Koranzeilen in breiter kufischer Schrift.
Die diakritischen Zeichen sind hier als rote
Punkte wiedergegeben, nach der Methode des Abi al-Aswad. Der zehnte Vers
ist durch einen Stern betont, den bunte
Halbkreise umgeben. Die Überschrift
besteht aus dem Namen der Sure sowie

Kat. 351

Kat. 352

der Anzahl der Verse, gerahmt von Flecht-
werkverzierung, die an die Verzierung
einiger gleichzeitiger Bucheinbände aus
Kairouan erinnert und aus dem Repertoire
omajadischen Dekors schöpft.

M.Ra.

Kat. 352
Teller
Ausgegraben in Raqqada
9. Jh. (Aghlabidenzeit)
Ton, Dm. 30 cm
Kairouan, Musée des arts islamiques,
Inv. 373

Die Bemalung ist ungewöhnlich. Ein
Rechteck liegt wie ein ausgerollter
Teppich auf dem Boden des Tellers. Vier
Dreiecke mit gebogenen Seiten und zwei
auf den Spitzen stehende Rechtecke
füllen das übrige Rund mit Harmonie und
Eleganz. Auf dem äußeren Rand wechseln sich gekrümmte Linien von kräftiger
Farbe und konzentrische Halbkreise von
schwachem Ton ab. Der gleiche Kontrast
zwischen den Farbtönen findet sich mit
ebenso viel Raffinesse im inneren Teil. Die
Kombination dieser Motive scheint neu,
indes ist der Geist, der mit dem Rhythmus
von Form und Farbe spielt, der muslimischen Ästhetik der Blütezeit nicht fremd.

Lit.: Doulatli 1979, 36 f.   M.Ra.

Kat. 353
Teller
Ausgegraben in Raqqada
9. Jh. (Aghlabidenzeit)
Ton, Dm. 30 cm
Kairouan, Musée des arts islamiques,
Inv. 37-3

Teller mit ringförmigem Innendekor.
Rosette mit acht Blütenblättern, umgeben
von einem grünen und einem ockergelben
Ring, aus dem acht abstandsgleiche Bän-
der entspringen, auf denen in kufischer
Schrift jeweils das Wort *Al-Mulk* zu lesen
ist.

Lit.: Doulatli 1979, 34 f.   M.Ra.

Kat. 353

Kat. 354

Kat. 354
Teller mit Inschrift
Ausgegraben in Raqqada
9. Jh. (Aghlabidenzeit)
Ton, Dm. 24 cm
Kairouan, Musée des arts islamiques,
Inv. 34-3
Teller mit Standring, grün glasiert. Im Zentrum vier Reihen mit rotbrauner kufischer Schrift, die zweimal das Wort *Al-Mulk* (Staatgewalt, Souveränität) auf ockergelbem Grund in einem Parallelogramm, dessen Seiten aus vier übereinanderliegenden Bändern besteht, wiedergeben. Bemerkenswert ist das Nebeneinander von kupferartigem Grün, von Braun und Ockergelb, den drei typischen Farben der aghlabidischen Keramik. Ihre ungebrochene Verwendung in der Keramik Tunesiens durch die Jahrhunderte bis auf den heutigen Tag ist erstaunlich.

Lit.: Doulatli 1979, 32 f.　　　　M.Ra.

Kat. 355
Bucheinband
Aus der Großen Moschee von Kairouan
2. Hälfte 10. Jh. (2. Hälfte 4. Jh. n. der Hedschra)
Pappelholz und Leder, Querformat,
B. 17,5 cm
Kairouan, Musée des arts islamiques

Dieser Einband gehört zu den ältesten erhaltenen islamischen Bucheinbänden. In der Mitte floraler Dekor, bestehend aus einer glockenförmigen Blume, bekrönt von einer Lotosblüte, eingeschrieben in zwei konzentrische Kreise, aus denen sich vier stilisierte Blumenmuster entwickeln, die typisch sind für das Dekorationsrepertoire Kairouans seit der Aghlabidenzeit. Das Relief der Verzierung kommt durch Kordeln zustande, ein Verfahren, das seit den ersten muslimischen Bucheinbänden angewandt wird und eine Erbschaft byzantinischer und koptischer Kunst darstellt.

M.Ra.

Kat. 356
Grabinschrift
1961 zufällig in einem Schutthügel mit Namen „Khraïb (Ruine) Sidi Sa'ad" in Kairouan gefunden
Montag, 9. März 1007 (397 n. der Hedschra)
Weißer Marmor, erh. H. 41 cm B. 34,5 cm
Kairouan, Musée des arts islamiques

Grabinschrift in lateinischer Sprache und kalligrafischen Buchstaben, oben gebrochen. Die Datierung ist sowohl nach der christlichen als auch nach der islamischen Zeitrechnung angegeben. Der Name des Toten ist nicht erhalten. Wir können aber sicher sein, dass er Christ war und dass er am Montag, den 9. *(luna dies nobe)* wohl des Monats März im Jahr des Herrn 1007 *(anno Domini nostri Ihesu Christi millensimo septimo)* bestattet wurde, was dem

Kat. 355

Jahr 397 nach der Hedschra entspricht. Das Ende der Inschrift enthält einen Hinweis auf die Auferstehung *(resurgat in bita eterna)* und eine Anspielung auf den Heiligenkult *(cum omnibus sanctis)*. Das Bemerkenswerte dieser Inschrift ist das Nebeneinander der christlichen und der muslimischen Zeitangabe. Auch ist auffallend, dass die Schrift, trotz eines antiken Erbes und möglicher mozarabischer Einflüsse, in ihrer dekorativen Gestaltung am ehesten der arabischen Kalligrafie Kairouans angenähert werden kann. Zuletzt und vor allem ist die Datierungsformel *annorum infidelium*, die zur Bezeichnung von Muslimen in einem christlichen Umfeld nicht ungewöhnlich wäre, in einem Zentrum der islamischen Welt mehr als erstaunlich.

Datierung, Formular und Schrift gleichen zwei anderen christlichen Grabsteinen in Kairouan und lassen Rückschlüsse auf das dortige geistige Klima zur Zeit der Ziriden-Dynastie zu: ein Klima der Toleranz und des kulturellen Austauschs.

Lit.: Cacan de Bissy / Petit 1982, 217 Nr. 288.
M.Ra.

Kat. 356

Kat. 357
Hängeleuchter
Aus der Großen Moschee von Kairouan
10./Anfang 11. Jh. (4./Anfang 5. Jh. n. der Hedschra)
Bronze, Dm. 31 cm
Kairouan, Musée des arts islamiques

Runder, durchbrochen gearbeiteter Bronzeleuchter, dessen neun kreisförmige Elemente zur Aufnahme der Lämpchen bestimmt sind. Zentraler Ring mit Rosette, außen herzförmige Verstrebungen. Der Kairouaner Leuchter lässt sich mit Polykandela vergleichen, die in Ägypten, Syrien und Spanien gefunden wurden. Die byzantinische oder koptische Herkunft der Herstellungstechnik und der Dekoration ist unbestreitbar.

Lit.: Marçais / Poinssot 1952 449
Abb. 102. M.Ra.

Kat. 357

DIE ERINNERUNG

J. Naue's Fresken aus Heinrich Lingg's Villa Seewarte am Bodensee: Der Vandalenkönig Geiserich. Nach dem eigenen Carton auf Holz gezeichnet von J. Naue.

GEISERICH.

J. Naue's Fresken aus Heinrich Lingg's Villa Seewarte am Bodensee: Der Vandalenkönig Geiserich. Nach dem eigenen Carton auf Holz gezeichnet von J. Naue.

GEISERICHS LANGER SCHATTEN

Das Bild der Vandalen in Mittelalter und Neuzeit

von Roland Steinacher

Sowohl das „vandalische" Jahrhundert in den römischen Provinzen Nordafrikas wie auch die Vandalen selbst, als im spätrömischen Reich agierender militärischer Verband, waren und sind mit einer Fülle von Projektionen und Geschichtsbildern aufgeladen. In den letzten Jahrzehnten ist es der historischen wie archäologischen Forschung jedoch zumindest im wissenschaftlichen Diskurs weitgehend gelungen, diese zu relativieren. Die größeren der im 5. und 6. Jahrhundert innerhalb der oder an den Grenzen des römischen Reiches erscheinenden *gentes* wie Goten, Vandalen, Franken, Burgunder oder Langobarden zogen seit dem frühen Mittelalter eine Vielzahl von Identifikationen und (Gründungs-)Mythen auf sich.

Die Goten spielten dabei eine besondere Rolle: Im 16. Jahrhundert prägte eine humanistische Interpretation ihrer Geschichte – die „Geschichte der Wanderungen der Völker" (*De gentium aliquot migrationibus*) des Hofbibliothekars Kaiser Ferdinands I., Wolfgang Lazius – den für uns scheinbar so selbstverständlichen Begriff „Völkerwanderung". Die Darstellung der Völkerwanderung durch Lazius verfolgte keinen anderen Zweck, als das im 16. Jahrhundert so ausgedehnte habsburgisch-spanische Reich zu einem zusammenhängenden Ganzen mit uralten historischen Wurzeln in der Antike zu stilisieren: Auf ihren Zügen, die durch

Zeiten der Sesshaftigkeit unterbrochen wurden, hätten die Goten die durchwanderten Länder vom Schwarzen Meer bis Cádiz geprägt und diese Länder seien nun unter habsburgischer Herrschaft wieder vereint.

Auch in Schweden wollte man seit dem hohen Mittelalter eine gotische Identität als Teil des eigenen politischen Selbstverständnisses instrumentalisieren und konnte sich dabei auf die *Getica* des Jordanes und ihre Ursprungserzählungen wie Wanderungsberichte stützen. Der Bischof Johannes Magnus veröffentlichte im 16. Jahrhundert eine auf solchen Spekulationen fußende Geschichte und lieferte für den schwedischen Gotizismus eine Diskussionsgrundlage, die bis ins aufgeklärte 18. Jahrhundert sehr ernst genommen wurde. Die Vandalen spielten in solchen schwedischen Legitimationsversuchen nur eine Nebenrolle.

Humanisten in deutschen Ländern wie Beatus Rhenanus oder Jakob Wimpheling stilisierten die Eroberer des dekadenten Römerreiches, nicht selten aus einem antikatholischen, protestantischen Reflex, zu Vollstreckern einer historischen Notwendigkeit und wollten die völkerwanderungszeitlichen Gruppen zu den direkten Vorfahren der neuzeitlichen Deutschen machen (Beatus Rhenanus: „Unser sind der Goten und Vandalen Triumphe").

Konstruierte Vergangenheit

Nachdem 1470 die *Germania* des Tacitus in Venedig im Druck erschienen war, gab es nördlich der Alpen und östlich des Rheins eine breite Identifikation mit den *gentes* des 5. und 6. Jahrhunderts. Konrad Peutinger gab 1515 zum ersten Mal die *Getica* des Jordanes/Cassiodor heraus und im gleichen Band wurde die *Historia Lango-*

⇦ Der Vandalenkönig Geiserich, abgedruckt in der „Illustrierten Zeitung" von 1869 nach einer Zeichnung von Julius Naue. Der Archäologe und Künstler Naue hatte das Bild für einen Freskenzyklus germanischer Könige für die „Villa Seewarte" in Lindau am Bodensee entworfen. Hermann Lingg, Bruder des Auftraggebers, war als Dichter Schöpfer eines umfangreichen Epos über die Völkerwanderung. Die Fresken der Villa sind heute übermalt.

Geiserich als Vorbote des Weltendes

von Helmut Castritius

Schon den Zeitgenossen galt König Geiserich als gewaltiger und gefürchteter Herrscher, wie es die ihm beigelegten Epitheta (Beinamen) bezeugen. Der öffentlichen Wahrnehmung in der Völkerwanderungszeit mochten aber auch andere Herrscherpersönlichkeiten in diesem Licht erscheinen, so der Hunne Attila, der Ostgote Theoderich oder der Franke Chlodwig. Von diesen und von anderen Anführern der barbarischen *gentes* (Stammesverbände) unterschied sich Geiserich allerdings in einer Hinsicht, die weit über den Typus des Barbarenkönigs hinausging. Man brachte ihn nämlich mit dem Antichrist der Apokalyptik in unmittelbare Verbindung, deutete ihn in einer Zeit, die wegen des zu erwartenden Weltendes um das Jahr 500 hoch sensibilisiert war, als den unmittelbaren Vorboten des Weltendes.

Da nach der Vorstellung der frühen Christen die Welt endlich war – als Schöpfung Gottes hatte sie einen Anfang und musste folglich auch ein Ende haben –, und man für ihre Dauer in der Regel 6000 Jahre ansetzte, dabei die Geburt Christi auf das Jahr 5500 der geschaffenen Welt festgelegt wurde, kam dem Jahr 500 (n. Chr.) eine besondere Bedeutung zu. Nach verbreiteter Auffassung wurden das Ende der Welt, die Wiederkunft Christi und das Jüngste (Letzte) Gericht vom Erscheinen des Antichristen eingeleitet. Vom Aussehen des Antichristen gibt es zahlreiche Beschreibungen, wobei die Asymmetrie seiner Gestalt als typisch für sein Aussehen angegeben wird. Besonders der oströmische Kaiser Anastasios I. (491–518) erfüllte alle dem Antichrist zugeordneten Kennzeichen.

Mithilfe der bei den frühen Christen sehr beliebten Zahlenspielereien brachten die Katholiken Nordafrikas auch Geiserich mit dem Antichrist in Verbindung. Im *Liber Genealogus*, einer donatistischen Redaktion biblischer Informationen auf der Grundlage einer frühchristlichen Chronik, wird der Name Geiserichs – in der Form GENSERIKOS – nach dem Zahlenwert der griechischen Schreibung als das endzeitliche Tier (*Apokalypse des Johannes* 13, 18: „666") und damit als Antichrist enttarnt. Ein körperliches Defizit Geiserichs mag für diese Identifizierung zusätzlich zu seinem Ruf als Christenhasser und -verfol-

Münze des Anastasios I. (oströmischer Kaiser von 491–519). Im „Akakianischen Schisma" war er in Konflikt mit dem Bischof von Rom geraten. Zudem hatte er den Quellen zufolge zwei verschiedenfarbige Pupillen, wodurch er wie Geiserich manchem als „Antichrist" galt. Badisches Landesmuseum.

ger der katholischen Orthodoxie den Anstoß gegeben haben: Der König hinkte nach einem Sturz vom Pferd stark (bei den Kaisern Zeno und seinem Nachfolger Anastasios waren es andere auffallende körperliche Gebrechen bzw. Besonderheiten, die sie äußerlich in die Nähe des Antichristen zu rücken schienen).

Lit.: Brandes 1997 – Möhring 2000

bardorum des Paulus Diaconus abgedruckt. Zusammen mit der *Germania* des Tacitus stellten diese Texte nun den Ausgangspunkt der Konstruktion einer „germanischen" Vergangenheit dar. Erst seit der frühen Neuzeit war man also wieder bei einem Germanenbegriff angekommen, der dem Caesars und Tacitus' entsprach, in den Jahrhunderten dazwischen kann von einer solchen Kategorie keine Rede sein.

Im Gegensatz zu den positiven Interpretationen der Völkerwanderung rechts des Rheins, positionierten sich italienische und französische Humanisten gegen die kulturzerstörenden Eindringlinge aus dem Norden. Eine Folge solcher Debatten ist, dass im heutigen Italienischen und Französischen die „Völkerwanderung" als „barbarische Invasion" (*invasione barbarica/grandes invasions*) bezeichnet wird, also mit dezidiert negativer Konnotation. Solche französischen Bewertungen des 15. und 16. Jahrhunderts sind unter anderem auch Voraussetzung für den Begriff des „Vandalismus" (*vandalisme*), der im 18. Jahrhundert geprägt wurde (s. S. 422). Andere waren die regen Editionstätigkeiten im Frankreich des 17. und 18. Jahrhunderts, die viele Märtyrertraditionen und Wundergeschichten der Spätantike und des frühen Mittelalters wieder in ein allgemeineres Bewusstsein riefen.

Die Rezeption des Vandalennamens ist nicht nur außergewöhnlich kompliziert, sondern auch vielseitig und geht weit über die genannten frühneuzeitlichen Kontexte hinaus. Vormoderne „Gelehrten-Denkweisen" zu beschreiben ist auch deshalb so schwierig, weil Ordnungsmodelle wie etwa die antike Ethnografie, die biblischen Texte oder Isidor von Sevilla im Hintergrund standen, die jeweils selbst einer Erklärung bedürfen. Auch basierten die Denkmodelle mittelalterlicher Gelehrter oft nur auf sprachlichen oder biblischen Assoziationen, und einmal niedergeschriebene Traditionen wurden über Jahrhunderte immer wieder aufgegriffen. Erst die universitäre Wissenschaft des 18. und 19. Jahrhunderts und ihre intellektuellen Vorgänger in der Aufklärung verwarfen solche oft 1500 Jahre lang verwendeten Traditionsstränge und ersetzten sie durch die uns vertrauten Typologien. Die Vandalen betreffend ist ein solcher Vorgang im Urteil Conrad Mannerts, dem Verfasser der ersten wissenschaftlichen deutschsprachigen Monografie zur

vandalischen Geschichte aus dem Jahr 1785, greifbar, der sich zur Frage der mittelalterlichen Verwendungen des Vandalennamens wenig optimistisch äußerte: „Den Spuren der übrigen Haufen nachzuforschen, oder anzuzeigen, wie oft der Name der Vandalen bey verschiedenen Schriftstellern in verschiedenen Gegenden und Kriegen um diese Zeit [d. h. dem Mittelalter] noch vorkommt, würde unnüz, weitläufig, ermüdend, und das erstere auch wohl unmöglich seyn."

Titelkupfer der *Wandalia* des Albertus Krantz (1519), s. Kat. 358

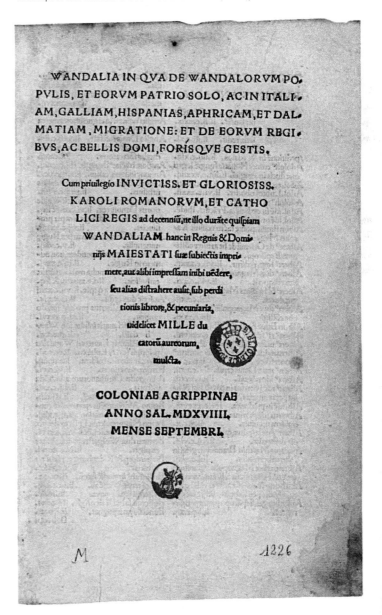

Hunerichs seltsames Ende

von Roland Steinacher

Der Bischof Victor von Vita erzählt in seiner Geschichte der Verfolgung der afrikanischen Katholiken durch die Vandalen (*Historia persecutionis africanae provinciae*) vom ungewöhnlichen Tod des Königs Hunerich am 22. Dezember 484. Am Schluss seiner Verfolgungsgeschichte berichtet er davon, wie Würmer aus dem Leib des noch lebenden Königs hervorgekrochen sein sollen, sein Körper zu faulen begann und man schließlich den in Teile zerfallenen Leichnam bestatten musste. Victors Text wurde im Mittelalter häufig abgeschrieben und erfreute sich einer relativ großen Bekanntheit. Davon zeugt der Kupferstich Jan Luykens aus dem Jahr 1685: *Dei iudicio scatens vermibus vitam finivit* („Durch Gottes Urteil beendete er von Würmern zerfressen sein Leben"). In der französischen Bildlegende ist *Honoricus* der *roi des Vandales*, in der deutschen der *Wenden König*, ein schönes Beispiel für die bis ins 18. Jahrhundert übliche Gleichsetzung von Wenden und Vandalen.

Interessant ist bei dieser Geschichte das Alter des Motivs, das weitab von der Verwendung im römisch-vandalischen Nordafrika seine Wurzeln hat. Der durch Würmer verursachte Tod eines Verfolgers der Rechtgläubigen, das Verfaulen bei lebendigem Leib und die Auflösung des Körpers in einzelne Teile ist ein Rückgriff auf die biblischen Motive vom Ende des hellenistischen Königs Antiochos Epiphanes im zweiten Makkabäerbuch und der Bestrafung des Herodes Agrippa in der Apostelgeschichte. Auch in den Erzählungen über die Todesarten der Verfolger bei Lactanz hat das Motiv seinen Platz.

Ein schreckliches Ende – der Tod des Hunerich, wie ihn sich Jan Luyken vorgestellt hat

Das Motiv hatte aber schon einen weiten Weg hinter sich, als es zuerst in die biblischen und dann in die Texte der Kirchenväter (Lactanz und eben auch Victor von Vita) Eingang fand. Es war aus der griechischen in die hellenistisch-jüdische, wie zum Beispiel in die *Jüdischen Altertümer* des Flavius Josephus, gekommen und erst aus dieser in die christlich-lateinische Literatur. Die Makkabäerbücher und die Apostelgeschichte dürften eine Brückenfunktion zwischen der antiken Profanliteratur und den Texten des 4. und 5. Jahrhunderts gehabt haben. In der älteren griechischen und lateinischen Literatur findet sich das Motiv, dass Frevler oder die Verfolger der Rechtgläubigen durch diese Todesart insofern gekennzeichnet werden, als der sonst erst nach dem Tod einsetzende Vorgang der Verwesung bei ihnen schon am lebendigen Leib beginnt. Und das schon seit dem 5. Jahrhundert vor Christus: Herodot bringt in seinen *Historien* die novellenhafte Geschichte der Pheretime, Königin von Kyrene, die einen ähnlichen Tod sterben muss, nachdem sie übertrieben grausam die Belagerung einer Stadt mit dem Massenmord an deren Einwohnern beendet hatte. Für Sulla und eine Reihe weiterer Personen sind es keine Würmer, sondern Läuse an denen der jeweilige Wüterich bei lebendigem Leib zugrunde geht. Es bleibt dasselbe alte Motiv. Ein Jahrtausend literarischer Tradition wird so in einen Zusammenhang gebracht. Nicht nur der Vandalenkönig Hunerich galt als Bösewicht.

Lit.: Steinacher 2003

Völkertafeln und Chroniken

Das Ethnonym (der Völkername) *Vandali* wurde in süddeutschen Schreibschulen bereits im frühen Mittelalter vor dem Hintergrund der Rezeption der sogenannten „fränkischen Völkertafel" (*Tabula Gentium*) gänzlich unabhängig von der historischen Rolle der Vandalen eingesetzt, um politische Ordnungsmodelle für das merowingische bzw. karolingische Europa zu gestalten. Acht jeweils unterschiedliche Fassungen dieser Völkertafel nennen 12 bzw. 13 Völker, und zwar neben verschiedenen germanischsprachigen *gentes* auch die *Romani* und die *Britones*. Die Völker sind in drei Gruppen geordnet, von denen jede einen Stammvater zugewiesen bekam. Nach Isidor von Sevilla stehen Noahs Söhne, die biblischen Stammväter Japhet, Sem und Ham, am Anfang einer Genealogie aller menschlichen Völker Europas, Asiens und Afrikas (im antiken und mittelalterlichen Verständnis dieser Erdteile) in der *Tabula Gentium*. Von Japhet stammen über weitere Generationsfolgen die drei Brüder Ingo, Armenius und Istius ab, und von diesen werden die meisten in spätantiken und frühmittelalterlichen Schreibstuben bekannten Ethnonyme abgeleitet. Die Namen dieser drei Japhet-Nachkommen aber stammen aus der *Germania* des Tacitus der römischen Kaiserzeit und entsprechen in dieser völkerkundlichen Schrift den *Ingaevones*, *Herminones* und *Istaevones*. Diesbezüglich wurde von Walter Goffart eine Tacitusrezeption im Konstantinopel des 6. Jhs und eine Kategorisierung von „Germanen" als den Menschen im – von Byzanz aus gesehen – Westen Europas, also dem Frankenreich, vermutet. Die Vandalen sind Kinder des Armenius und stehen mit den Goten, Gepiden und Sachsen in einer Abstammungslinie; Romanen, Briten, Franken und Alamannen sind Abkömmlinge des Istius; Thüringer, Langobarden, Burgunder und Baiern sind Kinder Ingos.

Im 9. Jahrhundert findet sich in einer sogenannten Glossenhandschrift des süddeutschen Raums, also einer Liste von Begriffen, die erklärt und erläutert werden, der Eintrag *UUandalus id est uuinid* („Ein Vandale, das ist ein Wende"). Eine solche Gleichsetzung von Vandalen und Wenden erscheint in den folgenden Jahrhunderten in einer Reihe von Annalen: dem *Chronicon Vedastinum* aus dem 10. Jahrhundert, bei Adam von Bremen in seiner Geschichte des Bistums Hamburg (*Gesta Hammaburgensis ecclesiae pontificum*) aus dem 11. Jahrhundert und in der Slawenchronik des Helmold von Bosau aus der Mitte des 12. Jahrhunderts. Weitere Quellen des 12. Jahrhunderts – wie die bayrische Lebensgeschichte der Heiligen Marinus und Annianus, Gottfried von Viterbo, Heinrich von Huntingdon, Gervasius von Tilbury, das *Chronicon* des Balduin von Ninove, die Enzyklopädie des Bartholomaeus Anglicus und Saxo Grammaticus – nennen die Slawen ebenso Vandalen. Wie kam es aber zu dieser Gleichsetzung, die eine lange Rezeption bis ins 18. Jahrhundert haben sollte?

Die wahrscheinlichste Erklärung ist, dass die Kenntnis der oben beschriebenen Völkergenealogie der *Tabula Gentium* im fränkisch-süddeutschen Bereich die Ausgangsbasis und der Hintergrund für die Gleichsetzung der Slawen (die auch als Wenden bezeichnet wurden) mit den Vandalen war. Aus manchen der genannten Texte, die die Gleichsetzung vornehmen, lässt sich eine Kenntnis dieser Genealogie erschließen oder eine Form der Völkertafel findet sich sogar in der gleichen Handschrift bzw. ist Teil des betreffenden Texts selbst. Da die Vandalen nach 533 keine historisch benennbare Rolle mehr spielten, stand ihr prominenter

Medaille mit dem Porträt der Königin Christine von Schweden. Die Legende verweist auf ihren Anspruch, auch Herrscherin der Goten und Vandalen zu sein. Badisches Landesmuseum

Inschrift auf dem Sarkophag der Königin Christine im Petersdom zu Rom

und bekannter Name sozusagen zur Verfügung, man könnte auch sagen, ein Platz in der Völkergenealogie war frei und konnte mit neuen Inhalten gefüllt werden, vielleicht auch weil das geläufige *winid/wende* zumindest eine gewisse lautliche Assoziation ermöglichte und man ja aus den Ethnografien der Kaiserzeit (Plinius, Tacitus, Ptolemaios) von Vandiliern grob in der Gegend des heutigen Polen zu wissen glaubte. Die *Tabula* bot mit den enthaltenen Völkergenealogien die Möglichkeit, die ethnischen und politischen Verhältnisse des frühmittelalterlichen Europa in eine Struktur zu bringen. Mit der Gleichsetzung wurden die Verhältnisse, die das Erscheinen slawischer *gentes* in den Jahrhunderten zuvor geschaffen hatte, in ein europäisch-fränkisches Geschichtsbild integriert. Konnte man nun auch noch den aus den abgeschriebenen Kirchenvätertexten gut bekannten Vandalennamen verwenden, umso besser, denn mittelalterliche Intellektualität war in einem hohen Maß auf das Erklären der Schöpfung durch die vorhandenen überlieferten Texte und Begriffe ausgerichtet.

Wenden und Vandalen

Teilweise lässt sich seit dem 12. Jahrhundert in den Quellen eine Verengung des Begriffs Wenden/Vandalen auf elbslawische Gruppen im Bereich zwischen Saale, Oder und Ostsee beobachten. In dieser Zeit wurden ver-

stärkt Geschichtsmodelle in wiederum neuen Kontexten geschaffen, die den inzwischen formierten politischen Gruppen (Dänen, Polen, Ungarn oder Tschechen und anderen osteuropäischen Königreichen) einen Platz im gelehrten Weltbild geben sollten. Spätere polnische Beispiele solcher Geschichtswerke, die *Chronica Polonorum* des Vincentius Kadlubek, die Fortsetzung derselben durch Mierszwa und die Chronik des Baszko/Boguphal bieten Varianten einer Erzählung, die nun die Polen von den Vandalen abstammen lässt. Noch im Geschichtswerk des Jan Dlugosz aus dem 15. Jahrhundert findet sich der Satz *Vandali, qui nunc Poloni dicuntur* („Die Vandalen, die nun Polen genannt werden"). Der Ansatzpunkt der genannten polnischen Geschichtsbilder des 12. bis 15. Jahrhunderts war wiederum eindeutig die Völkergenealogie aus der *Tabula Gentium*.

Die Verwendung des Vandalennamens in für unsere Begriffe nicht historisch belegbaren Kontexten hatte also in der frühen Neuzeit bereits eine lange Tradition. Der Humanist Albertus Krantz (1448–1517) arbeitete mit dieser in seiner 1519 postum erschienenen *Wandalia*. Geschrieben hat er die Geschichte verschiedener, in seiner Zeit – allein schon durch den hanseatischen Handel – ökonomisch und politisch eng verbundener slawischer Völker, hanseatischer Städte und des herzoglich mecklenburgischen Hauses, die er allesamt mit gelehrter Mühe an die antiken Vandalen anzuschließen trachtete.

Als Folge der genannten mittelalterlichen Traditionen und später gefestigt durch den relativ bekannten Krantz war schon seit dem 14. Jahrhundert die Bezeichnung „wendische Städte" mit der lateinischen Entsprechung *Wandalicae urbes* für die Hansestädte Lübeck, Rostock, Stralsund, Greifswald, Riga, Elbingen, Königsberg, Wismar und Lüneburg gebräuchlich. Die Hansestädte waren in Gruppen mit einer landschaftlichen Gliederung, sogenannten Quartieren, unterteilt. Das Quartier mit dem Vorort Lübeck, das die aufgezählten Städte umfasste, wurde als „wendisches/vandalisches Quartier" bezeichnet. Auch im Namen des pommerschen Teilherzogtums Wenden fand sich die latinisierte Form *Ducatus Vandaliae* und diese politisch-gelehrte Terminologie führt zu einem weiteren Kapitel des Nachlebens des Vandalennamens.

Schweden, Goten und Vandalen

Aus solchen Zusammenhängen erklärt sich der schon seit dem Hochmittelalter manchmal in der dänischen und seit Gustav I. Wasa (1523–1560) explizit auch in der schwedischen Königstitulatur verwendete Wenden- bzw. Vandalenname. Hier fand die Rezeption der Vandalen ihren prominentesten Platz in der neueren Geschichte Europas. Um 1540 erscheint in königlichen Schriftstücken erstmals die Form *Sveriges, Göthes och Wendes Konung* mit der lateinischen Entsprechung *Suecorum, Gothorum Vandalorumque rex* ("König der Schweden, Goten und Vandalen/Wenden"). Diese Formeln brachten, wie die auf den dreiteiligen Titel bezogenen drei Kronen im schwedischen Reichswappen, den Anspruch der schwedischen Monarchie im Ostseeraum, dem heutigen Baltikum, Polen und Deutschland, zum Ausdruck. Erst der schwedische König Carl XVI. Gustav verzichtete bei seiner Thronbesteigung 1973 auf Verweise auf Goten und Vandalen. Königin Kristina von Schweden (1626–1689) hatte nach innenpolitischen Verwicklungen abgedankt, war 1655 in Innsbruck zum Katholizismus konvertiert und nach ihrem Tod im Petersdom in Rom als prominente Glaubenszeugin begraben worden. Selbstverständlich wurde für die Beschriftung ihres Grabes der ihr zustehende Titel *Regina Suecorum, Gothorum Vandalorumque* verwendet (s. Abb. linke Seite).

In der frühen Neuzeit, in der ganz Europa nach einem Ursprung in der antiken Welt suchte, war es für eine recht junge Monarchie im äußersten Norden von großer Wichtigkeit, hier einen Anknüpfungspunkt zu finden. Das gelehrte schwedische Spiel mit der gotischen Vergangenheit wurde schon erwähnt, der Vandalenname aber brachte einen weiteren Vorteil. Durch seine Unschärfe konnte er ebenso als zweite antike Wurzel der altehrwürdigen Schweden wie auch als Anspielung auf Herrschaftsrechte über slawische oder baltische Gebiete im Ostseeraum verstanden werden. Bis 1815 war etwa Vorpommern schwedisch, und die politischen Ansprüche Schwedens umfassten weite Gebiete des Baltikums und anderer Länder, etwa auch der Insel Rügen und des Ostseeraums insgesamt. Der Herrschaftslegitimation Schwedens diente also eine postulierte, aber nie so deutlich wie die gotische ausgearbeitete, alte vandalisch-wendische Geschichte.

Gustaf Adolf, König der Schweden, Goten und Vandalen (SVEC.GOT. WAND.REX). Silbermedaillon, Badisches Landesmuseum.

Erwähnt werden müssen noch zwei weitere Gelehrte, die, in gewisser Weise Krantz fortsetzend, Geschichtsmodelle für Mecklenburg entwickelten. Johannes Simonius (1565–1627) bot in seiner 1598 geschriebenen *Vandalia* ein Konzept, das eine "deutsche" bzw. germanische Wurzel Mecklenburgs zu belegen versuchte. Die nabodritische Herrscherdynastie, die in Mecklenburg bis 1918 regieren sollte, hatte ein starkes Interesse an einer durch solche Geschichtsbilder abgesicherten Gleichwertigkeit und Zugehörigkeit gegenüber den anderen Reichsfürsten. Auch mag eine gewisse Konkurrenz zu Schweden und seinen im Titel gotisch-vandalischen Königen eine Rolle gespielt haben. Die mecklenburgischen Wenden waren nach Simonius erst im Jahr 500 aus den Slawen und antiken Vandalen entstanden. Er teilte die Wenden auf Basis der Völkernamen, die Helmold von Bosau in seiner Slawenchronik verwendet hatte, in vier nach den Himmelsrichtungen geordnete Gruppen ein. Der von Simonius verwendete Überbegriff für die westliche slawische Gruppe, aus der die Mecklenburger und damit auch die nabodritische Dynastie entstanden sind, ist gemäß seiner Vorstellung von der "Ethnogenese" der mecklenburgischen Wenden *Slavo-Vandalica*.

Gründungslegenden

Eine weitere Bearbeitung und Ausschmückung dieser Grundlagen legte 1610 Bernhard Latomus mit seinem *Genealochronicon Megapolitanum* vor. Zur Zeit der Zerstörung Trojas seien die Vandalen nach Paphlagonien gewandert, nannten sich darauf *Henetoi* und gründeten von dort aus Venedig. Die griechisch gewordenen Vandalen flohen vor den Persern unter Xerxes nach Thrakien und siedelten sich dort bei Abdera an. Deshalb nannten sie sich bald Abderiten, was den slawischen Abodriten eine antike und gleichzeitig eine germanische Wurzel gab. Damit war der Zweck des Werks, nämlich der mecklenburgischen Herzogsdynastie eine würdige Wurzel herbeizuschreiben, erfüllt. Latomus ging aber noch weiter. Über abenteuerliche Geschichten und Genealogien mit einer verwirrenden Vielfalt von Personen zog er eine Linie von Alexander dem Großen nach Schweden und zu den Kimbern, die eine seiner Sagengestalten den ja ebenfalls vandalischen Venezianern gegen Marius zu Hilfe gesandt haben soll. Mit alten vandalisch-mecklenburgischen Ansprüchen auf Schweden, Finnland und Sarmatien und der Idee, die Heruler, Vandalen und Burgunder seien auf Geheiß mecklenburgischer Fürsten nach Italien gezogen, klingt das Werk aus. Durch die Italienzüge sei das Land entvölkert worden, und es wären sarmatische Wenden nach Mecklenburg gekommen, die aber eben nur einen Teil der Landestradition tragen sollten. In der mecklenburgischen Hofhistoriografie des 16. und 17. Jahrhunderts wurde auf Basis der Identifikation der Wenden mit den antiken Vandalen und den Mitteln der literarischen Fiktion das ehrwürdige Alter des mecklenburgischen Hauses hervorgehoben. Besonders zu betonen ist der, im Verhältnis zu einer recht unklaren Vorstellung von einer überregionalen aktuell-politischen wie historisch-antiken Identität, klarer ausgeprägte lokale Patriotismus. Solche Konstrukte basierten auf der mittelalterlichen Gleichsetzung von Wenden und Vandalen und waren für einen gebildeten Leser zunächst kein Widerspruch. Ein solcher wird eher den intellektuellen Reflex gehabt haben, endlich zu verstehen, was von den Autoren des Mittelalters nur angedeutet worden war.

Die beschriebenen Texte haben leider eine schauerliche Aktualität. Eindringlich zu warnen ist vor immer wieder zu lesenden Versuchen, deren Urheber meist aus einem rechtsextremen Hintergrund kommen, die Geschichtsbilder des Albert Krantz, des Latomus und Simonius, meist gemeinsam mit Adam von Bremen oder Helmold von Bosau, als Reste einer sonst vergessenen historischen Wahrheit darzustellen, nach der alle slawischen Ethnien eigentlich germanischen und eben vandalischen Ursprungs gewesen sein sollen. Solcherlei Hetzschriften wollen meist den Anspruch einer deutschen Vorherrschaft in Osteuropa oder Russland belegen und im Nachhinein den Angriff Nazideutschlands auf die Sowjetunion rechtfertigen, disqualifizieren sich aber allein schon durch den Grundfehler, bei der Quellenkritik frühneuzeitliche, antike und mittelalterliche Quellen erstens wörtlich und zweitens gleichwertig zu behandeln.

Lit.: Andermann 1999 – Berndt / von Rummel / Steinacher 2006 – Bömelburg 2006 – Borst 1957–1963 – Donecker / Steinacher 2009 – Goffart 1983 – Kersken 1995 – Krantz 1519 – Mannert 1785 – Messmer 1960 – Nordmann 1934 – Steinacher 2004 – Steinacher 2004a – Steinacher 2005 – Strzelczyk 1998

Kat. 358 *(s. Abb. S. 405)*
„Wandalia"
von Albert Krantz
Köln 1519
Papier, H. 31,7 cm, B. 21,5 cm
Paris, Bibliothèque nationale de
France: Département des livres rares,
Inv. Résac. M 1226

Der Humanist und Diplomat Albert Krantz
verfasste im Zeitraum von 1500–1502, mit
Nachträgen bis 1504/9, sechs Bücher zur
Geschichte des nordeutsch-hanseati-
schen Raumes. Die Werke *Wandalia, Sa-
xonia, Chronica regnorum aquilonarium
(Dania, Suecia, Norvagia)* und *Metropolis*
wurden postum veröffentlicht und stehen
in humanistischer Tradition.

Der volle Titel des vorliegenden Werkes
*Wandalia, in qua Wandalorum populis et
eorum patrio solo, ac in Italiam, Galliam,
Hispanias, Aphricam* [sic] *et Dalmatiam
migratione et de eorum regibus, ac bellis
domi, forisque gestis* gibt Aufschluss über
dessen Inhalt: die Vandalen, das vandalische
Volk und deren Heimat, ihre Wanderungen
in Italien, Gallien, Spanien, Afrika und Dalmatien, die vandalischen Könige, ihre Kriege
und deren Handlungen, um die Macht zu
erlangen.

Lit.: Bretscher-Gisiger 2000, 5, 1475 (A. Co-
sanne). – Bautz 1992 IV 605 f. (R. Tonberg). R.H.

Kat. 359 *(ohne Abb.)*
„Historia Gothorum, Vandalorum
et Langobardorum"
von Hugo de Groot
Delft 1655
Papier, H. 19,2 cm, B. 12,2 cm
Paris, Bibliothèque nationale de
France: Département des Réserves,
Inv. Résac. J 14480

Die Studien von Albert Krantz schufen
die Grundlage für das postum veröffentlichte Geschichtswerk des Politikers und
Rechtsgelehrten Hugo Grotius. Während
der Zeit als unbezahlter schwedischer
Beauftragter in Paris 1645 schrieb er eine
Historia Gothorum.
Er schildert die Geschichte dreier Stämme
– Goten, Vandalen und Langobarden –,
die vom nördlichen Skandinavien in den
Süden wanderten. Dabei betrachtet er die
unterschiedlichen historischen Entwicklungen und Glaubensvorstellungen der
Stämme. Den Herkunftsort der Vandalen
sieht er dabei in der mythischen Ozean-
insel Thule.

Lit.: Hultén / von Plessen 2001, 121.   R.H.

Kat. 360
„Geschichte der vandalischen
Herrschaft in Afrika"
von Felix Papencordt
Verlag Duncker und Humblot, Berlin 1837
Papier, H. 20 cm, B. 13,5 cm,
Privatbesitz

Felix Papencordt schrieb in einer Zeit neu
erwachten deutschen Nationalbewusst-
seins eine Geschichte über die innere und
äußere Entwicklung des Vandalenreiches
in Nordafrika. Er distanzierte sich von der
Vorstellung, den Namen der Vandalen mit
„der größten Grausamkeit, Hinterlist und
Barbarei" zu verbinden (S. 18). Die Vandalen seien, ebenso wie die West- und Ostgoten, im römischen Reich als „frisches,
die geschwächten Kräfte belebendes
Bildungselement" (S. III) aufgetreten und
ebenso siegreich und tapfer gewesen wie
jede andere germanische Stammesge-
meinschaft dieser Zeit. Das negative Bild
der Vandalen sieht er in der zeitgeschicht-
lichen Überlieferung begründet.

Lit.: Steinacher 2008, 243.   R.H.

Kat. 360

Bilder aus dem Altertume.
XX. Die Römer. Von H. Leutemann.

Kat. 361

556

Plünderung Roms durch die Vandalen.

Münchener Bilderbogen.
6. Auflage.
(Alle Rechte vorbehalten.)

Nro. 556.

Universitäts-Buchdruckerei von Dr. C. Wolf & Sohn in München.

Herausgegeben und verlegt von **Braun & Schneider** in München.

Kat. 361
„Plünderung Roms durch
die Vandalen"
(Münchener Bilderbogen Nr. 556)
von Heinrich Leutemann
1872
Verlag Braun & Schneider, München
kolorierter Holzschnitt, H. 66,5 cm
Konstanz, Wessenberg-Bibliothek,
Sig. 21246

Der Buch- und Zeitschriftenillustrator Leutemann fing, orientiert am bildungsbürgerlichen Wissenskanon seiner Zeit, für die Münchener Bilderbogen und andere populäre Werke scheinbar archetypische Szenen und Schlüsselereignisse aus der Geschichte der antiken Welt ein – hier die Plünderung Roms unter Geiserich im Jahr 455. Im Zentrum des Bildes ist ein Reiter mit unhistorischem Flügelhelm, offenbar der Vandalenkönig selbst, zu sehen. Vor ihm Römerinnen, die als Gefangene weggeführt werden – sicherlich die Kaiserinwitwe Eudoxia und ihre Töchter. Im Vordergrund entdeckt der Betrachter das Tiberufer, an dem eine griechisch anmutende Gewandstatue aus Marmor, Metallgefäße, römische Feldzeichen und der siebenarmige Leuchter aus dem Jerusalemer Tempelschatz als Beute der Barbaren auf Boote verladen werden. Im Hintergrund machen sich Vandalen an den Akroteren eines Tempeldaches zu schaffen.

C.H.

Kat. 362
Entwurf zum Gemälde
„Invasion der Barbaren"
von Ulpiano Checa Sanz
Rom 1887
Öl auf Leinwand, H. 33 cm, B. 55 cm
Colmenar de Oreja, Museo Municipal
Ulpiano Checa, Inv. 3

Der erhaltene Entwurf zum Gemälde, das 1939 bei einem Brand zerstört worden ist, zeigt die Erstürmung Roms durch Barbaren. Das vom damals 27jährigen Checa am Ende eines mehrjährigen Aufenthaltes in Rom erstellte Gemälde wurde mit zwei Preisen ausgezeichnet (1887 in Madrid sowie 1888 in Wien). Es steht mit der Thematik des Historienbildes und der dynamischen Pferde- und Schlachtendarstellung bereits für die später folgenden Werke, die den Maler, Bildhauer und Kunsttheoretiker Checa berühmt machen sollten.

Lit.: Reuter 1998. – Aillagon 2008 Kat. III.12.

C.S.

Kat. 363
„König Geiserich"
von Hans Friedrich Blunck
Hanseatische Verlagsanstalt, Hamburg
1932–1936
Papier, H. 20 cm, B. 13,7 cm
Privatbesitz

Kat. 363

Hans Friedrich Blunck zählte zu den geschätzten Schriftstellern im Nationalsozialismus. Seine völkisch-nationalsozialistische Gesinnung und gerade die Vorstellung, dass es eines herausragenden Volksführers bedürfe, damit Deutschland nach dem verlorenen Ersten Weltkrieg wieder erstarken könne, werden auch in seinen Werken ersichtlich. In seinem Roman „König Geiserich" stilisiert er diesen zu einem heldenhaften, zielstrebigen Germanen, der mit großem Geschick die Wanderung der Vandalen organisierte.

Lit.: Janssen 2003, 262 f. – Dahm 2005.   R.H.

Kat. 362

Kat. 364a

Kat. 365a

Kat. 364b

Kat. 365b

Sammelbildern mit erklärendem Text in Büchern publiziert.

So auch das vorliegende Bilderbuch, das die Geschichte der Deutschen in der Frühzeit darstellen soll. Auch hier wird die „Tatkraft und Begabung" des „Führers" Geiserich (S. 68) herausgehoben und betont, dass nach dessen Tod der Niedergang des Vandalenreiches begonnen habe. Eines der Bilder zeigt die Vandalen bei der Landung in Nordafrika.

Man versuchte, mit diesen Bilderserien zur Vor- und Frühgeschichte Deutschlands bereits die Jüngeren mit einem ideologisierten Germanenbild vertraut zu machen.

R.H.

Kat. 364
„Wie unsere Urväter lebten"
von Ernst Petersen
Curt Kabitzsch-Verlag, Leipzig 1935
Papier, H. 21 cm, B. 15 cm
Karlsruhe, Badisches Landesmuseum

Es handelt sich hierbei um eine Bilderreihe nach den Gemälden des deutschen Malers und Grafikers Gerhard Beuthner, herausgegeben vom Landesamt für vorgeschichtliche Denkmalpflege in Breslau. Die Bilder sollten sich möglichst eng an den damaligen Forschungsstand anlehnen und eine Vorstellung der vergangenen Ereignisse vermitteln. Dargestellt und beschrieben sind u. a. „Wandalen wandern über das Meer (1. Jh. v. Chr.)", „In der Halle des wandalischen Fürsten", „Verbrennung eines vornehmen Wandalenkriegers" und „Wandalenkrieger bei der Heimkehr aus der Schlacht". Die Vandalen

werden auch hier als Teil der eigenen Vorgeschichte angesehen und ideologisiert: „Eine Bilderreihe aus der Vor- und Frühgeschichte des deutschen Ostens."

R.H.

Kat. 365
„Aus Deutschlands Vor- und Frühzeit"
Verlegt durch die Erdal-Fabrik,
Mainz 1938
Papier, H. 23,5 cm, B. 17 cm
Karlsruhe, Badisches Landesmuseum,
Inv. 2009/450

Die Firma ERDAL-Werner & Mertz, die durch die Herstellung von Schuhpflegemitteln bekannt wurde, gab ab 1927 Sammelbilder zu Werbezwecken heraus. In den 1930er Jahren wurden Serien von

Kat. 366 *(ohne Abb.)*
„Geschichte der Wandalen"
von Ludwig Schmidt
C.H. Beck'sche Verlagsbuchhandlung,
München 1942
Papier, H. 25 cm, B. 17 cm
Privatbesitz

Der Dresdner Bibliothekar Ludwig Schmidt schrieb 1901 eine „Geschichte der Wandalen", die 1942 in einer überarbeiteten Neuauflage erschien. Er beschreibt die Geschichte der Vandalen von ihren Ursprüngen in Skandinavien bis zum Untergang ihres Königreiches in Nordafrika. Dabei hält er sich eng an die Originalquellen.

Die Einverleibung der Geschichte der Völkerwanderungsstämme in die deutsche Nationalgeschichte führte dazu, dass man sich mit diesen identifizieren konnte. Man beanspruchte die Siege und Eroberungen dieser Völker für sich. Auch Ludwig Schmidt steht in dieser wissenschaftlichen Tradition. Sein Geschichtswerk liefert dennoch einen bedeutenden Beitrag zur Erforschung der vandalischen Geschichte und gilt auch heute noch in vielen Punkten als Referenz.

Lit.: Kipper 2002, 282. – Steinacher 2006, 3.
R.H.

Kat. 367
„Geiserich. Vandale ohne Vandalismus"
von Helmut W. Quast
Casimir Katz-Verlag, Gernsbach 1987
H. 23 cm
Privatbesitz

Kat. 367

Der Autor, der sich dazu des populär-wissenschaftlichen Reportagestils bedient, will das negative Bild vom „blind-wütigen" und „zerstörerischen" Vandalen als historisch nicht haltbar entlarven. Die Vandalen werden als ein Volk gezeigt, das sich mit den üblichen Motiven und Mitteln seiner Zeit unter der Führung des

Vandalenkönigs Geiserich inmitten einer fremden Umwelt ein solides Reich schuf.

U.N.

Kat. 368
„Der Vandale": historischer Abenteuerroman
von Gerd Gerber
Projekte-Verlag Cornelius GmbH, Halle 2008
3 Bände; I: Der weite Weg. II: Der Eroberer.
III: Der Herrscher, H. 20,2 cm, B. 14,5 cm

Die Trilogie schildert den Aufstieg des Vandalenkönigs Geiserichs, dem es gelang, das römische Reich in die Knie zu zwingen. Dabei werden die Protago-nisten sehr einseitig dargestellt: Auf der einen Seite die guten Vandalen und auf der anderen Seite die bösen Römer. Der Abenteuerroman ist eine Mischung aus historischer Wahrheit und Fiktion.

U.N.

Kat. 369
Graffiti – zwischen „Vandalismus" und Jugendkultur
Spraydose „Vandalex"
hergestellt von der Uniter Chemie GmbH
Aerolsoldose, H. 28 cm
Karlsruhe, Badisches Landesmuseum

Turnschuhe „Vandal"
hergestellt von der Nike AG 2009
Kunstleder, Textil, Gummi, Größe 41
Karlsruhe, Badisches Landesmuseum

„Graffiti" steht als ein Sammelbegriff für von privater Hand angebrachte Bilder oder Schriftzüge auf Oberflächen im öffentli-chen Raum – die, neben der bewussten Zerstörung von öffentlich zugänglichen Objekten, in der allgemeinen Wahrneh-mung als „Vandalismus" angesehen werden. Es gibt viele Arten von Graffiti, die Abgrenzung ist schwer. Graffiti laviert zwischen Kritzeleien auf öffentlichen Toiletten, politischen Slogans auf Mauer-wänden, Namenskürzeln auf Automaten und in U-Bahnen bis hin zu großflächi-gen Bildern an technischen Bauten wie

Kat. 369

Kat. 368

415

Brückenpfeilern oder Stützmauern. Gibt sich diese Ausdrucksform durch ihre Akteure als jung und cool, so haben doch schon seit der Antike „Graffitis" (meist in geritzter Form) an öffentlichen Bauten Tradition. Seit etwa den 1930er Jahren sind aufgebrachte Namenskürzel verschiedener „Gangs" in den Großstädten der USA belegbar. Die Spraydose – 1927 entwickelt von dem norwegischen Ingenieur Erik Andreas Rotheim – trat ihren endgültigen Siegeszug in den 1950/60er Jahren an. Das Hantieren mit Farben und Lacken wurde zunehmend leichter. Die Blütezeit des Ganggraffiti waren dann die 1970–90er Jahre. Harald Oskar Naegeli (geb.1939) griff als „Sprayer von Zürich" diese „Kunst der Straße" auf und wurde wegen seines illegalen und zunächst anonymen Schaffens 1981 sogar von einem Züricher Gericht zu einer Haftstrafe verurteilt. Die heute mittlerweile vielerorts als Kunstform anerkannte *street art* bildet einen Fixpunkt urbaner Jugendkultur – die zwar immer noch als eine Form des „‚gezähmten' Vandalismus" ein Aufbegehren gegen die etablierte Gesellschaft beinhaltet, doch ebenso bereits Vermarktung findet: So gibt es Oberbekleidung und Mützen mit aufgedruckten Graffitis, Turnschuhserien mit Namen „Vandal" und Kunstbände zu diesem Thema. Manche Stadt und Institution wirbt mit Bildern von Graffitis um eine junges Image. Doch Produkte wie „Vandalex" als „Graffiti Remover" sollen den unerwünschten Rest von harten und glatten Oberflächen wie Glas, Ziegelstein, Beton, Plastik und glasierten Kacheln im Außen- wie Innenbereich beseitigen. Wie der Hersteller sagt: „Gel einfach auftragen, je nach Farbauftrag einwirken lassen, abwischen und fertig …"

A.S.

Kat. 370
„Die Vandalenkönige"
von Pavel Schmidt
1994, Sprengung der Gartenzwerge in Danzig / 2009, Karlsruhe
Gips, Klebeband, Eisen, Stahl, H. von 163 cm bis 217,5 cm
Leihgabe des Künstlers

Dem Schweizer Künstler Schmidt gelang mit seiner ersten Sprengung von Gartenzwergen 1994 ein Mahnmal gegen den Krieg: Die zerstörten Sieben Zwerge, von denen einer bei der Explosion pulverisiert wurde, erinnern an einen unfassbaren „Vandalen-Akt", durch den 55 Jahre zuvor der Zweite Weltkrieg ausgelöst wurde: Ein Kreuzer begann am 1. September 1939 unvermittelt mit dem Beschuss der Westerplatte in Danzig. Dort fand auch die Sprengung der Zwerge statt. Direkt danach wurden sie durch Einwickeln mit Klebeband in einen neuen (ihren jetzigen) Zustand gebracht und symbolisierten die barbarische Zerstörungswut des Zweiten Weltkriegs.
In einer genialen Zweitverwendung wurden aus Schmidts Danziger „Ur"-Zwergen sechs einheitliche, sich ähnelnde Gebilde aus Schwengelpumpenständern, Schraubstöcken und Schraubzwingen. Die als Massenware produzierten und durch die Sprengung zu Unikaten verarbeiteten Gartenzwerge sind durch die Werkzeuge, ein integraler Bestandteil von Schmidts Skulpturen, auf Augenhöhe mit dem Betrachter gebracht worden. Jeder dieser sechs Zwerge steht für einen König der Vandalen, dessen Namen er trägt: Geiserich, Hunerich, Gunthamund, Thrasamund, Hilderich und Gelimer. Die sechs Könige stehen für die Gesamtheit der Vandalen, die sich in Nordafrika im 6. Jh. sozusagen

in Nichts auflöste und erinnern an die allgemeingültige Vergänglichkeit.

Lit.: Basel 2008. – Tobler 2008. – persönliche Bemerkungen aus einem Gespräch mit Pavel Schmidt am 17. August 2009.

C.S.

Kat. 371

Kat. 371
„Construction – un pan de mur" („Konstruktion – eine Mauerfläche")
von Khaled Ben Slimane
Tunis 2009
Schamotteziegel, weiße Engobe, Unterglasurmalerei, H. 59,5 cm, B. 46 cm, T. 12 cm
Leihgabe des Künstlers

Mit Absicht lässt der bekannteste Gegenwarts-Künstler Tunesiens offen, ob die Mauer im Aufbau ist oder abgerissen wird – denn gerade dadurch wird die Frage nach Erschaffung oder Zerstörung bzw. „Vandalismus" besonders treffend zur Sprache gebracht. Die hauptsächlich verwendeten Farben des Mauerstücks, Blau, Weiß und Schwarz, verweisen auf das von den Vandalen überquerte Wasser sowie den Verlauf der Zeit (Tag-Nacht-Zyklus) und die damit verbundene Vergänglichkeit, die die – üblicherweise aus Stein erbaute – Mauer aufhebt.

Lit.: Karlsruhe 2004.

C.S.

Kat. 370

Kat. 372

„Verloren Haus und Hof"
von Hermann Weber
Karlsruhe 2009 / Schwyz 1847
Öl, Blei, Holz verbrannt, H. 265 cm,
B. 200 cm
Leihgabe des Künstlers

Hermann Webers Werk wirft vielfältige
Fragen des Lebens und des menschlichen
Daseins auf, welche prägnant Themen
eines umherziehenden und seine Heimat
suchenden Volkes aufgreifen; dazu
gehören beispielsweise die Suche nach
Sicherheit und Identität. Zu diesem Werk
schrieb er selbst im September 2009:

„Mein Haus ist eine Metapher, ein
Sinnbild des menschlichen Lebens, ein
Baustein, ein Ort.
Tage, Tage und Stunden. Bilder der Erinne-
rung. Traum. Alles vergeht, nichts bleibt,
es ist, wie es ist.
Zuhause sein, irgendwo, in der Zeit ange-
siedelt, und die Sehnsucht nach Gebor-
genheit. Und Schutz.
Zurückgezogenheit und Verschlossenheit.
Gespeicherte Zeit. Festgezurrt das Leben.
Geburt und Tod. Was ist der Mensch?
Was sollen wir tun, wohin gehen wir und
wissen wir, woher wir kommen?
Von hier aus betreten wir die lauten Stra-
ßen des Lebens. Und abends und in der
Nacht, die Stille in den Räumen.
Dominic Spöri, ein Maler aus Schwyz, hat
dieses Paar porträtiert. 1847. Am 29sten
Dezember.
Ich habe die Bilder bei einer Auktion
erworben. Jahre, viele Tage und Stunden
standen die Bilder in meinem Atelier.
Blickten aus einer anderen Zeit, mit ihren
wachen Augen. Abgeblättert die Farbe.
Wie Haut, aufgesprungen und rissig, oder
die Rinde eines alten Baumes. Irgend-
wann löste ich die Holztafeln aus ihrem
biedermeierlichen schwarz-lackierten Rah-
men. Ich hörte sie beide beinahe atmen."

Lit.: Baden-Baden 2005.   C.S.

Kat. 372

Kat. 373 *(ohne Abb.)*

„DEUS CONSERVAT OMNIA"
von Hermann Weber
Karlsruhe 2009 / Spanien
2. Hälfte 17. Jh.
Leinen, Öl, Blei auf Holz, Stahlrahmen,
H. 180 cm, B. 100 cm
Leihgabe des Künstlers

Hermann Weber greift Problematiken
der Institution Kirche auf, wie sie sich
unter anderem auch in Nordafrika unter
der Herrschaft der Vandalen bemerkbar
machten, aber auch allgemeine Gültigkeit
für Religionen haben. Dabei wurde die
zentrale Botschaft des Christentums, die

allumfassende Liebe, die Christus der
Menschheit gebracht hatte, oft missver-
standen und diente gewissen Vertretern
der Institution Kirche als Vorwand, um
Gewalt auszuüben und ihre eigenen Interessen durchzusetzen, worauf u. a. das
um 180 Grad gedrehte Kruzifix hinweist.
Des Weiteren macht Hermann Weber
hier auf einen anderen Missstand einer
monotheistischen Religion aufmerksam:
Das Untergewand einer Frau enthüllt
die patriarchalisch-bedingte unterlegene
Stellung der Frau, die auf wenige und
stigmatisierte Rollen beschränkt wird.

Lit.: Baden-Baden 2005.   C.S.

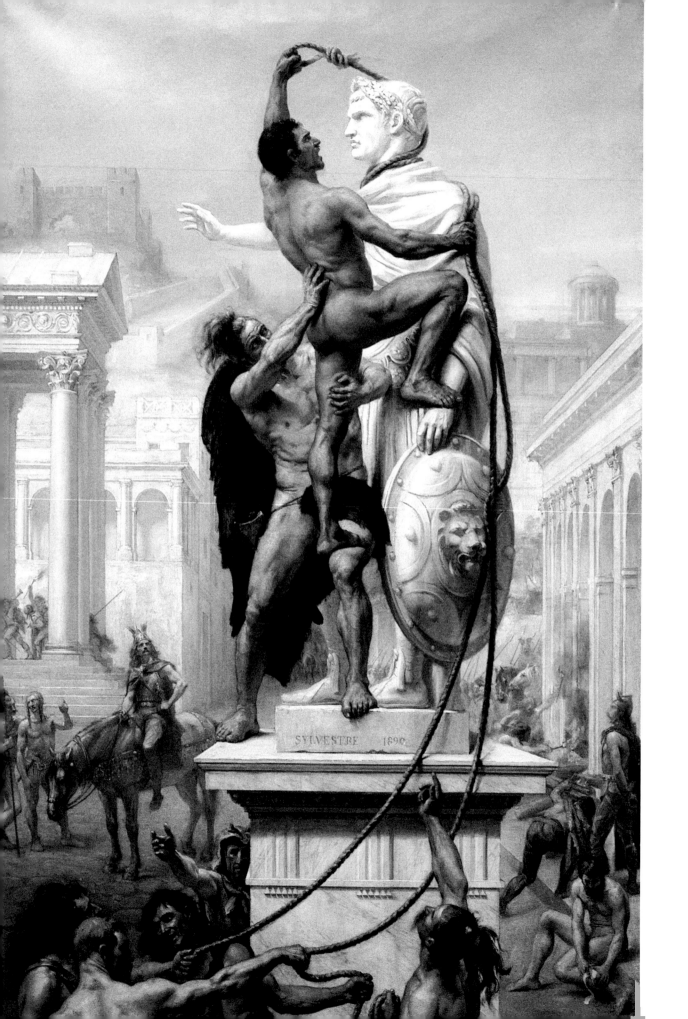

GEWALT GEGEN KULTUR

Was ist „Vandalismus"?

von Alexander Demandt

Gewaltsame Auseinandersetzungen zwischen Menschen haben stets mehr oder minder auch ihre Werke in Mitleidenschaft gezogen. Darüber hinaus kam es oft zu gezielten Zerstörungen nicht nur von lebenswichtigen Gütern des Gegners, sondern ebenso von Zeugnissen seiner kulturellen Identität – zum Kampf gegen Träger der Erinnerung, gegen Produkte des Kunstsinnes, Objekte des Denkens und Glaubens. Seit 1794 wird dieses als „Vandalismus" bezeichnet und gebrandmarkt.

Der Kampf gegen sinnträchtige Gegenstände begann im Alten Ägypten: Um das Jahr 1350 v. Chr. zerstörte Pharao Echnaton aus religiöser Überzeugung die Heiligtümer von Amun-Re. Sein Gott hieß Aton, er duldete keine anderen Götter neben sich. Messianisch-militärischer Ikonoklasmus traf um 800 v. Chr. im alten Israel die Tempel und Bilder der fremden Götter der kanaanäischen Vorbewohner Palästinas. Die Bibel befiehlt: „Zerstöret alle Orte, da die Heiden, die ihr vertreiben werdet, ihren Göttern gedient haben [...] reißt ihre Altäre um und zerbrecht ihre Säulen und verbrennt mit Feuer ihre Haine, und die Bilder ihrer Götter zerschlagt und vertilgt ihren Namen!" (5. *Mose* 12, 2 f.). Der damals zuerst belegte Glaubenskrieg ist eine Frucht des Monotheismus und hat in der Kulturgeschichte seine Spuren hinterlassen. In den von Assyrern und Chaldäern geführten Heiligen Kriegen wird die Auslöschung des Namens der Feinde als höchster Triumph gewertet, doch hat man dort die Götterbilder um ihrer numinosen Kraft willen eher geraubt als zerstört.

⇦ Die Westgoten unter Alarich plündern im Jahr 410 die Stadt Rom. Die im Bild gezeigte Szene zeigt die mutwillige und sinnlose Zerstörung einer Marmorstatue. Gemälde von Joseph-Noël Sylvestre (1890), Musée Paul Valéry, Sète

Kunstraub statt Kunstzerstörung

Kulturzerstörung als Krönung kriegerischen Vernichtungswillens finden wir bei den Griechen nur ausnahmsweise. Sie zerstörten Bauwerke aus Rache, niemals jedoch aus religiösen oder ideologischen Gründen. Nur eine Ausnahme ist bekannt: Nach der Vertreibung des Tyrannen Dionysios II. aus Syrakus 342 v. Chr. wurde dessen Palast als *vestigium servitutis*, als sichtbares Zeichen der Tyrannis, abgerissen – dies nimmt den demokratischen Vandalismus der Jakobiner vorweg. Die Brandstiftung im Tempel von Ephesos durch Herostrat war die singuläre Einzeltat krankhafter Ruhmsucht. Kampf gegen die Kultur des Gegners war unbekannt. Aus dem Hellenismus kennen wir eher Fälle von Rücksicht auf die Kulturgüter des Gegners, selbst wenn dies militärische Nachteile brachte – so bei Demetrios Poliorketes 305 v. Chr. vor Rhodos. Er verzichtete auf den Einsatz von Brandpfeilen an einer Stelle der Mauer, wo er ein berühmtes Wandbild des Malers Protogenes zerstört hätte, und musste die Belagerung schließlich abbrechen.

Die Römer haben in ihren Kriegen gegen die Griechen deren Kunstschätze als kostbarste Beute heimgeschleppt. Damit war mitunter eine Profanierung verbunden, wenn beispielshalber Verres, der Statthalter von Sizilien, seinen Garten in Syrakus mit geraubten Götterbildern schmückte. Eigentlicher Sakralvandalismus fehlt auch bei ihnen. Waren doch die Götter der anderen von den eigenen nur dem Namen nach verschieden. Aus dem Zeitalter der Bürgerkriege hören wir bisweilen von Denkmalsturz – der Aristokrat Sulla ließ die Statuen seiner popularen Gegner auf dem Kapitol beseitigen –, systematischer Denkmalschutz hingegen beginnt mit Augustus. Sein Freund Agrippa forderte die Verstaatlichung jeglicher Kunstwerke.

In der Völkerwanderungszeit wurde unendlich viel an Kultur zerstört, Christen und „Barbaren" dürfen sich über den Löwenanteil streiten. Anders als Mönche und Missionare handelten Vandalen und Goten mehr aus Unverstand als aus Absicht. Dennoch ist in Einzelfällen Respekt der Germanen vor antiken Kunstwerken bezeugt. Alarich, der Westgotenkönig, verzichtete 396 darauf, Athen zu zerstören, als ihm, wie es heißt, die Stadtgöttin persönlich auf den Mauern wandelnd begegnete. Stattdessen ließ er sich mit kleinem Gefolge in Athen begrüßen, baden und bewirten (s. Abb. unten). Als sich der Ostgote Totila 547 in Rom gegen die Byzantiner nicht mehr halten konnte, soll er gedroht haben, die Stadt in eine Kuhweide zu verwandeln. Belisar schrieb ihm darauf, dies wäre ein Verbrechen an der Zukunft. Dies leuchtete dem „Barbaren" ein – Totila zog ab, und die Nachwelt dankt es ihm.

Religiöser Eifer

Schuldhafte Kulturverluste während des Mittelalters sind überwiegend dem christlichen Glaubenseifer anzulasten. Schon mit Konstantin setzte eine Welle der Tempelzerstörung im gesamten Mittelmeergebiet ein. Der Kirchenvater Theodoret verlangte, die Tempel zu beseitigen, um der Nachwelt keine Erinnerung an das schmachvolle Heidentum zu hinterlassen. Nur spät und spärlich war der Erfolg jener heidnischen und christlichen Kunstfreunde, die den ästhetischen Wert vom religiösen Gehalt zu trennen forderten und in Rom wenigstens einiges retten konnten, während sich Konstantinopel unbefangen mit geraubtem Kunstgut der Heidenzeit zierte. Dort wurde mehr auf den Schmuckwert geachtet als auf den ursprünglichen religiösen Sinngehalt.

Alarich in Athen, nach einem Gemälde von Ludwig Thiersch (1825-1909). Der Westgote ist hier heroisiert dargestellt, was sich auch in der Angleichung an den griechischen Sagenhelden Herakles zeigt. Der Plünderer Roms gibt sich als Bewahrer Athens und seiner Kultur.

Der aufsehenerregende Bilderstreit in Byzanz (730–787) sodann hat offenbar weniger zerstört, als die Bilderfreunde behauptet haben. Dasselbe gilt für die Araber und den Islam. Die durch Edward Gibbon popularisierte Verheizung der Bibliothek von Alexandria nach der Einnahme der Stadt durch Omar im Jahr 642 ist legendär. Omar soll erklärt haben, Bücher, die mit dem Koran übereinstimmten, seien überflüssig, und Bücher, die dem Koran widersprächen, seien gefährlich, also weg mit ihnen! In Nordindien allerdings haben muslimische Fanatiker seit dem frühen Mittelalter in erheblichem Umfang buddhistische Kunstwerke vernichtet. Die größten Zerstörungen sind den Mongolen unter Dschingis-Kahn und Tamerlan anzulasten; die von ihnen im 13. und 14. Jahrhundert verheerten Landstriche haben ihre Ruinen noch Jahrhunderte später gezeigt.

Umfangreiche Kunstopfer in Europa verbinden sich im 16. Jahrhundert mit dem Bildersturm der Wiedertäufer und Calvinisten, der Hugenotten in Frankreich und der Puritaner in England. Ihre Bilderfeindschaft wollte die Kultobjekte des Irrglaubens beseitigen. Unendliches an sakraler Kunst des katholischen Mittelalters ging zugrunde. Der Dreißigjährige Krieg hat zahlreiche Städte eingeäschert, 1631 brannte Tilly, der „deutsche Tamerlan", Magdeburg ab. Politische und religiöse Motive verbinden sich schließlich bei den spanischen Konquistadoren in Mittel- und Südamerika – die dortigen Kulturen wurden nahezu völlig vernichtet. Die katholischen Eiferer haben ganze Arbeit geleistet. Cortez nannte die von ihm 1521 niedergebrannte Stadt Mexiko „die schönste Sache der Welt".

Unter politischen Vorzeichen

Ein kulturpsychologisches Rätsel ist die Verwüstung der Pfalz durch den kunstbeflissenen König Ludwig XIV. Die von ihm angeordnete, von seinem Maréchal Mélac systematisch durchgeführte Vernichtungsorgie von Kirchen und Klöstern, von Schlössern, Rathäusern und Städten überhaupt, resultierte aus der Enttäuschung darüber, die von ihm zu Unrecht beanspruchte Pfalz nicht halten zu können. Also hieß es: *Brûlez le Palatinat!* („Brennt die Pfalz nieder!") Der Schwägerin des Königs, Liselotte von der Pfalz, blutete das Herz. Das war Vandalismus in

Reinkultur. Als der Sonnenkönig ohne jede militärische Not die Residenz Heidelberg 1693 in Trümmer gelegt hatte, ließ er in Notre Dame ein Tedeum zelebrieren und eine Medaille mit der Umschrift HEIDELBERGA DELETA – „Heidelberg ist zerstört" prägen (s. Abb. S. 420).

Der Ludwig gern gegenübergestellte Friedrich der Große hat ebenfalls gegen die Kultur gesündigt. Er nahm im Siebenjährigen Krieg bei der Belagerung von Prag und Dresden keine Rücksicht auf die Kirchen im Schussfeld, äußerte aber nach vollbrachter Tat wenigstens Worte des Bedauerns. Als Revanche für die Verwüstung des Schlosses Charlottenburg befahl er, die Kunstsammlung des sächsischen Königs in Hubertusburg auszuräumen und zugunsten des Lazarettes zu verhökern. Der damit beauftragte Offizier Christoph von Saldern jedoch verweigerte dem König den Gehorsam: „Euer Majestät halten zu Gnaden, das ist gegen meine Ehre und Eid" – so geschehen im Apel'schen Hause am Neumarkt zu Leipzig am 21. Januar 1761. Der General verzichtete auf die ihm zugedachte Gnade, sich auf diesem Wege zu bereichern; er blieb standhaft und nahm seinen Abschied. Auch das war Preußen.

Über den Kulturfrevel der französischen Revolutionäre ist jedes Wort zu wenig. Die größte Kulturschande war die Zerschlagung der Skulpturen in Notre Dame; aus den Fragmenten errichtete man eine „revolutionäre Latrine". Napoleon sodann war der größte Kunsträuber aller Zeiten: Er hat die von ihm besetzten Länder für sein Museum im Louvre regelrecht auskämmen lassen. Der Brand von Moskau 1812 gilt als heroisches Selbstopfer der Russen. Den Ruhm dafür hat der Stadtkommandant Rostoptschin jedoch abgelehnt – das Feuer entstand unbeabsichtigt: Die Franzosen hatten vor dem Abzug die Pulverfässer in den Kellern des Kreml entzündet.

Die Kulturverluste des 19. Jahrhunderts fallen überwiegend in die Rubrik des Modernisierungsvandalismus. Was wurde nicht alles im sogenannten Zeitalter der Romantik dem Fortschritt geopfert! Im Zuge der Säkularisierung, der Industrialisierung, des Straßen- und Eisenbahnbaus verschwanden zahllose Bauten, Bilder und Bücher vornehmlich aus dem Mittelalter. Daneben fehlt es nicht an militärischem Vandalismus. Eine der finstersten Barbareien war die Verwüstung im Park des Sommerpalastes von Peking 1860 durch briti-

Medaille auf die Verwüstung der Pfalz im Orléanschen Krieg. Auf der Rückseite die trauernde Personifikation der Stadt Heidelberg und der Flussgott Neckar. Im Hintergrund die brennende Universitätsstadt. Badisches Landesmuseum

sche und französische Truppen. Zuletzt ließ Lord Elgin, der Sohn des „Marble-Elgin", den Sommerpalast auch selbst abfackeln. Eine chinesische Dschunke hatte illegal die britische Flagge gezeigt, was zu den Repressalien des Lorchakrieges (Zweiter Opiumkrieg 1856–1860) führte.

Der Krieg als größter Kulturzerstörer

Im deutsch-französischen Krieg wurde dem Stadtkommandanten von Straßburg in formvollendeter Höflichkeit die Beschießung der Stadt angekündigt, falls er nicht kapituliere. Er weigerte sich. Daraufhin wurden am 24. August 1870 knapp 200 000 Bände der im Schussfeld liegenden Dominikaner-Bibliothek durch preußische Granaten als Kollateralschaden in Asche verwandelt. Demgegenüber hat Moltke die von Bismarck und Roon im Dezember 1870 geforderte Beschießung von Paris, dem „Mekka der Zivilisation", wie Bismarck spöttisch bemerkte, verweigert. Nur die Vorwerke wurden beschossen. Wir rechnen das Moltke hoch an, obwohl er dadurch eine unkalkulierbare Zahl von zusätzlich Gefallenen in Kauf nahm. Weniger Bedenken hatten die Pariser 1871 in den Tagen der Commune selbst: der Fall der Colonne Vendôme, die Plünderung der Tuilerien, der Brand der Bibliothek im Louvre ... Die Preußen lagen „unter strikter Wahrung der Neutralität" vor den Toren, während der Marquis de Mac-Mahon die Communarden niedermetzelte.

Die Zerstörung von Kulturdenkmälern im Ersten Weltkrieg war überwiegend unbeabsichtigte Nebenfolge von Kämpfen an der Front. Das gilt zumal für die Kathedrale von Reims und die Bibliothek von Löwen. Die Beschießung Athens durch französische Schiffsgeschütze 1916 hatte bereits begonnen, als der deutschfreundliche König nachgab und abdankte.

Die umfangreichsten Kulturschäden überhaupt hat der Zweite Weltkrieg verursacht, seitdem Winston Churchill das *indiscriminate bombing*, den „unterschiedslosen Luftkrieg", befahl. Er begann im Mai 1940, erreichte in der *Operation Gomorrha*, dem sieben Tage währenden Dreitausend-Bomber-Angriff auf Hamburg im Juli 1943 seinen ersten Höhepunkt und seinen letzten in der von Eisenhower angeordneten Vernichtung von Dresden am 13. Februar 1945. Die Barockstadt brannte, gemäß Churchill, *simply for increasing terror*. Die Kulturverluste spielten in der Diskussion um den Bombenkrieg eine untergeordnete Rolle. Als es zu Kriegsbeginn um den Plan ging, Berlin zu bombardieren, äußerte Eleanor Roosevelt, die Gattin des Präsidenten, in Berlin gebe es wenig, dessen Destruktion man bedauern müsste. Als schon fast nichts mehr zu zerstören war, wurden unter anderem noch die – nur als Kulturdenkmäler bemerkenswerten – Innenstädte von Würzburg, Hildesheim, Pforzheim, Halberstadt, Merseburg und Rothenburg ob der Tauber mit Bombenteppichen zugedeckt. Die englischen Quellen sprechen von *Baedeker-Raids*. Arthur Harris, der Held des Bombenkriegs, ist bei der Krönung Elisabeths II. 1953 geadelt worden. Er selbst hat in seinen offenherzigen Memoiren die Verantwortung für das „grausame Zerstörungswerk, das selbst einem Attila Schande bereitet hätte", abgelehnt und dem Kriegskabinett zugeschoben.

Dass er nicht immer so dachte, beweist das von ihm angelegte *Blue Book of Bombing*, ein großes, in blaues Leder eingebundenes Fotoalbum. Das Deckblatt zeigt das zerstörte Coventry, das Innere paarweise angeordnete Aufnahmen deutscher Städte vor und nach dem Besuch der Royal Air Force mit einer exakten Zerstörungsstatistik. Es wurde Stalin vorgelegt, der aber bestritt den militärischen Wert der Aktionen. Bomber-Harris erhielt in London eine Statue auf hohem Podest. Sie steht vor der Kirche der Royal Air Force, Saint Clement Danes,

Die zerstörte mittelalterliche Kathedrale von Coventry in Mittelengland. Der schwere Bombenangriff auf die Stadt durch die deutsche Luftwaffe am 14. November 1940 markiert den Beginn der verstärkten Leiden der Zivilbevölkerung durch den Bombenkrieg. Die deutsche Kriegspropaganda prägte für solche verheerenden Attacken den Begriff des „Coventrierens". Der Name Coventry steht wie die Namen der Städte Guernica, Hiroshima und Dresden für die Schrecken des modernen Krieges.

„Vandalismus" – Geschichte eines Rufmords

von Alexander Demandt

Prokop von Caesarea, der griechische Geschichtsschreiber Belisars aus der Zeit Justinians (527–565), berichtet über die Plünderung Roms durch den Vandalenkönig Geiserich. Am 16. März 455 war Kaiser Valentinian III. in Rom ermordet worden. Sein Nachfolger verheiratete die Tochter des toten Kaisers mit seinem Sohn, obwohl sie dem Kronprinzen des Vandalenkönigs versprochen war. Darauf erschien dieser mit seiner Flotte aus Karthago und plünderte zwei Wochen lang die Ewige Stadt. *Per Ginsericum omnibus opibus suis Roma vacuata est* – „durch Geiserich wurde Rom aller Schätze leer gemacht", heißt es bei dem Zeitgenossen Cassiodor. Nicht einmal die vergoldeten Bronzeziegel vom Tempel des kapitolinischen Jupiter blieben verschont.

Es ging den Vandalen jedoch nicht um die Zerstörung, sondern um die Aneignung von Kulturgut. Sie schätzten die römischen Kunstwerke, allerdings ging das Schiff mit den Marmor-Statuen auf der Überfahrt unter. Wichtiger aber war die Beute an Edel- und Nutzmetallen. Dass die Vandalen nicht alles

eingeschmolzen hatten, erwies sich, als Belisar 533 nach seinem Sieg über die Vandalen Karthago einnahm. Dort fand er den Jerusalemer Tempelschatz samt dem Siebenarmigen Leuchter vor, den einst Titus nach dem Jüdischen Krieg 70 n. Chr. im Triumph durch Rom geführt hatte. Er war 455 den Vandalen in die Hände gefallen. Wenn Vandalismus Gewalt gegen Kultur ist, dann ist Kunstraub kein Vandalismus, vielmehr ein Kompliment für Kultur und allenfalls Gewalt gegen deren Besitzer.

Dies übersah Henri Baptiste Grégoire, Bischof von Blois, als er am 28. August 1794 im Konvent zu Paris die Kultursünden der Jakobiner als *vandalisme* anprangerte und damit einen Begriff prägte, der in alle Sprachen Europas eingegangen ist. Der umgehende Protest von Hamburger Gelehrten gegen den geschichtsverzerrenden Ausdruck verhallte: Die Vandalen hatten keine Nachkommen, die sie in Schutz nehmen konnten. Sie zählen zu den untergegangenen Völkern. Anders als die beutegierigen Germanen ging es den Sansculotten ganz bewusst um die Zerstörung der Symbole des

Feudalismus und des Klerikalismus. Adel und Kirche aber waren stets die Mäzene der Künstler, daher traf die Wut der Revolutionäre die Kunst in jeder Form. Ihr Motiv war nicht Habsucht, sondern Rache, ihr Vorgehen nicht im vulgären Sinne kriminell, sondern ideologisch. Die Revolution stand unter dem Motto *Guerre aux châteaux! Paix aux chaumières!* – „Krieg den Palästen! Friede den Hütten!", und dieser Krieg wurde nicht nur gegen die Inhaber der Paläste, sondern auch gegen diese selbst geführt. Die Erinnerung sollte gelöscht werden.

Die Französische Revolution richtete sich gegen die angeblichen Monumente der sozialen und geistigen Sklaverei. Am 20. April 1791 wurde im Konvent der Bildersturz beschlossen und mit einer Gründlichkeit durchgeführt, die alle älteren Beispiele für Kunstzerstörung und Kulturvernichtung in den Schatten stellte. Mit dem Beutezug und dem Kunstraub der Vandalen in Rom 455 hat das nichts gemein. Grégoire bemerkte 1837: *Je créai le mot, pour tuer la chose.* – „Ich habe das Wort geschaffen, um die Sache selbst zu beseitigen." Sehr löblich! Aber die implizierte Geschichtsfälschung hat diesen Zweck nicht erreicht. Das beweist die Kulturvernichtung der Folgezeit. Sie kulminierte in China. Die Große Proletarische Kulturrevolution unter Mao tse-Tung 1965 bis 1969 erreichte und übertraf das Wüten der französischen Massen gegen Denkmäler aller Art. Daher sollte Gewalt gegen Kultur nicht „Vandalismus", sondern „Jakobinismus" heißen.

Lit.: Demandt 1997 – Feldmann 1910

Relief am Titusbogen, das die 70 n. Chr. erbeuteten kostbaren Kultgegenstände aus dem zerstörten Jerusalemer Tempel zeigt. Der Tempelschatz war Mitauslöser des Jüdischen Krieges, nachdem der römische Provinzstatthalter Teile davon für Rom beansprucht hatte.

am *Strand* und wurde am 31. Mai 1992 eingeweiht, am 50. Jahrestag der Tausendbomber-Nacht von Köln. Unter Gesang und Gebet haben die Königinmutter und Margret Thatcher das Denkmal für den Denkmalzerstörer enthüllt, während eine Staffel der historischen *Flying Fortresses* über der Stadt kreiste.

Ein heikler Punkt waren die anglo-amerikanischen Luftangriffe auf nichtdeutsche Städte. In Frankreich widerfuhr es Caen, dem „normannischen Athen", und Rouen, dem Zentrum der Spätgotik. Es handelt sich um Befreiungsvandalismus, *vandalisme libérateur*, und wird verdrängt. Im März 1945 wurden in Italien 621 Orte bombardiert, nicht zu vergessen die Bomben auf Rom, die 1943 San Lorenzo fuori le Mura trafen, und die militärisch unsinnige Zerstörung des ältesten Klosters Europas, Montecassino, durch die Amerikaner, am 15. Februar 1944 während der Frühmesse der Mönche.

Der Stil der deutschen Kriegsführung unterschied sich im Osten von dem im Westen. In Russland sprengte die Heeresgruppe Nord vor dem Rückzug die Barockschlösser um Sankt Petersburg – man gönnte sie den Sowjets nicht; in Warschau wurde beim Kampf um das Ghetto zugleich die historische Altstadt zerstört, beim Rückzug das Ehrenmal von Tannenberg. Anders in Frankreich: Als Hitler beim Anrücken der Amerikaner befahl, Paris, die auch in seinen Augen schönste Stadt Europas, in ein Trümmerfeld zu verwandeln, verständigten sich die Generale Dietrich von Choltitz und Hans Speidel am 23. August 1944 telefonisch, auf eigene Gefahr diesen „Nerobefehl" zu ignorieren. Im gleichen Geist räumte General Kesselring Rom, um die Gefahr zu vermeiden, dass das „älteste Kulturzentrum der Welt in direkte Kampfhandlungen" einbezogen würde.

Churchill berichtete bereits im Juni 1943, die Zerstörungen der Deutschen um das 35fache übertroffen zu haben. Dieses Ungleichgewicht mag ein Grund dafür sein, dass Verbrechen gegen die Kultur in den Nürnberger Prozessen 1946/47 nicht zur Sprache kamen. Möglich wäre dies durchaus gewesen, denn die Haager Friedensordnung von 1907 untersagte den Beschuss von religiösen, wissenschaftlichen und künstlerischen Einrichtungen. Angesichts der Wirkungslosigkeit dieser Manifestationen kann man fast verstehen, dass sich die Vereinigten Staaten 1954 ausdrücklich vorbehalten haben, im Kriegsfalle alles zu bombardieren. Truman hatte Hiroshima zum „größten Ereignis der Geschichte" erklärt. Die zum 50. Jahrestag geplante Sondermarke mit dem Atompilz kam allerdings nicht in Umlauf. Man ahnt, weshalb.

Nachkriegszerstörungen

Die Zerstörung von Kultur endete mitnichten im Jahr 1945. Während im Westen Nachlässigkeit und Modernisierung manchen Verlust veranlassten, wirkten im Osten ideologische Motive. In der sowjetischen Besatzungszone wurde noch vor der Gründung der DDR mit der Beseitigung störender Kulturdenkmäler aus der feudalistischen, kapitalistischen und nationalsozialistischen Zeit begonnen. Oft handelte es sich um kriegsbeschädigte, leergeplünderte und ausgebrannte Bauwerke, deren Außenmauern eine Wiederherstellung erlaubt hätten. Viele Schlösser, Herrensitze und Kirchen mussten auf Wunsch von Staatschef Walter Ulbricht verschwinden, allein 13 Gotteshäuser in Dresden. Ungezählte kleinere Monumente wurden von der FDJ zerschlagen. In Berlin plante man 1950 das Schloss; es war ausgebrannt, aber die Fassaden standen. Ebenfalls abgerissen wurden das Schloss Monbijou, das Grabmal und das Stammschloss Bismarcks in Schönhausen, das Stadtschloss und die Garnisonskirche in Potsdam. Während die Polen, Tschechen und Ungarn ihre alten Denkmäler, selbst solche deutschen Ursprungs, pflegten, folgte man im sozialistischen Deutschland dem Vorbild der Jakobiner und Communarden in Frankreich.

All das ist Geschichte. Gewalt gegen Kultur wird öfter begangen als bedauert. Die Verluste werden hingenommen. Verbrechen gegen die Menschlichkeit, der Kampf gegen Hunger und Not sowie die Zerstörung der natürlichen Umwelt haben einen höheren Stellenwert als die Bedrohung und Vernichtung von Kulturgut. Es gehört, um mit Jacob Burckhardt zu sprechen, zur „Jämmerlichkeit alles Irdischen", wenn dem nicht grundsätzlich widersprochen werden kann.

Lit.: Burckhardt 1868/1936 – Demandt 1997 – Friedrich 2002 – Harris 1947

„KARTHAGO LEBT VON NEUEM AUF"

Anfänge der frühchristlichen Archäologie in Tunesien

von Harald Siebenmorgen

Wer sich mit den professionellen Anfängen der Archäologie des frühen Christentums in Rom befasst, die (nach Vorläufern) Mitte des 19. Jahrhunderts einsetzte, weiß, wie sehr deren Geschichte mit kirchlich-propagandistischen Intentionen und Implikationen verbunden ist. Es war ja noch nicht der künstlerische Aspekt, der „Stil", der die damalige Zeit beschäftigte – dieser wurde bekanntlich erst um die Jahrhundertwende vor allem von Alois Riegl in der „Spätrömischen Kunstindustrie" und von anderen Forschern der „Wiener Schule" entdeckt.

Es wundert daher wenig, wenn auch die Pionierzeiten der frühchristlichen Archäologie in Nordafrika, vor allem in Karthago, weniger von kunst- und kulturgeschichtlichen Interessen geleitet waren, sondern zuerst von propagandistischen Zielen, nämlich als Teil der Missionstätigkeit in der „heidnischen" islamischen Umgebung.

1881 begann das französische Protektorat über das heutige Tunesien. Aus dem benachbarten, schon ein halbes Jahrhundert lang als Kolonie unterworfenen Algerien kamen nicht nur die neue Staatsgewalt, sondern auch Geistliche und Missionare der französischen katholischen Kirche. Der Erzbischof von Algier, Charles Martial Lavigerie, wurde 1882 zum Kardinal, zudem zum Erzbischof von Karthago und 1884 zum Primas von Afrika mit 700 Diözesen ernannt. Schon vor 1881 hatten allerdings sowohl die Missionstätigkeit als auch die Archäologie sich in jener Region engagiert. Vieles rankt sich um die Person des französischen Königs Ludwig des Heiligen, der 1270 bei Tunis auf einem Kreuzzug verstarb; ihm erbaute man 1841 in den Ruinen von Karthago eine Grabkapelle, die Alexandre Dumas auf seiner Afrikareise 1848 beschrieb. Nach den Schilderungen des katholischen Romantikers François-René de Chateaubriand zu Beginn des 19. Jahrhunderts begannen Charles Beulé ab 1859, Pricot de Sainte-Marie und vor allem der Archäologe und Missionar Alfred-Louis Delattre mit ersten Ausgrabungen, die u. a. 1878 zur spektakulären Entdeckung der Fundamente der neunschiffigen Basilika Damous el-Karita führten. Es folgten die Aufdeckung der Basilika Majorum, der angeblichen Grabstätte von Felicitas und Perpetua, der – vermeintlichen – Basilika der Märtyrer von Scillium (ihr Martyrium ereignete sich im Jahr 180) und die des Amphitheaters, in dem die verehrten nordafrikanischen Heiligen Felicitas und Perpetua den Märtyrertod erlitten haben sollen.

Nordafrika war Wirkungsstätte bedeutender und verehrter Heiliger der christlichen Kirche: des Kirchenlehrers St. Augustinus und seiner Mutter St. Monica, des Bischofs St. Cyprian, der Heiligen Felicitas und Perpetua. So bestand der Drang, die – meist stummen – archäologischen Zeugnisse mit der Vita der prominenten Heiligen zu verbinden und zu Memorialmonumenten auszugestalten. Im Amphitheater stellte man 1887 eine Kreuzstele für St. Felicitas und Perpetua auf (das Kreuz fehlt heute) und baute eine Krypta mit frühchristlichen Bildmotiven aus, in der Gottesdienste gehalten wurden (s. Abb. S. 426 oben). Ein Kreuz für den heiligen Bischof Cyprian errichtete man in der Nähe von La Malga (dem

⇦ Altarraum der ehemaligen Kirche St. Louis de Carthage. Der Altar selbst ist mit Motiven der frühchristlichen Kunst Nordafrikas versehen. Der Dekor aus Bourbonenlilien auf der Wand dahinter verweist auf Frankreich, unter dessen Protektorat Tunesien zur Bauzeit der Kathedrale stand. Der Gipsabguss eines antiken Kopfes in der Nische schließlich, die den jugendlichen Oktavian (den späteren Kaiser Augustus) mit fromm verhülltem Haupt darstellt, gehört zur Umnutzung des Gebäudes als Kulturzentrum. Aus ihr ergibt sich geradezu ein Dialog zwischen altrömischer und römisch-katholischer Tradition.

Der Eingang zur unterirdischen Kapelle im Amphitheater von Karthago, errichtet von den Weißen Vätern (Père blancs)

Monument für den hl. Cyprian, um 1900 (a) und heute (b)

a

b

Ort seines Martyriums bei Koudiat Zâteur), laut Delattre zu besichtigen, „si le pélerin est en voiture" („wenn der Pilger über ein Fahrzeug verfügt").

Im Zuge der intensiv betriebenen Ausgrabungen stellte sich rasch die Frage nach dem Verbleib bzw. der Präsentation der gemachten mobilen Funde. Es war Lavigerie selbst, der bereits 1881 einen Appell zur Errichtung eines „Musée National" in Karthago veröffentlichte. Erstaunlich weitsichtig und liberal forderte er die Gründung eines Museums, das alle Epochen in der Besiedlung Karthagos, die einander nachgefolgt seien, präsentiert: „Numide, Phénicienne, Punique, Romaine, Vandale, Gréco-Byzantine, Arabe enfin" bis „aux invasions définitives de la barbarie" – was immer er damit gemeint haben mag: die Vandalen oder gar die Araber jedenfalls nicht. In den damals entstehenden Kloster- und Seminarbau der von Kardinal Lavigerie als Missionsorden gegründeten „Pères blancs" wurde das Museum im Erdgeschoss inkorporiert, zunächst „St. Louis", später, nach dessen Tod und zu seinen Ehren, „Musée Lavigerie" genannt (s. Abb. unten).

Die Antikenstätte Karthago verwandelte sich seit 1881 in einen einzigartigen „frühchristlichen" Themenpark, ein Werk der „Pères blancs", die quasi einen „Staat im Staate" (Christian Landes) bildeten. Zu den präparierten archäologischen Fundstellen traten nämlich noch

Das Musée national de Carthage auf der Byrsa von Karthago, ehemals Musée Lavigerie

St. Louis de Carthage. Heute finden hier Ausstellungen zeitgenössischer Kunst und Konzertveranstaltungen statt.

Hier sprechen die Steine. Pflaster aus Inschriftfragmenten

etliche Neubauten hinzu. Als Delattre 1902 eine „Péle-rinage aux ruines de Carthage et au Musée Lavigerie" veröffentlichte, mischte er Archäologisches und baulich Neues zu einem integrativen propagandistischen Konzept. Neben dem Seminar der „Pères blancs" entstand auf der höchsten Stelle Karthagos, dem Byrsa-Hügel,

Sainte Monique

von 1884 bis 1890 (Weihe) die Kathedrale St. Louis im „byzantinisch-maurischen" Stil (s. Abb. S. 427), in der nicht nur Reliquien von Augustinus, Restituta und Ludwig dem Heiligen verwahrt wurden, sondern auch das Grabmonument des 1892 verstorbenen Lavigerie errichtet wurde. Im weitläufigen Garten von Kirche und Kloster wurden skulpturale Zeugnisse und Sarkophage aufgestellt, Reliefs in die Mauern eingelassen sowie die Wege mosaikartig mit Hunderten von Fragmenten christlicher Grabinschriftplatten gepflastert (s. Abb. oben).

An der Meeresküste erbaute man 1895–1902 das Missions-Franziskanerinnenkloster „Sainte Monique" (s. Abb. links). Es besitzt im Innern eine Folge von der Firma G. P. Dagrant im Jahr 1904 in Bordeaux hergestellter Glasgemälde, in denen die Koronen der fünf prominentesten Heiligen Karthagos im Bild versammelt sind: Cyprianus, Augustinus, Monika, Felicitas und Perpetua (s. Abb. rechte Seite). Auf dem Juno-Hügel ließ Lavigerie 1885 ein Karmeliterkloster („le Carmel") und das Priester- und Missionsseminar „Institution Lavigerie" errichten. Schließlich ist in diesem Zusammenhang, quasi in einem modernen Sinne des *extra muros*, auch die neuromanische Kathedrale St. Vinzenz von Paul in der

Hauptstadt Tunis zu nennen, die 1890–97 nach einem Plan des Abbé Pouguet erbaut wurde. Sie besitzt, neben dem Apsisbild mit den nordafrikanischen Heiligen, im Chorumgang drei Mosaiken mit Tondo-Brustbildern der aus Nordafrika stammenden Päpste: St. Victor (189–198) und St. Miltiades (311–314), St. Gelasius I. (492–496).

Kardinal Lavigerie und sein Nachfolger, Erzbischof Combes, die Archäologen Delattre und – seit 1896 und unabhängig von den „Weißen Vätern" – Paul Gauckler engagierten sich für das sogenannte „afrikanische Erbe" des katholischen Christentums. Dessen materielle und geistige Zeugnisse (immerhin wurden bis 1902 auch weit über 100 wissenschaftliche Veröffentlichungen durch die „Pères blancs" herausgebracht) sah man als gleichwertig mit der in Rom angesiedelten Überlieferung, ja sogar in Konkurrenz dazu. Dies geschah sicherlich nicht

ohne Einfluss der nationalkirchlichen Bestrebungen des französischen Katholizismus in jener Zeit.

„Karthago lebt nach dreimaliger Zerstörung heute von Neuem auf", hieß es bereits 1893 in einer Biografie des Kardinals Lavigerie. So blieb die Stadt bis 1954, freilich mit Neubauten der letzten ca. 100 Jahre durchsetzt, ein *Open-Air*-Monument frühchristlicher Kultur. Erst die Ausgrabungen des punischen Karthago der letzten 30 Jahre haben dieses Bild zugunsten der punischen und klassisch-römischen Epochen zurückgedrängt und in der öffentlichen und touristischen Wahrnehmung – zu Recht – relativiert.

Lit.: Delattre 1902 – Dumas 1884 – Klein 1992 – Lavigerie 1881 – Renault 1192 – Riegl 1901 – Restle 1978 (zum modernen Wissensstand) – Sayadi 2007 – Siebenmorgen 1983 (bes. S. 228 ff.)

Der hl. Cyprian. Glasfenster der Firma Gustave Pierre Dagrant (1839–1915), deren Erzeugnisse auch in Kirchen in Bilbao, Port au Prince, Lima oder Valparaiso zu finden sind.

Der hl. Augustinus. Die farbenprächtigen Glasgemälde wurden, wie hier von einem Gregory Murphy, von privaten Stiftern, finanziert.

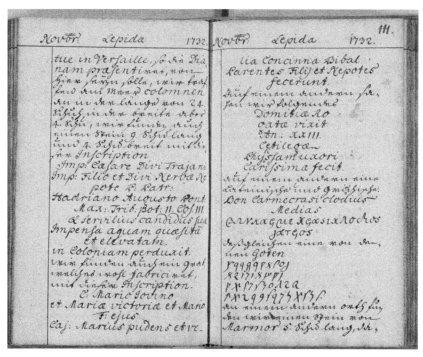

Kat. 374

Kat. 374
Reisetagebuch,
Nov. 1731 bis Sept. 1733
von Christian Thran
vom Autor beglaubigte Abschrift
von unbekannter Hand
Papier, H. 17 cm, B. 12 cm
Karlsruhe, Generallandesarchiv,
Inv. Hfk-Hs Nr. 474

Der Däne Thran, Hofgärtner des Markgrafen
von Baden-Durlach, unternahm 1731 bis
1733 in offizieller Mission eine Reise zum Er-
werb von Pflanzensamen, die ihn u. a. nach
Nordafrika führte. Seine Aufzeichnungen
dokumentieren auch „gotische" Inschriften, die er im November 1732 im heutigen
Tunesien sah und abzeichnete. Aus welcher
Zeit und Kultur diese Funde herrühren, lässt
sich allerdings nicht sagen. Die für „gotisch"
gehaltenen Schriftzeichen, die Thran festhielt und die im Reisetagebuch wiederum
nur in Abschrift des Kopisten erhalten sind,
sind nicht lesbar. Sicher stammen sie nicht
von den Lateinisch schreibenden Vandalen. Am ehesten handelt es sich wohl um
unverstandene Zeugnisse altlibyscher oder
phönizischer Schrift.

Lit.: Döring / Hiller v. Gärtringen / Hollberg /
Rodekamp 2009, 111. – Fendri 2007. – Pretsch /
Steck 2008. C.H.

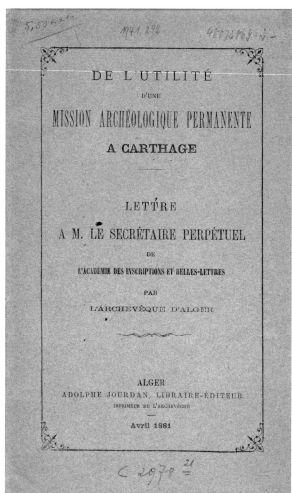

Kat. 375

Kat. 375
„De l'utilité d'une mission archéo-
logique permanente à Carthage.
Lettre à M. le Secrétaire Perpétuel
de l'Académie des Inscriptions et
Belles-lettres"
von Kardinal Charles Martial
Allemand-Lavigerie
Verlag Adolphe Jourdan, Algier 1881
Papier, H. 22 cm, B. 14,5 cm
Heidelberg, Universitätsbibliothek,
Sig. C 2978-21

Der „Brief" des Erzbischofs von Algier,
in Wirklichkeit eine nicht ganz kurze
Broschüre, begründete die bis zur Unab-
hängigkeit Tunesiens im Jahr 1956 rege
archäologische Tätigkeit der Patres Albi
bzw. Pères Blancs, des von Lavigerie
1868 gegründeten Missionsordens. Ziemlich sicher war es Pater Delattre, der zu
Lavigeries Schrift eine eindrucksvolle, 277
Stücke umfassende Liste von Inschriften
aus dem von ihm selbst bei La Malga in
Karthago ausgegrabenen „Friedhof der
Offizialen" beisteuerte.

C.H.

Kat. 376
„Un pèlerinage aux ruines de Carthage et au musée Lavigerie"
von Alfred-Louis Delattre
Imprimerie X. Jevain, Lyon 1902
Papier, H. 27,5 cm, B. 19 cm
Heidelberg, Universitätsbibliothek,
Sig. C 2979-1-3

Der Réverend Père Delattre (1850–1932) war seit 1875 in Tunesien ansässig. Ab dieser Zeit entstanden unter seiner Feder Aberhunderte von größeren und kleineren Publikationen zur punischen, römischen und frühchristlichen Archäologie Karthagos. Wie der Romancier Gustave Flaubert stammte er aus Rouen in der Normandie. Wie dieser erlag er der Faszination der karthagischen Vergangenheit. So wie Flaubert durch seine Fiktion „Salammbô" (1862) der punischen Geschichte romanhafte Gestalt verliehen hat, so wurde die wissenschaftliche Kenntnis und Betrachtung der karthagischen Antike durch Delattres unzählige Ausgrabungen und Schriften (zusammen mit der Wirkung der Forschungstätigkeit Paul Gaucklers) entscheidend vorangetrieben.

Lit.: Freed 2001. – Hottot 1999.   C.H.

Kat. 376

Kat. 377
„Spätrömische Kunstindustrie"
(s. auch Abb. folgende Seite)
von Alois Riegl
Österreichische Staatsdruckerei, Wien 1901
Papier, H. 42 cm, B. 33 cm
Worms, Stadtbibliothek,
Sig. Mag-K2° 1 / Bd 1

Der Wiener Kunsthistoriker Alois Riegl (1858–1905) wertete – 1901, zu Beginn des neuen Jahrhunderts – den vom Klassischen abgekehrten Stil der Zeit der Spätantike und Völkerwanderungszeit nicht wie bisher als Verfallszeit, sondern als eigenständige Kunstepoche auf; mit dem von ihm kreierten Begriff des spezifischen „Kunstwollens" begründete er mit der „Ikonologie" eine ganze Schulrichtung der Kunstgeschichte. Nach der Analyse des Kunstschaffens vom 3. bis 7. Jh. zog Riegl eine Parallele zur Schönheitslehre in der Theologie von Augustinus, der gegen das klassische Prinzip der „Einheit" ästhetische Werte des „Rhythmus", des „Intervalls", des „Ausdrucks" und sogar des „Hässlichen" hervorhebt.

Lit.: Neue Deutsche Biografie 21, 583 f.   H.S.

Kat. 377

J. Groh xad.

ONYXFIBEL

MIT DURCHBROCHENER FASSUNG UND GOLDGEHÄNGE

Am Ausstellungsprojekt Beteiligte

Gesamtleitung
Prof. Dr. Harald Siebenmorgen

Projektleitung
Dr. Astrid Wenzel

Kuratorinnen
Susanne Erbelding M.A.
Dr. Astrid Wenzel

Assistentin der Kuratorinnen
Fiona Finke M.A.

Katalogredaktion
Claus Hattler M.A.

Ausstellungskoordination
Anna Krüger M.A.

Mitarbeit am Projekt
Dietrich Hauck
Romy Heyner
Dr. Aletta Seiffert
lic.phil. Christina Snopko
Kathrin Weber M.A.

Referatsleitung Antike Kulturen
Dr. Katarina Horst-Mehlhorn

Kaufmännische Direktion
Susanne Schulenburg

Museumspädagogisches Programm
Dr. Gabriele Kindler

Alexandra Sturm
Sarah Kleine M.A.
Doris Moyrer
Ulrike Radke
Antje Kaysers MA

Besucherservice
Doris Götz
Mechthild Seiffer

Aufsichtsdienst
Klaus Schäufele

Veranstaltungsmanagement
Gabriele Queck
Sabine Hönl Dipl.Kult.Wiss.

**Presse- und Öffentlichkeitsarbeit
sowie Marketing**
Ulrike Steffen M.A.
Dr. Christiane Dätsch
Katrin Lorbeer M.A.
Karin Stötzer M.A.

Personal und Finanzen
Petra Weiler

Tanja Mercedes-Bernabel
Larissa Diel
Ingrid Draksler
Lothar Finckh
Erich Gimber
Eugen Lehr
Ina Twelker
Renate Winteroll

Controlling
Stefan Konstandin

Museumsshop
Ursula Strauß
Helga Weißhuhn

Sekretariat
Jadwiga Lewicki
Hilde Pinnel

Fotoarbeiten
Thomas Goldschmidt

Angelika Hildenbrand
Ursula Kinzinger

Bibliothek
Birgit Wendel

Tina Metz
Angelika Moll
Petra Müller

Restauratorische Betreuung
Wolfgang Knobloch

Christoph Adler
Maria Mercedes Juste Aparicio
Bettina Bombach-Heidbrink
Aimo Franke
Agnes Krippendorf
Irmgard Lell
Lars-Simon Malinowski
Nicole Freivogel-Sippel
Ruth Reisenauer
Kerstin Riepenhausen
Detlef Sippel
Andrea Wähning

Haustechnik
Dipl.-Ing. Joachim Henrich

Günter Wagner
Karl Beck
Oliver Föll
Klaus Fritz
Wilfried Hartmann
Theodor Heller
Anton Meyer
Walter Schröder
Anja Schümann
Andreas Stammer
Volker Wurmbäck

**Ausstellungsgestaltung und Gestaltung
der Werbemedien**
Ranger Design, Stuttgart
Kurt Ranger

Bau der Ausstellungsarchitektur
Die Eibe, Ochsenhausen
und Haustechnik des Badischen Landesmuseums Karlsruhe

Herstellung der Ausstellungsgrafik
Werbeart, Pliezhausen
Ellermann, Rietberg
Doppiavu, Kirchheim unter Teck

**Übersetzung der Saaltexte ins
Französische**
Catherine Poirot

Modellbauten
ARCHEOKIT, Vastorf,
Marc Bastet M.A.

arw-modellbau, Aldenhoven,
Thomas Weber

Digitale Archäologie, Freiburg,
Matthias Link & Manuel Sättele

Nachbildung des Baptisteriums von Demna
Mosaikwerkstatt des Bardo-Museums,
Hedi Kochbati

Audioguide
Silke Burst M.A., Bad Herrenalb

DVD-ROM zur Ausstellung
MediaCultura, Brühl,
Dr. Jürgen Süß

Transporte
Hasenkamp Internationale Transporte GmbH,
Frechen

**Die Texte zu den Exponaten
wurden verfasst von**

N.B.L.	Nejib Ben Lazreg
C.E.	Christoph Eger
D.E.	Daniela Elgner
S.E.	Susanne Erbelding
S.F.	Sabine Faust
F.F.	Fiona Finke
B.F.	Benjamin Fourlas
T.G.	Taher Ghalia
K.-J.G.	Karl-Josef Gilles
C.H.	Claus Hattler
R.He.	Rebekka Hertweck
R.H.	Romy Heyner
K.H.	Katarina Horst
R.K.	Roman Keunitsch
U.N.	Ulrike Näther
M.Ra.	Mourad Rammah
M.R.	Marie Röder
M.S.-D.	Mechthild Schulze-Dörrlamm
L.S.	Lothar Schwinden
H.S.	Helene Seifert
A.S.	Andreas Seim
H.S.	Harald Siebenmorgen
C.S.	Christina Snopko
R.W.	Rainer Warland
K.W.	Kathrin Weber
M.W.	Monika Weidner
B.W.	Bernhard Weisser
A.W.	Astrid Wenzel

**Übersetzung der Katalogbeiträge
ins Deutsche**
Fiona Finke (aus dem Spanischen)
Yves Gautier (aus dem Französischen)
Claus Hattler (aus dem Englischen)

**Übersetzung der Katalogbeiträge
ins Französische für eine Teilauflage der
Museumsausgabe**
Kitty Ausländer-Walter
David Bensaude
Audrey Bohlinger
Sylvette Martinez M.A.
Sylvie Roy
Françoise Tönnesmann
Julia Walter M.A.

Leihgeber und Danksagung

Danksagung

Das Badische Landesmuseum weiß sich gegenüber allen, die zum Gelingen der Ausstellung und des Katalogs beigetragen haben, insbesondere den leihgebenden Institutionen, den Autorinnen und Autoren der Katalogbeiträge, den Sponsoren, den Beiräten und der Beirätin sowie allen weiteren Personen oder Einrichtungen, deren Engagement „Erben des Imperiums in Nordafrika – Das Königreich der Vandalen" erst ermöglicht hat, zu großem Dank verpflichtet.

Im Einzelnen gilt der Dank

den Sponsoren
Citylight Contact, Karlsruhe
LBS Landesbausparkasse
    Baden-Württemberg
Fremdenverkehrsamt Tunesien, Frankfurt a.M.

der Botschaft der Bundesrepublik
Deutschland in Algier, Algerien
S.E. Herr Dr. Matei I. Hoffmann,
    Kulturattaché Herr Dr. Jörg Walendy und
    Kulturattachée Frau Inge Erler

der Botschaft der Bundesrepublik
Deutschland in Madrid, Spanien
S.E. Herr Dr. Wolf-Dietrich Born

der Botschaft der Bundesrepublik
Deutschland in Tunis, Tunesien
S.E. Herr Dr. Horst-Wolfram Kerll

der Botschaft der Tunesischen
Republik in Berlin
S.E. Herr Moncef Ben Abdallah,
    Kulturattaché Herr Hani Béchir

dem Konsulat der Tunesischen
Republik in München
Herr Konsul Mohamed M'Hadhbi

dem Institut National du Patrimoine, Tunis
Herr Generaldirektor Fathi Béjaoui,
    Herr Direktor Habib Ben Younès

der Direction de la Conservation et de la
Restauration du Patrimoine culturel algerien,
Algier
Herr Dr. Mourad Bouteflika

dem wissenschaftlichen Beirat
der Ausstellung
Prof. Dr. Javier Arce, Université Charles-de-
    Gaulle-Lille 3 Villeneuve
Dr. Luis Balmaseda, Museo Arqueológico
    Madrid
Dr. Fathi Béjaoui, Institut National du
    Patrimoine Tunis
Dr. Habib Ben Younès, Institut National du
    Patrimoine Tunis
Prof. Dr. Sebastian Brather, Albert-Ludwigs-
    Universität Freiburg
Priv.-Doz. Dr. Christoph Eger, Berlin
Prof. emer. Dr. Helmut Castritius, Darmstadt
Dr. Taher Ghalia, Musée national du Bardo, Tunis
Prof. Dr. Michael Mackensen, Ludwig-
    Maximilians-Universität München
Prof. emer. Dr. Hans Ulrich Nuber, Freiburg
Priv.-Doz. Dr. Barbara Sasse-Kunst, Madrid
Dr. Philipp von Rummel, Deutsches Archäologi-
    sches Institut Rom
Prof. Dr. Rainer Warland, Albert-Ludwigs-
    Universität Freiburg

den Direktoren und Mitarbeiterinnen und
Mitarbeitern der leihgebenden Institutionen
Algier, Musée national des Antiquités
Amiens, Musée de Picardie
Annaba, Musée d'Hippone
Augsburg, Staats- und Stadtbibliothek
Augst, Römermuseum Augusta Raurica
Baltimore, The Walters Art Museum
Bamberg, Staatsbibliothek
Belas, Museu Luso-Alemão
Berlin, Sammlung Archiv für Kunst und Geschichte
Berlin, Staatliche Museen zu Berlin –
    Preußischer Kulturbesitz, Münzkabinett
Brescia, Santa Giulia Museo della città
Budapest, Magyar Nemzeti Múzeum
Carthage, Musée national de Carthage
Charlesville-Mézières, Musée de l'Ardenne
Città del Vaticano, Musei Vaticani
Colmenar de Oreja, Museo Ulpiano Checa
Constantine, Musée national Cirta de
    Constantine
Eichenzell, Museum Schloss Fasanerie
Frankfurt, Archäologisches Museum
Grenoble, Musée dauphinois
Guelma, Musée de Guelma
Hamburg, Museum für Kunst und Gewerbe
Heidelberg, Universitätsbibliothek
Iłża, Muzeum Regionale w Iłży
Innsbruck, Institut für Archäologien, Fachbe-
    reich für Klassische und Provinzialrömische
    Archäologie
Jendouba, Musée de Chemtou
Kairouan, Musée des Arts Islamiques de Raqqada
Karlsruhe, Generallandesarchiv
Köln, Institut für Altertumskunde, Papyrologie
Köln, Römisch-Germanisches Museum
Konstanz, Universitätsbibliothek
Krefeld, Museum Burg Linn
Lamta, Musée du Lamta
Langres, Musée d'Art et d'Histoire de Langres
Lissabon, Museu Nacional de Arqueologia
London, The British Museum
Madrid, Museo Arqueológico Nacional
Mainz, Römisch-Germanisches Zentralmuseum
Maktar, Musée Archéologique de Makhtar
Marseille, Collection DRASSM
Mérida, Museo Nacional de Arte Romano
Moknine, Musée du Village
München, Archäologische Staatssammlung
München, Bayerische Staatsbibliothek
Nabeul, Musée Archéologique de Nabeul
Paris, Bibliothèque nationale de France
Paris, Musée du Louvre
Rom, Musei Capitolini
Saint-Germain-en-Laye, Musée d'Archéologie
    nationale
Sbeïtla, Musée de Sbeïtla
Sfax, Musée Archéologique
Stuttgart, Landesmuseum Württemberg
Timgad, Musée de Timgad
Toldeo, Museo de Santa Cruz
Tomaszów Mazowiecki, Muzeum w Tomaszo-
    wie Mazowieckim
Toulouse, Musée Saint-Raymond, Musée des
    Antiques de Toulouse
Trier, Rheinisches Landesmuseum
Tunis, Institut National du Patrimoine
Tunis, Musée National du Bardo
Wien, Kunsthistorisches Museum
Worms, Stadtbibliothek

sowie den Künstlern
Khaled Ben Slimane, Tunis
Pavel Schmidt, Biel
Prof. Hermann Weber, Karlsruhe

und für vielfältige Unterstützung
Dorothee Abdelhamid, Tunis
Selma Abdelhamid, Heidelberg
Mohamed Ali Aouini, Tunis
Jamal Aoun, Tunis
Chédlia Annabi, Carthage
Karimia Arfaoui, Tunis
Nagiba Ben Kraiem, Tunis
Noureddine Blel, Carthage
Ahmed Chkoundali, Carthage
Prof. Dr. Wolfgang Ebel-Zepezauer, Bochum
Daniela Elgner, Karlsruhe
Prof. Dr. Mounir Fendri, Tunis
Lamia Fersi, Tunis
Dr. Flawia Figiel, Karlsruhe
Musthafa Gaabich, Tunis
Walid Ghribi, Tunis
Dr. Brigitte Herrbach-Schmidt, Karlsruhe
Dr. Christoph Hölz, Innsbruck
Sabine Hönl Dipl.Kult.Wiss., Karlsruhe
Nadia Ihinaoui, Tunis
Moussa Imen, Tunis
Dr. Lilia Jeridi-Rammacher, Karlsruhe
Prof. Dr. Mustapha Khanoussi, Tunis
Barbara Kermaïdic, Paris
Hedi Kochbati, Tunis
Dr. Christian Landes, St. Germain-en-Laye
Nejib Ben Lazreg, Tunis
Roman Legner, Hildesheim
Dr. Renate Ludwig, Heidelberg
Naceur Mani, Frankfurt
Dr. Peter-Hugo Martin, Berlin
Prof. Dr. David Mattingly, Leicester
Jakob Möller M.A., Karlsruhe
Dr. Heino Neumayer, Berlin
Dr. Helena Pastor, Freiburg
Andrea Philippi, Frankfurt
Prof. Dr. Ulrich Rebstock, Freiburg
Marie Röder M.A., Würzburg
Agata Rutkowska, London
Vanessa Sans-Boëdot, Sète
Dr. Martine Schöppner, Bad Wildbad
Kirstin Schwarz M.A., Herxheim
Marion Seibel, Karlsruhe
Hôtel Sidi Bou Saïd, Sidi Dhrif
Dr. Roland Steinacher, Innsbruck
Dr.-Ing. Sebastian Storz, Dresden
Dr. Jürgen Süß, Brühl
Prof. Dr. Heinrich Tiefenbach, Regensburg
Dr. Klaus E. Werner, Rom
Danielle Woodward, Karlsruhe
Andreas und Monika Zimmermann,
    Pliezhausen

Literaturverzeichnis

A

AE 1915 | L'Année Epigraphique, Paris (1888 ff.).

Aillagon 2008 | J.-J. Aillagon (Hrsg.), Rome and the Barbarians. The Birth of a new World. With the scientific coordination of U. Roberto and Y. Rivière. An exhibition by Palazzo Grassi, Venice, Kunst- und Ausstellungshalle der Bundesrepublik Deutschland, Bonn, and the École française de Rome, Rome (2008).

Albersmeier 2005 | S. Albersmeier, Bedazzled. 5000 Years of Jewellery. The Walters Art Museum, Baltimore (2005).

Alcouffe 1992 | D. Alcouffe (Hrsg.), Byzance. L'Art byzantin dans les collections publiques françaises. Musée du Louvre, Hall Napoléon (1992).

Álvarez Martínez / de la Barrera Antón 2005 | J.M. Álvarez Martínez – J.L. de la Barrera Antón, Eulalia de Mérida y su proyección en la Historia (2005).

Andermann 1999 | U. Andermann, Albert Krantz. Wissenschaft und Historiographie um 1500. Forschungen zur mittelalterlichen Geschichte 38 (1999).

Andreae 2009 | B. Andreae, Der Tanzende Satyr von Mazara del Vallo und Praxiteles. Abhandlungen der Akademie der Wissenschaften und der Literatur, Mainz, Geistes- und sozialwissenschaftliche Klasse Nr. 2 (2009).

Andrzejowski / Kokowski / Leiber 2003 | J. Andrzejowski – A. Kokowski – Chr. Leiber (Hrsg.), Wandalowie, straz`nicy bursztynowego szlaku. Katalog wystawy (2004).

Anthony 1990 | D.W. Anthony, Migration in archaeology: The baby and the bathwater, American Anthropologist 92, 1990, 895ff.

Arce 2008 | J. Arce, Los vándalos en Hispania (409–429): impacto, actividades, identidad, in: G.M. Berndt – R. Steinacher (Hrsg.), Das Reich der Vandalen und seine (Vor)Geschichten. Forschungen zur Geschichte des Mittelalters 13 (2008) 97–104.

Arce 2008a | J.J. Arce Martinez, Un relieve triunfal de Maximiano Herculeo en Augusta Emerita y el P. Stras. 480, Mérida Tardorromana (300-580 d. Chr.), Cuadernos Emeritenses 22, 2002, 47–70.

Arneth 1850 | J. Arneth, Monumente des k. k. Münz- und Antiken-Cabinettes in Wien. Die antiken Gold- und Silber-Monumente des k. k. Münz- und Antiken-Cabinettes in Wien (1850).

Aurigemma 1960 | S. Aurigemma, L`Italia in Africa. Le scoperte archeologiche (1911–1943). Tripolitania. I Mosaici (1960).

B

Baden-Baden 2005 | Hermann Weber – Ikon. Die Gesichter Gottes, S Immo + Finanz GmbH, Sparkasse Baden-Baden. Ausstellungskatalog Baden-Baden (2005).

Balmaseda 2001 | L. Balmaseda, De la historia del hallazgo y la arqueología de Guarrazar, in: Perea 2001, 63–117.

Baratte / Duval 1978 | F. Baratte – N. Duval, Catalogue des mosaïques romaines et paléochrétiennes du Musee du Louvre (1978).

Baratte / Painter 1989 | F. Baratte – K. Painter (Hrsg.), Trésors d'orfèvrerie gallo-romains, Ausstellungskatalog Musée du Luxembourg, Paris (1989).

Baratte 2002 | = Baratte / Lang / La Niece / Metzger 2002

Baratte / Lang / La Niece / Metzger 2002 | F. Baratte – J. Lang – S. La Niece – C. Metzger, Le trésor de Carthage: contribution à l'étude de l'orfèvrerie de l'Antiquité tardive. Etudes d'Antiquités africaines (2002).

Baratte / Béjaoui 2009 | F. Baratte – F. Béjaoui, Recherches archéologiques à Haïdra III. Collection de l'Ecole française de Rome 18.3 (2009).

Basel 2008 | Pavel Schmidt. p.s. Ausstellungs-katalog Museum Jean Tinguely Basel (2008).

Bastien 1989 | P. Bastien, Le médaillon de plomb de Lyon, Numismatique Romaine 18, 1989, 3–45.

Bauer 1996 | F. A. Bauer, Stadt, Platz und Denkmal in der Spätantike (1996).

Bauer 2001 | F.A. Bauer, Beatitudo Temporum. Die Gegenwart der Vergangenheit im Stadtbild des spätantiken Rom, in: F.A. Bauer – N. Zimmermann (Hrsg.), Epochenwandel? Kunst und Kultur zwischen Antike und Mittelalter (2001) 75–94.

Bautz 1992 | R. Tenberg, in: Fr.-W. Bautz (Hrsg.), Biographisch-Bibliographisches Kirchenlexikon 4 (1992) 605–606.

Bechert 1999 | T. Bechert, Die Provinzen des römischen Reiches. Einführung und Überblick (1999).

Beck / Bol 1983 | H. Beck – P. Bol, Spätantike und frühes Christentum. Ausstellungskatalog Frankfurt (1983).

Béjaoui 1984/85 | F. Béjaoui, Pierre et Paul sur de nouveaux fragments de céramique africaine, Rivista di Archeologia Cristiana 60/61, 1984/85, 45–62.

Béjaoui 1989 | F. Béjaoui, Découvertes d'archéologie chrétienne en Tunisie, in: Actes du XIe congrès d'archéologie chrétienne, Lyon 1986 (1989).

Béjaoui 1990 | = Béjaoui 1991

Béjaoui 1991 | F. Béjaoui, Une nouvelle découverte d'époque chrétienne en Tunisie, in: Africa romana. Atti dell'VIII convegno di studio, Cagliari, 14.–16. Dezember 1990 (1991) 299–303.

Béjaoui 1995 | F. Béjaoui, Une église vandale à Henchir el-Gousset (région de Thélepte, Tunisie), Africa 13, 1995, 101–122.

Béjaoui 1997 | F. Béjaoui, Céramique et religion chrétienne. Les thèmes bibliques sur la Sigillée africaine (1997).

Béjaoui 1999 | F. Béjaoui, Le sarcophage de Lemta, in: Akten des Symposiums "Frühchristliche Sarkophage" in Marburg (1999).

Béjaoui 2001 | F. Béjaoui, Eglises urbaines, églises rurales dans la Tunisie Paléochrétienne. Nouvelles Recherches d'architecture et d'urbanisme, Comptes Rendus, Académie des Inscriptions & Belles-Lettres (2001).

Béjaoui 2001a | F. Béjaoui, Deux édifices de cultes ruraux récemment découvertes: le baptistère d'El-Erg et l'église d'El-Ouara, Comptes Rendus, Académie des Inscriptions & Belles-Lettres (2001) 1473-1496.

Béjaoui 2002 | F. Béjaoui, Etat des découvertes d'époque chrétienne des dix dernières années en Tunisie. L'Afrique vandale et byzantine, Antiquité Tardive 10, 2002.

Béjaoui 2006 | F. Béjaoui, Christian mosaics in Tunisia. Stories in mosaics. Conserving mosaics of Roman Africa (2006) 93–100.

Béjaoui 2008 | F. Béjaoui, Les vandales en Afrique. Témoignages archéologiques. Les récentes découvertes en Tunisie, in: G.M. Berndt – R. Steinacher (Hrsg.), Das Reich der Vandalen und seine (Vor)Geschichten. Forschungen zur Geschichte des Mittelalters 13 (2008).

Béjaoui 2008a | F. Béjaoui, Témoignages archéologiques d'époque vandale dans les hautes steppes tunisiennes, in: F. Béjaoui (Hrsg.), Actes du 6ième colloque international sur l'histoire des steppes tunisiennes. Sbeïtla 2006 (2008) 205–216.

Bemmann / Parczewski 2005 | J. Bemmann – M. Parczewski (Hrsg.), Frühe Slawen in Mitteleuropa. Schriften von Kazimierz Godłowski. Studien zur Siedlungsgeschichte und Archäologie der Ostseegebiete 6 (2005).

Ben Abdallah 1986 | Z.B. Ben Abdallah, Catalogue des inscriptions Latines païennes du musée du Bardo (1986).

Ben Abed / Duval 2000 | A. Ben Abed – N. Duval, Carthage. La capitale du royaume vandale et les villes de Tunisie à l'époque vandale, in: G. Rippoll – J.M. Gurt (Hrsg.), Sedes regiae anno 400–800 (2000) 163–218.

Ben Abed / de Balanda / Uribe Echeverría 2002 | A. Ben Abed – E. de Balanda – A. Uribe Echeverría, Image de Pierre. La Tunisie en mosaïque (2002).

Ben Abed 2003 | F. Ben Abed, Uthina. Découverte d'un quartier d'habitat (2003).

Ben Abed-Ben Khader 2003 | A. Ben Abed-Ben Khader, Image in Stone. Tunisia in Mosaic (2003).

Ben Abed 2006 | A. Ben Abed, Tunisian Mosaics. Treasures from Roman Africa (2006).

Ben Hassen / Maurin 1998 | H. Ben Hassen – L. Maurin, Oudhna (Uthina). La redécouverte d'une ville antique de Tunisie. INP-AUSONIUS (1998).

Ben Hassen / Maurin 2004 | H. Ben Hassen – L. Maurin, Oudhna (Uthina). Colonie de vétérans de la XIIIe légion. Histoire, urbanisme, fouilles et mise en valeur des monuments. INP-AUSONIUS (2004).

Ben Hassen / Sotgiu / Corda 2002 | H. Ben Hassen – G. Sotgiu – A.M. Corda, Fouilles archéologiques à Uthina (1995–2001). Rapport préliminaire de l'activité de recherche de l'INP et de l'Université de Cagliari-Italie (2002).

Ben Hassen / Sotgiu / Corda 2007 | H. Ben Hassen – G. Sotgiu – A.M. Corda, Fouilles archéologiques à Uthina (2001–2007) de l'INP et de l'Université de Cagliari Italie (2007).

Ben Lazreg 1983 | N. Ben Lazreg, Les carreaux de terre cuite paléochrétiens figurés de Tunisie. Thèse de doctorat de 3ième cycle soutenue sous la direction de A. Mahjoubi. Faculté des Lettres et des Sciences Humaines, Tunis 1983 (Typoskript).

Ben Lazreg 2001 | N. Ben Lazreg, Les carreaux chrétiens, in: Landes / Ben Hassen 2001, 141–150, 169–173.

Ben Rhomdane / Ghalia 2000 | N. Ben Rhomdane – T. Ghalia (Hrsg.), Der Ölbaum in der Ausstellung für Kulturerbe und Bildende Künste, EXPO Hannover 1. Juni – 31. Oktober 2000 (2000).

Bergmann 1977 | M. Bergmann, Chiragan, Aphrodisias, Konstantinopel (1999).

Bergmann 1983 | M. Bergmann in: H. Beck / P. Bol 1983.

Berndt 2002 | G. Berndt, Die Heiratspolitik der hasdingischen Herrscher-Dynastie. Ein Beitrag zur Geschichte des nordafrikanischen Vandalenreiches, Mitteilungen des Vereins für Geschichte an der Universität Paderborn 15, 2002, 154–154.

Berndt / von Rummel / Steinacher 2006 | G.M. Berndt – Ph. von Rummel – R. Steinacher, The true story of the Vandals. Museum Vandalorum Värnamo, Eigenverlag, Värnamo 2001, in: ZAM Zeitschrift für Archäologie des Mittelalters 34, 2006, 313–316.

Berndt 2007 | G.M. Berndt, Konflikt und Anpassung. Studien zu Migration und Ethnogenese der Vandalen. Historische Studien 489 (2007).

Berndt / Steinacher 2008 | G.M. Berndt – R. Steinacher (Hrsg.), Das Reich der Vandalen und seine (Vor)Geschichten. Forschungen zur Geschichte des Mittelalters 13. Österreichische Akademie der Wissenschaften Philosophisch-Historische Klasse, Denkschriften 366 (2008).

Betz / Browning 1962 | H.D. Betz – D.S. Browning, Religion, in: H. Burkhardt (Hrsg.), Das große Bibellexikon (1962).

Betz / Browning / Janowski / Jüngel 2004 | H.D. Betz – D.S. Browning – B. Janowski – E. Jüngel, Religion in Geschichte und Gegenwart. Band 8 4(2004).

Bevern 2003 | = Leiber 2003

Bierbrauer 1994 | V. Bierbrauer, Archäologie und Geschichte der Goten vom 1.–7. Jahrhundert. Versuch einer Bilanz. Frühmittelalterliche Studien 28, 1994, 51–171.

Bierbrauer 2008 | V. Bierbrauer, Ethnos und Mobilität im 5. Jahrhundert aus archäologischer

Sicht. Vom Kaukasus bis nach Niederösterreich (2008).

Bishop / Coulston 2006 | M.C. Bishop – J.C.N. Coulston, Roman military equipment from the Punic wars to the fall of Rome (2006).

Blanchard-Lemée 1988 | M. Blanchard-Lemée, À propos des mosaïques de Sidi Ghrib; Vénus, le Gaurus et un poème de Symmaque, Mélanges de l'Ecole Française de Rome, Antiquité 10, 1988 (1) 367–384.

Bleckmann 2009 | B. Bleckmann, Die Germanen. Von Ariovist bis zu den Wikingern (2009).

Bleiberg 2005 | E. Bleiberg, Tree of Paradise: Jewish Mosaics from the Roman Empire (2005).

Böhme 1974 | H.W. Böhme, Germanische Grabfunde des 4. bis 5. Jahrhunderts zwischen unterer Elbe und Loire. Studien zur Chronologie und Bevölkerungsgeschichte (1974).

Böhme 1980 | H.W. Böhme, Spätrömische Militärgürtel, in: Gallien in der Spätantike. Kat. Mainz (1980) 201–202.

Böhme 1986 | H.W. Böhme, Bemerkungen zum spätrömischen Militärstil, in: H. Roth (Hrsg.), Zum Problem der Deutung frühmittelalterlicher Bildinhalte (1986) 25–49.

Böhme 1996 | H.W. Böhme, Söldner und Siedler im spätantiken Nordgallien. In: Die Franken, Wegbereiter Europas. Kat. Mannheim 1 (1996) 91–101.

Bömelburg 2006 | H.-J. Bömelburg, Frühneuzeitliche Nationen im östlichen Europa. Das polnische Geschichtsdenken und die Reichweite einer humanistischen Nationalgeschichte 1500–1700. Veröffentlichungen des Nordost-Instituts 4 (2006).

Bonnal / Février 1967 | J.-P. Bonnal – P.-A. Février, Ostraka de la région de Bir Trouch, Bulletin d'Archéologie Algérienne II, 1966/67 (1967)239–249.

Bonifay 2003 | M. Bonifay, La céramique africaine, un indice du développement économique?, Antiquité Tardive 11, 2003, 113–128.

Bonifay 2004 | M. Bonifay, Etudes sur la céramique romaine tardive d'Afrique. British Archeological Reports, International Series 1301 (2004).

Bonn 2008 | Kunst und Ausstellungshalle der Bundesrepublik Deutschland (Hrsg.), Rom und die Barbaren. Europa zur Zeit der Völkerwanderung. Ausstellungskatalog Bonn (2008).

Boppert / Cüppers 1990 | W. Boppert – H. Cüppers (Hrsg.), Die Römer in Rheinland-Pfalz. Die Anfänge des Christentums (1990).

Borst 1957–1963 | A. Borst, Der Turmbau zu Babel. Geschichte der Meinungen über Ursprung und Vielfalt der Sprachen und Völker 1–4 (1957–1963).

Brachtendorf / Drecoll 2002ff. | J. Brachtendorf – V.H. Drecoll (Hrsg.), Augustinus opera – Werke: eine in Vorbereitung befindliche erste lateinisch-deutsche Gesamtausgabe der Schriften Augustins (2002ff).

Brandes 1997 | W. Brandes, Anastasios ὁ δίκορος. Endzeiterwartung und Kaiserkritik in

Byzanz um 500 n. Chr., Byzantinische Zeitschrift 90, 1997, 24–63.

Brandt 2001 | H. Brandt, Das Ende der Antike. Geschichte des spätrömischen Reiches (2001).

Brather 2004 | S. Brather, Ethnische Interpretationen in der frühgeschichtlichen Archäologie. Geschichte, Grundlagen und Alternativen (2004).

Brather 2008 | S. Brather (Hrsg.), Zwischen Spätantike und Frühmittelalter. Archäologie des 4. bis 7. Jahrhunderts im Westen (2008).

Braunfels 1970 | W. Braunfels (Hrsg.), Lexikon der christlichen Ikonographie (1970).

Bretscher-Gisiger 2000 | C. Bretscher-Gisiger (Red.), Lexikon des Mittelalters, CD-ROM-Ausgabe (2000).

Brodka 2004 | D. Brodka, Die Geschichtsphilosophie in der spätantiken Historiographie. Studien zu Prokopios von Kaisarea, Agathias von Myrina und Theophylaktos Simokattes. Studien und Texte zur Byzantinistik 5 (2004).

Brown 1967 | P. Brown, Augustine of Hippo (1967). (dt.: Augustinus von Hippo 2000).

Brown 1996 | P. Brown, Die Entstehung des christlichen Europa (1996).

Buckton 1994 | D. Buckton, Byzantium. Treasures of Byzantine Art and Culture (1994).

Burckhardt 1868/1936 | J. Burckhardt, Weltgeschichtliche Betrachtungen (1868/1936).

Burmeister 1996 | S. Burmeister, Migration und ihre archäologische Nachweisbarkeit, Archäologische Informationen 19, 1996, 13ff.

Busch 1999 | S. Busch, Versus balnearum (1999).

Buschhausen 1971 | H. Buschhausen, Die spätromischen Metallscrinia und frühchristlichen Reliquaire, Wiener Byzantinischen Studien 9 (1971).

C

Cacan de Bissy / Petit 1982 | A. Cacan de Bissy – J. Petit (Hrsg.), De Carthage à Kairouan. 2000 ans d'art et d'histoire en Tunisie. Ausstellungskatalog Musée du Petit Palais de la Ville de Paris 1982/83 (1982).

Calligaro / Colinart / Poirot / Sudres 2002 | Th. Calligaro – S. Colinart – J.-P. Poirot – C. Sudres, Combined external-beam PIXE and µ-Raman characterisation of garnets used in Merovingian jewellery, Nuclear Instruments and Methods in Physics Research B 189, 2002, 320–327.

Calligaro / Périn / Vallet / Poirot 2008 | Th. Calligaro – P. Périn – F. Vallet – J.-P. Poirot, Contribution à l'étude des grenats mérovingiens (Basilique de Saint-Denis et autres collections du musée d'Archéologie nationale, diverses collections publiques et objets de fouilles récentes. Nouvelles analyses gemmologiques et géophysiques effectuées au Centre de Recherche et de Restauration des musées de France, Antiquités nationales 38, 2006/07 (2008) 111–144.

Calza 1977 | R. Calza, Antichità di Villa Doria Pamphilj (1977).

Cameron 1992 | A. Cameron, Observations on the distribution and ownership of late Roman silver plates, Journal of Roman Archaeology 5, 1992, 178–185.

Cameron 2000 | A. Cameron, Vandal and Byzantine Africa, in: Cambridge Ancient History XIV (2000) 552–569.

Cancik / Schneider / Landfester | H. Cancik – H. Schneider – M. Landfester (Hrsg.), Der Neue Pauly. Enzyklopädie der Antike.

Carandini 1981 | A. Carandini (Hrsg.), Atlante delle forme ceramiche. I Ceramica fine romana nel bacino mediterraneo (medio e tardo imperio). Enciclopedia dell'Arte Antica (1981).

Castritius / Bierbrauer 2006 | H. Castritius – V. Bierbrauer, in: Reallexikon der Germanischen Altertumskunde 33 (2006) 168–217 s. v. Wandalen.

Castritius 2007 | H. Castritius, Die Vandalen. Etappen einer Spurensuche (2007).

Castritius 2008 | H. Castritius, Das vandalische Doppelkönigtum und seine ideell-religiösen Grundlagen, in: G.M. Berndt – R. Steinacher (Hrsg.), Das Reich der Vandalen und seine (Vor) Geschichten. Forschungen zur Geschichte des Mittelalters 13 (2008) 79–86.

Cazes 1999 | D. Cazes. Le Musée Saint-Raymond. Musée des Antiques de Toulouse (1999).

Chapman / Hamerow 1997 | J. Chapman – H. Hamerow (Hrsg.), Migrations and Invasions in Archaeological Explanation, British Archaeological Reports, International Series 664 (1997).

Carrié / Lizzi Testa 2002 | N. Duval, Deux mythes de l'iconographie de l'Antiquité Tardive. La villa fortifiée et le „chasseur vandale", in: J.-M. Carrié – R. Lizzi Testa (Hrsg.), Humana sapit. Etudes d'antiquité tardive offertes à Lellia Cracco Ruggini (2002) 333–340.

Caubet / Pouysségur / Prat 2000 | A. Caubet – P. Pouysségur – L.-A. Prat (Hrsg.), L'Empire du temps. Mythes et créations, Paris, Galeries nationales du Grand Palais (2000).

Chrysos / Schwarcz 1989 | E. Chrysos – A. Schwarcz (Hrsg.), Veröffentlichungen des Instituts für Österreichische Geschichtsforschung 29 (1989) 57–60.

CIL | Corpus Inscriptionum Latinarum

Clauss 2001 | M. Clauss (Hrsg.), Die römischen Kaiser. 55 historische Porträts von Caesar bis Romulus Augustulus [2](2001).

Claude 1970 | D. Claude, Geschichte der Westgoten (1970).

Claude 1974 | D. Claude, Probleme der vandalischen Herrschaftsnachfolge, Deutsches Archiv für die Erforschung des Mittelalters 30, 1974, 329–355.

Claude / Reichert 1998 | D. Claude – H. Reichert, in: Reallexikon der Germanischen Altertumskunde 10 (1998) 567–584 s.v. Geiserich.

Clover 1993 | F.M. Clover, Le culte des empereurs dans l'Afrique vandale, in: F.M. Clover, The Late Roman West and the Vandals (1993) Nr. VIII.

Clover 1993a | F.M. Clover, Carthage and the Vandals, in: F.M. Clover, The Late Roman West and the Vandals (1993) Nr. VI.

Clover 2003 | F.M. Clover, Timekeeping and Dyarchy in Vandal Africa, in: Antiquité Tardive 11, 2003, 45–63.

CNV | J.M. Monteoliva – M.C. Cores Gomendio G. Cores Uría, Corpus Nummorum Visigothorum. Ca. 575 – 714 Leovigildus – Achila (2006).

Coche de la Ferté 1958 | E. Coche de la Ferté, L'antiquité chrétienne au musée du Louvre (1958).

Courtois 1945 | Chr. Courtois, Grégoire VII et l'Afrique du Nord, Remarques sur les communautés chrétiennes d'Afrique au XIème siècle, Revue Historique 1945, 97–122. 193–226.

Courtois / Leschi / Perrat / Saumagne 1952 | Chr. Courtois – L. Leschi – C. Perrat – C. Saumagne, Tablettes Albertini: actes privés de l'époque vandale (fin du Ve siècle) 2 Bde. (1952).

Courtois 1955 | Chr. Courtois, Les Vandales et l'Afrique (1955).

Courtois 1955a | Chr. Courtois, Sur un baptistère découvert dans la région de Kélibia (Cap Bon), Karthago 6, 1955, 98–123.

Cüppers 1974 | H. Cüppers, Ausgewählte römische Moselfunde, Trierer Zeitschrift 37, 1974, 149–173.

D

Dąbrowska 1988 | T. Dąbrowska, Wczesne fazy kultury przeworskiej. Chronologia – zasąg – powięzania (1988).

Dąbrowska 1988a | T. Dąbrowska, Bemerkungen zur Entstehung der Przeworsk-Kultur, Prähistorische Zeitschrift 63, 1988, 53–80.

Dąbrowska 2003 | T. Dąbrowska, Przeworsk-Kultur. Jüngere vorrömische Eisenzeit. Frühe römische Kaiserzeit. Reallexikon der Germanischen Altertumskunde 23 (2003) 540–553.

Dahm 2005 | V. Dahm, Rezension von: W. Scott Hoerle: Hans Friedrich Blunck. Poet and Nazi Collaborator, 1888–1961 (2003), in: sehepunkte 5 (2005), Nr. 3 [15.03.2005], URL: http://www.sehepunkte.de/2005/03/5053.html

Darmon 1995 | J.-P. Darmon, Les mosaïques de la synagogue de Hammam Lif: un reexamen du dossier, in: P. Johnson – R. Ling – D.J. Smith (Hrsg.), Fifth International Colloquium on Ancient Mosaics held at Bath on September 5–12, 1987. Journal of Roman Archaeology Supplementary Series 9 (1995) 7–29.

de Baye 1887 | J. de Baye, Bijoux vandales des environs de Bône. Mémoires des la Société Nat. des Antiquités de la France 48, 1887, 179–192.

Delattre 1886 | A.-L. Delattre, Archéologie chrétienne de Carthage XI. Les Missions Catholiques 18, 1886, 152f.

Delattre 1893 | A.-L. Delattre, Fouilles archéologiques dans le flanc sud-ouest de la colline de Saint-Louis en 1892. Bull. Arch. Com. Trav. Hist. 181, 1893, 94–123.

Delattre 1902 | A.-L. Delattre, Un Pèlerinage aux ruines de Carthage et au Musée Lavigerie (1902).

Delattre 1916 | A.-L. Delattre, La découverte, sur le Koudiat-Zâteur, d'une riche sépulture de l'époque chrétienne. Comptes Rendus Séances de l'Académie des Inscriptions 1916, 14–16.

Delbrueck 1929 | R. Delbrueck, Die Consular-diptychen und verwandte Denkmäler. Studien zur spätantiken Kunstgeschichte. 2 Bde. (1929) 242–248 N. 63.

Delbrueck 1933/78 | R. Delbrueck, Spätantike Kaiserporträts. Von Constantinus Magnus bis zum Ende des Westreiches (1933/78).

Demandt 1970 | A. Demandt, Magister militum. RE Suppl. 12 (1970) 553 ff.

Demandt 1984 | A. Demandt, Der Fall Roms. Die Auflösung des römischen Reiches im Urteil der Nachwelt (1984).

Demandt 1997 | A. Demandt, Vandalismus. Gewalt gegen Kultur (1997).

Demandt 1998 | A. Demandt, Die Spätantike. Römische Geschichte von Diocletian bis Justinian 284–565 n. Chr. Handbuch der Altertumswissenschaft III.6 (1998).

Demandt 2007 | A. Demandt, Die Spätantike. Römische Geschichte von Diocletian bis Justinian 284–565 n. Chr. Handbuch der Altertumswissenschaft III.6 [2](2007).

Demandt / Engemann 2007 | A. Demandt – J. Engemann (Hrsg.), Imperator Caesar Flavius Constantinus. Konstantin der Große. Ausstellungskatalog Trier (2007).

Demange 2006 | F. Demange (Hrsg.), Les Perses sassanides. Fastes d'un empire oublié (224–642). Paris, Musée Cernuschi (2006).

Demougeot 1979 | E. Demougeot, La formation de l'Europe et les invasions barbares (1979).

Dengler-Schreiber 1979 | K. Dengler-Schreiber, Scriptorium und Bibliothek des Klosters Michelsberg in Bamberg (1979).

de Palol 1967 | P. de Palol, Arqueologia cristiana de la España romana, siglo IV–VI (1967).

Deppert / Schürmann / Theune-Großkopf 1995 | B. Deppert – A. Schürmann – B. Theune-Großkopf (Hrsg.), Die Schraube zwischen Macht und Pracht. Das Gewinde in der Antike. Kat. Künzelsau (1995).

Diehl 1896 | C. Diehl, L'Afrique Byzantine, Histoire de la domination Byzantine en Afrique (1896).

Diesner 1964 | H.-J. Diesner, Der Untergang der römischen Herrschaft in Nordafrika (1964).

Diesner 1966 | H.-J. Diesner, Das Vandalenreich. Aufstieg und Untergang (1966).

Djaït 1976 | H. Djaït, La Wilaya d'Ifrikiya au IIème/VIIème siècle: Etude institutionelle, Studia Islamica 17, 1976, 77–121; 18, 979–1069.

Djaït / Talbi / Dachraoui / Dhouib / M'rabet / Mahfoudh 2006 | H. Djaït – M. Talbi – F. Dachraoui – A. Dhouib – M.A. M'rabet – F. Mahfoudh, Histoire Générale de la Tunisie II. Le Moyen-Âge (27–982 H./647–1574) (2006).

Dolenz 2001 | H. Dolenz, Damous-el-Karita. Die österreichisch-tunesischen Ausgrabungen der Jahre 1996 und 1997 im Saalbau und der Memoria des Pilgerheiligtumes Damous-el-Karita in Karthago, Österreichisches Archäologisches Institut, Sonderschriften Bd. 35 (2001).

Donecker / Steinacher 2009 | St. Donecker – R. Steinacher, Der König der Schweden, Goten und Vandalen. Identität und Geschichtsbilder des 16.–18. Jahrhunderts, in: W. Pohl – H. Reimitz (Hrsg.), Vergangenheit und Vergegenwärtigung. Forschungen zur Geschichte des Mittelalters 14 (2009) 169–203.

Döring / Hiller v. Gärtringen / Hollberg / Rodekamp 2009 | D. Döring – R. Hiller v. Gärtringen – C. Hollberg – V. Rodekamp (Hrsg.), Erleuchtung der Welt. Sachsen und der Beginn der modernen Wissenschaften. Ausstellungskatalog Leipzig (2009).

Doulatli 1979 | A. Doulatli, Poterie et céramique tunisienne (1979).

Drecoll 2007 | V.H. Drecoll, Augustin Handbuch (2007).

Dressel 1973 | H. Dressel, Die römischen Medaillone des Münzkabinetts der Staatlichen Museen zu Berlin (1973).

Drinkwater 2007 | J. Drinkwater, The Alamanni and Rome 213–496. Caracalla to Clovis (2007).

Dumas 1848 | A. Dumas, Le Véloce ou Tanger, Alger et Tunis (1848).

Dunbabin 1978 | K. Dunbabin, The mosaics of Roman North Africa. Studies in iconography and patronage (1978).

Duval 1971 | N. Duval, Les arts de la Méditerranée, Revue du Louvre 1971, 297–299.

Duval 1972 | N. Duval, L'architecture chrétienne de Byzacène, Mélanges de l'Ecole française de Rome 84, 1972.

Duval 1973 | N. Duval, Les Eglises africaines à deux absides. Collection de l'Ecole française de Rome (19/3) 218ff.

Duval / Prévot 1975 | N. Duval – F. Prévot, Recherches archéologiques à Haïdra I. Les inscriptions chrétiennes. Collection de l'École française de Rome 18, 1975, 594ff.

Duval 1976 | N. Duval, La mosaïque funéraire dans l'art paléochrétien (1976).

Duval 1987 | N. Duval, La signification historique des inscriptions chrétiennes de Sbeïtla (avec inventaire des inscriptions chrétiennes), Africa Romana, Convegno di Sassari 1986 (1987) 385–414.

Duval 1990 | N. Duval, Les nouveautés de l'arceologie tunisienne. Le site d'Hr el Gousset, Revue des Etudes Augustiniennes 36, 1990, 315–327.

Duval 1995 | N. Duval, Les nécropoles chrétiennes d'Afrique du Nord, in: P. Trousset (Hrsg.), Monuments funéraires. Institutions autochtones. L'Afrique du Nord antique et médiévale [2]. VIe Colloque International, Pau, octobre 1993 (Nancy 1995), 187–205.

Duval / Metzger 1996 | N. Duval – C. Metzger, Tables et reliquaires du Louvre, Recueil du musée national d'archéologie XVI, 1 (1996).

E

Ebel-Zepezauer 2000 | W. Ebel-Zepezauer, Studien zur Archäologie der Westgoten vom 5.–7. Jh. n. Chr. Iberia Archaeologica 2 (2000).

Eger 2001a | Chr. Eger, Vandalische Grabfunde aus Karthago, Germania 79 (1) 2001, 347–390.

Eger 2001b | Chr. Eger, Byzantinische Heiligenfibeln. Bayer. Vorgeschbl. 66, 2001, 149–155.

Eger 2004a | Chr. Eger, Silbergeschirr und goldene Gürtel. Die vandalische Oberschicht im Spiegel der Schatz- und Grabfunde Nordafrikas, Antike Welt 35 /2 2004, 71–76.

Eger 2004b | Chr. Eger, Krone und Kreuz König Svinthilas. Westgotische Hofkunst und Plate-inlaying im 6. und 7. Jh. Madrider Mitteilungen 45, 2004, 449–506.

Eger 2007 | Chr. Eger, Guarrazar (Guadamur, Toledo). Bericht zu den Untersuchungen 2002–2005. Mit Beiträgen von C. Basas, N. Benecke, J. Görsdorf und A. Scharf. Madrider Mitteilungen 48, 2007, 267–305.

Eger 2008 | Chr. Eger, Vandalisches Trachtzubehör? Zu Herkunft, Verbreitung und Kontext ausgewählter Fibeltypen aus Nordafrika, in: G.M. Berndt – R. Steinacher (Hrsg.), Das Reich der Vandalen und seine (Vor)Geschichten. Forschungen zur Geschichte des Mittelalters 13 (2008) 183–195.

Eger in Vorbereitung | Chr. Eger, Spätantikes Kleidungszubehör aus Nordafrika. In Vorbereitung.

Elliger 2004 | W. Elliger, Karthago, in: Reallexikon für Antike und Christentum XX (2004) 229–84.

Engemann 2008 | J. Engemann, Die Spiele spätantiker Senatoren, ihre Diptychen und ihre Geschenke, in: G. Bühl – A. Cutler – A. Effenberger (Hrsg.), Spätantike und byzantinische Elfenbeinbildwerke im Diskurs (2008) 53–96.

Ennabli 1975 | L. Ennabli, Les inscriptions chrétiennes de la basilique dite de Sainte-Monique à Carthage (ICKarth. I). Collection de l'École Française de Rome 25 (1975) 413ff.

Ennabli 1976 | A. Ennabli, Lampes chrétiennes de Tunisie (Musées du Bardo et de Carthage) (1976).

Ennabli 1981 | A. Ennabli, À propos des thiases marins, une nouvelle découverte en Tunisie, in: Colloque international du CNRS Nr. 593, 17. Mai 1979: Mythologie gréco-romaine. Mythologies périphériques. Études d'iconographie (1981) 53–55.

Ennabli 1982 | L. Ennabli, Les inscriptions funéraires chrétiennes de Carthage II. La basilique de Mcidfa (ICKarth. II). Collection de l'École française de Rome 62 (1982) 386ff.

Ennabli 1986 | A. Ennabli, Les thermes du thiase marin de Sidi Ghrib (Tunisie), Monuments Piot 68, 1986, 1–59.

Ennabli 1991 | L. Ennabli, Les inscriptions funéraires chrétiennes de Carthage III. Carthage intra et extra muros (ICKarth. III). Collection de l'École française de Rome 151 (1991) 397ff. Karte h.

Ennabli 1992 | A. Ennabli (Hrsg.), Pour sauver Carthage (1992).

Ennabli / Neuru 1993 | A. Ennabli – L. Neuru, Tunisia. Recent excavation at Sidi Ghrib. Field Notes, Archaeological News 1993, 27–31.

Ennabli / Neuru 1994 | A. Ennabli – L. Neuru, Excavations of the Roman villa at Sidi Ghrib, Tunisia. 1985–1992, Échos du Monde classique/ Classical View 38 (N.S. 13) 1994, 207–220.

Ennabli / Roudesli-Chebbi 1994 | A. Ennabli – S. Roudesli-Chebbi, Découverte d'une tombe de l'antiquité tardive à Carthage (région de Douar-ech-Chott). CÉDAC 14, 1994, 10f.

Ennabli 1997 | L. Ennabli, Carthage. Une métropole chrétienne du IVe á la fin du VIIe siécle (1997).

Ennabli 2000 | L. Ennabli, Catalogue des inscriptions chrétiennes sur pierre du Musée du Bardo (2000) 189ff.

Ennabli 2000a | L. Ennabli, Carthage chrétienne (2000).

Ennabli 2001 | L. Ennabli, Das christliche Karthago (2001).

F

Fehr 2009 | H. Fehr, Germanen und Romanen im Merowingerreich. Frühgeschichtliche Archäologie zwischen Wissenschaft und Zeitgeschichte (2009).

Feldmann 1910 | W. Feldmann, Die Vandalen als Kunstfrevler, Zeitschrift des Allgemeinen Deutschen Sprachvereins 25, 1910, 345ff.

Fendri 2007 | M. Fendri, Beziehungen zwischen Baden und Tunesien im 18. und 19. Jahrhundert, Zeitschrift für die Geschichte des Oberrheins 155, 2007, 313-332.

Février 1984 | P.A. Février, L'abeille et la seiche (à propos du baptistère de Kélibia), Rivista di Archeologia Cristiana 60, 1984, 277–292.

Flasch 1994 | K. Flasch, Augustin. Einführung in sein Denken ²(1994).

Francovich Onesti 2002 | N. Francovich Onesti, I Vandali. Lingua e storia (2002).

Friedrich 2002 | J. Friedrich, Der Brand (2002).

Fittschen / Zanker 1985 | K. Fittschen – P. Zanker, Katalog der römischen Porträts in den Capitolinischen Museen und den anderen kommunalen Sammlungen der Stadt Rom I (1985).

Foltz 1984 | E. Foltz, Herstellungstechnik. Untersuchungen zur Herstellungstechnik der Silberobjekte, in: H.A. Cahn u.a., Der römische Silberschatz von Kaiseraugst. Basler Beiträge zur Ur- und Frühgeschichte 9 (1984).

Freed 2001 | J. Freed, Bibliography of publications of Alfred-Louis Delattre. Bulletin du Centre d'Études et de Documentation Archéologique de la Conservation de Carthage 20 (2001).

Fuchs 1997 | K. Fuchs (Hrsg.), Die Alamannen. Begleitband zur Ausstellung (1997).

Fuhrer 2004 | Th. Fuhrer, Augustinus (2004).

G

Gabelmann 1984 | H. Gabelmann, Antike Audienz- und Tribunalszenen (1984).

Gaitzsch 1983 | W. Gaitzsch, Die „römische" Schraube aus dem Kastell von Niederbieber. Bonner Jahrbuch 183, 1983, 595–602.

Galavaris 1970 | G. Galavaris, Bread and the liturgy. The symbolism of early Christian and Byzantine bread stamps (1970).

Garbsch 1980 | J. Garbsch, Ein spätantiker Achilles-Zyklus, Bonner Vorgeschichtsblätter 1980, 155–160.

Garbsch / Overbeck 1989 | J. Garbsch – B. Overbeck, Spätantike zwischen Heidentum und Christentum. Ausstellungskatalog München (1989).

Gauckler 1904 | P. Gauckler, La personification de Carthage. Mosaïque du Musée du Louvre, Mémoires de la Société nationale des Antiquaires de France 63, 1904,165–178.

Gauckler 1907 | P. Gauckler, Les thermes de Gebamund à Tunis, in: Comtes rendus des séances de l'Académie des Inscriptions et Belles Lettres, 1907, 790–795.

Gauckler 1910 | P. Gauckler, Inventaire des mosaïques de la Gaule et de l'Afrique 2 (1910).

Gauthier 1975 | N. Gauthier, Recueil des inscriptions chrétiennes de la Gaule antérieures à la Renaissance carolingienne I. Première Belgique (1975).

Geary 1996 | P.J. Geary, Die Merowinger. Europa vor Karl dem Großen (1996).

Geary 2002 | P.J. Geary, Europäische Völker im frühen Mittelalter. Zur Legende vom Werden der Nationen (2002).

Gernhöfer / Eger 2009 | W. Gernhöfer, Die Darstellung der drei Männer an der Eiche von Mamre und ihre Bedeutung in der frühchristlichen Kunst. Mit einem Anhang von Ch. Eger, Ein byzantinischer Schnallenbeschlag mit Darstellung der Philoxenie aus dem Musée national de Carthage. Röm. Quartalschr. Christl. Altkde. 2009 (im Druck).

Gessel 1981 | W. Gessel, Monumentale Spuren des Christentums im römischen Nordafrika, Antike Welt 12, 1981.

Gil Egea 1998 | M.E. Gil Egea, África en tiempos de los Vándalos: Continuidad y Mutaciones de las Estructuras sociopolíticas Romanas. Memorias del Seminario de Historia Antigua 7 (1998).

Gilles 1985 | K.-J. Gilles, Spätrömische Höhensiedlungen in Eifel und Hunsrück. Beiheft Trierer Zeitschrift 7 (1985).

Gilles 1995 | K.-J. Gilles, Der spätantike Langmauerbezirk in der Südeifel, Beiträge zur Geschichte des Bitburger Landes 5, 1995.

Ghalia 1996–98 | T. Ghalia, Travaux relatifs à l'église dite du « prêtre Félix » à Oued El Ksab (Demna, région de Kélibia), Bulletin du comité des travaux historiques N.S. 25, 1996–98, 107–109.

Ghalia 1998 | T. Ghalia, Hergla et les mosaïques de pavements des basiliques chrétiennes de Tunisie (plan, décor et liturgie) (1998).

Ghalia 2001 | I. Ghalia, 2001, La mosaïque byzantine en Tunisie, La Tunisie byzantine, Dossiers d'archéologie 268, 2001, 68–73.

Ghalia 2008 | T. Ghalia, Les mosaïques funéraires chrétiennes d'Afrique, in: J.-J. Aillagon (Hrsg.), Rome et les barbares. La naissance d'un nouveau monde (2008) 328–330.

Giese 2004 | W. Giese, Die Goten (2004).

Gilles 1996 | K.-J. Gilles, Das Münzkabinett im Rheinischen Landesmuseum Trier (1996).

Girardet 2006 | K.M. Girardet, Die Konstantinische Wende (2006).

Godłowski 1992 | K. Godłowski, Die Przeworsk-Kultur, in: Beiträge zum Verständnis der Germania des Tacitus. Teil 2 (1992) 9–90.

Godłowski 1994 | K. Godłowski, Die Barbaren nördlich der Westkarpaten und das Karpatenbecken – Einwanderungen. Politische und militärische Kontakte, in: Specimina nova. A Pécsi Janus Pannonius Tudománygyetem Törteneti Tanszékének Évkönyve 1993 (1994), 65–89.

Goethert-Polaschek 1977 | K. Goethert-Polaschek, Katalog der römischen Gläser des Rheinischen Landesmuseums. Trierer Grabungen und Forschungen IX (1977).

Goethert 2005 | K. Goethert, in: Karlsruhe 2005

Goetz / Patzold / Welwei 2006 | H.-W. Goetz – St. Patzold – K.-W. Welwei (Hrsg.), Die Germanen in der Völkerwanderung. Ausgewählte Quellen zur deutschen Geschichte des Mittelalters. Freiherr vom Stein-Gedächtnisausgabe, 2 Bde. (2006).

Goffart 1983 | W. Goffart, The Supposedly "Frankish" Table of Nations: An Edition and Study, Frühmittelalterstudien 17, 1983, 98–130.

Gose 1958 | E. Gose, Katalog der frühchristlichen Inschriften in Trier. Trierer Grabungen und Forschungen 3 (1958).

Grierson / Blackburn 1986 | Ph. Grierson – M. Blackburn, Medieval European Coinage with a Catalogue of the Coins in the Fitzwilliam Museum/Cambridge I. The Early Middle Ages (5th–10th centuries) (1986).

Gsell 1901 | St. Gsell, Les monuments antiques de l'Algérie I-II (1901).

H

Haevernick 1973 | E. Haevernick, „Almandinplättchen" (im Nationalmuseum in Tunis-Le Bardo), Germania, 51 (2) 1973, 552–554.

Halsall 2007 | G. Halsall, Barbarian migrations and the Roman West 376–568 (2007).

Harrassowitz 1966 | O. Harrassowitz, Katalog der Handschriften der Staatsbibliothek Bamberg, d. 4, Teil 1 (1966).

Harrazi 1982 | N. Harrazi, Chapiteaux de la grande Mosquée de Kairouan (1982).

Harris 1947 | A.T. Harris, Bomber-Offensive (1947).

Hayes 1972 | J.W. Hayes, Late Roman pottery (1972).

Hayes 1980 | J.W. Hayes, A supplement to late Roman pottery (1980).

Hayes 1997 | J.W. Hayes, Handbook of mediterranean Roman pottery (1997).

Heather 2007 | P. Heather, Der Untergang des Römischen Weltreichs (2007).

Heather 2008 | P. Heather, Der Untergang des römischen Weltreichs ²(2008).

Helbig 1963 | W. Helbig, Führer durch die öffentlichen Sammlungen klassischer Altertümer in Rom I (1963).

Heinen 1985 | H. Heinen, Trier und das Trevererland in römischer Zeit. 2000 Jahre Trier 1 (1985).

Heintze 1968 | H. v. Heintze, Die antiken Porträts in Schloß Fasanerie bei Fulda (1968).

Heinzelmann 1982 | M. Heinzelmann, Gallische Prosopographie. 270-527. Francia 10, 1982.

Heitz 2009 | Chr. Heitz, Die Guten, die Bösen und die Hässlichen – Nördliche „Barbaren" in der römischen Bildkunst (2009).

Henszlmann 1866 | E. Henszlmann, Die Alterthümer von Osztrópataka. Mitteilungen der Zentralkommission 11 (1866) 39–52.

Hinks 1933 | R.P. Hinks, Catalogue of the Greek, Etruscan and Roman Paintings and Mosaics in the British Museum (1933).

Hoffmann / Hewicker 1961 | H. Hoffmann – F. Hewicker, Kunst des Altertums in Hamburg (1961).

Hoffmann 1969 | D. Hoffmann, Das spätrömische Bewegungsheer und die Notitia Dignitatum (1969).

Hoffmann 1978 | D. Hoffmann, Wadomar, Bacurius und Hariulf. Zur Laufbahn adliger und fürstlicher Barbaren im spätrömischen Heere des 4. Jhs., Museum Helveticum 35, 1978, 307–318.

Hoffmann 1999 | P. Hoffmann, in: Hoffmann / Hupe / Goethert 1999

Hoffmann / Hupe / Goethert 1999 | P. Hoffmann – J. Hupe – K. Goethert, Katalog der römischen Mosaike aus Trier und dem Umland. Trierer Grabungen und Forschungen 16 (1999).

Hoops 2003 | J. Hoops – H. Beck – D. Geuenich – H. Steuer (Hrsg.), Reallexikon der germanischen Altertumskunde 23 (2003) s.v. Pyxis.

Horn 1995 | Ch. Horn, Augustinus (1995).

Horst 2008 | K. Horst, Römer am Oberrhein. Führer durch die Provinzialrömische Abteilung des Badischen Landesmuseums Karlsruhe (2008).

Hottot 1999 | O. Hottot, Carthage antique, Carthage mythique: du Père Delattre à Gustave Flaubert. Ausstellungskatalog Musée Départemental des Antiquités Rouen (1999).

Howe 2007 | T. Howe, Vandalen, Barbaren und Arianer bei Victor von Vita. Studien zur Alten Geschichte 7 (2007).

Hultén / von Plessen 2001 | P. Hultén – M.-L. von Plessen (Hrsg.), The true story of the Vandals. Ausstellungskatalog Museum Vandalorum, Värnamo (2001).

Humphrey 1977 | J.H. Humphrey, Excavations at Carthage 1977, conducted by the University of Michigan VI (1981).

Humphrey 1982 | J.H. Humphrey (Hrsg.), Excavations at Carthage 1978, conducted by the University of Michigan VII (1982) 1–5.

I

Idris 1954 | H.R. Idris, Fêtes chrétiennes célébrées à l'époque ziride, Revue Africaine Nr. 440–441, 1954, 261–276.

J

Janssen 2003 | Chr. Janssen, Abgrenzung und Anpassung: deutsche Kultur zwischen 1930 und 1945 im Spiegel der Referatenorgane Het Duitsche Boek und De Weegschaal (2003).

Janßen 2004 | T. Janßen, Stilicho. Das weströmische Reich von Tode des Theodosius bis zur Ermordung Stilichos (395–408) (2004).

Jensen 2008 | R.M. Jensen, Dining with the Dead: From the mensa to the Altar in Christian Late Antiquity, in: L. Brink – D. Green (Hrsg.), Commemorating the Dead. Texts and Artifacts in Context. Studies of Roman, Jewish, and Christian Burials (2008) 107–143.

Johne 1991 | K.P. Johne, Kolonen und Kolonat in der Historia Augusta, in: Bonner Historia-Augusta-Colloquium, Antiquitas 4,21, 1991, 107–116.

K

Kampers 2008 | G. Kampers, Geschichte der Westgoten (2008).

Karlsruhe 2004 | M. Latapie, Von der Erde bis zum Himmel. Khaled Ben Slimane. Ausstellungskatalog Badisches Landesmuseum Karlsruhe (2004).

Karlsruhe 2005 | Badisches Landesmuseum Karlsruhe (Hrsg.), Imperium Romanum. Römer, Christen, Alamannen – Die Spätantike am Oberrhein. Ausstellungskatalog Karlsruhe (2005).

Kazanski 1994 | M. Kazanski, Les plaques-boucles méditerranéennes des Ve-VIe siècles. Arch. Médiévale (Paris) 24, 1994, 137–198.

Kazanski 2000 | M. Kazanski, Les fibules originaires de l'Europe centrale et orientale trouvées dans les Pyrénées et en Afrique du Nord, in: R. Madyda-Legutko – T. Bochnak (Hrsg.), Superiores Barbari. Gedenkschrift K. Godłowski (2000) 189–202.

Kazanski / Périn 2008 | M. Kazanski – P. Périn, Identité ethnique en Gaule à l'époque des Grandes

Migrations et Royaumes Barbares: Étude des cas archéologiques, Antiquités Nationales 39, 2008, 181–216.

Keay 1984 | S.J. Keay, Late Roman Amphorae in the Western Mediterranean. A Typology and Economic Study: the Catalan Evidence. British Archeological Reports, International Series 196 (1984).

Kent / Painter 1977 | J.P.C. Kent – K.S. Painter, Wealth of the Roman world A.D. 300–700. The British Museum (1977).

Kerskcn 1995 | N. Kersken, Geschichtsschreibung im Europa der nationes. Nationalgeschichtliche Gesamtdarstellungen im Mittelalter. Münstersche Historische Forschungen 8 (1995).

Khanoussi 1992 | M. Khanoussi, Thugga (Dougga) sous le Haut-empire: une ville double?, L'Africa romana 10, 1992, 597–602.

Khanoussi 2003 | M. Khanoussi, L'évolution urbaine de Thugga (Dougga) en Afrique proconsulaire: De l'agglomération numide à la ville africo-romaine. CRAI (2003) 133–155.

Kipper 2002 | R. Kipper, Der Germanenmythos im Deutschen Kaiserreich (2002).

Kleemann 2002 | J. Kleemann, Quelques réflexions sur l'interprétation ethnique des sépultures habillées considérées comme vandales, Antiquité Tardive 10, 2002, 123–129.

Klein 1893 | F. Klein, Cardinal Lavigerie und sein afrikanisches Werk (1893).

Kluge 2007 | B. Kluge, Numismatik des Mittelalters I. Handbuch und Thesaurus Nummorum Medii Aevi (2007).

Koch 1999 | A. Koch, Zum archäologischen Nachweis der Sueben auf der Iberischen Halbinsel. Überlegungen zu einer Gürtelschnalle aus der Umgebung von Baamorto/Monforte de Lemos (Prov. Lugo, Spanien), Acta Praehistorica et Archaeologica 31, 1999, 156–198.

Kolb 2001 | F. Kolb, Herrscherideologie in der Spätantike (2001).

Kolendo 2003 | J. Kolendo, Die antiken Schriftquellen zur ältesten Geschichte der Vandalen, in: Leiber 2003, 49–75.

Kollwitz 1941 | J. Kollwitz, Oströmische Plastik der theodosianischen Zeit. Studien zur spätantiken Kunstgeschichte 12 (1941) 178–184.

Koenen / Henrichs 1970 | L. Koenen – A. Henrichs, Ein griechischer Mani-Kodex (P.Colon. inv.nr.4780; J. Kroll gewidmet), Zeitschrift für Papyrologie und Epigraphik 5, 1970.

Koenen / Römer 1988 | L. Koenen – C. Römer (Hrsg.), Der Kölner Mani-Kodex. Über das Werk seines Leibes (kritische Edition), Papyrologica Coloniensia XIV (1988).

Koenig 1981 | G.G. Koenig, Wandalische Grabfunde des 5. und 6. Jhs. Madrider Mitteilungen 22, 1981, 299–360.

König 2003 | M. König (Hrsg.), Palatia. Kaiserpaläste in Konstantinopel, Ravenna und Trier. Schriftenreihe des Rheinischen Landesmuseums 27 (2003).

Krantz 1519 | A. Krantz, Wandalia. De Wandalorum vera origine, variis gentibus, crebris e patria

migrationibus, regnis item, quorum vel autores vel euersores fuerunt (Köln 1519).

Krautheimer 1987 | R. Krautheimer, Rom. Schicksal einer Stadt 312–1308 (1987).

Krug 1995 | A. Krug, Römische Gemmen im Rheinischen Landesmuseum Trier. Schriftenreihe des Rheinischen Landesmuseums Trier 10 (1995).

Kuhoff 2001 | W. Kuhoff, Diokletian und die Epoche der Tetrarchie. Das römische Reich zwischen Krisenbewältigung und Neuaufbau (284–313 n. Chr.) (2001).

Kulikowski 2004 | M. Kulikowski, Late Roman Spain and its cities (2004).

Künzl 1983 | E. Künzl, Zwei silberne Tetrarchenporträts im Römisch-Germanischen Zentralmuseum Mainz, in: Argenterie romaine et byzantine. Actes de la table ronde, Paris 11–13 octobre (1983).

Künzl 1997 | S. Künzl, Die Trierer Spruchbecherkeramik. Dekorierte Schwarzfirniskeramik des 3. und 4. Jahrhunderts n. Chr. Trierer Zeitschrift. Beiheft 21 (1997).

Künzl 2008 | E. Künzl, Die Germanen. Geheimnisvolle Völker aus dem Norden (2008).

L

La Baume / Salomonson 1976 | P. La Baume – J.W. Salomonson, Römische Kleinkunst: Sammlung Karl Löffler. Wissenschaftliche Kataloge des Römisch-Germanischen Museums Köln 3 (1976).

Lancel 1989 | S. Lancel, Victor de Vita et la Carthage vandale, in: A. Mastino (Hrsg.), L'Africa romana 6 (1989) 649–661.

Lancel 1997 | S. Lancel, Modalités de l'inhumation dans la nécropole de Sainte-Salsa à Tipasa (Algérie). Comptes Rendus Séances de l'Académie des Inscriptions 1997 (2) 791–812.

Landes / Ben Hassen 2001 | Chr. Landes – H. Ben Hassen (Hrsg.), Tunisie: du christianisme à l'islam. IVe–XIVe siècle. Ausstellungskatalog Lattes (2001).

Lasteyrie 1860 | F. de Lasteyrie, Description du trésor de Guarrazar accompagnée de recherches sur toutes les questions archéologiques qui s'y rattachent (1860).

Lavigerie 1881 | L'Archevêque d'Alger (Charles Lavigerie), De l'Utilité d'une mission archéologique permanente a Carthage. Lettre à M. le Secrétaire perpétuel de l'Académie des Inscriptions et belles-lettres (1881).

Le Bohec 2005 | Y. Le Bohec, Histoire de l'Afrique romaine (2005).

Leiber 2003 | Chr. Leiber (Hrsg.), Die Vandalen. Die Könige. Die Eliten. Die Krieger. Die Handwerker. Ausstellungskatalog Schloss Bevern (2003).

Leitschuh 1897 | Fr. Leitschuh, Katalog der Handschriften der königlichen Bibliothek zu Bamberg, Bd. 1,2 (1897).

Leone 2007 | A. Leone, Changing townscapes in North Africa. From Late Antiquity to the Arab conquest. Munera. Studi storici sulla Tarda Antichità 28 (2007).

Lepelley 1979/81 | C. Lepelley, Les cités de l'Afrique romaine au Bas-Empire, 2 Bde. (1979/81).

Leppin 2003 | H. Leppin, Theodosius der Große (2003).

Levine 2005 | L.L. Levine, The Ancient Synagogue. The First Thousand Years ²(2005).

Long / Volpe 1998 | L. Long – G. Volpe, Le chargement de l'épave de la Palud (VIe s.) à Port-Cros (Var). Note préliminaire, in: M. Bonifay – M.-B. Carre – Y. Rigoir (Hrsg.), Fouilles à Marseille. Les mobiliers (Ier-VIIe s.). Etudes Massaliètes 5 (1998) 317–342.

L'Orange 1984 | H. P. L´Orange, Das spätantike Herrscherbild von Diokletian bis zu den Konstantin-Söhnen 284–361 n. Chr. (1984).

Lund 1995 | J. Lund, A synagogue at Carthage? Menorah-lamps from the Danish excavations, Journal of Roman Archaeology 8, 1995, 245–262.

LRBC | Ph.V. Hill – J. Kent – R.A.G. Carson, Late Roman Bronze Coinage. A.D. 324–498 (Neudruck 1965).

M

Mackensen 1993 | M. Mackensen, Die spätantiken Sigillata- und Lampentöpfereien von El Mahrine (Nordtunesien). Studien zur nordafrikanischen Feinkeramik des 4. bis 7. Jahrhunderts (1993).

Mackensen 1998 | M. Mackensen, Spätantike nordafrikanische Feinkeramik und Lampen, in: Wamser / Zahlhaas 1998, 120–139.

Mackensen 2002 | M. Mackensen – G. Schneider, Production centres of African red slip ware (3rd–7th c.) in northern and central Tunisia: archaeological provenance and reference groups based on chemical analysis, JRA 15, 2002, 122–158.

Mączyńska 1998 | M. Mączyńska, Die Endphase der Przeworsk-Kultur. Ethnographisch-Archäologische Zeitschrift 39, 1998, 66–99.

Mączyńska 2003 | M. Mączyńska, Przeworsk-Kultur. Jüngere und späte römische Kaiserzeit. Reallexikon der Germanischen Altertumskunde 23 (2003) 553–567.

Mączyńska 2004 | M. Mączyńska, Die Völkerwanderung. Geschichte einer ruhelosen Epoche (2004).

Mahjoubi 1966 | A. Mahjoubi, Nouveau témoignage épigraphique sur la communauté chrétienne de Kaïrouan au XIème siècle, Africa 1, 1966, 85–96.

Maier 2005 | G. Maier, Amtsträger und Herrscher in der Romania Gothica. Vergleichende Untersuchungen zu den Institutionen der ostgermanischen Völkerwanderungsreiche (2005).

Mandouze 1982 | A. Mandouze, Prosopographie chrétienne du Bas-Empire I. Afrique (305–525) (1982).

Mannert 1785 | C. Mannert, Geschichte der Vandalen (Leipzig 1785).

Mannheim 1996 | Reiss-Museum Mannheim (Hrsg.), Die Franken, Wegbereiter Europas, vor 1500 Jahren. König Chlodwig und seine Erben. Ausstellungskatalog (1996).

Marçais / Poinssot 1952 | G. Marçais – L. Poinssot, Objets kairouanais IXe au XIIIe siècle. Notes et Documents XI Bd. 2 (1952).

Marquet / Chazal 1999 | F. Marquet – G. Chazal (Hrsg.), Maroc. Trésors du royaume (1999).

Marshall 1911 | F.H. Marshall, Catalogue of the jewellery. Greek, Etruscan, and Roman. in the Departments of Antiquities. British Museum (1911).

Martin 1984 | M. Martin, Esslöffel, in: H.A. Cahn u. a., Der römische Silberschatz von Kaiseraugst. Basler Beiträge zur Ur- und Frühgeschichte 9 (1984).

Martin-Kilcher 1984 | St. Martin-Kilcher, Becher. Kleine Becher und Schalen, in: H.A. Cahn u.a., Der römische Silberschatz von Kaiseraugst. Basler Beiträge zur Ur- und Frühgeschichte 9 (1984).

Martin 1995 | J. Martin, Spätantike und Völkerwanderung ³(1995).

Mayer 2002 | E. Mayer, Rom ist dort, wo der Kaiser ist. Untersuchungen zu den Staatsdenkmälern des dezentralisierten Reiches von Diocletian bis zu Theodosius II. (2002).

Mazal 2001 | O. Mazal, Justinian I. und seine Zeit (2001).

MEC I | Grierson / Blackburn 1986

Meiner 1996 | J. Meiner, Die Hochzeit zu Kana und der Hauptmann von Kafarnaum, Antike Welt 5, 1996.

Meischner 1991 | J. Meischner, Das Porträt der theodosianischen Epoche II (400 bis 460 n. Chr.). Jahrbuch des Deutschen Archäologischen Instituts 106, 1991, 385–407.

Menendez Pidal 1963 | R. Menendez Pidal, Historia de España III España visigoda (1963).

Menzel 1986 | H. Menzel, Die römischen Bronzen aus Deutschland III (1986).

Merlin 1944 | A. Merlin, Inscriptions Latines de la Tunisie (1944).

Merrills / Miles 2009 | A. Merrills – R. Miles, The Vandals (2009).

Messmer 1960 | H. Messmer, Hispania-Idee und Gotenmythos. Zu den Voraussetzungen des traditionellen vaterländischen Geschichtsbilds im spanischen Mittelalter, Geist und Werk der Zeiten 15, 1960.

Metzger 1980 | C. Metzger, Exemples d'icono-graphie de mosaïque appliquée à la sculpture, Mélanges de l'Ecole française de Rome (Antiquité) 92, 1980.

Miks 2008 | Chr. Miks, Vom Prunkstück zum Altmetall (2008).

Modéran 1998 | Y. Modéran, L'Afrique et la persécution vandale, in: J.-M. Mayeur – L. Piétri – A. Vauchez – M. Venard, Histoire du Christianisme III (1998) 247–278.

Modéran 1999 | Y. Modéran, Les frontières mouvantes du royaume vandale, in:

C. Lepelley – X. Dupuis (Hrsg.), Frontières et limites géographiques de l'Afrique du nord antique (1999) 241–264.

Modéran 2002 | Y. Modéran, L'établissement territorial des Vandales en Afrique, in: Antiquité Tardive 10, 2002, 87–122.

Modéran 2002a | Y. Modéran, Les Vandales et la chute de Carthage, in: C. Briand-Ponsart – S. Crogiez (Hrsg.), L'Afrique du Nord antique et médiévale (2002) 97–132.

Modéran 2003 | Yves Modéran, Les Maures et l'Afrique romaine. IVe-VIIe siècle (2003).

Modéran 2003a | Y. Modéran, Une guerre de religion: Les deux églises d'Afrique vandale, Antiquité Tardive 11, 2003, 21–44.

Möhring 2000 | H. Möhring, Der Weltkaiser der Endzeit. Entstehung, Wandel und Wirkung einer tausendjährigen Weissagung (2000).

Monceaux / Delattre 1911 | P. Monceaux – A.-L. Delattre, Une boucle de cuivre, avec inscirption grecque et monogramme latin. Bull. Soc. Nat. Ant. France 1911, 244f.

Moorhead 1992 | J. Moorhead, Victor of Vita: History of Vandal persecution. (Historia persecutionis Africanae provinciae)Translated texts for Historians (1992).

Moreno 2005 | P. Moreno, Il Satiro in estasi di Prassitele, in: R. Petriaggi (Hrsg.), Il Satiro Danzante di Mazara del Vallo. Il restauro e l'immagine. Atti del Convegno, Roma, 3–4 giugno 2003 (2005) 198–227.

Muth 2006 | S. Muth, Rom in der Spätantike – die Stadt als Erinnerungslandschaft in: E. Stein-Hölkeskamp – K.-J. Hölkeskamp (Hrsg.), Erinnerungsorte der Antike. Die römische Welt (2006) 438–456.

N

Noll 1958 | R. Noll, Vom Altertum zum Mittelalter (1958).

Noll 1974 | R. Noll, Eine goldene „Kaiserfibel" aus Niederemmel vom Jahre 316, Bonner Jahrbücher 174, 1974, 221–244.

Nordmann 1934 | V.A. Nordmann, Die Wandalia des Albert Krantz. Suomalaisen Tiedeakamian Toimituksia/Annales Academiae Scientiarum Fennicae 29 (1934).

O

Olmo Enciso 2008 | L. Olmo Enciso (Hrsg.), Recópolis y la ciudad en la época visigoda. Zona Arqueológica 9 (2008).

P

Panella 1993 | C. Panella, Merci e scambi nel Mediterraneo tardantico, in: A. Carandini – L. Cracco Ruggini – A. Giardina (Hrsg.), Storia di Roma III.2. L'età Tardoantica. I luoghi e le culture (1993) 613–702.

Paris 1995 | Musée du Petit Palais (Hrsg.), Carthage. L'histoire, sa trace et son écho. Les Musées de la Ville de Paris, musée du Petit Palais (1995).

Parker 1992 | A.J. Parker, Ancient Shipwrecks of the Mediterranean & the Roman Provinces. British Archeological Reports, International Series 580 (1992).

Peacock / Béjaoui / Ben Lazreg 1990 | D.P.S. Peacock – F. Béjaoui – N. Ben Lazreg, Roman Pottery production in central Tunisia, Journal of Roman Archaeology 3, 1990, 59–84.

Pedley 1980 | K.M.D. Dunbabin, A Mosaic Workshop in Carthage around AD 400, in: J.G. Pedley (Hrsg.), New Light on Ancient Carthage (1980) 73–83.

Peña 1998 | J.T. Peña, The mobilization of state olive oil in Roman Africa: the evidence of late 4th cent. ostraca from Carthage, in: Carthage papers: the early colony's economy, water supply, a public bath, and the mobilization of state olive oil. Journal of Roman Archeology, Suppl. 28 (1998) 117–238.

Perea 2001 | A. Perea (Hrsg.), El tesoro visigodo de Guarrazar (2001).

Périn 1980 | P. Périn, La datation des tombes mérovingiennes. Historique, Méthodes, Applications (1980).

Périn / Wieczorek 2001 | P. Périn – A. Wieczorek (Hrsg.), Das Gold der Barbarenfürsten. Schätze aus Prunkgräbern des 5. Jahrhunderts n. Chr. zwischen Kaukasus und Gallien Ausstellungskatalog Mannheim (2001).

Petriaggi 2005 | R. Petriaggi (Hrsg.), Il Satiro Danzante di Mazara del Vallo. Il restauro e l'immagine. Atti del Convegno, Roma, 3–4 giugno 2003 (2005).

Picard 1968 | G.-Ch. Picard, Art romain. La Bibliothèque des Arts (1968) 86f. Taf. 60.

Picard 1987 | G.-Ch. Picard, Communication sur les thermes de Sidi Ghrib, BSAF 1987, 44–51.

Pirling 1966 | R. Pirling, Das römisch-fränkische Gräberfeld von Krefeld-Gellep (1966).

Pirzio Biroli Stefanelli 1992 | L Pirzio Biroli Stefanelli, L'oro dei Romani. Gioielli di età imperiale (1992).

Pohl / Reimitz 1998 | W. Pohl – H. Reimitz (Hrsg.), Strategies of Distinction. The Construction of Ethnic Communities, 300–800 (1998).

Pohl 2000 | W. Pohl,.Die Germanen. Enzyklopädie Deutscher Geschichte 57 (2000).

Pohl 2002 | W. Pohl, Die Völkerwanderung. Eroberung und Integration (2002).

Pohl 2005 | W. Pohl, Die Völkerwanderung. Eroberung und Integration ²(2005).

Pretsch / Steck 2008 | P. Pretsch – V. Steck (Hrsg.), Eine Afrikareise im Auftrag des Stadtgründers. Das Tagebuch des Karlsruher Hofgärtners Christian Thran 1731–1733. Veröffentlichungen des Karlsruher Stadtarchivs 30 (2008).

Prévot 1984 | F. Prévot, Recherches archéologiques franco-tunisienne à Mactar V. Les inscriptions chrétiennes. Collection de l'École française de Rome 34 (1984) 257ff.

Prien 2005 | R. Prien, Archäologie und Migration. Vergleichende Studien zur archäologischen Nachweisbarkeit von Wanderungsbewegungen. Universitätsforschungen zur prähistorischen Archäologie 120 (2005).

Pringle 1981 | D. Pringle, The Defence of Byzantine Africa, from Justinian to the Arab Conquest, British Archaeological Reports, International Series 99. 2 Bde. (1981).

Prohászka 2004 | P. Prohászka, Az osztrópatakai vandál királysír (2004).

Prohászka 2006 | P. Prohászka, Das vandalische Königsgrab von Osztrópataka (Ostrovany, SK) (2006).

Pröttel 1988 | F.M. Pröttel, Zur Chronologie der Zwiebelknopffibeln. Jahrbuch des Römisch-Germanischen Zentralmuseums 35 (1) 1988, 347–372.

Q

Quast 2005 (= Quast 2007) | D. Quast, Völkerwanderungszeitliche Frauengräber aus Hippo Regius (Annaba/Bône) in Algerien, Jahrbuch des Römisch-Germanischen Zentralmuseums Mainz 52, 2005 (2007), 237–315.

R

Raddatz 1959 | K. Raddatz, Das völkerwanderungszeitliche Kriegergrab von Beja, Jahrbuch des Römisch-Germanischen Zentralmuseums Mainz 6, 1959.

Radnoti-Alföldi 1976 | M. Radnoti-Alföldi, Die „Niederemmeler Kaiserfibel". Zum Datum des ersten Krieges zwischen Konstantin und Licinius, Bonner Jahrbücher 176, 1976, 183–200.

Radnoti-Alföldi 1999 | M. Radnoti-Alföldi, Bild und Bildersprache der römischen Kaiser (1999).

Radnoti-Alföldi 2001 | M. Radnoti-Alföldi, Gloria Romanorum. Schriften zur Spätantike (2001).

Randall 1985 | R.H. Randall (Hrsg.), Masterpieces of ivory from the Walters Art Gallery (1985).

Rémond 1992 | X. Rémond, Byzance. L'art byzantin dans les collections publiques francaises (1992).

Renault 1992 | F. Renault, Le Cardinal Lavigerie (1992).

Restle 1978 | M. Restle (Hrsg.), Reallexikon zur byzantinischen Kunst, Bd. III (1978) Sp. 1158 ff. s.v. Karthago.

Reuter 1998 | A. Reuter, Ulpiano Checa Sanz, in: Allgemeines Künstlerlexikon, XVIII (1998).

RIC | H. Mattingly – Ed.A. Sydenham u.a., Roman Imperial Coinage. 10 Bde. (1923–1994). Bd. 10: J.P.C. Kent, The Divided Empire and the Fall of the Western Parts AD 395–491 (1994).

Riegl 1901 | A. Riegl, Spätrömische Kunstindustrie (1901) (nachgedruckt 1964).

Riese 1869 | A. Riese (Hrsg.), Anthologia Latina, sive poesis latinae supplementum I. Carmina in codicibus scripta 1: Libri Salmasiani aliorumque carmina (1869). (Luxorius' Lobpreis von Fridamals Villa: Anthologia Latina 304)

Ríos 1861 | J. A. de los Ríos, El arte latino-bizantino en España y las coronas visigodas de Guarrazar (1861).

Ristow 1980 | G. Ristow, Römischer Götterhimmel und frühes Christentum (1980).

Rosen 2006 | K. Rosen, Die Völkerwanderung ³(2006).

Rostovtzeff 1923 | M. Rostovtzeff, Une trouvaille de l'époque gréco-sarmate de Kertch au Louvre et au Musée de Saint-Germain, Monuments Piot 26, 1923, 99–163.

Roth 1980 | H. Roth, Almandinhandel und -verarbeitung im Bereich des Mittelmeeres, Allgemeine und Vergleichende Archäologie-Beiträge 2, 1980, 309–335.

Ruprechtsberger 2001 | E.M. Ruprechtsberger, Eine byzantinische Gürtelschnalle aus Ägypten mit Inschrift und figuraler Darstellung, in: U. Horak (Hrsg.), Realia Coptica. Festgabe zum 60. Geburtstag von H. Harrauer (2001) 91–104.

S

Sachs / Badstübner / Neumann 1983 | H. Sachs – E. Badstübner – H. Neumann , Erklärendes Wörterbuch zur christlichen Kunst (1983).

Sachs 1988 | H. Sachs, Christliche Ikonographie in Stichworten (1988).

Salomonson 1968 | J. W. Salomonson, Études sur la céramique romaine d'Afrique. Sigillée claire et céramique commune de Henchir el Quiba (Raqqada) en Tunesie centrale, Bulletin Antieke Beschaving 43, 1968, 80–145.

Salomonson 1969 | J. W. Salomonson, Spätrömische rote Tonware mit Reliefverzierung aus nordafrikanischen Werkstätten. Entwicklungsgeschichtliche Untersuchungen zur reliefgeschmückten Sigillata Chiara „C", Bulletin Antieke Beschaving 11, 1969, 4–109.

Salomonson 1976 | J. W. Salomonson, in: P. La Baume – J. W. Salomonson, Römische Kleinkunst Sammlung Karl Löffler. Wiss. Kat. Röm.-Germ. Mus. Köln III (1976)13–16. 120–187.

Santamaria 1995 | Cl. Santamaria, L'épave Dramont E à Saint Raphaël (Ve s. ap. J.-C.). Archaeonautica 13 (1995).

Sas / Thoen 2002 | K. Sas – H. Thoen (Hrsg.), Schone Schijn. Romeinse juweelkunst in West-Europa / Brillance et Prestige. La joaillerie romaine en Europe occidentale (2002).

Sasse 2005 | B. Sasse, in: J. Hoops – H. Beck – D. Geuenich – H. Steuer (Hrsg.), Reallexikon der germanischen Altertumskunde 29 (2005) 285–321 s.v. Spanien und Portugal.

Sayadi 2007 | S. Sayadi, A travers les cartes postales. Carthage 1895–1930 (2007).

Schäfer 1990 | S. Schäfer, Archäologische Reihe 13. Lampen der Antikensammlung. Museum für Ur- und Frühgeschichte (1990).

Schellbach 2006 | K. Schellbach, Königserhebung und -legitimation im toledanischen Westgotenreich (2006).

Schemmel 1990 | B. Schemmel, Staatsbibliothek Bamberg, Handschriften, Buchdruck um 1500 in Bamberg (1990).

Schlunk / Hauschild 1978 | H. Schlunk – Th. Hauschild, Hispania Antiqua. Die Denkmäler der frühchristlichen und westgotischen Zeit (1978).

Schmidt 1942 | L. Schmidt, Geschichte der Wandalen ²(1942).

Schmidt 1970 | L. Schmidt, Geschichte der Wandalen (1970).

Schmidt 2000 | W. Schmidt, Spätantike Gräberfelder in den Nordprovinzen des römischen Reiches und das Aufkommen christlichen Bestattungsbrauchtums. Tricciana (Ságvár) in der Provinz Valeria, Saalburg Jahrbuch 50, 2000, 213–441.

Schreiner 1986 | P. Schreiner, Byzanz. Grundriß der Geschichte (1986).

Schreiner 2006 | P. Schreiner, Zu Gast in den Kaiserpalästen Konstantinopels. Architektur und Topographie in der Sicht fremdländischer Betrachter, in: F.A. Bauer (Hrsg.), Visualisierung von Herrschaft. Frühmittelalterliche Residenzen. Gestalt und Zeremoniell (2006) 101 f.

Schreiner 2007 | P. Schreiner, Konstantinopel. Geschichte und Archäologie (2007).

Schuller 1997 | W. Schuller, Das römische Weltreich. Von der Entstehung der Republik bis zum Ausgang der Antike (1997).

Schulze-Dörrlamm 2003 | M. Schulze-Dörrlamm, Eine goldene, byzantinische Senkschmelzfibel mit dem Bild der Maria Orans aus dem 9. Jahrhundert (t. p. 843). Zur Entstehung und Deutung karolingischer Heiligenfibeln. Jahrbuch des Römisch-Germanischen Zentralmuseums Mainz 50, 2003, 449–487.

Schulze-Dörrlamm 2006 | M. Schulze-Dörrlamm, Taufkannen der Karolingerzeit mit einem Exkurs: die Bronzekanne aus Lissabon, Jahrbuch des Römisch-Germanischen Zentralmuseums Mainz 53, 2006, 620–625.

Schulze-Dörrlamm 2009 | M. Schulze-Dörrlamm, Byzantinische Gürtelschnallen und Gürtelbeschläge im Römisch-Germanischen Zentralmuseum II (2009/im Druck).

Schwarcz 1994 | A. Schwarcz, Bedeutung und Textüberlieferung der Historia persecutionis Africanae provinciae des Victor von Vita, in: A. Scharer – G. Scheibelreiter (Hrsg.), Historiographie im frühen Mittelalter (1994) 115–140.

Schwinden 2005 | L. Schwinden, in: A. Donati – G. Gentili (Hrsg.), Constantino il Grande. La civiltà antica al bivio tra Occidente e Oriente (2005).

Sebag 1965 | P. Sebag, The great Mosque of Kairouan (1965).

Seibert 1980 | J. Seibert, Lexikon christlicher Kunst. Themen – Gestalten – Symbole (1980).

Bas-Empire et a l'époque des Grandes Migrations. British Archeological Reports 1535 (2006).

Siebenmorgen 1983 | H. Siebenmorgen, Die Anfänge der „Beuroner Kunstschule" (1983).

Simon Ortisi 2001 | Ch. Simon Ortisi, Zwei Trensenteile mit Christogramm, in: Ch. Stiegemann (Hrsg.), Byzanz. Das Licht aus dem Osten. Kat. Paderborn (2001).

Simon Ortisi 2004 | Ch. Simon Ortisi, Trense mit Scheibenknebelpaar, in: Wamser 2004

Sintes / Rebahi 2003 | C. Sintes – Y. Rebahi (Hrsg.), Algérie antique. Ausstellungskatalog Musée de l'Arles et de la Provence antiques (2003).

Slim 2001 | = Slim / Fauqué 2001

Slim / Fauqué 2001 | H. Slim – N. Fauqué, La Tunisie antique. De Hannibal à Saint Augustin (2001).

Snowadsky 2005 | S. Snowadsky, Terra Sigillata Chiara, in: S. Hodak – D. Korol – P. Maser (Hrsg.), Zeugnisse spätantiken und frühchristlichen Lebens im römischen Reich. Veröffentlichungen des Archäologischen Museums der Westfälischen Wilhelms-Universität Münster 2 (2005) 111–117.

Sodini 2002 | J.-P. Sodini, La sculpture „pro-connésienne" de Damous el Karita à Carthage: avant ou après 533?, in: Mélanges Gilbert Dagron. Travaux et mémoires 14 (2002) 579–592.

Sörries 2005 | R. Sörries, Daniel in der Löwen-grube. Zur Gesetzmäßigkeit frühchristlicher Ikonographie (2005).

Southern / Dixon 1996 | P. Southern – K.R. Dixon, The late Roman army (1996).

Speyer 2007 | Historisches Museum der Pfalz Speyer (Hrsg.), Attila und die Hunnen. Ausstellungskatalog Speyer (2007).

Spielvogel 2005 | J. Spielvogel, Arianische Vandalen, katholische Römer: die reichspolitische und kulturelle Dimension des christlichen Glaubenskonflikts im spätantiken Nordafrika, Klio 87, 2005, 201–223.

Spieß 1988 | A. Spieß, Studien zu den römischen Reliefsarkophagen aus den Provinzen Germania inferior und superior, Belgica und Raetia, Kölner Jahrbuch für Vor- und Frühgeschichte 21, 1988, 253–324.

Steidl 1994 | B. Steidl, Die Wetterau im 3. bis 5 Jh. n. Chr. (1994).

Steinacher 2001 | R. Steinacher, Der Laterculus Regum Wandalorum et Alanorum. Eine afrikanische Ergänzung der Chronik Prosper Tiros aus dem 6. Jahrhundert. Staatsprüfungsarbeit fuer den 62. Kurs am Institut fuer Oesterreichische Geschichtsforschung (2001).

Steinacher 2003 | R. Steinacher, Von Würmern bei lebendigem Leib zerfressen … und die Läusesucht Phtheiriasis. Ein antikes Strafmotiv und seine Rezeptionsgeschichte, Tyche 18, 2003, 145–166.

Steinacher 2004 | R. Steinacher, Wenden, Slawen, Vandalen. Eine frühmittelalterliche pseudologische Gleichsetzung und ihre Nachwirkungen, in: Walter Pohl (Hrsg.), Die Suche nach den Ursprüngen. Von der Bedeutung des

frühen Mittelalters. Forschungen zur Geschichte des Mittelalters 8 (2004) 329–353.

Steinacher 2004a | R. Steinacher, Vandalen-Rezeptions- und Wissenschaftsgeschichte, in: Der Neue Pauly. Enzyklopaedie der Antike 15/3 (2004) 942–946.

Steinacher 2005 | R. Steinacher, Vandalen im frühneuzeitlichen Ostseeraum. Beobachtungen zur Rezeption antiker ethnischer Identitäten im 16. und 17. Jahrhundert, in: K. Strobl (Hrsg.), Die Geschichte der Antike aktuell: Methoden, Ergebnisse und Rezeption. Altertumswissenschaftliche Studien Klagenfurt 2 (2005) 279–298.

Steinacher 2006 | Auszüge aus: FWF-Antrag „Geschichte der Vandalen" eingereicht von Univ. Prof. Dr. WALTER POHL Projektmitarbeiter: Dr. Roland Steinacher genehmigt Oktober 2006 als P19403 Geschichte der Vandalen http://homepage.uibk.ac.at/~c61705/Vandantrag.pdf

Steinacher 2008 | R. Steinacher, Gruppen und Identitäten. Gedanken zur Bezeichnung „vandalisch", in: G.M. Berndt – R. Steinacher (Hrsg.), Das Reich der Vandalen und seine (Vor) Geschichten. Forschungen zur Geschichte des Mittelalters 13 (2008) 243–260.

Steiner 2002 | H. Steiner, Römische Städte in Nordafrika: Zeugen der Vergangenheit und der Vergänglichkeit; römische Ruinenstädte in Nordtunesien (Africa Proconsularis) und ihre Mosaiken und Plastiken (2002).

Stern 2008 | K.B. Stern, Inscribing devotion and death: Archaeological evidence for Jewish populations of North Africa. Religions in the Graeco-Roman world 161 (2008).

Stevens 2005 | S.T. Stevens u.a., Bir Ftouha. A Pilgrimage Church Complex at Carthage, Journal of Roman Archaeology, Supplementary Series 59 (2005).

Strobel 1993 | K. Strobel, Das Imperium Romanum im „3. Jahrhundert". Modell einer historischen Krise? Zur Frage mentaler Strukturen breiterer Bevölkerungsschichten in der Zeit von Marc Aurel bis zum Ausgang des 3. Jh. n. Chr. (1993).

Strzygowski 1904 | J. Strzygowski, Koptische Kunst. Catalogue général des antiquités égyptiennes du Musée du Caire (1904).

Strzelczyk 1998 | J. Strzelczyk, Zum Beginn der Überlieferung einer wandalischen Herkunft der Polen, in: A. Wesse (Hrsg.), Studien zur Archäologie des Ostseeraumes. Von der Eisenzeit zum Mittelalter. Festschrift für Michael Müller-Wille (1998) 409–417.

Strzelczyk 2003 | J. Strzelczyk, Die Vandalen auf dem Weg nach Nordafrika, in: A. Kokowski – Chr. Leiber (Hrsg.), Die Vandalen. Die Könige. Die Eliten. Die Krieger. Die Handwerker (2003).

Strong 1966 | D.E. Strong, Greek and Roman gold and silver plates (1966).

Stuart Jones 1926 | H. Stuart Jones, A catalogue of the ancient sculptures preserved in the municipal collections of Rome: the sculptures of the Palazzo dei Conservatori (1926).

Shchukin / Kazanski / Sharov 2006 | M. Shchukin – M. Kazanski – O. Sharov, Des Goths aux Huns: Le Nord de la mer Noire au

Stutzinger 1983 | D. Stutzinger, in: H. Beck – P. Bol, Spätantike und frühes Christentum. Ausstellungskatalog Frankfurt (1983).

Sudres 2001 | C. Sudres, La question des grenats dans l'Occident barbare: étude préliminaire d'un lot de grenats provenant de Carthage, Mémoire de maîtrise de l'Université de Paris 1 (en collaboration avec le C2RMF) 2001.

Sumner 2007 | G. Sumner, Die römische Armee (2007).

T

Tiefenbach 1991 | H. Tiefenbach, Das wandalische Domine miserere, Historische Sprachforschung / Historical Linguistics 104 (2) 1991, 251–268.

Thouvenot 1969 | R. Thouvenot, Les origines chrétiennes en Maurétanie tingitane, Revue d'études anciennes 71, 1969, 371–372.

Tobler 2008 | K. Tobler, Pavel Schmidt, Kritisches Lexikon der Gegenwartskunst 84, Heft 28 (2008).

Toledo 2007 | Hispania Gothorum. San Ildefonso y el reino Visigodo de Toledo. Ausstellungskatalog Toledo (2007).

Trier 1984 | Rheinisches Landesmuseum Trier (Hrsg.), Trier. Kaiserresidenz und Bischofssitz. Die Stadt in spätantiker und frühchristlicher Zeit. Ausstellungskatalog Trier (1984).

Trier 2009 | Rheinisches Landesmuseum Trier (Hrsg.), Fundstücke – Von der Urgeschichte bis zur Neuzeit (2009).

Tunis 2007 | Fondazione Orestiadi (Hrsg.), Sulle Tracce del primo cristianesimo in Sicilia e in Tunisia. Sur les traces du christianisme antique en Sicile et en Tunisie. Ausstellungskatalog Musée National du Bardo, Tunis – Dar Bach Hamba, Tunis (2007).

U

Ulrich 2007 | J. Ulrich (Hrsg.), Augustinus, Bekenntnisse/Confessiones (2007).

V

Vallet 1982 | = Cacan de Bissy / Petit 1982

van der Meer 1951 | F. van der Meer, Augustinus der Seelsorger. Leben und Wirken eines Kirchenvaters (1951).

Veh 1971 | O. Veh (Übers.), Prokop, Vandalenkriege griechisch–deutsch (1971).

von Freeden 2000 | U. von Freeden, Das Ende engzelligen Cloisonnés und die Eroberung Südarabiens durch die Sassaniden, Germania 78, 2000, 97–124.

von Rummel 2007 | Ph. von Rummel, Habitus barbarus. Kleidung und Repräsentation spätantiker Eliten in 4. und 5. Jahrhundert. Ergänzungsband RGA 55 (2007).

von Rummel 2008 | Ph. von Rummel, Where have all the Vandals gone? Migration, Ansiedlung und Identität der Vandalen im Spiegel archäologischer Quellen aus Nordafrika, in: G.M. Berndt – R. Steinacher (Hrsg.), Das Reich der Vandalen und seine (Vor)Geschichten. Forschungen zur Geschichte des Mittelalters 13 (2008) 151–182.

Vössing 1997 | K. Vössing, Schule und Bildung im Nordafrika der römischen Kaiserzeit (1997).

Vössing 2009 | K. Vössing, Karthago – Königsstadt zwischen Vandalen und Romanen, in: R. Pfeilschifter – C. Thiersch (Hrsg.), Das Leben der Hauptstädter. Spätantike Städte als Herrscherresidenzen (2009). (noch nicht erschienen)

W

Walter 2007 | U. Walter, Geiserich und das afrikanische Vandalenreich. Lernprozesse eines Gründerkönigs, in: Mischa Meier (Hrsg.), Sie schufen Europa. Historische Portraits von Konstantin bis Karl dem Großen (2007) 63–77. 343–44.

Walters 1899 | H.B. Walters, Catalogue of the Bronzes in the British Museum. Greek, Roman & Etruscan, 2 Bde. (1899).

Wamser / Zahlhaas 1998 | L. Wamser – G. Zahlhaas, Rom und Byzanz. Archäologische Kostbarkeiten aus Bayern (1998).

Wamser 2004 | L. Wamser (Hrsg.), Die Welt von Byzanz – Europas östliches Erbe. Glanz, Krisen und Fortleben einer tausendjährigen Kultur (2004).

Warland 1994 | R. Warland, Status und Formular in der Repräsentation der spätantiken Führungsschicht, Römische Mitteilungen 101, 1994, 175–202.

Warland 1994a | R. Warland, Der Ambo aus Thessaloniki. Bildprogramm, Rekonstruktion und Datierung, Jahrbuch des Deutschen Archäologischen Instituts 109, 1994, 371–385.

Warland 1994b | R. Warland, Frühbyzantinische Vorlage und mittelalterliche Adaptation. Die Szenenfolge zur Kindheitsgeschichte Christi auf einer der Ciboriumssäulen von San Marco in Venedig, Zeitschrift für Kunstgeschichte 57, 1993 (1994), 173–182.

Weidemann 1990 | K. Weidemann, Spätantike Bilder des Heidentums und Christentums (1990).

Weitzmann 1979 | K. Weitzmann (Hrsg.), Age of Spirituality. Late Antique and Early Christian Art, Third to Seventh Century (1979).

Wenzel 2007 | A. Wenzel, in: Speyer 2007, 133.

Werner 1958 | J. Werner, Kriegergräber aus der ersten Hälfte des 5. Jahrhunderts zwischen Schelde und Weser, Bonner Jahrbücher 158, 1958.

Weßel 2003 | H. Weßel, Das Recht der Tablettes Albortini (2003).

Wickham 2005 | C. Wickham, Framing the Middle Ages (2005).

Wieczorek 1997 | A. Wieczorek (Hrsg.), Die Franken. Wegbereiter Europas. Ausstellungskatalog Mannheim (1997).

Wilmowsky 1873 | J.N. v. Wilmowsky, Silberschmuck einer römischen Sänfte, gefunden zu Sirzenich bei Trier. Archäologische Funde in Trier und Umgebung (1873).

Witschel 1999 | Chr. Witschel, Krise – Rezession – Stagnation? Der Westen des römischen Reiches im 3. Jahrhundert n. Chr. (1999).

Wolfram 1979 | H. Wolfram, Geschichte der Goten (1979).

Wolfram 1990 | H. Wolfram, Die Goten. Von den Anfängen bis zur Mitte des sechsten Jahrhunderts ³(1990).

Wolfram 1994 | H. Wolfram, Das Reich und die Germanen ²(1994).

Wolfram 2005 | H. Wolfram, Gotische Studien. Volk und Herrschaft im frühen Mittelalter (2005).

Wolfram 2009 | H. Wolfram, Die Goten. Von den Anfängen bis zur Mitte des sechsten Jahrhunderts ⁵(2009).

Wrede 1886 | F. Wrede, Über die Sprache der Wandalen (1886).

Wrede 1972 | H. Wrede, Die spätantike Hermengalerie von Welschbillig. Untersuchung zur Kunsttradition des 4. Jahrhunderts n. Chr. und zur allgemeinen Bedeutung des antiken Hermenmals (1972).

Wurnig 1999 | U. Wurnig, Reliefstele der Dea Caelestis. Studie zu Religion und Kunst im römischen Nordafrika (1999).

Y

Yacoub 1993 | M. Yacoub, Le Musée du Bardo (1993).

Yacoub 1995 | M. Yacoub, Splendeurs des Mosaïques de Tunisie (1995).

Z

Zeiss 1934 | H. Zeiss, Die Grabfunde aus dem spanischen Westgotenreich (1934).

Bildnachweis

akg-images | Seite 45. 136. 330. 377 (Pirozzi). | Amiens, Musée de Picardie / Marc Jeanneteau | Seite 56. | Amsterdams Historisch Museum | Seite 406 | Bernard Andreae | Seite 200. 201. | aquarelles de Jean-Claude Golvin | Seite 71. | Archäologisches Museum Frankfurt am Main | Seite 119. | Archäologische Staatssammlung München / M. Eberlein | Seite 86. 260. 261. 266. 267. 268. 295. 296. 297. 298. 301. 305. | ARCHEOKIT | Seite 343. | arw-modellbau | Seite 314. | Augst, Römermuseum / Römerstadt Augusta Raurica | Seite 57. | Badisches Landesmuseum Karlsruhe / Thomas Goldschmidt | Seite 20. 21. 22. 24. 31. 32f. 35. 37. 39 rechts. 74 oben. 108f. 110. 112 oben. 114. 115. 116. 118. 226. 240. 242. 389. 390. 404. 407. 409. 414. 415. 416 unten. 417. 422. 426. 433 unten. 434. | Baltimore, The Walters Art Museum | Seite 165. | François Baratte | Seite 264. 265. 311. | Bayrische Staatsbibliothek München | Seite 18. 66. 105. 176. 184. | Habib Ben Hassen | Seite 76. 77. | Khaled Ben Slimane | Seite 416 rechts. | Regina Berndt | Seite 408. | Bibliothèque nationale de France | Seite 9. 54. 56. 63. 107. 138. 164. 228. 372. 384. 405. | Bildarchiv des Instituts für christliche Archäologie, Freiburg | Seite 95 oben. 98. 180. 286. 292 unten. 293. 348 (Waldorf). | Sebastian Brather | Seite 126. | Stéphane Cavillon/DRASSM | Seite 254. 255. 256. | Collection Musée dauphinois, Musée de l'Ancien Evêché | Seite 383. | Collection des Musées de Langres | Seite 47. | Deutsches Archäologisches Institut Madrid | Seite 151 (D-DAI-MAD-R-138-92-15, P. Witte). 153 (D-DAI-MAD-R-154-70-09, P. Witte). 155 (D-DAI-MAD-R-214-67-06, R. Friedrich). 156 (D-DAI-MAD-R-117-70-02, P. Witte). 158 (D-DAI-MAD-N-111, P. Witte). | Digitale Archäologie, Freiburg | Seite 349. | Direction de la Conservation et de la Restauration du Patrimoine culturel algerien | Seite 29. 250. 254. 326. | Christoph Eger | Seite 150. 352. 356. 357. 358. 359. 360. 361. 362. | Abdelmagid Ennabli | Seite 234. 235. | Liliane Ennabli | Seite 288. | Susanne Erbelding | Seite 274. 275. 289. 313. 334 oben. 335 oben. 337 oben. 342. 354. 355. 379 unten. 386. 388. 394. | GLA Karlsruhe | Seite 432. | Galerie Puhze, Freiburg | Seite 258. | Graf Anton Ostrowski Museum, Tomaszów Mazowiecki | Seite 134. | Claus Hattler | Seite 34. 69 oben. 70. 73. 225. | Christian Heitz | Seite 43. | Hessische Hausstiftung / Museum Schloss Fasanerie | Seite 54. | Historisches Museum der Pfalz, Speyer | Seite 117 unten. | Institut für Altertumskunde Köln | Seite 331. | Institut für Archäologien, Universität Innsbruck | Seite 57. | Institut National du Patrimoine de Tunisie | Seite 79. 80. 81. 84. 186. 187. 214. 227. 238. 253 unten. 292 oben. 304. 307. 322 oben. 336. 337 unten. 338. 343. 347. 383. 396. 397. 398. 399. | Institut National du Patrimoine de Tunisie / Thomas Goldschmidt | Frontispiz. 26. 64. 67. 69 unten. 74 unten. 78. 79. 81. 84.

85. 183. 185. 187 unten. 188. 193. 194. 203. 205. 210. 215. 217. 219. 220. 223. 230. 232. 235 unten. 238 unten. 239. 247. 249. 253. 254. 256. 257. 268. 269. 272. 276. 277. 278. 279. 280. 281. 282. 283. 284. 287. 295. 296. 297. 298. 299. 300. 301. 302. 303. 305. 306. 308. 315. 317. 318. 319. 321. 322. 332. 340. 344. 345. 346. 347 unten. 348. 349. 350. 363. 364. 365. 366. 367. 368. 369. 371. 379 oben. 380. 381. 382. 383. | Wolfgang Kuhoff | Seite 39 links. 40. 41. 42. 46. | Kunsthistorisches Museum Wien | Seite 88. 130. 131. 135. | Kurpfälzisches Museum Heidelberg / Einhard Kemmet | Seite 117 oben. | Christian Landes | Seite 262. | Landesmuseum Württemberg, Stuttgart / Peter Frankenstein u. Hendrik Zwietasch | Seite 107. 164. 206. 207. 208. | Magyar Nemzeti Múzeum, Budapest | Seite 135. | MediaCultura, Jürgen Süß | Seite 246. 276 unten. 334 unten. 335 unten. | Andrew H. Merrills | Seite 243. | Münzkabinett, Staatliche Museen zu Berlin | Seite 38. 55 (L.-J. Lübke). 55 (R. Saczewski). 206. 207. | Musée de l'Ardenne, Ville de Charleville-Mézières | Seite 120. 121. | Musée des Antiquités nationales, St. Germain-en-Laye | Seite 367. | Musée Paul Valéry, Sète / Jean Lepage | Seite 418 | Musée Saint-Raymond, Toulouse | Seite 51. 52. 307. | Musei Capitolini, Rom / Barbara Malter u. Klaus E. Werner | Seite 53. 55. 107. | Museo Arqueológico Nacional, Madrid | Seite 165. 166. 167. | Museo de Santa Cruz de Toledo | Seite 52 (Miguel Ángel Otero). 165 (Tomás Antelo). | Museo Municipal Ulpiano Checa | Seite 413 | Museo Nacional de Arte Romano, Mérida | Seite 47. 48. 52. 164. | Museo Sacro, Vatikan | Seite 320. | Museu Nacional de Archeologia, Lisboa | Seite 145. | Museum Burg Linn, Krefeld | Seite 56. 57. 59. | Museum für Kunst und Gewerbe Hamburg | Seite 53. | Muzeum Regionalne, Iłża | Seite 133. 134. | Nationalmuseet København, Antiksamlingen | Seite 341. | Österreichische Nationalbibliothek Wien, Bildarchiv | Seite 10. 101. | Peter Palm, Berlin | Seite 68. 124. 125. 141. 143. 181. 310. | Phillip von Zabern Verlagsarchiv | Seite 30 | picture alliance | Seite 14 (maxppp © Electa / Leemage). 99 (maxppp). 122 (Bildagentur Huber). 168 (Bildagentur Huber). 423 (dpa). | Projekt GENERATIONES / Michael Böttler (VEX.LEG.VIII.AVG) | Seite 92. 93. | Ministero per i Beni e le Attività Culturali, Biblioteca Nazionale Universitaria di Torino | Seite 229. | Mourad Rammah | Seite 391. 392. | Ranger Design, Stuttgart | Seite 90f. 387. | Réunion des Musées Nationaux / bpk / Musée du Louvre | Seite 50 (H. Lewandowski). 85 (H. Lewandowski). 205 (Chr. Jean / J. Schormans). 305 (G. Blot). 319 (H. Lewandowski). 385 (H. Lewandowski). | Rheinisches Landesmuseum Trier / Thomas Zühmer | Seite 48. 49. 50. 52. 54. 56. 57. 58. 59. 60. 61. 62. 63. 105. 106 | Römisch-Germanisches Museum der Stadt Köln / Rheinisches Bildarchiv | Seite 51. 62. 82. 83. 267. 306. | Römisch-

Germanisches Zentralmuseum Mainz / Volker Iserhardt | Seite 54. 60. 61. 63. 87. 209. 263 unten. 270. 290. 291. 302. 303. 304. | RGZM, Forschungsbereich Antike Schiffahrt | Seite 182. | Sandervalya, Wikimedia Commons, lizenziert unter CreativeCommons-Lizenz by-sa-2.0_de | Seite 328. | Santa Giulia Museo della Città, Brescia | Seite 47. 53. | Elisabeth Schraut | Seite 339. | Marion Seibel | Seite 104. | Aletta Seiffert | Seite 424. | Harald Siebenmorgen | Seite 370. 376. 428 rechts. 429. 430. 431. | Skyworks (mit freundl. Genehmigung von L. Olmo Enciso) | Seite 159. | Staats- und Stadtbibliothek Augsburg | Seite 190. | Staatsbibliothek Bamberg | Seite 323. 324. 331. | Roland Steinacher | Seite 411. | Sebastian Storz | Seite 236. | Claudia Theune | Seite 146. 160. | The Trustees of the British Museum | Seite 80. 81. 82. 95 unten. 108. 237. 271. 367. | UMR „Histoire et Patrimoine du littoral tunisien" | Seite 245. | Universitätsbibliothek Heidelberg | Seite 432. 433. | Universitätsbibliothek Konstanz | Seite 412 | Philipp von Rummel | Seite 222. 224. 231. 233. | Uwe Walter | Seite 197. | WBG Darmstadt, Verlagsarchiv | Seite 96. | Reproduktionen nach Büchern | König 2003 | Seite 102f. | Ch.F. Horne, Great men and famous women (1894) | Seite 111. 213. 327. 420. | Andrzejowski / Kokowski / Leiber 2004 | Seite 127. 128. 129. | Henszlmann 1866 | Seite 130. | Arneth 1850 | 131. | R. Menéndez Pidal, Historia de España III (1991) | Seite 148. | Schlunk / Hauschild 1978 | Seite 149. 157. | Koch 1999 | Seite 152. | J. Sánchez Velasco, Elementos arquitectónicos de época visigoda en el Museo Arqueológico de Córdoba. Monografías del Museo Arqueológico de Córdoba 1, 2006 | Seite 154. | J. Carrobles Santos, Los orígenes de la capitalidad visigoda, in: Regio Sedes Toletana (2007) – D. Fernández Galiano | Seite 155. | M. Kazanski, Antiq. Nat. 21, 1989. – A. Molinero Perez, Exc. Arq. Esp. 72, 1971. – DAI Madrid (Zeichnung W. Nestler) | Seite 158. | S. Keay, Roman Spain (1988) | Seite 171. | Sayadi 2007 | Seite 178. | L. Wamser – G. Zahlhaas (Hrsg.), Rom und Byzanz. Archäologische Kostbarkeiten aus Bayern (1998) | Seite 263 oben. | Courtois 1955 | Seite 312. | Chr. Hölz (Hrsg.), Weite Blicke. Landhäuser und Gärten am bayerischen Bodenseeufer (2009) | Seite 402. | Delattre 1902 | Seite 428.

Wir danken allen Einrichtungen und Personen, die Bildrechte und Druckvorlagen zur Verfügung gestellt haben, insbesondere jenen, die uns solche unentgeltlich zur Verwendung überlassen haben. Es war bei leider nicht in allen Fällen möglich, die Bildrechteinhaber zu kontaktieren. Eine berechtige Forderung kann zu üblichen Konditionen an das Landesmuseum gerichtet werden.